阅读成就思想……

Read to Achieve

公文写作大全

写作流程与语言技巧

上册

梅　俊◎著

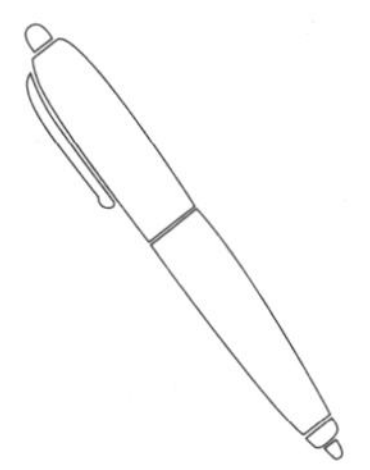

中国人民大学出版社
·北京·

图书在版编目（CIP）数据

公文写作大全. 上册，写作流程与语言技巧 / 梅俊著. -- 北京 : 中国人民大学出版社，2023.9
ISBN 978-7-300-32010-6

Ⅰ. ①公… Ⅱ. ①梅… Ⅲ. ①公文一写作 Ⅳ. ①H152.3

中国国家版本馆CIP数据核字(2023)第149379号

公文写作大全：写作流程与语言技巧（上册）
梅 俊 著
GONGWEN XIEZUO DAQUAN : XIEZUO LIUCHENG YU YUYAN JIQIAO（SHANGCE）

出版发行	中国人民大学出版社		
社　　址	北京中关村大街 31 号	**邮政编码**	100080
电　　话	010-62511242（总编室）		010-62511770（质管部）
	010-82501766（邮购部）		010-62514148（门市部）
	010-62511173（发行公司）		010-62515275（盗版举报）
网　　址	http：//www.crup.com.cn		
经　　销	新华书店		
印　　刷	天津中印联印务有限公司		
开　　本	787 mm×1092 mm　1/16	**版　次**	2023 年 9 月第 1 版
印　　张	13　插页 1	**印　次**	2025 年 5 月第 8 次印刷
字　　数	170 000	**定　价**	148.00 元（上下册）

版权所有　　侵权必究　　印装差错　　负责调换

推荐序

得到 App 创始人　罗振宇

我一直认为，一个人在成长的道路上，35 岁之前靠硬技能，35 岁之后靠软技能。

软技能是一种影响他人的能力。写作就是非常重要的一项软技能。拥有写作能力，你就拥有了个人影响力的放大器。

对体制内工作的人而言，公文写作更是一项必须掌握的软技能。

盖文章，经国之大业，不朽之盛事。

这里说的“文章”，可不是诗歌、散文、小说，而是公文。治国理政，要靠公文上传下达。以文辅政，是古代文人的终极理想。

体制内公文写得好的人，往往被称为“笔杆子”。这里我要重点推荐本书的作者梅俊老师，他就是一位曾经在军校工作的“大笔杆子”。

初识梅老师是在我开办的得到讲师训练营一期。他学识深厚、表达出众、为人谦和，展现出了一位优秀讲师的风采。

后来他成为得到职场写作训练营的特邀公文主讲老师，受到学员们的广泛赞誉，我们的接触也多了起来，最终成了朋友。

我看到了他是怎样通过深度思考和持续迭代，勇敢跨出舒适圈，积极应对生活和工作领域的诸多挑战的。

2019年转业离开军校，他没有选择进入党政机关工作，而是走了一条少有人走的路——自主择业。

梅俊老师把在军校机关工作锻炼出来的写作、沟通、表达等软技能综合运用到公文写作培训中，以军人的执行力迅速打开局面，成为多家500强央国企的特邀公文培训讲师，并赢得了好口碑。

通过软技能的迁移，他在36岁的年纪勇敢转身，纵身一跃进入新赛道，启程追求新梦想。

今天汇集多年实践和教学经验，梅俊老师又捧出了厚厚两册公文写作新著，我由衷为他感到喜悦。

这套书里有他走过的路、爬过的坡、看过的风景、踩过的坑，是他心血凝结的成果。他从公文写作的流程、结构、逻辑、语言等各个方面入手，详尽地阐述了写出高水平公文的心法和技法。

对于公文写作，很多人可能有这样的误解：公文是枯燥、无趣，没有技术含量的。

但在本书中，你会发现，公文是充满活力、能够展现表达深度和思想创见、富有语言艺术的一种文体。

公文写作是体制内锤炼思维水平、提升思想高度的最佳途径。在我看来，这不仅是一本教你如何写公文的书，更是一本帮助你提升体制内沟通、思考和表达能力的书。

每个人都有自己的故事，每个人都能成为自己生命中的导演。梅俊老师用公文写作这项软技能书写了自己的人生故事，导演着自己的人生。

也愿你在阅读中有所收获，在公文写作中找到乐趣，在成长发展中找准方向。

谨为序。

前　言

我相信，当你翻开这本书的时候，公文写作很快将不再是困扰你的问题了。为什么我这么自信呢？因为我曾在机关工作，实打实地写了 15 年公文，从事培训工作后，又在政府部门、企事业单位教了多年公文写作。

从公文写作实践的角度萃取经验，从培训教学的角度反思公文写作实践，在这双重视角下，我非常理解新手写作者学习公文写作的痛苦，也知道应该从什么角度切入来帮助他们。

踏上公文写作道路的新手，一般都会买本书来学习公文写作方法。市面上的公文写作书比比皆是，挑起来让人眼花缭乱。到底什么样的书才能更好地帮写作者开启公文写作之旅呢？

根据我的教学经验，公文写作新手有三大痛点：第一，不知道怎么动笔，面对一项写作任务不知道该从何写起，容易抓瞎忙乱；第二，不知道公文的语言特点，写出来的文章不像公文，不符合体制内工作行文的要求；第三，分不出公文质量好坏，不知道好的公文是什么样子的。

一本好用的公文书要有方法，而且要足够简单易懂，不要讲太多抽象的经验，最好像操作手册一样，即便是新手也能看懂，能快速上手；要有素材，而且是地道的公文语料，原汁原味，写作者掌握了会很管用；要有范例，而且出处权威、质量足够高，写作者参照模仿，写作就不会跑偏。

按照这个设想，我编写了本书，希望为公文写作新手提供一本能放在案头随时查阅的参考工具书，书中有方法、素材和范例，希望能助力各位加速起步。本书内容瞄准公文写作中的现实问题，分上下两册给出解决之法。

上册“写作流程与语言技巧”。这部分内容分两个板块，“写作流程”板块主要告诉写作者：一篇公文的出炉究竟经历了怎样的过程；这个过程的不同阶段应该做什么、怎样做、做到什么标准；有哪些工具可以运用来帮助构思写作。

在公文写作培训过程中，本着“授人以鱼，不如授人以渔”的理念，我改变了讲公文格式、文种写法的传统方式，探索以方法为主导的教学模式。

这套方法就是我总结提炼的三步九环节流程化公文写作法。这套写作方法既讲清楚了公文写作的外部工作流程，也通过运用黄金思维圈、5W 提问法、思维导图、金字塔结构等具体化的思考写作工具，讲透了公文写作的内在思考过程，将公文写作的隐性知识转化为操作性很强的显性流程。即使是从来没有写过公文的新手，基本上也能一看就明白、对照着就可以上手，长期运用就能培养出良好的流程化思维习惯。

“语言技巧”板块主要告诉写作者如何摆脱新手作者的“学生腔”，怎样快速掌握公文的话语方式，写出“对味”的公文。

这部分对公文写作常用的 7 种类型标题、2 种金句、3 类好词进行了系统整理，为你提供了一套强大的语料包，并教会你如何举一反三，用好这些语言材料。

下册“文种模板与范例解析”。这部分主要告诉写作者好公文长什么样，应该模仿什么样的公文以及如何模仿才能真正提高写作水平。

针对公文写作中常见的 8 大难题，结合 38 种常见公文，进行公文范例的拆解分析。

范例学习分四步：第一步，熟悉范例文种的内涵特点，了解其基本的写作要求；第二步，用流程化写作法分析该文种写作的操作要点，明确写作步骤与环节；第三步，提供一目了然的写作模板表格，便于实际写作时对照填空操作；第四步，通过范文解析和思维导图让写作者彻底明白范文的写作逻辑和优点所在，供参考借鉴和模仿。

范例篇的公文均为政府信息公开渠道的高水平公文，权威可靠，质量有保障。

有了方法、素材和范例，是不是就高枕无忧了呢？不，你还得刻意练习。没有人能靠读书读成公文写作高手。一切技能的掌握都需要你把书中学到的方法应用到实践中。

本书不是一本用来读的书，而是一本需要动手操作的书。你需要把“三步九环节”的流程融入日常写作实践，从模仿高水平公文范例起步，用公文语言改造日常话语体系，用公文思维模式改造常规思维方式。

假以时日，当你把流程内化为写作习惯，你的内心就会形成一条公文“金线”，写出来的语句就“对味”了。恭喜你，到时候你就可以把这本书送给更需要的人了。

目　录

写作流程

三步九环节，零基础也能写出好公文

写作流程

三步九环节，零基础也能写出好公文

质量管理大师威廉·爱德华·戴明（William Edwards Deming）博士曾说过，如果你不能把自己的工作流程化，就说明你根本不知道自己在做什么。

公文写作是应用型写作，最显著的特点就是高度规范性。有不少上学时文笔不错的人，工作中写公文却找不到感觉，其实不是他们写作能力不行，而是没有摸清楚公文的写作流程、框架和模式，以及公文写作背后深层的思维方式。

进行文学类写作，如散文、小说，这需要深厚的文学素养和语言积累，还要有一点点天赋。公文写作并没有这么高的门槛，千万别把它看得太难。只要按照一定的方法刻意练习，熟练掌握公文写作的流程和基本技巧，知道在什么环节该做什么事情、做到什么标准，公文写作水平就可以快速提高。

接下来，我将教你一套经过多年公文写作实践检验，同时也在公文写作课堂和商业培训中经过许多学员验证的写作流程，保证一学就能上手。这个方法就是我们前面提到的三步九环节流程化公文写作法。

我把公文写作分成了“三步九环节”，构建了“公文写作双钻模型”，即第一步“充分准备”，包含“定文种”“明主题”“集资料”三个环节；第二步“深度思考”，包含“找问题”“拓思路”“理结构”三个环节；第三步“精准写作”，包含“拟标题”“填内容”“修语言”三个环节，其中包含两次“发散、收敛”过程，如图 A–1 所示。

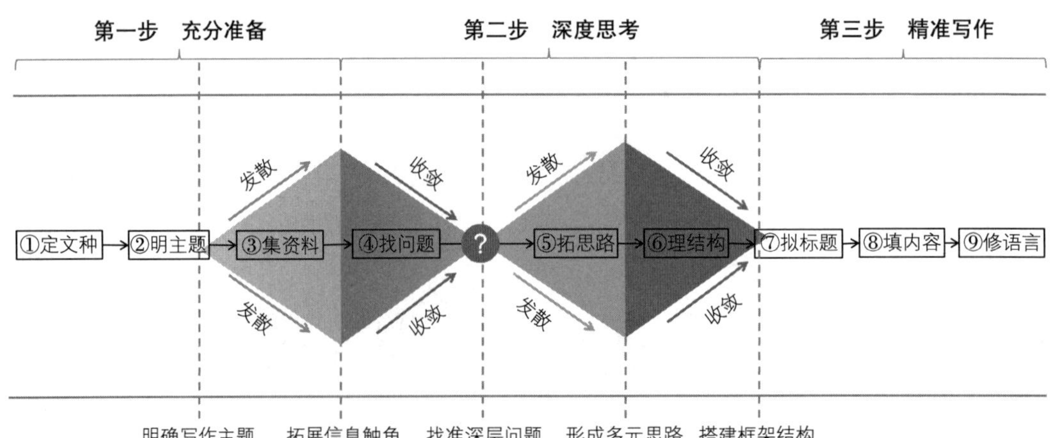

图 A–1　公文写作双钻模型

这是一套通用方法，不局限于具体文种，无论写什么类型的公文，只要按照这个流程顺序操作，多数人都能写出一篇及格以上水平的公文。对于已经有一定公文写作基础的人，这套方法则便于他们规范写作过程、提升写作效率。为了更好地理解这套方法，我先简单介绍一下每个环节的操作方法，后面我将结合具体案例详细介绍。

第一步：充分准备。写公文时，很多人习惯拿到任务之后，从网上搜索几篇类似的公文，就开始模仿套用，这样写出来的公文质量往往高不了。不打无准备之仗是公文写作的基本要求。因此，做好充分的准备是写好一篇公文的前提条件。这一步分三个环节。

环节 1：定文种。知道终点在哪里，才好规划路线和速度。在这个环节要确定具体写什么种类的公文，是法定公文还是事务公文，是简单公文还是复杂公文。如果是简单公文，可以直接进入第三步开始写作，如果是复杂公文，则需要进入环节 2。

环节 2：明主题。简单公文主题明确，不需要单独推敲。复杂公文确定好要写什么文种之后，还需要认真地对领导意图、工作本身的要求和受文对象的需求进行分析，先搞清楚真正的写作主题是什么，以便找准写作切入点。

环节 3：集资料。公文写作建立在对资料的充分掌握之上。这个资料既包括理论资料，也包括实践资料；既包括内部资料，也包括外部资料。资料是进行充分思考的养料。没有充足的资料，下一阶段的展开就没有了基础。

第二步：深度思考。思考是公文写作过程中最复杂的步骤。公文高手究竟是如何写出那些高深的思想观点的呢？那些公文写作水平提高缓慢的人，往往都是卡在了这一步。那些高度个性化的公文写作经验类文章，对悟性、语感、眼光、灵气等方面的介绍，更是强化了公文写作思维过程的神秘感，让人摸不着头脑。

于是在研究探索流程化写作的过程中，我尝试拆解公文高手写作的思维过程，着重对深度思考进行反思拆解，将其分为三个环节：环节 4“找问题”；环节 5“拓思路”；环节 6“理结构”。接上述环节 3“集资料”，其内在逻辑是“发散→收敛→发散→收敛”，这是写作思维过程的底层规律，表现为图 A–1 的“双钻”。

环节 4：找问题。公文写作的目标不是写出一篇精彩的文章，而是解决工作中的具体问题。每一篇公文都有具体指向的问题，对问题分析的深浅决定了公文写作的高下。只有透过现象聚焦真实问题，才能让你的写作有立得住的起点。

环节 5：拓思路。在找准问题的基础上，公文还需要提出有针对性的解决方案。公文的解决方案不同于理论文章，不能建立在单纯的理论推理或逻辑推导上，而是需要从理论与实践多维度、全方位进行思路拓展，综合比较各种解决方案之后，找到问题的最优解。

环节 6：理结构。写公文要能够把思路发散开，还要能收得回来，不能天马行空地畅想。在拓展思路环节，你可能会产生很多闪光的观点，提出不少逻辑性不是很强的好对策，这就需要通过对观点认识进行结构化整理，形成写作的基本框架。完成这个环节，基本上思考就到位了，可以进入写作环节了。

第三步：精准写作。如果能高质量地完成前两步工作，动笔写作相对来说就轻松很多了。在这一步，你需要用规范化的公文语言，把前面的思想结晶落到纸面。这一步也包括三个环节。

环节 7：拟标题。这里的标题不仅指公文的主标题，还包括正文中的一级、二级和三级标题，其实也就是公文的提纲。标题不仅能体现文字水平，更是公文整体逻辑关系的直观呈现。领导关注的首先就是标题，标题立住了，公文的印象分就不会低。

环节 8：填内容。文章讲究凤头、猪肚、豹尾，内容充实、数据准确、论述严密是公文内容主体必须遵循的要求。公文的内容逻辑与论证性文章比较相似，讲究理性和缜密。在这个环节要理清段落内容的基本组织逻辑，做到表达清晰、内容充实。

环节 9：修语言。在写作公文的时候，一定不要有“一稿完成”的思想，记住“先完成，再完美”。一篇公文总是要改上 3 ～ 5 遍的。修语言是在公文没有结构性问题的基础上对文字进行精加工，让文字更通顺、语句更流畅，确保不出现错讹。

如果把写作时间分成三份，你就会发现，与很多人习惯于打开电脑就写不同，这个流程要求你把三分之二的时间用在准备和思考上，真正用于写作的时间也就三分之一。我的经验是，前两个步骤的工作做足了，写起来其实是非常快的。俗话说“磨刀不误砍柴工”，但是很多人在砍柴前总是忘了磨刀。

在开展企业公文写作培训的过程中，下面这张三步九环节公文写作法流程图（如图 A–2 所示）很受学员欢迎，大家觉得流程图为原本很模糊、凭感觉的公文写作提供了清晰的路径，即使是一个刚接触公文的新手，也可以对照操作，不会有任何困难。

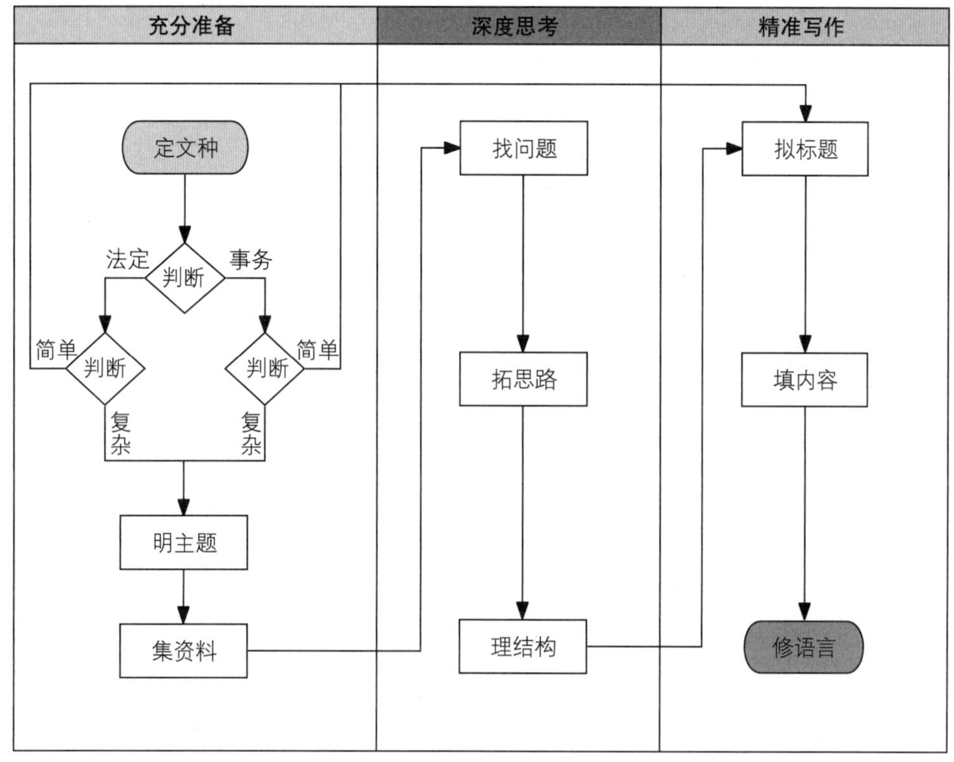

图 A–2　三步九环节流程化公文写作法模型

当然，运用之妙，存乎一心。在运用模型的过程中也不能机械照搬。有的人可能在“找问题”环节就同步“拓思路”了，有的人则可以把“理结构”与“拟标题”结合进行。写作流程是你可以参考的思维脚手架，不是束缚你的绳索。当你经过一定数量的公文写作练习，就可以把流程化公文写作模型内化成你的写作思维了。

美国作家约瑟夫·坎贝尔（Joseph Campbell）从几千个人类神话故事中总结出了

“英雄之旅”模型，从此任何一个掌握这个模型的人分析故事都如庖丁解牛般轻松自如了。我相信，三步九环节流程化公文写作法不仅能让你从此不再害怕公文写作，而且能让你心明眼亮地读公文、又好又快地写公文。

第 1 章

充分准备：千万不能忽略公文起手式

基础不牢，地动山摇。如果我们没做好充分准备就写作，就像不打地基就建房子一样，肯定难以盖出高楼大厦。

环节 1　定文种：怎么知道该写什么公文

文种，就是公文的名字，它概括了公文的性质、用途，便于人们正确使用。文种需要根据任务性质和要求来确定，比如通知、通报、报告、计划、领导讲话等，这些都属于文种。

目前，党政机关和企事业单位中广泛使用的文种类型很多，有的文种还比较相近，刚刚接触公文写作的新人可能会在定文种方面犯错误，一些“老笔杆子”稍不留神也可能弄错。

文种一旦选错，就会给公文运转造成非常大的麻烦，甚至造成不可挽回的损失。作为流程化公文写作的第一个环节，我们在定文种时需要进行相应的判断，对不同类型的公文采取不同的处理方式。

法定公文和事务公文，写法大不一样

公文可以分为法定公文和事务公文两种。

2012 年由中共中央办公厅、国务院办公厅联合印发的《党政机关公文处理工作条例》中规定，**法定公文**包括决议、决定、命令（令）、公报、公告、通告、意见、通知、通报、报告、请示、批复、议案、函、纪要等 15 个文种，具体如下。

1. 决议。适用于会议讨论通过的重大决策事项。
2. 决定。适用于对重要事项做出决策和部署、奖惩有关单位和人员、变更或者撤销下级机关不适当的决定事项。
3. 命令（令）。适用于公布行政法规和规章、宣布施行重大强制性措施、批准授予和晋升衔级、嘉奖有关单位和人员。
4. 公报。适用于公布重要决定或者重大事项。
5. 公告。适用于向国内外宣布重要事项或者法定事项。
6. 通告。适用于在一定范围内公布应当遵守或者周知的事项。
7. 意见。适用于对重要问题提出见解和处理办法。
8. 通知。适用于发布、传达要求下级机关执行和有关单位周知或者执行的事项，批转、转发公文。
9. 通报。适用于表彰先进、批评错误、传达重要精神和告知重要情况。
10. 报告。适用于向上级机关汇报工作、反映情况，回复上级机关的询问。
11. 请示。适用于向上级机关请求指示、批准。
12. 批复。适用于答复下级机关请示事项。
13. 议案。适用于各级人民政府按照法律程序向同级人民代表大会或者人民代表大会常务委员会提请审议事项。
14. 函。适用于不相隶属机关之间商洽工作、询问和答复问题、请求批准和答复审批事项。
15. 纪要。适用于记载会议主要情况和议定事项。

这些是党政机关在公务活动中需要严格按照规范使用的公文，可以作为正式公文发布。其他机关和各级各类企事业单位、社会团体也广泛参照使用。如果按照功能适用划分的话，以上文种可以分为三类：

- 领导指导类，包括决议、决定、命令（令）、批复、意见；
- 公布知照类，包括公报、公告、通告、通知、通报、纪要；
- 报请商洽类，包括请示、报告、议案、函。

这其中需要说明的是意见。意见本属于多向行文，既可以是上级机关对下级机关使用，也可以是下级机关给上级机关提出意见，还可以是平行机关之间使用。但在实践中，意见本身是“对重要问题提出见解和处理办法”，绝大多数都是上级对下级行文，鲜见下级对上级行文，所以这里将意见放在领导指导类中，特此说明。

事务公文是除了上述 15 种公文之外的其他公文，主要在机关内部日常事务中使用，用于安排工作、沟通信息、总结经验等事项。需要特别注意的是，根据公文行文规定，事务公文不可以作为正式公文发布，如需发布，则必须借助法定公文的形式来发文，可以理解成“借壳上市”。

常用的事务公文有 5 类 23 种：

- 计划谋划类，包括纲要、规划、要点、计划、方案；
- 讲话发言类，包括会议讲话、开（闭）幕词、座谈发言、演讲稿；
- 总结报告类，包括工作总结、经验材料、述职报告、调研报告、工作报告；
- 制度规范类，包括条例、规定、办法、章程、细则；
- 常用业务类，包括信息、简报、消息、书信。

以上基本涵盖了党政机关和企事业单位常用的事务公文文种。这些文种尽管不在条例规定范围之内，但在实际工作中，它们才是真正的主角，并且写作难度相对比较大。在本书下册的“文种模板与范例解析”中我会结合实际范例详细讲解。

对照下面这张常用公文分类图（见图 1–1），结合领导布置的任务，你很容易就知道需要拟制的是法定公文还是事务公文了。

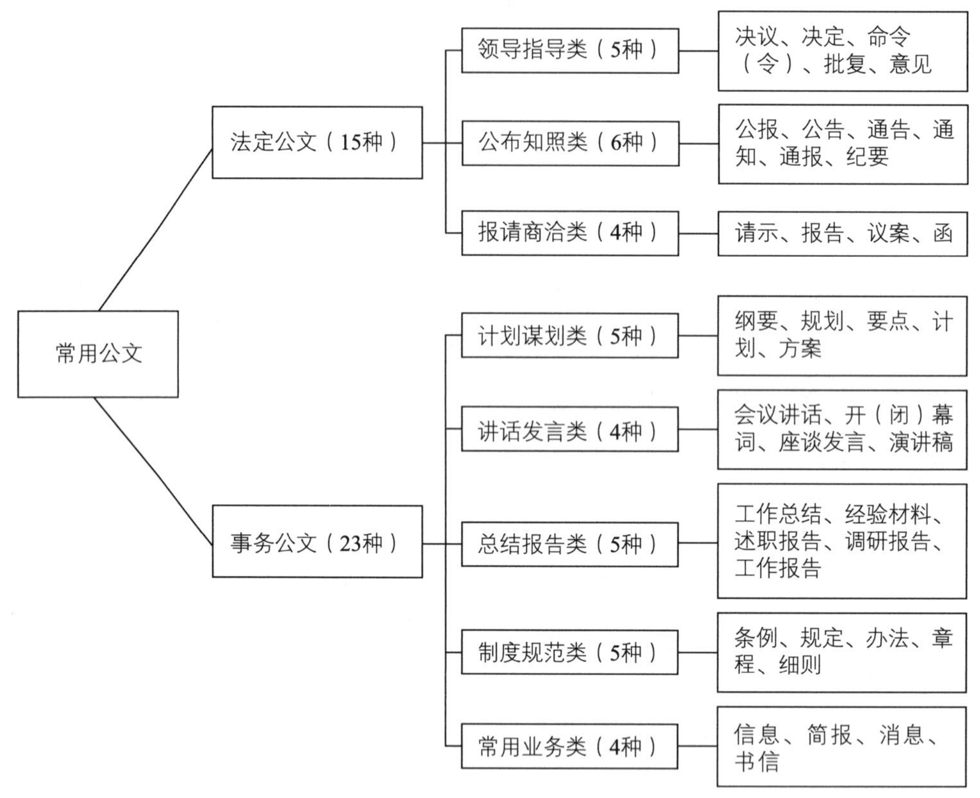

图 1-1　常用公文分类

我们举个例子。领导指示："小王，下个月召开项目启动大会。你发个通知，明确一下参加单位和人员要求。提前做个计划，把项目任务分配下去，让各单位在项目启动大会前把具体的实施方案报上来，你汇总一下报批。等启动大会开完，把实施方案发下去。"

请问，领导提到了几种公文？哪些是法定公文，哪些是事务公文？答案是三种：会议通知、项目计划和实施方案。其中，会议通知是法定公文，可以正式发文；项目计划和实施方案都是事务公文，是不可以直接发文的，如果领导要求发文，就需要借助法定公文来行文。通常的做法是，借助"通知"这个文种来发布项目计划和实施方案。

从以上例子中我们可以看出，领导在布置任务的时候，往往会根据任务告诉你需要拟制什么公文，这样选文种就简单多了。但是这还不够，对照流程化公文写作模型，我们还需要做出第二个判断，以便确定下一步往哪个环节走。

简单公文和复杂公文，难度大不相同

对照公文写作流程模型，这时要进行第二次判断，即一篇公文是简单还是复杂。这一步决定了我们是进入明主题环节，还是直接开始写作。

在上文的例子中，领导提到了会议通知、项目计划、实施方案三个文种。其中，会议通知是法定公文中比较简单的类型，只要讲清楚时间、地点、参加人员、有关要求等就可以了，可以直接开始写作。

项目计划和需要汇总并呈批后下发的实施方案就不是那么简单了。项目计划需要把项目的总体进程安排、需要的资源条件、相关单位的任务分配等都写清楚；实施方案汇总则需要对各单位的工作任务、进度安排进行统筹协调，进行总体调配。这两种公文都属于比较复杂的事务公文。这类公文的写作，下一步应该进入明主题阶段。

法定公文大多数比较简单，其中命令（令）、决定、批复、公报、公告、通报、通告、通知、纪要、请示、函、报告、议案等 13 种属于简单公文。决议和意见由于涉及内容较多，需要传达的内涵比较丰富，属于复杂公文。

当然，这也不是绝对的，比如通知中的指示性通知、批复中的指示性批复、报告中的工作报告等，写起来也比较复杂，在实际运用中要注意考察。

事务公文大多数比较复杂，计划谋划类、讲话发言类中涉及领导的公文，以及总结报告类、制度规范类都属于比较复杂难写的，只有常用业务类公文（信息、简报、消息、书信）相对来说比较简单。

综上，判断为简单公文的，无论是法定公文还是事务公文，下一步都可以直接开始写作；判断为复杂公文的，则需要进入明主题环节，这才是公文写作真正困难而富有挑战的环节。

法定公文行文，注意避免四个坑

《党政机关公文处理工作条例》（以下简称“《条例》”），明确了各文种的适用范围、使用主体、受文对象和文种功能，但由于《条例》行文简洁，并没有做出更详细的说明。在公文写作实践中，还有四个坑很容易掉进去。

坑一：发文身份不匹配

党政机关有不同的层级区分，常见错误之一是越级使用文种。比如，只有党的全国代表大会及其中央委员会有权发布“会议公报”，党的其他机关和组织不宜发布。如果一个地方县级党委全会闭幕时也要发布一个公报，就明显超越了层级，这里应使用决议这个文种。命令（令）也是这样，至少县级以上人民政府才有权发布。

类似这样的需要特别注意发布主体身份的公文，还有决议、决定、公告等三种。这些公文一般都由层级比较高的党政机关发布，层级较低（如乡镇）的党政机关和企事业单位不适用。

坑二：行文方向搞不清

15 种法定公文在行文方向上有不同的规定，有的只能上级对下级发，有的只能下级对上级发，用错了就会闹出大笑话。为便于分辨，可参考下面的行文关系与文种速查表（见表 1–1），对照选择就不会发生行文方向错误的问题了。

表 1–1　行文关系与文种速查表

行文关系	定义	文种
下行文	上级机关向下级机关所发出的公文	决议、决定、命令（令）、通知、通报、批复、纪要
上行文	下级机关向上级机关所发出的公文	报告、请示、议案
平行文	向无隶属关系机关发出的公文	函

续前表

行文关系	定义	文种
多向文	可上行、平行、下行，主要是下行文	意见
泛行文	发布范围广泛，没有确定行文方向，面向不特定对象	公报、公告、通告

坑三：重要程度掂不准

比如，“命令（令）”“决定”“通报”都可以用于奖励表彰，但级别和分量不同，依次递减。再比如，向下级部署工作，决定、意见、通知都可以行文，但权威性和刚性要求不一样。决定的权威性和刚性程度最高，是不容商量的；意见的权威性高，代表上级机关的导向，同时刚性程度低，给下级机关执行时留有一定的自由裁量空间；通知由于是最常用的公文，权威性较低，但刚性程度较高，通知的要求都是需要不折不扣地执行的。因此，要根据工作任务的性质、重要程度和需要下级机关执行的力度选用功能类似的公文。

坑四：近似文种易混淆

法定公文存在一定的功能交叉现象，特别是同一类别中的文种，功能都比较相近。我们在实践中发现，有这么几对文种特别容易混淆。

（1）请示与报告。常见问题是报告中夹带请示事项，有人甚至生造出了“请示报告”这个文种。要记住，报告中不能有需要上级机关回复的事项。如果需要回复，必须用请示，而且应该是一文一事，便于上级机关有针对性地批复。

（2）公告与通告。公告使用层级高、范围广，一般用于向国内外宣布重要事项、法定事项。但是在实际使用中，我们经常可以看到形形色色的公告，比如“修路公告”“停水公告”，出现这个错误的原因是很多人把公告简单理解成了“公开告知”。要记住，一般情况下只能用通告，只有国家机关有权发布公告。

（3）决议与决定。区分这两种公文的关键在于，决议需要开会讨论，使用范围较窄；

决定可以开会也可以不开会讨论，使用范围较广。

（4）通告、通知与通报。这三者容易混淆主要是因为名称太相近。它们的区别是，通告是面向一定范围的不特定对象并需要遵守的；通知是发给下级并需要执行的；而通报则是宣教性公文，不需要执行或遵守。

环节 2　明主题：怎么找准写作切入点

明主题就是找到公文写作的切入点，避免人云亦云、拾人牙慧。明主题类似于产品需求分析，要从用户需求出发，找到用户内心真正的渴望，再将其转化为产品。因此，明主题可以从用户和需求场景两个方面分析。用户包括两类：领导和公文受文对象；需求场景则与工作要求紧密相关。

领导的想法，靠揣测可不行

所有的公文都需要领导签发或认可才能过关，因此，明主题的第一条就是要了解领导的想法。很多人写不好公文，很重要的一个原因就是不能领会领导的想法，按照自己的想法进行写作，这样写出来的公文自然很难符合领导意图。

要了解领导的想法，公文起草者首先需要了解**领导行为科学理论**。德国心理学家库尔特·勒温（Kurt Levin）把领导分成三种类型：专断型领导、民主型领导、放任型领导。

下面从公文写作方向的确定、写作任务的分配、写作过程的参与三个方面，对这三类领导的公文行为模式进行比较，如表 1–2 所示。

表 1–2　　三种类型领导的公文行为模式比较

	专断型领导	民主型领导	放任型领导
写作方向的确定	由领导一人决定	由集体讨论后决定	由集体或个人决定，领导不参与
写作任务的分配	由领导决定后通知成员	成员可以自由结合、协商决定	领导很少参与任务分配
写作过程的参与	全程参与，亲力亲为	定期了解写作进度，但不做太多具体工作	不主动提供意见，按时要成果

结合表 1–2，你就能大概了解这三种类型的领导在公文写作过程中的行为模式了，进而及时准确地掌握领导意图。领导类型不同，对于领导意图的把握技巧也不一样。

专断型领导的意图是比较清晰的，往往都会将写作方向说得非常明确。只要是比较重要的文件、讲话，他们都会根据自己的思路列到二级标题，把提纲交给执笔者。初稿完成后，他们还会参与推稿、逐字逐句审定。对于这样的领导，认真、彻底地表达其思想就好，注意不要随意创造发挥，所有的观点、创新点都应该出自领导的想法。

民主型领导一般会提一些倾向性、参考性意见，但不会对执笔者有太多限制，更希望看到你有新的创意。民主型领导最喜欢创新，所以领会了这类领导的意图，一定要做到创造性超越。当你能够说出领导都没有想到的意见时，这类领导不仅不会反感，反而会表扬你。不过，民主型领导的意图其实最难领会，公文也很难出彩，因为要搞清楚领导内心的预期非常难。

放任型领导对于公文没有什么想法，往往是部属写什么，他们就认可什么、念什么。这样部属会看起来比较“轻松”。不过，这种“轻松”只是表面的，你需要自己做出足够高水平的判断，并写入公文。如果公文后面出现了什么问题，他们可就要追究你的责任了。因此，你需要多向他们请示汇报，确认公文的相关要点。

不同类型领导除了行为模式的不同，且学历与经历也需要关注。领导对于公文的要求与其学历和经历关系比较密切。学历好理解，经历就是其担任现任领导职务前所经历的岗位及履职情况。

通常来看，高学历领导往往比较重视理论，他们对公文的要求是有理论依据、有观点看法，认识深刻且有高度；而经历丰富的领导一般更重视实践，他们要求公文接地气、能解决实际问题，不能只有理论阐述。

这两个方面的情况都不难了解到，特别是对于经常给领导写公文材料的人员来说，这些是领会领导意图必须掌握的背景资料。除了领导的类型及其行为模式这样的底层规律，还有三个分析领导意图的维度。

- **纵向深挖领导布置的任务。**领导在布置任务的时候，可能只是点到问题和现象，这就需要你分析领导对这些问题的看法究竟是什么、思考的逻辑是什么，挖掘出背后的深层次原因。
- **横向分析领导近期关注的问题。**每个人思考问题都有其特定背景，领导也不例外。领导近期关注的问题、说过的话、做过的指示，对你理解当下领导的意图都有非常大的价值。
- **做足对理论政策的外围分析。**要准确把握领导意图，还需要对上级的最新理论和政策有清晰的认识。领导的很多想法都着眼于贯彻上级政策精神，因此你在学习研究上要跟上领导，掌握充足的理论政策知识。

最后，再教你一个绝招——**代入领导角色**。怎样才能代入领导角色？我认为要做到“三个会”。

- 会跟——接近领导。作为单位的公文写作者，你应该是离领导最近的人。比如，领导参与出席的重大活动，你要积极跟进，这样才能最大限度地理解领导的所思所想；领导桌面上最近摆着什么书，你看到后最好也买来读一读。
- 会记——一字不漏。要把领导所讲的内容记录下来，整理成观点金句，在写作公文时适当加以应用。尤其是在讲话稿这类材料中，把领导自己说过的话恰到好处地用上，会让你写的讲话稿更容易获得领导的认可。
- 会问——引发思考。不要害怕领导，要敢于和领导对话。当然，做到这一点的前提是你得有一定的知识与思想储备，这样才能和领导在一个思维层次对话。当你们的对话能够激发领导思考时，就说明你能用领导的思维方式想问题了。

工作有要求，要做行家里手

公文写作要遵循领导意图，但是公文内容的基点还在于其涉及的工作本身。除了极少数纯理论的务虚性文章，绝大多数公文都是与业务工作紧密相关的。

请你思考一个问题：以你的观察，身边工作干得好的人和干得差的人，最大的区别在哪里？

区别就在于能否站在更高的格局看本职工作。很多人干的都是简单的、重复性的工作，觉得没有什么好写的，但干这类工作时用心思考，用创新的思路去做，才是提升自我的正道。

具体来说，要做到四字诀，即“上、下、内、外”。

一是掌握上情。任何一项工作都是上级对下级进行部署、逐级展开的。因此，上级机关对于某项工作的标准要求，是决定你能否真正理解这项工作的关键。

二是了解下情。工作推进需要下级配合，下级的工作开展情况是你正确分析工作状态的基本依据。

三是熟悉内情。内情指本级工作开展的情况、相关协作部门合作的状态，以及工作任务落实的情况。

四是通晓外情。外情主要是外单位对于同一项或者同类工作的开展情况，通晓外情便于你找准本单位这项工作的坐标定位。对于有些工作，你可能还需要了解国外对同类问题的解决方案，这属于更大范围的外情。

只有了解了这四个方面的情况，才能准确界定本单位当前这项工作的需求是什么，有效避免“上下一般粗”的情况。

何谓“上下一般粗呢”？举例来说，我们平时经常见的传达贯彻上级决策部署要求的公文，很容易出现“上下一般粗”的现象。在传达贯彻过程中，有的单位不研究结合本单位实际情况，对上级精神不加消化，照抄照搬式地机械传达，有的单位甚至只将

“全国”“全省”改成“全市”“全县”就原文照发了。

可以想见，这样不考虑单位实际情况的公文肯定实现不了发文目的。这种公文的写作状态也是需要大力破除的官僚主义形式之一。

要做到对本职工作的相关公文写作得心应手，就需要了解工作中会用到哪些公文。

大家的工作岗位各不相同，但是都有时间性特点，每年相同的季度、月份，需要完成的工作任务大致是相似的，与之相对应的公文任务也大致是固定的。

工作可以分为**周期性**和**常规性**两类。

周期性工作的公文任务一般跨度较长。比如，以五年为期的发展规划，上至国家层面，下至各单位层面，制定发展规划都是非常重要的公文写作任务，它的最终结果是一份纲领性文件。此类工作涉及的公文任务都比较重大，具有很强的指导性。

常规性工作的公文任务以年度为单位。比如，每年都会召开工作任务部署会、年终总结会、“七一”表彰会等，涉及工作计划、领导讲话、表彰通报等公文。需要注意的是，这些公文看似“年年岁岁花相似”，其实要写出彩还是很不容易的。

除了时间节点，我们还可以根据业务线来梳理公文任务。一项业务工作在启动之前，单位要下发通知、制订计划，还要配套制定详细的实施方案；在工作推进过程中，每隔一段时间需要进行检查督导并下发通报，工作完成需要上报工作总结报告。

具体到每个工作节点上，还有很多复合性公文任务。比如，进行阶段性工作检查要提前发通知安排；检查完梳理情况要给领导写工作报告；以领导审阅的工作报告为核心，起草下发检查通报，用于表彰先进、鞭策后进；如果发现了本级处理不了的疑难问题，还要向上级提交请示，请上级研究解决。

面对如此之多并且非常繁杂的公文任务，你最好制定一份配合工作时间节点的公文任务清单，细化到具体任务，如表 1–3 所示。

表 1-3　　年度公文任务清单（示例）

序号	项目	时间	内容	具体时间	进度
1	××××工程	1月	（1）下达任务通知	1月×日	
			（2）制订工作计划	1月×日	
			（3）制定配套实施方案	1月×日	
		6月	（1）下发检查通知	6月×日	
			（2）下发检查通报	6月×日	
			（3）上报检查工作报告	6月×日	
			（4）上报相关请示	6月×日	
		12月	（1）下发总结工作通知	12月×日	
			（2）起草工作总结报告	12月×日	
			（3）召开工作总结表彰会相关材料	12月×日	
			（4）上报总结情况报告	12月×日	
…………	…………	…………	…………	…………	

如果你是刚刚进入单位的新人，不熟悉工作怎么办？你可以到单位的档案室或者公文系统（有的单位有线上数字化公文系统，可以检索），按照时间线把与岗位职责相关的公文全部拉个清单调出来，按照表 1–3 的模式梳理清楚，这样你就有了一张比较清晰的岗位工作职责相关公文任务清单了。

你只有掌握好工作的节点、要求，才能在面对每一次公文写作任务的时候，做到胸有成竹，不会打乱仗。

受众很重要，别忘写给谁看

写作要有读者意识，这是一条黄金法则。只要是写文字作品，作者心中一定有自己的意向读者。公文写作在这一点上也符合写作的一般规律。我们一般称公文的读者为受文对象。在公文写作中，如果心中没有受文对象，你的公文就很难达到预期目的。

在动笔之前，你首先要想明白，受文对象想了解什么情况、渴望解决什么问题，以及担心什么、害怕什么、喜欢什么等。

根据上行文、下行文、平行文和泛行文的行文方向分类，受文对象可以分为决策受文对象、执行受文对象、协作受文对象，以及没有直接执行协作关系的公文解读者。这四类受文对象有什么特点和需求呢?

（1）决策受文对象。上级决策者需要你清晰简洁地报告工作进展、问题的关键以及存在的困难、意见、建议等，给决策提供参考依据。

（2）执行受文对象。下级执行者（也包括不特定对象的执行者，比如通告，经常是面向一定范围的社会受文对象提出执行要求）需要你明确工作的要求、执行的标准等，他们要知道该如何执行，而不喜欢打官腔、讲套话的公文。

（3）协作受文对象。平级协作者需要你告知你的协作需求，他们要知道该如何上报本机关领导办理。

（4）公文解读者。这主要指的是具有宣传教育功能的公文，没有直接的公文受文对象。这些解读者对公文的需求是你的意见或建议、宣传内容是否有合理合法的依据或能否满足他们的心理预期和诉求。

站在受文对象的立场上进行思考，了解受文对象的需求，设身处地考虑对方的地位、执行条件、实际困难以及心理需求，对于改进文风、破除官僚主义也是很有必要的。

对各方意图或需求进行汇总的过程就是透过现象看本质的过程，也是逐步明确主题的过程。作为公文起草者，你需要搞清楚究竟要写什么、领导和受文对象想看到什么，以及各方对这篇公文的需求能不能达成一致。

你的总结提炼是对各方需求进行综合分析的结果。你不能不听领导的，也不能只听领导的，否则就成了唯上；你也不能只听受文对象的，不考虑本单位的实际情况和直接领导的要求。你要成为联结沟通公文主客体的桥梁，即**基于工作需求站在领导角度对受文对象负责**，如图 1–2 所示。

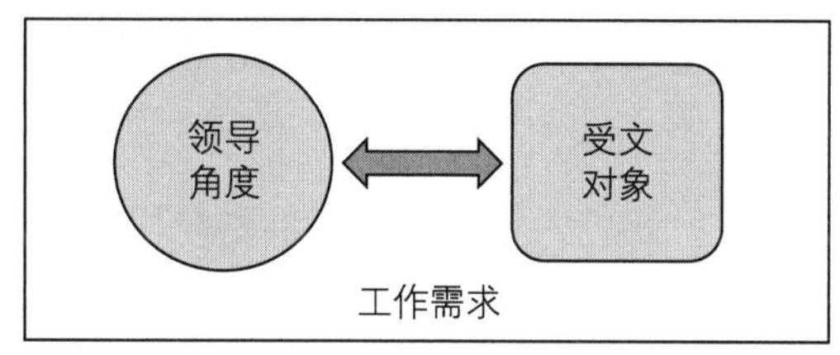

图 1-2　明主题

工作需求是现实约束条件。在你构思公文的时候，时刻不能忘记工作的实际需要，要在工作需求的框架中展开畅想。比如，要写一份发展规划，你就需要对未来做好规划。可以有超前性，但是要根据现实中规划实现的可能性来考虑。千万不能脑袋一拍，数据随便往上写。

领导角度就是领导的指示吗？请注意，领导是一个岗位角色，按照岗位角色的要求分析得出的结果才是真正的领导角度。领导对于工作起到把关定向作用，但是对于具体工作细节方面的需求，有时候不一定比公文起草者更加清楚。因此，公文起草者需要辩证地理解领导的意图，不能不顾现实条件盲从。

“受文对象”作为公文的“消费者”，是公文能否实现写作目标的最终检验者。受文对象与领导双方的意图能够达成一致是最佳状态。公文起草者需要将受文对象的需求和领导意图进行匹配分析，并及时向领导反馈相关信息，实现上情下达和下情上传。

尽管你只是公文起草者，但是对于公文需要写什么，你应该站在一个比各方更高的位置来把握，明确总体写作意图，确定写作方向和重点。

比如，你要向上级领导写一篇工作情况报告，但工作有很多方面，尽量不要面面俱到、平均用力，而是要考虑上级关注的重点工作、本单位做得比较好的工作，以及下一步推进工作需要的支持和条件，形成工作情况报告的主题。主题应该是一个相对聚焦的方向，要具有代表性。比如，同样写乡村振兴工作，有的写“党建引领”，有的写“造血机制”。同样的工作，不同的主题，写的内容也就不一样了。

综合考虑形成的写作主题，可以看成写作的总基调，也是展开后续步骤的前提条件。

环节 3　集资料：怎样快速高效地找到素材

在明确公文写作主题之后，就进入了公文写作准备阶段的最后一个环节——集资料。这个阶段资料准备是否充分，将直接影响后续的思考阶段能否深入而彻底。因此，集资料是为你的思考阶段准备素材的重要先导环节。

一张图在手，素材全都有

你可以借助图 1–3 所示的八个维度信息搜集法，围绕你的公文写作主题，设置搜集细分项目。图中共有四组八个维度的搜索方向，分别是：理论和实践；上级和下级；行业和跨界；过去和未来。

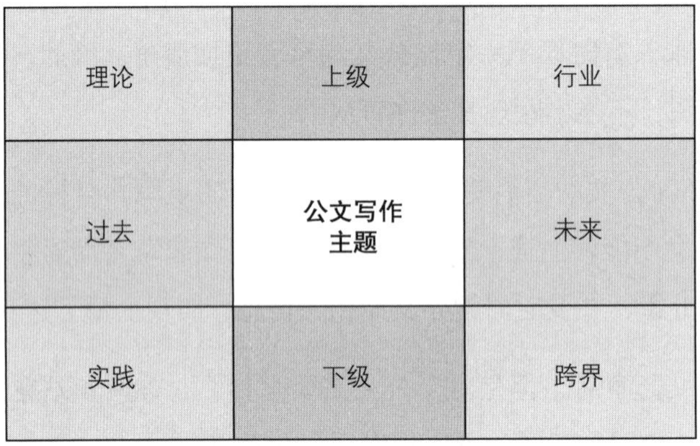

理论	上级	行业
过去	公文写作主题	未来
实践	下级	跨界

图 1–3　八维度信息搜集法

这四组每组有两个维度，都是相对关系。下面我会先解释一下八个维度的内涵和各自的侧重点，再结合具体的公文案例详细解释如何使用八维度信息搜集法。

（1）理论和实践。理论维度主要包括与这项工作相关的通用理论和专业理论。通用理论包括马克思主义理论、中国特色社会主义理论体系等关于这项工作的指导性理论。专业理论是与这项工作相关的专业性理论。例如，写环境保护相关的公文，通用理论有马克思主义生态观；专业理论则是环境保护的具体理论和方法。实践维度可以细分为成功实践与失败实践、同行实践和本单位实践，重点是实践所取得的经验成果、典型案例、数据资料等信息资料。

（2）上级和下级。上级维度可以从上级机关的政策法规、文件精神、领导指示等方面进行分析。下级维度主要包括下级机关的经验做法、存在的困难和问题、有价值的意见和建议等方面。

（3）行业和跨界。行业维度主要包括本行业的理论发展、实践探索以及本行业单位的典型经验等。跨界维度提醒你要注意，不要把眼光仅仅局限在行业内部。很多时候创新思想的迸发都来自跨界的理论与实践交叉借鉴，可以从跨领域的相关理论突破、创新举措、经验教训等方面进行分析。

（4）过去和未来。这是时间维度，提醒你需要把资料搜集的眼界扩大，在以上六个维度资料的搜集过程中，也要有这两个维度的意识。过去维度重在对历史的分析，包括对工作相关历史资料、总结分析材料等的掌握；未来维度突出前瞻视野，相关工作的理论发展趋势、对形势的分析预判等都包含在这个维度中。

在具体内容上，各维度之间有重复的地方，这样设置的目的是通过不同维度的交叉分析，保证你搜集的资料不会有遗漏。每个维度都有各自的侧重点，同样的材料从不同的维度搜集、整理、分析，可以得出不同的看法，进行更加深刻的思考。

这里以单位年终工作总结为例，示范一下八维度信息搜集法如何使用。很多人在考虑年终工作总结的时候，主要关注的是过去一年做了哪些事、做得怎么样。聚焦在事上，搜集的资料多数是关于工作本身的一些资料。对照信息搜集八维度，仅仅涉及上级、下级、实践等有限维度。在这些资料的基础上写出来的年终总结容易变成流水账。而用八维度信息搜集法，可以如表 1–4 所示列出需要搜集资料的具体方向。

表 1–4　　年度工作总结的八维度信息搜集表

理论	上级	行业
（1）中国特色社会主义理论体系相关内容 （2）与单位相关业务紧密相关的理论问题	（1）党中央及各级文件精神 （2）相关重要会议精神 （3）主管领导指示精神	（1）行业发展现状及面临形势 （2）行业同类单位发展状况 （3）行业前沿理论及实践效果

续前表

过去 （1）过去 3 ～ 5 年工作总结材料 （2）长期存在的矛盾问题 （3）过去取得的典型经验	年终工作总结	未来 （1）单位发展面临的时代形势 （2）可能出现的风险预判 （3）预期可能的增长点
实践 （1）年度工作的基本数据分析 （2）采取的措施及成效 （3）典型案例资料	下级 （1）工作任务执行情况 （2）遇到的矛盾问题 （3）取得的经验教训	跨界 （1）其他行业发展情况 （2）其他行业理论探索 （3）其他行业的创新举措

当然，这些并不是标准答案，你可以根据自己的思考进行调整。你可以灵活运用八维度信息搜集法。在搜集资料的时候，你可以建立八个文件夹分门别类存放这些内容。有些内容可以放在不同维度，根据你自己的判断归类即可，没有一定之规。

当你按照八个维度的 20 ～ 30 个方向去搜集资料时，试想一下你的写作素材将多么丰富。当然，资料搜集不只是搜集而已，对于搜集到的资料还需要进行沉浸式阅读，对主要理论观点、典型案例、基础数据等进行阅读梳理、分析归类。此阶段积累的素材为思考阶段找准问题、拓展思路奠定了坚实的基础，写作中的灵感、创新思路都建立在此基础上。

平时多用心，远胜临时抱佛脚

除了手头有任务时抓紧时间搜集资料，更重要的还是平时要多花时间积累资料。多积累资料能提升你的理论水平、政策水平和语料储备。这是个慢工出细活的过程，长期坚持方能大有裨益。

日常资料积累有四个重点方面。

（1）单位发展状况。及时跟进单位发展状况，不仅对公文写作很有价值，还对你找准自身职业定位非常有帮助。通过搜集单位年度工作报告、党代会报告、年终总结报告、大项制度文件等方面的资料，你可以准确把握单位发展的来龙去脉、未来规划布局，一旦要写公文，便能够迅速找准写作的坐标定位。

（2）相关政策方针。包括上级党委和机关指引的政治方向、中心任务，这是公文的理论立足点。可以通过阅读党报党刊获取信息，还要注意搜集上级机关的重要会议讲话、理论研究专题、工作调研报告等文件材料。这些文件不仅有理论高度，而且一般针对性很强，都是你把握上级精神的重要材料。

（3）行业相关材料。“知己知彼，百战不殆”。你要了解同行业单位的工作进展，便于取长补短；你也要特别关注其他单位的经验总结、创新举措。当然，这些单位的内部材料一般拿不到，但是你可以通过行业媒体的宣传报道、行业领域的文件通报等从侧面去了解掌握。

（4）理论发展动态。理论既包括中国特色社会主义理论体系，也包括工作业务涉及的专业理论，要广泛涉猎。公文写作高手的理论水平都不低。理论的积累很难，要把功夫下在平时，真学、真懂、真信，这样在需要理论支撑的时候才能信手拈来。

日常资料如何积累呢？很多人在平时看到什么好资料就复制保存，或者复印下来塞到文件柜里。一段时间下来，可能看似搜集了很多资料，但资料杂乱无章，需要的时候完全无法调用，这样等于没有资料。

对日常积累的资料要进行整理归纳、分门别类，归档存储时具体可以采取下面两种方法。

（1）摘要整理。阅读完相关材料之后，用非常简短（50 ~ 100 字）的语言概括材料的核心内容。你可以用穿孔活页夹对材料进行分类，每份材料都把摘要打印出来贴在第一页。你在翻阅活页夹的时候，只需要看摘要即可，这样可以极大地加快你的阅读和信息检索速度。

（2）思维导图整理。你可以把摘要换成思维导图，用软件画好思维导图后，将它打印出来贴在材料的第一页，便于你后期阅读检索。在写摘要和画思维导图的过程中，你还需要创造性地理解相关材料，这是对材料的精加工，可以让你对材料的印象更深刻，这也是深化学习记忆的过程。

互联网搜索≠百度一下

很多人的写作习惯是，接到任务后，上百度看看，搜一搜相关材料。网络时代，资料的来源极为丰富。但是，很多时候我们从网上搜来的材料质量不高，没有方法的话，你也很难在上面找到特别优质的公文材料。这是因为你的信息搜索水平还处于初级状态。如何提升信息搜集权威度和专业度呢？要注意做好以下两点。

（1）筛选信息源。你可以筛选并建立自己的信息源，需要搜索资料的时候，先从这些核心信息源搜起。这样的核心信息源大致可分为三类。

权威信息源。权威信息源包括两种，一种是官方网站，主要是中央政府及上级部门的网站。相关领导的讲话、各类重点文件都会发布在上面，最新的精神都蕴含其中。有一种搜索方法可以精准定位政府网站，即在你的查询词后面加上“site:gov.cn”（中间的冒号用英文半角，后面不加空格）。这样搜到的网页都带有“gov.cn”后缀（意为政府网站）。

另一种是权威媒体网站，包括《人民日报》《新华网》《光明日报》《学习时报》等。你可以把相关网站添加到网页收藏夹中，便于调取。此外，学习强国 App 也是非常权威的信息来源。

专业信息源。专业信息源主要包括本行业相关网站，中国知网、维普期刊网等论文网站，以及中国社会科学院、国务院发展研究中心等智库网站。对企业公文写作而言，行业相关网站、同类型企业的网站都是很好的专业信息来源，便于了解到最新的行业专业信息。写作重要材料前可以到中国知网搜一些相关论文，看看从学术的专业角度如何理解手头的问题，往往能从中得到很好的理论启发。

优质的 App。比如，得到 App 中有个全站搜索功能，能够检索电子书、课程、话题等所有内容中与检索词相关的内容。信息搜索也不一定局限于文字资料，像哔哩哔哩（B 站）这样的视频内容平台，也有很多高质量的信息会以中长视频的形式呈现。这些都可以作为信息来源。

（2）搜索一手信息。如果你需要写一篇关于“主题教育”的经验材料，你会怎样搜索信息？用关键词“主题教育”加上“经验材料”搜索吗？

这样搜到的大多是一些某某文库收录的质量不高的材料，而且可能还要收费才能阅读和下载。你从这些材料里得到的不过是二手信息。在搜索的时候，你可以换个思路，不要直接搜索“经验材料”，而是搜一些鲜活的一手信息。

比如，你可以用关键词“主题教育”加“评论”，搜索到关于主题教育的权威媒体评论、专家评论等理论性文章，这些文章可以为你提供很多新颖的观点，像新华社、《人民日报》的评论，都是你的理论观点的权威依据。

你还可以用关键词“主题教育”加“典型”，搜索到很多关于主题教育中涌现的典型人物、典型单位的新闻报道，这样的报道既有鲜活的故事，又有对典型经验的凝练概括，对于启发你的思路会很有帮助。

基于这些鲜活的一手信息，结合本单位的情况，你就可以进行材料的构思和加工了。这样比看二手的经验材料要好很多；否则，拼凑一些二手经验材料，往往很难与本单位的实际情况合拍。

第 2 章

深度思考：没想清楚之前千万别盲动

思考足够深入，见解才能深刻。作为公文写作流程的核心环节，思考是区分写作高手和普通写手的分水岭。搞清楚高手怎么思考，是快速提升写作水平的秘诀。

环节 4　找问题：怎样写出与众不同的新东西

公文高手分析问题总是鞭辟入里、深入浅出。高手是如何思考的呢？关键在于对问题的把握与分析。

领导说你写得不好，关键看这个点

衡量一篇公文好坏的根本标准是什么？是有没有让人眼前一亮的观点。新颖精彩的观点是好公文的灵魂。

大部分领导看公文，都是先看标题纲目。如果标题纲目没有令人印象深刻的观点思想，那么这篇公文的命运可能就是进入废纸篓了。很多人之所以觉得公文写作难，就是因为写不出好观点。写公文的时候，东拼西凑，翻来覆去写的都是那些人云亦云的观点，通篇都是官话、套话，尽管语言可能雕琢得很漂亮，但是没有实际价值，读起来就会味同嚼蜡。

那观点从哪里来呢？有的人可能会想，“没有观点，我就从一些理论书籍、学术文章中找观点，填充到自己的公文中装点门面”。这样写出来的公文，看似满篇引经据典，但实际上理论与实践两张皮，观点归观点、事例归事例。

精彩的观点借不来，别人的好观点放到你的公文中很可能水土不服，从而变成烂观点。

真正精彩的观点，一定是从问题中来的。瞄准现实中的问题进行分析研究，自然就会产生独到的观点。美国哲学家、教育家约翰·杜威（John Dewey）说：“把问题说清楚，就等于解决了一半。”爱因斯坦也说：“提出一个问题往往比解决一个问题更重要。”

因此，提笔准备写作前，你要搞清楚自己面对的是什么问题。要想让公文言之有物、指导有力，关键在于问题找得准，能够发现问题、分析问题、解决问题。

领导讲话部署工作，是为了明确工作目标和方向，是奔着解决问题去的。下达各类文件也是为了推进工作、解决实际问题。即使是最简单的公文，比如发一个会议通知，也是为了解决让参会人员了解会议日程和召开方式的问题。

需要说明的是，本书所说的“问题”不等于错误和不足。问题的含义非常广泛，不仅可以是负面的、需要解决的问题，也可以是正面的，比如典型材料中的经验亮点，这也属于我们在写作时需要找准的问题。

如何才能找准问题呢？

一是，要转变思维方式，认识到找问题才是写作思考的起点。很多人的写作习惯是，拿到任务就开始找一些相似的文章对照模仿。殊不知，别人公文中反映和解决的问题在你这里不一定存在，即使存在，具体表现和解决对策也是不一样的。因此，要记住，没找到问题千万不要开始动手写作，否则基本上是无用功。

二是，要知道从哪里找问题，锻炼善于观察和发现问题的能力。你觉得平时的工作都很平常，是因为你缺少发现问题的眼睛。这里给你一个**“上、下、新、旧、长”**五字口诀。

（1）上级精神落实中的问题。无论是政府机关还是企业，上级部门都会定期出台各种政策文件，领导也经常提出新的指导精神和要求。这些往往都是上级和领导根据现实工作中存在的问题，经过调研分析提出来的。要结合本单位现实情况创造性地落实好上级精神，就需要找准现实矛盾问题，并在落实的过程中及时跟踪出现的问题。

（2）下级实施过程中的问题。在开展工作的过程中，不能仅仅当“二传手”，不能把公文一发了之。要关注下级的现实情况，如下级落实有没有困难，困难怎样解决，是依托本级力量可以解决，还是需要请示上级解决，这些也是公文写作的重要问题来源。

（3）新情况带来的问题。随着新技术不断涌现（比如云计算、5G 技术、大数据技术、AI 技术等），经济发展环境、管理环境都在不断发生变化。写公文材料的时候，可以多思考面对新情况有哪些不适应的地方以及未来发展有什么样的新趋势，这些思考能把你带往新的方向。

（4）旧方法的不适应问题。事物总是在动态发展的，过去的好经验、好做法，现在未必还适用。人们对事物的认识总是处于螺旋上升的过程中，对旧方法、老套路的分析研究、升级改造，也是发现问题、解决问题的一个重要突破口。

（5）长期存在的难点问题。这些难点问题往往比较敏感，敢不敢碰触、能不能解决，检验的不仅是公文写作能力，更是真正解决问题的能力。公文只是解决问题的载体，写好公文的前提是要有直面问题的勇气，不能仅仅写一些你好我好大家好的套话，这是检验工作作风和公文文风的重要标准。

当你知道了找问题的重要性和方向后，还要有找问题的技巧。接下来，我们重点介绍挖掘问题的两个思考工具。

掌握两个工具，让你的思考更深刻

发现问题是水平，解决问题是能力。水平指的是在某一专业领域达到的高度。提升发现问题的水平，你需要掌握具体的工具。下面介绍两个具体工具，经常用它们观察思考，你就能不断提升发现问题的水平。

工具之一：黄金思维圈

"花半秒钟就看透事物本质的人，和花一辈子都看不清事物本质的人，注定是截然不同的命运。"这句电影台词曾被很多人引用。

从这句话中可以提炼出一个概念——本质思维。拥有本质思维的人，能够快速看透事物本质，而不是停留在表面和外围。

大多数人其实都处于表象思维层面，遇到事情的思考模式是"刺激—反应"模式。表现在公文写作方面，就是停留在现象层面去分析原因、找对策，最后写出来的内容连问题的边都没有摸到。要解决问题，就不能只停留在问题发生的层面思考分析。

下面介绍一个简单、有效的思维模型——黄金思维圈（见图 2–1）。

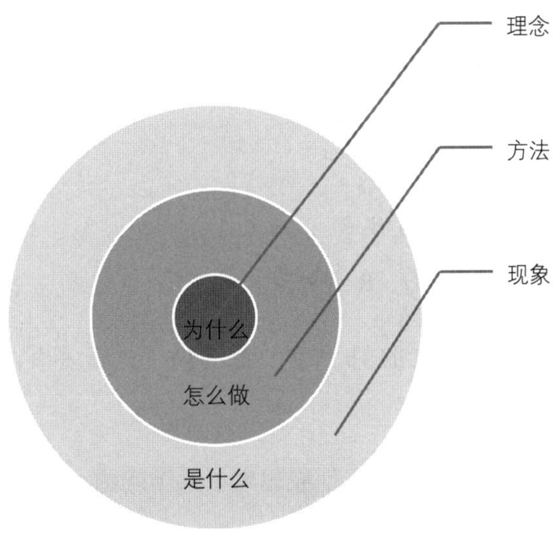

图 2–1　黄金思维圈

所谓“黄金思维圈”，就是“为什么”（why）、“怎么做”（how）、“是什么”（what）由内而外组成三层同心圆，对应我们看问题的三个层面。

第一个层面“是什么”，指事情的表象，也就是我们具体所做的每一件事情。

第二个层面“怎么做”，指我们通过什么样的方式去做我们想要做的事情。

第三个层面“为什么”，指我们为什么要做这件事情。

想想你平时习惯在哪个层面思考？有不少人都习惯于站在“是什么”的层面去思考，因为这样更轻松、更简单，所见即所得，被动地接收信息，然后基于表象去做一些反应和思考。这样得到的结论和观点往往也都停留在表象层面。

站在“怎么做”的层面去思考，看到一件事情时，能去观察背后的规律以及实现方法，并总结出一些方法论用于其他领域，这样的人比较少。而站在“为什么”层面去思考的人，则少之又少了。从“为什么”层面思考问题，目的是挖掘事物的本质。

要想养成黄金思维圈的思考习惯，最简单的方法就是遇到每件事情都不是直接接受，而是首先问一问“为什么”，问自己为什么要做这件事。

以写月工作总结为例。

甲是这样写的：

第一周做了 A、B、C 三件事；
第二周做了 D、E、F、G 四件事；
第三周做了 H、I、J、K、L 五件事；
第四周做了 M、N、O、P、Q、R 六件事。

甲按时间顺序写了从 A 到 R 的 18 件事，想着做了这么多事，报上去领导肯定会表扬吧？

同样是写月工作总结，再来看乙，他先思考了几个问题：

（1）领导要工作总结的目的是什么呢？首先是了解工作情况，更重要的是看看工作成果，以及大家对改进工作的思考。

（2）把工作事无巨细地罗列给领导看有必要吗？没有必要，选择领导关注的重点工作就可以了。

于是，乙的工作总结分成了三个部分：

第一部分是两项重点工作的成果和个人存在的不足；
第二部分是存在不足的提升计划；
第三部分是下个月的工作重点。

为什么只写两项重点工作？因为领导只关注重点，次要工作没有必要写。写工作总结这件事，如果用黄金思维圈来分析，“是什么”、“怎么做”、“为什么”分别是什么呢？

是什么：从表层看，工作总结就是对干过的相关工作的总结，看到这一层的人习惯罗列工作，从工作表面来分析得失。

怎么做：分析“怎么做”有两个角度。从“是什么”角度分析，“怎么做”不过是就事论事，对每项工作的具体做法进行分析；而从“为什么”角度分析，则是对工作的规律进行探究。

因此，先搞清楚“为什么”，才有可能得出正确的“怎么做”。例如，可以先写工作计划时，用黄金思维圈找到“为什么”，即计划的根本目标是什么，然后列出“怎么做”的计划，最后才是规划预期的工作结果“是什么”。

如果对遇到的事情都采用黄金思维圈进行思考的话，假以时日，你的本质思维能力会越来越强。对于很多问题你可能不需要反复假设和追问，凭借本能就可以抓住本质所在，这也就是所谓的洞见。

工具之二：5W 提问法找到根源

如果只知道找问题的方向，当面对复杂的现实情况时，可能还是不知道怎么进行深度挖掘。比如，知道工作总结要挖重点、找规律，可是分析能力不足，找不到、找不准怎么办？这里再给大家介绍一个工具，它用于专门针对具体问题进行纵向深度挖掘。这就是丰田公司的 5W（WHY）提问法（见图 2–2）。

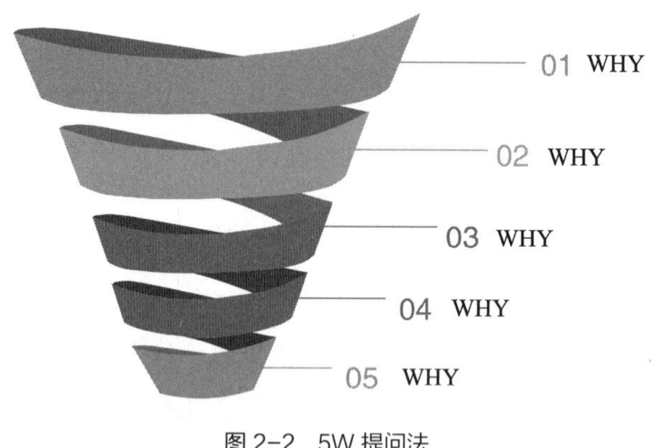

图 2–2　5W 提问法

丰田公司曾经有一台机器不运转了，普通人会问："为什么机器停了？"答案是"因为超负荷，保险丝断了"。如果问题仅问到这里，那么可能只能得到治标不治本的解答。为了找到问题的真正原因，我们要多问几个"为什么"。比如：

为什么机器停了？因为超负荷，保险丝断了。

为什么超负荷了呢？因为轴承部分的润滑不够。

为什么润滑不够？因为润滑泵吸不上油来。

为什么吸不上油来呢？因为油泵轴磨损，松动了。

为什么磨损了呢？因为没有安装过滤器，混进了铁屑。

经过追问上述五个"为什么"，你会发现需要安装过滤器。如果"为什么"没有问到底，换上保险丝或者换上油泵轴就了事了，那么几个月以后就会再次发生同样的故障。当你通过五 W 提问法查明问题的真正原因及背后的因果关系后，就可以开始探索真正的解决思路了。

你可能会问，当一个问题有多个答案时，怎么办？没关系，可以把这些答案分支都写下来，然后围绕每个答案分支进行追问，直到对全部分支都问一遍为止。最后进行综合分析，去掉不重要的因素，找出最根本的影响因素。

假设你的单位最近在一项重点建设项目上出现了问题，部门间配合不力，工作头绪多、打乱仗，领导让你牵头分析原因，提交一份分析报告。你可以使用 5W 提问法分析原因。

你可以先不看下面的分析，试着自问自答一下。没有标准答案，言之成理即可。这里提供一个范例供你参考。

（1）为什么各部门配合不力？

因为部门配合需要反复沟通，时间比较长。

（2）为什么部门配合需要反复沟通呢？

因为部门间沟通效率比较低。

（3）为什么沟通效率低呢？

因为各部门之间数据材料需要核对，时间较长。

（4）为什么数据材料的核对时间长呢？

因为各部门都是人工作业和审批，一个部门的负责人出差就会耽误事。

（5）为什么采用人工作业呢？

因为部门间办公业务数据系统不通，没有形成有效衔接。

那么，“办公业务数据系统不通”就是制约部门配合效率的一个关键问题。当然，在实际过程中，原因可能没有这么顺利就问出来，也不一定是一个原因。通过这样的不断追问，我们就能找到最接近本质的原因，这个原因就是思考的起点。

找到这个真正的原因，接下来就可以分析“怎么做”了，比如可以建立科学的协作机制、统一数据材料标准、打通数据之间的壁垒、运用先进的信息网络技术，等等。

最终呈现出来的成果“是什么”，就是可以建立高效的办公业务数据系统来解决这个问题。

发现问题是写作的起点，解决问题是写作的终点。通过不断追问本质，你对问题的敏锐性会不断提高，这其实也是工作能力提高的过程。

对于需要深入研究解决方法的对策性公文，都值得用黄金思维圈去思考真正的问题，或者用 5W 提问法找出根源所在，进而提出有效对策。

环节 5　拓思路：怎样从没想法到文思泉涌

有些人在找到问题后，可能就忍不住想要列提纲了，这时请千万忍住动手写作的欲望，因为此时你脑海中闪现的解决方法往往来自现有的粗浅思考，一般不太可靠。因此，找到需要研究解决的关键问题后，要开展全方位分析，结合前面搜集资料带来的初步想法，激活你的大脑，充分打开思路和视野。

思路不开阔？因为你的脑子不够“乱”

秩序来源于混沌，创造性思路不是一开始就条理分明的。因此，要打开思路，你需要做的就是让头脑尽量“乱”一些。这里需要用的工具是头脑风暴。

头脑风暴分两种，一种是多人头脑风暴，也就是通常意义上的头脑风暴；另一种则是一个人的头脑风暴。如果是团队写作，比如写发展规划、工作报告等，可以按照多人头脑风暴的方式进行。但更多的时候，我们都是自己一个人写作，召集相关人员进行头脑风暴的可能性不大，只能自己进行一个人的头脑风暴。下面分别介绍一下多人头脑风暴和个人头脑风暴的操作方法。

1. 多人头脑风暴

这是通常意义上的头脑风暴，即通过多人自由联想和讨论，激发新观念、新设想。

一些大项公文材料通常需要组织一个写作组起草。写作组成员来自与这份公文材料相关的人员，这是运用头脑风暴法的最佳条件。作为主笔人或写作的组织者，你可以按照下面的步骤组织多人头脑风暴。

第一步：确定议题。这个议题是在“找问题”环节发现的关键问题。在头脑风暴会议中，需要注意问题的颗粒度，即问题要具体，最好是可以直接提出针对解决方法的问题。如果你能充分运用 5W 提问法，你的问题的颗粒度应该不会太大。在头脑风暴中，过于宏观的问题难以聚焦并得出具体解决方案。例如，“如何提高招商引资效果”这个问题就比较大，不便于短时间聚焦讨论出有价值的观点方法，不如讨论“如何优化科技创新型企业的营商环境”。

第二步：准备工作。把上一阶段用八维度信息搜集法找到的资料整理好，发给与会者，并要求与会者围绕各自负责的领域准备好相关资料。同时把需要解决的问题，提前发给大家，让大家早点着手酝酿。

第三步：过程控制。在开展头脑风暴时，主笔者可以作为主持人，另外指定一名记录员。在开展头脑风暴前，需要明确三条原则：一是自由地畅所欲言，不设任何限制；二是不评价，更不能批评，再异想天开的想法也不否定；三是从数量中产生质量，事后梳理好观点。时间控制在 45 分钟之内为宜，因为超过 45 分钟，人的注意力就会开始分散。

第四步：提炼观点。把头脑风暴中产生的各种创想、设想、观点记录整理出来，确保原汁原味，不要做太多删减。

2. 个人头脑风暴

当然，更多时候只有你一个人在战斗，没有条件组织多人头脑风暴。你可以在自己的头脑中来一场一个人的头脑风暴。在这个阶段，千万不要限制你的思维，让想法天马行空、任意发散，列出的观点和事例越多越好。一个人的头脑风暴可以从角色视角和思考维度两个方向去发散。

（1）三种思考角色。一份公文材料涉及的内容通常可以从自己、同事和领导三种视角进行思考，从而产生很多不一样的看法。站在自己的视角比较简单，就是把自己的想法显性化；站在同事的视角稍稍有点难，你需要去了解同事的想法，如果有时间，其实也可以直接和同事聊天，将其想法记录下来；最难的是站在领导的视角思考，这需要你认真地把握领导的思维方式和领导可能关注的问题，跳出自己的局限从全局思考问题。

（2）五个思考维度。在不同的角色下，你可以综合运用以下五种思考维度，充分激活你的想法（见表 2–1）。

- 因果维度：对问题的原因、背景进行分析，对其可能产生的作用、影响进行推论。
- 空间维度：对问题的构成类型、层次结构进行分解，得出构成问题的元素。
- 时间维度：对问题的发展做历史考察，分析来龙去脉。
- 数量维度：对问题的数量、程度进行量化分析。
- 关系维度：对同类问题进行比较，对不同类事物的相似性进行分析。

表 2–1 个人头脑风暴思考角色 – 维度矩阵

维度 角色	因果维度	空间维度	时间维度	数量维度	关系维度
自己					
同事					
领导					

从上表展示的 15 个方面进行分析，你的想法一定会源源不断。

为了迅速记下你在个人头脑风暴过程中的想法，建议你用语音识别软件记录，不要用键盘输入记录。推荐使用讯飞语记 App，它能够快速高效地识别你说的内容。在说的过程中，要注意不要局限自己的思维，你可以站在不同角色视角上，围绕不同维度，想到什么就快速地说，不管思路是否正确、语言是否混乱，关键是尽可能地多说。

为了让你对思考方法有整体性认识，我们以 5W 提问法部分提到的“建立高效办公业务数据系统”这个问题为例继续分析。如果要“采购新办公软件”解决这个问题，就会涉及公司方方面面，包括信息部、分管领导、行政总监，以及软件的使用者。围绕这些角色以及可能涉及的维度进行头脑风暴，可以得出以下的内容（模拟思考出来的内容）。

在实际工作中，大部分人都在抱怨旧的办公软件效率低下，这足以说明旧的办公软件的确已经让人无法忍受了。这个办公软件还是五年前采购的，功能已经过时，就连基本的工作流程都很难完全适应，这次出现的业务数据系统不通就是明显的表现。信息部张杰说，有 80% 的员工抱怨过这个问题。再用两年的话，仅靠打补丁系统可能会崩溃，到时候公司的损失就不可估量了。当务之急是抓紧时间采购一款新的办公软件，功能上要能适应公司当前及未来三年的发展需求……

不过，新系统肯定会有人感到不好用，用习惯的系统要换掉肯定会遇到阻力。而且，在系统交接过程中，要保证公司业务不受影响，就需要制订周密的计划。所以，如果要让办公会领导认可购买办公软件系统，以提升办公效率的计划，就一定要讲清楚旧系统的问题和新系统的好处，要不然公司领导可能会担心更换系统会带来麻烦，而且需要花一大笔钱。尽管和现有系统崩溃带来的损失相比，这算不了什么，但是，毕竟那是还没有发生的情况，而这是现在就要花出去的钱。我必须让分管公司内部管理的张副总了解到，其他使用了这套新的办公软件的公司，员工的工作效率提高了将近 20%，而且软件公司承诺会根据我们公司的业务流程定制相关功能，可以极大地优化业务工作流程。

启用这个系统也不是很难，软件公司说三个月可以完成功能优化，并在一个星期内安装完毕。安装后需要培训，需要人力资源部刘梦经理协调安排培训计划，请软件公司派人员来公司培训。培训可以分批进行，不耽误工作。公司行政总监李明对办公系统十分了解，他会监督整个安装过程。一旦公司领导批准，就可以安排采购新系统。培训会花一些时间，但是在开始 30 天我们会进行分组培训，接下来两个月再针对业务流程进行培训。在培训过程中只要调配得当，一些工作就可以采取分工配合的方式，不会耽误现有工作进展。公司管理层没有理由不买新系统，不过要说服他们的确很难，尤其是现在，公司经营的各方面支出都在压缩，我必须把充分的理由摆在他们面前，这个计划必须制订得非常周全才行。

学会一张图，把想法落到纸面才靠谱

当我们用头脑风暴得出了思考结果后，以文字的形式呈现还比较混乱，看不出清晰的头绪，不便于进一步理清和拓展思路。此时可以用一个非常好的工具——思维导图，来对我们头脑风暴的结果进行整理和再创造。

思维导图是英国大脑思维专家东尼·博赞（Tony Buzan）发明的思维工具，能够通过图像、颜色、文字有效地表达发散性思维，如图 2–3 所示。

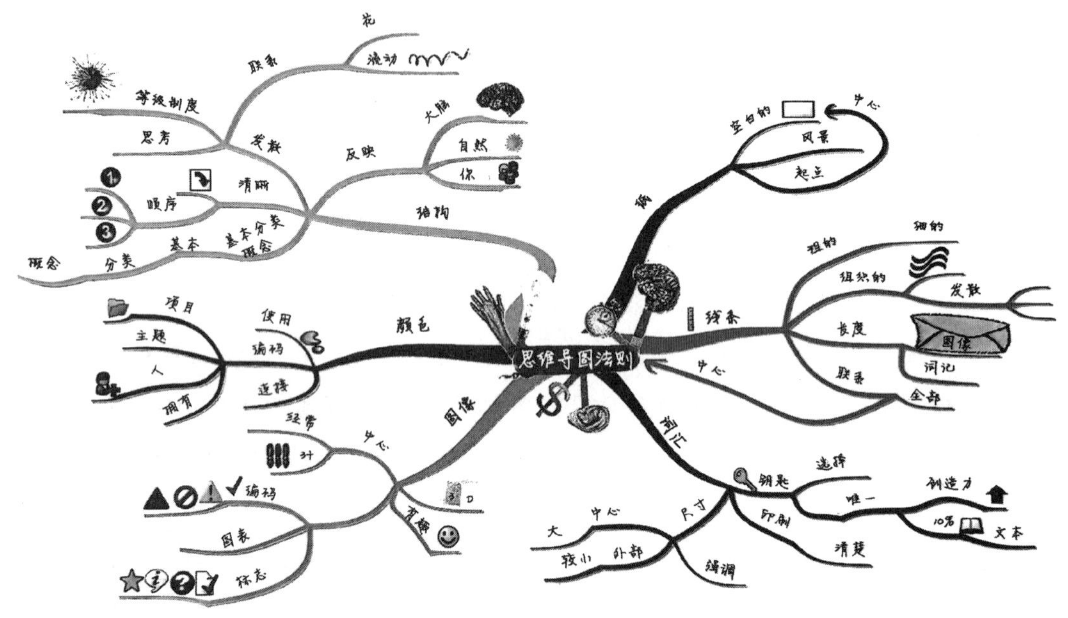

图 2–3　思维导图示例

资料来源：东尼·博赞《思维导图》。

这是一幅典型的思维导图，它由中心图像、基本要点和一级分支、二级分支以及次级分支构成。中心图像是你要研究探索的核心概念，基本要点是从中发散出来的第一层级的概念，以此类推。

现在有很多人把思维导图的作用窄化了，认为思维导图只是记录知识、帮助记忆的工具。其实，思维导图更是用来发散思维、进行创造性思考的好工具。

东尼·博赞指出，发散性思维过程也就是大脑思考和产生想法的过程，通过捕捉和表达发散性思维，思维导图将大脑内部的过程进行了外部呈现。本质上，思维导图是在重复和模仿发散性思维，这反过来又放大了大脑的本能，让大脑更加强大有力。

无论是多人头脑风暴，还是一个人的头脑风暴，得出的观点想法可能还是比较杂乱无序的，我们可以用思维导图对其进行整理、补充和拓展。

制作思维导图最重要的是规划好一级分支。你可以根据自己的理解和概括进行一级分支提炼。比如上面“采购新办公软件”个人头脑风暴的内容可概括为七个方面——问题、建议、好处、阻力、解决方案、实施过程、人员配合，如图 2–4 所示。

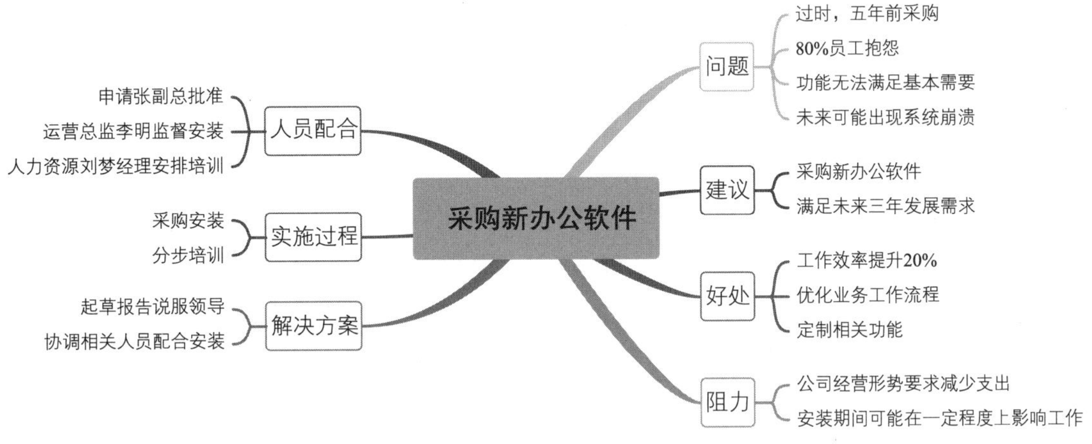

图 2–4　对头脑风暴内容进行思维导图整理

如果你的概括能力不是很强，你也可以借助一些思考框架进行分类整理，这里推荐两个比较好用的框架。

1. 5W2H。结构化思考工具 5W2H 包括七个问题，即为什么（why）、是什么（what）、何地（where）、何时（when）、谁（who）、怎么做（how）、多少钱（how much）。

2. BRIEF 分析法。

- B：背景（background）或开始（beginning）；
- R：原因（reason）或相关性（relevance）；
- I：包含的信息（information）；
- E：结果（ending）或小结（epitome）；
- F：跟进（follow-up），预料的问题。

你可以尝试用上面两种框架，整理一下关于采购办公业务软件的头脑风暴内容，看看是不是更加清晰了。

框架分类的方法还有很多，你还可以按进程、要素等进行分类整理，总之能够把头脑风暴的内容放进来就可以，并没有一定之规。

环节 6　理结构：怎样快速搭好写作大框架

当你用思维导图把头脑风暴的内容清晰呈现在纸面上的时候，其实已经进行了一定的结构化。不过此时的结构化还不足以让你直接开始写文章，因为这时结构往往还比较乱，有很多思维的触角需要修剪。所以，接下来我们需要进入理结构环节。理结构就是把思维导图变成文章逻辑结构图。

金字塔结构的类型和规则

公文写作要逻辑清晰、条理分明，要做到这一点，不仅要清楚公文文种的表层结构，即写几部分、每部分写什么内容，还要掌握公文结构形成的底层逻辑。作为实用性文章，公文结构的底层逻辑符合金字塔原理。金字塔原理是麦肯锡公司第一位女咨询顾问芭芭拉·明托（Barbara Minto）女士提出来的，现在已经成为结构化思考与表达的经典工具。

金字塔结构的类型

金字塔原理提出，表达的基本结构形似一个金字塔，故被称为金字塔结构。公文的标题大纲一般到三级主题即可，因此金字塔结构一般画三层，从上到下分别是中心主题、关键主题和次要主题。

在关键主题层面，根据归纳和演绎两种论证方式，金字塔结构可以分为两种——并联金字塔结构和串联金字塔结构。

并联金字塔的下层主题相对独立，支撑上层主题。上下层之间的纵向关系较强，横向关系较弱，如图 2–5 所示。

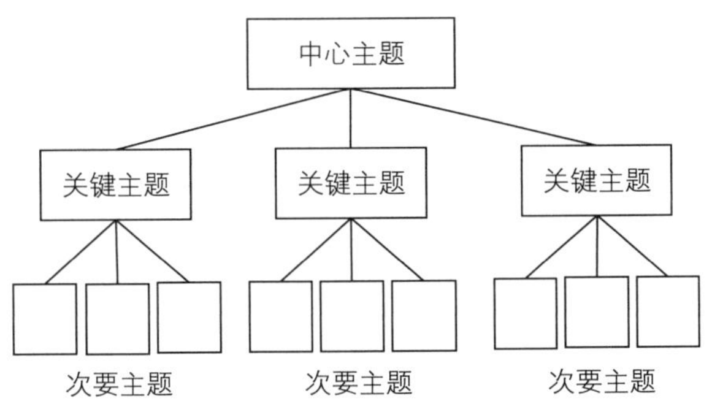

图 2–5　并联金字塔结构

例如，个人述职报告往往会要求从“德、能、勤、绩、廉”五个方面进行分析。“德”可以分为政治品德、职业道德、个人品德；“能”可以按照工作岗位职责条目进行划分，包括业务知识和业务技能；“勤”可以分为工作态度、工作作风和勤奋精神；“绩”可以分为履行岗位职责、完成临时任务；“廉”可以分为遵纪守法、克己奉公、洁身自好。

其中，个人述职是“中心主题”，“德、能、勤、绩、廉”作为关键主题相互之间是并联关系，分解后成为次要主题。这些主题间的横向关系比较弱，共同支撑上级主题，如图 2–6 所示。

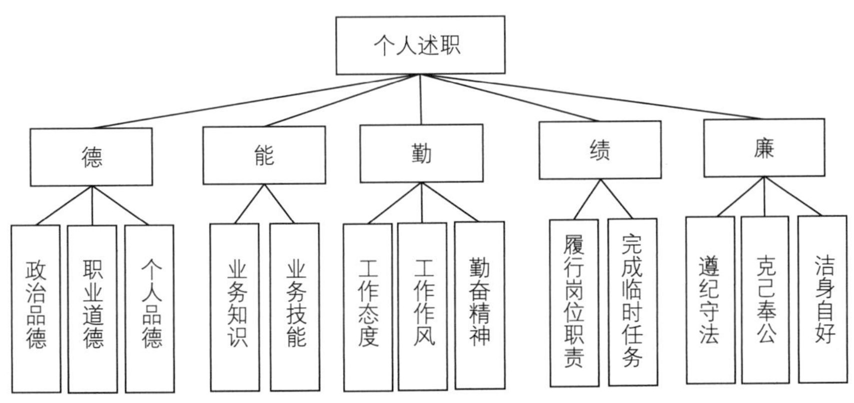

图 2–6　述职报告的金字塔结构

串联金字塔的关键主题之间具有较强的逻辑关系，层层递进，最右侧主题支撑上层主题，如图 2–7 所示。

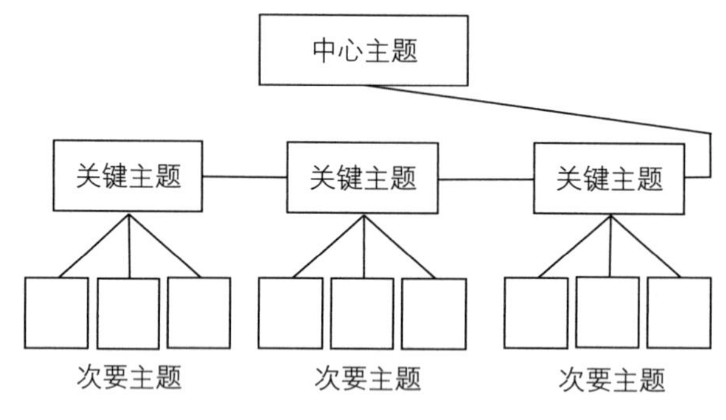

图 2–7 串联金字塔结构

例如，事故调查报告一般都是按照事故基本情况、发生事故的原因、解决方案的逻辑进行撰写的，其实就是“是什么”“为什么”“怎么做”这个经典的演绎逻辑，这也是公文写作中常用的一种演绎逻辑，如图 2–8 所示。

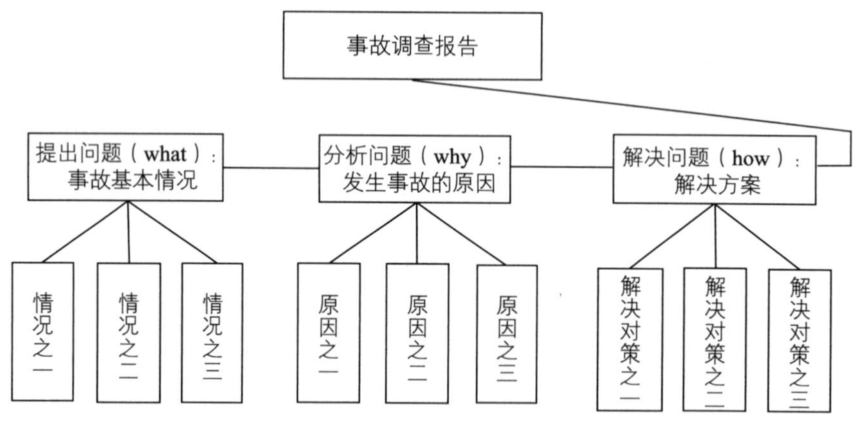

图 2–8 事故调查报告的金字塔结构

金字塔结构的规则

芭芭拉·明托在《金字塔原理》一书中概括的金字塔基本结构的规则是：结论先行、

以上统下、归类分组、逻辑递进。其实这些可以凝练成两句话，更便于记忆：以上率下、横向关联。

（1）以上率下。因为能够以上率下，位于上位的一定是结论，所以结论必须放在上位，而且能够涵盖下方主题。换句话说，纵向上任何一层次的主题必须是下一层次主题的概括。请看这个例子。

做好今年的经济工作，要切实做到“六个高度重视”：
一要高度重视稳企业，特别是民营企业；
二要高度重视控风险，特别是政府性债务风险；
三要高度重视破瓶颈，特别是项目落地难瓶颈；
四要高度重视畅就业，特别是畅通就业供求渠道；
五要高度重视增财税，特别是扶持和培育财税新增长点；
六要高度重视强文化，特别是加强文化惠民的力度。

发现问题了吗？第六条的“强文化”属于文化范畴，“经济工作”这个中心主题无法涵盖。在这里，第一句就是中心主题——经济工作要做到六个高度重视，这是结论，放在最前面统领下面的关键主题。

如果你不知道哪些概念在一个范畴里怎么办？这不是写作的问题，你需要补的是工作相关的基本知识。

如果你问“概括不出结论怎么办”这个问题，那就问对了，在后面我会详细解释如何概括出以上率下的结论句（中心主题）。

（2）横向关联。归类分组和逻辑递进其实就是横向之间有关联，即横向主题属于同一逻辑范畴，要按照归纳或演绎的逻辑顺序组织。根据人的思维规律，一般有四种横向关联方式。

演绎关联：指公文最常见的“是什么”“为什么”“怎么做”。

时间关联：指的是先后次序，一般用第一、第二、第三等来表示，比如制订销售计划，要依次明确重点方法、确定销售指标、分配销售任务。

空间关联：既可以指真正的空间关系，比如北、上、广、深；也可以是组织结构，如单位部门组成某种结构关系。

程度关联：指的是用重要性来分组和衡量，比如制约单位发展的三个关键问题。影响单位发展的相关问题很多，通过分析比较选择“三个关键问题”，其重要性应该是一致的。

如果写作时，横向主题间没有上述四种逻辑关联方式中的任何一种，或者多种掺杂在一起使用，那文章在横向关联的逻辑方面很可能是有问题的。

公文写作如何运用金字塔结构

接着前面的流程，我们来捋一捋金字塔结构的主要元素“中心主题”“关键主题”“次要主题”分别从哪来。

中心主题是在准备阶段的“明主题”环节就确定了；“关键主题”是在思考阶段的“找问题”环节，针对具体现象进行深度发掘后确定的；“次要主题”则是在思考阶段“拓思路”环节通过头脑风暴，再经过思维导图框定后确定的。

到了“理结构”环节，我们需要结合金字塔结构的类型和规则，对发散的思维导图结构进行收敛，变成更有逻辑的结构图，作为写作的基本框架。

两种思考方向构思公文金字塔框架

（1）自下而上思考。下级主题比上级主题更具体，自下而上思考是从具体到抽象的思考方式。通过这种抽象思考，你需要做到去粗取精、去伪存真。你可以按照下面三个步骤进行。

第一步：次要主题分组。按照前面提到的四种横向关联方式，对具有相关性的次要主题进行归类分组。

第二步：概括关键主题。对分组后的次要主题进行提炼概括，关键主题要能涵盖次要主题的信息。

第三步：精炼中心主题。对关键主题反映的内容进行综合梳理提炼，形成中心主题。

采用这种思考方式的典型公文是调研报告，需要尽量周密细致地搜集被调研单位情况，然后结合相关情况，进行自下而上的思考分析，最终得出调研结论。

（2）自上而下思考。自上而下思考适用于需要结合上级要求进行落实的公文。相对于自下而上的抽象思考而言，自上而下的思考需要还原思维，思考所费脑力会稍小一点，可以按照以下步骤进行。

第一步：确定中心主题。围绕上级要求和本级特点，确定中心主题内容。

第二步：分解关键主题。根据工作任务的性质、特点、要求，对中心主题进行分解。

第三步：归拢次要主题。结合关键主题，对与关键主题相关的次要主题进行归拢分类。

采用这种思考方式的典型公文是工作计划，对上级工作要求进行分析，结合本级工作任务分工、形势、环境等，确定工作中心（中心主题），围绕工作中心分解工作计划的各组成部分（关键主题），然后将相关工作归拢到次要主题中。

需要注意的是，在真实写作过程中，没有单纯的自上而下或自下而上思考，二者往往是交替进行的。比如，在进行调研的时候，你一般会带着预定主题自上而下开展调研，同时真实情况需要根据调研实际自下而上思考。工作计划的制订，也不仅仅是上级指标的层层分解，还需要结合下级情况进行具体分析。

自下而上体现了抽象思考能力，自上而下体现了还原思考能力，抽象提炼和分解还原是矛盾的对立统一体。没有单纯的抽象，也没有单纯的分解，抽象思考的过程伴随着分解思考，分解思考的过程需要抽象思维辅助。这是公文写作中需要交叉运用的两种关键思维能力。

三种金字塔架构方式

（1）演绎中心主题 + 归纳关键主题。关键主题采取演绎的方式支撑中心主题，次要主题采取归纳的方式支撑关键主题。以前面“采购新办公软件”的思维导图为例，提炼后的中心主题可以是“提升公司内部办公运行效率”，用“演绎中心主题 + 归纳关键主题”方式整理完之后如图 2–9 所示。

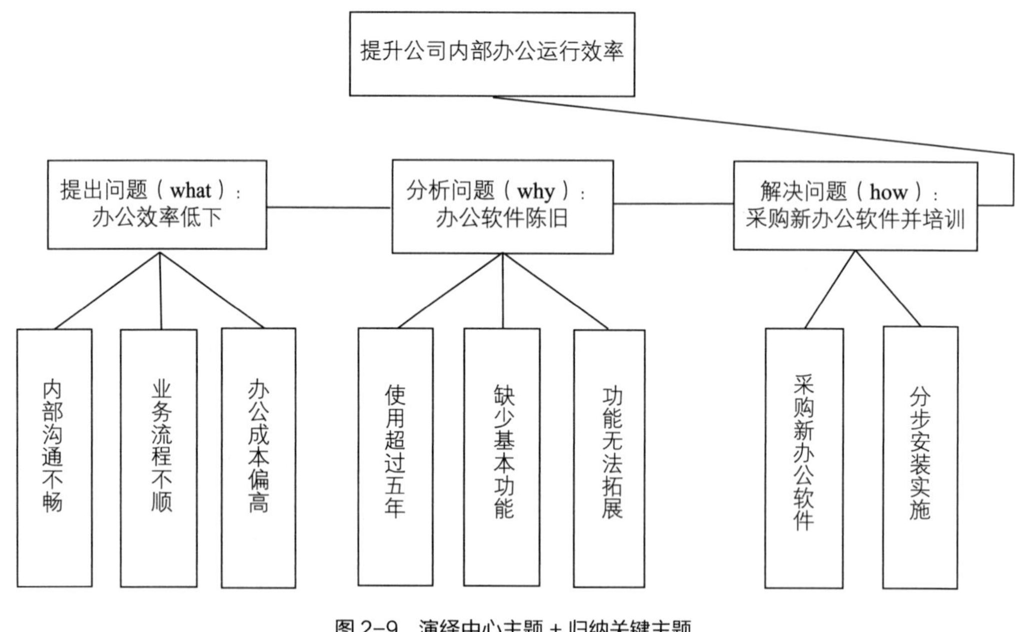

图 2–9　演绎中心主题 + 归纳关键主题

（2）归纳中心主题 + 归纳关键主题。关键主题与中心主题，次要主题与关键主题，均采用归纳支撑关系。

这是多数公文都会采取的方式，比如下面这篇关于深化改革的领导讲话，在讲成绩的中心主题“全面深化改革成效显著”之下，是这样组织金字塔结构的，如图 2–10 所示。

（3）归纳中心主题 + 演绎关键主题。在说理性比较强的内容部分，也可以用演绎方式组织次要主题对关键主题进行说明。还以上面关于深化改革的领导讲话为例，在谈认识的中心主题“增强全面深化改革的思想自觉和行动自觉”之下是这样组织金字塔结构的，如图 2–11 所示。

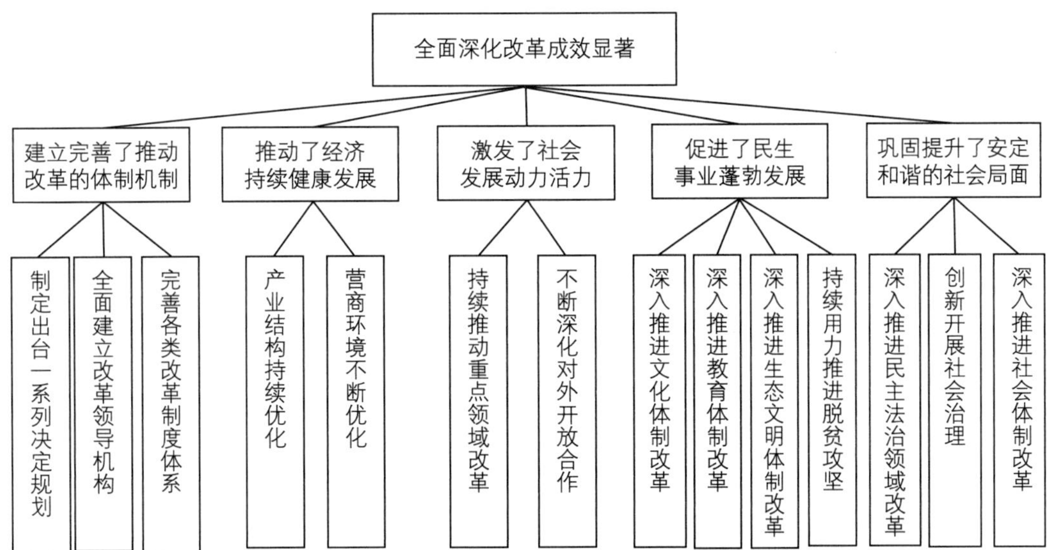

图 2-10　归纳中心主题 + 归纳关键主题

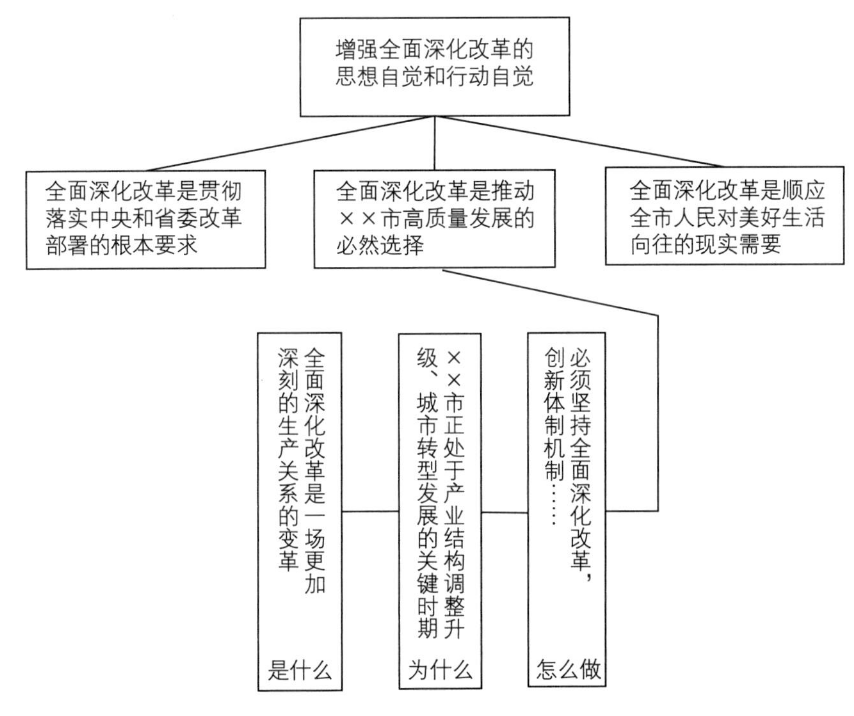

图 2-11　归纳中心主题 + 演绎关键主题

在上述三种金字塔架构方式中，第一种架构方式“演绎中心主题 + 归纳关键主题”的适用范围比较小，往往用于需要按程序说明问题的情况，如通报、调查报告等需要严格按照 2W1H 顺序进行分析的公文。因为演绎的逻辑链条比较长，最后才得出结果，所以在一般的公文中不用这样的表达方式，而是采用第二种和第三种架构方式。中心主题与关键主题采取归纳关系的好处是开门见山、简单明了。由于关键主题涉及信息跨度较小，内容比较具体，关键主题和次要主题采用归纳和演绎关系都可以讲清楚，因此可以根据不同的论证需要进行选择。

至于为什么没有“演绎中心主题 + 演绎关键主题”呢？一般不这样用，套叠两层演绎逻辑会让人难以理解。

遵循一个原则，分类绝对清晰

最后再强调一个必须遵循的原则——MECE（Mutually Exclusive Collectively Exhaustive）原则。MECE 原则意思是“相互独立、完全穷尽”，也可以翻译为“不重复、不遗漏”。

这个原则主要用在关键主题上，因为关键主题决定了整篇文章的逻辑是否严密。“不重复”是避免说同样的话，“不遗漏”是确保要说完整。而次要主题比较多，尽量符合即可，要求没有那么严格。

在理结构的过程中，无论是抽象思考还是还原思考，都需要遵守 MECE 原则。这里你可能会有些疑惑，不重复检查，我怎么知道自己抽象或者还原的内容有没有遗漏呢？这的确非常考验你的思维逻辑是否完备。这里教你一个小技巧，就是要多积累一些模型框架。前面我们在整理思维导图的时候用过的 5W2H、BRIEF 都是可用的框架。在涉及专业领域内容的时候，你还可以用专业相关领域的框架模型。

比如，分析公司竞争，可以用经典的波特“五力模型”，“五力”分别指的是同行业内现有竞争者的竞争能力、潜在竞争者进入的能力、替代品的替代能力、供应商的讨价还价能力、购买者的讨价还价能力。在研究战略、制定发展规划的时候，可以用战略分析工具“PEST 模型”。PEST 分别指政治（political）、经济（economic）、社会（social）和技术（technological）。在研究形势时，可以运用“SWOT 分析”框架。SWOT 分别指即优势（strengths）、劣势（weaknesses）、机会（opportunities）、威胁（threats）。类似这样的框架模型，在经济学、管理学中还有很多，你可以结合自己的需要进行选择。

上级精神中也有很多可以作为框架模型的。例如，习近平总书记提出的“创新、协调、绿色、开放、共享”五大发展理念，就是写工作总结的好框架，可以把相应内容归并到这五个关键词下，例如：

坚持创新发展，增强公司发展活力；
坚持协调发展，提升发展整体效能；
坚持绿色发展，确保企业发展可持续；
坚持开放发展，培育国际竞争优势；
坚持共享发展，追求多方合作共赢。

这样行文内容全面无遗漏，逻辑性严密，也符合上级精神。在分析过程中，如果发现有些主题或者信息不好概括到某个主题中，可以把这样的主题或信息先放在“其他”主题里。积累的信息多了，就比较便于看出相关性和相同特质，然后又可以基于“其他”的内容概括出新的关键主题。

当然，在实际进行公文结构分析的时候，不一定能够找到现成的框架模型套用，需要你自行设定框架。随着你在本专业领域的积累达到一定程度，对框架概括的提炼能力会不断提升，你将逐步成长为这个领域中的高手。

第3章

精准写作：让你一遍过稿的行文方法

写作，最终得靠写才能把所思所想变成文字。拥有精准简洁的书面表达能力，才能呈现深度思考的成果，而这需要长期的刻意训练。

环节7 拟标题：怎样让纲目先声夺人

根据规定，法定公文的主标题必须由发文机关名称、事由和文种三个要素组成，比较简单的法定公文（如通知、公告）的标题也有固定模式。本节主要探讨的是比较复杂的法定公文和事务公文的标题的写法。俗话说，题好文半成。拟出一套好标题，一篇文章就成功了一半。这里的“标题”是指包括主标题、一级标题、二级标题、三级标题在内的公文纲目。在拟标题这个环节需要做的是根据不同的文种类型、使用场合，对上一环节已经整理好的观点框架进行深加工，把干巴巴的观点变成精彩的标题。

掌握底层规律，万变不离其宗

合适的词句用在恰当的位置才能成为好标题。好标题可以有千变万化的语言组合，但万变不离其宗，下面重点分析一下标题的基本构成方式。

单句标题和复句标题

单句标题，就是标题由一个句子组成。复句标题，则是由两个或两个以上句子组成，但以两个句子占绝大多数。

先来看一套单句标题：

望闻问切把准基层所需
想方设法纾解基层所难
设身处地感知基层所盼

再来看一套复句标题：

农业现代化取得重大进展，农业综合生产能力迈上新台阶
脱贫攻坚战取得全面胜利，历史性解决绝对贫困问题
农村改革全面深化，城乡融合发展迈出坚实步伐
乡村振兴开局良好，“四梁八柱”制度框架基本建立

对比一下能发现，单句标题的表达方式比较简单直接，显得非常简洁有力，而复句标题承载的信息含量更多，表达的信息更加全面。对于公文写作者来说，重点要学习掌握的是复句标题的写法。

在公文中全篇都使用单句标题的比较少，单句标题主要出现在二级或二级以下层级的标题中，一级或二级标题一般采用复句标题，二者组合使用的场合比较多。例如，某市工作计划中的标题节选如下：

（二级标题）抓工业强市战略实施，构建现代产业体系
（三级标题）一是全力发展工业经济
二是大力发展现代服务业
三是加快发展现代特色农业
四是积极发展数字经济产业

在二级标题中，要表达总体的经济发展思路，需要用复句把做法和目标写清楚，而三级标题则是针对经济工作的不同方面进行阐述，涉及范围比较窄，用简洁的单句标题比较合适。

标题的要素组合方式

无论单句标题还是复句标题，都是基于“做法”“目标（成效）”“观点”这三个基本要素组合展开的。常见的组合方式主要有以下三种。

（1）做法＋目标（成效）。这类标题多用于工作计划、工作总结、工作报告等务实类型的公文中。“做法＋目标”指向未来，可用于工作计划类公文；“做法＋成效”指向过去，可用于工作总结类公文。

来看这样一组标题，这是从某单位加强管理工作动员会上的讲话中节选出来的：

大力加强“八小时以外”的管理，积极倡导争做认真负责的监管人
留心交往圈，做监督管理的“细心人”
盯紧生活圈，做监督管理的“铁面人”
把住工作圈，做监督管理的“监护人”

这是“做法＋目标”组合，每一句标题的前半句是“做法”，后半句是“目标”。

再来看这样一组标题，这是从某单位思想教育工作报告中节选出来的：

积极创新教育方法，用生动活泼的形式增强教育的吸引力和感染力
把党史搬上讲台，在传承历史荣誉中增强教育的吸引力和感染力
用环境陶情励志，在构建精神家园中增强教育的吸引力和感染力
让群众担当主角，在相互交流启迪中增强教育的吸引力和感染力
引科技进入课堂，在改进施教手段中增强教育的吸引力和感染力

这是“做法＋成效”组合，每一句话的前半句是“做法”，后半句是“成效”。比较简洁的单句标题也可以使用“做法＋成效”组合，例如以下标题：

××市交通局三举措优化区域交通组织

以“加法”构建优质交通体系

以“减法”打造有序交通环境

以“乘法”提升片区交通品质

“三举措”是“做法”，“优化区域交通组织”是“成效”。二级标题也是这个逻辑，只不过“加法”“减法”“乘法”用了比喻的方式，其实还是“做法”。

（2）目标（成效）+ 做法。目标也可以放在做法前面，这类标题适用于指向未来的计划类公文；成效放在做法前面，则适用于指向过去的总结类公文。例如下面这些讲大学建设的公文标题：

一流大学要成为世界人才高地，必须努力提升高层次创新人才自主培养能力

一流大学要成为科技创新高地，以高水平创新成果为国家科技自立自强提供有力支撑

一流大学要成为国际交流合作中心，在开放创新、交流合作中提升人才培养能力和科技创新能力

一流大学要当好教育改革的排头兵，把深化改革作为提升办学水平的强大动力

这是“目标 + 做法”组合，领导在动员部署会上讲话时经常用这样的标题句式。讲清楚目标，然后有针对性地提出做法，这是这类标题的逻辑。

（3）观点 + 做法。这类标题多见于务虚性的心得体会、领导讲话中，比如下面这套标题：

绝对忠诚是从政根本，必须作为党员干部的“生命线”始终坚守

敢于担当是基本素质，必须作为党员干部的“主旋律”始终高扬

慎独干净是道德操守，必须作为党员干部的“高压线”始终敬畏

前半句是观点认识，后半句是做法。观点认识要有高度，具有一定的哲理思想。

再比如调研报告中的经验启示部分，也经常用这样的“观点 + 做法”式标题：

必须着眼于坚持和加强党的全面领导、促进机关治理和事业发展，高位推进机关党建工作

必须树立系统观念、加强整体建设，推动形成各负其责、各方协同、统筹推进的机关党建工作格局

必须坚持常抓不懈、常态长效，不断健全、持续推进机关党建工作的制度机制

必须聚焦突出问题、精准发力，推动机关党建工作创新发展

总而言之，标题包括单句和复句两种句式，通过“做法”“目标（成效）”“观点”三种要素的排列组合，即可形成各种各样的标题。掌握了规律，标题其实就没有那么难写了。

用好五种方法，扮靓你的标题

先来看某领导在“声博会”开幕式上致辞的标题：

创新先“声”夺人

布局有“声”有色

发展风“声”水起

影响“声”价倍增

支持掷地有“声”

“声博会”是与声音相关的展会，领导致辞把“声”字巧妙嵌入，并用了成语和类似成语的形式，是不是非常精巧？

下面我们介绍五种标题写法，可以让你的标题更加形象生动。

对仗法

对仗法最基本的要求就是同级标题从字数来看是一样的，工工整整。上面的致辞标题就是标准的对仗标题。工整是公文标题写作的基本功。从事公文写作就要从把标题写得工整对仗开始练习。

不少人在写对仗的标题时只是把字数凑整了，即不知道真正好的对仗和律诗很像，在同一位置用的词语的词性都要是一样的。有不少标题并不一味追求字数一致，但是在同一位置用词的性质必须一样。比如下面这组标题：

改造升级“老字号”，推动传统产业焕发新活力

深度开发“原字号”，抓好资源精深加工延长产业链

培育壮大“新字号”，发展新兴产业打造动力源

每个标题的后半句是“做法 + 目标”。“推动”“抓好”“发展”是动词,“传统产业”“资源精深加工”“新兴产业”是作用对象，二者加起来就是“做法”；“焕发新活力”“延长产业链”“打造动力源”则是“目标”。你可能会发现，例句是复句标题，前半句也是“做法”，后半句从整体上又是“目标”，所以这组标题的写法很巧妙。

串珠法

串珠法，就是在同一层级标题中，同样位置都有闪光的“珍珠”的方法。所谓“珍珠”就是提炼的关键字 / 词。这些“珍珠”串起来，就成了贯穿标题的“文脉”。比如下面这组标题：

用好用活“学”字诀，在夯实真学真懂这个基础上不动摇

用好用活“做”字诀，在抓住笃行求实这个关键上不懈怠

用好用活“改”字诀，在掌握即知即改这个方法上不打折

用好用活“领”字诀，在强化以上率下这个牵引上不落空

用好用活“常”字诀，在扭住支部建设这个重点上不放松

用好用活“促”字诀，在聚焦担当作为这个标杆上不停步

用好用活“担”字诀，在强化组织领导这个保障上不松劲

在这组标题中,“学”“做”“改”“领”“常”“促”“担”这七个字就是工作思路的“珍珠”，串起来就变成了工作方法“七字诀”。因此，寻找提炼“珍珠”的过程，其实就是对工作进行概括总结的过程。能否找到关键点，并用合适的字眼提炼表达，反映出作者对工作

的思考深入程度。

串珠法，可以用一个字来串，也可以用一个词来串，称为“同（异）字（词）串珠法”。上面举的例子是用“异字”串联，是用不同的字串起来的。而开头我们提到的“声博会”领导致辞的案例中，先“声”夺人、有“声”有色、风“声”水起、声“价倍增”、掷地有“声”，用的是同一个“声”字，以及不同的五个成语（或谐音类似成语），即“异词”串起标题。这些字或词要能够形成一个逻辑整体。

比喻法

在标题中加上比喻词，往往能使标题更加灵动，这种方法在领导讲话、经验材料中用得比较多。比喻法的使用基本要求是比喻要恰当，不能生拉硬套，把不相干的词拿过来打比喻。更进一步，如果几个标题中的比喻词能够有一定的逻辑关联就更好了。请看下面这组标题：

抓机制保障，夯实基层党建工作基础，用好党建工作“指挥棒”

抓教育管理，强化党员思想政治素养，树好基层党建“好品牌”

抓宗旨践行，发挥基层组织主体作用，配好基层党建“金钥匙”

抓从严治党，扎紧反腐倡廉制度保障，画好基层党建“标准像”

每个标题中的比喻词用得都还比较恰当，单看没有什么问题。但是“指挥棒”“好品牌”“金钥匙”“标准像”这四个词，没有什么关联性，因此这组标题中的比喻用得不算特别优秀，只能算是良好。

再来看下面这组标题：

做好“老树新枝”的文章，加快提升传统产业

做好“插柳成荫”的文章，积极培育新兴产业

做好“育种蹲苗”的文章，大力推进创新创业

单独来看这里的三个比喻词，“老树新枝”中的“老树”比喻传统产业，“新枝”比喻提升；“插柳成荫”取无心插柳柳成荫之意，比喻新兴产业培育；“育种蹲苗”则是指

从种子、苗木开始培育，比喻创新创业从 0 到 1，非常贴切。更厉害的地方在于“老树新枝”“插柳成荫”“育种蹲苗”三个词都是与“树木”相关的，三者形成了紧密关联。这组标题可以说是把比喻法用得非常精准到位了。

引用法

引用法，顾名思义就是在标题中引用一些诗句、名句、成语等的方法。写这种标题的要求很高，需要有很强的文学储备，引用的词句要符合句意，而且一组标题中引用的诗句、名句、成语最好字数一样。请看下面两组标题：

要牢记“无非一念救苍生”的情怀，一生一世“守初心”
要秉承“埋骨何须桑梓地”的勇气，尽职尽责“担使命”
要追求“风物长宜放眼量”的境界，对标对表“找差距”
要发挥“敢教日月换新天”的精神，善作善成“抓落实”

这组标题中引用的诗句与串珠法的词语“守初心”“担使命”“找差距”“抓落实”构成了完美的呼应关系，并且动词“牢记”“秉承”“追求”“发挥”，名词“情怀”“勇气”“境界”“精神”，每个位置都完美呼应，读起来文采飞扬、气势磅礴。

从小事小节上守起，要有“欲病救萌、防微杜渐”的慎初意识
从小事小节上守起，要有“堤溃蚁孔、气泄针芒”的慎微观念
从小事小节上守起，要有“莫见乎隐、莫显乎微”的慎独精神

这组标题中引用的成语与“慎初意识”“慎微观念”“慎独精神”对应，内涵丰富，有的还非常新颖，读来令人耳目一新。

对比法

对比法是指在标题中使用两两对应的对比词的方法，这种写法能够体现一定的辩证思维，反映事物的发展方向，阐明事物的两面性。例如下面这组标题：

树导向，既要科学考评，也要兑现奖惩

建机制，既要解决问题，也要形成长效
明责任，既要严肃问责，也要容错纠错
抓典型，既要正面宣传，也要反面警示

前半句是“目标”，后半句是“做法”，“做法”采用的就是对比式标题，“既要……也要……”的句式能够很好地表现出工作的两面性，说明要统筹兼顾、不能偏废。这样的标题能够彰显作者思维的深度，因此很多领导在讲话时喜欢用这样的标题。

总结一下，上述五种方法，对仗法是基础，其他四种可以和对仗法搭配运用，能在一组标题里巧妙地用上两种以上，就是非常好的公文标题了。从对仗法开始，难度逐级提升，引用法和对比法对写作者的要求非常高。所以在刚开始练习的时候，一定要先把对仗基础打牢，再搭配运用其他方法。

你可能会问，为什么这样的标题会让领导觉得好呢？因为领导时间有限，他们看公文都是抓住关键标题和关键段落。标题中如果不能体现核心价值，没有概括内容重点的醒目字眼，就会让领导觉得不知所云。这种对标题的提炼能充分证明你对问题的认识水平。

有人眼中只有事、没有理；有人则能见事明理，跳出问题本身看问题。领导自然更倾向于后者对标题的处理，能体现写作者对问题的清晰认识。把这些认识提取出来放到标题中，你的公文立马会提升几个档次。

这里还需要提醒一点，重要公文的纲目列好后，一定要先送给领导审阅一下，请领导把关，然后才能开始正文写作，以确保不走冤枉路。

当然，运用好这些方法的基础是你对公文的话语体系足够熟悉，才能提炼概括、推陈出新。在本册“语言技巧”部分，我搜集了由五种方法衍生的七种类型的标题素材供你借鉴。建议你顺着本书搜集的思路，在工作中继续充实完善属于你自己的标题素材库，越积累越熟悉，越能写出好标题。为便于你记住这五种方法，可将写出好标题的口诀总结如下。

对仗是基本，精准是进阶。

同异字串联，比喻明亮点。
引用见水平，对比显辩证。
标题要写好，勤练少不了。

环节 8　填内容：怎样让段落充实饱满

当你列出了一套好标题，那就万事俱备只欠快写了。此时要加快速度，以你最快的速度进行写作。请注意，这个顺序不能颠倒，千万不要在拟标题之前就快写，那样你得到的可能是一堆文字垃圾。快写不是没有技巧的乱堆素材，而是要按照一定的方式方法来加快写作速度。

三个妙招，告别破题难

万事开头难。不少人在写作的时候，往往在第一段就被卡住了，抓耳挠腮迟迟不能动笔，这就是不会破题。破题就是在公文开篇要用几句话对主题点破要义，在每一部分开头要用几句话对本级标题点破要义，以便于阅读者理解全篇以及各部分的要点。在行文破题的时候，有三个妙招能够帮助你快速写出破题句。

1. 引用上级精神破题

这是公文写作中用得最多的破题方式。公文作为贯彻上级精神的公务文书，最重要的写作依据就是上级精神。这里所说的上级精神，包括领导讲话、政策方针、文件要求等，它们都可以作为破题起笔的内容。比如,《推动文化和旅游高质量发展》开头第一段：

党的十九届六中全会通过的《中共中央关于党的百年奋斗重大成就和历史经验的决议》(以下简称《决议》) 是一篇马克思主义纲领性文献。习近平总书记在省部级主要领导干部学习贯彻党的十九届六中全会精神专题研讨班开班式上的重要讲话，具有很强的政治性、理论性、指导性，对我们学习好贯彻好党的十九届六中全会精神具有十分重要的意义。文化和旅游系统要深入学习贯彻习近平总书记重要讲话精神和党的十九届六中全会精神，在新时代推动文化和旅游高质量发展。

这是全篇的破题段落，清楚地讲出了整篇文章的写作依据，即推动文化和旅游高质量发展的依据，列举了相关文件、领导讲话精神。这种写法相对比较固定，没有更多可以创新的地方，必须先列举重要上级精神，然后写明“××单位要贯彻……，推动……”

还是在《推动文化和旅游高质量发展》这篇文章中，在“把握新时代文化工作的前进方向”这个一级标题下，写作者是这样破题的：

习近平总书记指出：“中国共产党是具有高度文化自觉的党，党的百年奋斗凝结着我国文化奋进的历史。”《决议》对百年来党领导文化建设的奋斗历程进行了深刻阐述，特别是对新时代党领导文化建设的重大成就进行了系统总结，为我们做好新时代文化工作指明了前进方向、提供了根本遵循。

这里先引用了领导讲话，然后对文件要求进行了阐释。全篇破题都是紧紧围绕上级精神展开的。

2. 阐明现实问题破题

不讲过多大道理，开门见山列举问题，也是当前以问题为导向、转变工作作风后，领导非常喜欢的一种公文破题方式。

比如，在一篇调研报告中，在“主要做法”的二级标题“（一）健全抓税务系统党建的责任体系，强化‘纵合’的效果”之下，写作者是这样破题的：

针对税务系统党建“条”上责任落实不到位、与“块”上结合难的问题，税务总局党委坚决扛起主体责任，以落实党建责任为着力点，健全工作链条、逐级压实管党治党政治责任，加强条块协同、推动建立齐抓共管工作格局。

起笔就是问题，紧跟着就是党委的工作思路，非常干净利落。

3. 阐释具体内涵破题

这是指对标题中涉及的要点进行解释分析，让大家对标题的理解更加深入。比如在一篇落实全面从严治党动员部署会上的讲话中，在总结工作的标题“党组的领导核心作用得到了充分的发挥”下面，写作者是这样破题的：

人大党组是区委的派出机构，是我们人大机关的领头雁，我们继续把巩固“不忘初心，牢记使命”主题教育成果，及时转化成人大工作的伟大实践，从大处着眼，从小处着手，带领机关的所有同志继续深入贯彻落实全面从严治党。

这就是对标题进行了进一步的阐释，既是对标题的补充说明，又引出了后续的具体工作做法总结。

一个模型，理顺段内布局

破题之后，紧接着就是每个具体段落内容的写作。段落一般由两个或两个以上的句子组成，这些句子在意义和结构上联系非常紧密。公文标题有其逻辑顺序，在每个段落内部，各句子与句子之间，同样有特定的逻辑顺序。如同公文的篇章结构可以简单划分为开头、主体、结尾一样，一个段落也可以划分出主题句、支撑句、收束句三部分。

包括标题在内的公文语段可以用金字塔模型来表示，最顶层是标题，第二层是主题句，第三层是支撑句，最后是收束句，如图 3–1 所示。从语义内涵逻辑来看，主题句一般是阐明“为什么”，支撑句阐明“做什么”以及“怎么做”，收束句点明目标。在很多公文的行文中，也可以省略收束句。

“为什么”是“做什么”的依据和目的，“怎么做”是为“做什么”而制定的具体的方法和措施。

这与之前提到的黄金思维圈关系很密切，当你用“黄金思维圈”把每段涉及的问题想清楚之后，就可以用“2W1H”来展开段落论述。

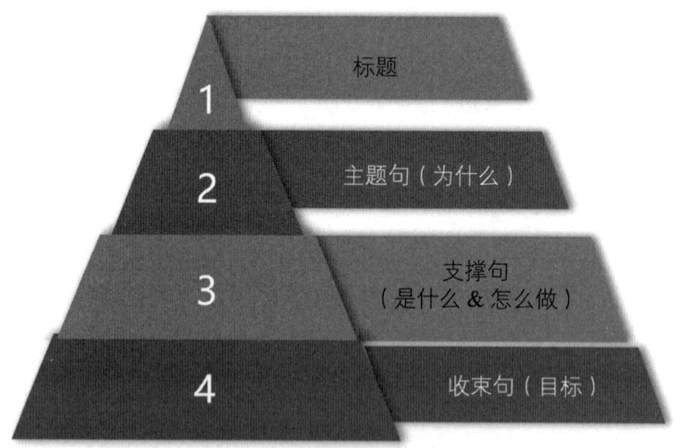

图 3-1　段落内容布局金字塔模型

我们可以来看一篇某领导讲话稿中的一个段落。

第一，要稳字当头，以稳中求进论英雄（标题）。习近平总书记强调，稳中求进是当前和今后一个时期党和国家工作总基调（主题句“为什么”）。这些年，合肥始终坚持蹄疾步稳、稳中求进，干成了很多想干的大事，办成了很多难办的急事，做成了很多该做的好事，也留下了很多让人津津乐道的故事（支撑句“是什么”）。今年，面对宏观形势，最关键的是要持续激发市场主体活力，全力实施“保主体、增主体、强主体”集中行动，全面摸排、梳理，及时、精准施策，使得“保主体”，应保尽保，“留得更多青山在”；“增主体”，多增快增，以最快速度让最好项目获得最优资源；“强主体”，能强全强，形成更多枝繁叶茂根深的“参天大树”……（支撑句“怎么做”）建功新征程，我们要坚持先立后破、稳扎稳打，推动合肥高质量发展行稳致远（收束句“目标”）。

在不同类型的公文中，“为什么”和“是什么”也可以省略，但是“怎么做”必须留下来。如果没有“怎么做”，那么公文就变成纯粹的理论文章了。例如，以下是省略了“为什么”和“是什么”的工作总结段落。

科技创新取得新成果（标题）。全力服务保障“国之重器”，量子创新院 1 号科研楼、聚变堆园区全面建成，大健康研究院、先进计算中心正式运行，先进光源、量子精密测量实验设施纳入国家规划。中科大高新园区投入使用，“科大硅谷”有序推进。出台科技创新条例，设立合肥科技创新日，组建科创集团，举办首届中国（安徽）科交会，合芜蚌国家科技成果转移转化示范区获批建设，超导、加速器、大功率微波等技术加速产业化。国家高新技术企业净增 1200 户以上，技术合同交易额突破 700 亿元，全社会研发投入强度达 3.5%。量子信息技术保持国际领先，“人造太阳”刷新世界纪录，年度国家十大科技重大突破合肥独占四席，拉曼光谱等 11 项成果荣获国家科学技术奖（支撑句）。

注意，这里直接用支撑句跟在标题后面，多见于“干货”性质的公文材料中，不需要阐述过多理论。因为是总结，所以这里的“怎么做”是以成果的形式写出来的。

再例如，以下是省略“为什么”的意见段落。

完善统一的产权保护制度（标题）。完善依法平等保护各种所有制经济产权的制度体系（支撑句）。健全统一规范的涉产权纠纷案件执法司法体系，强化执法司法部门协同，进一步规范执法领域涉产权强制措施规则和程序，进一步明确和统一行政执法、司法裁判标准，健全行政执法与刑事司法双向衔接机制，依法保护企业产权及企业家人身财产安全。推动知识产权诉讼制度创新，完善知识产权法院跨区域管辖制度，畅通知识产权诉讼与仲裁、调解的对接机制（支撑句）。

总之，在段落布局金字塔模型中，对不同模块进行增减，可以得到适用于不同类型的公文的段落内容。

句式结构，快写的催化剂

要提高写作效率，还需要积累大量公文常用句式，这样在写作的时候只需要套用或修改一下，就可以写出非常成熟的公文语句。

指导思想句式

“指导思想”是规划、意见、工作报告等重要公文中必须要写的一段话，要求有较高的认知水平，以奠定整篇公文的基调。"指导思想"具有相对固定的句式，看起来好像不难，但是很多人容易犯的错误是直接照搬照抄别的材料，没有写出针对性。

例如，《中共中央国务院关于加快建设全国统一大市场的意见》的指导思想如下。

以习近平新时代中国特色社会主义思想为指导，全面贯彻党的十九大和十九届历次全会精神，弘扬伟大建党精神，坚持稳中求进工作总基调，完整、准确、全面贯彻新发展理念，加快构建新发展格局，全面深化改革开放，坚持创新驱动发展，推动高质量发展，坚持以供给侧结构性改革为主线，以满足人民日益增长的美好生活需要为根本目的，统筹发展和安全，充分发挥法治的引领、规范、保障作用，加快建立全国统一的市场制度规则，打破地方保护和市场分割，打通制约经济循环的关键堵点，促进商品要素资源在更大范围内畅通流动，加快建设高效规范、公平竞争、充分开放的全国统一大市场，全面推动我国市场由大到强转变，为建设高标准市场体系、构建高水平社会主义市场经济体制提供坚强支撑。

提取其中的句式为："以……为指导，全面贯彻……精神，弘扬……精神，坚持……工作总基调，完整、准确、全面贯彻……理念，加快构建……格局，全面深化……坚持……发展，推动……发展，坚持以……为主线，以……为根本目的，统筹……充分发挥……作用，加快建立……打破……打通……促进……加快建设……全面推动……为……提供坚强支撑。"句式是通用的，其中，"……"的内容需要根据不同工作具体填写。

讲成绩句式

在工作总结、工作汇报材料中，经常会用到讲成绩句式。这类句式需要言简意赅、高度概括、不能啰唆，需要讲得恰到好处。

请看下面这段对过去一年成绩的概括。

面对复杂严峻的国际形势和艰巨繁重的国内改革发展稳定任务，中共中央团结带领全国各族人民，沉着应对百年变局和世纪疫情，构建新发展格局迈出新步伐，高质量发展取得新成效，国家战略科技力量加快壮大，民生保障有力有效，生态文明建设持续推进，防汛救灾和灾后恢复重建工作坚强有力，国防和军队现代化建设加速推进，全过程人民民主继续发展，党史学习教育成效显著，全面从严治党持续深入，我国经济发展和疫情防控保持全球领先地位，实现“十四五”良好开局。

提取其中的句式为：“面对……形势和……任务……团结带领……沉着应对……迈出新步伐……取得新成效……加快壮大……有力有效……持续推进……坚强有力……加速推进……继续发展……成效显著……持续深入……保持……领先地位，实现……良好开局。”

讲问题句式

讲问题的句式在工作报告、单位和个人汇报材料、对照检查材料等中都会用到，要注意从深层分析问题，不要停留在表面，论述要避免琐碎。

请看下面这段某省工作报告中对问题的分析。

我们也清醒认识到，我省发展还面临着不少问题和挑战。经济恢复的基础不够稳固，需求收缩、供给冲击、预期转弱带来的影响比较明显。产业链供应链还存在不少堵点卡点，中小微企业困难增多。新旧动能转换任务艰巨，传统产业转型升级步伐不快，新兴产业比重不高，头部企业偏少，企业对数字化转型的紧迫感认识不够、行动不快，制造业总体高端化程度不够，现代服务业发展不充分、业态不丰富。开发园区单位产出较低，引领型产业和链主型企业不多。以企业为主体的创新体系建设滞后，科技成果有效供给不足、转化效率不高。发展不够平衡，城镇化进程滞后，不同区域产业层次、城市能级差距较大。高耗能行业和煤炭消费占比较大，节能减排和能源保供任务繁重。制度型开放比较滞后，高能级开放平台较少。人均教育投入、人均医疗资源、人均文体设施不足，基本公共服务保障能力不强。一些干部对新发展理念领悟不透，境界上不去、思路打不开、打法不创新。贯彻落实新发展理念的知识能力不足，创新开放改革的作风不过硬，缺少担当作为、敢闯敢试的那股子劲、那股子气，把说了当做了、把做了当做成了的情况不同程度存在。有的地方和部门形式主义、官僚主义仍然突出，少数领域腐败问题仍有发生。对这些问题，我们要高度重视，认真分析，一件一件加以解决，更好适应时代和人民的要求。

提取其中的句式如下：“我们也清醒认识到，……还面临不少问题和挑战。……不够稳固，……带来的影响比较明显。……还存在不少堵点卡点……困难增多。……任务艰巨……不快……不高……偏少……认识不够、行动不快……程度不够……不充分……不丰富。……产出较低……不多。……建设滞后……不足……不高。……不够平衡……滞后……差距较大。……任务繁重。……较少。……仍然突出……问题仍有发生。”

结尾句式

不是所有公文都有正式结尾。结尾多见于领导讲话、工作报告等公文，用于动员号召群众，多用金句、排比句，注重写作气势，以实现公文的整体升华。当然也要注意，最后结尾的部分不能写得太长，以简洁凝练为美。

（1）号召式结尾。顾名思义就是发出号召，提出要求。例如：力量生于团结，幸福源自奋斗。团结奋斗，这是一百年来中国共产党人、中国人民、中华民族锤炼铸就的宝贵精神品质。让我们高扬理想信念的旗帜，加强中华儿女大团结，凝聚万众一心的伟力，保持勇毅笃行的坚定，展现虎虎生威的雄风，努力争取新的更加伟大的胜利和荣光。

（2）结论式结尾。对前文的内容进行概括和升华，加重内容的分量。例如：在党中央的坚强领导下，持续解决形式主义突出问题，深化拓展为基层减负工作，必将使干部作风更加务实、党群关系更加紧密、干群关系更加融洽、党心民心更加凝聚，以优良作风夺取新时代新的伟大胜利。

（3）鼓动式结尾。语气比号召更强烈，表达出坚定的信念。例如：坚定理想信念，牢记初心使命，始终谦虚谨慎、不骄不躁、艰苦奋斗，奋力夺取全面建设社会主义现代化国家新胜利，创造无愧于党、无愧于人民、无愧于时代的新业绩！

（4）肯定式结尾。主要目的在于提示有利条件，坚定必胜信心。例如：百转千回，百炼成钢，百年风华正茂；千山万水，千磨万击，千秋伟业在胸。在新的赶考之路上，我们能否继续交出优异答卷，关键在于有没有坚定的历史自信。坚定历史自信、把握历史主动，勿忘昨天的苦难辉煌，无愧今天的使命担当，不负明天的伟大梦想，满怀豪情一起向未来，接续奋斗，勇毅前行，我们一定能够在新时代新征程上赢得更加伟大的胜利和荣光。

排比句式

排比句式是公文正文行文中经常用到的。它句式工整，读起来朗朗上口，表达效率高，是写公文必须掌握的句式。

排比句的句式比较固定，一般 3 ～ 5 句并列式展开。公文中常用的排比句有以下几种。

（1）“一”字型

以一流的工作理念用心谋事，以一流的工作标准用情做事，以一流的工作状态用力干事，以一流的工作效率推动落实。

在一线了解实际情况，在一线解决棘手问题，在一线推进工作落实，在一线探索创新举措。

（2）“上”字型

政治上充分信任，思想上主动引导，工作上创造条件，生活上关心照顾。

在机制创新上下功夫，在精准管用上做文章，在环境优化上出实招。

（3）“之”字型

心中燃烧真理之火让信念流彩，头脑深植信仰之根让忠诚如磐，行动汇聚奋斗之力让梦想成真。

大国发展的必须之举，顺时应势的必然之举，化危为机的必要之举。

（4）“为”字型

以创新为“最强引擎”，以协调为“最足后劲”，以绿色为“最亮底色”，以开放为

“最大活力”，以共享为“最终目的”。

为勇于负责的干部负责，为勇于担当的干部担当，为敢抓敢管的干部撑腰。

（5）“度”字型

拓展科学技术合作“广度”，挖掘产业自主可控“深度”，提升区域产业创新“浓度”。

投资跑出加速度，市场呈现新热度，民生改善有温度，环境优化显力度。

（6）“新”字型

谋划新发展阶段的时代新方位，践行新发展理念的时代新指针，构建新发展格局的时代新蓝图。

以什么样的姿态迈向新征程，用什么样的方式抓住新机遇，凭什么样的精神攻克新挑战。

（7）“气”字型

有政治操守，才有正气来担当；有务实的作风，才有硬气来担当；有干事的能力，才有底气来担当。

海纳百川、胸怀日月的气概，从容大方、胸有成竹的气量，成熟宽厚、宁静和谐的气度。

（8）“起”字型

公共秩序经得起“细评”，环境卫生经得起“细看”，窗口服务经得起“细挑”，基础设施经得起“细查”。

通过扛“旗”，让组织强起来；通过亮“牌”，让干部干起来；通过创“星”，让群众动起来。

（9）“化”字型

谋划工作系统化，压实责任网格化，安排任务清单化，落实措施精准化，督导反馈随机化，结果运用公开化。

认真学习领会，着力在“转化”上做文章；紧密结合实际，着力在“细化”上下功夫；狠抓工作落实，着力在“实化”上见成效。

（10）“比”字型

竖起比别人更高的标准，付出比别人更大的努力，拿出比别人更快的行动，干出比别人更好的成绩。

“政治担当”比试，“专业能力”比武，“攻坚克难”比拼，“工作实绩”比赛。

（11）“好”字型

拧好思想认识“总开关”，配好理论政策“金钥匙”，定好履职尽责“坐标系”，筑好廉洁从政“防火墙”。

走好勤学善思的学习之路，走好践行宗旨的为民之路，走好砥砺奋进的实干之路，走好严于律己的修身之路。

（12）“才”字型

聚焦，才能瞄准靶子、集中火力；聚神，才能专心致志、毫不松懈；聚力，才能握指成拳、合力攻坚。

勇于争才能争出新机新局，敢于拼才能拼出精彩胜势，善于闯才能闯出转型新路。

（13）“不”字型

咬定目标不动摇，抓紧时间不拖延，压实责任不缺位，保证质量不懈怠。

面对任务不怕困难，接受任务不讲条件，执行任务不打折扣。

（14）“有”字型

理论传播有深度，正面宣传有声势，阵地建设有力度，融合创新有亮点，队伍建设有活力。

讲政治才有灵魂，观全局才有方略，敢担当才有价值，有匠心才有精品，多磨砺才有成长。

你仔细观察就会发现，这种排比句式都有个特点，就是“有缘千里一字排”，都有一个同样的字标示出来。除了字外，还可以引用句子串联，比如：

彰显“敢教日月换新天”的气概，砥砺“咬定青山不放松”的意志，激扬“越是艰险越向前”的精神。

这其实是将前面标题的写法移植到正文的写作中，对于需要重点强调的内容可采用这种写法。

上面列举的五种句式是公文中比较难写，但写好了容易出彩的句式。平时阅读公文材料的时候，对其中写得比较好的内容，可以用上面的句式拆解方法记录下来，积累更多适合你自己使用的句式模板。当你的公文材料阅读量越来越大，积累的句式种类越来越多时，你还害怕提笔无话可说吗？

环节 9　修语言：怎样让词句推陈出新

快速写好初稿后，最后一个环节就是对整体文字内容的精加工。写完初稿，好像快要大功告成了，但其实“最后一公里”才是最见功底的。表达同样的意思，高手写出来可能行云流水、高屋建瓴；新手写出来也许就味同嚼蜡、枯燥无味。主要原因是新手写完就急着拿去给领导看了，而高手往往是文章不厌“百回改”。当然，“百回改”并不意味着时间很长，高手改稿次数可能多，但时间不一定长，也要保证效率。

三个字口诀，删繁就简

写完初稿，要先按照“读、删、炼”三字口诀改一遍。

读：读得通才是好文章

公文写作的目标是准确地传达信息、推动工作，因此所有公文都应该能够读出来。这一点和理论文章不一样，理论文章有时候读起来很拗口，因为里面有很多专有名词、特定说法、公式图表，公文则需要朗朗上口。

公文写得流不流畅，大声朗读就能发现。只有读出来，你才能感觉到公文的“文气”是否顺畅。特别是像领导讲话这样的公文，必须读起来非常通顺，没有听起来会产生歧义的词句。

读公文，不仅要自己读，还要请办公室的同事读给你听。自己读和听别人读的感觉是不一样的，听更容易发现问题。很多写起来好像没什么问题的词句，在读的时候就会发现其实是不通顺的。

通过读，可以重点查找以下三个方面的问题。

第一是学生腔。一般新手比较容易出现学生腔。所谓学生腔就是写公文的时候，有过多抒情、描写类的话语。比如在政府工作报告中，像“当前全县工业园地百花争艳，县人民政府希望工业战线广大职工借这股强劲东风，像园丁一样，开动脑筋，群策群力，辛勤地耕耘我县的工业园地，努力工作，力争超额完成今年全县工业生产任务”这样的表述就属于学生腔，在公文中是不需要的。具体表述可以改成“当前，我县工业蓬勃发展，县政府希望工业战线广大职工群策群力，力争超额完成今年全县工业生产任务”，这样就更加朴实了。

第二是车轱辘话。一般人从事公文写作之前，大多只写过类似于散文的记叙文，写议论文也就是观点和事例的堆砌，因此习惯于以写得长为目标，想到哪里写到哪里，漫无边际，啰唆半天也写不到重点。公文不是中学生作文，凑字数要不得。

第三是打官腔。新手除了学生腔，还常出现另一个极端，就是打官腔。由于不熟悉体制内的公文语言，因此就生搬硬套，把很多自己也不是很理解的官话、套话放到公文中，特别是照搬上级的文件提法、政策要求，不能结合自身实际提出有针对性的做法措施，这样的公文看起来好像写了很多“理论”，实际缺乏公文应有的“干货”，不能解决实际问题。

删：大胆删掉 50%

读的目的就是为了删，删 50% 都不多，新手写的公文全盘否定都有可能。对自己下手越狠，到领导那里过关的可能性才会越大。删的内容主要是以下两种。

第一，不典型的事例材料。前面用八维度信息搜集法搜集材料的时候要海纳百川，选择运用材料的时候则需要精挑细选。凡是与表达主题思想无关的，一定要全部删掉。公文中，能用一个事例说明问题，绝不写两个；能用一句话概括的，绝不写一段。

第二，不通顺的词句。新手容易出现的一个问题是当“搬运工”，看到别的公文材料中的好词句，就拿过来用。要注意如果是你不懂的东西，就千万不要写到公文里，不要不懂装懂。

当然，删不仅仅是简单的做“减法”，更多的是需要对初稿中庞杂“浮肿”的文字消肿，也就是第三个字，炼。

炼：用好字、词、句增光添彩

炼词、炼句，对于公文来说至关重要。在公文写作中有个名词叫“推材料”，凡是需要“推材料”的公文，一定非常重要。不少公文写作者都经历过这样的场景，写完初稿后，领导召集执笔者以及与材料相关的人员，围坐会议桌，用投影仪把稿件投在大屏上，由执笔者先读一遍，然后从标题开始，逐字逐句地推敲。推敲其实就是要字斟句酌地提炼字、词、句子，包括对公文材料的整体结构、章法、标题和观点进行审视。

如果是你自己写的公文材料，没有人帮着一起推敲，自己也要做好这一步工作，细细推敲完之后，才能把公文交给领导。具体如何提炼词句，请看下文详细介绍。

主题句三问，凸显亮点

一篇公文的亮点除了标题，就是每个部分和关键段落的主题句了。主题句类似于作文中的中心句，一般出现在段首，偶尔也会出现在段尾。文章的站位高度、理论思考水平，主要看主题句的水平。主题句在公文中联通标题与具体内容，承上启下，起到诠释标题、引出下文的作用。怎样的主题句才算好主题句呢？可以在修改的时候，问自己三个问题。

1. 每部分都有主题句吗

每个部分都有主题句，这是基本要求。如果说标题纲目是公文材料的骨架，主题句就是经脉，藏于正文段首，串联起作为正文内容的“血肉”。我们可以看一下选自合肥市政府工作报告的两个主要任务段。

打造生态名城，在践行“两山”理念中绘就“最好名片”。锲而不舍、久久为功推进生态文明建设，统筹山水林田湖草沙一体化系统治理，让盎然绿色成为高质量发展的最美底色。纵深推进巢湖综合治理，……深入打好蓝天碧水净土保卫战……创建国家生态园林城市，……经过五年努力，合肥“最好名片”精彩呈现，成为绿色发展美丽中国样板区。

打造活力之城，加快构建国内国际双循环的战略链接。敢为人先、敢闯新路，坚定不移推进改革开放，进一步激发高质量发展的强大活力。深化重点领域关键环节改革，……建立全要素生产率评价机制，……持续推进国企改革和民营经济上台阶行动计划，……经过五年努力，新时代改革开放新高地加速崛起，在服务构建新发展格局中彰显更大作为。

在这两个段落中，每个标题后面都有一句表达理念观点的划线句子，起到统领本段的作用，反映了政府对这项工作的认识水平。而段尾的划线句，则是从目标的层面再次点题。这是段首“做法”与段尾“目标”都有主题句的写法，每一段相同的地方都用类似的句子，形成段落之间的呼应，进而形成整篇公文的内在文脉。

2. 主题句内涵有出处吗

无论是标题还是主题句，都不是凭空提出来的，核心的理念观点一定是有出处的，一般来自上级精神，有时候也可以来自经典理论。

新手写材料的时候，最容易犯的错是在公文材料中加上很多自己的观点，以为不用上级观点，提出自己的观点才算创新。其实，公文的创新都是带着“镣铐”跳舞，不鼓励跳出上级精神自己随意创新。我们以上面列举的第一段为例来分析。

标题中的“两山”理念源自2005年8月15日，时任浙江省委书记的习近平同志在安吉县余村首次提出的“绿水青山就是金山银山”的科学论断和发展理念，是对可持续发展道路的理论化扩展，是习近平生态文明思想体系的核心内容。

主题句中的重点概念都有明确权威出处。“生态文明建设”是党的十八大提出的经济建设、政治建设、文化建设、社会建设和生态文明建设“五位一体”总体布局的重要组成部分。

“山水林田湖草沙一体化系统治理”出自2021年7月21日，习近平总书记在听取雅鲁藏布江及尼洋河流域生态环境保护和自然保护区建设等情况时提出的要求：“要坚持保护优先，坚持山水林田湖草沙冰一体化保护和系统治理，加强重要江河流域生态环境保护和修复，统筹水资源合理开发利用和保护，守护好这里的生灵草木、万水千山。”对于内陆来说，没有“冰川”，就少了一个“冰”字。

“高质量发展”是2017年中国共产党第十九次全国代表大会首次提出的新表述，表明中国经济由高速增长阶段转向高质量发展阶段。

3. 主题句能统领后文吗

在段首的主题句，应该能够从文意上统领后面的具体做法。但是要注意的是，主题句是从总体含义上进行统领，而不是对后面做法的综述概括，这两者是有区别的。从总体含义上进行统领需要从理念观点上进行一定的抽象，与后文是抽象与具体的关系。

先看下面这段话：

打牢制造基础，突战新、促转型、抓服务，以物流、会展、金融、数字为重点，推动产业高质量发展。实施制造业倍增行动，……做大做强战新产业，……转型升级传统产业，……实施服务业万亿行动，……打造国家物流枢纽，……加快发展会展经济，……大力发展金融业，……实施数字赋能行动，……

这个段首主题句只能打 60 分。虽然它能统领后文，但是它只是对后文的简单概括，没有上升到一个更高层面进行抽象概括。我们再看下面这段：

坚持提质扩量增效，推进产业更高质量协同发展，全面提升产业链稳定性和竞争力。实施制造业倍增行动，……做大做强战新产业，……转型升级传统产业，……实施服务业万亿行动，……打造国家物流枢纽，……加快发展会展经济，……大力发展金融业，……实施数字赋能行动……

对比一下，你应该能够看出孰优孰劣。记住，写主题句的时候，不要满足于简单的概括，而是要多问几个为什么，找到工作背后的共性与本质要求。

公文高手的五种表达习惯

公文写作是一种标准化写作。即使是事务公文，也同样有很多约定俗成的“行规”。公文高手至少都有以下五种符合“行规”的表达习惯。

少用复合句

在决议、决定、意见、工作报告等比较重要的公文中，指导思想或工作思路一般是一段话，且是不分句的复合句。这是因为要阐述完整的思想，句意必须连贯。除此之外，绝大部分公文的语句都是单句。请注意，如果你的公文中有很长一段没有分句，那就应该看看是不是写得太啰唆了，没有把意思重复的语句删掉。

经常见到有人给领导写的讲话稿一段话“一逗到底”，写的人没觉得有问题，书面看也通顺，但是读起来就出问题了。长段落、复合句读到最后，可能领导都不知道自己读的重点在哪里，读的人上气不接下气，台下听的人也不知所云。

提取出亮点

在写标题的时候，要注意有亮点；在正文内容中，也同样需要注意提取亮点。例如，很多人在写个人工作总结的时候容易陷入罗列式的情况：

到办公室一年来，认真学习，努力工作，完成了领导交办的材料审核校对、文件收发、档案管理、办公用品采购、日常值班、卫生保洁等工作，工作效率不断提高。完成了如下工作：

一、文件材料审核工作。完成 ×× 份文件审核，涉及……

二、文件收发工作。及时收发文电，全年共收发 ××× 份文电……

三、档案管理工作。加强档案管理，及时归档留存 ××× 份文件材料……

四、办公用品采购工作。采购办公用品 ×× 件，总计金额 ××……

五、值班工作。认真履行岗位职责，值班 ×× 次……

六、卫生保洁工作。维护办公室卫生，主动清扫……

你可以反思一下，平时有没有写过这样的流水账式总结。这里最关键的问题是，把工作看低了，把自己看轻了，没有看到本职岗位工作的价值。

其实，这份工作总结可以这样写：

按照“机关效能提升年”的活动部署，积极加强办公业务学习，坚持“一准二精三流程”，即：材料审核准确、文件收发与档案管理精确，规范内勤保障三个流程，工作效能持续提升。

开头先把自己的工作与上级的工作主题“机关效能提升年”链接上，表示自己的工作是有价值的。“链接上级精神”这招很关键，无论是个人总结还是单位总结，或是其他公文材料，都一定要把自己的工作和上级精神链接起来，这样才能反映你的认识水平。

接下来就是“提取亮点”，对看起来比较琐碎的几项工作进行归类，并概括为“一准二精三流程”，这是对工作价值的具体化，可称为数字提取法。具体方法是“数字 + 价值”：“一”“二”“三”是数字，“准”“精”“流程”是价值。这样做能够提高你的文字水平，而且非常便于记忆，整篇公文读完后，可能记住的就是这些提取的亮点。

这种方法我们并不陌生，比如“四个自信”，即中国特色社会主义道路自信、理论自信、制度自信、文化自信；“四个意识”，即政治意识、大局意识、核心意识、看齐意识；“五大发展理念”，即创新、协调、绿色、开放、共享。

善用排比句

排比句绝对是公文中最受欢迎的写作句式，前面提到在标题和正文中都可以用排比句。排比句可以提高公文的表达效率，把原本很复杂的内容用概括性的语言表述出来。在调整文章的过程中，很多冗余的话可以使用排比句重新写一遍。在“推材料”的时候，很重要的一点就是要写一些让公文增色的排比句。

巧用比喻词

公文虽然采取的是较严肃的行文方式，但是不排斥使用适当的比喻，以便于人们理解内容。为什么有的人写的材料特别生动有趣？因为他们用了形象的语言表达。比喻词是提升公文形象感的最重要“调料”。比如，讲安全工作：筑牢“社会稳定器”、织密“开放安全网”、保持“绿色健康码”；讲经济发展：打好政策“组合拳”、开展多方“团体赛”、实施创新“攻坚战”；讲党员个人修养：勤掸“思想尘”、多思“贪欲害”、常破“心中贼”；讲培养年轻干部：不能搞“大水漫灌”，必须“精耕细作”，日常生活中加强“田间管理”，在关键处及时“修枝剪叶”；讲思想教育问题：同党中央要求“对标”，拿党章党规“扫描”，用人民群众新期待“透视”，同先辈先烈、先进典型“对照”。

使用比喻词在很多时候能够化抽象为具象，让公文阅读者便于理解、容易接受。

用典上层次

“用典”就是引用典故。在公文里，典故不一定要用特别多，但是画龙点睛地用那么一个典故，层次一下就上去了。

典故不一定要太多，太多则有点像浓妆艳抹。一般在重要部分的开头和结尾用一句比较好的典故，能够起到画龙点睛的效果。

需要注意的是，一定不能用大家特别耳熟能详的典故，必须是具有一定陌生感，大家没听过但是一听到就觉得很有水平的。对比一下下面的用典。

居安思危——备豫不虞，为国常道。

防患未然——图之于未萌，虑之于未有。

打江山易，守江山难——胜非其难也，持之者其难也。

前面是普通写手用典，后面是高手用典，有什么差别？前面的太普通了，后面的一般人都没有听过，听起来很有新鲜感。当然，用典要求我们有比较丰富的古典文化知识积淀，这就需要我们不断积累，多读多记。在接下来的语言技巧部分，我搜集了一些常用的用典金句，供大家写作时参考。

语言技巧

文字不够高大上，语料三宝来帮忙

第4章

七型标题强骨，纲举目张拔高度

好公文的标准是什么？好公文要写出新思想。如果没有新思想就要拟出新标题，如果没有新标题就必须写出新句子，如果连新句子都写不出来，那么至少要有几个新词。

标题、金句和好词，是公文写作的语料三宝。为什么是这“三宝”？标题、金句和好词背后都是两个字——提炼。好公文都是精心提炼出来的。工整的文辞是好公文的基础，大而化之的口水话、没有信息增量的车轱辘话、众所周知的陈词滥调，这些是不能写入公文的。

先看标题。标题是公文的眼睛，拿到一份公文，先映入眼帘的就是标题。写出漂亮的标题，文章就成功了一半。这一部分介绍了写标题的模型，掌握了写标题的模型，就相当于掌握了标题写作的内功心法。

下面列举七种类型的标题，基本上涵盖了常用的标题类型，适用于日常公文写作了。在写作时，要综合考虑所写公文的主题、公文的使用场合、领导的风格类型，确定使用哪种类型的标题。你可以参考本书划分的类型，也可以在平时的学习和工作中，继续添加新的、更适合本单位特色的标题，构建属于自己的标题库。

对仗型标题

毫不夸张地说，对仗型标题是公文标题之母，后面列举的六种标题类型都是建立在对仗型标题基础之上的。对仗是拟制公文标题的必备技巧。

需要注意的是，对仗不是拼凑字数，而是要在语义通畅的前提下，让文字变得更加工整。为什么要讲求对仗呢？这是由汉字的特点决定的，对仗工整的句式总是比较有力量、有说服力的，而且语言表达更加简洁高效，让人一目了然。

下面精选了20组对仗型标题，供学习参考。

（1）

强化担当作为的责任意识

提升能为善为的过硬本领

锤炼敢作敢为的魄力担当

永葆廉而有为的政治本色

（2）

以创新为第一动力的发展

以协调为内生特点的发展

以绿色为普遍形态的发展

以开放为必由之路的发展

以共享为根本目的的发展

（3）

以高水平开放推进转型升级

以高水平开放推动创新发展

以高水平开放优化营商环境

以高水平开放提高城市品质

（4）

要坚守服务大局这个政治使命

要突出实用实效这个目标导向

要用好系统联动这个手段方法

要保持久久为功这种工作定力

（5）

信念坚定、对党忠诚是政治灵魂

注重实际、实事求是是成事之道

勇于担当、善于作为是使命要求

坚持原则、敢于斗争是必备品格

严守规矩、不逾底线是行为准则

勤学苦练、增强本领是必要支撑

（6）

坚守信仰，真理之光照亮前行之路

献身理想，视死如归谱写英雄史诗

矢志不渝，扎根奉献践行滚烫初心

信念如磐，接续奋斗逐梦复兴征程

（7）

在学习提高中筑牢信仰、改造思想

在奋斗进取中担当尽责、攻坚克难

在遵规守纪中战胜私欲、律己正行

在怀德自重中树好形象、立身为旗

（8）

坚持决策为民，自觉做到权为民所用

坚持发展惠民，自觉做到利为民所谋

坚持保障利民，自觉做到惠为民所创

坚持务实亲民，自觉做到情为民所系

（9）

坚守本根，旗帜鲜明坚持和巩固制度

因势而新，与时俱进完善和发展制度

令行为上，从严从实遵守和执行制度

（10）

改进文风，需要加强学习，提升修养

改进文风，需要深入基层，调查研究

改进文风，需要严肃纪律，落实责任

（11）

劳动赢得美好未来，关键在艰苦奋斗

劳动成就卓越人生，落实于勤勉工作

劳动涵养勤俭品格，有助于立身立业

（12）

坚持目标导向，特色化畅通办学脉络

坚持质量导向，系统化构建教学体系

坚持学员导向，精准化增强培训质效

坚持发展导向，多元化推动开放合作

坚持效果导向，规范化提标管理运营

（13）

新时代中国青年生逢盛世、共享机遇

新时代中国青年素质过硬、全面发展

新时代中国青年勇挑重担、堪当大任

新时代中国青年胸怀世界、展现担当

（14）

开展多样主题宣传，策划推出专题活动

深入挖掘精神财富，生动讲述红色故事

线上线下参与互动，掀起主题宣传热潮

（15）

坚持把政治引领作为推动绿色低碳转型的根本保证

坚持把创新理论作为推动绿色低碳转型的行动指南

坚持把战略引领作为推动绿色低碳转型的重要途径

坚持把科技创新作为推动绿色低碳转型的第一动力

坚持把深化改革作为推动绿色低碳转型的关键一招

坚持把数字赋能作为推动绿色低碳转型的实施路径

坚持把党的建设作为推动绿色低碳转型的强劲引擎

（16）

新型政党制度的历史自信从探索历程中来

新型政党制度的历史自信从独特优势中来

新型政党制度的历史自信从光明前景中来

（17）

健全决策咨询程序，营造良好的需求牵引环境

推动政智互动交流，营造良好的供需对接环境

建立多元投入体系，营造良好的资金支持环境

创新培养交流机制，营造良好的人才发展环境

加强科学引导管理，营造良好的社会促进环境

（18）

以真心服务为价值导向，在提高站位中提升标准

以积极作为为行动指向，在主动靠前中服务到位

以务实管用为工作取向，在注重实效中厚植情怀

（19）

在思想旗帜感召中铸魂，亮出革命干部对党忠诚的名片

在红色基因感染中强心，挺起革命干部担当使命的铁肩

在能量磁场感应中正行，铆足革命干部实干创业的拼劲

（20）

发扬历史主动精神，以高度的历史自觉坚持党的全面领导，既是对历史和人民正确选择的尊重，也是确保全党步调一致向前进的需要

发扬历史主动精神，以坚定的历史自信走好中国特色社会主义道路，既是对人民意愿的矢志坚守，也是强国富民的必然选择

发扬历史主动精神，以强烈的历史担当汇聚团结奋斗的智慧力量，既是实现发展目标的必然要求，也是创造新的历史伟业的不竭动力

发扬历史主动精神，以伟大的历史创造贯彻新发展理念，既是对经济社会发展规律的客观遵循，也是立足当下发挥主观能动性的担当作为

发扬历史主动精神，以精深的历史智慧抓好全面从严治党，既是确保党始终成为坚强领导核心的内在要求，也是走好新的赶考之路的关键所在

同字型标题

同字型标题，顾名思义就是在标题中有一个字或词是相同的，通过这个相同的字或词，在标题中形成一以贯之的呼应关系，逻辑性、系统性、整体性很强，这样的标题可以给人构思严密、布局严谨的感觉。

下面精选了 20 组同字型标题，供学习参考。

（1）

讲学习“装腔作势”

抓落实“装模作样”

看担当“装痴卖傻”

应诉求“装聋作哑”

（2）

秉承政治坚定的职业品格

秉承公道正派的职业道德

秉承廉洁勤奋的职业操守

秉承求实创新的职业风格

（3）

打好政治社会安全总体战

打好经济金融安全主动战

打好科学技术安全攻坚战

打好粮食能源安全稳定战

打好生态生物安全纵深战

打好开放数据安全防护战

（4）

锤炼尊重规律的实践品格

拓宽解决问题的实践路径

掌握统筹兼顾的实践方法

（5）

强化担当作为的责任意识

提升能为善为的过硬本领

锤炼敢作敢为的魄力担当

永葆廉而有为的政治本色

（6）

永葆对群众的那股“亲劲”

永葆对工作的那股“痴劲”

永葆对事业的那股“闯劲”

永葆对自己的那股“狠劲”

（7）

坚强核心引领，绘就富强新图景

人民情怀为本，激发奋进新风貌

坚持命运与共，创造文明新形态

（8）

树立表率导向，让干部“不能装”

厚植为民情怀，让干部“不想装”

增强实干本领，让干部“不用装”

严肃执纪问责，让干部“不敢装”

（9）

善用新渠道，切实掌握“活思想”

活用新内容，切实满足“需求侧”

巧用新方法，切实提高吸引力

运用新机制，切实强化“供给侧”

（10）

“需求＋专家”，教学内容精准化

“课堂＋基地”，教学场地规范化

“线上＋线下”，教学方式多元化

“管理＋服务”，教学实效最大化

“部门＋机制”，教学组织常态化

（11）

把好“选拔”关，干部配备有“准度”

把好“培养”关，干部历练有“强度”

把好“评价”关，干部管理有“温度”

（12）

以高质量研究为生命线提升决策影响力

以品牌活动为核心抓手提升社会影响力

以智库外交为重要载体提升国际影响力

（13）

突出谋篇布局，上下联动增强“推动力”

突出学做结合，创新载体增强“渗透力”

突出督导检查，靠实责任增强“执行力”

突出动真碰硬，警示教育增强“内动力”

突出典型引领，示范带动增强“影响力”

（14）

党的领导融入公司治理，完善党企互融互促

党的建设融入组织建设，科技赋能激发活力

党的精神融入文化发展，“党建 +”塑造文化软实力

（15）

高开高走“打头炮”，定了就干、干就干好

高举高打“拔头筹”，勇立潮头、勇争一流

高位高进“抢头彩”，一炮打响、一鸣惊人

（16）

聚焦国之大者，树立“更受尊敬”的优秀典型

凝聚育人合力，组建“更高质量”的培训队伍

融入红色元素，打造“更加卓越”的品牌课程

创新教育形式，培养“更有梦想”的时代新人

（17）

坚持思想领先，从战略高度过好网络“认知关”

坚持打牢基础，以信息主导过好网络“建设关”

坚持需求牵引，靠创新驱动过好网络“应用关”

坚持抓长抓常，靠管用举措过好网络“常态关”

（18）

数字化转型有利于催生发展潜能、激发经济活力

数字化转型有利于释放内生动能、激发社会活力

数字化转型有利于提升治理效能、激发政府活力

数字化转型有利于汇聚创新势能、激发湾区活力

（19）

着力做好“强化”文章，推动党史教育取得新实效

着力做好“深化”文章，推动党史教育取得新成果

着力做好“转化”文章，推动党史教育拓宽新思路

着力做好“实化”文章，推动党史教育开创新局面

（20）

传承红色基因，赓续红色血脉，推进全面从严治党取得新成效

发挥特色禀赋，强化产业支撑，构建现代产业体系迈出新跨越

弘扬特区精神，深化改革开放，做好新时代“侨”的文章实现新突破

坚持人民至上，推进乡村振兴，群众获得感、幸福感、安全感得到新提升

加强生态治理，守护绿水青山，城乡人居环境展现新面貌

异字型标题

异字型标题，与同字型标题起到的效果很像，只不过每个标题里串联的字或词不一样。异字型标题有时是和同字型标题组合使用的，即标题里既有不同的字或词，也有相同的字或词。这要求对标题所蕴含的意义进行准确的提炼，字或词要有一定的组合构成逻辑。

下面精选了 20 组异字型标题，供学习参考。

（1）

坚持“**严**”字当头

坚持“**细**”字入手

坚持“**深**”字发力

（2）

铸牢理想信念之**魂**

扎稳人民至上之**根**

严守纪律规矩之**戒**

磨砺担当作为之**勇**

（3）

在“**统**”字上下功夫

在“**融**”字上做文章

在“**新**”字上求突破

在“**深**”字上见实效

（4）

集中精力“**建**”项目

完善机制“**推**”项目

落实政策“**投**”项目

优化环境“**聚**”项目

建好平台“**载**”项目

强化督导“**促**”项目

（5）

“**吹**”响宣传动员这声**号**

“**拉**”紧社会稳定这根**弦**

“**弹**”奏和谐发展这首**曲**

“**唱**”好文化繁荣这台**戏**

（6）

用党的科学理论**武装**青年

用党的初心使命**感召**青年

用党的光辉旗帜**指引**青年

用党的优良作风**塑造**青年

（7）

面对面宣讲，传播政策理论

心贴心交流，汇聚民情民意

点对点化解，调处矛盾纠纷

实打实解难，推动排忧纾困

手牵手共进，助力发展振兴

（8）

勤于做“**加法**”，重点是**补**短板

勇于做“**减法**”，重点是**降**不良

善于做“**乘法**”，重点是**建**制度

敢于做“**除法**”，重点是**控**成本

（9）

抓学习培训，在“**活**”字上下功夫

抓工作保障，在“**实**”字上下功夫

抓接访活动，在“**深**”字上下功夫

抓宣传引导，在“**正**”字上下功夫

（10）

守住两条底线，夯实乡村振兴之**基**

抓实产业发展，谋划乡村振兴之**策**

推进人才振兴，激活乡村振兴之**魂**

（11）

深入乡村“**望**”民情，观基层风貌

倾听建议“**闻**”呼声，查百姓需要

放下身段“**问**”计策，纳民间良方

把准脉搏“**切**”症结，解群众难题

（12）

开设“阳光”课堂，让教育灌输“**活**”起来

搭建“阳光”舞台，让主题活动“**潮**”起来

培育“阳光”心态，让健康心理“**亮**”起来

营造“阳光”氛围，让内部风气“**纯**”起来

（13）

“**严**”字当头，作风建设是永恒课题

“**学**”字为先，勤奋学习是成事之基

“**干**”字为重，干事创业是人生追求

“**廉**”字为荣，清正履职是最高操守

“**贤**”字为尺，公道用人是重要职责

“**实**”字为要，取得实效是衡量标准

（14）

分层分类“**查**”，把查纠整改的靶子树起来

深挖深究“**问**”，把自觉整改的党性强起来

入情入理“**讲**”，把预期整改的标准立起来

全员全程“**晒**”，把具体整改的措施严起来

立言立行“**做**”，把履职整改的行动实起来

（15）

坚持真理、坚守理想：伟大建党精神之“**起**”

践行初心、担当使命：伟大建党精神之“**承**”

不怕牺牲、英勇斗争：伟大建党精神之“**转**”

对党忠诚、不负人民：伟大建党精神之“**合**”

（16）

坚持把产业发展作为第一要务，拓展富民之“**源**”

坚持把城乡统筹作为第一选择，夯实惠民之“**基**”

坚持把环境整治作为第一抓手，建设乐民之“**居**”

坚持把社会管理作为第一保障，筑牢安民之“**盾**”

坚持把基层党建作为第一动力，巩固为民之“**本**”

（17）

铸牢忠诚之**魂**，更加坚定自觉做到“两个维护”

扭住发展之**要**，坚定不移推动高质量发展

扛起为民之**责**，让老区人民过上更加幸福美好的生活

永葆清廉之**心**，构建风清气正、健康向上的政治生态

（18）

突出一个“**早**”字，政策尽早发力，全力保主体稳岗位

依靠一个“**合**”字，政策协同发力，努力拓展就业岗位

实现一个“**精**”字，政策精准发力，保住重点群体就业

（19）

创新思维方式，推动思想观念向建设“**金山银山**”转变

创新组织方式，推动组织管理向强化“**党旗引领**”转变

创新发展方式，推动发展模式向规模“**抱团发展**”转变

创新生产方式，推动生产经营向高效“**科技支撑**”转变

创新扶持方式，推动资金项目向优化“**整合捆绑**”转变

创新产业方式，推动产业链条向实现“**全身变宝**”转变

（20）

用好用活“**学**”字诀，在夯实真学真懂这个基础上不动摇

用好用活“**做**”字诀，在抓住笃行求实这个关键上不懈怠

用好用活“**改**”字诀，在掌握即知即改这个方法上不打折

用好用活“**领**”字诀，在强化以上率下这个牵引上不落空

用好用活“**常**”字诀，在扭住支部建设这个重点上不放松

用好用活“**促**”字诀，在聚焦担当作为这个标杆上不停步

用好用活“**担**”字诀，在强化组织领导这个保障上不松劲

数字型标题

数字型标题的特点是标题中用数字串联，好处是便于记忆，但是如果用得不好，就容易让人感觉是在硬凑数字。因此，要注意数字一定是从工作中提炼而来的，而不是写好数字再凑措施。

下面精选了 10 组数字型标题，供学习参考。

（1）要做“三观”明晰的干部

——权力观、地位观、利益观

要做“四关”牢固的干部

——守住金钱关、美色关、亲情关、责任关

要做“五官”端正的干部

——嘴要正、手要正、腿要正、心要正、身要正

（2）“青年”是今天的主角，要做到“三常”

——常存崇高远大之志

——常悟勤奋学习之道

——常持艰苦奋斗之风

“脱贫”是今天的主题，要做到“三真”

——真金白银“扶贫”

——真抓实干“扶智”

——真情实意“扶德”

“众筹”是今天的主打，要做到“三同”

——公益与扶贫同行

——爱心与希望同在

——传承与创新同步

（3）打破“三扇门”，放宽市场准入

——打破企业投资的“玻璃门”

——打破公共融资的“垄断门”

——打破资本注册的“铁闸门”

亮起“三盏灯”，发挥价格作用

——亮起市场决定价格的“信号灯”

——亮起促进公共资源公平交易的“照明灯”

——亮起引导资源合理配置的“指示灯”

立足“三要素”，推动自由流动

——搞活金融

——盘活农村土地

——做活人才资源

（4）青年干部成长应把握“七倡七戒”

——力倡志存高远，力戒急功近利

——力倡苦练内功，力戒贪图安逸

——力倡脚踏实地，力戒心浮气躁

——力倡创新求变，力戒守成守旧

——力倡崇德修身，力戒只“专”不“红”

——力倡虚心向学，力戒自命不凡

——力倡心存敬畏，力戒自由散漫

（5）建设“三库一平台”优化党员教育培训“供给侧”

——分级把关，建强党员教育师资库

——分层完善，建全党员教育课程库

——分类打造，建优党员教育基地库

——分工协作，建好党员教育“公开课”平台

（6）“**五**比**五**不比”

——比谁对中央精神吃得更透、把得更准，不比谁会开得最快、材料报得最早

——比谁的实际增长点多，不比谁的表面“亮点”多

——比谁的工作载体实、方法新，不比谁的口号响、调门高

——比领导班子的整体合力，不只是比领导干部的个人能力

——比攻坚克难的战斗力、解决矛盾的执行力，不比轰轰烈烈的大场面

（7）建立 1234 工作机制，实现长效管理

——信息共享，建立 1 个微信工作群

——建章立制，完善 2 项管理制度

——部门联动，组建 3 层管理体系

——强化执行，构建 4 级考核机制

（8）围绕**一**个目标

——杜绝重特大事故，遏制较大事故，减少一般事故

突破**两**大重点

——在干部队伍建设领域取得新突破

——在落实企业主体责任领域取得新突破

完善**三**项机制

——完善安全生产考核奖惩机制

——完善企业安全生产诚信机制

——完善隐患排查治理长效机制

抓好**四**项工作

——深化隐患排查和专项整治

——推进“三化一体”建设

——全方位落实安全宣传教育培训工作

——加强基层队伍建设和联合执法体系建设

（9）认清形势，把握“三个空前”

——力度空前、压力空前、来势空前

攻坚克难，突出“三个重点”

——调结构、技术改造、项目推进

同舟共济，加大“三个力度”

——组织领导力度、部门服务力度、政策支持力度

（10）“三个一流”领跑世界

——产品一流、产业一流、技术一流

“五全”创新抢占至高

——全程创新、全产业链创新、全员创新、全要素创新、全域市场创新

“四化”方向决胜未来

——智能化、绿色化、服务化、文化

比喻型标题

比喻型标题，就是在标题中加入形象的比喻词，用于代替抽象的、不好理解的概念。比喻型标题跟同字型和异字型标题的基本逻辑是一致的，可以将其看成两者的升级版，其中比喻词是用于串联整组标题的关键词。这类标题多用于领导讲话、经验材料等需要

灵活表达的公文材料。

下面精选了 20 组比喻型标题，供学习参考。

（1）

打好政策“组合拳”

开展多方“团体赛”

实施创新“攻坚战”

（2）

掌握方法的“金钥匙”

锚定前进的“总航标”

筑牢政治的“压舱石”

（3）

把牢党的领导“定盘星”

筑稳经济发展“压舱石”

当好改革攻坚“排头兵”

打造原创技术“策源地”

（4）

党政同责共抓“米袋子”

优化结构丰富“菜篮子”

严守红线保住“命根子”

振兴种业牵稳“牛鼻子”

创新服务探索“新路子”

（5）

舒展谋划发展的“全视角”

练就攻坚克难的“铁肩膀”

用好精准有效的“绣花针”

（6）

校准不懈奋斗的“导航仪”

磨砺不懈奋斗的“铁肩膀”

锻造不懈奋斗的“硬本领”

（7）

敢为引领潮流的“弄潮儿”

勇做攻坚克难的“开路人”

当好造福人民的“勤务员”

（8）

为年轻干部成长“固根培土”

为年轻干部成长“施肥浇水”

为年轻干部成长“修枝剪叶”

为年轻干部成长“搭建舞台”

（9）

上下同欲，举好发展“指挥棒”

突出重点，做对管理“运算符”

融合优化，用足提升“工具箱”

精确谋划，出准制胜“杀手锏”

谋今思远，建全储备“人才库”

（10）

理念指引，矢志遵循“总基调”

领导重视，科学谋划“路线图”

模式创新，实践蹚出“新路子”

立足基层，众智合议“金点子”

以人为本，夯实民生“压舱石”

（11）

交一张写满奇迹的“发展答卷”

绘一幅凝心聚力的“奋斗新图”

谱一曲携手共进的“团结之歌”

（12）

勤掸“思想尘”，常做“大扫除”

多思“贪欲害”，防止“内妄思”

常破“心中贼”，提振精气神

（13）

育好“领头雁”，为乡村振兴赋能

筑牢“桥头堡”，为乡村振兴聚力

建强“人才库”，为乡村振兴集智

（14）

清清嗓，发出群众爱听的“好声音”

照照镜，立起群众赞誉的“好形象”

洗洗澡，除去群众厌恶的“坏毛病”

动动身，苦练群众需要的“真本领”

（15）

点亮察形驭势、观往思今的指路明灯

激发奋斗不止、精进不怠的动力源泉

擦亮辨别是非、廓清迷雾的政治慧眼

培育抵御侵蚀、防止蜕变的强大抗体

（16）

在信念上坚定不移，练就“金刚身”

在政治上绝对忠诚，当好“明白人”

在责任上敢于担当，成为“实干家”

在能力上持续提升，磨砺“铁肩膀”

在作风上以上率下，竖起“高标杆”

（17）

高举“旗帜”，怀忠诚之魂答好“初心卷”

勇挑“重担”，以担当之勇答好“实干卷”

心存“戒尺”，持敬畏之心答好“廉洁卷”

厚植“情怀”，立鸿鹄之志答好“民生卷”

（18）

筑牢理想信念根基，营造高质量发展好生态

激发干事创业热情，吹响高质量发展集结号

昂扬赶超争先斗志，点燃高质量发展新引擎

培育攻坚克难品格，跑出高质量发展加速度

厚植为民服务情怀，汇聚高质量发展正能量

（19）

强化党建为构建盐业新发展格局注入“源头活水”

做强主业为构建盐业新发展格局厚植“发展根基”

科技创新为构建盐业新发展格局增添“新兴元素”

优化布局为构建盐业新发展格局拓展“未来空间”

（20）

用好回望昨天的“后视镜”，传承组织部门优良作风

用好映照现实的“显微镜”，彰显组工干部使命担当

用好远观未来的“望远镜”，把准组织工作发展方向

引用型标题

引用型标题，就是在标题中引用具有一定逻辑关系的诗词、成语、俗语等，以此作为串联标题的要素。这类标题写作要求比较高，需要有深厚的积累，多用于领导讲话、座谈交流等发言类的公文材料。

下面精选了30组引用型标题，供学习参考。

（1）

要有“贯上通下”的政治观

要有“知横略纵”的全局观

要有“内外兼修”的安全观

要有“承前启后”的发展观

要有“舍己为人”的利益观

要有“策一动众”的人民观

要有“虎头豹尾”的落实观

要有“宁紧毋松”的决胜观

（2）

要有“铁杵磨成针”的韧劲

要有“四两拨千斤”的巧劲

要有“敢为天下先”的闯劲

要有“打蛇打七寸”的准劲

要有“牛犊不怕虎”的干劲

要有“狮子搏象兔”的狠劲

（3）

要有“千磨万击还坚劲”的拼劲

要有“敢教日月换新天”的闯劲

要有“不破楼兰终不还”的干劲

要有“乱云飞渡仍从容”的韧劲

（4）

挺起“泰山压顶不弯腰”的脊梁

涵养“乱云飞渡仍从容”的定力

永葆“石破不可夺其坚”的气魄

（5）

激发“敢为天下先”的青春勇气

保持“会当凌绝顶”的青春自信

涵养“滴水能穿石”的青春定力

（6）

要有“不待扬鞭自奋蹄”的自觉

要有“大雁高飞头雁领”的担当

要有“一枝一叶总关情”的情怀

要有“作风建设在路上”的执着

（7）

以“十年磨剑”的定力谋产业项目

以“百花齐放”的活力兴产业项目
以“千方百计”的气力引产业项目
以“万众一心”的合力促产业项目

（8）

培养“治病于未有”的风险防范能力
培养“见微而知著”的风险洞察能力
培养“处危而不乱”的风险驾驭能力
培养“举一而反三”的风险遏制能力

（9）

胸怀“不畏浮云遮望眼”的战略格局
保持“春江水暖鸭先知”的敏锐嗅觉
踏准“时来天地皆同力”的发展节拍

（10）

以负重前行、一往无前的韧劲爬坡过坳
以逢山开路、遇水架桥的锐气涉险过滩
以背水一战、誓破楼兰的决心攻坚克难

（11）

常思“为官一任，造福一方”的崇高追求
常持“笨鸟先飞，不甘落后”的进取意识
常存“滴水石穿，久久为功”的奋斗精神

常兴“力戒空谈，马上就办”的务实作风
常怀“心下基层，亲民爱民”的真挚情感

（12）
始终保持“任尔东西南北风”的战略定力
牢固树立“而今迈步从头越”的雄心壮志
不断砥砺“敢教日月换新天”的进取精神

（13）
要有“鞠躬尽瘁，死而后已”的奉献精神
要强化“以百姓之心为心”的宗旨意识
要保持“执古之道以御今之有”的政治智慧
要培养“天下大事必作于细”的务实精神

（14）
涵养“山有德、水无沙”的精神，提升政治品德
保持“昼无为、夜难寐”的状态，遵守职业道德
突出“扬正气、树新风”的追求，弘扬社会公德
处好“孝亲长、睦邻里”的关系，传承家庭美德

（15）
要有“自信人生二百年”的豪情，坚定理想信念
要有“学不成名誓不还”的执着，练就过硬本领
要有“敢教日月换新天”的精神，担当时代责任

要有“胸中日月常新美”的境界，淬炼品德修为

（16）

牢记“蹉跎莫遣韶光老”，为民的初心永远不丢

谨记“撸起袖子加油干”，担当的决心永远不改

铭记“绝知此事要躬行”，求实的静心永远不少

（17）

以“咬定青山不放松”的信念加强党的政治建设

以“功成必定有我”的定力抓好干部队伍建设

以“九层之台起于垒土”的理念抓好基层组织建设

以“不破楼兰终不还”的决心抓好驻村帮扶工作

以“三顾茅庐有备而来”的姿态做好人才工作

以“打铁还需自身硬”的品格抓好自身建设

（18）

“功崇惟志，业广惟勤”：广大青年要坚定理想信念

“学如弓弩，才如箭镞”：广大青年要练就过硬本领

“逢山开路，遇河架桥”：广大青年要勇于创新创造

“艰难困苦，玉汝于成”：广大青年要矢志艰苦奋斗

“从善如登，从恶如崩”：广大青年要锤炼高尚品格

（19）

牢记“水不平则溢，事不公则毁”的古训，以公处事

紧握“贪廉一念间，荣辱两重天”的戒尺，以廉树威

常存“快乐一阵子不如幸福一辈子”的观念，以德立身

（20）

坚守忠诚精神：“粉身碎骨浑不怕，要留清白在人间”

弘扬先锋精神：“灰撒江河涛澎湃，骨落青山峰崔巍”

敢于担当精神：“舍我其谁挑重担，为观奇景上高山”

恪守奉献精神：“春蚕到死丝方尽，蜡炬成灰泪始干”

崇尚实干精神：“纸上得来终觉浅，绝知此事要躬行”

（21）

涵养“功成不必在我”的境界，提升谋篇布局的决策力

扛起“功成必定有我”的担当，增强改革开放的执行力

保持“功成贵乎于诚”的操守，提高干事创业的公信力

（22）

以“天下兴亡，匹夫有责”的情怀参与发展、支持发展

以“百折不挠、坚韧不拔”的信念担当作为、攻坚克难

以“向死而生、壮士断腕”的魄力净化生态、从严治党

（23）

要有“先天下之忧而忧，后天下之乐而乐”的政治抱负

要有“苟利国家生死以，岂因祸福避趋之”的报国情怀

要有“富贵不能淫，贫贱不能移，威武不能屈”的浩然正气

（24）

要牢记“无非一念救苍生”的情怀，一生一世“守初心”

要秉承“埋骨何须桑梓地”的勇气，尽职尽责“担使命”

要追求“风物长宜放眼量”的境界，对标对表“找差距”

要发挥“敢教日月换新天”的精神，善作善成“抓落实”

（25）

坚定“咬定青山不放松”的信仰，始终与伟大的党同心同德

扛牢“敢教日月换新天”的担当，始终与发展主题同频共振

秉持“俯首甘为孺子牛”的情怀，始终与人民群众同甘共苦

永葆“要留清气满乾坤”的本色，始终与廉洁奉公同伴共随

（26）

从小事小节上守起，要有“欲病救萌、防微杜渐”的慎初意识

从小事小节上守起，要有“堤溃蚁孔、气泄针芒”的慎微观念

从小事小节上守起，要有“莫见乎隐、莫显乎微”的慎独精神

（27）

感悟“风雨不动安如山”的坚定信仰，做到信念如磐、一心向党

感悟“铆足干劲向前冲”的担当精神，做到勇挑重担、一往无前

感悟“但愿苍生俱饱暖”的人民情怀，做到我将无我、一心为民

（28）

“中国精神”是“为有牺牲多壮志，敢教日月换新天”的牺牲精神

“中国精神”是“同舟共济扬帆起，乘风破浪万里航”的团结精神

“中国精神”是“千磨万击还坚劲，任尔东西南北风”的不屈精神

（29）

“立志而圣则圣矣，立志而贤则贤矣”：新时代中国青年要树立远大理想

“先天下之忧而忧，后天下之乐而乐”：新时代中国青年要热爱伟大祖国

“自信人生二百年，会当水击三千里”：新时代中国青年要勇于砥砺奋斗

“青春虚度无所成，白首衔悲亦何及”：新时代中国青年要练就过硬本领

（30）

新时代伟大斗争精神，是“为有牺牲多壮志，敢教日月换新天”的坚定信念

新时代伟大斗争精神，是“踏平坎坷成大道，斗罢艰险又出发”的顽强意志

新时代伟大斗争精神，是“花繁柳密拨得开，风狂雨急立得定”的高强本领

对比型标题

对比型标题，即在标题中有对比性的两组概念，可以是正反对比关系，也可以是递进对比关系。这类标题有较强的哲理性、辩证性，标题中有鲜明的关键词，让人一眼便能看清问题的关键所在。

下面精选了 20 组对比型标题，供学习参考。

（1）

要去“庸”求“进”

要去“懒”求“勤”

要去“贪”求“廉”

要去“慢”求“快”

要去“浮”求“实”

（2）

少进会场，多到现场

少在上层，多下基层

少些纷繁，多些方便

（3）

转方式，变瓶颈为抓手

挖潜力，变低效为高效

优布局，变分散为集聚

强监管，变粗放为精细

（4）

少烧三把火，多上三把锁

少提空口号，多干实在事

少图眼前利，多谋长远计

少讲“给我冲”，多喊“跟我干”

少说不能为，多想怎么办

少求面上光，多务民生实

少顾“乌纱帽”，多管“安全帽”

少问为什么，多问凭什么

少些小格局，多点大胸怀

少做任性事，多怀敬畏心

（5）

压力当动力，翻篇归零再出发

首战当决战，力夺首季开门红

现场当赛场，机制倒逼提效能

（6）

多为群众着想，少为个人打算

多为群众说话，少为自己辩解

多为群众分忧，少为前程担忧

多为群众办事，少为私事缠绕

多为群众造福，少为私利奔波

（7）

产业转型，“新”与“旧”比翼齐飞

创新驱动，“点”与“线”相连相接

夯实基础，“软”与“硬”双管齐下

城镇化，“大”与“小”协调共赢

（8）

切中“痛点”，从“出手”到“出彩”

突破“难点”，从“支持”到“支撑”

依托“支点”，从“集合”到“融合”

（9）

树导向，既要科学考评，也要兑现奖惩

建机制，既要解决问题，也要形成长效

明责任，既要严肃问责，也要容错纠错

抓典型，既要正面宣传，也要反面警示

（10）

既要注重“务虚”，又要注重“务实”

既要注重“继承”，又要注重“创新”

既要注重“理论”，又要注重“实践”

既要注重“应急”，又要注重“谋远”

既要注重“分工”，又要注重“合作”

（11）

坚持从“健全队伍”向“建强队伍”突破

坚持从“建立机制”向“健全机制”突破

坚持从“发展产业”向“产业带动”突破

坚持从“基础保障”向“塑造形象”突破

（12）

常想立身之本，既要有本事，还要守本分

常修为官之德，既要掌好权，还要用好权

常思贪欲之害，既要会干事，还要不出事

常怀律己之心，既要重大节，还要慎小节

（13）

思想教育经常化，变“要我学”为“我要学”

专业设置合理化，变“随意挑”为“统筹选”

学习保障制度化，变“粗放型”为“集约型”

（14）

在准入条件上，坚持放宽领域和降低门槛并举

在创业来源上，坚持挖掘潜力和借助外力并举

在创业主体上，坚持增加数量和提升质量并举

（15）

求实求效，实现思想引领和民众思维合拍共鸣

突破突围，实现传统媒体和新兴媒体同频共振

相生相长，实现文化事业和文化产业整体繁荣

借势借力，实现对内宣传和对外宣传出新出彩

实干实效，实现基层基础和队伍建设共同提升

（16）

多想想党旗下的铮铮誓言，少些私心杂念

多想想该为党为人民做些什么，少想该得到些什么

多想想哪些义务还没尽到，少想哪些权力还没捞到

（17）

从有学上到上好学，办学条件更优化、教育质量上台阶

从治得起到护健康，健康帮扶下功夫、医疗服务更完善

从有的住到住得好，住房安全不发愁、乡村环境更宜居

（18）

重塑新构创新理念，实现从效率改善到价值创造的转变

着力强化基础研究，实现从中国制造到中国创造的转变

重视源头理论创新，实现从经验积累到理论升华的转变

优化创新生态环境，实现从创新情愫到创新治理的转变

（19）

定点立靶找准“穷苗子”，变“概略漫灌”为“精准滴灌”

定向切脉拔除“穷根子”，变“人工输血”为“自我造血”

定责问效摘掉“穷帽子”，变“短期治标”为“长效治本”

（20）

处理好“为啥办”与“怎么办”的关系，促进为民办实事成为自觉

处理好“办实事”与“干业务”的关系，促进为民办实事融合发展

处理好“办大事”与“办小事”的关系，促进为民办实事周全到位

处理好“点上推”与“面上扩”的关系，促进为民办实事点面结合

处理好“想点子”与“建机制”的关系，促进为民办实事依规运行

第5章

两种金句增肌，气韵华章升格调

公文里的金句，放在段首一般是用于点明主旨，放在正文中则起到提炼关键思路做法、强化总结力度的作用。公文没有金句，就如同一个人没有肌肉，干瘪不美观。拥有适当的肌肉能够让人身材健美，合适的金句也能为公文材料塑形。

下面介绍的两类金句，一类是排比金句，以两句或三句作为排比，能够起到加强语气、增加文气力量的作用，使文章读起来郎朗上口；另一类是用典金句，包括引用古文经典与引用现代经典两种，能够增强公文的底蕴内涵。

对仗金句

对仗句的写作是基本功，必须打牢。因为对仗句概括性强，能够很好地增强语势，避免行文语言啰唆。下面列举了修身立德、责任担当、奋斗进取、改革发展和廉政自律等5类250条金句。

你还可以按照你的业务需求收集其他类型的金句。对仗金句的收集没有一定之规，按照工作需要来就可以。等你收集的金句足够多，模仿运用得足够多，慢慢就会找到写金句的感觉了。

修身立德类

（1）欲事立，须是心立。

（2）正以处心，廉以律己。

（3）知所从来，方明所去。

（4）善禁者，先禁其身而后人。

（5）安危不贰其志，险易不革其心。

（6）文化而润其内，养德以固其本。

（7）立志以定其本，居正以持其志。

（8）立志而圣则圣矣，立志而贤则贤矣。

（9）欲影正者端其表，欲下廉者先之身。

（10）至信而深厚、融通而致用、执着而笃行。

（11）德不优者不能怀远，才不大者不能博见。

（12）能忠诚不易，守忠诚可贵，尽忠诚崇高。

（13）人格因忠诚而巍峨，事业因忠诚而壮丽。

（14）天下之难持者莫如心，天下之易染者莫如欲。

（15）把忠诚注入血液里、融入事业中、写在大地上。

（16）思想向上提升，身子向下扎根，品行向尚要求。

（17）争当忠诚卫士，锻造忠诚铁军，打造忠诚部门。

（18）担当蕴含忠诚，实干承载忠诚，为民彰显忠诚。

（19）忠诚不谈条件，忠诚不论付出，忠诚不讲回报。

（20）立民族文化之根，铸民族精神之魂，拓文明发展之道。

（21）立身不忘做人之本，为政不移公仆之心，用权不谋一己之私。

（22）公私是一把尺，丈量境界高下，也是一杆秤，称出格局大小。

（23）用纪律建设来校准思想之标、调整行为之舵、绷紧作风之弦。

（24）鼓起“闯”的勇气，拿出“拼”的劲头，铆足“实”的干劲。

（25）夯实忠诚履职之本，抓住忠诚尽职之要，负起忠诚担职之责。

（26）永不懈怠、一往无前的奋斗姿态，逢山开路、遇水架桥的开拓精神。

（27）以忠诚不负组织重托，以忠诚不负事业需要，以忠诚不负人民期盼。

（28）以理想信念强基固本，以先进文化启智润心，以高尚道德砥砺品格。

（29）坚定信仰是忠诚之根，理想信念是忠诚之干，为民服务是忠诚之冠。

（30）保持忠诚要守住信仰，保持忠诚要守住原则，保持忠诚要守住责任。

（31）矢志不渝的忠诚信念，负重笃行的责任担当，勤勉务实的职业操守。

（32）忠诚体现在一言一行，忠诚落实到一举一动，忠诚细化为一点一滴。

（33）即便在势利纷繁中，依然近而不染；哪怕是野渡无人时，犹自独立横舟。

（34）讲忠诚要看干得好不好，讲忠诚要看抓得实不实，讲忠诚要看行得正不正。

（35）用理想信念强基固本，用党的创新理论武装全党，用优秀传统文化正心明德。

（36）最首要的是加强党性修养，最关键的是练就过硬本领，最讲求的是实干担当奉献。

（37）忠诚源于心，要忠心耿耿；忠诚始于言，要言行一致；忠诚见于行，要始终如一。

（38）把忠诚写在前行的征途中，把忠诚写在火热的实践中，把忠诚写在具体的岗位中。

（39）“咬定青山不放松”的信仰、“功成不必在我”的境界、“让他三尺又何妨”的胸襟。

（40）把不敢腐的强大震慑效能、不能腐的刚性制度约束、不想腐的思想教育优势融于一体。

（41）保持“永无止境”的精神状态、“要谋新篇”的精神追求、“方显担当”的精神境界。

（42）越是砥砺奋进的时代，越需要思想的凝聚；越是成长拔节的时期，越需要精神的支撑。

（43）知难而进、逆流而上的勇气，打逆风球、走上坡路的能力，遇强更强、愈挫愈勇的坚韧。

（44）理想信念进一步明确，政治站位进一步提升，核心意识进一步筑牢，大局观念进一步增强。

（45）忠诚信仰的崇高追求，百折不挠的奋斗精神，创新求变的胆识勇气，舍我其谁的责任担当。

（46）学会沟通领导，知其所思所想；密切联系下属，知其所盼所望；关门自我考量，知己所向所往。

（47）带头做到思想有防线、用权有敬畏、生活有格调、治家有规矩，永葆清正廉洁的政治本色，持续建设风清气正的良好政治生态。

（48）保持忠诚的品质，要用理论的清醒来打底；保持忠诚的品质，要用绝对的标准来强化；保持忠诚的品质，要用刚性的约束来保障。

（49）忠诚意味着克服千辛万苦的考验，永不屈服；忠诚意味着跨越名缰利锁的羁绊，永不变节；忠诚还意味着笃定无怨无悔的志向，永不回头。

（50）必须带头讲正气，堂堂正正做人，扎扎实实做事，清清白白做官，事事以身作则，时时严于律己，处处为人表率，始终做到不为名所累，不为利所缚，不为权所动，不为欲所惑。

责任担当类

（1）一语不能践，万卷徒空虚。

（2）不忘本来，才能开辟未来。

（3）世间事，做于细，成于严。

（4）黎民命攸关，烈火见真金。

（5）民间疾苦声，枝叶总关情。

（6）立命为生民，奋斗为共富。

（7）志不求易者成，事不避难者进。

（8）事业呼唤先锋，时代锻造先锋。

（9）境界源于自省，名节来自修养。

（10）人不率则不从，身不先则不信。

（11）谋事讲守恒，创业讲守拙，做人讲守诚。

（12）心中有法纪，行动有规矩，脚下有定力。

（13）心中装着百姓，手中握有真理，脚踏人间正道。

（14）榜样是看得见的哲理，典型是鲜活的价值引领。

（15）先行者的志气、排头兵的心气、创业者的朝气。

（16）立足时代之基，回应时代之问，引领时代之变。

（17）愿担当的情怀、敢担当的勇气、善担当的能力。

（18）心中装着百姓，手中握有真理，脚踏人间正道。

（19）走过泥泞，方知大道珍贵；经历风雨，更觉阳光美好。

（20）最强的力量就是说到做到，最好的落实就是一抓到底。

（21）脓包不挑破，就会养痈遗患；讳疾而忌医，难免病入膏肓。

（22）在担当中主动作为，在实践中埋头苦干，在奉献中实现价值。

（23）敢于尽责尽力，敢于攻坚克难，敢于担当作为，敢于善作善成。

（24）千忙万忙，不抓落实就是瞎忙；千条万条，不抓落实就是白条。

（25）勇当只争朝夕的奋进者、上下求索的开拓者、舍我其谁的奉献者。

（26）在机遇面前主动出击，在困难面前迎难而上，在风险面前积极应对。

（27）勿忘昨天的苦难辉煌，无愧今天的使命担当，不负明天的伟大梦想。

（28）为了人民而发展，发展才有意义；依靠人民而发展，发展才有动力。

（29）关键时刻有关键担当，满弓任务有满格状态，特殊考验有特别定力。

（30）发现问题是水平，解决问题是政绩，揭露问题是本分，掩盖问题是失职。

（31）历史的画卷总是在继往开来中铺展，时代的华章总是在接续奋斗中书写。

（32）担当要讲信仰，担当要讲能力，担当要讲方法，担当要讲合力，担当要讲底线。

（33）面对困难不怯懦、不放弃，面对挑战不退缩、不气馁，面对风险不畏惧、不慌张。

（34）基层工作千累万累，为民造福就不觉累；基层工作千难万难，心有群众就不觉难。

（35）拓展放眼全球的国际视野，厚植兼济天下的人类情怀，锤炼舍我其谁的历史担当。

（36）用脚步丈量祖国大地，用眼睛发现中国精神，用耳朵倾听人民呼声，用内心感应时代脉搏。

（37）年轻干部要有不辞辛苦的担当，年轻干部要有不怕担责的担当，年轻干部要有为民服务的担当。

（38）事业成功来源于担当时代责任，生命价值实现于担当时代责任，人生快乐绽放于担当时代责任。

（39）每个干部心中都要有一盘大局之棋、一本干事之账、一张成事之图、一股拼搏之劲、一颗火热之心。

（40）担当实干，是共产党人的立场本色；担当实干，是党员干部的应有品格；担当实干，是人民公仆的鲜明标识。

（41）以舍我其谁的使命担当，豁得出、顶得上、靠得住，做到“困难再多不畏惧、压力再重不低头、挑战再大不退缩”。

（42）砥砺复兴之志，这是一个古老民族生生不息的动力源泉；永葆赤子之心，这是一个人民政党薪火相传的制胜法宝。

（43）把心思集中在“想干事”上，把胆识体现在“敢干事”上，把能力展现在“会干事”上，把目标落实在“干成事”上。

（44）在风险面前不担当，溜肩膀；在是非面前不担当，耍滑头；在歪风面前不担当，和稀泥；在矛盾面前不担当，绕开走。

（45）从担当上着手，解决“不敢干”的问题；从思想上着手，破解“不愿干”的问题；从能力上着手，解决“干不好”的问题。

（46）以不甘落后的心劲、攻坚克难的干劲、勇打硬仗的拼劲，共同演绎了一场战天斗地、改天换地、欢天喜地的脱贫攻坚战。

（47）临难不避、实干为要，对国之大者心中有数，对民之关切丝发必兴，磨砺责任担当之勇、科学防控之智、统筹兼顾之谋、组织实施之能。

（48）筑牢理想信念的魂、深扎艰苦奋斗的根、满怀为民服务的情，在边疆这个“大熔炉”里淬火，在基层这块“磨刀石”上磨砺，在祖国最需要的地方绽放青春光彩。

（49）把精力进一步聚焦到抓项目上来、聚焦到新旧动能转换上来、聚焦到高质量发展上来，一切围绕项目转、一切盯着项目干，切实以项目建设引领发展、支撑发展、保障发展。

（50）越是难干的事业，党员干部越是要以“让我来”的决心、“我先上”的勇气、“看我的”的魄力，啃“硬骨头”，接“烫手山芋”，以“坐不住、等不起”的紧迫感、危机感和责任感，激发使命担当，锤炼战斗意志，苦练制胜本领。

奋斗进取类

（1）天以新为运，人以新为生。

（2）心至苍穹外，目尽星河远。

（3）变革必变能力，转型必转素质。

（4）艰难方显勇毅，磨砺始得玉成。

（5）志不求易者成，事不避难者进。

（6）走过千山万水，仍需跋山涉水。

（7）人生万事须自为，跬步江山即寥廓。

（8）征途漫漫从头越，奋楫扬帆向未来。

（9）最激昂是少年志，最闪耀是追梦人。

（10）船到中流浪更急，人到半山路更陡。

（11）众力并则万钧举，人心齐则泰山移。

（12）历尽天华成此景，人间万事出艰辛。

（13）躺平不可取、躺赢不可能、奋斗正当时。

（14）日日行，不怕千万里；常常做，不怕千万事。

（15）时间刻写奋斗的辉煌，记录勇毅前行的脚步。

（16）用奋斗创造美好未来，用拼搏成就新的梦想。

（17）不数既往，不能知将来；不求远因，不能明近果。

（18）惟其艰难，才更显勇毅；惟其笃行，才弥足珍贵。

（19）永葆“闯”的精神、“创”的劲头、“干”的作风。

（20）重心转移，不变蹄疾步稳；风险叠加，始终砥砺前行。

（21）不忘初心，青春朝气永在；志在千秋，百年仍是少年。

（22）沧海横流，方显英雄本色；乘风破浪，更知壮志凌云。

（23）气壮山河的奋斗，可歌可泣的牺牲，震古烁今的创造。

（24）短板是不足，也是争先空间；弱项是压力，也是创优潜力。

（25）现场是最好的校园，实践是最好的课堂，群众是最好的老师。

（26）经历了多少浴血奋战，凝结着多少艰辛努力，熔铸了多少探索尝试。

（27）树牢求实的奋斗导向，端正踏实的奋斗态度，保持务实的奋斗劲头。

（28）台下潜心“研”、台上精心“讲”、课上认真“听”、课后及时“用”。

（29）一线是试金石、磨刀石，也是铺路石；一线考验人、锻炼人，也成就人。

（30）奋斗比拼的是“激情”，奋斗考验的是“担当”，奋斗较量的是“智慧”。

（31）在劈波斩浪中开拓前进，在披荆斩棘中开辟天地，在攻坚克难中创造业绩。

（32）锻造终生奋斗的铁脊梁，练就接续奋斗的硬本领，保持不懈奋斗的精气神。

（33）像燕子垒窝那样持之以恒，如蜜蜂酿蜜那样日积月累，似滴水穿石那样锲而不舍。

（34）坚定百折不挠的进取意志，练就宠辱不惊的心理素质，保持乐观向上的精神状态。

（35）坚持目标不变、靶心不散、频道不换，一刻不能停、一步不能错、一天不能耽误。

（36）奋斗在心，誓言就是使命；奋斗在心，责任就是使命；奋斗在心，事业就是使命。

（37）前进而不后顾，奋发而不犹疑，昂扬而不迟暮，唾平庸而向崇高，崇科学而弃迷信。

（38）奋斗要发扬一抓到底的狠劲，奋斗要发扬一鼓作气的拼劲，奋斗要发扬一以贯之的韧劲。

（39）奋斗是勇往直前的思想之舵，奋斗是与时俱进的不竭动力，奋斗是干事创业的精神纲领。

（40）以“自身硬”来涵养奋斗勇气，以“自身严”来保持奋斗精神，以“自身强”来激励奋斗意志。

（41）把每一天作为一个新起点，把每一件事情作为一个新开端，把每一项任务作为一次新历练。

（42）同人民一起奋斗，青春才能亮丽；同人民一起前进，青春才能昂扬；同人民一起梦想，青春才能无悔。

（43）奋斗者不负春光，志在追梦圆梦；奋斗者追风赶月，贵在笃行不怠；奋斗者攻坚克难，成在自信自强。

（44）激发守土尽责的内在动力、勇立潮头的担当勇气、只争朝夕的工作劲头、真抓实干的工作作风、矢志报国的进取意识。

（45）奋斗脚步不能停下，迢迢征途任重道远，必须一锤接着一锤敲、一茬接着一茬干，过了一山再登一峰、跨过一沟再越一壑。

（46）把准“定盘星”，以坚定信念诠释奋斗；紧跟“领路人”，以绝对忠诚引领奋斗；练就“金刚身”，以过硬本领成就奋斗。

（47）“千磨万击还坚劲”的顽强意志、“乱云飞渡仍从容”的战略定力、“独有英雄驱虎豹”的非凡气概、“弄潮儿向涛头立”的胆魄能力。

（48）以一系列重振雄风的逆袭佳作，扭转了“颓势”、造就了“稳势”、巩固了“进势”、构筑了“优势”，交出了一份务实过硬、厚重提气的答卷。

（49）把准方向、敢于担当、主动作为，脚踏实地、拼搏进取、苦干实干，同时间赛跑、与难题斗争、向目标冲刺，才能攻克一个又一个难关，夺取一个又一个成果。

（50）奋斗必须做到心中有国家，永葆忠诚之心；奋斗必须做到心中有民，永葆赤子之心；奋斗必须做到心中有责，永葆担当之心；奋斗必须做到心中有戒，永葆敬畏之心。

改革发展类

（1）传承不忘本，创新不离根。

（2）十年磨一剑，利刃开新篇。

（3）万物得其本者生，百事得其道者成。

（4）非取法至高之境，不能开独造之域。

（5）传统不是守住炉灰，而是热情火焰的传递。

（6）唯固本者进，唯开新者强，唯固本开新者胜。

（7）唯改革者进，唯创新者强，唯改革创新者胜。

（8）先行者的志气、排头兵的心气、创业者的朝气。

（9）把好传统带进新征程，将好作风弘扬在新时代。

（10）环境就是民生，青山就是美丽，蓝天也是幸福。

（11）山峦层林尽染，平原蓝绿交融，城乡鸟语花香。

（12）前瞻预判有依据、统筹安排有条理、谋篇布局有思路。

（13）系统化推进、精细化设计、人性化服务、智慧化赋能。

（14）准确识变，认清“危”中之需；主动求变，找准发展之“机”。

（15）在挑战中发现机遇，在问题中找到出路，在挫折中磨炼成长。

（16）奋力按下创新发展的“快进键”，跑出高质量发展的“加速度”。

（17）在推动发展上求实效，在创新发展上显作为，在统筹发展上见情怀。

（18）发展责任面前不推诿，发展任务面前不退缩，发展困难面前不回避。

（19）发展造就发展新气象，开放带来发展新活力，创新打开发展新空间。

（20）始终把发展方向把住，着力把发展重心抓住，坚决把发展风险管住。

（21）抓发展比的是信念、决心、干劲，抓发展拼的是作风、精神、状态。

（22）创新发展的“先行军”，加快发展的“试金石”，推动发展的“攻坚队”。

（23）科学布局科技创新团队，科学组织科技创新团队，科学评价科技创新团队。

（24）牢牢把握创新目标方向，着力构建创新基础平台，加快完善创新政策环境。

（25）用真抓实干来抢抓机遇，用埋头苦干来加快发展，用科学巧干来破解难题。

（26）时间是伟大的书写者，见证不凡的征程，记录走过的足迹，写下历史的华章。

（27）思想观念上“更新换代”，能力素质上“升级换挡”，工作方式上“提质增效”。

（28）创新的“高原”为“高峰”提供屹立之地，创新的“高峰”为“高原”立起标杆。

（29）把发展内生动力激发出来，把发展强劲活力释放出来，把发展巨大潜力挖掘出来。

（30）推动发展的“短板”问题、制约发展的“瓶颈”问题、服务发展的“软肋”问题。

（31）创新发展要在思想上破冰，创新发展要在行动上突围，创新发展要在发展上发力。

（32）善抓科技创新的“牛鼻子”，善落科技创新的“关键子”，善破科技创新的“瓶颈口”。

（33）浓厚的氛围，激发了团队锐意创新的潜能；丰硕的成果，彰显出实践创新的巨大能量。

（34）坚守传统精髓的积淀式发展、升华实践经验的接续式发展、顺应时代大势的开拓式发展。

（35）把发展任务分解到板块条线，把发展责任落实到具体岗位，把发展压力传递到每个人肩上。

（36）推动力量向一线集聚、思路在一线生成、方法在一线创造、问题在一线解决、成效在一线检验。

（37）在创新驱动发展上追求新高度，在区域协调发展上塑造新格局，在深化开放发展上拓展新空间。

（38）在冲破思想藩篱中比决心，在干事创业的“赛道”上拼实绩，在敢闯敢试的“舞台”上展担当。

（39）保持“眼明心亮”，善于“釜底抽薪”，精于“破旧立新”，注重“建章立制”，坚持“抓早抓小”。

（40）准确运用鼓励激励、容错纠错、能上能下“三项机制”，让实干担当者扬眉吐气、让慵懒无为者无地自容。

（41）发展的方向才会更加明确，发展的路径才会更加清晰，发展的步调才会更加统一，发展的斗志才会更加昂扬。

（42）一切发展思路以此来谋划，一切发展布局以此来展开，一切发展举措以此来制定，一切发展成效以此来检验。

（43）为创造发展奇迹提供了“金钥匙”，为实现发展转型提供了“助推器”，为引领发展升级提供了“导航仪”。

（44）“抓住两头，带好中间”的重点突破法，抓“前头”引领，抓“后头”转化，抓“中间”带动，形成工作上进的拉动力。

（45）不唯身份论人才、不唯学历评人才、不唯职称用人才，让技能人才无“身份”之忧、无学历之“绊”、无“草根”之虑。

（46）培育壮大新兴产业，做好加法；降低实体经济成本，做好减法；强化科技创新驱动，做好乘法；推进体制机制创新，做好除法。

（47）以“滚石上山、负重前行”的决心抓发展，以“时不我待、只争朝夕”的作风推工作，以“善始善终、善作善成”的精神强落实。

（48）握准“指挥棒”，形成转型发展的高度自觉；舞活“指挥棒”，引领转型发展的生动实践；用好“指挥棒”，保障转型发展的强力推进。

（49）甘做铺垫工作、甘抓未成之事，在守正创新中下真功夫、实功夫，拿出踏石留印、抓铁有痕的劲头，用钉钉子精神，锲而不舍、一往无前。

（50）改革应当是精准识别、对症下药的“靶向治疗”，不是包治百病的“万能药”，“一呼而上”式的改革要不得，“大水漫灌”式的改革要不得，“不明觉厉”式的改革更加要不得。

廉政自律类

（1）心中有规矩，行为定方圆。

（2）敬畏人民，敬畏组织，敬畏法纪。

（3）清若荷花不染尘，廉如梅花不畏寒。

（4）鱼不忍饥钩上死，鸟因贪食网中亡。

（5）心中时时有规矩，行动时时有尺子。

（6）家不以规矩则败，国不以规矩则衰。

（7）心里时刻有规矩，时时处处守规矩。

（8）廉洁乃为政之魂，勤政乃公仆之本。

（9）人不以规矩则废，国家不以规矩则乱。

（10）带头弘扬清正之风，带头守护廉洁之宝。

（11）欲望的背后是陷阱，贪婪的尽头是毁灭。

（12）稳得住心神，管得住行为，守得住清白。

（13）身正方能带人，廉洁方能聚人，律己方能服人。

（14）一丝不苟才能一尘不染，一心一意才能一往无前。

（15）人心如秤，衡量谁轻谁重；民意似镜，照出孰贪孰廉。

（16）恋亲不为亲徇私，念旧不为旧谋利，济亲不为亲撑腰。

（17）不贪享成功后的光鲜光彩，不贪图权力背后的名利地位。

（18）“干事”与“干净”于一身，“勤政”与“廉政”于一体。

（19）立身不忘做人之本，为政不移公仆之心，用权不谋一己之私。

（20）把好用权“方向盘”，系好廉洁“安全带”，遵循纪律“信号灯”。

（21）把廉洁作为一种习惯，把廉洁作为一种追求，把廉洁作为一种修养。

（22）筑牢“廉洁墙”，守好“廉洁门”，打好“预防针”，建好“后花园”。

（23）廉洁自律之弦任何时候都不能松，纪律规矩的底线任何时候都不能破。

（24）守纪律最管用的举措，是把纪律刻在心中；守规矩最有效的办法，是把规矩立在心中。

（25）让“懂规矩”成为一种自觉，让“讲规矩”成为一种常态，让“守规矩”成为一种习惯。

（26）贪婪，是腐败的温床，是走向腐败的通行证；自律，是廉洁的沃土，是廉洁从政的安全阀。

（27）规矩是廉洁从政的“防火墙”，规矩是身心健康的“稳压器”，规矩是成就事业的“加油站”。

（28）讲规矩就要不为人情关系所缚，讲规矩就要不为歪风邪气所扰，讲规矩就要不为个人得失所困。

（29）搞一次特殊，就降低一份威信；破一次规矩，就留下一个污点；谋一次私利，就失去一片人心。

（30）任何一个小缺口，都可能堤溃蚁穴、损失惨重；任何一个小失误，都可能连锁反应、尽弃前功。

（31）不忘初心，别让信仰“降温”；实干担当，别让履责“滑坡”；修身律己，别被欲望“绑架”。

（32）要理智地看待名利，要大气地对待得失，要静气地正视进退，要冷静地面对成败，要科学地学会比较。

（33）摆正态度，做人民的“贴心人”；散发热度，做人民的“暖心人”；发扬风度，做人民的“真心人”。

（34）“心中有戒”才不“胡思乱想”，“心中有戒”才不“胡言乱语”，“心中有戒”才不“胡作非为”。

（35）组织监督的“探照灯”要有高度，群众监督的“聚光灯”要有热度，自我监督的“随身灯”要有亮度。

（36）监督执纪要在“早”字上订计划，监督执纪要在“近”字上摸实情，监督执纪要在“严”字上求真相。

（37）制度规范的“笼子”越扎越紧，管国家治国家的“螺丝”越拧越紧，执纪监督的“紧箍咒”越念越紧。

（38）面对“微腐败”绝不能掉以轻心，遇到“潜规则”绝不能随波逐流，碰上“人情礼”绝不能欣然笑纳。

（39）筑牢意识墙、形成常态化培训机制；筑牢防护墙、优化选拔使用机制；筑牢“监督墙”，夯实监督评价机制。

（40）筑牢思想之基，补足精神之钙，高扬信念之帆，把牢思想之舵。

（41）立场纪律是生机活力的“保鲜剂”，立场纪律是团结统一的“定盘星”，立场纪律是赓续继承的“传家宝”。

（42）严守纪律要做到有令必行、有禁必止，严守纪律要做到嘴不乱说、腿不乱跑，严守纪律要手不乱拿、权不乱用。

（43）做加法，就是要增加知识、增大内存、增长本领、增强后劲；做减法，就是要远离诱惑、看淡名利、放弃奢望、安于平和。

（44）将“廉洁乃为政之魂，勤政乃公仆之本”的立场品格坚守到底，将“勤廉者平安一世，贪婪者自毁一生”的警训牢记于心。

（45）加强纪律教育，提高纪律认知；培育纪律文化，养成纪律自觉；完善纪律规范，扎紧制度笼子；强化纪律执行，形成刚性约束。

（46）以人民为中心是中国大家的理想信念之基，以人民为中心是中国大家的根本立场，以人民为中心是中国大家的力量源头活水。

（47）坚定信念是严守规矩的基本前提，知行合一是严守规矩的根本要求，勇于担当是严守规矩的目的所在，制度建设是严守规矩的重要保障。

（48）下好“先手棋”，以更高的标准加强纪律建设；筑牢“防护网”，以更严的尺度加强纪律建设；当好“护林员”，以更宽的视野加强纪律建设。

（49）从人生角度讲，一步很短，一生很长，走错一步，影响一生；从廉洁方面讲，防一念之差、一时糊涂、一着不慎，保一路清醒、一世廉洁、一生平安。

（50）强化“严管是厚爱，监督是保护”的正确理念，树立“有则改之，无则加勉”的谦逊态度，涵养“虚怀若谷，海纳百川”的豁达胸怀。

用典金句

用典一般指的是对古文的引用，但在公文中也有很多对现代名人、领导人的诗词、讲话的引用，这里将其定义为现代用典金句。用典金句是进阶要求，一篇公文材料不需要用太多用典金句，用上几句就会增色不少。这类金句常见于领导讲话、理论文章中。下面列举古文用典和现代用典两类 30 句，供写作时参考。

古文用典金句

（1）“衙斋卧听萧萧竹，疑是民间疾苦声。”问题是时代的声音，民心是最大的政治。

（2）“君子素其位而行。”爱岗，彰显的是乐业，展现的是执着。爱之愈深，才会敬之愈真。

（3）“实言实行实心，无不孚人之理”，说实话、干实事、实心实意，就没有不被人信服的道理。

（4）保持“初生牛犊不怕虎”的锐气，坚定“衣带渐宽终不悔”的决心，鼓起“不破楼兰终不还”的劲头。

（5）在“乱花渐欲迷人眼”中做到“乱云飞渡仍从容”，在“山雨欲来风满楼”中做到“风雨不动安如山”。

（6）“逆水行舟，一篙不可放缓；滴水穿石，一滴不可弃滞。”改进作风绝非一日之功，一曝十寒只能隔靴搔痒。

（7）不怀“至远”，难有“犯其至难”的奋斗；不去“犯其至难”，想取得“至远”的成就往往只能成为空谈。

（8）在点滴中、细微处，常思“不虑于微，终贻大患；不防于小，终亏大德”，始终保持敬畏之心，不放纵、不越轨、不逾矩。

（9）立足于早、着眼于小，时刻警醒、战战兢兢、如履薄冰，守住“红”的底线，以“吾日三省吾身”的状态时时拂拭“红”的纯色。

（10）驰而不息转观念，激发攻坚克难的力量。“求木之长者，必固其根本；欲流之远者，必浚其泉源。”思想是行动的先导，思想上松一尺，行动上就会退一丈。

（11）“出手必出色，完成必完美”，体现出一种“山到绝顶我为峰”的卓越追求，一种“不待扬鞭自奋蹄”的责任意识，一种“桃李不言，下自成蹊”的良好信誉。

（12）在“深思”上下功夫，增强调查研究“脑力”。“不深思则不能造于道，不深思而得者，其得易失。”敢于思考、勤于思考、善于思考是领导干部的基本能力和素养。

（13）动人以言者，其感不深；动人以行者，其应必速。领导干部讲带头，不能只说不做，甚至把说了当做了；更不能只要求下级，而对自己失之于宽，只当评论员，却不做战斗员。

（14）和平发展时期，因为葆有先锋本色，我们初心如磐、使命在肩，故有“出淤泥而不染，濯清涟而不妖”的冰清玉洁、“千磨万击还坚劲，任尔东西南北风”的坚强底气。

（15）“不审天下之势，难应天下之务。”提高政治判断力是辨别政治是非、把握政治主动的重要前提，要求党员干部特别是领导干部善于从政治上观察时势、分析问题，增强科学把握形势变化、准确识别现象本质、清醒明辨是非对错、有效抵御风险挑战的能力。

现代用典金句

（1）激扬“踏平坎坷成大道”的豪情壮志，凝聚“风雨无阻向前进”的智慧力量。

（2）要实干、巧干、科学干，学会“十个指头弹钢琴”，有轻有重、有急有缓、有章有法。

（3）“撸起袖子加油干”的务实，“踏石留印、抓铁有痕”的坚韧，下“绣花”功夫的精准。

（4）看成就，“三军过后尽开颜”；瞻未来，“快马加鞭未下鞍”；履职责，“红军不怕远征难”。

（5）胸怀“功成不必在我”的境界，坚定“敢教日月换新天”的决心，树立“建功必须有我”的志向。

（6）“枪头不快，累折枪杆。”扶贫必先扶志，脱贫必先脱懒，“自甘贫”的思想不消除，“要人富”就要走很长的路。

（7）“时代是出卷人，我们是答卷人，人民是阅卷人。”无论是积淀真理的底蕴、擦亮真理的底色，还是拥有真理的底气，都是来源于实践。

（8）坚守“捧着一颗心来，不带半根草去”的公仆情怀，树立“爱的最高境界就是爱人民”的高尚品格，涵养“春蚕到死丝方尽，蜡炬成灰泪始干”的精神风范。

（9）只有在“千帆竞发、百舸争流”中奋勇争先，才能保持状态、永不掉队；只有在“勇攀高峰、挑战极限”中全力冲刺，才能再创佳绩、不负时代。

（10）秉承“革命理想高于天”的精神境界，牢记“一心为民无私心”的初心使命，严守“不拿群众一针一线”的政治本色。

（11）“脱贫摘帽不是终点，而是新生活、新奋斗的起点。”守好发展和生态的底线，铺好连通生态之美、民生之惠的大道小路，幸福生活就在我们眼前。

（12）永葆“不因事艰而不为，不因任重而畏缩”的无畏精神和冲锋姿态，喊出“让我上”、叫响“跟我来”，挺身而出、勇于担当作为，实干苦干、砥砺前行。

（13）共产党人的理想信念中倾注着“全心全意为人民服务”的赤子情怀，蕴含着“压倒一切敌人，而决不被敌人所屈服”的斗争精神，激荡着“惊涛骇浪从容渡，越是艰险越向前”的磅礴力量。

（14）大力弘扬奋斗精神、担当精神、斗争精神，胸怀“自信人生二百年，会当水击三千里”的豪情，以爬坡过坎、滚石上山的坚韧斗志，埋头苦干、建功立业，书写无愧于时代、无愧于人民、无愧于历史的答卷。

（15）保持“乱云飞渡仍从容”的定力，对党忠诚，对人民负责；涵养“不畏浮云遮望眼”的格局，胸怀全局，服务大局；富有“风物长宜放眼量”的远见，强基固本，行稳致远；提升“甘为人梯托青云”的境界，求贤若渴，唯才是举。

第 6 章

三类好词点睛，妙语连珠添文采

作家要精准表达，就需要掌握庞大的词汇量。据研究，鲁迅的词汇量有一万多个。公文写作不同于文学创作，它有其自身的词汇特点，形成了一定的体制语言特色，这些是需要学习积累、逐渐掌握的。

用好用准公文特色词汇，能够快速提升对公文材料的语感。一组好词用在标题里就能构成特色标题，用在句子里就能形成金句。所以，词汇其实又是前文讲的标题和金句的核心。

下面介绍的比喻词、后缀字词和前缀字词三种词汇，都是非常具有公文特色的词汇，本书搜集的不过是很小的一部分，目的是提供搜集积累词汇的方向，以供参考和借鉴，你要注意在日常工作中悉心搜集，多加使用。词汇语言的熟悉不靠背诵，全靠使用。死记百个，不如活用一个。尝试在你的公文中使用这些词汇，不知不觉中就能掌握公文话语体系了。

比喻词

二字比喻

爆款　对表　对标　走神　散光　反弹　回潮　雪山　草地　淬火　炎症　癌症

长板　短板　真经　美容　养生　露脸　脚本　盆景　里子　口子　把子　空子
暗礁　炮弹　哑弹　空炮　虚弹　臭弹　礼炮　水分　包袱　体魄　红线　主线
靶标　门面　后院　裁判　考官　评委　欠账　缺钙　空转　吃香　实惠　铆钉
新账　旧账　镜子　标尺　瓶颈　软肋　摆设　守摊　镀金　到位　站位　补位
彩排　细胞　肌体　干货　胃口　唱功　做功　贴金　贴花　好评　差评　点赞
吐槽　口碑　干将　闯将　猛将　基线　界线　红线　卫士　能手　走笔　走心
写意　担子　骨头　灯塔　路标

二字比喻列举的意义不是很大，很多词都可以作为二字比喻用在公文写作中，只要含义把握准确，类比合适，皆可入文。下面列举30组使用二字比喻的语句供学习参考。

（1）拔“烂树”，治“病树”，正“歪树”。

（2）信仰“基线”、言行“界线”、制度“红线”。

（3）回应“槽点”，纾解“痛点”，打通“堵点”。

（4）有思想上的“破冰”才会有行动上的“突围”。

（5）“打虎”无禁区，“拍蝇”零容忍，“猎狐”撒天网。

（6）教育培训“补钙”，一线实战“炼钢”，机制保障“育苗”。

（7）综合比选“排队”，果断淘汰“掉队”，允许破格“插队”。

（8）查找一切“漏洞”，覆盖一切“盲区”，补齐一切“短板”。

（9）勇于挑最重的担子，敢于啃最硬的骨头，善于接最烫的山芋。

（10）立说立行的“干将”、开创开拓的“闯将”、敢拼敢打的“猛将”。

（11）守土尽责的“卫士”、改革创新的“干将”、真抓实干的“能手”。

（12）对突出问题“开火”，对顽固问题“开刀”，对变异问题“开方”。

（13）消除迷航的“灯塔”，指引征途的“路标”，引领方向的“北斗”。

（14）“无病”常谈敲警钟，“初病”早谈亮黄牌，“有病”快谈明红灯。

（15）精准“问诊”、联合“会诊”、辨证“施治”，助力企业顺利“康复”。

（16）打造“乔木”参天、“灌木”茁壮、“草木”葱郁的工业互联网“热带雨林”。

（17）吃好“上面”的政策，学习借鉴“外面”的经验，了解掌握“下面”的情况。

（18）促进谈心谈话有“温度”，剖析实质问题有“深度”，推动整改落实有“力度”。

（19）勇当人才干事的“顾问”，甘当人才安居的“保姆”，乐当人才成长的“导师”。

（20）基层减负，脱掉不必要的“靴帽”，纷繁的负担“瘦身”，但职责不能随之“减肥”。

（21）“走基层送温暖办实事”，既要“走笔”又要“走心”，既不能去“写意”，更不能“留白”。

（22）敢于动自己的“奶酪”，冲破心理的“大山”，突破思维的“峡谷”，打破行动的“枷锁”。

（23）忌“急火”，循序渐进方有成；忌“乱火”，理清思路自从容；忌“虚火”，实干立身是根本。

（24）不忘初心，别让信仰“降温”；实干担当，别让履责“滑坡”；修身律己，别被欲望“绑架”。

（25）把信访群众当家人，把群众来信当家书，把信访之事当家事，把信访工作当家业。

（26）同党中央要求“对标”，拿党章党规“扫描”，用人民群众新期待“透视”，同先辈先烈、先进典型“对照”。

（27）视法纪为“雷池”，敬畏而不逾越；视声色犬马为“祸水”，鄙视而不染身；视钱物为“诱饵”，远离而不沾边。

（28）眷顾那些坚定者、奋进者、搏击者，不“近视”、不“散光”、不“色盲”，让吃苦的吃香、优秀的优先、有为的有位、能干的能上。

（29）在培育新的经济增长点、壮大实体经济、发展民营经济上做“加”法，在去产能、去库存、去杠杆上做“减”法，在增强自主创新能力上做“乘”法，在打好降成本“组合拳”上做“除”法。

（30）防止有“时差”，即不及时、“慢一拍”的问题；防止有“温差”，即热一阵、冷一阵的问题；防止有“误差”，即失真不纯、跑偏走样的问题；防止有“压差”，即压力大则干劲足、压力小则落空的问题。

三字比喻

灰犀牛　黑天鹅　割韭菜　照镜子　狼来了　走马灯　钉钉子　小切口　喘口气
歇歇脚　跟跑者　并行者　领跑者　灌输式　互动式　点对点　点对面　牛鼻子
夹生饭　火车头　娄山关　腊子口　顶梁柱　领头羊　尖刀班　智囊团　高压线
防火墙　紧箍咒　打太极　两张皮　点穴式　硬骨头　无人区　新蓝海　免疫力
领头雁　总开关　大熔炉　钱袋子　磨刀石　踢皮球　软钉子　弹钢琴　小算盘
先手棋　主动仗　高压线　风向标　主心骨　定盘星　指南针　进行时　进行曲
过去时　冲锋号　假动作　正能量　中梗阻　特种钢　发动机　新引擎　助推器
绊脚石　拦路虎　撒手锏　绝缘体　钢扫帚　香饽饽　纸老虎　先行官　老黄牛
活地图　辖区通　减压阀　助推器　主旋律　接力赛

三字比喻用起来就比较有难度了。三字比喻的巧妙之处不仅在于比喻本身的效果，还有它对公文语句节奏感的影响，能够让公文语句更加灵动。下面列举 40 组使用三字比喻的语句供学习参考。

（1）下好“先手棋”，织牢“防护网”。

（2）想出“金点子”，拿出“好招数”。

（3）不编“花篮子”，不搭“花架子”。

（4）把好用权“方向盘”，系好廉洁“安全带”。

（5）检验品质的“试金石”、锻造人才的“炼钢炉”。

（6）啃下“硬骨头”，打败“拦路虎”，闯出“深漩涡”。

（7）获取“活知识”，学到“真功夫”，掌握“硬本领”。

（8）读好“无字书”，进好“百家门”，行好“万里路”。

（9）绘制“施工图”，亮出“责任图”，细化“进度图”。

（10）敢啃“硬骨头”，敢挑“硬担子”，敢攻“硬任务”。

（11）愿为“渡人梯”，乐做“嫁衣裳”，甘当“铺路石”。

（12）为民服务孺子牛、创新发展拓荒牛、艰苦奋斗老黄牛。

（13）打通“断头路”，疏通“大动脉”，畅通“微循环”。

（14）敢闯“无人区”，敢破“天花板”，勇当“探路者”。

（15）勤掸“思想尘”，多思“贪欲害”，常破“心中贼”。

（16）善打“整体战”，能出“组合拳”，会奏“交响乐”。

（17）“责任田”当成“自留地”，“大棋盘”下打“小算盘”。

（18）成为腐败的“绝缘体”，成为强力清扫腐败的“钢扫帚”。

（19）只有人人打响“攻坚战”，才能共同奏好改革“协奏曲”。

（20）送人出征的上马石，磨砺意志的磨刀石，稳重行驶的压舱石。

（21）学习好“必修课”，运用好“教科书”，补充好“营养剂”。

（22）注入了“清醒剂”，擘画了“路线图”，发出了“动员令”。

（23）用政治的“望远镜”登高望远，用政治的“显微镜”见微知著。

（24）纪律既是“紧箍咒”，也是“护身符”，是干部成长路上的“安全带”。

（25）让技能人才端着“技能碗”，不但成为“香饽饽”，还能分到“收益羹”。

（26）紧盯大事要事打攻坚战，紧盯急事难事打歼灭战，紧盯薄弱环节打持久战。

（27）用“放大镜”查找问题，用“显微镜”剖析原因，用“望远镜”谋划工作。

（28）既要干在当下、脚踏实地“摘果子”，又要功在后任、着眼长远“栽树苗”。

（29）既要“压担子”，也要“搭台子”，更要“架梯子”，用真诚和热情当好“勤务兵”。

（30）夯实理想信念“动力阀”，砥砺担当干事“助推器”，恪守廉洁自律“加压泵”。

（31）下功夫纠治忘战懈怠的“和平病”、华而不实的“虚假病”、怯战畏战的“软骨病”。

（32）全媒体时代，众声喧哗中需要有思想的“坐标系”，乱云飞渡中需要有价值的“主心骨”。

（33）党和国家事业发展的顶梁柱，攻坚克难的排头兵，干事创业的带头人，社会道德的风向标。

（34）以“梳辫子”的方式发现问题，以“剥洋葱”的方式剖析问题，以“开药方”的方式解决问题。

（35）始终把坚定理想信念作为看齐追随的“强心针”、锤炼党性的“倍增器”、遵规守纪的“紧箍咒”。

（36）决不能让容错纠错成为庸官的“护身符”、乱作为者的“挡箭牌”、“问题干部”的“避风港”。

（37）前进路上的“拦路虎”，工作实践中的“绊脚石”，纠治“四风”中的“硬骨头”，隐形变异后的“软钉子”。

（38）注重全方位磨炼，既送出去“开眼界”，又请进来“传经验”；既选上来“架天线”，又派下去“接地气”。

（39）将基层党组织建成思想交流的“主战场”、锤炼党性的“大熔炉”、整顿作风的“练兵场”，突出抓好党的科学理论武装党员干部。

（40）以“领跑者”的责任、“弄潮儿”的闯劲、“施工队”的作为，奋力展现“重要窗口”的“头雁风采”。

四字比喻

单打独斗　集团作战　涛声依旧　烂尾工程　红脸出汗　咬耳扯袖　施工队长

大水漫灌　精准滴灌　文山会海　海市蜃楼　镜中水月　照猫画虎　添砖加瓦

层层加码　花拳绣腿　绣花功夫　靶向意识　工匠精神　清扫灰尘　杀灭细菌

铲除病灶　健康肌体　筑牢堤坝　扎紧篱笆　抓住要害　点准穴位　打准靶子

表面文章　跑冒滴漏　加减乘除　和风细雨　暴风骤雨　看家本领　独门功夫

埋头拉车　抬头看路　猛药去病　润物无声　望闻问切　刀刃向内　通经活血

千钧重担　烫手山芋　制胜洪流　战争密码　克敌密钥　神经末梢　基层细胞

四字比喻用起来难度更大，而且要形成四字比喻的排比是非常困难的，但是用好了更显水平。下面列举 15 组四字比喻例句供学习参考。

（1）常扫心灵灰尘，常清思想垃圾，常掏灵魂旮旯。

（2）传统产业“脱胎换骨”，新兴产业“强筋壮骨”。

（3）理想信念是“原生动力”，职责使命是“意志盔甲”。

（4）勇挑“千钧重担”，敢接“烫手山芋”，无畏“急流险滩”。

（5）带头破译“战争密码”，掌握“克敌密钥”，引导“制胜洪流”。

（6）“香风毒雾”的侵蚀、“糖衣炮弹”的袭击、“和平积弊”的浸染。

（7）“凤凰涅槃”的勇气、“腾笼换鸟”的举措、“浴火重生”的气魄。

（8）把“严”的信号传递到“神经末梢”、把“严”的责任落实到“基层细胞”。

（9）时刻保持“满电状态”、拧紧“责任螺丝”，把问题想在前面、功夫用在平时。

（10）要么脱离实际地“大水漫灌”，要么一厢情愿地“帮蝶破茧”，要么罔顾规律地“拔苗助长”。

（11）来一次思想上的“头脑风暴”，打一场思想上的“突出重围”，交一份思想上的

“创新答卷”。

（12）“抽脂强肌”的转型压力尤为突出，“通经活血”的自我革命极具挑战，“水土不服”的思维定式亟待突破。

（13）培养年轻干部，不能搞“大水漫灌”，必须“精耕细作”，日常生活中加强“田间管理”，在关键处及时“修枝剪叶”。

（14）要成为“行家里手”，不做“二传手”；要当好“施工队长”，不做“裱糊匠”；要发挥“头雁效应”，不做“稻草人”。

（15）对“过期变质”的东西也一味灌输——用陈旧的思维理念指导基层建设；把“辛辣刺激”的东西当家常便饭——用过激高压的方法抓建基层；将“半生不熟”的东西当成时尚——用简单生硬的做法要求基层；把“味重油腻”的东西当特殊招待——用貌似实惠但不解决问题的办法服务基层。

后缀字词

“点”字词

要点　重点　焦点　难点　热点　亮点　盲点　节点　高点　拐点　基点　支点
立足点　出发点　落脚点　切入点　兴趣点　制高点　主攻点　突破点　着眼点
结合点　关键点　着重点　受力点　着力点　发力点　根本点　创新点　支撑点
对接点　平衡点　要害点　增长点

下面是5组用法示例，供学习参考。

（1）找准出发点，把握切入点，明确落脚点。

（2）焦点方向不能偏，节奏力度不能变，工作落点不能空。

（3）基层工作千头万绪，要“十个指头弹琴”，善于找重点、抓难点、解痛点。

（4）找到上情与下情的对接点，找准工作落实的发力点，确保决策对头、措施对路。

（5）以政策扶持为切入点，以新农村建设为着力点，以壮大工业为支撑点，以文化旅游为兴奋点，以区域和谐为落脚点。

“化”字词

强化　深化　细化　量化　优化　固化　美化　恶化

法制化　规范化　制度化　程序化　集约化　正常化　有序化　智能化　优质化

常态化　科学化　年轻化　知识化　专业化　信息化　数字化　标准化　精细化

系统化　网络化　精益化　集成化　体系化

下面是 5 组用法示例，供学习参考。

（1）体系化设计、集成化立项、工程化推进。

（2）集约化发展、专业化运营、精益化管理。

（3）管理制度化、制度产品化、产品平台化、平台数字化。

（4）工作流程规范化、创新做法制度化、成熟经验机制化。

（5）谋划工作系统化、压实责任网格化、安排任务清单化、落实措施精准化、督导反馈随机化、结果运用公开化。

“度”字词

高度　深度　宽度　角度　温度　力度　速度　维度　广度　精度　强度　程度
态度　纯度
精准度　全维度　亲近度　支持度　理解度　满意度　认知度　认可度　忠诚度
纯洁度　敏锐度

下面是5组用法示例，供学习参考。

（1）阐明意义有高度，分析内涵有深度，工作落实有力度。

（2）干部配备有“准度”，干部历练有“强度”，干部管理有“温度”。

（3）要有“将心比心”的态度、“马上就办”的速度、“办就办好”的力度。

（4）改革“广度”有历史性拓展，改革“高度”有历史性跃升，改革“深度”有历史性突破。

（5）信仰上的“忠诚度”、党性上的“纯洁度”、政治上的“敏锐度”、业务上的“精准度”。

“力”字词

合力　动力　助力　活力　潜力　效力　魄力　定力　眼力　视力　能力　加力
脑力　脚力　听力　功力
控制力　影响力　创造力　凝聚力　战斗力　感染力　亲和力　感召力　向心力
洞察力　执行力　推动力　保障力　驾驭力　自控力　号召力　领导力　判断力
组织力　领悟力　原动力　驱动力　竞争力

下面是 5 组用法示例，供学习参考。

（1）看问题的眼力、谋事情的脑力、察民情的听力、走基层的脚力。

（2）基层党建工作做细了就是凝聚力，做实了就是战斗力，做强了就是影响力。

（3）守正气，提升艺术生产力；鼓勇气，激活市场创新力；提士气，发挥政策引领力。

（4）组织赋能聚合力，要素赋能强动力，数字赋能增助力，改革赋能添活力，作风赋能提效力。

（5）凝聚共识，塑造文化软实力；带领群团，提升专业竞争力；融合责任，落实社会行动力。

“性”字词

重要性　紧迫性　自觉性　主动性　坚定性　民族性　时代性　实践性　针对性

目的性　目标性　盲目性　全局性　局部性　局限性　前瞻性　预见性　创新性

战略性　长期性　复杂性　艰巨性　鼓动性　计划性　时效性　实效性　机制性

体制性　多变性　特殊性　创造性　保障性　危险性　准确性　专业性　根本性

约束性　警示性　阶段性　流动性　稳定性　层次性　实用性　积极性　系统性

启发性　科学性　普遍性　典型性　倾向性　理论性　思想性　经常性　精确性

示范性　完整性　必要性　重要性　知识性　趣味性　坚韧性　敏感性　多样性

服务性　先进性　优越性　随意性　反复性　警惕性　技术性　指导性　敏锐性

有效性

下面是 5 组用法示例，供学习参考。

（1）原创性思想、变革性实践、突破性进展、标志性成果

（2）形式主义、官僚主义具有顽固性、反复性、隐蔽性和变异性。

（3）统揽全局，系统性、整体性、协同性着力增强，改革广度有历史性拓展。

（4）提升理论学习的针对性，注重理论研究的深刻性，突出理论宣传的生动性。

（5）传承主体角色的多重性，传承形态的多样性，传承内涵的丰富性、创新性，传承进程的时代性，传承基因的高度稳定性。

“感”字词

使命感　责任感　危机感　紧迫感　荣誉感　成就感　自豪感　归属感　认同感
幸福感　满足感　忧郁感　孤独感　失落感　距离感　冲突感　优越感　获得感
安全感

下面是 5 组用法示例，供学习参考。

（1）时不我待的紧迫感、舍我其谁的使命感、自我加压的责任感。

（2）时刻保持能力不强的“危机感”，时刻保持知识不足的“饥饿感”。

（3）“等不起”的紧迫感、“慢不得”的危机感、“坐不住”的责任感。

（4）精准扶贫，就业优先，带来满满的获得感；民生改善，短板补齐，充盈美美的幸福感；保障兜牢，社会安定，构筑稳稳的安全感。

（5）与群众的心灵不能产生距离感；同百姓的利益不能存在冲突感；受人民的监督不能滋长优越感；跟时代的步伐不能丧失使命感；对事业的追求不能忽略紧迫感；谋社会的和谐不能忘却责任感。

“型”字词

学习型　服务型　实战型　创新型　务实型　节约型　高效型　全能型　复合型　建设型　敬业型　谋事型　实干型　粗放型　集约型　责任型　网络型　封闭型　开放型　精细型

下面是 5 组用法示例，供学习参考。

（1）打造服务型党支部，塑造创新型环境，培育复合型人才。

（2）建设学习型机关、责任型机关、服务型机关、廉政型机关。

（3）做想干事的敬业型参谋，做会干事的谋事型参谋，做干成事的实干型参谋。

（4）管理型向服务型转变，科层型向网络型转变，封闭型向开放型转变，粗放型向精细型转变。

（5）在学习中开阔眼界、增长见识、增强本领，做知识型、专业型、创新型、复合型的领导干部。

前缀字词

“新”字词

新水平　新境界　新举措　新发展　新突破　新成绩　新成效　新方法　新成果　新形势　新要求　新期待　新关系　新体制　新机制　新知识　新本领　新进展　新实践　新风貌　新事物　新高度　新任务　新挑战　新机遇　新情况　新问题

新困难　新对策　新办法　新局面　新气象　新定位　新趋势　新观念　新高地　新图景　新形态

下面是5组用法示例，供学习参考。

（1）新时代气象万千，新思想凝聚人心，新征程催人奋进。

（2）善用新渠道，活用新内容，巧用新方法，妙用新机制。

（3）抢占投资发展新机遇，打造数字经济新高地，构筑数字社会新图景，创建数字政府新形态。

（4）展现新作为，彰显新担当，确保新成效，务求新提升，实现新进展，取得新突破，迈出新步伐。

（5）在学习理论中把握新理念、新方法，在学习政策中发现新机遇、新路径，在学习典型中汲取新经验、新做法。

“抓”字词

抓早　抓小　抓好　抓牢　抓准　抓实

抓苗头　抓数量　抓重点　抓安全　抓实效　抓关键　抓细节　抓风纪　抓形象　抓规范　抓建设　抓经济　抓管理　抓廉政　抓成效　抓稳定　抓发展　抓标准　抓质量　抓突破

下面是5组用法示例，供学习参考。

（1）毫不松懈地抓紧抓实抓细各项工作，做到哪里有需要就战斗在哪里。

（2）把基础业务做精做深，把重点工作抓好抓牢，把创新工作谋准谋实。

（3）抓重点，让小康基础更坚；扬优势，让小康质量更高；补短板，让小康成果更实；强弱项，让小康成色更足。

（4）提高善学善思、善谋善为、善作善成的本领，掀起大抓落实、善抓落实、狠抓落实的热潮。

（5）抓全局的重点、抓重点的关键、抓关键的具体，推动各级各部门抓准抓牢抓实关键。

“高”字词

高开　高走　高举　高打　高位　高擎　高扬　高举

高起点　高站位　高标准　高要求　高强度　高密度　高水平　高频率　高效能

高负荷　高质量　高品质　高颜值　高觉悟

下面是 5 组用法示例，供学习参考。

（1）高起点谋划，高标准推进，高质量落实。

（2）高擎理想之旗，高扬信念之帆，高举思想之炬。

（3）高密度的政策创新、高频率的精准调度、高强度的压茬推进。

（4）落实高强度的防控措施，实行高标准的检查督导，营造高密度的舆论攻势。

（5）抓住高效率经济循环这个“关键点”，稳固高质量内需市场这个“基本盘”，释放高水平对外开放这个“强动力”。

“不”字词

不变　不减　不松　不懈　不能　不想　不用　不敢　不放

不放松　不松懈　不松口　不动摇　不懈怠　不遗漏　不脱节　不越位　不捂盖
不留面　不放弃　不改变　不妥协　不揽权　不争功　不诿过　不推诿　不退缩
不妄取　不抱怨　不马虎　不苟取　不敢腐　不能腐　不想腐　不图名　不争利
不谋权　不含糊　不折腾　不作为　不担当　不进取　不务实　不守信　不知止
不平衡　不充分　不确定　不断档　不减力　不留白　不停顿　不漏人　不变质
不变色　不变味　不逾矩　不能疲　不能松　不能软

下面是5组用法示例，供学习参考。

（1）思想不能疲，劲头不能松，措施不能软。

（2）政策不留白，工作不断档，投入不减力，机制不漏人。

（3）问题不解决不松劲，解决不彻底不放手，群众不认可不罢休。

（4）“不妄取”者靠觉悟，“不苟取”者保名节，“不敢取”者畏纪法。

（5）遇到任务不推诿，碰到难题不退缩，加班加点不抱怨，事情再小不马虎。

“大”字词

大开　大合　大破　大立　大梁　大任　大事　大势　大度　大道　大战　大考
大盘　大局　大德　大公　大义　大我　大业　大潮　大地　大浪　大计　大爱
大提高　大提升　大跃升　大跨跃　大起色　大动作　大发展　大步伐　大突破
大发展　大变化　大繁荣　大改善　大合作　大考验　大形势　大氛围　大开放
大开发　大旅游　大产业　大规划　大规模　大品牌　大提速　大环境　大建设
大投入　大增长　大调整　大推进　大融合　大碰撞　大交锋　大检验　大方向
大变革　大格局　大文章　大踏步　大数据　大手笔　大转变　大扫除　大展览

大检阅　大市场　大平台　大集合　大课题　大洗牌　大交通　大决择　大决战
大贡献　大气魄　大概率　大熔炉　大呼隆

下面是 5 组用法示例，供学习参考。

（1）为大公，守大义，求大我。

（2）懂团结是大智慧，会团结是大本事，真团结是大境界。

（3）在摸爬滚打、抗挫抗压中练就挑大梁、担大任、干大事的本领。

（4）跟踪分析大趋势，加强研究大战略，深入谋划大思路，全力狠抓大项目。

（5）发挥学员主体作用，构建大教育；强化资源统筹，形成大格局；用好网络空间，占领大阵地。

附录一

党政机关公文处理工作条例

（中办发〔2012〕14号）

第一章　总　　则

第一条　为了适应中国共产党机关和国家行政机关（以下简称党政机关）工作需要，推进党政机关公文处理工作科学化、制度化、规范化，制定本条例。

第二条　本条例适用于各级党政机关公文处理工作。

第三条　党政机关公文是党政机关实施领导、履行职能、处理公务的具有特定效力和规范体式的文书，是传达贯彻党和国家的方针政策，公布法规和规章，指导、布置和商洽工作，请示和答复问题，报告、通报和交流情况等的重要工具。

第四条　公文处理工作是指公文拟制、办理、管理等一系列相互关联、衔接有序的工作。

第五条　公文处理工作应当坚持实事求是、准确规范、精简高效、安全保密的原则。

第六条　各级党政机关应当高度重视公文处理工作，加强组织领导，强化队伍建设，设立文秘部门或者由专人负责公文处理工作。

第七条　各级党政机关办公厅（室）主管本机关的公文处理工作，并对下级机关的公文处理工作进行业务指导和督促检查。

第二章　公文种类

第八条　公文种类主要有：

（一）决议。适用于会议讨论通过的重大决策事项。

（二）决定。适用于对重要事项做出决策和部署、奖惩有关单位和人员、变更或者撤销下级机关不适当的决定事项。

（三）命令（令）。适用于公布行政法规和规章、宣布施行重大强制性措施、批准授予和晋升衔级、嘉奖有关单位和人员。

（四）公报。适用于公布重要决定或者重大事项。

（五）公告。适用于向国内外宣布重要事项或者法定事项。

（六）通告。适用于在一定范围内公布应当遵守或者周知的事项。

（七）意见。适用于对重要问题提出见解和处理办法。

（八）通知。适用于发布、传达要求下级机关执行和有关单位周知或者执行的事项，批转、转发公文。

（九）通报。适用于表彰先进、批评错误、传达重要精神和告知重要情况。

（十）报告。适用于向上级机关汇报工作、反映情况，回复上级机关的询问。

（十一）请示。适用于向上级机关请求指示、批准。

（十二）批复。适用于答复下级机关请示事项。

（十三）议案。适用于各级人民政府按照法律程序向同级人民代表大会或者人民代表大会常务委员会提请审议事项。

（十四）函。适用于不相隶属机关之间商洽工作、询问和答复问题、请求批准和答复审批事项。

（十五）纪要。适用于记载会议主要情况和议定事项。

第三章　公文格式

第九条　公文一般由份号、密级和保密期限、紧急程度、发文机关标志、发文字号、签发人、标题、主送机关、正文、附件说明、发文机关署名、成文日期、印章、附注、附件、抄送机关、印发机关和印发日期、页码等组成。

（一）份号。公文印制份数的顺序号。涉密公文应当标注份号。

（二）密级和保密期限。公文的秘密等级和保密的期限。涉密公文应当根据涉密程度分别标注“绝密”“机密”“秘密”和保密期限。

（三）紧急程度。公文送达和办理的时限要求。根据紧急程度，紧急公文应当分别标注“特急”“加急”，电报应当分别标注“特提”“特急”“加急”“平急”。

（四）发文机关标志。由发文机关全称或者规范化简称加“文件”二字组成，也可以使用发文机关全称或者规范化简称。联合行文时，发文机关标志可以并用联合发文机关名称，也可以单独用主办机关名称。

（五）发文字号。由发文机关代字、年份、发文顺序号组成。联合行文时，使用主办机关的发文字号。

（六）签发人。上行文应当标注签发人姓名。

（七）标题。由发文机关名称、事由和文种组成。

（八）主送机关。公文的主要受理机关，应当使用机关全称、规范化简称或者同类型机关统称。

（九）正文。公文的主体，用来表述公文的内容。

（十）附件说明。公文附件的顺序号和名称。

（十一）发文机关署名。署发文机关全称或者规范化简称。

（十二）成文日期。署会议通过或者发文机关负责人签发的日期。联合行文时，署最后签发机关负责人签发的日期。

（十三）印章。公文中有发文机关署名的，应当加盖发文机关印章，并与署名机关相符。有特定发文机关标志的普发性公文和电报可以不加盖印章。

（十四）附注。公文印发传达范围等需要说明的事项。

（十五）附件。公文正文的说明、补充或者参考资料。

（十六）抄送机关。除主送机关外需要执行或者知晓公文内容的其他机关，应当使用机关全称、规范化简称或者同类型机关统称。

（十七）印发机关和印发日期。公文的送印机关和送印日期。

（十八）页码。公文页数顺序号。

第十条 公文的版式按照《党政机关公文格式》国家标准执行。

第十一条 公文使用的汉字、数字、外文字符、计量单位和标点符号等，按照有关国家标准和规定执行。民族自治地方的公文，可以并用汉字和当地通用的少数民族文字。

第十二条 公文用纸幅面采用国际标准 A4 型。特殊形式的公文用纸幅面，根据实际需要确定。

第四章 行文规则

第十三条 行文应当确有必要，讲求实效，注重针对性和可操作性。

第十四条 行文关系根据隶属关系和职权范围确定。一般不得越级行文，特殊情况需要越级行文的，应当同时抄送被越过的机关。

第十五条 向上级机关行文，应当遵循以下规则：

（一）原则上主送一个上级机关，根据需要同时抄送相关上级机关和同级机关，不抄送下级机关。

（二）党委、政府的部门向上级主管部门请示、报告重大事项，应当经本级党委、政府同意或者授权；属于部门职权范围内的事项应当直接报送上级主管部门。

（三）下级机关的请示事项，如需以本机关名义向上级机关请示，应当提出倾向性意见后上报，不得原文转报上级机关。

（四）请示应当一文一事。不得在报告等非请示性公文中夹带请示事项。

（五）除上级机关负责人直接交办事项外，不得以本机关名义向上级机关负责人报送公文，不得以本机关负责人名义向上级机关报送公文。

（六）受双重领导的机关向一个上级机关行文，必要时抄送另一个上级机关。

第十六条 向下级机关行文，应当遵循以下规则：

（一）主送受理机关，根据需要抄送相关机关。重要行文应当同时抄送发文机关的直接上级机关。

（二）党委、政府的办公厅（室）根据本级党委、政府授权，可以向下级党委、政府行文，其他部门和单位不得向下级党委、政府发布指令性公文或者在公文中向下级党委、政府提出指令性要求。需经政府审批的具体事项，经政府同意后可以由政府职能部门行文，文中须注明已经政府同意。

（三）党委、政府的部门在各自职权范围内可以向下级党委、政府的相关部门行文。

（四）涉及多个部门职权范围内的事务，部门之间未协商一致的，不得向下行文；擅自行文的，上级机关应当责令其纠正或者撤销。

（五）上级机关向受双重领导的下级机关行文，必要时抄送该下级机关的另一个上级机关。

第十七条 同级党政机关、党政机关与其他同级机关必要时可以联合行文。属于党委、政府各自职权范围内的工作，不得联合行文。

党委、政府的部门依据职权可以相互行文。

部门内设机构除办公厅（室）外不得对外正式行文。

第五章　公文拟制

第十八条　公文拟制包括公文的起草、审核、签发等程序。

第十九条　公文起草应当做到：

（一）符合党的理论路线方针政策和国家法律法规，完整准确体现发文机关意图，并同现行有关公文相衔接。

（二）一切从实际出发，分析问题实事求是，所提政策措施和办法切实可行。

（三）内容简洁，主题突出，观点鲜明，结构严谨，表述准确，文字精练。

（四）文种正确，格式规范。

（五）深入调查研究，充分进行论证，广泛听取意见。

（六）公文涉及其他地区或者部门职权范围内的事项，起草单位必须征求相关地区或者部门意见，力求达成一致。

（七）机关负责人应当主持、指导重要公文起草工作。

第二十条　公文文稿签发前，应当由发文机关办公厅（室）进行审核。审核的重点是：

（一）行文理由是否充分，行文依据是否准确。

（二）内容是否符合党的理论路线方针政策和国家法律法规；是否完整准确体现发文机关意图；是否同现行有关公文相衔接；所提政策措施和办法是否切实可行。

（三）涉及有关地区或者部门职权范围内的事项是否经过充分协商并达成一致意见。

（四）文种是否正确，格式是否规范；人名、地名、时间、数字、段落顺序、引文等是否准确；文字、数字、计量单位和标点符号等用法是否规范。

（五）其他内容是否符合公文起草的有关要求。

需要发文机关审议的重要公文文稿，审议前由发文机关办公厅（室）进行初核。

第二十一条 经审核不宜发文的公文文稿，应当退回起草单位并说明理由；符合发文条件但内容需作进一步研究和修改的，由起草单位修改后重新报送。

第二十二条 公文应当经本机关负责人审批签发。重要公文和上行文由机关主要负责人签发。党委、政府的办公厅（室）根据党委、政府授权制发的公文，由受权机关主要负责人签发或者按照有关规定签发。签发人签发公文，应当签署意见、姓名和完整日期；圈阅或者签名的，视为同意。联合发文由所有联署机关的负责人会签。

第六章 公文办理

第二十三条 公文办理包括收文办理、发文办理和整理归档。

第二十四条 收文办理主要程序是：

（一）签收。对收到的公文应当逐件清点，核对无误后签字或者盖章，并注明签收时间。

（二）登记。对公文的主要信息和办理情况应当详细记载。

（三）初审。对收到的公文应当进行初审。初审的重点是：是否应当由本机关办理，是否符合行文规则，文种、格式是否符合要求，涉及其他地区或者部门职权范围内的事项是否已经协商、会签，是否符合公文起草的其他要求。经初审不符合规定的公文，应当及时退回来文单位并说明理由。

（四）承办。阅知性公文应当根据公文内容、要求和工作需要确定范围后分送。批办性公文应当提出拟办意见报本机关负责人批示或者转有关部门办理；需要两个以上部门办理的，应当明确主办部门。紧急公文应当明确办理时限。承办部门对交办的公文应当及时办理，有明确办理时限要求的应当在规定时限内办理完毕。

（五）传阅。根据领导批示和工作需要将公文及时送传阅对象阅知或者批示。办理公文传阅应当随时掌握公文去向，不得漏传、误传、延误。

（六）催办。及时了解掌握公文的办理进展情况，督促承办部门按期办结。紧急公文或者重要公文应当由专人负责催办。

（七）答复。公文的办理结果应当及时答复来文单位，并根据需要告知相关单位。

第二十五条 发文办理主要程序是：

（一）复核。已经发文机关负责人签批的公文，印发前应当对公文的审批手续、内容、文种、格式等进行复核；需作实质性修改的，应当报原签批人复审。

（二）登记。对复核后的公文，应当确定发文字号、分送范围和印制份数并详细记载。

（三）印制。公文印制必须确保质量和时效。涉密公文应当在符合保密要求的场所印制。

（四）核发。公文印制完毕，应当对公文的文字、格式和印刷质量进行检查后分发。

第二十六条 涉密公文应当通过机要交通、邮政机要通信、城市机要文件交换站或者收发件机关机要收发人员进行传递，通过密码电报或者符合国家保密规定的计算机信息系统进行传输。

第二十七条 需要归档的公文及有关材料，应当根据有关档案法律法规以及机关档案管理规定，及时收集齐全、整理归档。两个以上机关联合办理的公文，原件由主办机关归档，相关机关保存复制件。机关负责人兼任其他机关职务的，在履行所兼职务过程中形成的公文，由其兼职机关归档。

第七章 公文管理

第二十八条 各级党政机关应当建立健全本机关公文管理制度，确保管理严格规范，充分发挥公文效用。

第二十九条 党政机关公文由文秘部门或者专人统一管理。设立党委（党组）的县级以上单位应当建立机要保密室和机要阅文室，并按照有关保密规定配备工作人员和必要的安全保密设施设备。

第三十条 公文确定密级前，应当按照拟定的密级先行采取保密措施。确定密级后，应当按照所定密级严格管理。绝密级公文应当由专人管理。

公文的密级需要变更或者解除的，由原确定密级的机关或者其上级机关决定。

第三十一条 公文的印发传达范围应当按照发文机关的要求执行；需要变更的，应当经发文机关批准。

涉密公文公开发布前应当履行解密程序。公开发布的时间、形式和渠道，由发文机关确定。

经批准公开发布的公文，同发文机关正式印发的公文具有同等效力。

第三十二条 复制、汇编机密级、秘密级公文，应当符合有关规定并经本机关负责人批准。绝密级公文一般不得复制、汇编，确有工作需要的，应当经发文机关或者其上级机关批准。复制、汇编的公文视同原件管理。

复制件应当加盖复制机关戳记。翻印件应当注明翻印的机关名称、日期。汇编本的密级按照编入公文的最高密级标注。

第三十三条 公文的撤销和废止，由发文机关、上级机关或者权力机关根据职权范围和有关法律法规决定。公文被撤销的，视为自始无效；公文被废止的，视为自废止之日起失效。

第三十四条 涉密公文应当按照发文机关的要求和有关规定进行清退或者销毁。

第三十五条 不具备归档和保存价值的公文，经批准后可以销毁。销毁涉密公文必须严格按照有关规定履行审批登记手续，确保不丢失、不漏销。个人不得私自销毁、留存涉密公文。

第三十六条 机关合并时，全部公文应当随之合并管理；机关撤销时，需要归档的公文经整理后按照有关规定移交档案管理部门。

工作人员离岗离职时，所在机关应当督促其将暂存、借用的公文按照有关规定移交、清退。

第三十七条 新设立的机关应当向本级党委、政府的办公厅（室）提出发文立户申请。经审查符合条件的，列为发文单位，机关合并或者撤销时，相应进行调整。

第八章 附 则

第三十八条 党政机关公文含电子公文。电子公文处理工作的具体办法另行制定。

第三十九条 法规、规章方面的公文，依照有关规定处理。外事方面的公文，依照外事主管部门的有关规定处理。

第四十条 其他机关和单位的公文处理工作，可以参照本条例执行。

第四十一条 本条例由中共中央办公厅、国务院办公厅负责解释。

第四十二条 本条例自 2012 年 7 月 1 日起施行。1996 年 5 月 3 日中共中央办公厅发布的《中国共产党机关公文处理条例》和 2000 年 8 月 24 日国务院发布的《国家行政机关公文处理办法》停止执行。

附录二

党政机关公文格式
（GB/T 9704—2012）

前　言

本标准按照 GB/T 1. 1—2009 给出的规则起草。

本标准根据中共中央办公厅、国务院办公厅印发的《党政机关公文处理工作条例》的有关规定对 GB/T 9704—1999《国家行政机关公文格式》进行修订。本标准相对 GB/T 9704—1999 主要作如下修订：

a）标准名称改为《党政机关公文格式》，标准英文名称也作相应修改；

b）适用范围扩展到各级党政机关制发的公文；

c）对标准结构进行适当调整；

d）对公文装订要求进行适当调整；

e）增加发文机关署名和页码两个公文格式要素，删除主题词格式要素，并对公文格式各要素的编排进行较大调整；

f）进一步细化特定格式公文的编排要求；

g）新增联合行文公文首页版式、信函格式首页、命令（令）格式首页版式等式样。

本标准中公文用语与《党政机关公文处理工作条例》中的用语一致。

本标准为第二次修订。

本标准由中共中央办公厅和国务院办公厅提出。

本标准由中国标准化研究院归口。

本标准起草单位：中国标准化研究院、中共中央办公厅秘书局、国务院办公厅秘书局、中国标准出版社。

本标准主要起草人：房庆、杨雯、郭道锋、孙维、马慧、张书杰、徐成华、范一乔、李玲。

本标准代替了 GB/T 9704—1999。

GB/T 9704—1999 的历次版本发布情况为：

——GB/T 9704—1988。

党政机关公文格式

1 范围

本标准规定了党政机关公文通用的纸张要求、排版和印制装订要求、公文格式各要素的编排规则，并给出了公文的式样。

本标准适用于各级党政机关制发的公文。其他机关和单位的公文可以参照执行。

使用少数民族文字印制的公文，其用纸、幅面尺寸及版面、印制等要求按照本标准执行，其余可以参照本标准并按照有关规定执行。

2 规范性引用文件

下列文件对于本标准的应用是必不可少的。凡是注日期的引用文件，仅所注日期的版本适用于本标准。凡是不注日期的引用文件，其最新版本（包括所有的修改单）适用于本标准。

GB/T 148　印刷、书写和绘图纸幅面尺寸

GB 3100　国际单位制及其应用

GB 3101　有关量、单位和符号的一般原则

GB 3102（所有部分）　量和单位

GB/T 15834　标点符号用法

GB/T 15835　出版物上数字用法

3　术语和定义

下列术语和定义适用于本标准。

3.1　字　word

标示公文中横向距离的长度单位。在本标准中，一字指一个汉字宽度的距离。

3.2　行　line

标示公文中纵向距离的长度单位。在本标准中，一行指一个汉字的高度加 3 号汉字高度的 7/8 的距离。

4　公文用纸主要技术指标

公文用纸一般使用纸张定量为 60 g/m^2 ～ 80 g/m^2 的胶版印刷纸或复印纸。纸张白度 80% ～ 90%，横向耐折度≥ 15 次，不透明度≥ 85%，pH 值为 7.5 ～ 9.5。

5　公文用纸幅面尺寸及版面要求

5.1　幅面尺寸

公文用纸采用 GB/T 148 中规定的 A4 型纸，其成品幅面尺寸为：210 mm × 297 mm。

5.2　版面

5.2.1　页边与版心尺寸

公文用纸天头（上白边）为 37 mm ± 1 mm，公文用纸订口（左白边）为 28 mm ± 1 mm，版心尺寸为 156 mm × 225 mm。

5.2.2　字体和字号

如无特殊说明，公文格式各要素一般用 3 号仿宋体字。特定情况可以作适当调整。

5.2.3　行数和字数

一般每面排 22 行，每行排 28 个字，并撑满版心。特定情况可以作适当调整。

5.2.4　文字的颜色

如无特殊说明，公文中文字的颜色均为黑色。

6　印制装订要求

6.1　制版要求

版面干净无底灰，字迹清楚无断划，尺寸标准，版心不斜，误差不超过 1 mm。

6.2　印刷要求

双面印刷；页码套正，两面误差不超过 2 mm。黑色油墨应当达到色谱所标 BL100%，红色油墨应当达到色谱所标 Y80%、M80%。印品着墨实、均匀；字面不花、不白、无断划。

6.3　装订要求

公文应当左侧装订，不掉页，两页页码之间误差不超过 4 mm，裁切后的成品尺寸允许误差 ±2 mm，四角成 90°，无毛茬或缺损。

骑马订或平订的公文应当：

a）订位为两钉外订眼距版面上下边缘各 70 mm 处，允许误差 ±4 mm；

b）无坏钉、漏钉、重钉，钉脚平伏牢固；

c）骑马订钉锯均订在折缝线上，平订钉锯与书脊间的距离为 3 mm ～ 5 mm。

包本装订公文的封皮（封面、书脊、封底）与书芯应吻合、包紧、包平、不脱落。

7　公文格式各要素编排规则

7.1　公文格式各要素的划分

本标准将版心内的公文格式各要素划分为版头、主体、版记三部分。公文首页红色分隔线以上的部分称为版头；公文首页红色分隔线（不含）以下、公文末页首条分隔线（不含）以上的部分称为主体；公文末页首条分隔线以下、末条分隔线以上的部分称为版记。

页码位于版心外。

7.2　版头

7.2.1　份号

如需标注份号，一般用 6 位 3 号阿拉伯数字，顶格编排在版心左上角第一行。

7.2.2　密级和保密期限

如需标注密级和保密期限，一般用 3 号黑体字，顶格编排在版心左上角第二行；保密期限中的数字用阿拉伯数字标注。

7.2.3　紧急程度

如需标注紧急程度，一般用 3 号黑体字，顶格编排在版心左上角；如需同时标注份号、密级和保密期限、紧急程度，按照份号、密级和保密期限、紧急程度的顺序自上而下分行排列。

7.2.4　发文机关标志

由发文机关全称或者规范化简称加“文件”二字组成，也可以使用发文机关全称或者规范化简称。

发文机关标志居中排布，上边缘至版心上边缘为 35 mm，推荐使用小标宋体字，颜色为红色，以醒目、美观、庄重为原则。

联合行文时，如需同时标注联署发文机关名称，一般应当将主办机关名称排列在前；如有“文件”二字，应当置于发文机关名称右侧，以联署发文机关名称为准上下居中排布。

7.2.5　发文字号

编排在发文机关标志下空二行位置，居中排布。年份、发文顺序号用阿拉伯数字标注；年份应标全称，用六角括号“〔〕”括入；发文顺序号不加“第”字，不编虚位（1 不编为 01），在阿拉伯数字后加“号”字。

上行文的发文字号居左空一字编排，与最后一个签发人姓名处在同一行。

7.2.6　签发人

由“签发人”三字加全角冒号和签发人姓名组成，居右空一字，编排在发文机关标志下空二行位置。“签发人”三字用 3 号仿宋体字，签发人姓名用 3 号楷体字。

如有多个签发人，签发人姓名按照发文机关的排列顺序从左到右、自上而下依次均匀编排，一般每行排两个姓名，回行时与上一行第一个签发人姓名对齐。

7.2.7　版头中的分隔线

发文字号之下 4 mm 处居中印一条与版心等宽的红色分隔线。

7.3　主体

7.3.1　标题

一般用 2 号小标宋体字，编排于红色分隔线下空二行位置，分一行或多行居中排布；

回行时，要做到词意完整，排列对称，长短适宜，间距恰当，标题排列应当使用梯形或菱形。

7.3.2　主送机关

编排于标题下空一行位置，居左顶格，回行时仍顶格，最后一个机关名称后标全角冒号。如主送机关名称过多导致公文首页不能显示正文时，应当将主送机关名称移至版记，标注方法见 7.4.2。

7.3.3　正文

公文首页必须显示正文。一般用 3 号仿宋体字，编排于主送机关名称下一行，每个自然段左空二字，回行顶格。文中结构层次序数依次可以用“一、”“(一)”“1.”“(1)”标注；一般第一层用黑体字、第二层用楷体字、第三层和第四层用仿宋体字标注。

7. 3.4　附件说明

如有附件，在正文下空一行左空二字编排“附件”二字，后标全角冒号和附件名称。如有多个附件，使用阿拉伯数字标注附件顺序号（如“附件：1. ×××××”）；附件名称后不加标点符号。附件名称较长需回行时，应当与上一行附件名称的首字对齐。

7.3.5　发文机关署名、成文日期和印章

7.3.5.1　加盖印章的公文

成文日期一般右空四字编排，印章用红色，不得出现空白印章。

单一机关行文时，一般在成文日期之上、以成文日期为准居中编排发文机关署名，印章端正、居中下压发文机关署名和成文日期，使发文机关署名和成文日期居印章中心偏下位置，印章顶端应当上距正文（或附件说明）一行之内。

联合行文时，一般将各发文机关署名按照发文机关顺序整齐排列在相应位置，并将印章一一对应、端正、居中下压发文机关署名，最后一个印章端正、居中下压发文机关署名和成文日期，印章之间排列整齐、互不相交或相切，每排印章两端不得超出版心，

首排印章顶端应当上距正文（或附件说明）一行之内。

7.3.5.2　不加盖印章的公文

单一机关行文时，在正文（或附件说明）下空一行右空二字编排发文机关署名，在发文机关署名下一行编排成文日期，首字比发文机关署名首字右移二字，如成文日期长于发文机关署名，应当使成文日期右空二字编排，并相应增加发文机关署名右空字数。

联合行文时，应当先编排主办机关署名，其余发文机关署名依次向下编排。

7.3.5.3　加盖签发人签名章的公文

单一机关制发的公文加盖签发人签名章时，在正文（或附件说明）下空二行右空四字加盖签发人签名章，签名章左空二字标注签发人职务，以签名章为准上下居中排布。在签发人签名章下空一行右空四字编排成文日期。

联合行文时，应当先编排主办机关签发人职务、签名章，其余机关签发人职务、签名章依次向下编排，与主办机关签发人职务、签名章上下对齐；每行只编排一个机关的签发人职务、签名章；签发人职务应当标注全称。

签名章一般用红色。

7.3.5.4　成文日期中的数字

用阿拉伯数字将年、月、日标全，年份应标全称，月、日不编虚位（1 不编为 01）。

7.3.5.5　特殊情况说明

当公文排版后所剩空白处不能容下印章或签发人签名章、成文日期时，可以采取调整行距、字距的措施解决。

7.3.6　附注

如有附注，居左空二字加圆括号编排在成文日期下一行。

7.3.7　附件

附件应当另面编排，并在版记之前，与公文正文一起装订。“附件”二字及附件顺序号用 3 号黑体字顶格编排在版心左上角第一行。附件标题居中编排在版心第三行。附件顺序号和附件标题应当与附件说明的表述一致。附件格式要求同正文。

如附件与正文不能一起装订，应当在附件左上角第一行顶格编排公文的发文字号并在其后标注“附件”二字及附件顺序号。

7.4　版记

7.4.1　版记中的分隔线

版记中的分隔线与版心等宽，首条分隔线和末条分隔线用粗线（推荐高度为 0.35 mm），中间的分隔线用细线（推荐高度为 0.25 mm）。首条分隔线位于版记中第一个要素之上，末条分隔线与公文最后一面的版心下边缘重合。

7.4.2　抄送机关

如有抄送机关，一般用 4 号仿宋体字，在印发机关和印发日期之上一行、左右各空一字编排。“抄送”二字后加全角冒号和抄送机关名称，回行时与冒号后的首字对齐，最后一个抄送机关名称后标句号。

如需把主送机关移至版记，除将“抄送”二字改为“主送”外，编排方法同抄送机关。既有主送机关又有抄送机关时，应当将主送机关置于抄送机关之上一行，之间不加分隔线。

7.4.3　印发机关和印发日期

印发机关和印发日期一般用 4 号仿宋体字，编排在末条分隔线之上，印发机关左空一字，印发日期右空一字，用阿拉伯数字将年、月、日标全，年份应标全称，月、日不编虚位（1 不编为 01），后加“印发”二字。

版记中如有其他要素，应当将其与印发机关和印发日期用一条细分隔线隔开。

7.5　页码

一般用 4 号半角宋体阿拉伯数字，编排在公文版心下边缘之下，数字左右各放一条一字线；一字线上距版心下边缘 7 mm。单页码居右空一字，双页码居左空一字。公文的版记页前有空白页的，空白页和版记页均不编排页码。公文的附件与正文一起装订时，页码应当连续编排。

8　公文中的横排表格

A4 纸型的表格横排时，页码位置与公文其他页码保持一致，单页码表头在订口一边，双页码表头在切口一边。

9　公文中计量单位、标点符号和数字的用法

公文中计量单位的用法应当符合 GB 3100、GB 3101 和 GB 3102（所有部分），标点符号的用法应当符合 GB/T 15834，数字用法应当符合 GB/T 15835。

10　公文的特定格式

10.1　信函格式

发文机关标志使用发文机关全称或者规范化简称，居中排布，上边缘至上页边为 30 mm，推荐使用红色小标宋体字。联合行文时，使用主办机关标志。

发文机关标志下 4 mm 处印一条红色双线（上粗下细），距下页边 20 mm 处印一条红色双线（上细下粗），线长均为 170 mm，居中排布。

如需标注份号、密级和保密期限、紧急程度，应当顶格居版心左边缘编排在第一条红色双线下，按照份号、密级和保密期限、紧急程度的顺序自上而下分行排列，第一个要素与该线的距离为 3 号汉字高度的 7/8。

发文字号顶格居版心右边缘编排在第一条红色双线下，与该线的距离为 3 号汉字高度的 7/8。

标题居中编排，与其上最后一个要素相距二行。

第二条红色双线上一行如有文字，与该线的距离为 3 号汉字高度的 7/8。

首页不显示页码。

版记不加印发机关和印发日期、分隔线，其位于公文最后一面版心内最下方。

10.2　命令（令）格式

发文机关标志由发文机关全称加“命令”或“令”字组成，居中排布，上边缘至版心上边缘为 20 mm，推荐使用红色小标宋体字。

发文机关标志下空二行居中编排令号，令号下空二行编排正文。

签发人职务、签名章和成文日期的编排见 7. 3. 5. 3。

10.3　纪要格式

纪要标志由“×××××纪要”组成，居中排布，上边缘至版心上边缘为 35 mm，推荐使用红色小标宋体字。

标注出席人员名单，一般用 3 号黑体字，在正文或附件说明下空一行左空二字编排“出席”二字，后标全角冒号，冒号后用 3 号仿宋体字标注出席人单位、姓名，回行时与冒号后的首字对齐。

标注请假和列席人员名单，除依次另起一行并将“出席”二字改为“请假”或“列席”外，编排方法同出席人员名单。

纪要格式可以根据实际制定。

11　式样

A4 型公文用纸页边及版心尺寸见图 1；公文首页版式见图 2；联合行文公文首页版式 1 见图 3；联合行文公文首页版式 2 见图 4；公文末页版式 1 见图 5；公文末页版式 2 见图 6；联合行文公文末页版式 1 见图 7；联合行文公文末页版式 2 见图 8；附件说明页版式见图 9；带附件公文末页版式见图 10；信函格式首页版式见图 11；命令（令）格式首页版式见图 12。

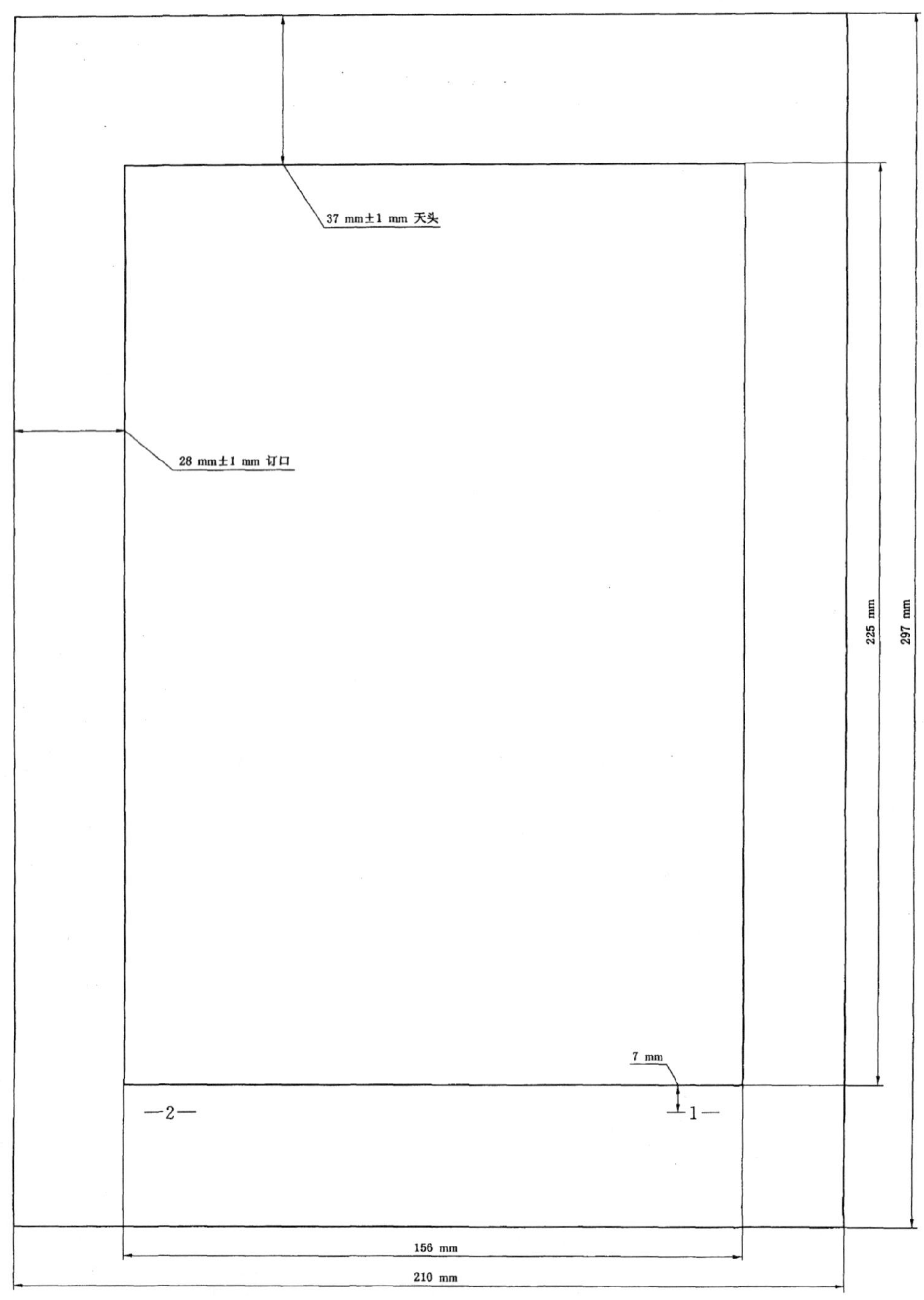

图 B-1　A4 型公文用纸页边及版心尺寸

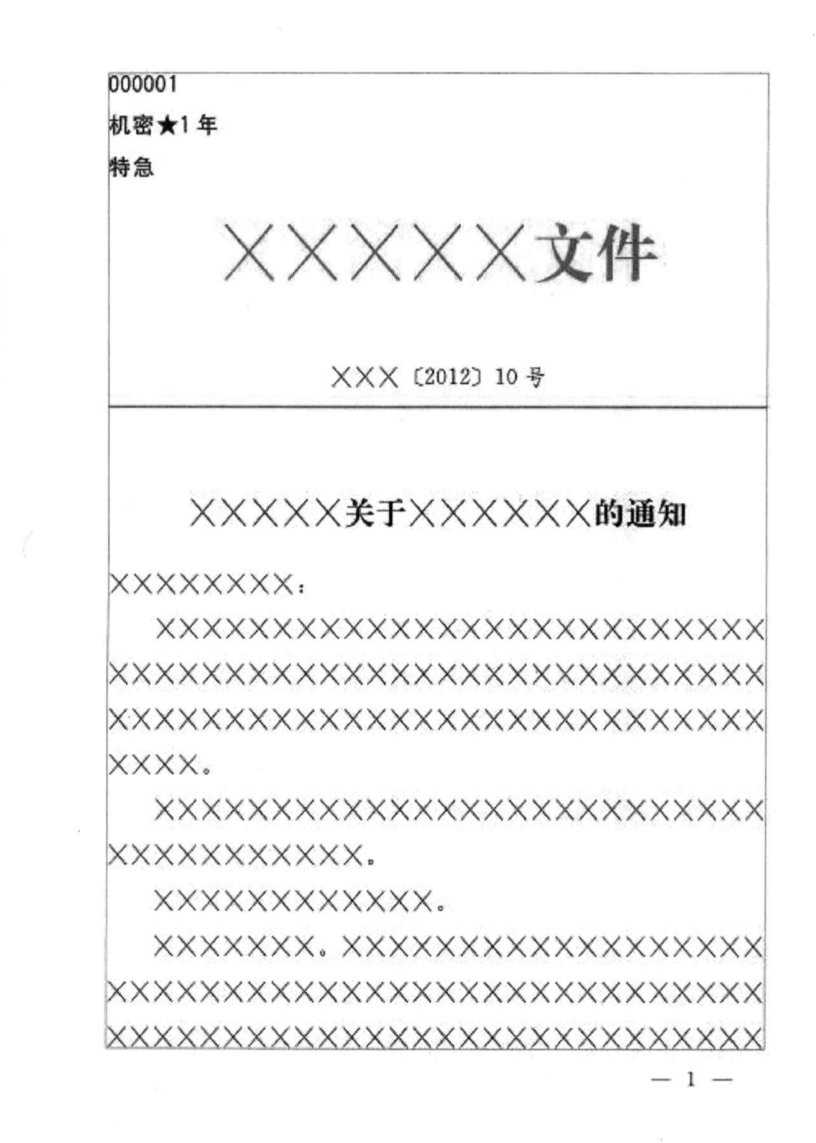

000001
机密★1年
特急

XXXXX文件

XXX〔2012〕10号

XXXXX关于XXXXXX的通知

XXXXXXXX：

XXXXXXXXXXXXXXXXXXXXXXXXXXXXXXXXXXXXXXXXXXXXXXXXXXXXXXXXXXXXXXXXXXXXXXXXXXXXXXXXX。

XXXXXXXXXXXXXXXXXXXXXXXXXXXXXXXXXXXX。

XXXXXXXXXXXXX。

XXXXXXX。XXXXXXXXXXXXXXXXXXXXXXXXXXXXXXXXXXXXXXXXXXXXXXXXXXXXXXXXXXXXXXX

— 1 —

图 B-2　公文首页版式

注：版心实线框仅为示意，在印制公文时并不印出。

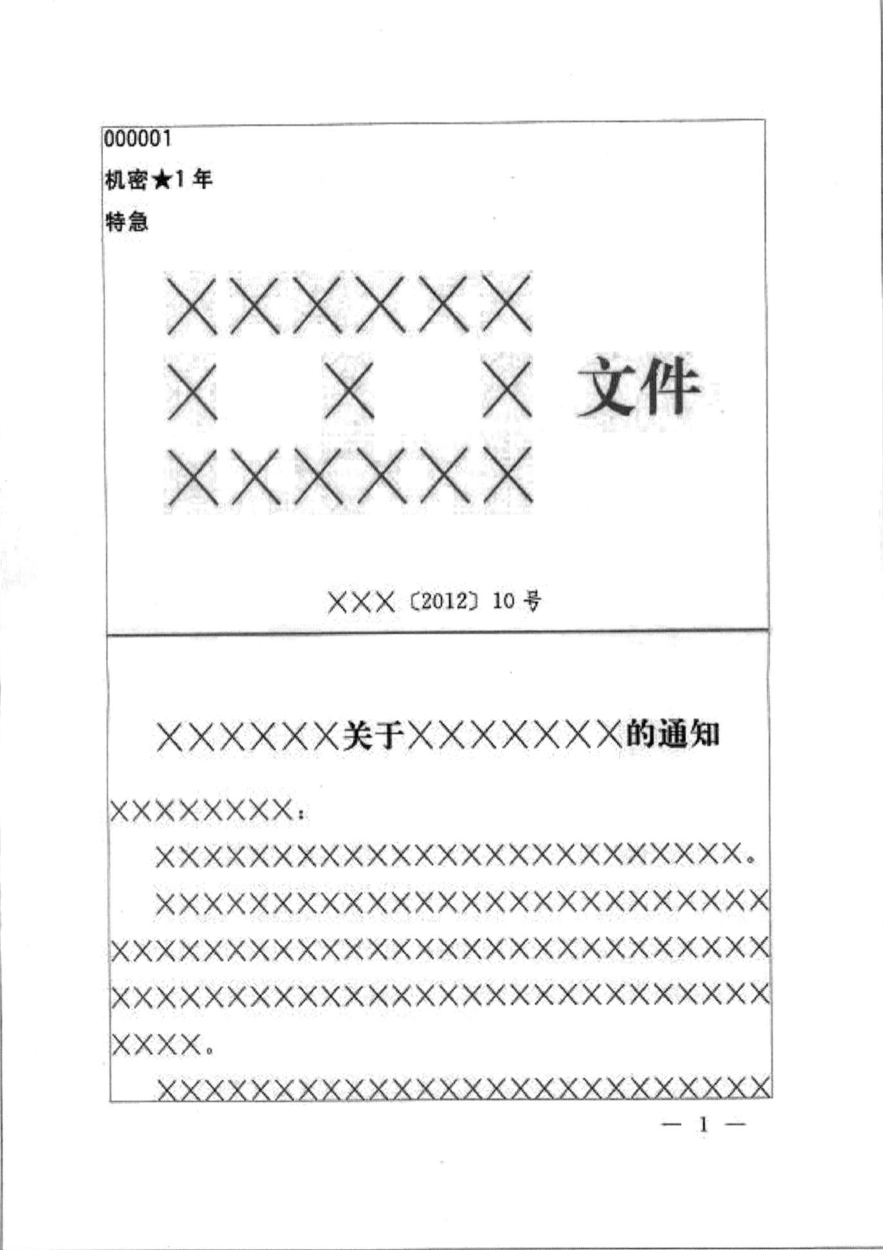

000001

机密★1年

特急

××××××
×　×　×　文件
××××××

×××〔2012〕10号

××××××关于×××××××的通知

××××××××：

　　×××××××××××××××××××××××××。

　　××××××××××××××××××××××××××
××××××××××××××××××××××××××××
××××××××××××××××××××××××××××
××××。

　　××××××××××××××××××××××××××

— 1 —

图B-3　联合行文公文首页版式1

注：版心实线框仅为示意，在印制公文时并不印出。

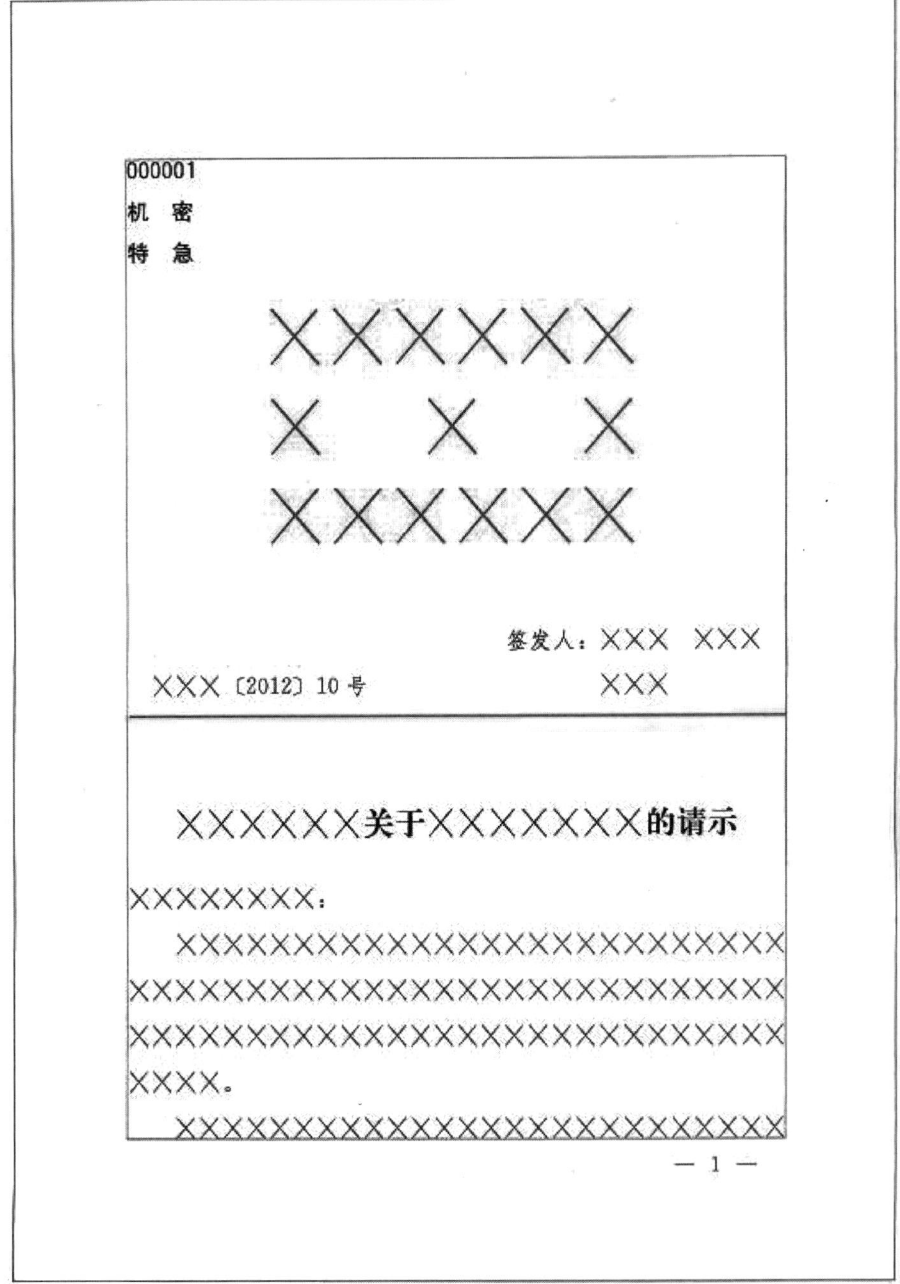

000001
机 密
特 急

××××××
× × ×
××××××

签发人：××× ×××
×××

×××〔2012〕10号

××××××关于×××××××的请示

××××××××：

××。

×××××××××××××××××××××××××××

— 1 —

图B-4 联合行文公文首页版式2

注：版心实线框仅为示意，在印制公文时并不印出。

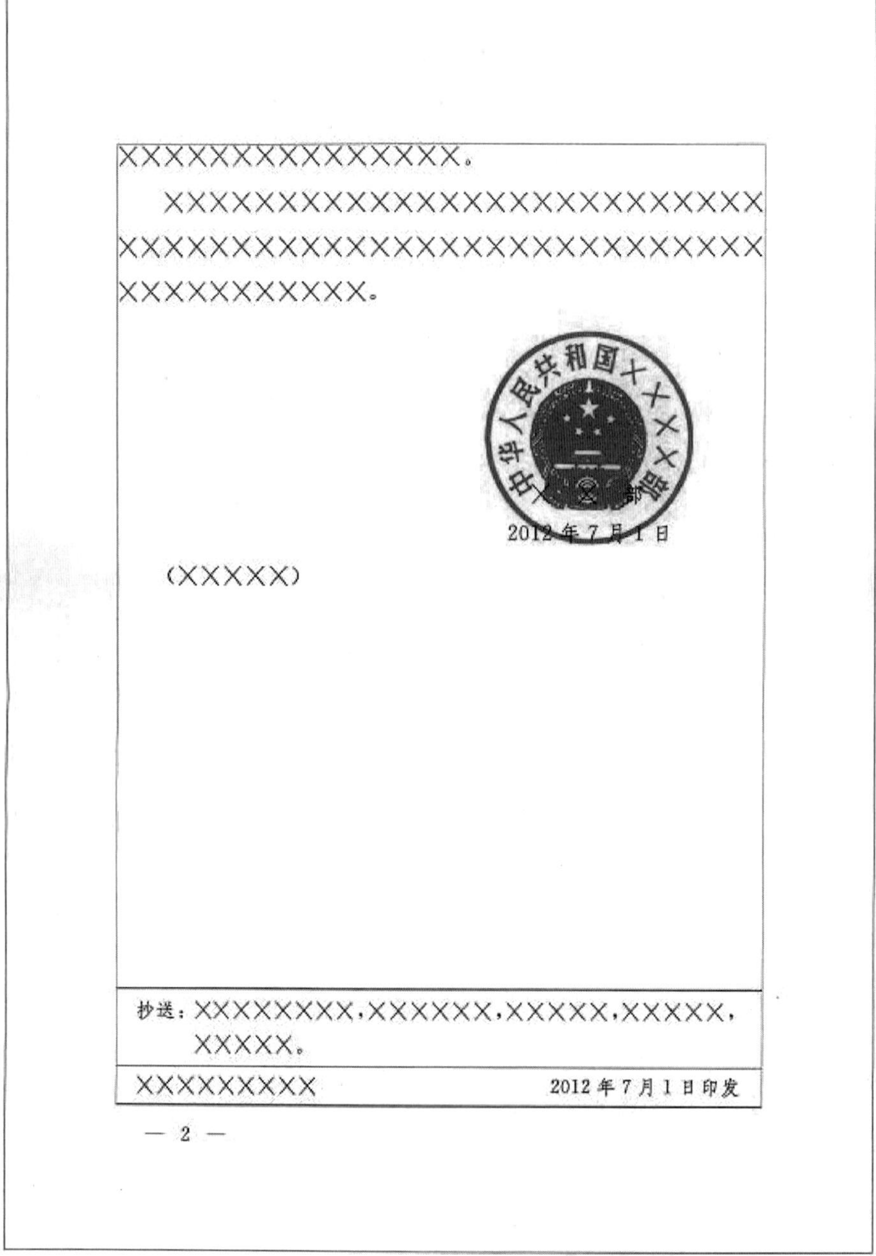
XXXXXXXXXXXXXXXX。

XXXXXXXXXXXXXXXXXXXXXXXXXXXXXXXXXXXXXXXXXXXXXXXXXXXXXXXXXXXXXX。

中华人民共和国XXXX部

XX部

2012年7月1日

（XXXXX）

抄送：XXXXXXXX，XXXXXX，XXXXX，XXXXX，XXXXX。

XXXXXXXXX　2012年7月1日印发

— 2 —

图B-5　公文末页版式1

注：版心实线框仅为示意，在印制公文时并不印出。

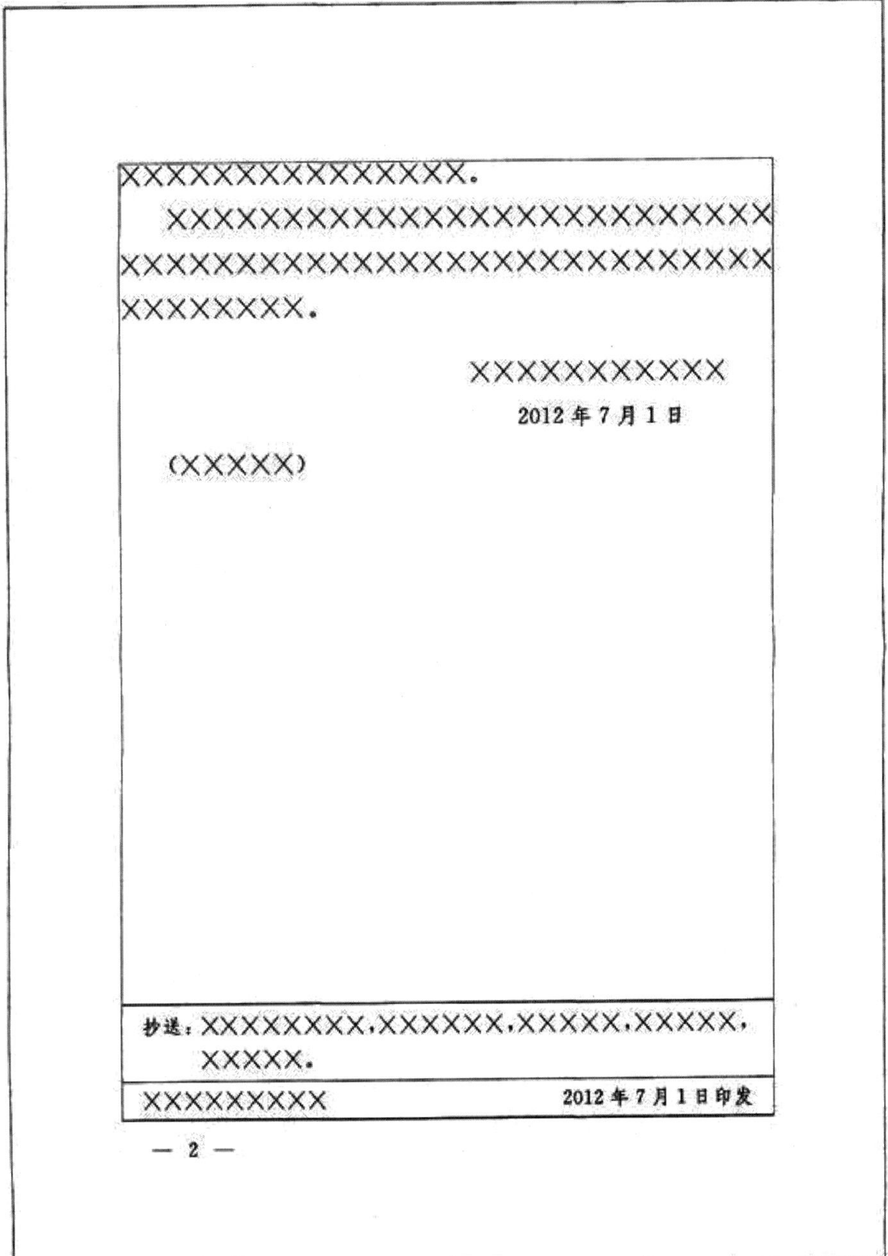
XXXXXXXXXXXXXXXX。
XXXXXXXXXXXXXXXXXXXXXXXXXXXXXXXXXXXXXXXXXXXXXXXXXXXXXXXXXXXX。
XXXXXXXXXXX
2012年7月1日
（XXXXX）
抄送：XXXXXXXX，XXXXXX，XXXXX，XXXXX，XXXXX。
XXXXXXXXXX 2012年7月1日印发
— 2 —

图B-6　公文末页版式2

注：版心实线框仅为示意，在印制公文时并不印出。

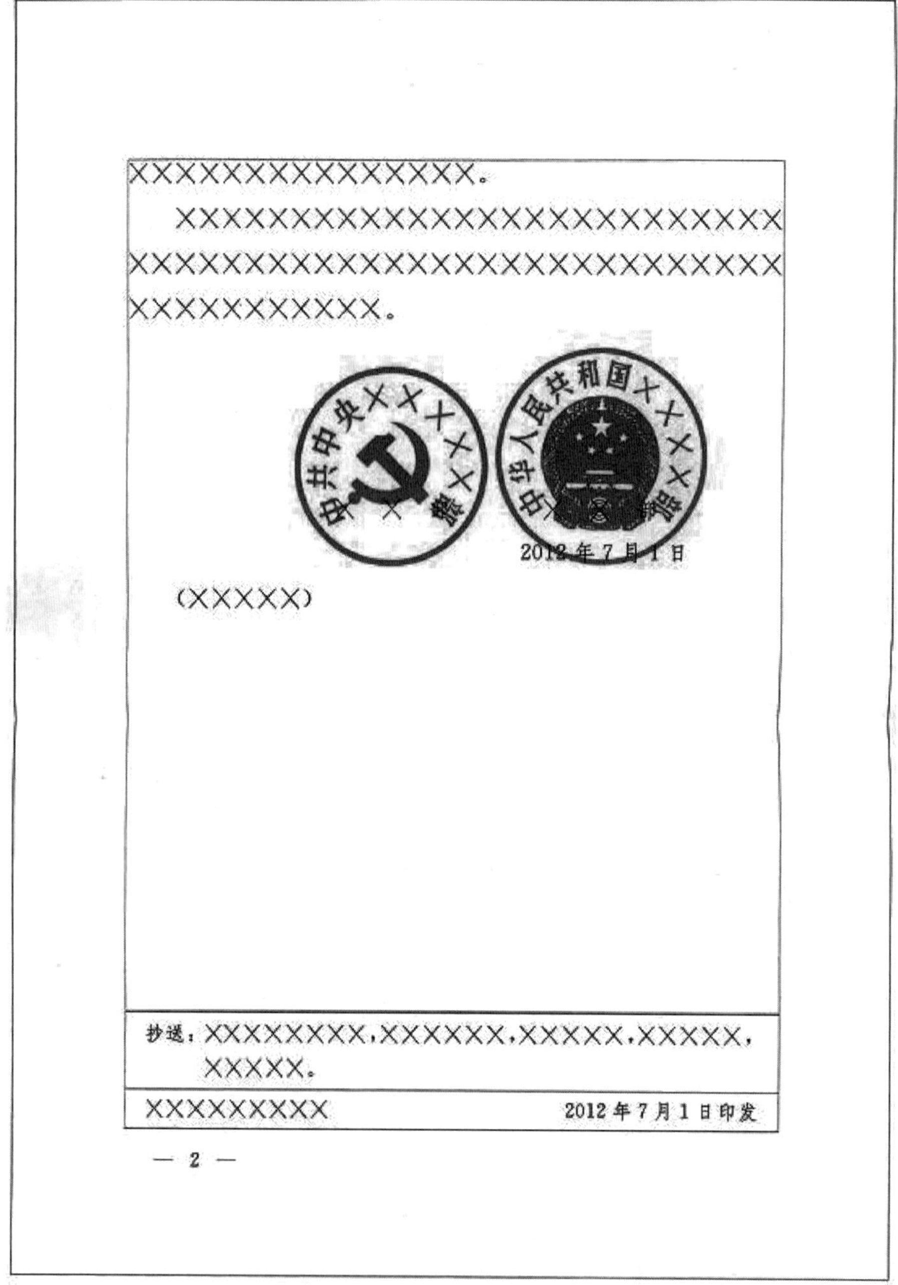
XXXXXXXXXXXXXXX。

XXXXXXXXXXXXXXXXXXXXXXXXXXXXXXXXXXXXXXXXXXXXXXXXXXXXXXXXXXX。

（XXXXX）

抄送：XXXXXXXX，XXXXXX，XXXXX，XXXXX，XXXXX。

XXXXXXXXX　2012年7月1日印发

— 2 —

图B-7　联合行文公文末页版式1

注：版心实线框仅为示意，在印制公文时并不印出。

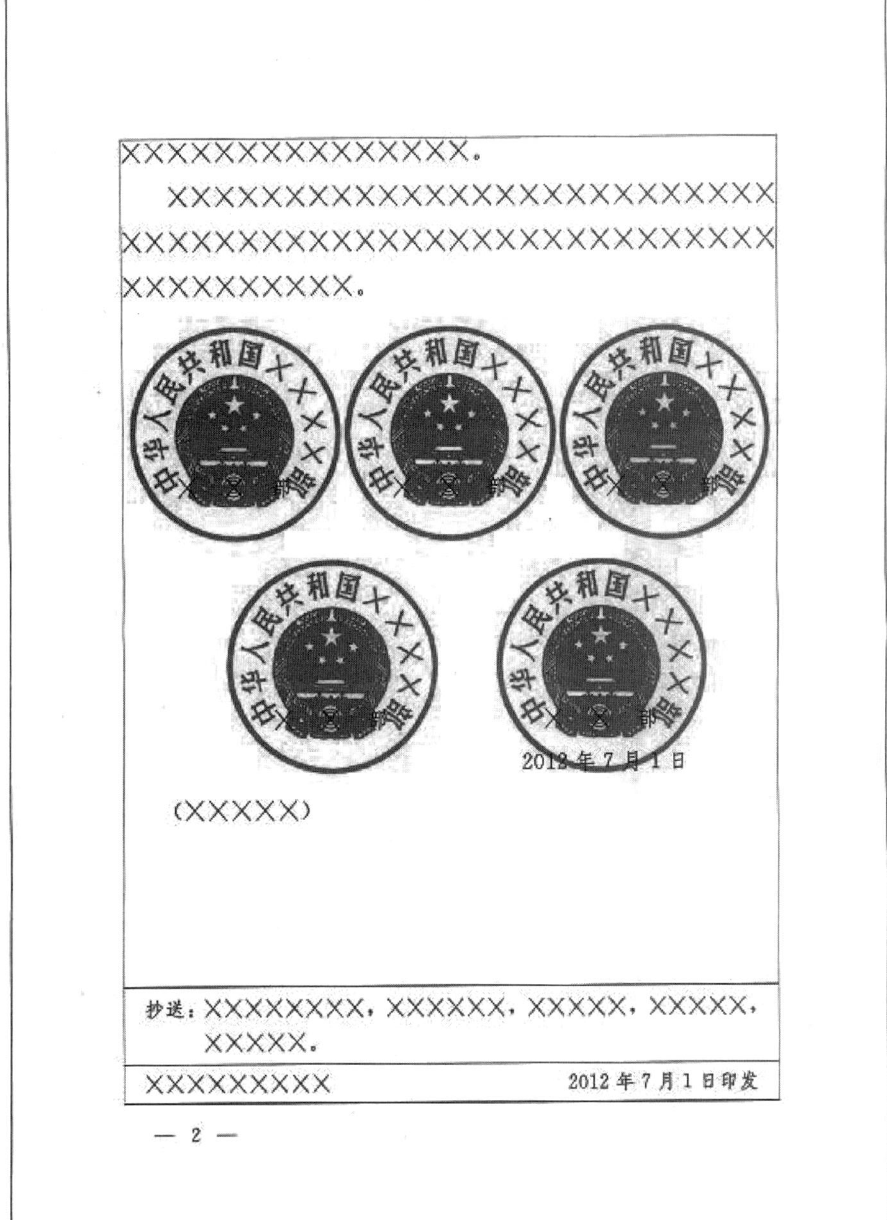
XXXXXXXXXXXXXXX。

XXXXXXXXXXXXXXXXXXXXXXXXXXXXXXXXXXXXXXXXXXXXXXXXXXXXX。

中华人民共和国XXXXX部（印章）　中华人民共和国XXXXX部（印章）　中华人民共和国XXXXX部（印章）

中华人民共和国XXXXX部（印章）　中华人民共和国XXXXX部（印章）

2012年7月1日

（XXXXX）

抄送：XXXXXXXX，XXXXXX，XXXXX，XXXXX，XXXXX。

XXXXXXXXX　2012年7月1日印发

— 2 —

图B-8　联合行文公文末页版式2

注：版心实线框仅为示意，在印制公文时并不印出。

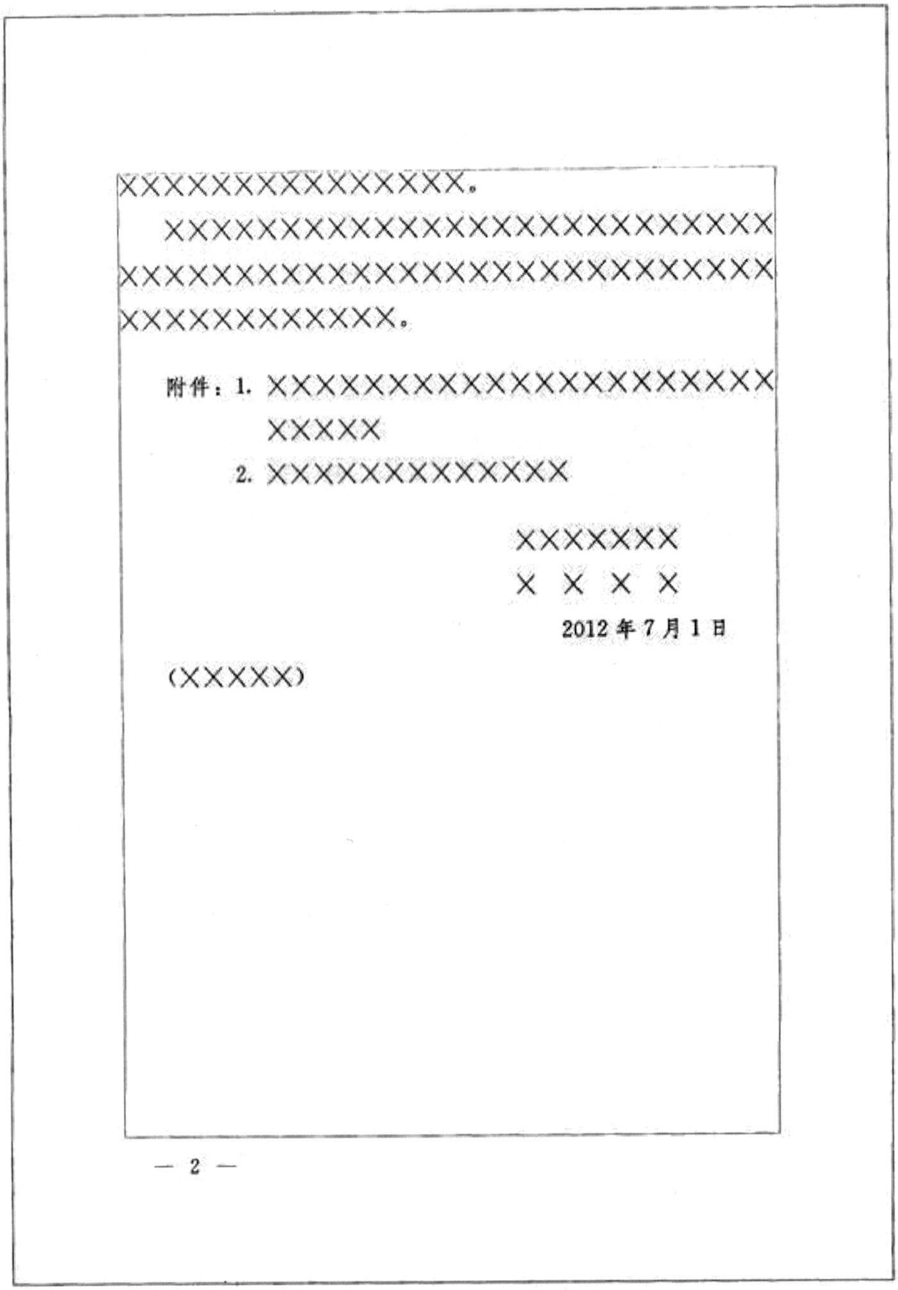

XXXXXXXXXXXXXXX。

XXXXXXXXXXXXXXXXXXXXXXXXXXXXXXXXXXXXXXXXXXXXXXXXXXXXXXXXXXXXXXXXXX。

附件：1. XXXXXXXXXXXXXXXXXXXXXXXXXX

2. XXXXXXXXXXXXX

XXXXXXX

X X X X

2012 年 7 月 1 日

（XXXXX）

— 2 —

图 B-9 附件说明页版式

注：版心实线框仅为示意，在印制公文时并不印出。

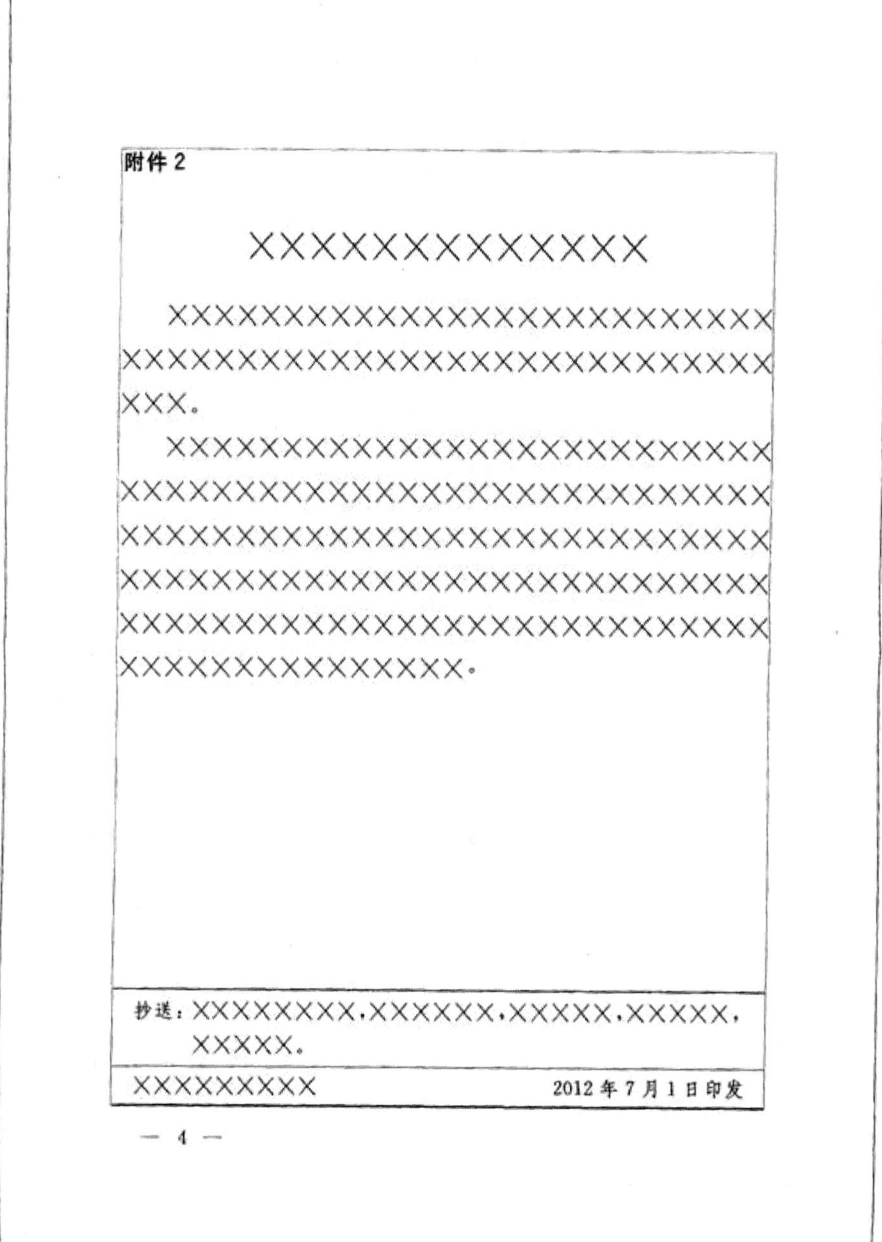
附件2

XXXXXXXXXXXXXX

XXXXXXXXXXXXXXXXXXXXXXXXXXXXXXXXXXXXXXXXXXXXXXXXXXXXXXXXX。

XXXXXXXXXXXXXXXXXXXXXXXXXXXXXXXXXXXXXXXXXXXXXXXXXXXXXXXXXXXXXXXXXXXXXXXXXXXXXXXXXXXXXXXXXXXXXXXXXXXXXXXXXXXXXXXXXXXXXXXXXXXXXXXXXXXXXXXXXXXXXX。

抄送：XXXXXXXX，XXXXXX，XXXXX，XXXXX，XXXXX。

XXXXXXXXXX 2012年7月1日印发

— 4 —

图 B-10　带附件公文末页版式

注：版心实线框仅为示意，在印制公文时并不印出。

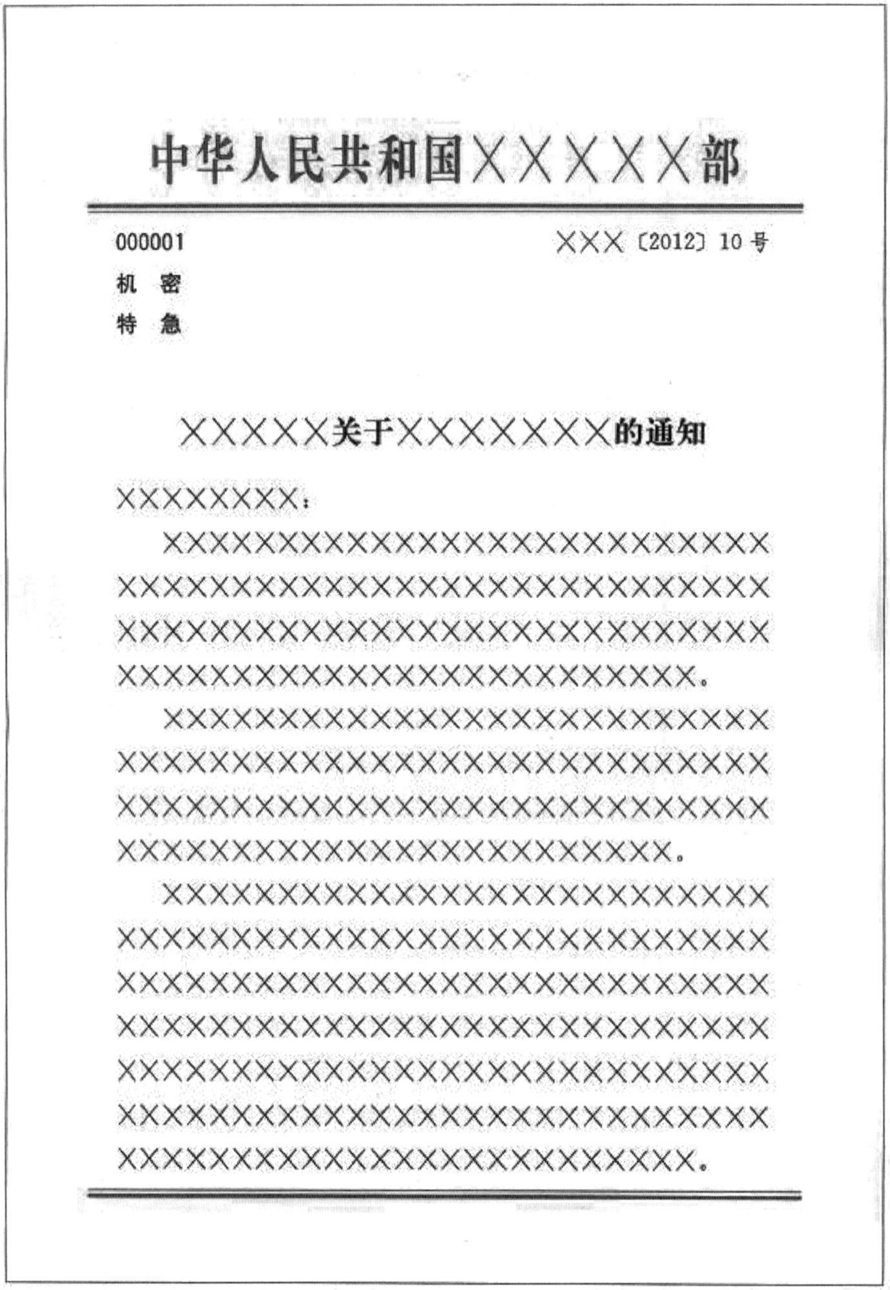

中华人民共和国×××××部

000001　　　　　　　　　　　　　　　　×××〔2012〕10号

机　密

特　急

××××关于×××××××的通知

××××××××：

　　××××××××××××××××××××××××××
××××××××××××××××××××××××××××
××××××××××××××××××××××××××××
×××××××××××××××××××××××××。

　　××××××××××××××××××××××××××
××××××××××××××××××××××××××××
××××××××××××××××××××××××××××
××××××××××××××××××××××××。

　　××××××××××××××××××××××××××
××××××××××××××××××××××××××××
××××××××××××××××××××××××××××
××××××××××××××××××××××××××××
××××××××××××××××××××××××××××
××××××××××××××××××××××××××××
×××××××××××××××××××××××××。

图B-11　信函格式首页版式

注：版心实线框仅为示意，在印制公文时并不印出。

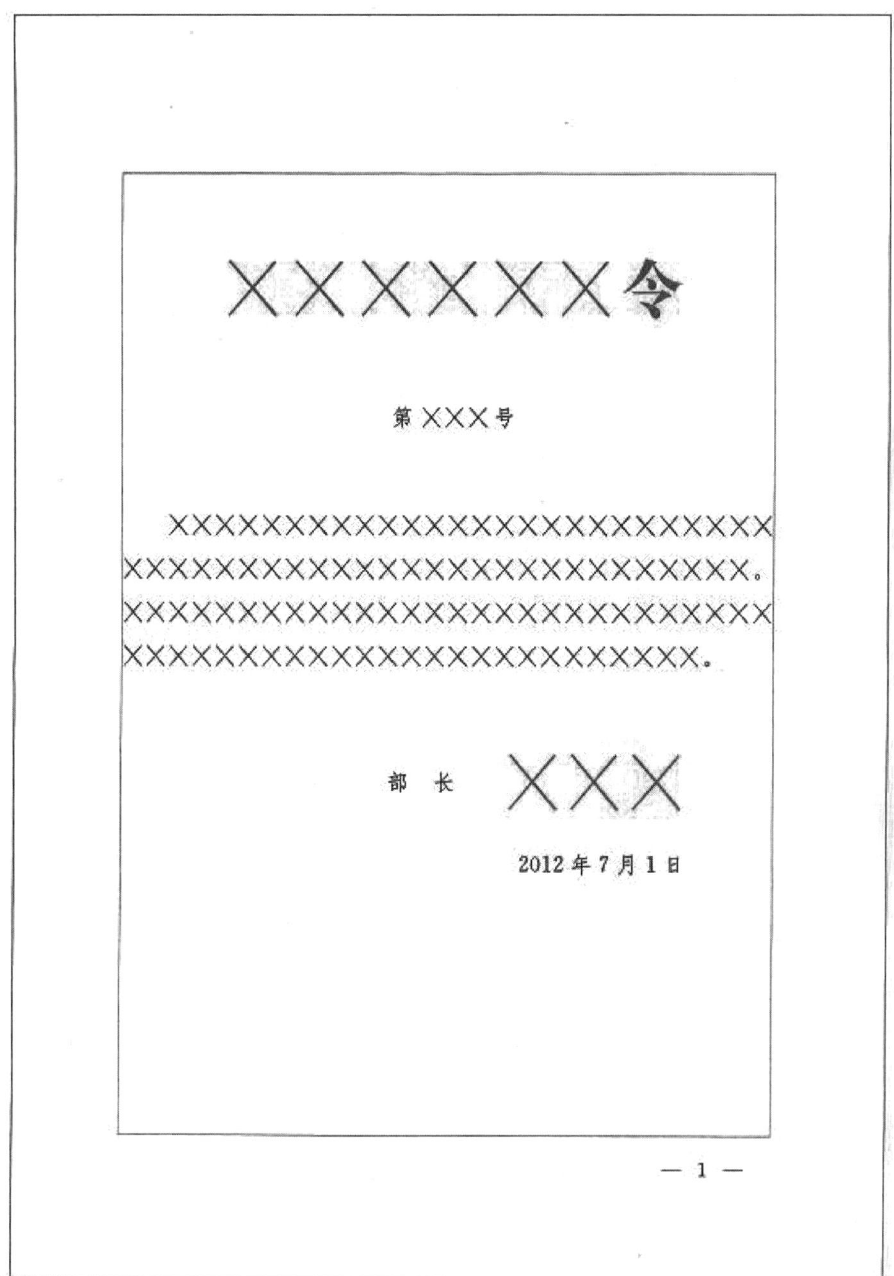

XXXXXX令

第XXX号

XXXXXXXXXXXXXXXXXXXXXXXXXXXXXXXXXXXXXXXXXXXXXXXXXXXXXXXX。XXXXXXXXXXXXXXXXXXXXXXXXXXXXXXXXXXXXXXXXXXXXXXXXXXXXXXXXXX。

部　长　XXX

2012年7月1日

— 1 —

图B-12　命令（令）格式首页版式

注：版心实线框仅为示意，在印制公文时并不印出。

北京阅想时代文化发展有限责任公司为中国人民大学出版社有限公司下属的商业新知事业部，致力于经管类优秀出版物（外版书为主）的策划及出版，主要涉及经济管理、金融、投资理财、心理学、成功励志、生活等出版领域，下设“阅想·商业”“阅想·财富”“阅想·新知”“阅想·心理”“阅想·生活”以及“阅想·人文”等多条产品线，致力于为国内商业人士提供涵盖先进、前沿的管理理念和思想的专业类图书和趋势类图书，同时也为满足商业人士的内心诉求，打造一系列提倡心理和生活健康的心理学图书和生活管理类图书。

《写作即疗愈：用文字改写人生》

- 通过日常生活中的一种简单的自我关爱练习，来发现（最终）摆脱困境，清晰表达，获得理想生活的力量
- 本书将指导你如何使用这个能够给人生带来转变的工具。

《写作即思考：在写作中训练你的思维能力》

- 写作能力的提升要求有意识地训练思维，而思维的训练可以通过写作来达到。
- 本书中通俗易懂的写作风格和书中的实际案例，不仅能够让你领略不同的思维技巧和思维运用，还能对日常生活中常用的思维模式有更深刻的理解。

《优雅的辩论：关于 15 个社会热点问题的激辩》

- 阐述了关于十几个主要的社会热点问题的激辩，所有这些社会问题都存在着巨大的分歧和争议。
- 辩论中陷阱重重，稻草人谬误、美德伦理学、偷换概念、妖魔化对手只能加剧对立双方的矛盾与冲突，而不是找到解决方案。

《底气：可持续的内在成长》

- 这本获奖图书揭示了驱动人们获得成功的关键动力和精神过程。
- 本书提供了你设定目标所需的所有工具，帮助加强你的专注力，成为最好的自己。

《好奇心：保持对未知世界永不停息的热情》

- 《纽约时报》《华尔街日报》《华盛顿邮报》《图书馆期刊》《科学美国人》等众多媒体联合推荐。
- 一部关于成就人类强大适应力的好奇心简史，理清人类第四驱动力——好奇心的发展脉络，激发人类不断探索未知世界的热情。

《思维病：跳出思考陷阱的七个良方》

- 美国知名思维教练经全球数十万人验证有效的、根除思维病的七个对策。
- 拆解一切思维问题，助你成为问题解决高手。

《思辨与立场：生活中无处不在的批判性思维工具》

- 风靡全美的思维方法、国际公认的批判性思维权威大师的扛鼎之作，带给你对人类思维最深刻的洞察和最佳思考。
- 本书清楚地介绍了发展推理技能和认知特质的原则与方法，鼓励读者不断开展反思，为那些愿意自我培养思辨能力的人提供了科学的指南。

《拆解一切故事写作》

- 新手写作快速入门，灵感碎片、情节设置、人物塑造……成功结尾，手把手传授写作技巧，铲除写作过程的每个问题。
- 零基础，也能成功写出小说。

阅读成就思想……

Read to Achieve

公文写作大全

文种模板与范例解析

下册

梅　俊◎著

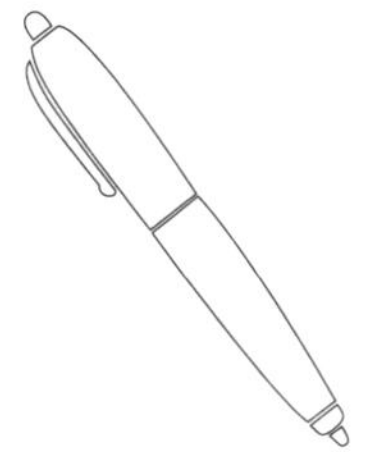

中国人民大学出版社
·北京·

图书在版编目（CIP）数据

公文写作大全．下册，文种模板与范例解析 / 梅俊著．-- 北京 : 中国人民大学出版社，2023.9
ISBN 978-7-300-32010-6

Ⅰ．①公… Ⅱ．①梅… Ⅲ．①公文—写作 Ⅳ．①H152.3

中国国家版本馆CIP数据核字(2023)第155980号

公文写作大全：文种模板与范例解析（下册）

梅　俊　著

GONGWEN XIEZUO DAQUAN : WENZHONG MOBAN YU FANLI JIEXI（XIACE）

出版发行	中国人民大学出版社		
社　　址	北京中关村大街 31 号	**邮政编码**	100080
电　　话	010-62511242（总编室）		010-62511770（质管部）
	010-82501766（邮购部）		010-62514148（门市部）
	010-62511173（发行公司）		010-62515275（盗版举报）
网　　址	http://www.crup.com.cn		
经　　销	新华书店		
印　　刷	天津中印联印务有限公司		
开　　本	787 mm×1092 mm　1/16	**版　　次**	2023 年 9 月第 1 版
印　　张	26.25　插页 1	**印　　次**	2025 年 5 月第 8 次印刷
字　　数	370 000	**定　　价**	148.00 元（上下册）

版权所有　　侵权必究　　印装差错　　负责调换

目　录

法定公文 15 种

事务公文 23 种

法定公文15种

第 1 章

领导指导类：如何高屋建瓴、指挥决断

领导指导类的五种公文都属于上级机关对下级机关布置工作、阐明要求、提出指示所使用的公文。此类公文是下级机关安排工作的基本依据，具有非常强的指令性，直接体现和反映上级机关的意图，内容明确具体、要求清晰明了，并且带有比较明显的强制性。写作者撰写此类公文需要加强理论修养，准确把握党和国家方针政策，确保写作时能够有站位、有高度，对下级机关工作可进行科学指导。

决议

决议的内涵特点

决议适用于会议讨论通过的重大决策事项。根据会议研究的问题事项的不同，决议可以分为三类，即公布性决议、批准性决议、工作部署性决议。

公布性决议主要用于对重要会议中通过的一系列决策事项、重要问题进行阐释，并向公众公布情况。

批准性决议主要用于对重要文件或报告进行审议批准，并向公众公布告知。

工作部署性决议主要用于对需要贯彻执行的重要工作、重大决策进行安排，并公之于众。

决议作为对重大决策事项进行部署的下行文，在写作时需要注意以下特点。

（1）体现决策层集体意志。决议的内容是经过会议讨论和相应程序表决通过后形成的。因此，决议代表了会议大多数人的意见，是集体意志的反映。

（2）体现决策的权威性。决议是针对某些重大问题或重要事项做出的决策，经过会议讨论并由相应领导机构发布，一经形成，就会对较大范围的相关工作产生重大影响。因此，决议发布后，有关方面必须严格执行。

（3）体现鲜明的指导性。决议所表述的观点、对有关事项的评价都具有非常显著的代表性，对思想意识层面、推动工作开展及社会生活等方方面面都有较为深远的影响，指导性很强。

决议的写作流程

从决议的类型来看，批准性决议写作相对简单，按照固定格式套写即可，属于简单公文；公布性决议和工作部署性决议则较复杂，写作流程包括三步八个环节。

第一步：充分准备。

环节 1：定文种。在重大会议召开前，根据会议内容的重要程度，确定是否使用决议。这里需要注意的是决议与决定的区别，这两个文种容易混淆。从内容上来看，如果涉及全局性和原则性问题，就用决议；涉及明确、具体、有针对性的问题，则用决定。决议重在统一思想层面的认识，决定重在统一行动。决议一定是会议通过的，决定则不一定是会议通过的，也可以是领导人签发的。

环节 2：明主题。决议的主题与会议主题一致。因此，要找准主题，需要全面把握会议情况，了解会议讨论研究的中心是什么。重点从会议召开的背景原因、分析讨论的重点问题、提出的解决对策和意见、做出的决策指示等方面进行把握。在拟写决议之前就需要把这些搞清楚。同时，还需要充分明确与会各方的观点，了解最终会议的统一意见和结论。

环节 3：集资料。由于决议需要在会议过程中形成，在会议结束时就需要提交会议通过，所以写作时间非常紧张。因此，在会议召开前执笔者就需要提前做好相关资料的搜集工作，运用八维度信息搜集法，把与会议相关的材料搜集起来，提前进入写作状态。

第二步：深度思考。

环节 4：找问题。决议写作需要聚焦的问题与会议研究的问题是一致的。一般来说，会议有主报告的，决议写作中涉及的问题就应该来自会议主报告。同时，对于会议过程中讨论形成的相关结论也需要有所涉及。这就需要深入跟进了解会议讨论的进展，以及形成的意见共识。

环节 5：理结构。决议一般与会议报告及讨论问题结构一致，按照会议讨论问题的顺序进行写作。基本的写作逻辑结构是“一致性意见→决议事项→号召希望”。

第三步：精准写作。

环节 6：拟标题。决议的主标题符合公文标题的一般结构。对于比较具体的工作，可以在正文中用小标题，有利于清晰表达。对于涉及宏观工作、思想层面的内容也可不划分标题，但在每一段开头需要有总领性的观点主旨句，发挥类似于标题的作用。这些观点主旨句与会议报告的标题、论点，以及会议讨论的结论需要保持一致。

环节 7：填内容。在内容写作上，除了内容比较单一的会议决议采取篇段合一的方式外，其余大多数都是采取分条列段、总分条文式或分部式等方式进行写作。内容推进逻辑与会议逻辑保持一致。

环节 8：修语言。决议写作注重的是叙议结合，即用概括叙事方法介绍具体情况事实，用议论方法做出论述，不能只是记录会议结论，而是要从理论高度阐明问题，以精辟的观点串联全文，让决议具有充分的可信度。决议的写作语气是第三人称，显得客观严谨。一般用“会议听取”“会议审议”“会议讨论”等代表会议中研究的问题、叙述基本内容；用“会议要求”“会议强调”“会议指出”“会议提出”等代表会议提出的需要执行的决策事项；用“会议号召”“会议希望”等代表对于落实会议精神、推动相关工作的期望。

决议的写作模板

表 1–1　公布性决议写作模板

标题		会议名称 + 决议
签注		通过日期 + 会议名称
正文	决议缘由	会议情况摘要，说明做出决议的背景、依据、目的或意义
	决议事项	写明对有关问题、事件的评价与决定，内容一般与会议报告、文件主要内容一致，重点是对会议内容进行确认，让与会者和受文对象迅速准确把握会议内容
	结语	针对决议事项提出希望、号召

表 1–2　批准性决议写作模板

标题		会议名称 + 事由 + 决议
签注		通过日期 + 会议名称
正文	决议缘由	说明做出决议的背景、依据、目的或意义
	决议事项	写明对有关文件、事项的决定
	结语	针对决议事项提出希望、号召

表 1–3　工作部署性决议写作模板

标题		会议名称 + 事由 + 决议
签注		通过日期 + 会议名称
正文	决议缘由	新工作要对工作的意义价值进行重点阐述，延续性工作要对过去的工作进行总结，然后说明做出决议的背景、依据、目的或意义
	决议事项	写明对有关工作做出的部署安排和有关要求，可以采用分条列项式的写法，按照工作思路、原则、对策措施、有关要求等方面进行写作
	结语	针对决议事项提出希望、号召（也可不写）

决议的范文解析

1. 公布性决议范文

中共随州市委五届四次全体会议决议

（2022 年 7 月 15 日中国共产党随州市第五届委员会第四次全体会议通过）

中国共产党随州市第五届委员会第四次全体会议于 2022 年 7 月 15 日召开。出席这次全会的有市委委员 41 人，市委候补委员 9 人。有关方面负责同志和部分基层党代表列席会议。

全会由市委常委会主持。全会审议通过了《中共随州市委随州市人民政府关于打造城乡融合发展示范区的实施意见》。市委书记 ××× 就《实施意见（讨论稿）》向全会做了说明并讲话。

全会充分肯定了今年以来市委常委会的工作。一致认为，全市各地各部门和广大党员干部高举旗帜、维护核心、接续奋斗、难中求成，深入学习贯彻习近平总书记关于湖北工作的重要讲话和指示批示精神，坚决贯彻中央决策部署及省委工作要求，接续推进“汉襄肱骨、神韵随州”建设，主要经济指标保持稳步增长，特色产业实现逆势上扬，文化高地彰显城市气质，强县工程迈出坚实步伐，安全发展交出高分答卷，全市经济社会高质量发展取得较好成绩。

全会一致认为，打造城乡融合发展示范区，是省委基于随州特色优势和发展潜力做出的重要要求，是省委赋予随州的重大政治任务和新的使命责任。（略）

全会提出了打造城乡融合发展示范区的总体要求。（略）

全会提出了打造城乡融合发展示范区的基本原则。（略）

全会提出了打造城乡融合发展示范区的发展目标。（略）

全会强调，要优化功能布局，着力打造花园城市。（略）

全会强调，要实施强县工程，全面推进乡村振兴。（略）

全会强调，要壮大特色产业，不断增创发展优势。（略）

全会强调，要强化流域治理，加快构筑鄂北屏障。（略）

全会强调，要践行群众路线，共同缔造美好环境与幸福生活。（略）

全会要求，要建立组织运行、政策保障、工作推进、闭环管理机制，推动城乡融合发展示范区建设成势见效。（略）

全会号召，全市各级党组织和广大党员干部要紧密团结在以习近平同志为核心的党中央周围，不折不扣把党中央决策部署落实到位，把智慧和力量凝聚到省第十二次党代会确定的目标任务、重大举措上来，全力打造城乡融合发展示范区，谱写“汉襄肱骨、神韵随州”建设新篇章，为我省建设全国构建新发展格局先行区做出应有贡献，以优异成绩迎接党的二十大胜利召开。

范文解析

这篇公布性决议层次清晰、逻辑严谨，夹叙夹议、事理融合，首尾呼应、流畅自然。正文开头第一、二、三段介绍会议基本情况、主要议程内容，对市常委会工作成绩进行了肯定。

接下来，作者用了 10 个段落的篇幅，采用多段式结构，对本次会议的重点审议事项《中共随州市委随州市人民政府关于打造城乡融合发展示范区的实施意见》进行了详细的阐述。

每段的第一句话都是文件中的关键要点，主要内容来自《实施意见》的核心内容。它的目的是让公众了解《实施意见》，把思想认识统一到会议认识层面，为下一步推进“打造城乡融合发展示范区”的工作奠定基础。

最后一段是典型的发出号召式结尾，再次与第三段进行呼应，点出发展目标，具有较强的逻辑性与说服力。

思维导图

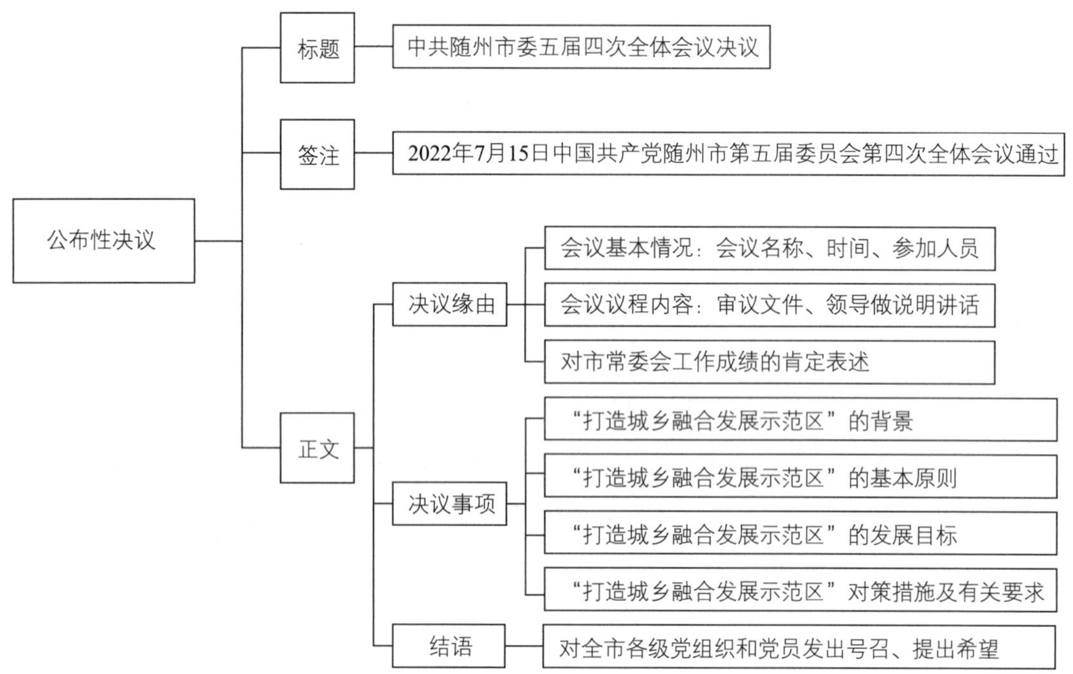

2. 批准性决议范文

第十三届全国人民代表大会第五次会议关于政府工作报告的决议

（2022 年 3 月 11 日第十三届全国人民代表大会第五次会议通过）

第十三届全国人民代表大会第五次会议听取和审议了国务院总理李克强所做的政府工作报告。会议高度评价在具有里程碑意义的 2021 年国家发展取得的新的重大成就，充分肯定国务院的工作，同意报告提出的 2022 年经济社会发展的总体要求、目标任务、政策措施和工作部署，决定批准这个报告。

会议号召，全国各族人民更加紧密地团结在以习近平同志为核心的党中央周围，高举中国特色社会主义伟大旗帜，以习近平新时代中国特色社会主义思想为指导，全面贯彻落实党的十九大和十九届历次全会精神，深刻认识“两个确立”的决定性意义，增强

“四个意识”、坚定“四个自信”、做到“两个维护”，弘扬伟大建党精神，坚持稳中求进工作总基调，统筹国内国际两个大局，完整、准确、全面贯彻新发展理念，加快构建新发展格局，全面深化改革开放，坚持创新驱动发展，推动高质量发展，促进共同富裕，坚持以供给侧结构性改革为主线，统筹疫情防控和经济社会发展，统筹发展和安全，继续做好“六稳”工作、落实“六保”任务，保持经济运行在合理区间，持续改善民生，踔厉奋发、勇毅笃行、埋头苦干，保持经济持续健康发展和社会大局稳定，以实际行动迎接党的二十大胜利召开！

范文解析

这类批准性决议一般内容比较单一、篇幅较短，如范文所示。第一段把决议缘由和决议事项合并在一起进行写作，写明了会议审议的内容，表明了会议的基本意见，并给出了会议的决定。第二段结语的篇幅比第一段还要长，这是此类批准性决议的特点，重点表明会议对下一步工作的希望与号召，写作方式类似于工作思路，其内容也一般来自批准文件的指导思想和工作思路，不会另起炉灶。

思维导图

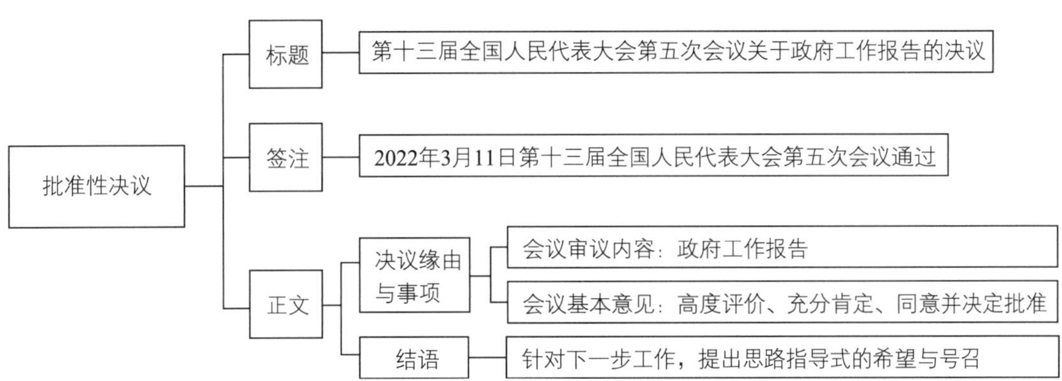

3. 工作部署性决议范文

潜山市人民代表大会常务委员会关于开展第八个五年法治宣传教育的决议

（2021 年 11 月 19 日市十六届人大常委会第四十次会议通过）

2016 年以来，全市各地各部门认真贯彻执行我市第七个五年法治宣传教育规划和决议，着力加强组织领导，压实普法责任，落实“三制四有”工作机制（清单制、调度制、问责制，有组织协调、有人员参与、有经费保障、有督查考核），切实强化保障措施，法治宣传教育各项目标任务顺利完成，全社会法治观念明显增强，社会治理法治化水平明显提高，法治宣传教育在服务经济社会发展、维护社会和谐稳定、建设法治潜山中发挥了重要作用。为深入学习宣传贯彻习近平法治思想，全面推进新时代法治潜山建设，着力提升公民法治素养和社会治理法治化水平，使法治成为社会共识和基本准则，有必要在全市开展第八个五年法治宣传教育。根据《全国人民代表大会常务委员会关于开展第八个五年法治宣传教育的决议》《安徽省人民代表大会常务委员会关于开展第八个五年法治宣传教育的决议》《安庆市人民代表大会常务委员会关于开展第八个五年法治宣传教育的决议》精神，结合我市实际，特作决议如下：

一、以习近平法治思想引领全民普法工作。坚持习近平新时代中国特色社会主义思想，全面贯彻落实习近平法治思想，在党中央集中统一领导下推进全民普法工作。突出学习宣传习近平法治思想，坚持习近平法治思想为全面依法治国的根本遵循和行动指南，引导全社会坚定不移走中国特色社会主义法治道路。紧紧围绕服务“十四五”时期全市经济社会发展，树立以人民为中心的普法工作导向，推动普法工作守正创新、提质增效、全面发展，为加快建设现代化美好潜山营造良好法治环境。

二、大力弘扬社会主义法治精神。（略）

三、持续提升公民法治素养。（略）

四、推进普法与依法治理有机融合。（略）

五、着力提高普法工作的针对性和实效性。（略）

六、完善和落实普法责任制。（略）

七、加强组织实施和监督检查。（略）

范文解析

工作部署性决议需要把工作部署安排写清楚，要讲清楚为什么做、做什么和怎样做。因此，它多采用分条列项式写法，把主要内容用清单条目的方式写清楚，便于公众了解、贯彻执行。

在这篇范文中，第一段首先简要回顾了第七个五年法治宣传教育的成果，阐明了做出决议的原因和依据，使有关方面明确决议产生的背景。

随后七段从指导思想和主要措施两个方面，对第八个五年法治宣传教育的相关工作进行详细阐述和部署，重点放在工作落实上，具体务实、指导性强。

这篇决议中没有单列结语，随着工作部署完毕就自然结束。这样无结语的方式比较适合较为具体的工作部署。如果是偏务虚性的工作部署，例如《中共中央关于加强社会主义精神文明建设若干重要问题的决议》，最后还是需要写一段结语的。

思维导图

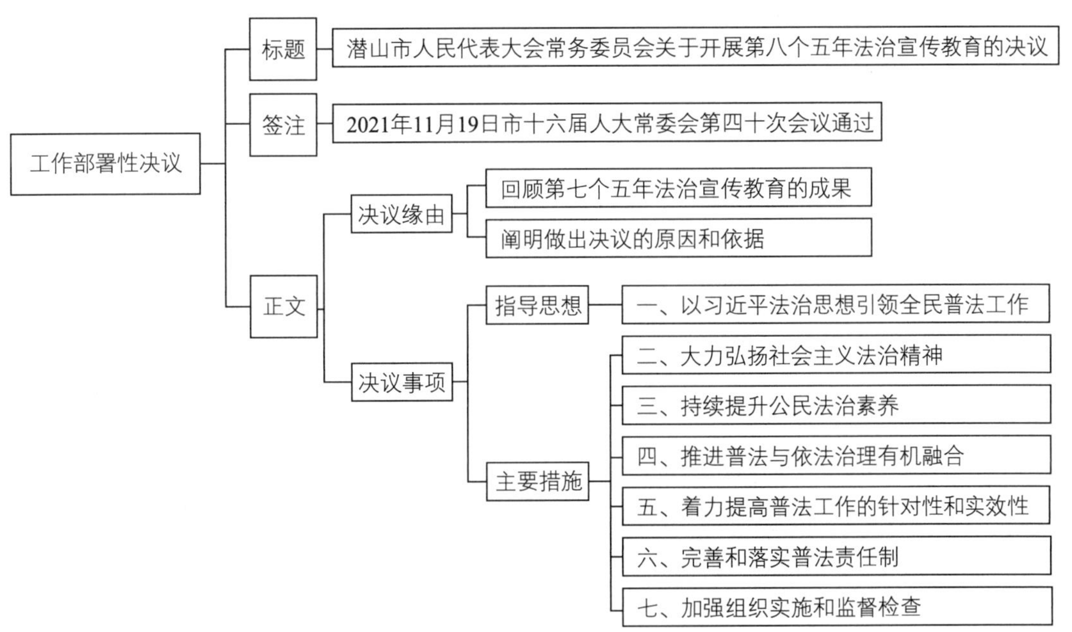

决定

决定的内涵特点

决定适用于对重要事项做出决策和部署、奖惩有关单位和人员、变更或者撤销下级机关不适当的决定事项。

根据决定的主要功能，决定可以分为四类，分别是告知事项性决定、部署指挥性决定、奖励惩戒性决定、变更撤销性决定。

告知事项性决定适用于布置安排比较具体的重要事项或重大行动，以决定的方式告知全社会或有关方面。

部署指挥性决定适用于对带有全局性的重要事项或重大行动做出决策部署，用于统一思想、确定大政方针、提出工作方案要求和措施。

奖励惩戒性决定适用于表彰先进或处理错误，且被表彰的事迹比较突出，被处理对象错误比较严重。

变更撤销性决定适用于上级机关变更或撤销下级机关不适当的决定事项。

决定作为具有较强行政约束力的下行文，在写作中需要注意以下特点。

（1）权威性强。决定用来确定的问题必须是重要事项，具有很强的权威性，需要受文单位和个人遵照贯彻执行，强制性仅次于命令。

（2）指导性强。决定集中体现了上级机关对某项重要事项的认识水平和决策部署，具有较强的理论性、政策性，为下级机关提供了工作准则和指导。

（3）针对性强。决定的内容相对比较具体单一，一般只涉及某一事项或某一方面的问题，并且是根据现实问题做出的理论上的指导和行动上的安排部署，便于下级对照执行。

决定的写作流程

从决定的四种类型来看，告知事项性决定、奖励惩戒性决定和变更撤销性决定写作难度较低，部署指挥性决定写作难度较高，其写作流程有所不同。

1. 告知事项性决定、奖励惩戒性决定和变更撤销性决定写作流程

这三类决定的写作流程一般包括两步六个环节。

第一步：充分准备。

环节 1：定文种。根据需要告知事项、奖励惩戒和变更撤销的不同需求，确定决定的类型。需要注意区别决定与决议，牢记二者各自的适用范围。

环节 2：明主题。这三类决定主题比较明确，就是从需要下级机关或受文对象了解知晓的重点内容中提炼出写作主题。

环节 3：集资料。要针对决定所涉及的问题仔细查找相关法律法规和政策规定，了解掌握实际情况，确保决定的下达建立在充分调查研究的基础上，经得起审视检验。

第二步：精准写作。

环节 4：拟标题。此类决定的主标题为标准公文标题模式，事由要清晰简洁地传达决定的核心概念，文内一般不再列出小标题。

环节 5：填内容。篇幅较短的决定传达内容一般比较明确，要让有关方面无条件执行，对于原因、目的、意义等简要叙述即可，重点是清晰地传达决定事项内容。

环节 6：修语言。决定的语言，尤其是涉及法律法规的专业性内容、奖励惩戒具体名目等，必须规范准确。

2. 部署指挥性决定写作流程

部署指挥性决定一般篇幅较长，所涉及的问题都较重大，因此其写作流程较上面三类决定更复杂，包括三步九个环节。

第一步：充分准备。

环节 1：定文种。确定需要对某项重要工作进行系统安排，并且具有强制性执行要求。不适合用下行意见和指示性通知的，可以用部署指挥性决定，具有很强的严肃性。

环节 2：明主题。在草拟决定前，要明确上级机关和相关领导的意见看法、指示要求，并以此作为确定主题的依据；如果是会议决定，则需要通过会议讨论达成统一意见，并以此作为写作主题。

环节 3：集资料。部署指挥性决定是针对某项重要工作进行具体安排，需要结合此项工作任务的目标方向和重点要求，进行充分的资料搜集和调查研究，广泛征求各方面意见，以确保写作中的所有内容都有法可依、有据可查。

第二步：深度思考。

环节 4：找问题。部署指挥性决定往往都是为了解决某个重大现实问题而发布的，且所涉及的问题一般都比较复杂，需要在找问题的环节通过系统深入的分析，把握关键点、症结点、难点、痛点、堵点等，以便提出对策措施时有的放矢，明确无误。

环节 5：拓思路。对于决定涉及的复杂问题，要善于从综合施策的角度思考，充分发动各方智慧、进行头脑风暴，找到解决问题的最佳对策。如果是会议讨论通过的决定，还要积极吸收与会各方的意见建议，确保决定制定的科学有效。

环节 6：理结构。这类篇幅较长的决定一般采用的是总分条文结构，按照从意义、原则到具体措施的顺序进行写作。

第三步：精准写作。

环节 7：拟标题。主标题符合公文的一般标题写法，正文中一般列到二级标题。标题的写法需要高度凝练。阐述意义的标题一般用复句。原则和措施的标题一般用单句，比较简洁、不需要过多修饰词语，清楚说明工作重点即可。

环节 8：填内容。部署指挥性决定需要写清楚做出决定的理论及现实依据，重点是法律法规、政策方针。在决定事项尤其是对策措施的写作上，要逻辑严密、体系完整，相关对策措施要与其他文件规定保持一致。

环节 9：修语言。由于决定具有高度的原则性、政策性和指挥性，因此在行文中要注意提炼语言、高度概括，同时也要明确具体、便于落实执行。在用语上需要突出决定要求的严肃性，多用“必须”“要”等具有明确指挥性的词语，体现发文机关的明确观点要求。

决定的写作模板

表 1-4　告知事项性决定写作模板

<table>
<tr><td colspan="2">标题</td><td>发布机关名称 + 事由 + 决定</td></tr>
<tr><td colspan="2">签注</td><td>通过日期 + 会议名称（会议通过的决定用签注）</td></tr>
<tr><td rowspan="3">正文</td><td>决定依据</td><td>写明发布决定的原因、背景、根据、目的、意义等。常用句式有“为……根据……×××（机关名称 / 会议名称）决定……”</td></tr>
<tr><td>决定事项</td><td>写明需要告知的具体事项总体安排，不涉及具体细节，没有直接的执行要求</td></tr>
<tr><td>结语</td><td>决定生效日期</td></tr>
<tr><td colspan="2">落款</td><td>发文机关名称 + 成文日期（领导人签发的决定用落款）</td></tr>
</table>

注：签注和落款，根据实际情况二选一。

表 1-5　部署指挥性决定写作模板

<table>
<tr><td colspan="2">标题</td><td>发布机关名称 + 事由 + 决定</td></tr>
<tr><td colspan="2">签注</td><td>通过日期 + 会议名称（会议通过的决定用签注）</td></tr>
<tr><td rowspan="2">正文</td><td>决定依据</td><td>简要说明做出决定的原因、背景、根据、目的、意义等。常用句式有“为……根据……做出如下决定”</td></tr>
<tr><td>决定事项</td><td>写明对这项重要工作的详细安排，包括意义价值、指导思想、原则、目标、具体措施、有关要求等详尽安排和部署。内容较多，可采用分部列小标题的写作方式，对具体工作要突出重点、分条列项进行写作</td></tr>
<tr><td colspan="2">落款</td><td>发文机关名称 + 成文日期（领导人签发的决定用落款）</td></tr>
</table>

注：签注和落款，根据实际情况二选一。

表 1-6　　奖励惩戒性决定写作模板

标题		发布机关名称＋事由＋决定
正文	决定依据	简要说明被表彰者的先进事迹及评价（或被处分者的错误事实及定性）。常用句式有“为……根据……×××决定……”
	决定事项	奖励：写明给予表彰对象何种名目、等级的奖励 惩戒：写明给予惩戒对象何种处分、惩罚的名称
	结语	奖励：提出希望与号召，希望被表彰者再接再厉、号召向先进学习 惩戒：表明警示作用，提出具有普遍意义的要求
落款		发文机关名称＋成文日期

表 1-7　　变更撤销性决定写作模板

标题		发布机关名称＋事由＋决定
正文	决定依据	说明变更撤销不适当决定事项的理由，需要写明法律法规方面的依据
	决定事项	具体变更修订、撤销的文件规定名称、文号或具体条文内容
	结语	明确修订生效或废止时间
落款		发文机关名称＋成文日期

决定的范文解析

1. 告知事项性决定范文

全国人民代表大会常务委员会
关于授权最高人民法院组织开展四级法院审级职能定位改革试点工作的决定

（2021 年 8 月 20 日第十三届全国人民代表大会常务委员会第三十次会议通过）

为推动完善我国诉讼制度，明确四级法院审级职能定位，加强审级制约监督体系建设，优化司法资源配置，保障法律正确统一适用，第十三届全国人民代表大会常务委员会第三十次会议决定：

授权最高人民法院在本院和北京、天津、辽宁、上海、江苏、浙江、山东、河南、广东、四川、重庆、陕西 12 个省、直辖市的人民法院组织开展四级法院审级职能定位改革试点工作，就完善民事、行政案件级别管辖制度，完善案件管辖权转移和提级审理机制，完善民事、行政再审申请程序和标准，完善最高人民法院审判权力运行机制等内容开展改革试点。试点期间，试点法院暂时调整适用《中华人民共和国民事诉讼法》第一百九十九条，《中华人民共和国行政诉讼法》第十五条、第九十条。试点工作应当遵循有关诉讼法律的基本原则，充分保障当事人的诉讼权利，坚持依法纠错与维护生效裁判权威相统一，确保司法公正。试点具体办法由最高人民法院组织研究制定，报全国人民代表大会常务委员会备案。试点期限为二年，自试点办法印发之日起算。

最高人民法院应当加强对试点工作的组织指导和监督检查。试点过程中，最高人民法院应当就试点情况向全国人民代表大会常务委员会做出中期报告。试点期满后，对实践证明可行的，应当修改完善有关法律；对实践证明不宜调整的，恢复施行有关法律规定。

本决定自公布之日起施行。

范文解析

这是典型的告知事项性决定，对于一项涉及全国范围的重要改革试点工作进行批准确认并告知有关方面。

从写作上来看，采用了三段式写法：开头一段，阐述决定依据用的是通用句式“为……× × × 会议决定”，言简意赅，便于受文对象了解把握决定的核心内容。

主体二、三段是决定事项部分，第二段虽然篇幅不长，但是对改革试点工作本身的范围、内容、法律依据、原则要求、工作方式、时间安排进行了非常清楚的交代；第三段对组织开展改革试点的要求进行了明确。结尾是通用写法，宣布施行时间。全篇行文干净利落、没有赘言，体现了决定的权威性。

思维导图

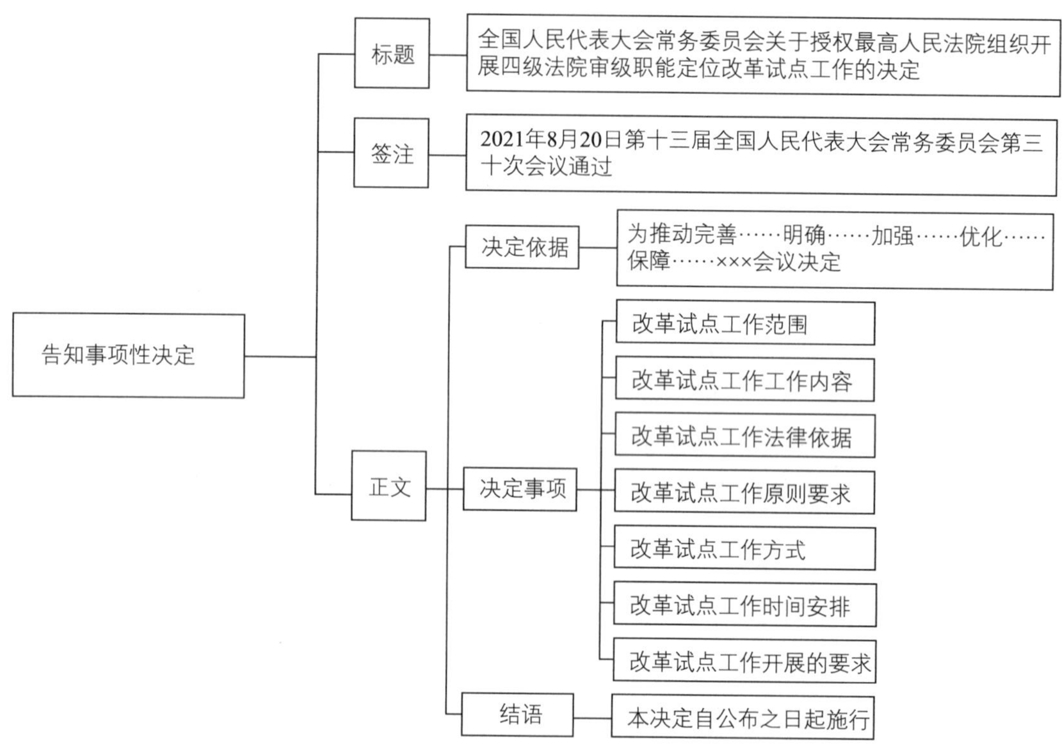

2. 部署指挥性决定范文

中共中央 国务院关于优化生育政策促进人口长期均衡发展的决定

（2021 年 6 月 26 日）

人口发展是关系中华民族发展的大事情。为贯彻落实党的十九大和十九届二中、三中、四中、五中全会精神，促进人口长期均衡发展，现就优化生育政策，实施一对夫妻可以生育三个子女政策，并取消社会抚养费等制约措施、清理和废止相关处罚规定，配套实施积极生育支持措施（以下简称实施三孩生育政策及配套支持措施），做出如下决定。

一、充分认识优化生育政策、促进人口长期均衡发展的重大意义

党和国家始终坚持人口与发展综合决策，科学把握人口发展规律，坚持计划生育基本国策，有力促进了经济发展和社会进步，为全面建成小康社会奠定了坚实基础。党的十八大以来，党中央高度重视人口问题，根据我国人口发展变化形势，做出逐步调整完善生育政策、促进人口长期均衡发展的重大决策，各项工作取得显著成效。当前，进一步适应人口形势新变化和推动高质量发展新要求，实施三孩生育政策及配套支持措施，具有重大意义。

（一）有利于改善人口结构，落实积极应对人口老龄化国家战略。老龄化是全球性人口发展大趋势，也是我国发展面临的重大挑战。预计“十四五”期间我国人口将进入中度老龄化阶段，2035 年前后进入重度老龄化阶段，将对经济运行全领域、社会建设各环节、社会文化多方面产生深远影响。实施三孩生育政策及配套支持措施，有利于释放生育潜能，减缓人口老龄化进程，促进代际和谐，增强社会整体活力。

（二）有利于保持人力资源禀赋优势，应对世界百年未有之大变局。（略）

（三）有利于平缓总和生育率下降趋势，推动实现适度生育水平。（略）

（四）有利于巩固全面建成小康社会成果，促进人与自然和谐共生。（略）

二、指导思想、主要原则和目标

（五）指导思想。坚持以习近平新时代中国特色社会主义思想为指导，立足新发展阶段、贯彻新发展理念、构建新发展格局，实施积极应对人口老龄化国家战略，实施三孩生育政策及配套支持措施，改革服务管理制度，提升家庭发展能力，推动实现适度生育水平，促进人口长期均衡发展，为建设富强民主文明和谐美丽的社会主义现代化强国、实现中华民族伟大复兴的中国梦提供坚实基础和持久动力。

（六）主要原则

——以人民为中心。（略）

——以均衡为主线。（略）

——以改革为动力。（略）

——以法治为保障。（略）

（七）主要目标

到2025年，积极生育支持政策体系基本建立，服务管理制度基本完备，优生优育服务水平明显提高，普惠托育服务体系加快建设，生育、养育、教育成本显著降低，生育水平适当提高，出生人口性别比趋于正常，人口结构逐步优化，人口素质进一步提升。

到2035年，促进人口长期均衡发展的政策法规体系更加完善，服务管理机制运转高效，生育水平更加适度，人口结构进一步改善。优生优育、幼有所育服务水平与人民群众对美好生活的需要相适应，家庭发展能力明显提高，人的全面发展取得更为明显的实质性进展。

三、组织实施好三孩生育政策

（八）依法实施三孩生育政策。修改《中华人民共和国人口与计划生育法》，提倡适龄婚育、优生优育，实施三孩生育政策。各省（自治区、直辖市）综合考虑本地区人口发展形势、工作基础和政策实施风险，做好政策衔接，依法组织实施。

（九）取消社会抚养费等制约措施。（略）

（十）建立健全人口服务体系。（略）

（十一）加强人口监测和形势研判。（略）

四、提高优生优育服务水平

（十二）保障孕产妇和儿童健康。全面落实妊娠风险筛查与评估、高危孕产妇专案管理、危急重症救治、孕产妇死亡个案报告和约谈通报等母婴安全五项制度。实施妇幼健康保障工程，加快推进各级妇幼保健机构标准化建设和规范化管理，加强危重孕产妇、新生儿救治能力及儿科建设，夯实县乡村三级基层网络，加快补齐生育相关公共服务短板。促进生殖健康服务融入妇女健康管理全过程。加强儿童保健门诊标准化、规范化建设，加强对儿童青少年近视、营养不均衡、龋齿等风险因素和疾病的筛查、诊断、干预。做好儿童基本医疗保障工作。

（十三）综合防治出生缺陷。（略）

（十四）规范人类辅助生殖技术应用。（略）

五、发展普惠托育服务体系

（十五）建立健全支持政策和标准规范体系。将婴幼儿照护服务纳入经济社会发展规划，强化政策引导，通过完善土地、住房、财政、金融、人才等支持政策，引导社会力量积极参与。以市地级行政区为单位制定整体解决方案，建立工作机制，推进托育服务健康发展。加大专业人才培养力度，依法逐步实行从业人员职业资格准入制度。发展智慧托育等新业态，培育托育服务、乳粉奶业、动画设计和制作等行业民族品牌。

（十六）大力发展多种形式的普惠服务。（略）

（十七）加强综合监管。（略）

六、降低生育、养育、教育成本

（十八）完善生育休假与生育保险制度。严格落实产假、哺乳假等制度。支持有条件的地方开展父母育儿假试点，健全假期用工成本分担机制。继续做好生育保险对参保女职工生育医疗费用、生育津贴待遇等的保障，做好城乡居民医保参保人生育医疗费用保障，减轻生育医疗费用负担。

（十九）加强税收、住房等支持政策。（略）

（二十）推进教育公平与优质教育资源供给。（略）

（二十一）保障女性就业合法权益。（略）

七、加强政策调整有序衔接

（二十二）维护好计划生育家庭合法权益。对全面两孩政策调整前的独生子女家庭和农村计划生育双女家庭，继续实行现行各项奖励扶助制度和优惠政策。探索设立独生子女父母护理假制度。加强立法，保障响应党和国家号召、实行计划生育家庭的合法权益。

（二十三）建立健全计划生育特殊家庭全方位帮扶保障制度。（略）

（二十四）建立健全政府主导、社会组织参与的扶助关怀工作机制。（略）

八、强化组织实施保障

（二十五）加强党的领导。各级党委和政府要提高政治站位，增强国情、国策意识，坚持一把手亲自抓、负总责，坚持和完善目标管理责任制，加强统筹规划、政策协调和工作落实，推动出台积极生育支持措施，确保责任到位、措施到位、投入到位、落实到位。

（二十六）动员社会力量。（略）

（二十七）深化战略研究。（略）

（二十八）做好宣传引导。（略）

（二十九）加强工作督导。（略）

范文解析

这篇决定涉及的是国计民生的重大问题——人口，发布机关是最高决策层，而且是党政机关联合发文，体现了这份决定的权威性、重要性。

决定的主标题是标准的公文标题结构，正文内容较多，采取的是两级标题结构。决定依据用非常简洁的一段话进行阐述，段首观点句上升到“中华民族发展”的高度，点明了决定的重要意义。决定依据行文用的是经典句式——“为贯彻落实……促进……现就……（决定事项的核心内容），做出如下决定”，既简要交代了决定的制定依据，又说明了决定事项的核心内容，行文既有高度，又非常简练。

决定事项从内容逻辑上分为“重大意义”“指导思想、主要原则和目标”“对策措施”三大板块。其中“对策措施”又分六个部分，对“优化生育政策”问题进行了充分说明，并提出了明确具体、切实可行的要求规定。在内容组织上，采取的是分条列项的方式，每项序号相连，便于各方面清晰准确地引用决定事项。

在内容行文上，阐述意义时总结了“四个有利于”，二级标题采用复句，表述清晰准确。在主要原则部分用了四个“以……为……”的句式，这也是阐述原则的经典句式。对策措施和要求部分的标题采用单句标题，简短有力、明确具体，便于参照执行。整篇决定涉及面广、影响深远，既有政策依据，又有明确的工作部署；既有原则要求，又有可操作性对策；既从长远着眼，又从当下入手，观点鲜明突出、内容清晰实在。

需要说明的是，这份决定是由新华社公开发布的，因此没有主送单位和落款。通过新华社权威媒体发布是重大决定发布的常用方式，以引起最大范围的关注。

思维导图

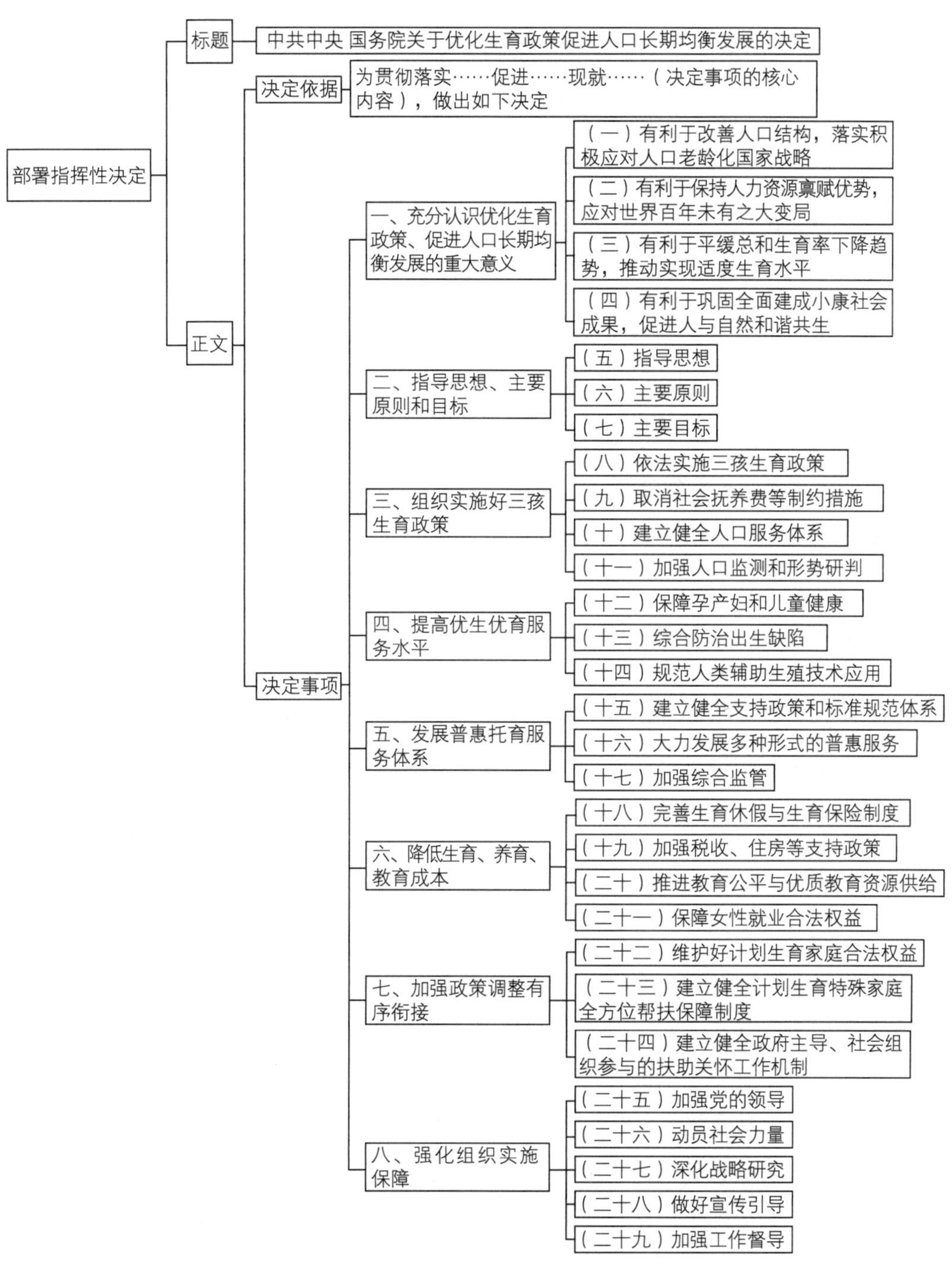
部署指挥性决定
标题
中共中央 国务院关于优化生育政策促进人口长期均衡发展的决定
正文
决定依据
为贯彻落实……促进……现就……（决定事项的核心内容），做出如下决定
决定事项
一、充分认识优化生育政策、促进人口长期均衡发展的重大意义
（一）有利于改善人口结构，落实积极应对人口老龄化国家战略
（二）有利于保持人力资源禀赋优势，应对世界百年未有之大变局
（三）有利于平缓总和生育率下降趋势，推动实现适度生育水平
（四）有利于巩固全面建成小康社会成果，促进人与自然和谐共生
二、指导思想、主要原则和目标
（五）指导思想
（六）主要原则
（七）主要目标
三、组织实施好三孩生育政策
（八）依法实施三孩生育政策
（九）取消社会抚养费等制约措施
（十）建立健全人口服务体系
（十一）加强人口监测和形势研判
四、提高优生优育服务水平
（十二）保障孕产妇和儿童健康
（十三）综合防治出生缺陷
（十四）规范人类辅助生殖技术应用
五、发展普惠托育服务体系
（十五）建立健全支持政策和标准规范体系
（十六）大力发展多种形式的普惠服务
（十七）加强综合监管
六、降低生育、养育、教育成本
（十八）完善生育休假与生育保险制度
（十九）加强税收、住房等支持政策
（二十）推进教育公平与优质教育资源供给
（二十一）保障女性就业合法权益
七、加强政策调整有序衔接
（二十二）维护好计划生育家庭合法权益
（二十三）建立健全计划生育特殊家庭全方位帮扶保障制度
（二十四）建立健全政府主导、社会组织参与的扶助关怀工作机制
八、强化组织实施保障
（二十五）加强党的领导
（二十六）动员社会力量
（二十七）深化战略研究
（二十八）做好宣传引导
（二十九）加强工作督导

3. 奖励惩戒性决定范文

中共中央关于表彰全国优秀共产党员、全国优秀党务工作者和全国先进基层党组织的决定

（2021年6月28日）

中国共产党已经走过了100年波澜壮阔的光辉历程。100年来，我们党始终坚守为中国人民谋幸福、为中华民族谋复兴的初心和使命，团结带领全国各族人民开辟了伟大道路，建立了伟大功业，铸就了伟大精神，积累了宝贵经验，创造了中华民族发展史、人类社会进步史上令人刮目相看的奇迹。

党的十八大以来，在以习近平同志为核心的党中央坚强领导下，全党高举中国特色社会主义伟大旗帜，统筹推进“五位一体”总体布局、协调推进“四个全面”战略布局，党和国家事业取得历史性成就、发生历史性变革。在习近平新时代中国特色社会主义思想指引下，各条战线涌现出一大批优秀共产党员、优秀党务工作者和先进基层党组织。在庆祝中国共产党成立100周年之际，为表彰先进、弘扬正气，激励广大党员和各级党组织奋勇争先、建功立业，党中央决定，授予吴良镛等384名同志、追授李献忠等16名同志“全国优秀共产党员”称号，授予陈炎顺等298名同志、追授蒙汉等2名同志“全国优秀党务工作者”称号，授予北京冬奥组委延庆运行中心党支部等499个基层党组织“全国先进基层党组织”称号。

这次受表彰的优秀个人和先进集体，是各条战线中的优秀代表。他们的先进事迹和崇高精神，鲜明昭示了党的理想信念宗旨，继承发扬了党的光荣传统，充分展示了党的事业和党的建设取得的丰硕成果，生动彰显了新时代共产党人的先锋形象。党中央号召，广大党员和党务工作者要以受表彰的优秀个人为榜样，坚定理想信念，坚守政治立场，坚持不懈用习近平新时代中国特色社会主义思想武装头脑、指导实践、推动工作；践行根本宗旨，诚心诚意为群众办实事、做好事、解难事，始终与人民心心相印、同甘共苦、团结奋斗；带头攻坚克难，强化使命担当，努力创造无愧于党、无愧于人民、无愧于时代的业绩；严守纪律规矩，发扬优良作风，清清白白做人，干干净净干事，永葆清正廉

洁的政治本色。各级党组织要向受表彰的先进集体学习，切实履行党章规定的各项职责，带头贯彻执行党的理论和路线方针政策，落实全面从严治党主体责任，自觉维护党的团结统一，坚决执行民主集中制，全面加强领导班子和干部队伍建设、基层组织和党员队伍建设，不断增强政治功能和组织功能，在改革发展稳定各项工作中不断取得新的成绩。党中央希望，受表彰的优秀个人和先进集体要珍惜荣誉、再接再厉，为党和人民事业做出新的更大贡献。

新时代前景光明壮丽，新征程奋斗未有穷期。当前，我国进入新发展阶段，正向第二个百年奋斗目标进军，全党同志要更加紧密地团结在以习近平同志为核心的党中央周围，增强“四个意识”、坚定“四个自信”、做到“两个维护”，不忘初心、牢记使命，开拓奋进、扎实工作，为全面建设社会主义现代化国家、夺取新时代中国特色社会主义伟大胜利、实现中华民族伟大复兴的中国梦而继续奋斗！

附件：全国优秀共产党员、全国优秀党务工作者和全国先进基层党组织名单（略）

范文解析

这是奖励惩戒性决定中的奖励决定，此类决定需要注意与奖励惩戒性通报区分清楚。奖惩层次规格和重要程度比较高、涉及范围广的用决定，一般性单位内部奖惩用通报。

这篇奖励决定的标题是标准的公文标题格式，行文按逻辑结构划分，也是标准的奖励决定三段式。

首先，简要介绍了此次表彰活动的背景和依据，因为表彰对象是群体，所以直接写明表彰目的即可，不需要详细论述表彰对象的事迹。如果表彰对象是个体，则需要对个体的先进事迹进行具体介绍和评价。其次，宣布表彰的相关决定，即授予哪些表彰对象、何种等级、何种名目的奖励。然后，结尾表达希望，号召广大党员要向他们学习，希望被表彰者再接再厉。

这篇奖励决定的创新点在于第一段和最后一段，分别加上了对党的光辉历程和当前发展形势的深入阐述，更加强化了这份决定的分量。需要说明的是，这份决定是新华社公开发布的，因此没有主送单位和落款。

思维导图

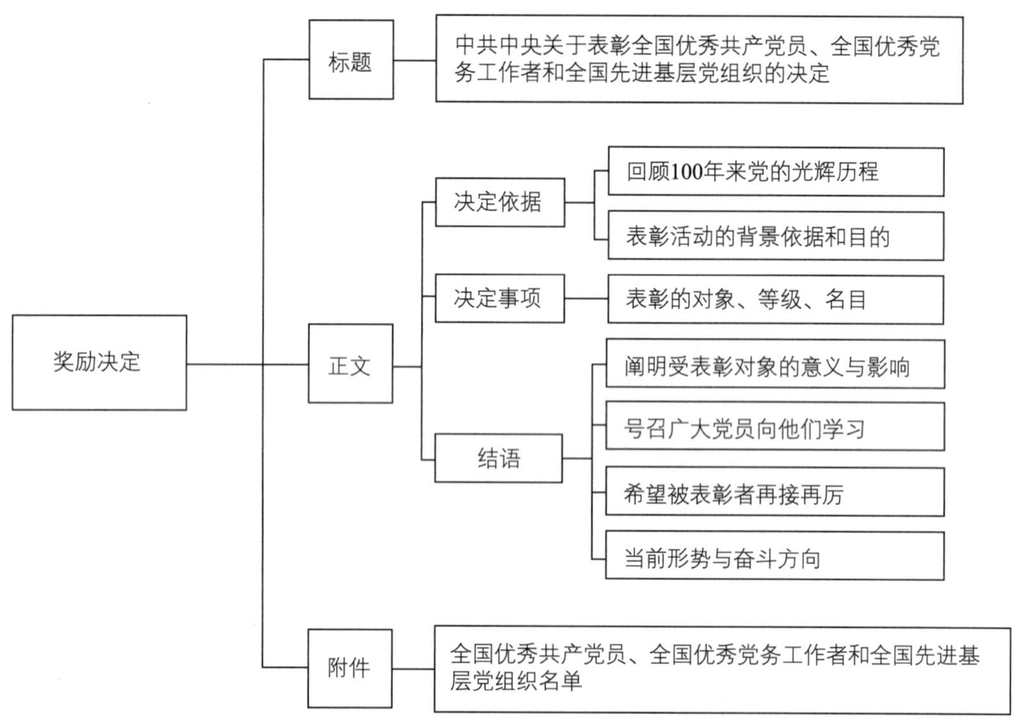

4. 变更撤销性决定范文

广东省人民政府关于废止一批文件的决定

粤府〔2019〕9号

各地级以上市人民政府，各县（市、区）人民政府，省政府各部门、各直属机构：

根据《国务院办公厅关于开展涉及产权保护的规章、规范性文件清理工作的通知》（国办发〔2018〕29号）的部署要求，省政府对以省政府、省政府办公厅名义印发的涉及产权保护的规范性文件进行了全面清理。经清理，省政府决定，废止不符合国办发〔2018〕29号文要求的24件省政府文件。凡被废止的省政府文件，自本决定印发之日起一律停止执行，不再作为行政管理的依据。

附件：废止的广东省人民政府文件目录（共 24 件）

广东省人民政府

2019 年 1 月 25 日

范文解析

这类决定比较简单，一般在行文时直截了当地说明要变更、修订、撤销的过时或违法违规的本部门、下级机关或有关方面的文件规定名称、文号或具体条文内容，写清楚生效或废止时间。内容少的直接篇段合一即可，内容多的需要分条目开列。

这篇决定内容较少，具体的文件以附件形式附后。不过文字虽然只有一段，但对于废止文件的依据、废止的文件有哪些，表述得比较清楚，并且明确指出了是废止全部文件内容。行文用语坚定严肃、不容置疑。

思维导图

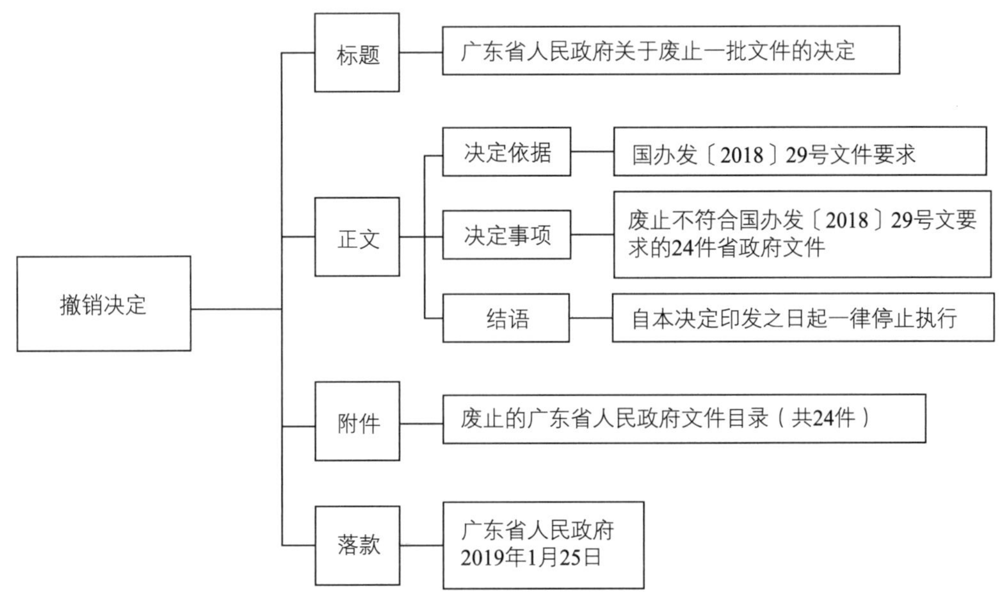

命令（令）

命令（令）的内涵特点

命令（令）适用于公布行政法规和规章、宣布施行重大强制性措施、批准授予和晋升衔级、嘉奖有关单位和人员。根据命令（令）的定义，可以将其分为四类，分别是公布令、行政令、任免令和嘉奖令。

公布令主要用于公布行政法规和规章；行政令主要用于宣布施行重大强制性措施；任免令主要用于批准授予和晋升衔级；嘉奖令主要用于嘉奖有关单位和人员。

命令（令）作为法定领导机关或领导人对下级机关发布的领导指挥性公文，是典型的下行文。此类公文在写作中需要注意以下特点。

（1）发文主体限定严格。根据《中华人民共和国宪法》等相关法律、法规要求，只有国家主席，国务院及其所属各部、各委员会，县以上各级人民政府，以及由县级以上人民政府授权的机构等，才能依据法律规定的权限发布命令（令）。党的各级领导机关不单独发布命令（令），需要时可与国家行政机关联合发布命令（令）。其他机关、单位均不使用命令（令）（军事部门除外）。

（2）行文严肃权威。命令（令）的发布必须以法律、法规为依据，具有强烈的权威性和指挥性。这决定了命令（令）的行文规范严肃，发布要求高。

（3）执行效力强制。在发布范围内，命令（令）具有绝对的强制性，一旦发布，下级机关必须执行，不允许有任何商讨余地。受令方必须做到令出必行、令行禁止。

命令（令）的写作流程

命令（令）作为简单文种，其写作流程有四个环节。

环节 1：定文种。确定使用命令（令）这个文种后，不需要明主题、集资料，可以直接进入写作阶段。

环节 2：拟标题。命令（令）的主标题符合公文标题的一般结构。简单的命令（令），文内不再列标题。篇幅较长的命令（令），可以列出一级标题，一级标题也多采用单句形式直接叙述，没有更多修饰词语。

环节 3：填内容。在内容组织上，命令（令）相对比较简单，多采用篇段合一和分条列项两种结构。内容以“是什么 + 怎么做”为主。

环节 4：修语言。命令（令）篇幅一般不长，需要注意语气的权威性，语言精练不啰唆。

命令（令）的写作模板

表 1-8　公布令写作模板

标题	发布者职务（发布机关名称）+ 命令（令）
正文	公布法律、法规、规章的名称 + 由何机关、通过什么会议、在何时通过批准的 + 自何时开始执行或实施生效
落款	发布命令的国家机关或领导人职务、姓名 + 成文日期

表 1-9　行政令写作模板

标题	发布者职务（发布机关名称）+ 事由 + 命令（令）
正文	发布原因、目的、依据 + 部署的具体措施内容 + 执行要求
落款	发布命令的国家机关或领导人职务、姓名 + 成文日期

表 1-10　　任免令写作模板

标题	发布者职务（发布机关名称）+ 命令（令）
正文	任免依据 + 任免事项
落款	发布命令的国家机关或领导人职务、姓名 + 成文日期

表 1-11　　嘉奖令写作模板

标题	发布者职务（发布机关名称）+ 命令（令）
正文	嘉奖的原因 + 奖励的方式方法 + 发出号召
落款	发布命令的国家机关或领导人职务、姓名 + 成文日期

命令（令）的范文解析

1. 公布令范文

安徽省人民政府令

第 304 号

《安徽省政府督查工作实施办法》已经 2021 年 12 月 2 日省政府第 161 次常务会议通过，现予公布，自 2022 年 2 月 1 日起施行。

省长　王清宪

2021 年 12 月 8 日

安徽省政府督查工作实施办法（略）

范文解析

这是一篇典型的公布令。标题是“发布机关名称 + 文种”的结构，正文比较简单，采用篇段合一的结构形式，说明了发布的规章名称《安徽省政府督查工作实施办法》，以及发布依据和执行时间。对于此类标准化的命令，严格按照固定写法写作即可。

思维导图

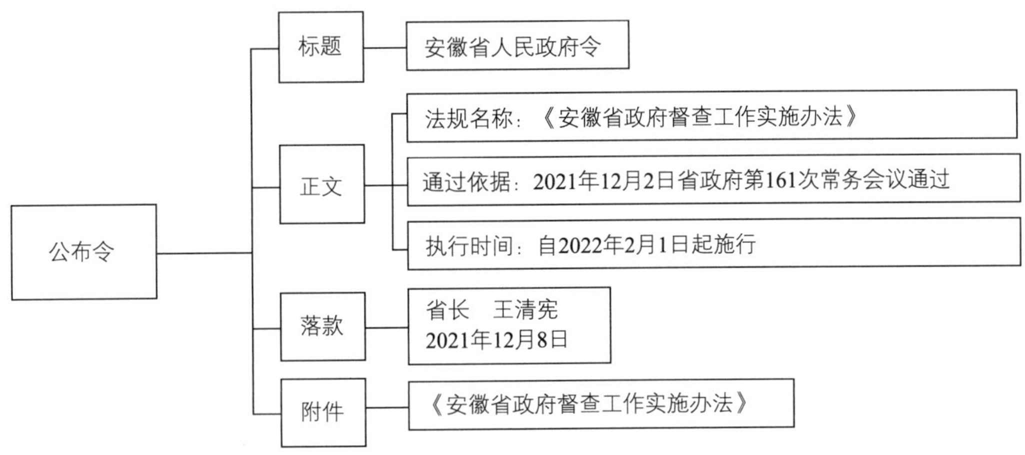

2. 行政令范文

四川省人民政府2022年森林防火命令

川府发〔2021〕40号

为有效预防和扑救森林火灾，确保人民生命财产和森林资源安全，根据《中华人民共和国森林法》《森林防火条例》《四川省森林防火条例》等有关规定，结合我省实际，发布如下命令。

一、明确森林防火期。2022年全省森林防火期为1月1日至5月31日，其中2月1日至5月31日为森林高火险期。市（州）、县（市、区）人民政府可结合辖区实际，延长森林防火期和高火险期，向社会公布，并报上一级人民政府和森林防灭火指挥机构备案。

二、划定森林防火区。森林防火区、森林高火险区由县级以上地方人民政府划定，并向社会公布。

三、适时发布禁火命令。森林防火期内，预报有高温、干旱、大风等高火险天气时，县级以上地方人民政府应当适时发布禁火命令，严禁一切野外用火；对可能引起森林火灾的居民生活用火应当严格管理。

四、严格野外火源管控。森林防火期内，应当遵守以下规定：

（一）严禁在森林防火区内野外吸烟、烧纸、烧香、点烛、燃放烟花爆竹、点放孔明灯、烧蜂、烧山狩猎、使用火把照明、生火取暖、野炊、焚烧垃圾及其他野外非生产用火。

（二）确需在森林防火区内野外生产用火的，应当向当地县级人民政府依法提交用火申请，经审查批准后，在指定时间、指定地点、明确现场责任人的前提下组织实施。在森林防火区内进行实弹演习、爆破等活动的，应当经省政府林业行政主管部门批准，并采取必要的防火措施。

（三）按规定在林区要道、国有林场林区、各类自然保护地、景区等出入口设立检查站和森林防火警示牌，设置“防火码”。凡进入森林防火区的人员和车辆必须扫码登记，接受防火检查，主动交出火源由检查站代为保管，严禁携带火种或易燃易爆物品进入森林防火区。火车、机动车等司乘人员严禁在森林防火区丢弃火种火源。

凡违反以上规定和县级以上地方人民政府禁火令的，县级人民政府林业行政主管部门或承接有关行政处罚权的乡（镇）人民政府、街道办事处依法给予相应处罚；构成犯罪的，依法追究刑事责任。对森林防火期内在森林防火区野外烧纸、吸烟等违规用火的，一律依法给予行政处罚；公职人员一律依规依纪依法给予党纪政务处分直至开除公职；对在场不予制止或制止不力的领导干部一律依规依纪依法给予党纪政务处分；对引起火灾构成犯罪的，一律依法追究刑事责任。

五、实施分区分级精准防控。县级以上地方人民政府根据本地火险等级、火险区划等实施分区分级精准防控，明确森林防火责任区域和职责任务，落实村民挂牌轮流值班和巡山护林员制度，实行网格化管理。遇高火险天气时，及时发布禁火命令，向社会公众预警。对无民事行为能力人和限制民事行为能力人负有监护责任的单位和个人，应当采取措施防止被监护人野外用火、玩火。林业行政主管部门要加强检查指导，督促国有林保护管理单位和乡（镇）人民政府、街道办事处加强防火检查和巡山护林，封住山、堵住车、管住人、看住火。

六、加强应急准备和科学处置。森林防火期内，各级森林防灭火指挥机构和责任单位执行 24 小时值班和领导带班制度，各类扑救队伍做好扑火准备。一旦出现火情，第一时间采取措施疏散转移受威胁群众和保护重要设施的安全，按规定启动应急预案响应，在具备条件和扑火人员安全有保障的前提下，立即采取安全有效的措施有序组织开展扑救，控制火情，防止蔓延，减少损失。

七、强化宣传教育。各地各有关部门（单位）采取多种形式，广泛开展森林防火宣传教育，增强公众的责任意识、安全意识和法治意识，提高公众预防、避险、自救、互救和减灾能力，做到有火不成灾、有灾无伤亡。

八、依法落实防灭火责任。各级人民政府全面执行森林防灭火工作行政首长负责制，落实属地领导责任、部门行业监管责任和生产经营管理单位主体责任，以及联防联控责任；实行市（州）包县、县（市、区）包乡（镇）、乡（镇）包村（组）、村（组）包户、护林员包山。林区毗邻单位签订联防协议，落实联防责任，协同做好联防区域内的森林防灭火工作。森林防火期内，中、高火险区县（市、区）人民政府主要负责人定期深入基层一线检查指导；遇森林火险橙色以上预警时，森林防灭火指挥机构和成员单位负责人带队下沉一线包干蹲点指导。

九、加大监督检查力度。各地组织开展全方位、拉网式森林火灾隐患大排查，对发现的问题，向责任单位下发整改通知书，督促限期整改，对拒不整改的，依规依纪依法严肃处理。各级公安、林业等部门坚持依法行政、依法治火，严格查处森林火灾案件，做到每案必查、每案必究。凡发生重大及以上人为森林火灾或造成重大人员伤亡的，一律依规依纪依法严肃问责。

任何单位和个人发现森林火情，应立即拨打森林火灾报警电话 12119。

四川省人民政府
2021 年 12 月 18 日

范文解析

相对于其他命令来说，这篇行政令较为复杂，篇幅较长，采取的是分条列项的写作方式，详细阐明了需要采取的重大强制性措施。

第一段阐明发文缘由，用的是“为……确保……”的句式，并列举了发文的具体法律、法规依据，确保有法可依、令出有据。接下来，执笔者用了九条内容阐述措施，其中第一至四条明确了森林防火的基本要求和规范标准；第五至九条对于各级政府、各部门提出了明确的执行要求。

从语言表述来看，只叙述规定做什么、怎么做，用应当、必须、严禁、严格、一律这类肯定词语，表达出简练、庄重的语气，体现了行政令的写作特点。需要强调的是，此类行政令主要用在重大强制性行政措施上，一般的行政措施不宜使用。

思维导图

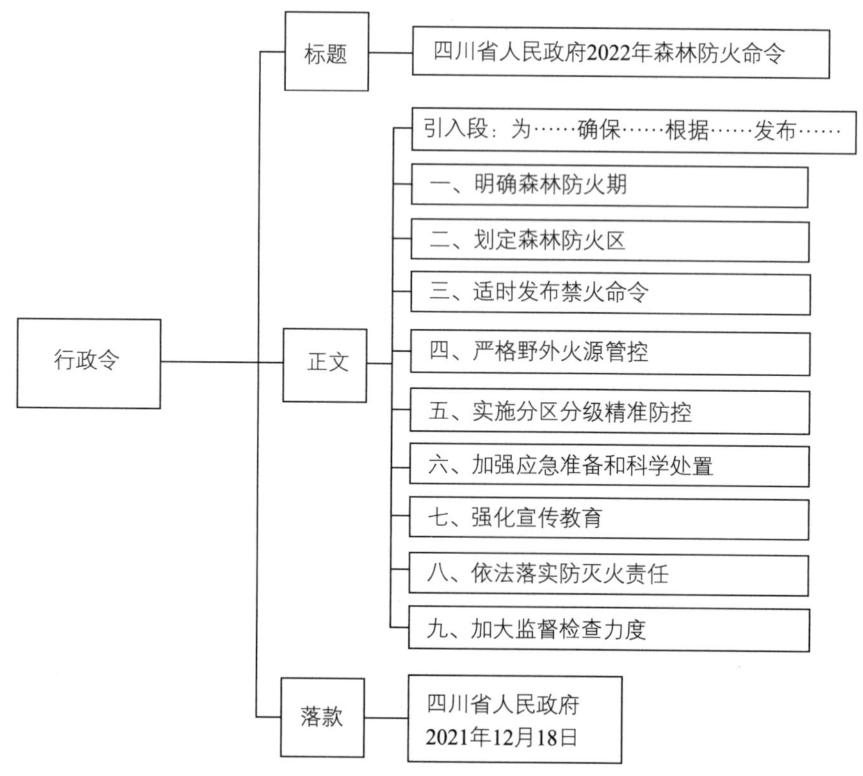

3. 任免令范文

中华人民共和国国务院令

第 754 号

依照《中华人民共和国香港特别行政区基本法》的有关规定，根据香港特别行政区选举委员会选举产生的人选，任命李家超为中华人民共和国香港特别行政区第六任行政长官，于 2022 年 7 月 1 日就职。

总理　李克强

2022 年 5 月 20 日

范文解析

任免令与公布令一样都属于行文比较简单的命令，写清楚任免依据和任免事项即可。单项任免采用篇段合一式结构，多项任免采用总分条文式结构。需要注意的是，任免令只用于任免政府机关的主要领导人，其他人事任免一般用通知。

思维导图

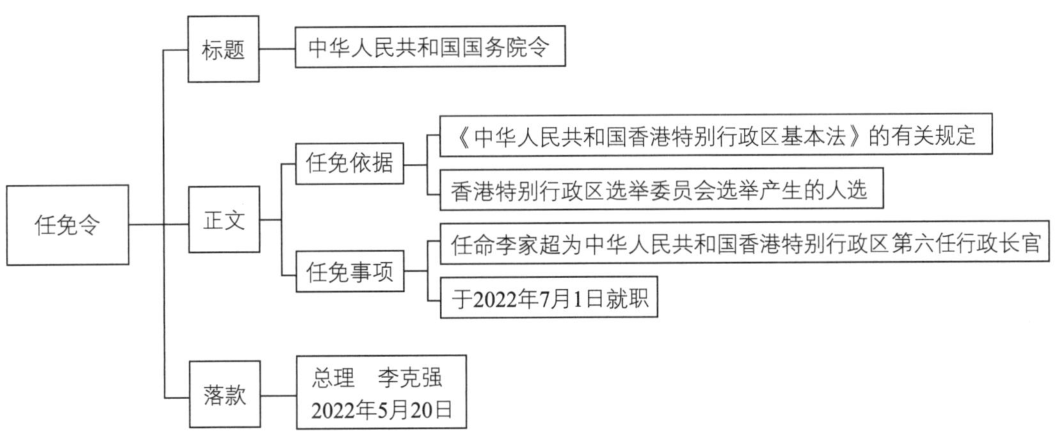

4. 嘉奖令范文

济源市人民政府嘉奖令

济政〔2019〕12号

各产业集聚（开发）区管委会，各镇人民政府，各街道办事处，市人民政府各部门：

今年以来，在外部环境发生深刻变化、国内外形势复杂严峻的情况下，全市上下以习近平新时代中国特色社会主义思想为指导，认真贯彻落实中央、省、市经济工作会议精神，“拉高标杆、勇争一流”，稳增长、保运行，综合施策、精准发力，产业转型路径逐步清晰，结构调整有力推进，城市建设提质速度加快，全市经济发展开局良好，多项经济指标取得了近年来少有的好成绩，生产总值、一般公共预算收入等主要指标增速居全省第一位，圆满实现首季“开门红”。

在推动全市经济高质量发展的过程中，市发改委等12个单位和张静江等27名同志围绕中心大局，凝神聚力、紧盯目标，开拓进取、积极作为，付出了艰苦努力，做出了突出贡献，取得了优异成绩。

为鼓励先进，树立典型，经研究，市政府决定对以上单位和个人予以通令嘉奖。希望受表彰的单位和个人珍惜荣誉，再接再厉，锐意进取，再创佳绩。希望全市各单位和广大干部以此为榜样，进一步深入贯彻落实习近平新时代中国特色社会主义思想，坚持稳中求进工作总基调，坚持新发展理念，聚焦高质量发展，在市委、市政府的正确领导下，在实现首季开门红的基础上，乘势而上、持续发力，以月保季、以季保年，冲刺半年红，夺取全年红，为加快建设国家产城融合示范区、建设新时代又富又美济源、在中原更加出彩进程中济源出重彩做出新的更大贡献！

济源市人民政府

2019年4月24日

附件：

2019年一季度稳增长单位嘉奖名单

2019年一季度稳增长个人嘉奖名单

范文解析

这篇嘉奖令采用的是分段式结构，主旨是为了表彰在经济稳增长方面做出突出成绩的单位和个人，全文分三段，是典型的嘉奖令写法。

第一段写明进行嘉奖的背景依据，即嘉奖对象做出的“稳增长”业绩结果。这部分叙述要有概括性，不需要过多的细节描写，抓关键点即可。

第二段写嘉奖的性质意义，对嘉奖对象做出的贡献进行评价，注意篇幅不用太长，议论要恰当，实事求是、准确客观、点到为止。

第三段是嘉奖决定与号召，用一两句话说明是市政府决定授予的“通令嘉奖”，然后提出对嘉奖对象的期望，并对其他单位和个人提出号召。注意号召要写明范围和内容，需要有一定的针对性，切忌语义模糊、泛泛而谈地进行号召。这部分的语言注意要写出真情实感，对受文对象有感召力。

思维导图

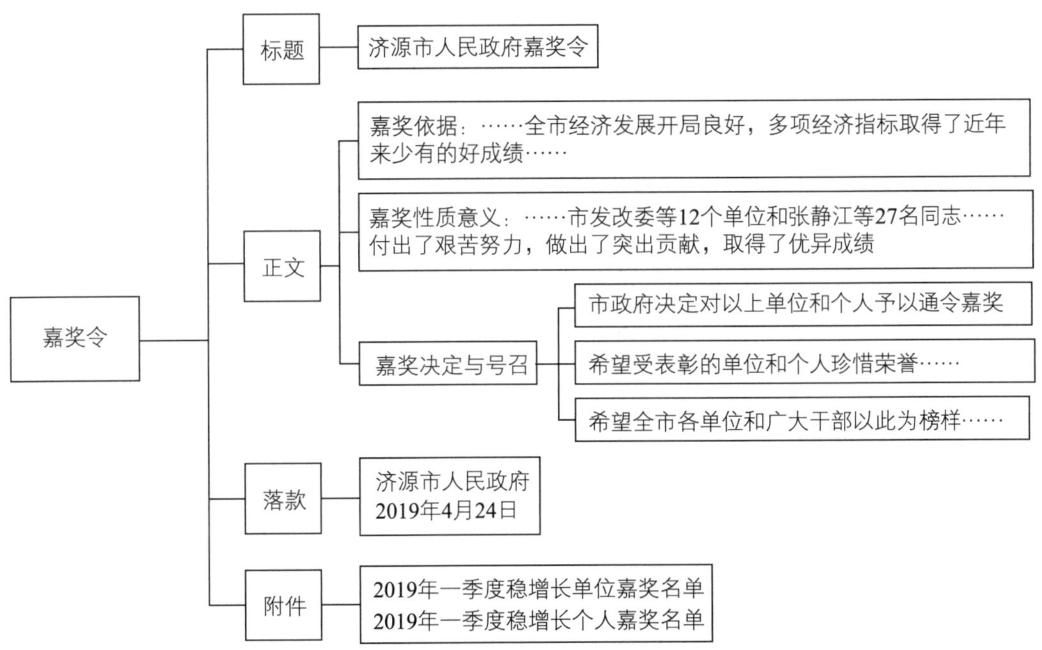

批复

批复的内涵特点

批复适用于答复下级机关请示事项。根据批复发挥的作用，大体可以将其分为两类，即指示性批复和审批性批复。

指示性批复适用于上级机关对下级机关提出的有关问题进行解释和答复，也可以在审批某项工作时，根据实际情况提出具体的指示，要求下级机关执行。

审批性批复适用于上级机关对下级机关请示批准的事项研究后，进行确认审批，主要是表态及履行手续，不作更具体的要求。

批复是一种下行公文，针对下级机关“请示”行文，是一种被动行文的文种，即无请示、不批复。批复写作需要注意以下特点。

（1）内容针对性强。批复的内容一定紧紧围绕下级机关来文的请示事项做出具体答复，必须是有问有答、有问必答、答必到位。

（2）观点态度明确。在答复下级机关请示事项时，观点必须鲜明，态度要明确，同意与否需要给出具体理由和依据。不能含糊其词，让下级机关自行揣摩、无所适从。

（3）行文语气委婉。批复和命令不同，语气比较委婉。在批复时要注意考虑下级机关的实际情况、存在的实际困难，尤其是在审批后做出拒绝性批复时，需要讲清楚道理、说明原因，再表明态度，便于对方理解接受。

（4）注意写作时效。下级机关发出请示时，往往是遇到了无法或无权解决的问题，通常比较紧迫，需要上级机关及时研究并给予批复。因此，在写作批复时，在时间上需要注意以不影响下级机关的工作为准。

批复的写作流程

批复作为简单文种，其写作流程有四个环节。

环节 1：定文种。当收到下级请示后，确定使用批复这一文种。因为批复是简单文种，可以直接进入写作阶段。

环节 2：拟标题。批复主标题符合公文标题的一般结构，文内不再列标题。篇幅较长的批复可以用“一、二……”标示段落。

环节 3：填内容。批复内容针对请示内容展开，单项批复可采用篇段合一的形式；内容较多时可以逐条批复，类似于用清单体写作。批复内容的写作建立在对与请示事项相关法律法规、政策方针深入了解的基础上，需要根据相关要求，结合形势任务，给出合理的批复。这需要执笔者进行一定的研究思考，对于重要问题，需要搜集资料、做好研究。

环节 4：修语言。批复的语言要表述清晰，肯定或否定都用语坚定，同时注意写作语气，否定下级机关意见时也不能过于生硬。

批复的写作模板

表 1-12　　批复的写作模板

标题		发布机关名称 + 事由 + 批复
主送机关		受文单位名称
正文	批复对象	交代清楚批复所针对的请示事项。引述来文标题、文号，一句话简要概括来文请示事项
	批复事项	针对请示事项给予明确答复、具体指示，注意一文一事，不能一个批复答复若干请示 指示性批复事项较长，对于各请示事项逐一给予具体的回复安排和指示要求 审批性批复事项较短，主要是表达批准或否定的态度，从总体上提出相关要求
	结语	简单的批复结语可写“特此批复”或“此复”；较为复杂的批复也可以提出相关执行要求
落款		发文机关名称 + 成文日期

批复的范文解析

1. 指示性批复范文

中共中央 国务院关于对《首都功能核心区控制性详细规划（街区层面）（2018 年—2035 年）》的批复

中共北京市委、北京市人民政府：

你们《关于报请审批〈首都功能核心区控制性详细规划（街区层面）（2018 年—2035 年）〉的请示》收悉。现批复如下：

一、同意《首都功能核心区控制性详细规划（街区层面）（2018 年—2035 年）》（以下简称《核心区控规》）。《核心区控规》以习近平新时代中国特色社会主义思想为指导，深入贯彻习近平总书记对北京重要讲话精神，牢牢把握核心区战略定位，突出政治中心、突出人民群众，注重中央政务功能保障、注重疏解减量提质、注重老城整体保护、注重街区保护更新、注重民生改善、注重城市安全，符合党中央、国务院批复的《北京城市总体规划（2016 年—2035 年）》，对首都规划建设具有重要意义。

二、核心区是全国政治中心、文化中心和国际交往中心的核心承载区，是历史文化名城保护的重点地区，是展示国家首都形象的重要窗口地区。要深刻把握“都”与“城”、保护与利用、减量与提质的关系，把服务保障中央政务和治理“大城市病”结合起来，推动政务功能与城市功能有机融合，老城整体保护与有机更新相互促进，建设政务环境优良、文化魅力彰显、人居环境一流的首善之区。

三、突出政治中心的服务保障。结合非首都功能疏解，统筹好北京市搬迁腾退办公用房的承接利用，优化中央党政机关办公布局，稳步推进核心区功能重组，以更大范围空间布局支撑中央政务活动。从疏解腾退、功能置换、文物保护、服务保障、环境提升等方面制定规划管控与实施措施，抓好中南海及周边、天安门—长安街等重点地区综合整治。加强环境保障，推进精细化治理，提升城市品质，营造安全、整洁、有序的政务环境。加强城市服务保障，完善政务交通出行保障机制，构建安全可靠的市政基础设施体系。金融街等现有功能区和王府井、西单等传统商业区，要在符合北京城市总体规划定位的前提下优化提质，成为展示新时代首都改革开放成果的窗口。

四、强化“两轴、一城、一环”的城市空间结构。（略）

五、坚定有序疏解非首都功能。（略）

六、加强老城整体保护。（略）

七、注重街区保护更新。（略）

八、突出改善民生工作。（略）

九、加强公共卫生体系建设。（略）

十、维护核心区安全。（略）

十一、坚决维护规划的严肃性和权威性。《核心区控规》是核心区规划、建设、管理的基本依据，由首都规划建设委员会负责组织实施，任何部门和个人不得随意修改、违规变更，新建改建项目要严格按规划执行。首都规划建设委员会要发挥把好关、管重点、强监督的职能作用，加强规划实施的统筹协调，进一步健全议事、协调、督导常态化机制。北京市委和市政府要扛起守护好规划的职责，敢于坚持原则、唱黑脸，确保一张蓝图绘到底。驻北京市的党政军单位要带头遵守规划，支持北京市工作。各有关方面要齐心协力，把核心区规划好、建设好、管理好。

《核心区控规》执行中遇有重大事项，要及时向党中央、国务院请示报告。

中共中央

国务院

2020 年 8 月 21 日

范文解析

这是典型的指示性批复，标题是“发文机关名称 + 下级请示的文件名 + 批复”，非常清晰明确。

第一段对批复对象进行复述，具体引述了相关文件名称，用“现批复如下”过渡。其后，对批复事项采取分条列项的形式进行写作，按照总分总的逻辑展开。

批复事项第一条明确告知“同意”结果，并对请示的文件内容进行了充分肯定，表明了上级机关的支持态度。批复事项第二条从原则层面对核心区的建设提出具体要求。批复事项第三至十条对核心区的重点工作进行了详细论述，提出了发展目标，明确了具体要求，对下级机关工作进行了宏观与微观相结合的精准指导。批复事项第十一条，针对《核心区控规》文件本身的落实，提出了责任单位及贯彻执行的要求。最后，结语用一句话告知了未尽事宜的处理方式，表明对此文件执行的高度关注及支持。

这篇批复针对需要把握的重点进行阐述，既有对宏观方向的把控，又有对微观落实要点的明确，理论站位高、工作落点实，为下级机关提供了清晰的工作指引。

思维导图

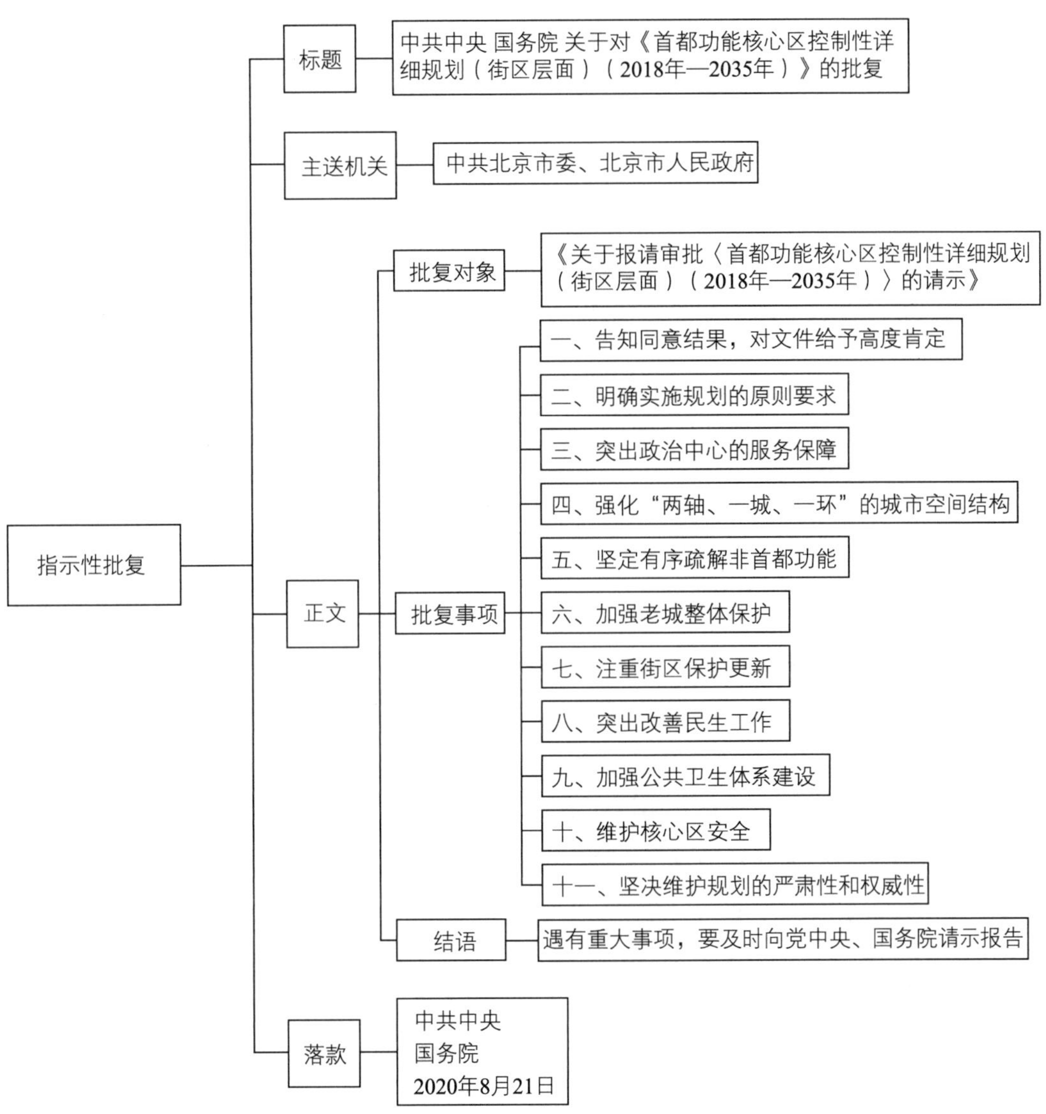
指示性批复
标题
中共中央 国务院 关于对《首都功能核心区控制性详细规划（街区层面）（2018年—2035年）》的批复
主送机关
中共北京市委、北京市人民政府
正文
批复对象
《关于报请审批〈首都功能核心区控制性详细规划（街区层面）（2018年—2035年）〉的请示》
批复事项
一、告知同意结果，对文件给予高度肯定
二、明确实施规划的原则要求
三、突出政治中心的服务保障
四、强化“两轴、一城、一环”的城市空间结构
五、坚定有序疏解非首都功能
六、加强老城整体保护
七、注重街区保护更新
八、突出改善民生工作
九、加强公共卫生体系建设
十、维护核心区安全
十一、坚决维护规划的严肃性和权威性
结语
遇有重大事项，要及时向党中央、国务院请示报告
落款
中共中央
国务院
2020年8月21日

2. 审批性批复范文

国务院关于同意徐州市建设国家可持续发展议程创新示范区的批复

国函〔2022〕69号

江苏省人民政府、科技部：

你们《关于徐州市创建国家可持续发展议程创新示范区的请示》(苏政发〔2022〕62号)收悉。现批复如下：

一、同意徐州市以创新引领资源型地区中心城市高质量发展为主题，建设国家可持续发展议程创新示范区。

二、徐州市建设国家可持续发展议程创新示范区，要以习近平新时代中国特色社会主义思想为指导，全面贯彻党的十九大和十九届历次全会精神，按照党中央、国务院决策部署，坚持稳中求进工作总基调，完整、准确、全面贯彻新发展理念，加快构建新发展格局，深入实施创新驱动发展战略和可持续发展战略，统筹发展和安全，紧紧围绕联合国2030年可持续发展议程和《中国落实2030年可持续发展议程国别方案》，按照《中国落实2030年可持续发展议程创新示范区建设方案》要求，重点针对传统工矿废弃地可持续利用难度大、要素供给结构性矛盾制约新老产业接续等问题，集成应用采煤沉陷区生态修复、设施装备智能化改造等技术，实施生态修复与绿色开发、产业转型与竞争力攀升、就业保障与结构优化、科技创新与支撑能力提升等行动，统筹各类创新资源，深化体制机制改革，加快实现高水平科技自立自强，探索适用技术路线和系统解决方案，形成可操作、可复制、可推广的有效模式，对推动淮海经济区和同类地区产业转型升级、动能接续转换、生态修复治理形成示范效应，为落实2030年可持续发展议程提供实践经验。

三、江苏省人民政府要建立健全相关工作协调机制，根据实际情况研究制定专门的支持政策，形成推进合力，支持徐州市全面落实和实施好各项行动和工程，实现国家可持续发展议程创新示范区建设的目标。

四、科技部要会同国家可持续发展实验区部际联席会议各成员单位，结合各自职责，在重大项目安排、政策先行先试、体制机制创新等方面支持徐州市建设国家可持续发展议程创新示范区，及时研究解决建设中的重大问题。

五、示范区发展规划、建设方案等事宜，请江苏省人民政府、科技部会同相关方面按照有关规定另行办理。

中共中央

国务院

2022 年 7 月 10 日

（此件公开发布）

范文解析

审批性批复比较简单，标题中即表明了“同意”态度。第一段引述文件名和文号，以确认批复对象。接下来，在批复事项中，分五项内容进行批复。

第一项进一步明确批复的主题，对下级机关请示项目内涵进行提炼概括，再次确认批复的核心要点。第二项是批复事项的主体，对下级机关请示内容进行重点概括。需要注意的是，不能因为批复是对请示的答复而忽视了对批复事项的再次说明，这里的目标是确定上级与下级对这项工作重点的共识，必须提纲挈领写清楚。一般审批性批复没有第三项和第四项这部分内容，这里带有一定的指示性意图，为的是补充批复事项的未尽事宜，是作为上级机关对下级机关提出的补充要求，以便更好地开展此项工作。第五项结语简要提出执行要求，明确对后续事宜的处理方式。

思维导图

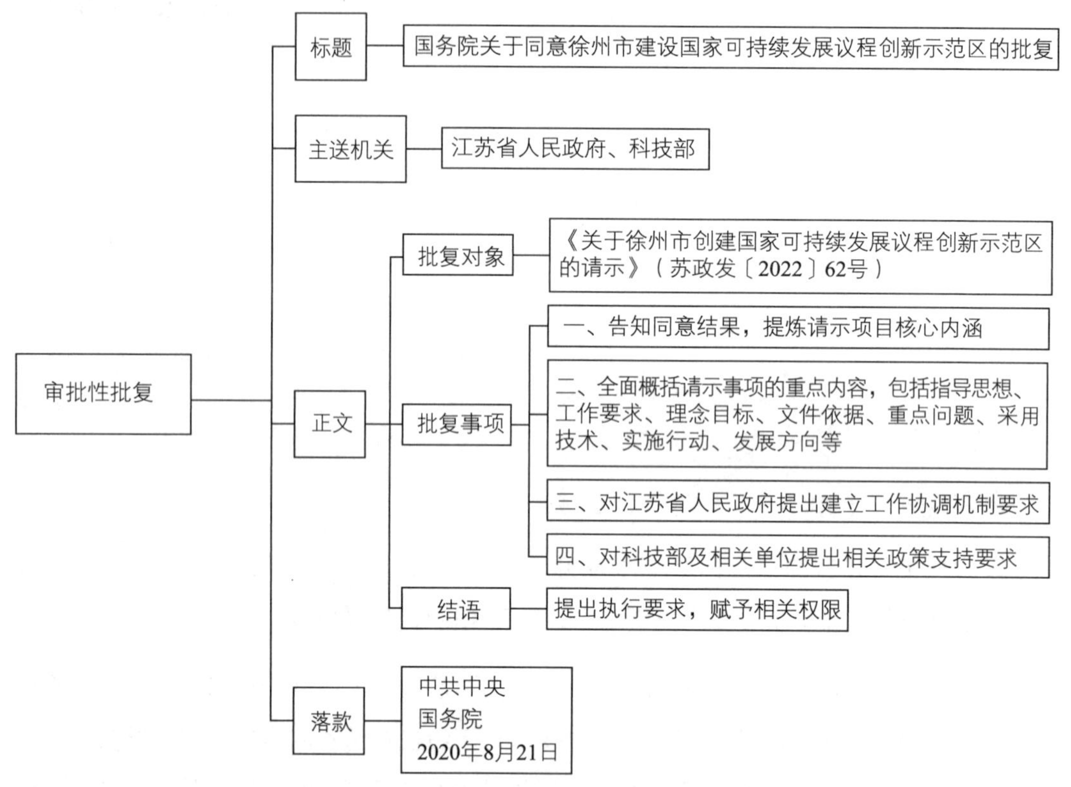

意见

意见的内涵特点

意见适用于对重要问题提出见解和处理办法。根据意见的性质和用途不同，常用意见主要可分为两种，即指导性意见和建议性意见。

指导性意见是上级机关针对某项重要工作、某类重要问题给下级机关下达的处理办法，是下行文。它区别于决议、决定、命令（令）等具有较强指令性、强制性的文种，是领导指示类公文中强制性最低的文种。当前，意见的使用越来越频繁，也是行政民主化的一种体现。

建议性意见则是下级机关对上级机关结合工作实际情况提出的建议与设想，是上行文。这种意见还可以细分为呈报类意见和呈转类意见，前者的作用是对上级建言献策，供上级决策参考；后者则是呈领导审定后，批转更大范围的有关方面执行，是上行文通过上级机关转下行文。

在实际工作中，多数单位在可以采用呈报类意见的场合，更倾向于使用报告这一文种，以示对上级机关的尊重。呈转类意见则是通过领导机关以通知的形式批转各地执行，其中提出的意见建议不是针对上级机关，而是针对下级机关和有关方面的。因此，其写作要求与指导性意见从本质上来看是一致的，可参照指导性意见的写作方法进行写作。

意见是一种多向行文的公文，这是意见的重要特点。但在实际公文实践中，还是以上级机关对下级机关发的指导性意见为主，因此，本书把意见归入领导指导类公文中进行讨论分析。在写作流程、写作模板和范文解析中也是重点针对指导性意见进行分析，特此说明，提请注意。同时，同级平行行文的参考意见，在实际公文处理中使用较少，本书不做分析解读。在不同意见的写作中，有一些共性的特点需要注意。

（1）政策性、理论性强。无论是指导性意见还是建议性意见，所涉及的重要问题往往都关系到工作的新领域、新情况，需要进行新探索。因此，在提出相关意见的时候，需要对问题的来龙去脉、性质本源有深刻的认识，需要对其相关的理论背景、方针政策有系统把握，这样才能确保言之成理、言之有物。

（2）时效性、针对性强。意见分析的问题一般都是当前重点关注的、影响比较重大的重要问题，往往是针对工作中亟待解决的瓶颈提出来的，需要及时提出指导意见或对策建议，以便更好地推动工作。错过恰当时机，即使意见再合理也难以发挥应有的作用。

（3）观点鲜明、语言平实。意见文字表述要具体，应明确反映发文机关对于要解决问题的认识看法，要鲜明表达做什么、不做什么的主张，让受文单位一目了然，没有歧义。同时，意见的行文语言需要避免指令式语气，应保持诚恳谦虚的姿态。即便是下行文的指导性意见，也没有很强的强制性，以便下级机关接受意见。

意见的写作流程

指导性意见作为较复杂的文种，要提出科学合理的意见建议，需要在写作过程中加强研究和思考，因此其写作流程需要完成三步九个环节。

第一步：充分准备。

环节 1：定文种。当面对开创性、探索性工作，应对重要复杂问题，需要分析研究、提出对策方法时，由于问题的性质、对策的可靠性还未得到充分验证，同时也为了鼓励下级机关发挥主观能动性，积极探索新的路子，实现民主决策，可选用具有商议的性质的意见行文，便于下级机关更好地接受，充分发挥主观能动性。

环节 2：明主题。意见的主题需要根据所涉及工作的重点方向进行思考，以主要矛盾和矛盾的主要方向作为着力点，结合领导的指示精神和有关要求，综合考虑把握写作主题。

环节 3：集资料。意见的写作资料搜集要有较强的前瞻意识，着重从创新的角度搜索相关资料，可以更加突出对国内外前沿理论、先进经验做法的搜集，以便于更好地打开思路、提出好对策。

第二步：深度思考。

环节 4：找问题。由于意见所针对的问题多为新情况、新问题，有的还是对某项工作的改革探索，缺少可借鉴的依据，因此在找问题时，需要更加注意透过现象看本质，系统分析相关因素，探索问题的底层规律。实事求是直面真问题的意见才有意义和价值。

环节 5：拓思路。意见的写作需要经过多轮头脑风暴，积极发挥群体智慧。不要闭门造车，有条件的可以征求专家、实际工作者等各方意见建议，群策群力、打开思路。

环节 6：理结构。意见的写作结构相对固定，一般是按照指导思想、基本原则、实现目标、对策措施、有关要求的结构板块进行写作。其中重点是对策措施，一般占 2/3 以上的篇幅，采取分部列条的结构方式。

第三步：精准写作。

环节 7：拟标题。在高层领导机关发布指导性意见的时候，主标题中表示文种的“意见”前也可以加上“指导”二字；下级机关落实上级机关意见的文件，“意见”前可以加上“实施”二字。这样的区分与上、下级机关的工作性质有关。上级机关的意见往往更具有宏观性、原则性，有一定理论色彩；下级机关则需要内容更加具体、措施落地、可操作性强。在正文中，意见的标题一般采取“分条列项、序号相连”的形式，多采用动宾结构的单句标题，言简意赅、表意清晰。

环节 8：填内容。意见的内容比较实在，除指导思想、原则等文字需体现一定的理论性，对策措施等不需要太多的理论阐述，以实际举措为主展开写作，表现为内容“干货”多，可借鉴性和应用性强。

环节 9：修语言。意见的语言要严肃，更要平和，不适用命令性强制语言。不要使用过多论述性语句，不用带有强烈感情色彩的语言，不对文字做过多比喻、排比修饰，以清晰简洁、表达准确为好。

意见的写作模板

表 1-13　意见的写作模板

标题		发布机关名称 + 事由 + 意见
正文	引言	简要阐明撰写意见的目的、依据
	主体	分条列项阐述，一般包括指导思想、原则、目标、措施、有关要求等
	结语	两种类型： （1）补充说明意见适用范围、落实要求； （2）提出落实意见的期望号召（也可在主体内容结束后不写结语）
落款		发文机关名称 + 成文日期

意见的范文解析

教育部等八部门关于进一步激发中小学办学活力的若干意见

教基〔2020〕7号

各省、自治区、直辖市教育厅（教委）、党委组织部、党委宣传部、编办、发展改革委、公安厅（局）、财政厅（局）、人力资源社会保障厅（局），新疆生产建设兵团教育局、党委组织部、党委宣传部、编办、发展改革委、公安局、财政局、人力资源社会保障局：

为深入贯彻党的十九届四中全会和全国教育大会精神，认真落实全国基础教育工作会议部署要求，全面提高基础教育质量，办好人民满意的教育，经中央教育工作领导小组审议同意，现就进一步激发中小学办学活力提出如下意见。

一、总体要求

1. 指导思想

以习近平新时代中国特色社会主义思想为指导，全面贯彻党的教育方针，落实立德树人根本任务，大力发展素质教育，培养德智体美劳全面发展的社会主义建设者和接班人。深化教育“放管服”改革，落实中小学办学主体地位，增强学校发展动力，提升办学支撑保障能力，充分激发广大校长教师教书育人的积极性创造性，形成师生才智充分涌流、学校活力竞相迸发的良好局面，推动基础教育公平发展和质量提升，加快现代学校制度建设，为推进教育现代化、建设教育强国奠定坚实基础。

2. 基本原则

——坚持正确方向。加强党对中小学工作的全面领导，确保社会主义办学方向，立足国情教情，遵循教育规律，育人为本、提高质量，推进教育治理体系和治理能力现代化。

——坚持问题导向。围绕对学校管得太多、干扰太多、激励不够、保障不够等突出问题，深化体制机制改革，着力破解影响和制约中小学办学活力的困难和问题。

——坚持制度创新。认真总结成功经验，加强顶层设计，着眼于长远的制度建设，鼓励各地各校继续深入探索、勇于创新、不断完善，持续释放和激发中小学的生机与活力。

——坚持放管结合。明晰政府、学校权责边界，处理好政府办学主体责任和学校办学主体地位之间的关系，既注重打破部门壁垒、做到应放尽放，又注重规范学校办学行为、强化事中事后监管。

——坚持有序推进。强化党委政府统筹和部门协调配合，注重从实际出发，加强分类指导，因地因校制宜，积极稳妥推进，处理好改革发展稳定关系，切实增强工作的针对性、协调性和实效性。

二、保障学校办学自主权

3. 保证教育教学自主权。鼓励支持学校结合本地本校实际，办出特色、办出水平。强化学校课程实施主体责任，严格落实国家课程方案和课程标准，结合实际科学构建基于学校办学理念和特色的校本课程。学校在遵循学科教学基本要求基础上，可自主安排教学计划、自主运用教学方式、自主组织研训活动、自主实施教学评价；对于学科间关联性较强的学习内容，可自主统筹实施跨学科综合性主题教学。充分发挥教师课堂教学改革主体作用，鼓励教师大胆创新，改进教育教学方法，开展丰富多彩的教育教学活动，积极探索符合学科特点、时代要求和学生成长规律的教育教学模式。严肃校规校纪，依法保障学校和教师加强对学生的教育管理。尊重和保障学生在学习中自主进行选择、参与、表达、思考和实践。大力精简、严格规范各类“进校园”专题教育活动，有效排除对学校正常教育教学秩序的干扰。

4. 扩大人事工作自主权。（略）

5. 落实经费使用自主权。（略）

三、增强学校办学内生动力

（略）

四、提升办学支撑保障能力

（略）

五、健全办学管理机制

（略）

六、强化组织实施

16. 加强组织领导。各地要坚持基础教育优先发展，把激发中小学办学活力作为加快推进教育治理体系和治理能力现代化的重大任务，摆上重要议事日程，加强政府统筹，完善部门协调机制，加大改革创新力度，积极稳妥落实好各项改革任务举措。要认真研究制订具体工作方案，精心组织实施，强化考核督导，确保各项工作落到实处。

17. 落实部门职责。（略）

18. 营造良好氛围。激发中小学办学活力是涉及方方面面的重要改革，是一项复杂的系统工程，要加强对这项改革重大意义和各项政策举措的宣传解读，密切家校沟通，广泛凝聚共识，积极争取各方理解支持。要切实增强广大校长教师的责任感和使命感，大力激发投身改革的积极性创造性。要认真落实减轻学校和教师负担的有关规定，依法依规处置涉校涉生纠纷，切实保障中小学正常教育教学秩序。要认真总结典型经验和有效做法，加大交流推广力度，努力使每一所学校办学活力显著增强，为全面提高基础教育育人质量提供强大动力和坚强保障。

教育部　中央组织部　中央宣传部
中央编办　国家发展改革委　公安部
财政部　人力资源社会保障部
2020 年 9 月 15 日

范文解析

这是一篇指导性意见，为便于下级机关把握主旨，标题中点明主题“进一步激发中小学办学活力”，揭示了行文的核心内容。

全篇结构清晰，采取总分结构进行写作。

引言交代了意见的写作背景和依据，采用的是常用句式“为……经 ××× 审议同意，现就……提出如下意见”，这个句式是意见写作的固定格式，直接套用即可。

第一部分先提出“总体要求”，包括“指导思想”和“基本原则”。指导思想要充分贯彻当前最新的理论要求和指示精神，基本原则需要对后文对策措施具有很强的指导性和针对性。这两部分内容体现意见的理论高度，需要结合实际工作来写，不可泛泛而谈。第二至第六部分分别从自主权、内生动力、保障能力、管理机制和组织实施等五个方面进行论述，分部列条进行阐述，内容清晰、详略得当。尤其是最后第 18 条，把执行要求融入其中，作为并非结语的结语，行文非常巧妙。

这篇意见属于部门联合行文，落款要将参与起草单位按责任主次全部列出。

思维导图

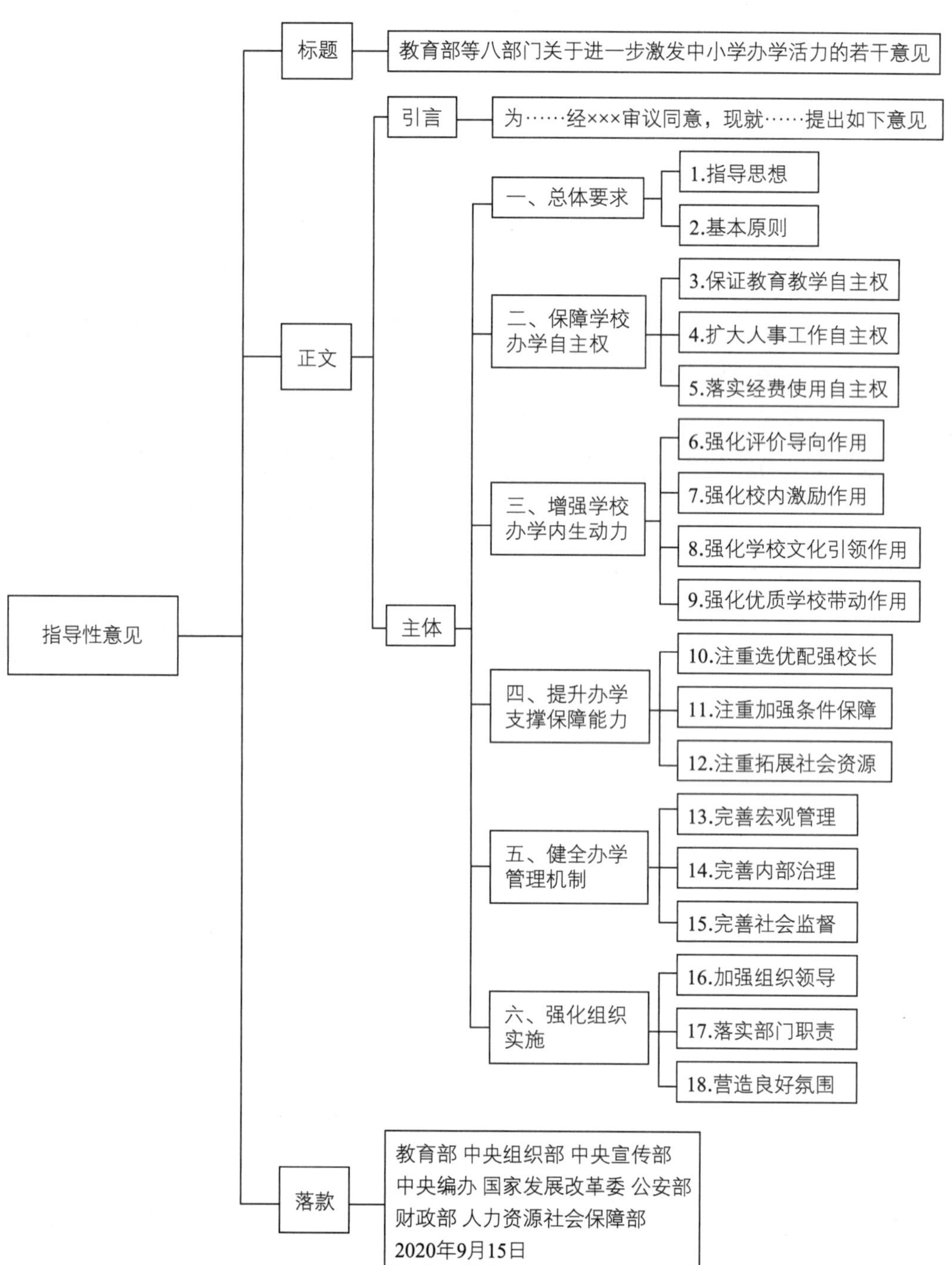
指导性意见
标题
教育部等八部门关于进一步激发中小学办学活力的若干意见
正文
引言
为……经×××审议同意，现就……提出如下意见
主体
一、总体要求
1.指导思想
2.基本原则
二、保障学校办学自主权
3.保证教育教学自主权
4.扩大人事工作自主权
5.落实经费使用自主权
三、增强学校办学内生动力
6.强化评价导向作用
7.强化校内激励作用
8.强化学校文化引领作用
9.强化优质学校带动作用
四、提升办学支撑保障能力
10.注重选优配强校长
11.注重加强条件保障
12.注重拓展社会资源
五、健全办学管理机制
13.完善宏观管理
14.完善内部治理
15.完善社会监督
六、强化组织实施
16.加强组织领导
17.落实部门职责
18.营造良好氛围
落款
教育部 中央组织部 中央宣传部
中央编办 国家发展改革委 公安部
财政部 人力资源社会保障部
2020年9月15日

第 2 章

公布知照类：如何没有歧义、准确表达

公布知照类的六种公文应用面非常广，既可对内发布，用于传达工作信息、明确有关要求；也可对外公开发布重大事项，或者发布需要下级机关或人民群众共同遵照执行的政策、措施、行为规范。随着政府信息公开制度的建立完善，这类公文的写作越来越注重准确务实、深入浅出，便于社会各界迅速准确接收相关政务信息。相对于领导指导类公文，公布知照类公文强制性较弱，更有利于公文受众接受。

公报

公报的内涵特点

公报适用于公布重要决定或者重大事项。根据发布内容的不同，公报主要可分为两种，即会议公报和行政公报。这两种公报都通过新闻媒体直接向社会公众发布，属于周知性公文。

会议公报主要用于公布级别较高的重要会议讨论通过的重要决定、重要事项。会议公报与决议的区别在于，决议是对某项重要事项议定后做出决策并公布，内容针对特定事项；会议公报则反映了对会议主题或重要事项的整体认识，内容涵盖会议的主体内容。

行政公报主要用于政府部门及有关职能机关公布重要情况，此类重要情况需要社会公众广泛知晓，例如各种类型的统计公报。

除了这两种公告，还有外交领域的联合公报，这属于外交公文，不在本书的讨论之列。此外，需要注意的是，公报还被作为一种公文汇编载体。例如国务院会定期发布公报，这是一种汇编需要周知公文的刊物，不属于公文性公报的范畴。

公报作为一种泛行文，没有特定的行文方向，面向的是不特定社会公众对象，写作时需要注意以下特点。

（1）发布的权威性。和决议类似，会议公报通常都是党代会、人代会后向社会发布，内容具有重要意义。行政公报的发布机关级别一般也比较高，要依法依规发布相关信息。一般机关单位、企事业团体不能使用公报

（2）载体的新闻性。与一般公文不同，公报的主要发布载体是新闻媒体，因此公报的透明度、公开性以及时效性是非常强的。这要求公报在写作时需要注意载体特征，做好内容脱密工作，并且发布要及时。

（3）受众的广泛性。与载体相关，公报的受众是非常广泛的。因此，公报在写作时，要注意直白简明、真实客观、通俗易懂。例如，行政公报会使用大量的数据、图表，使人一目了然。

公报的写作流程

1. 会议公报写作流程

会议公报的写作流程相对比较简单，包括四个环节。

环节 1：集资料。会议之前就需要把会议材料收集阅读完，思考提炼公报内容重点、要点，然后带着这些问题，跟进会议进程，了解会议讨论结果。

环节 2：拟标题。会议公报标题比较简单，主标题符合公文标题的一般结构。正文

一般不设标题。

环节 3：填内容。会议公报内容排列顺序与会议议程相似，会议事项按照会议议程讨论的时间顺序进行排列，公报内容逻辑与会议内容逻辑一致。

环节 4：修语言。会议公报语言高度凝练，叙议结合，有较强的理论性，能够深入浅出概括会议情况、交代会议结论。用第三人称行文体现客观语气，一般用“会议充分肯定……”“会议认为……”“会议提出……”“会议强调……”“会议号召……”等用语引出段落内容。

2. 行政公报写作流程

行政公报的写作流程包括三步八个环节，侧重点与会议公报有所不同。

第一步：充分准备。

环节 1：定文种。非会议研究的重要信息需要发布时，选用行政公报。

环节 2：明主题。根据需要发布的内容方向，确定公报主题。

环节 3：集资料。这是行政公报的写作重点。行政公报所发布的事项往往涉及广泛的领域，需要统计调查的事项比较复杂，需要进行全面深入的信息资料搜集调研。

第二步：深度思考。

环节 4：找问题。通过系统的数据统计分析，得出统计结论需要说明的重点问题。

环节 5：理结构。各类行政公报都有特定的内容范畴，例如国民经济和社会发展统计公报，一般涉及农业、工业、服务业等相对固定的内容，公报即以此作为结构板块。根据发展情况的不同，有时会做一定的微调。

第三步：精准写作。

环节 6：拟标题。行政公报的主标题也符合公文标题的一般要求。正文中标题相对比较简单，一般以名词短语作为标题。

环节 7：填内容。行政公报的内容以说明性语言为主，基本段落内容逻辑是“成果 + 数据”，内容以数据、图表说明为主要叙述方式。

环节 8：修语言。行政公报不需要过多的描述性、议论性语言，除了首段以论述性语言说明缘由，公报事项以具体陈述为主。公报中涉及的专业术语还需要加上备注解释说明。

公报的写作模板

表 2-1 会议公报写作模板

标题		会议名称 + 公报
签注		通过日期 + 会议名称
正文	会议基本情况	概述会议名称、时间、地点、参加人员、会议主持等基本信息
	会议精神	分段列举会议议决事项、主要成果、形成的共识、对会议的基本评价等
	结语	结合会议内容，针对下一步工作提出希望、号召

表 2-2 行政公报写作模板

标题		事由 + 公报
签注		发布机关名称 + 发布时间
正文	公报缘由	简要说明公报事项的背景原因，或概述公报的基本精神和主要内容，或者直接引出公报事项
	公报事项	分部分或分条列项安排行文结构，内容采取直接陈述式写法，比较复杂的内容辅以大量数据、图表
	注释说明	对难懂的专业术语、内涵不明的内容加以注释，交代数据来源

公报的范文解析

1. 会议公报范文

中国共产党江西省第十五届纪律检查委员会第二次全体会议公报

（2022 年 1 月 27 日中国共产党江西省第十五届纪律检查委员会第二次全体会议通过）

中国共产党江西省第十五届纪律检查委员会第二次全体会议，于 2022 年 1 月 26 日至 27 日在南昌举行。出席这次全会的有省纪委委员 45 人，列席 213 人。

省委书记 ××× 出席全会并讲话。省委常委，省人大常委会、省政府、省政协领导同志，省法院、省检察院主要负责同志出席会议。

全会由省纪律检查委员会常务委员会主持。全会以习近平新时代中国特色社会主义思想为指导，全面贯彻党的十九大和十九届历次全会精神，深入贯彻落实习近平总书记视察江西重要讲话精神，按照十九届中央纪委六次全会和省第十五次党代会的部署和要求，部署 2022 年任务，审议通过了 ××× 同志代表省纪委常委会所做的《永葆自我革命精神 推进全面从严治党 以优异成绩迎接党的二十大胜利召开》工作报告。

全会认真学习、深刻领会习近平总书记在十九届中央纪委六次全会上的重要讲话精神和赵乐际同志所做的工作报告。一致认为，习近平总书记的重要讲话，深刻总结新时代党的自我革命的成功实践，深刻阐述全面从严治党取得的历史性、开创性成就，产生的全方位、深层次影响，对坚持不懈把全面从严治党向纵深推进、迎接党的二十大胜利召开做出战略部署。讲话立意高远、思想深邃、内涵丰富，充分体现了以习近平同志为核心的党中央信念坚定、无私无畏的境界情怀，正视问题、刀刃向内的政治勇气，不忘初心、勇毅前行的使命担当，具有很强的政治性、指导性、针对性，是推进新时代党的建设新的伟大工程的基本遵循，是纪检监察工作高质量发展的行动指南。习近平总书记对纪检监察干部队伍寄予殷切期望，提出明确要求。赵乐际同志做的工作报告，贯彻习近平总书记重要讲话精神，对落实全面从严治党战略方针，推动纪检监察工作高质量发展做出了具体部署。要认真学习领会，紧密结合实际，深入抓好贯彻落实，切实从党的百年历史中汲取智慧和力量，提高政治站位，增强历史主动，保持战略定力，以永远在路上的坚定执着把全面从严治党向纵深推进。

全会认为，×××同志的讲话对标对表习近平总书记重要讲话精神，总结过去一年全省全面从严治党取得的成效，深入分析我省当前全面从严治党的形势任务和阶段性特征，对坚持不懈把全面从严治党推向纵深，构建更加风清气正、健康向上的良好政治生态做了重要部署。要认真学习领会，坚持把自己摆进去、把职责摆进去、把工作摆进去，自觉把党中央和省委关于全面从严治党的各项部署要求，结合实际贯彻好、落实好。

（略）

会议要求，聚焦全面从严治党的要求，围绕“做示范、勇争先”和“六个江西”目标任务，以全面建设勤廉江西为抓手，保持战略定力，凝心聚力、接续奋斗，推动纪检监察工作再上新台阶、全面从严治党取得新成效、政治生态呈现新气象。

第一，全面系统加强思想武装，一以贯之真学真懂真信真用习近平新时代中国特色社会主义思想。毫不动摇坚持用习近平新时代中国特色社会主义思想武装头脑、指导实践、推动工作，深入学习贯彻党的十九届六中全会精神，深刻领悟习近平总书记关于自我革命的战略思想，坚定历史自信，增强历史主动，树牢信仰信念信心。增强学习的系统性、针对性、实效性，努力掌握蕴含其中的马克思主义立场观点方法，做到学以致用、知行合一。加强对各级党组织和党员干部特别是“一把手”政治理论学习情况的监督，推动学习贯彻往深里走、往实里走、往心里走。

第二，牢牢把握“两个维护”根本职责使命，推动政治监督具体化常态化。（略）

第三，始终不渝站稳人民立场，不断满足人民群众对党风政风的新期待新要求。（略）

第四，不断健全完善监督体系，形成推动公权力正确规范行使的强大合力。（略）

第五，坚定不移深化反腐败斗争，推动不敢腐、不能腐、不想腐一体推进取得更多制度性成果和更大治理成效。（略）

第六，突出抓好政治文化建设，以积极健康党内政治文化涵养良好政治生态。（略）

第七，加强巡视巡察上下联动，健全完善巡视巡察工作战略格局。（略）

第八，深化纪检监察体制改革，推动制度优势更好地转化为治理效能。（略）

第九，坚持办精品案件、建过硬队伍，打造忠诚干净担当的纪检监察铁军。（略）

全会号召，要更加紧密地团结在以习近平同志为核心的党中央周围，忠诚履职、担当作为，不断将全面从严治党、党风廉政建设和反腐败斗争推向深入，为携手书写全面建设社会主义现代化江西的精彩华章做出新的更大贡献，以优异成绩迎接党的二十大胜利召开！

范文解析

这篇会议公报是经典的三段式写法，包括会议基本情况、会议精神的列举和结语。

会议基本情况部分包括第一、二、三段。第一、二段按照“会议名称 + 时间地点 + 出席人员”格式写作，第三段简要概括了会议指导思想和核心工作。这部分内容属于摘要性质，便于公众迅速了解会议情况。

会议精神部分虽然没有明确的标题区分，但是以“全会……一致认为”“全会认为”“全会指出”“全会提出”“会议要求”作为标识语，从十九届中央纪委六次全会精神学习体会、对省委书记讲话精神的学习贯彻、对 2021 年纪检监察工作的总体评价、对 2022 年纪检监察工作的总体部署、对纪检监察工作的九个方面要求这五个部分展开，采取的是分段论述的形式，层次清晰、逻辑严谨。其中，第五部分以较长篇幅对纪检监察工作九个方面的要求进行详细论述，重点突出。要求部分用了复句标题加以强化，标题采用“行动 + 目标”的结构，内容采用“举措 1+ 举措 2+ 举措 3+……”的清单式罗列写法，工作安排明确具体。

最后一段是结语，以一段号召性话语作为结束。

思维导图

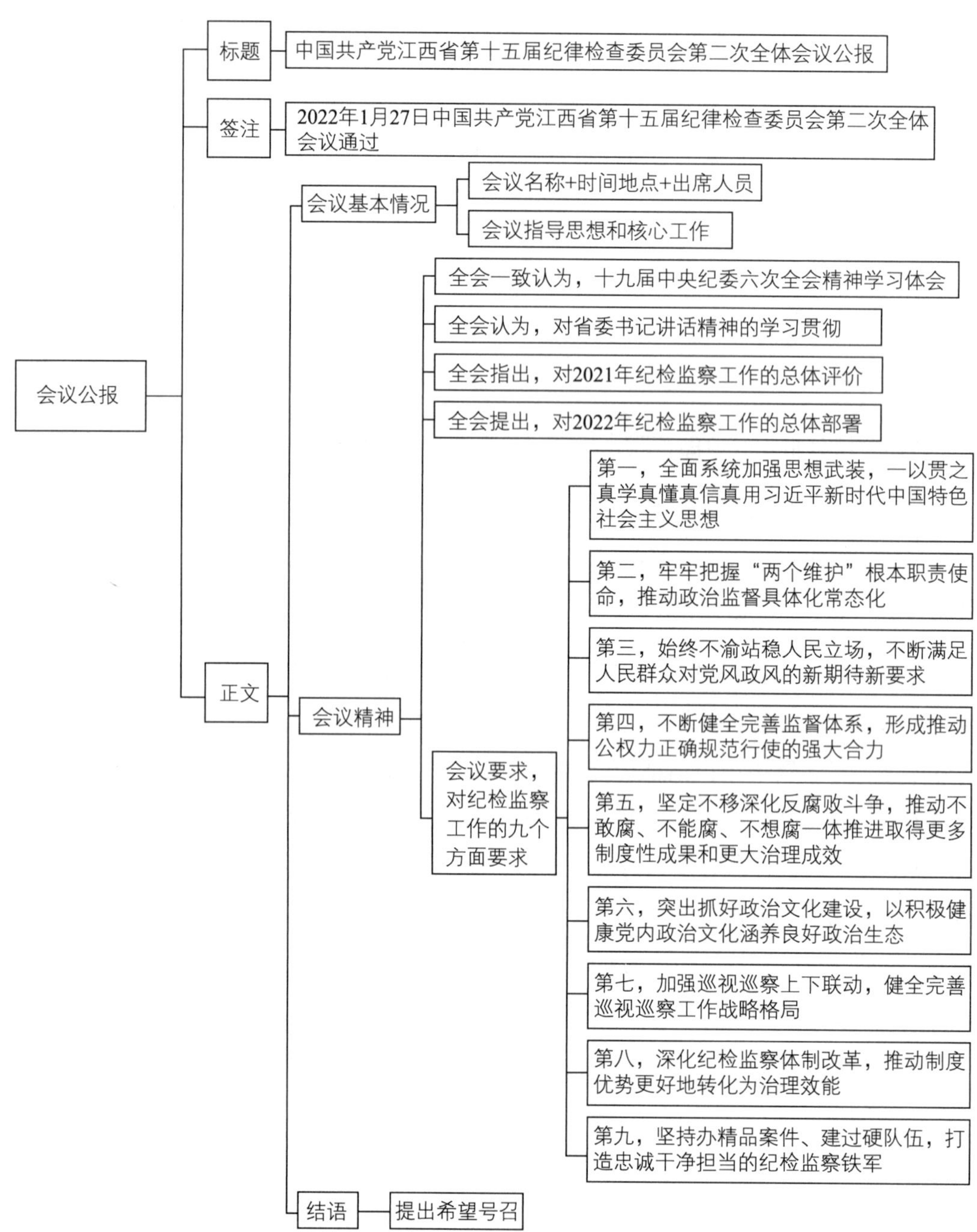
会议公报
标题
中国共产党江西省第十五届纪律检查委员会第二次全体会议公报
签注
2022年1月27日中国共产党江西省第十五届纪律检查委员会第二次全体会议通过
正文
会议基本情况
会议名称+时间地点+出席人员
会议指导思想和核心工作
会议精神
全会一致认为，十九届中央纪委六次全会精神学习体会
全会认为，对省委书记讲话精神的学习贯彻
全会指出，对2021年纪检监察工作的总体评价
全会提出，对2022年纪检监察工作的总体部署
会议要求，对纪检监察工作的九个方面要求
第一，全面系统加强思想武装，一以贯之真学真懂真信真用习近平新时代中国特色社会主义思想
第二，牢牢把握“两个维护”根本职责使命，推动政治监督具体化常态化
第三，始终不渝站稳人民立场，不断满足人民群众对党风政风的新期待新要求
第四，不断健全完善监督体系，形成推动公权力正确规范行使的强大合力
第五，坚定不移深化反腐败斗争，推动不敢腐、不能腐、不想腐一体推进取得更多制度性成果和更大治理成效
第六，突出抓好政治文化建设，以积极健康党内政治文化涵养良好政治生态
第七，加强巡视巡察上下联动，健全完善巡视巡察工作战略格局
第八，深化纪检监察体制改革，推动制度优势更好地转化为治理效能
第九，坚持办精品案件、建过硬队伍，打造忠诚干净担当的纪检监察铁军
结语
提出希望号召

2. 行政公报范文

中华人民共和国 2021 年国民经济和社会发展统计公报[1]

国家统计局

2022 年 2 月 28 日

2021 年是党和国家历史上具有里程碑意义的一年。在以习近平同志为核心的党中央坚强领导下，各地区各部门坚持以习近平新时代中国特色社会主义思想为指导，全面贯彻党的十九大和十九届历次全会精神，弘扬伟大建党精神，按照党中央、国务院决策部署，坚持稳中求进工作总基调，完整、准确、全面贯彻新发展理念，加快构建新发展格局，全面深化改革开放，坚持创新驱动发展，推动高质量发展。我们隆重庆祝中国共产党成立一百周年，实现第一个百年奋斗目标，开启向第二个百年奋斗目标进军新征程，沉着应对百年变局和世纪疫情，构建新发展格局迈出新步伐，高质量发展取得新成效，实现了“十四五”良好开局。我国经济发展和疫情防控保持全球领先地位，国家战略科技力量加快壮大，产业链韧性得到提升，改革开放向纵深推进，民生保障有力有效，生态文明建设持续推进。这些成绩的取得，是以习近平同志为核心的党中央坚强领导的结果，是全党全国各族人民勠力同心、艰苦奋斗的结果。

一、综合

初步核算，全年国内生产总值[2]1 143 670 亿元，比上年增长 8.1%，两年平均增长[3]5.1%。其中，第一产业增加值 83 086 亿元，比上年增长 7.1%；第二产业增加值 450 904 亿元，增长 8.2%；第三产业增加值 609 680 亿元，增长 8.2%。第一产业增加值占国内生产总值比重为 7.3%，第二产业增加值比重为 39.4%，第三产业增加值比重为 53.3%。全年最终消费支出拉动国内生产总值增长 5.3 个百分点，资本形成总额拉动国内生产总值增长 1.1 个百分点，货物和服务净出口拉动国内生产总值增长 1.7 个百分点。全年人均国内生产总值 80 976 元，比上年增长 8.0%。国民总收入[4]1 133 518 亿元，比上年增长 7.9%。全员劳动生产率[5]为 146 380 元 / 人，比上年提高 8.7%。

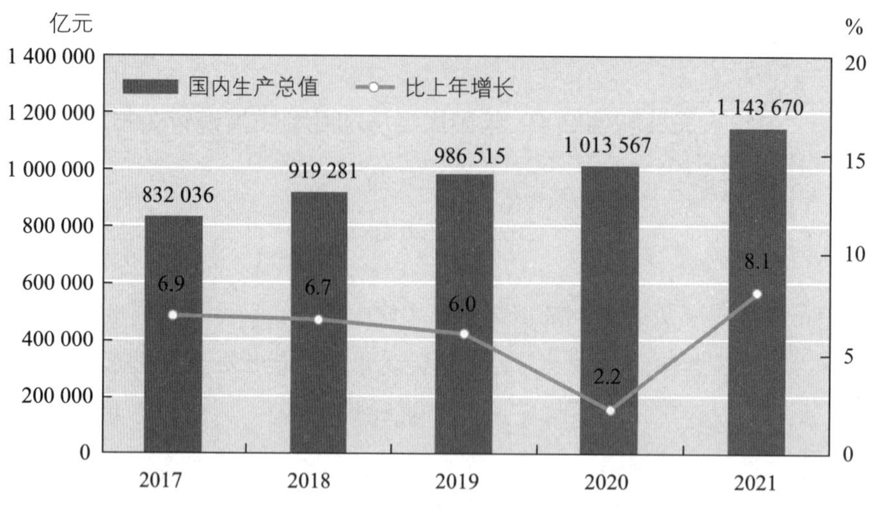

图 1　2017—2021 年国内生产总值及其增长速度

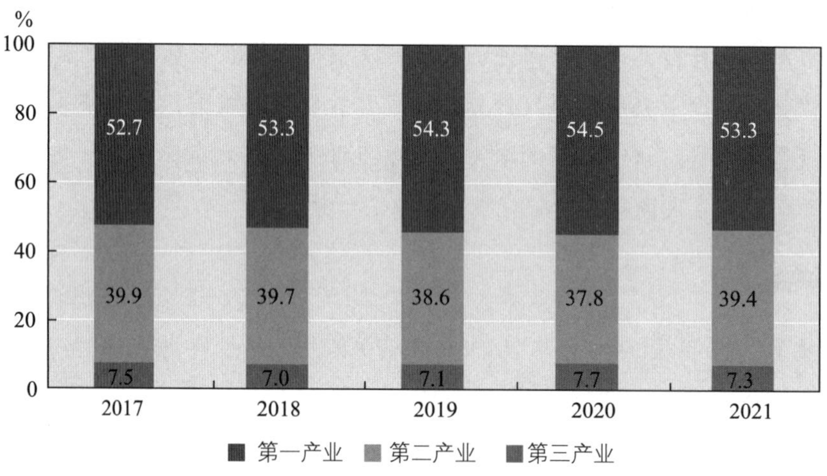

图 2　2017—2021 年三次产业增加值占国内生产总值比重

（略）

二、农业

全年粮食种植面积 11 763 万公顷，比上年增加 86 万公顷。其中，稻谷种植面积 2992 万公顷，减少 15 万公顷；小麦种植面积 2357 万公顷，增加 19 万公顷；玉米种植面积 4332 万公顷，增加 206 万公顷。棉花种植面积 303 万公顷，减少 14 万公顷。油料种植面积 1310 万公顷，减少 3 万公顷。糖料种植面积 146 万公顷，减少 11 万公顷。

全年粮食产量 68 285 万吨，比上年增加 1336 万吨，增产 2.0%。其中，夏粮产量 14 596 万吨，增产 2.2%；早稻产量 2802 万吨，增产 2.7%；秋粮产量 50 888 万吨，增产 1.9%。全年谷物产量 63 276 万吨，比上年增产 2.6%。其中，稻谷产量 21 284 万吨，增产 0.5%；小麦产量 13 695 万吨，增产 2.0%；玉米产量 27 255 万吨，增产 4.6%。

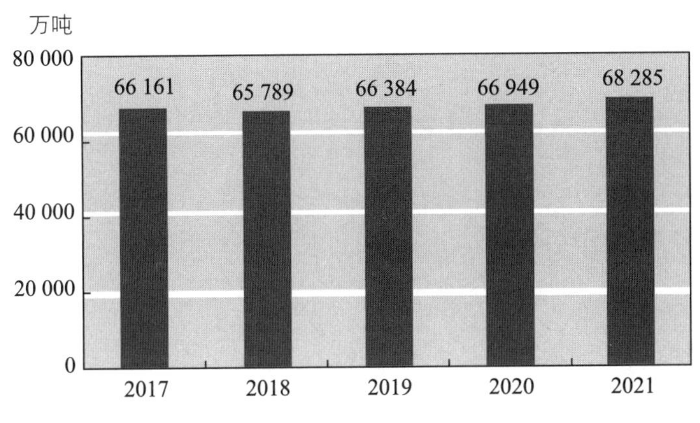

图 8　2017—2021 年粮食产量

（略）

三、工业和建筑业

全年全部工业增加值 372 575 亿元，比上年增长 9.6%。规模以上工业增加值增长 9.6%。在规模以上工业中，分经济类型看，国有控股企业增加值增长 8.0%；股份制企业增长 9.8%，外商及港澳台商投资企业增长 8.9%；私营企业增长 10.2%。分门类看，采矿业增长 5.3%，制造业增长 9.8%，电力、热力、燃气及水生产和供应业增长 11.4%。

（略）

四、服务业

（略）

五、国内贸易

（略）

六、固定资产投资

（略）

七、对外经济

（略）

八、财政金融

（略）

九、居民收入消费和社会保障

（略）

十、科学技术和教育

（略）

十一、文化旅游、卫生健康和体育

（略）

十二、资源、环境和应急管理

（略）

注释：

［1］本公报中数据均为初步统计数。各项统计数据均未包括香港特别行政区、澳门特别行政区和台湾地区。部分数据因四舍五入的原因，存在总计与分项合计不等的情况。

［2］国内生产总值、三次产业及相关行业增加值、地区生产总值、人均国内生产总值和国民总收入绝对数按现价计算，增长速度按不变价格计算。

（略）

资料来源：

本公报中城镇新增就业、城镇登记失业率、养老保险、失业保险、工伤保险、技工学校数据来自人力资源和社会保障部；外汇储备、汇率数据来自国家外汇管理局……

范文解析

统计公报的功能是将大规模、经过科学系统统计的数据进行公布，让公众能够对国家相关情况有深入了解，是国家行政信息公开的重要内容。这类公报是国家每年定期发布的统计公报，对上一年度经济社会发展的各方面进行统计分析，是国家统计部门发布的最重要的统计公报。

这篇统计公报的标题非常简洁，主标题是“事项＋公报”，正文标题是清一色的名词，简洁清晰。开篇第一段对公报的总体编制背景进行了介绍，高度凝练地概括了过去一年国民经济和社会发展领域的成就，是经典的工作成绩总结段落写法，值得学习借鉴。接下来，采取总分结构，分条列项从十二个方面展开论述。执笔者先是对国民经济和社会发展的总体情况进行了概述，紧接着划分十一个方面，对农业、工业和建筑业、服务业等展开详述，篇幅虽长，但结构清晰、内容详尽，各板块内容布局一致。

在写作上，统计公报主要采取对比方式，通过大量真实的统计数据进行对比分析，通过对比能够让公众更加清晰地了解相关情况，并感到信服。同时，针对数据比较抽象枯燥的问题，通过柱状图、饼状图、折线图等，让公众对数据发展趋势有更加直观的感受。

思维导图

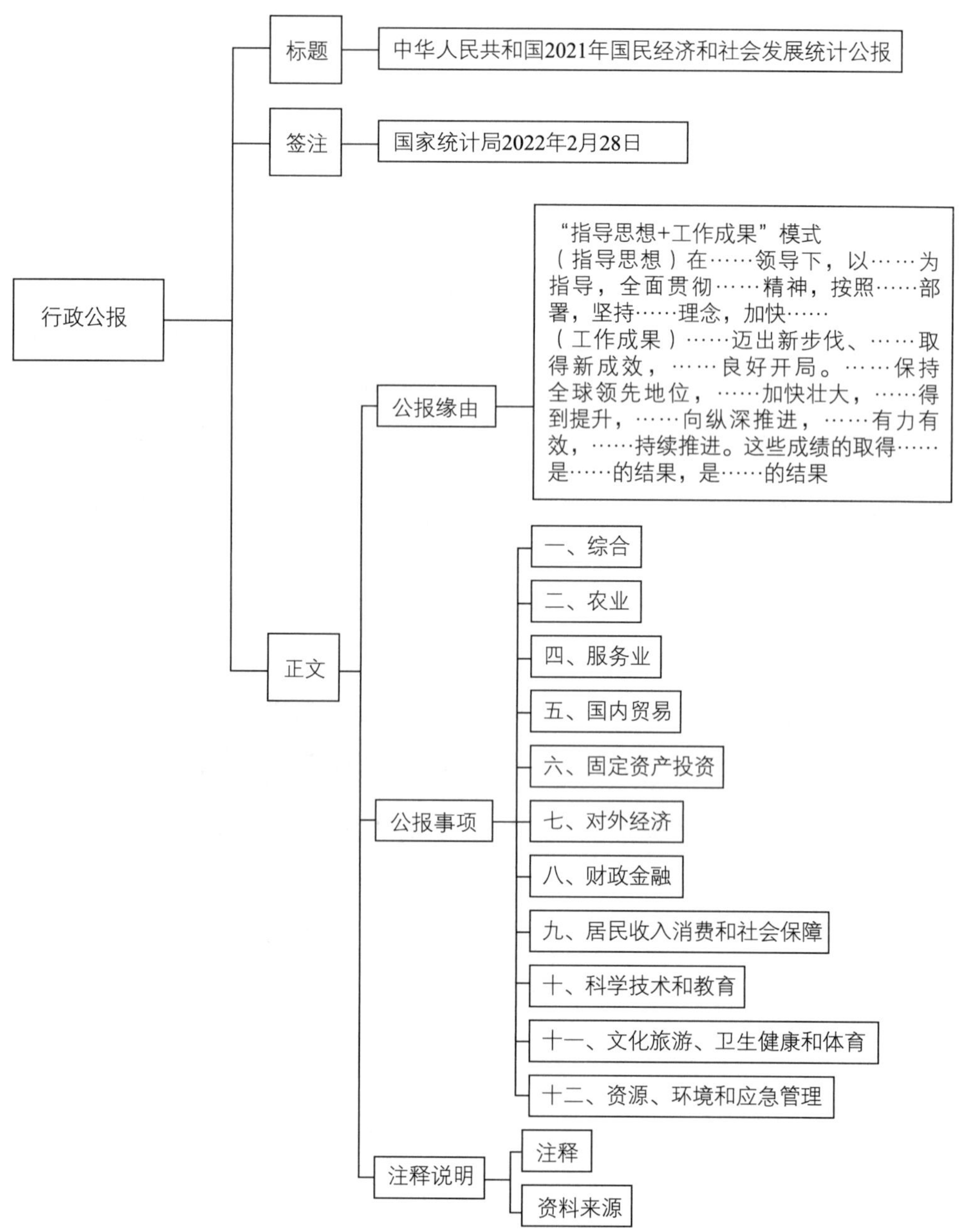
行政公报
标题
中华人民共和国2021年国民经济和社会发展统计公报
签注
国家统计局2022年2月28日
正文
公报缘由
“指导思想+工作成果”模式
（指导思想）在……领导下，以……为指导，全面贯彻……精神，按照……部署，坚持……理念，加快……
（工作成果）……迈出新步伐、……取得新成效，……良好开局。……保持全球领先地位，……加快壮大，……得到提升，……向纵深推进，……有力有效，……持续推进。这些成绩的取得……是……的结果，是……的结果
公报事项
一、综合
二、农业
四、服务业
五、国内贸易
六、固定资产投资
七、对外经济
八、财政金融
九、居民收入消费和社会保障
十、科学技术和教育
十一、文化旅游、卫生健康和体育
十二、资源、环境和应急管理
注释说明
注释
资料来源

公告

公告的内涵特点

公告适用于向国内外宣布重要事项或者法定事项。根据发布内容的不同，公告主要可以分为两类，即重要事项公告和法定事项公告。

重要事项公告主要用于发布与国家相关的重要事项、重大事件，一般由较高级别的行政机关发布。

法定事项公告主要用于根据相关法律法规授权发布相关事项，一般由具有执法职能的行政机关使用。需要注意，经相关法律法规授权的企事业单位，也能在相应专业领域发布公告，例如招标公告、专利公告等，但此类专业性公告并不属于狭义的公文范畴，在此不做讨论。

公告和公报一样，也是面向不特定对象的泛行文，在写作时需要把握以下要求。

（1）发布效力的法定性。公告的发布主体具有较高等级或是经法律法规授权，因此所发布的公告具有很强的权威性，公告一经发布即具有法律效力。

（2）发布内容的专一性。公告的内容必须按照一文一事进行撰写，同一则公告不能发布多件事项。

（3）内容表达的简洁性。公告面向社会公众发布，语言需要准确简明、通俗易懂，注意不要用过于生僻、专业的词汇。

（4）大众传播的广泛性。公告通常通过党报党刊、政府网站等官方媒体渠道发布，目的是让更大范围的公众知晓，达到政府信息公开的目的。

公告的写作流程

公告作为简单文种，内容篇幅较短，写作流程相对比较简单，有四个环节。

环节 1：定文种。确定需要向社会公众告知重要事项时，使用公告，需要注意与通告区分开。一是，二者发布范围不同，公告面向国内外，发布范围广，而通告只面向国内特定范围；二是，公告涉及事项比较重大，而通告涉及事项重要性一般。

环节 2：拟标题。公告的主标题符合公文标题的一般结构。简短的公告正文内不用标题，篇幅较长的公告可以用单句标题或用数字标识层次。

环节 3：填内容。简短公告的内容可以采用篇段合一的形式，内容较多时通常按照清单体或工作要素，逐条进行说明即可。一般是单层逻辑结构，开门见山，结尾干净利落，不需要更复杂的逻辑嵌套。

环节 4：修语言。公告多采用说明性语言，观点鲜明，文字简练，注意减少专业性语句的使用，保证文风浅显易懂。同时，还要注意语言的准确性，不要过多铺垫叙述性语言，直截了当即可。

公告的写作模板

表 2-3　　公告的写作模板

标题		（1）发文机关名称 + 事由 + 公告 （2）发文机关名称 + 公告 （3）事由 + 公告
正文	公告缘由	说明发布公文的目的、依据和意义等，有的公告较短也可以省略这部分内容。常用“为……根据……现将有关事项公告如下”句式
	公告事项	公告的主体部分，直接陈述需要对外公布的事项即可。内容较多的可分条列项，通过网络渠道发布的，也可采取电子附件形式发布，便于公众查阅
	结语	一般用“特此公告”结尾，有的公告也可提出希望、要求、警示等作为结语
落款		发文机关名称 + 成文日期

公告的范文解析

1. 重要事项公告范文

国家税务总局 工业和信息化部 公安部关于发布《机动车发票使用办法》的公告

国家税务总局 工业和信息化部 公安部公告 2020 年第 23 号

为深入贯彻落实国务院“放管服”改革要求，规范机动车行业发票使用行为，营造公平公正有序的营商环境，国家税务总局、工业和信息化部、公安部联合制定了《机动车发票使用办法》，现予以发布，自 2021 年 5 月 1 日起试行，2021 年 7 月 1 日起正式施行。

特此公告。

国家税务总局
工业和信息化部
公安部
2020 年 12 月 28 日

机动车发票使用办法

第一条　为了加强机动车发票管理和服务，规范机动车发票使用行为，根据《中华人民共和国税收征收管理法》及其实施细则、《中华人民共和国发票管理办法》及其实施细则，制定本办法。

第二条　本办法所称机动车发票是指销售机动车（不包括二手车）的单位和个人（以下简称“销售方”）通过增值税发票管理系统开票软件中机动车发票开具模块所开具的增值税专用发票和机动车销售统一发票（包括纸质发票、电子发票）。增值税发票管理系统开票软件自动在增值税专用发票左上角打印“机动车”字样。

（略）

范文解析

此类公告用于告知并公布某项规章制度，相关内容直接附在公告落款之后，便于公众知晓。在使用这类公告的时候，需要注意与发布令进行区分。发布令一般用于政府法规、部门规章等等级较高的法规条例的发布，而公告发布的则是针对企业单位、个人的办法等层级较低的规章制度。

这篇公告的内容是告知《机动车发票使用办法》的正式实施，内容简短，采取的是篇段合一的方式进行写作，并在公告正文后附上了办法的具体内容。需要注意的是，这类公告需要在主标题下方标注发文机关名称和公告的年份、文号。结尾以“特此公告”结束，是标准的公告结语。

思维导图

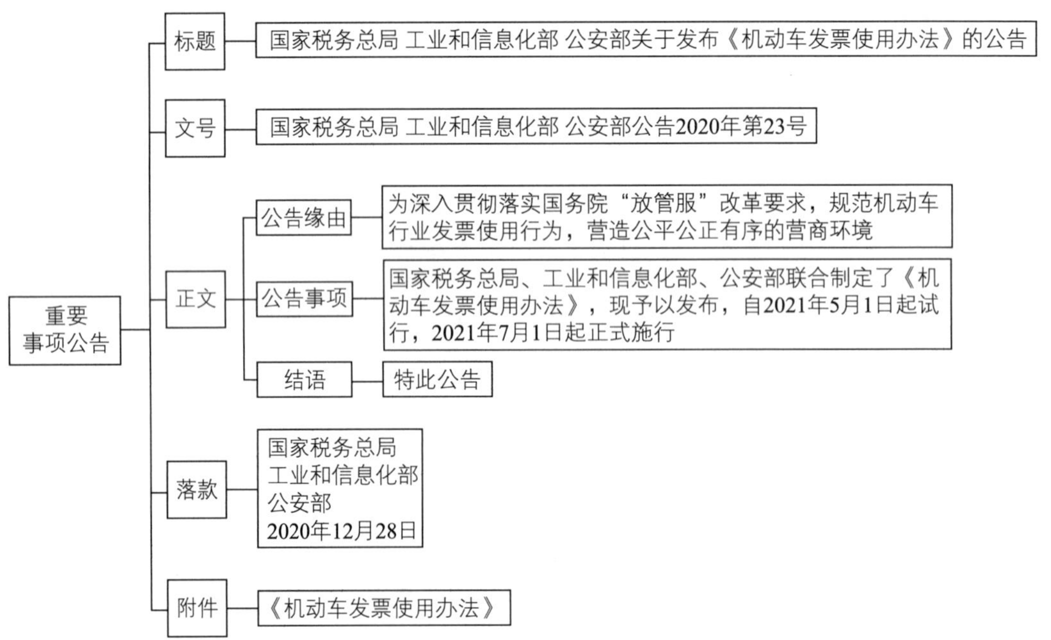

2. 法定事项公告范文

中华人民共和国农业农村部公告　第 581 号

为进一步完善兽药生产、经营许可证核发工作，加强兽药生产、经营环节监管，我部修订了《兽药生产许可证》《兽药经营许可证》《兽药 GMP 证书》样式，现予以发布，自 2022 年 9 月 1 日起启用，并就有关事项公告如下。

一、新版《兽药生产许可证》《兽药经营许可证》设立正本、副本，具有同等法律效力，是兽药生产或经营企业取得相应许可的合法凭证，正本悬挂和摆放在生产或经营场所显著位置，副本用于记载企业相关内容的变更情况。

二、新版《兽药生产许可证》证号格式为“兽药生产证字 ××××× 号”，其中数字为 5 位，由企业所在省份序号（2 位，以原农业部公告第 452 号公布的省份序号为准）和企业序号（3 位，省份内排序）组成。

新版《兽药经营许可证》证号格式为“兽药经营证字 ××××××××× 号”，其中数字为 9 位，由企业所在省份序号（2 位，以原农业部公告第 452 号公布的省份序号为准）、县级以上行政区域序号（4 位，各省份统一编制并发布）及企业序号（3 位，县级行政区域内排序）组成。

新版《兽药 GMP 证书》证号格式继续按照农办医〔2015〕11 号文件执行。

三、新版《兽药经营许可证》的经营范围表述应为：兽用中药、化学药品；兽用生物制品（应载明国家强制免疫用生物制品或非国家强制免疫用生物制品）；兽用特殊药品（兽用麻醉药品、兽用精神药品、兽用易制毒化学药品、兽用毒性药品、兽用放射性药品等）；兽用原料药。

四、此前各级农业农村部门核发的旧版《兽药生产许可证》《兽药经营许可证》《兽药 GMP 证书》，在换发前继续有效。

农业农村部
2022 年 7 月 15 日

范文解析

法定事项公告是政府相关部门针对某项具体工作，依据法律法规授权发布的公告，具有法律效力，必须强制执行。这篇公告结构比较简单，符合公告的基本结构。首先说明公告的目的、意义，然后采取总分结构，逐条罗列交代具体事项要求，没有任何议论性、过渡性语句，写法干净利落，便于公众理解和接受。

思维导图

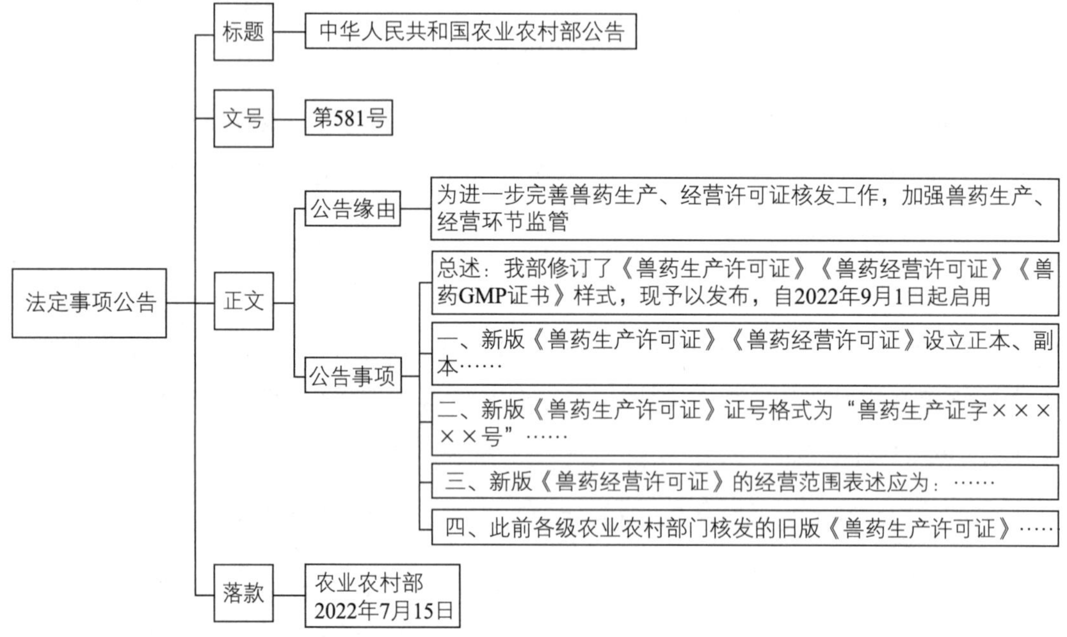

通告

通告的内涵特点

通告适用于在一定范围内公布应当遵守或者周知的事项。根据发布内容和功能特点的不同，通告可以被分为两类，即周知性通告和规约性通告。

周知性通告主要用于告知社会公众需要知晓或遵守的具体事务性事项。

规约性通告主要用于公布一些具有行政约束力、具体指导公众行为的规定，具有一定强制性，要求相关对象普遍遵守。

通告作为一种泛行文，在写作时需要注意以下特点。

（1）发布主体的广泛性。通告是发布主体比较广泛的公文，行政机关、企事业单位及团体都可以使用，属于对发布主体级别要求不高的文种。

（2）告知功能的限定性。通告一般在一定范围内具有约束力，超出范围即失效；有的还有时限性，超过一定时间即失效。因此，在写作时要注意明确适用范围。

（3）内容指导的可操作性。通告发布后，应让公众参照内容即可执行，因此通告内容需要具备很强的指导性和可操作性，让公众没有理解障碍，可以对照执行。

通告的写作流程

通告作为简单文种，篇幅不长，写作流程相对比较简单，有四个环节。

环节 1：定文种。需向公众告知需要遵守或周知的事项时，可以采用通告。注意与公告的使用要求区分开。

环节 2：拟标题。通告的主标题符合公文标题的一般结构。一般通告较短，正文内不再列出标题，篇幅较长的通告可以用单句标题或用数字标识层次。

环节 3：填内容。简短通告不分段，篇段合一即可。较长的通告可根据有关要求逐条进行说明。通告内容写作方面，与公告大同小异。

环节 4：修语言。通告写作除了要注意语言文字简洁明了，还要特别注意写清楚需要执行的内容，突出可操作性，讲清楚什么可以做、什么不可以做，对于模糊性用语、说理性语句，要果断删掉。

通告的写作模板

表 2-4　　通告的写作模板

标题		（1）发文机关名称＋事由＋通告 （2）发文机关名称＋通告 （3）事由＋通告 （4）通告
正文	通告缘由	说明发布公文的目的、依据和意义等。较短的通告也可以省略这部分内容。常用“为……根据……现通告如下”句式
	通告事项	通告的主体部分，根据公众需要遵守的事项分条列项陈述。内容简单的可以采用篇段合一的方式写作
	结语	一般用“特此通告”结尾。也可省略，事项结束即收尾
落款		发文机关名称＋成文日期

通告的范文解析

1. 周知性通告范文

通告

经市政府同意，沙坪城区人民路至越楼一站排水改造工程于 2020 年 3 月 23 日至 2020 年 7 月 5 日施工，需对沿线文明路（人民路旧天桥至市政府门口）、中山路（前进路口一直至新湖路北湖斜坡脚）及周边道路，分段分时进行封闭施工，其间将进行交通管制。请途经此处的市民按现场交通标志指引通行，为此带来的不便，敬请谅解。

特此通告。

鹤山市公安局交通警察大队

鹤山市水利工程项目管理所

2020 年 3 月 20 日

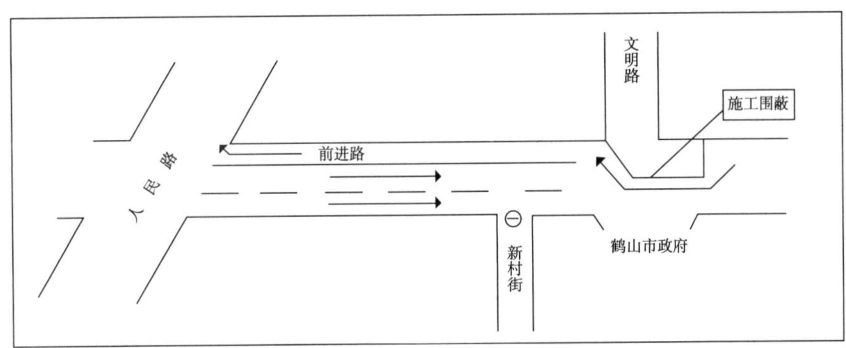

范文解析

这类周知性通告是生活中常见的通告，目的是告知公众道路施工情况，类似的还有停水、停电通告等。此类通告一般采取张贴方式，在公众经常经过的地段进行告知。还可以辅以示意图，以便公众更清晰地理解和掌握通告内容。

思维导图

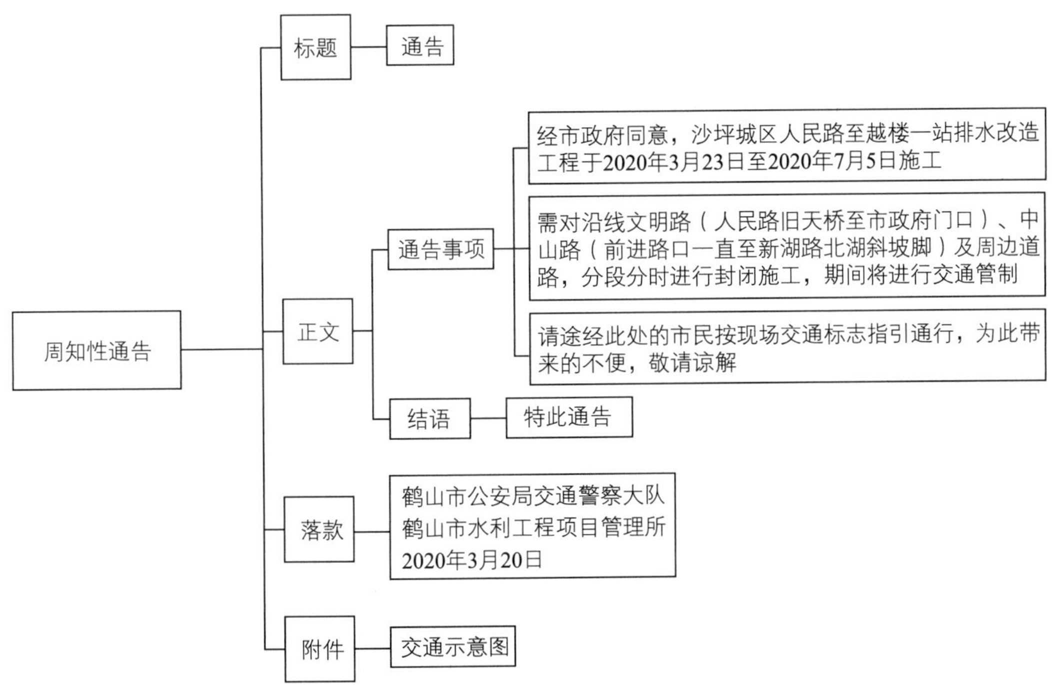

2. 规约性通告范文

泰州市地方金融监督管理局关于进一步规范开展地方金融业务的通告

近期，我市在监管检查中发现，个别市场主体假冒地方金融组织，违法违规开展地方金融业务。为确保我市地方金融组织依法设立和合规经营，维护好地方金融经营秩序，切实保护广大金融消费者合法权益，根据《江苏省地方金融条例》有关规定，特通告如下：

一、设立地方金融组织（地方金融组织，是指依法设立的小额贷款公司、融资担保公司、区域性股权市场、典当行、融资租赁公司、商业保理公司、地方资产管理公司以及法律、行政法规和国务院授权由地方人民政府实施监督管理的从事金融业务的其他组织），应当按照法律、行政法规和国家规定，经批准取得相关金融业务许可或者经营资格。未经批准，任何组织和个人不得从事或者变相从事地方金融组织的业务活动。

擅自从事或者变相从事地方金融组织的业务活动的，责令停止经营，没收违法所得，并处五十万元以上一百万元以下的罚款，对相关责任人处一万元以上五万元以下的罚款。

二、为借贷、投资、保证、租赁、保理、买卖、赠予等活动提供咨询顾问、信息撮合等中介业务，开展内部信用互助，通过预收款、保证金等方式提供商品或者服务的非金融组织或者个人，应当规范经营、诚实守信，依法接受监督，不得变相从事金融业务。

三、地方金融组织不得从事下列活动：（一）吸收存款或者变相吸收存款；（二）非法开展受托出借资金、受托投资、自营贷款等业务；（三）涂改、倒卖、出租、出借或者以其他形式非法转让金融业务许可证件或者经营资格批准文件；（四）挪用、侵占客户资金；（五）进行欺诈、虚假宣传；（六）明知或者应知其他组织、个人从事非法活动，而为其提供便利；（七）以暴力、威胁或者其他非法手段催收债务；（八）法律、法规和国家规定不得从事的其他活动。

地方金融组织违反上述第二项至第七项规定的，责令限期改正，没收违法所得，并处二十万元以上一百万元以下的罚款；逾期不改正的，责令停业整顿；情节严重的，由批准机关吊销相关金融业务许可证件或者取消相关金融业务经营资格。

请广大市民朋友提高警惕，在地方金融组织进行小额贷款、融资担保、典当、融资租赁、商业保理等金融消费活动时，要认真查看市场主体有无取得相应的地方金融业务经营许可或者经营资格，有无悬挂泰州市地方金融监督管理局统一制作的监管公示牌。如发现违法违规行为，请及时向泰州市或市（区）地方金融监管部门投诉举报。

投诉举报电话：××××××

泰州市地方金融监督管理局

（略）

泰州市地方金融监管局

2022 年 7 月 6 日

范文解析

这篇规约性通告采取的是“发文机关名称 + 事由 + 通告”的标题形式，能够让公众非常清晰地了解通告主题。这样的标题比较适合内容较多、需要公众快速掌握核心内容的通告。

正文第一段交代了发布通告的背景、目的、依据，言简意赅、有理有据。在通告事项中，分了三个部分进行写作，用数字标示层次，内容非常具体，通过枚举法明确通告规约的对象、行为，可操作性、指导性很强。第一部分对设立地方金融组织提出了相关要求，并明确写出了对违规者的处罚办法。第二部分界定了不属于金融业务、需要规范开展的相关业务。第三部分对地方金融组织不得从事的活动进行了罗列。这三个部分相互补充、逻辑周延。最后，通告对市民提出了希望和号召，并提供了投诉举报电话。

这篇通告条理清晰、逻辑严谨，内容明确、可操作性强，为公众遵循要求开展相关工作提供了明确指导。

思维导图

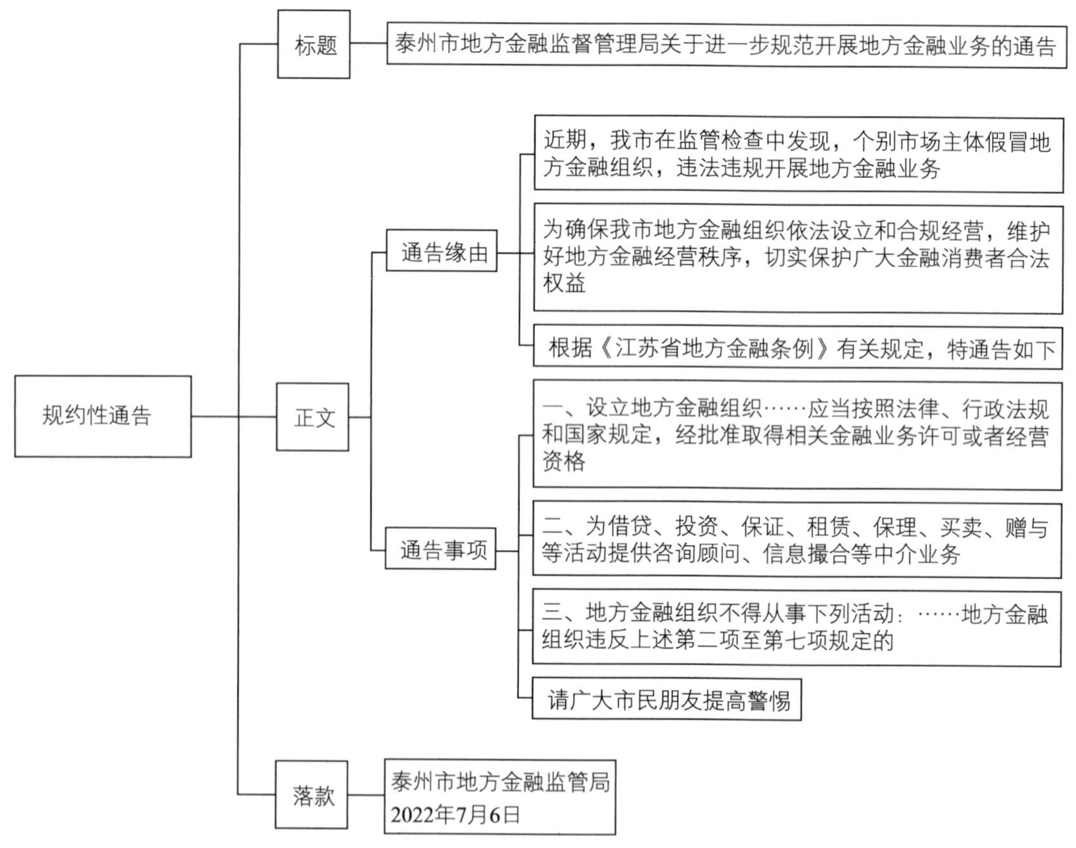

通知

通知的内涵特点

通知适用于发布、传达要求下级机关执行和有关单位周知或者执行的事项，以及批转、转发公文。根据通知的功能和作用，可以将通知分为四种，即指示性通知、发布性通知、转文性通知和事务性通知。

指示性通知主要用于上级机关对下级机关的某项工作进行指导部署，并且内容的重要程度不适宜使用决定、意见等文种。

发布性通知主要用于发布本机关内部使用的规划、计划、方案等事务性公文，作为一种发文载体使用。政府部门规章、行政法规等层级较高的法规制度要用令进行发布，不能用发布性通知。

转文性通知主要用于公文的转达，包括转发通知和批转通知两种。其中转发通知用于转发上级公文和不相隶属机关的公文，批转通知用于将下级机关呈报上来的公文批转给其他下级机关。

事务性通知主要用于机关日常工作的相关事务，例如召开会议、职务任免、机构调整、启用印章、放假调休等，都可用通知形式进行告知与指导。

通知通常作为下行文使用，有时也可以用平行文的方式发给不相隶属的机关单位，是日常工作中应用最广泛的文种，在写作时要注意以下特点。

（1）类型的多样性。通知是公文中应用最广泛的一个文种，掌握通知的写作是公文的入门功课。同时，通知的类型较多，要熟练掌握每种通知的写作方法，准确区分不同通知的功能，需要进行一定的写作练习。

（2）明显的时效性。绝大部分通知的事项是要求立即执行或知晓的，时效性很强，需要下级迅速落实，比如会议通知，过期即失效。

（3）内容的扼要性。通知一般都非常简短，以清楚下达指示、说明问题为准，不需要过多的理论叙述、语言铺垫。即使是指示性通知，篇幅也不宜过长。

通知的写作流程

在四种通知中，指示性通知内容相对复杂，发布性通知、转文性通知和事务性通知相对比较简单，因此写作流程有所不同。

1. 指示性通知写作流程

指示性通知用于对某项工作开展过程中发现的问题提出补充要求，写作流程有三步八个环节。

第一步：充分准备。

环节 1：定文种。要对某项工作提出要求、发出指示时可选用指示性通知。通常情况下，此项工作已经通过规划、意见、计划等进行了部署，在执行过程中又需要补充有关要求，此时使用指示性通知比较灵活，便于及时下达，推进工作。

环节 2：明主题。指示性通知的主题一般与这项工作的相关文件保持一致，通常在标题中以“持续做好”“推进”“加强”等词语修饰工作主题，表示工作主题的延续性。

环节 3：集资料。围绕工作主题，重点搜集工作推进过程中实际发现的新情况，例如下级实践经验的总结、存在的不足，同时结合形势要求，对发展中出现的新问题做深入调研，以充分掌握相关资料信息。

第二步：深度思考。

环节 4：找问题。指示性通知针对的问题往往都是发展过程中出现的新问题，这些问题一般难以在工作部署时预见到。因此，要与参与实践的相关一线人员深入交流，从理论和实践两个层面深度分析，找准问题的真正成因，深入思考解决对策。

环节 5：理结构。找到问题后，按对策安排指示性通知的结构。对策与问题相对应，一般是有多少问题，就以对策的形式写多少条目，不需要更多的逻辑层次。

第三步：精准写作。

环节 6：拟标题。指示性通知主标题需要按公文要素写全，即“发文机关名称＋事由＋通知”，不能省略，尤其是事由要写清楚，让受文人对通知的主题一目了然。正文中的标题往往以针对问题的对策形式出现。标题层次分明，一般最多写到二级标题即可。

环节 7：填内容。指示性通知内容较多，多数采取总分条文式布局进行写作。第一段引言是总领全文的概要段落，需要交代清楚通知的背景、工作基本情况、形势和问题，可以肯定成绩、指出问题，也可以说明依据、阐明目的和意义。总之，这里需要讲清楚通知的主旨，表明通知需要传达的思路。因此，在第一段中，一定要出现总揽全文的主旨句。其后的段落分述通知事项，重在针对发现的问题写清楚对策措施、执行要求等，通常用条文列举即可。

环节 8：修语言。指示性通知的语言风格介于决定和意见之间，具有一定的强制性和严肃性，比意见的语气要重。因为是针对问题发出的，所以写作语气需要更加坚定；同时，通知内容又有一定灵活性，允许下级有一定的工作探索空间。

2. 发布性通知、转文性通知和事务性通知写作流程

这三类通知作为简单文种，写作流程可以分为四个环节。

环节 1：定文种。需要发布或转发文件，或者下达任命、召开会议等事务工作需要告知有关事项，可选择使用相应类型的通知。

环节 2：拟标题。这类通知的主标题符合公文标题的一般结构，要素要写全，便于受文对象明确通知的主题。在正文中，内容比较简单的不需要列出标题，如发布性通知可篇段合一，任免通知可按职务分条写作。会议通知的正文标题一般按时间、地点、主题、参加人员、有关要求等进行写作。

环节 3：填内容。这类通知的内容逻辑比较简单，一般在开头用一两句话讲清楚“为什么”，然后重点讲清楚“怎么做”，要具体到一看就能执行，没有歧义、不用多加解释。

环节 4：修语言。通知的语言需要用语准确、言简意赅、表意肯定。通知写作比较简单，思想上容易轻视，因此要特别注意对细节的检查，比如写作会议通知时对于时间、地点、参加人员等要反复检查，确保不出现错漏。

通知的写作模板

表 2-5　　指示性通知写作模板

标题		发文机关名称 + 事由 + 通知
主送机关		受文单位名称或个人称谓
正文	通知缘由	引言部分一般独立成段，主要介绍发布通知的背景情况，说明发布依据，阐明目的和意义，较为复杂的工作还需要明确指导思想。重在写清楚文章主旨，开门见山表明通知思路
	通知事项	写明做什么、怎么做，采取条文式写法，对工作任务、工作原则、对策措施、有关要求、注意事项等进行阐述。在条文每段开头用一句话概括，作为标题或段首主旨句
	结语	以希望和要求结尾（也可以不写，事项写完直接结束）
落款		发文机关名称 + 成文日期

表 2-6　　发布性通知写作模板

标题		（1）发文机关名称 + 关于印发（颁布、公布、下发）《……》+ 通知 （2）关于印发（颁布、公布、下发）《……》+ 通知
主送机关		受文单位名称或个人称谓
正文	通知缘由	一般用一句话交代清楚发布文件的背景、原因和发布依据，常用“为……根据……”句式
	通知事项	写法比较固定，一般用“《……》已经 ××× 部门同意，现印发（颁布、公布、下发）给你们”
	结语	针对通知事项，提出贯彻落实的要求和希望
落款		发文机关名称 + 成文日期
附件		印发（颁布、公布、下发）文件名称

表 2-7　　转文性通知写作模板

标题	（1）发文机关名称 + 关于转发（批转）……+ 通知 （2）关于转发（批转）……+ 通知
主送机关	受文单位名称或个人称谓

续前表

正文	转文对象	写清楚转发（批转）文件名称、原发文单位
	转文意见	简要写法：极为简要地表明态度、做出评价或提出要求，一般只写一个自然段； 详细写法：在简要写法的基础上，针对被转发文件，结合实际工作情况提出更有针对性、更具体的执行要求，内容较多的可以分条列项进行写作
	结语	以希望和要求结尾（也可以不写，转文意见写完直接结束）
落款		发文机关名称 + 成文日期
附件		转发（批转）文件名称

表 2-8　事务性通知写作模板

标题		（1）发文机关名称 + 事由 + 通知 （2）事由 + 通知
主送机关		受文单位名称或个人称谓
正文	通知缘由	简要交代清楚发布文件的背景、原因和发布依据，常用“为……根据……”句式
	通知事项	根据不同事务工作需要，具体直接写清即可 会议通知需要写清楚会议名称、议题、参加人员、时间、地点、要求等 任免通知直接写清楚任免职务情况 放假通知写清楚假期起止时间，对假期工作做出安排和说明
	结语	一般以“特此通知”结尾
落款		发文机关名称 + 成文日期

通知的范文解析

1. 指示性通知范文

国家卫生健康委办公厅关于推进脱贫地区县域重大疾病救治管理工作的通知

国卫办医函〔2021〕519 号

各省、自治区、直辖市及新疆生产建设兵团卫生健康委：

2016 年以来，国家卫生健康委联合有关部门实施农村贫困人口大病专项救治工作，组织对农村贫困大病患者实施定点集中救治，加强组织管理，协调有关部门完善保障政策，为助力打赢脱贫攻坚战发挥了积极作用。为贯彻落实《中共中央 国务院关于实现巩固拓展脱贫攻坚成果同乡村振兴有效衔接的意见》，按照国家卫生健康委等部门《关于巩固拓展健康扶贫成果同乡村振兴有效衔接的实施意见》（国卫扶贫发〔2021〕6号）要求，我委对农村贫困人口大病专项救治工作相关政策进行了调整完善，现就有关要求通知如下。

一、调整完善脱贫地区县域重大疾病规范救治管理政策

在前期工作基础上，将农村贫困人口大病专项救治模式作为脱贫地区县域医疗机构针对所有罹患30种大病的患者住院治疗的规范化措施。即对在脱贫地区县域内就诊的，罹患30种大病患者，按照自愿原则和“定定点医院、定临床路径，加强质量安全管理”的模式实施诊疗，同时加强医疗行为监管，合理控制医疗费用，减轻大病患者经济负担。现有30种大病的定点医院、临床路径、诊疗方案、专家组等，原则上保持不变。

各省份可结合实际在此基础上扩大工作实施的病种范围，同时鼓励将相关工作经验和模式逐步向其他地区推广。

二、建立健全医疗服务模式，提高医疗服务水平

（一）确定定点医院。各地卫生健康行政部门要根据救治病种需要，按照“分级分类、保证质量、方便患者、管理规范”的原则合理确定定点医院，定点医院设置要体现分级诊疗要求，按病种、分级别设置，满足诊疗需求。要落实基层首诊原则，在确保医疗质量安全的前提下，鼓励、引导患者在县域内就诊，确有必要的，转诊至省、市级医疗机构治疗。

（二）规范医疗服务。各地卫生健康行政部门要指导定点医院推进临床路径管理，根据国家卫生健康委印发的有关病种诊疗规范、临床路径、技术操作规程等，制订具体的临床路径和诊疗方案。加强对定点医院的技术指导、业务培训，加强医疗质量管理与控制，加大医疗行为监管力度。定点医院要强化规范诊疗意识和医疗质量安全意识，完善管理制度和工作规范，促进合理检查、合理治疗、合理用药。

（三）推进全程服务。定点医院要加强与基层医疗卫生机构的沟通衔接，及时将大病患者信息转介至患者所在辖区基层医疗卫生机构。相关基层医疗卫生机构要结合家庭医生签约和基本公共卫生服务，加强对大病患者的健康管理和服务，提供就医指导和健康宣教。

（四）强化能力提升。各地卫生健康行政部门要支持定点医院基础设施建设、设备设施配备等，加强县域医疗服务能力建设。积极发展以县级医院为龙头的紧密型县域医共体，加快推进专科联盟建设，持续开展专家组巡诊和对口支援等工作，推进“互联网＋医疗健康”和远程医疗服务，提升县域大病诊疗能力。

（五）合理控制医疗费用。定点医院要按照“保基本，兜底线”的原则，在保障医疗质量安全前提下，优先选择国家医保目录药品等，严格控制医疗费用。加强医患沟通，在诊疗活动中应当向患者说明医疗措施、费用及保障政策和替代方案等，尊重患者选择权。各级地方卫生健康行政部门要积极推进分级诊疗制度建设，加强宣传引导，减少因异地就医带来的医疗费用和相关支出增加，减轻大病患者经济负担。

三、加大工作力度，确保落实到位

（一）统一思想，提高认识。做好脱贫地区县域重大疾病救治管理，是巩固拓展健康扶贫成果与乡村振兴战略有效衔接的重要举措，也是提高脱贫地区县域医疗服务和保障水平，提升县域居民健康水平的重要具体措施。各地卫生健康行政部门要高度重视，加强组织领导，加大工作力度，推动完善重大疾病救治管理政策，抓好工作组织实施。

（二）细化方案，加强督导。各地卫生健康行政部门要按照通知要求，结合地区实际，制订具体实施方案，细化任务分工。统筹做好政策衔接、资源调配等，加大工作督导检查推动力度，着力推进实施，并结合乡村振兴工作进程调整完善相关政策措施。国家卫生健康委将适时组织对各地进行调研，推进工作落实。

（三）广泛宣传，总结提高。各地卫生健康行政部门要加大培训宣传力度，确保卫生健康行政部门和有关定点医院及相关工作人员准确掌握脱贫地区县域重大疾病救治管理工作涉及的政策调整和最新要求。要向社会广泛宣传，提高公众政策知晓率，努力营造良好舆论氛围。及时总结工作进展情况和经验，做好相关统计分析，推广典型做法，推动优化完善工作方案，进一步提升脱贫地区县域重大疾病医疗服务能力水平。

国家卫生健康委办公厅

2021 年 10 月 9 日

范文解析

这篇指示性通知是对上级相关文件中专项工作的补充完善，符合指示性通知的功能定位。标题是完整公文式标题，在标题中点明了“推进脱贫地区县域重大疾病救治管理工作”这一行文主题，一目了然。

引言部分交代了农村贫困人口大病专项救治工作的背景情况，介绍了取得的成效，引述了拟制通知的相关文件依据，并明确了通知的主旨，即“对农村贫困人口大病专项救治工作相关政策进行了调整完善”。接下来从三个部分详细写明通知事项。第一部分是管理政策，第二部分是服务模式，第三部分是有关要求。其中第二、三部分内容较多，采取了分条列项的方式进行写作。

整篇通知主题鲜明、语言简洁、内容具体、指示明确，为下级机关提供了清晰到位的工作指引。

思维导图

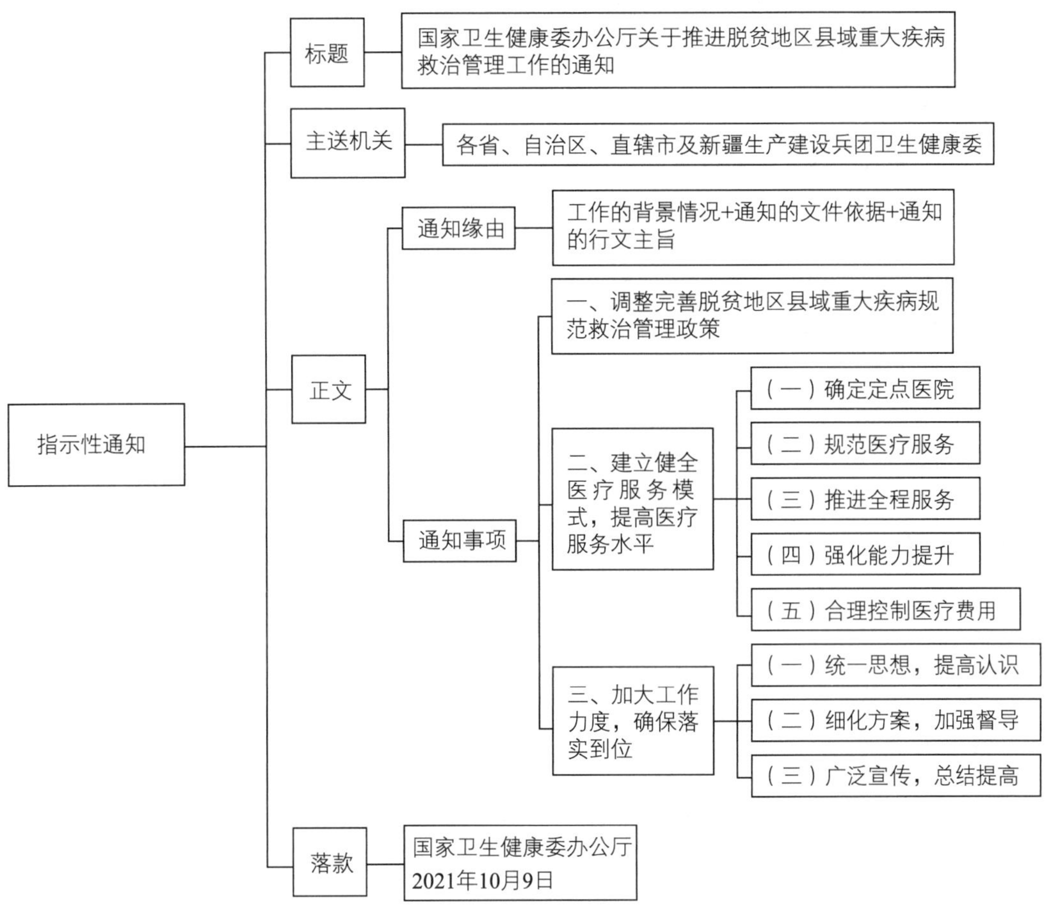

2. 发布性通知范文

关于印发《“十四五”积极应对人口老龄化工程和托育建设实施方案》的通知

发改社会〔2021〕895 号

各省、自治区、直辖市及计划单列市、新疆生产建设兵团发展改革委、民政厅（局）、卫生健康委，北大荒农垦集团有限公司：

为推进实施积极应对人口老龄化国家战略，以“一老一小”为重点完善人口服务体系，扩大养老托育服务有效供给，提升服务质量，完善服务体系，不断满足人民日益增长的美好生活需要，根据《中华人民共和国国民经济和社会发展第十四个五年规划和2035年远景目标纲要》和中共中央、国务院印发的《国家积极应对人口老龄化中长期规划》、《国务院办公厅关于促进养老托育服务健康发展的意见》（国办发〔2020〕52号）等有关文件要求，国家发展改革委、民政部、国家卫生健康委共同制定了《“十四五”积极应对人口老龄化工程和托育建设实施方案》（以下简称《实施方案》）。

现印发你们，请结合《积极应对人口老龄化工程和托育建设中央预算内投资专项管理办法》（发改社会规〔2021〕525号）要求，认真做好项目前期准备工作，加强对《实施方案》实施的监督检查，确保建设质量，提高资金使用效益，适时开展评估工作。

国家发展改革委

民政部

国家卫生健康委

2021年6月17日

附件：“十四五”积极应对人口老龄化工程和托育建设实施方案（略）

范文解析

这篇印发通知比较简单，采用的是“事由＋通知”的标题形式。正文分两段，第一段对制发《实施方案》的时代背景、目的意义进行了介绍，详细列出了作为《实施方案》制定依据的有关文件，明确了制定依据的权威性和《实施方案》的重要性。第二段明确了贯彻落实《实施方案》需要遵循的管理文件，并对工作实施全流程提出了非常精练的要求。通知篇幅不长，层次分明，用语简练，指示清晰。

思维导图

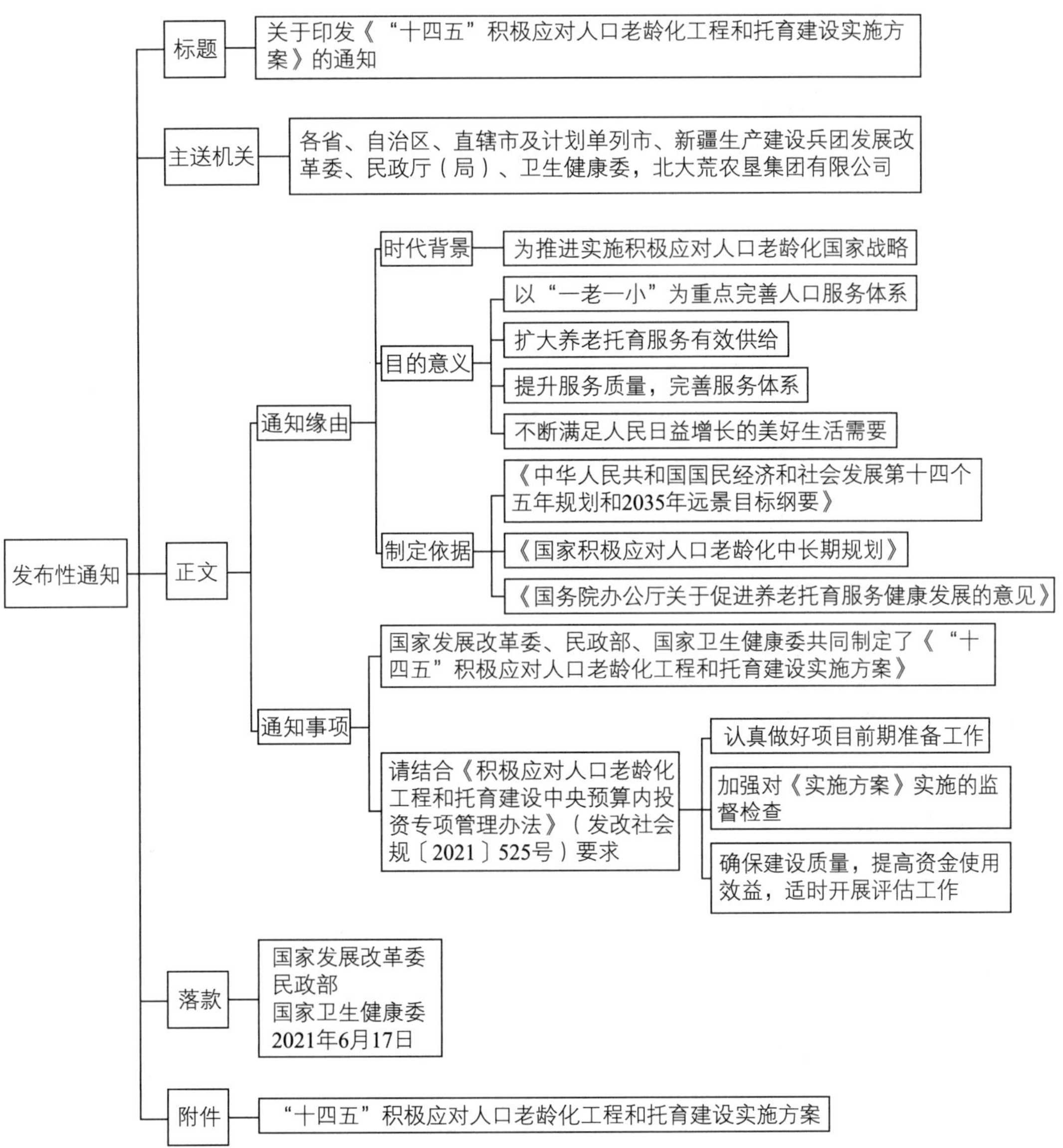
发布性通知
标题
关于印发《“十四五”积极应对人口老龄化工程和托育建设实施方案》的通知
主送机关
各省、自治区、直辖市及计划单列市、新疆生产建设兵团发展改革委、民政厅（局）、卫生健康委，北大荒农垦集团有限公司
正文
通知缘由
时代背景
为推进实施积极应对人口老龄化国家战略
目的意义
以“一老一小”为重点完善人口服务体系
扩大养老托育服务有效供给
提升服务质量，完善服务体系
不断满足人民日益增长的美好生活需要
制定依据
《中华人民共和国国民经济和社会发展第十四个五年规划和2035年远景目标纲要》
《国家积极应对人口老龄化中长期规划》
《国务院办公厅关于促进养老托育服务健康发展的意见》
通知事项
国家发展改革委、民政部、国家卫生健康委共同制定了《“十四五”积极应对人口老龄化工程和托育建设实施方案》
请结合《积极应对人口老龄化工程和托育建设中央预算内投资专项管理办法》（发改社会规〔2021〕525号）要求
认真做好项目前期准备工作
加强对《实施方案》实施的监督检查
确保建设质量，提高资金使用效益，适时开展评估工作
落款
国家发展改革委
民政部
国家卫生健康委
2021年6月17日
附件
“十四五”积极应对人口老龄化工程和托育建设实施方案

3. 转文性通知范文

（1）转发通知范文。

海南省人民政府办公厅转发国务院办公厅关于西安地铁“问题电缆”事件调查处理情况及其教训通报的通知

琼府办〔2017〕113号

各市、县、自治县人民政府，省政府直属各单位：

现将《国务院办公厅关于西安地铁“问题电缆”事件调查处理情况及其教训的通报》（国办发〔2017〕56号，以下简称《通报》）转发给你们，并就吸取西安地铁“问题电缆”事件教训，全面加强我省电线电缆质量整治工作提出以下要求，请一并认真贯彻落实。

一、引以为戒，牢固树立质量第一的强烈意识

西安地铁“问题电缆”事件社会影响恶劣，严重损害了政府公信力。该事件问责有关政府部门及其下属单位122人，教训十分深刻。各市县政府、各单位和各有关企业要认真组织传达学习《通报》全文，吸取教训，引以为戒，切实增强下最大气力抓全面提高质量的责任感和紧迫感，以对人民群众高度负责的态度，实将质量工作摆上更加突出的位置，牢固树立“质量第一”“质量为先”意识，不断完善质量监管制度，积极采取有力措施，强化全过程、全链条、全方位监管，堵住质量安全隐患和漏洞，坚决杜绝此类问题发生，切实保障质量安全。

二、落实责任，切实加强全面质量监管

各市县政府、各单位和各有关企业要切实落实监管责任，迅速行动，根据职责围绕电线电缆生产、流通、使用等环节，在全省开展线缆产品专项整治，排查和消除各类安全隐患，做到检查企业全覆盖、存在问题全查准、问题处置全到位、违法信息全通报。同时，要以此为鉴，举一反三，切实加强全面质量监管，严厉惩处侵害群众切身利益的违法违规行为。全面推行“双随机、一公开”监管制度，强化部门联合监管，推动部门间、地区间涉企信息交换和共享，及时公开企业不良信息，提升监管效率和水平。要深入整顿市场秩序，加强打击侵犯知识产权和制售假冒伪劣商品工作，严厉打击各类扰乱市场秩序和不正当竞争行为，坚决把严重违法违规企业依法逐出市场，让违法者付出高昂代价。要加大对建设工程质量的监督检查力度，确保建设工程质量安全。

三、严格标准，坚守质量安全底线

各生产企业要严格落实质量主体责任，坚持“严”字当头，认真开展自查自纠，强化内部管理，严格生产标准要求，严格原材料采购、生产过程和出厂检验等环节的控制，做到诚信、守法生产和经营，确保产品质量安全。各采购单位要完善招投标和设备材料采购制度，建立价格预警干预机制，加快改变以价格为决定因素的招标和采购管理模式，实施技术、质量、服务、品牌和价格等多种因素的综合评估，推动“拼价格”向“拼质量”转变，切实保障采购产品的质量。

四、加强宣传和舆论监督，形成齐抓共管局面

各市县政府、各单位和各有关企业要充分发挥广播、电视、报刊、网络等媒体的监督和引导作用，营造深入扎实开展线缆产品专项整治的良好舆论氛围。注重发挥企业主体作用、政府部门监管作用、社会组织和消费者监督作用，形成工作合力和齐抓共管局面。要及时总结推广典型经验和有效做法，发挥典型带动和示范引领作用，促使全省质量提升行动深入扎实开展。

五、加强领导，狠抓落实

各市县政府、各单位要加强对质量工作的领导，把贯彻落实《通报》精神和全省质量工作会议的部署作为加强全面质量监管的重要内容摆上议事日程，抓好工作部署、督促、检查和落实。要明确领导责任，主要领导亲自抓，分管领导具体抓。要把《通报》贯彻落实纳入目标责任制，逐级分解目标任务，一级抓一级，层层抓落实。要进一步完善协调联动工作机制，在强化执行力上下功夫，加强全面质量监管，有效防范和减少质量安全事故的发生。

海南省人民政府办公厅

2017 年 7 月 18 日

附件：国务院办公厅关于西安地铁“问题电缆”事件调查处理情况及其教训的通报（略）

范文解析

一般的转发通知只需要用一个自然段行文即可，这篇转发通知不是简单的转发通知。鉴于事件的严重性，该通知为提醒有关方面注意，在写明转发文件后，进一步明确了有关要求，表明发文机关对通知涉及问题的重视程度。

标题采取的是完整公文标题写法。需要注意的是，转发文件时，除了法规、规章制度名称加书名号外，像本通知转发的通报等公文是不加书名号的。

通知第一段首先明确了转发的文件名称，并用一句主旨句明确了通知的核心要求，即“吸取西安地铁‘问题电缆’事件教训，全面加强我省电线电缆质量整治工作”。随后分五个部分，从意识、监管、标准、监督、领导等方面，对这项工作提出了具体明确的要求。并且五个部分都用了复句式标题，这在通知中是不常见的，起到了对相关工作的强调作用。

该通知对各级机关、各部门、企业提出了明确的行动指示，从这个意义上看，这篇转发通知也发挥了一定指示性通知的功能。

思维导图

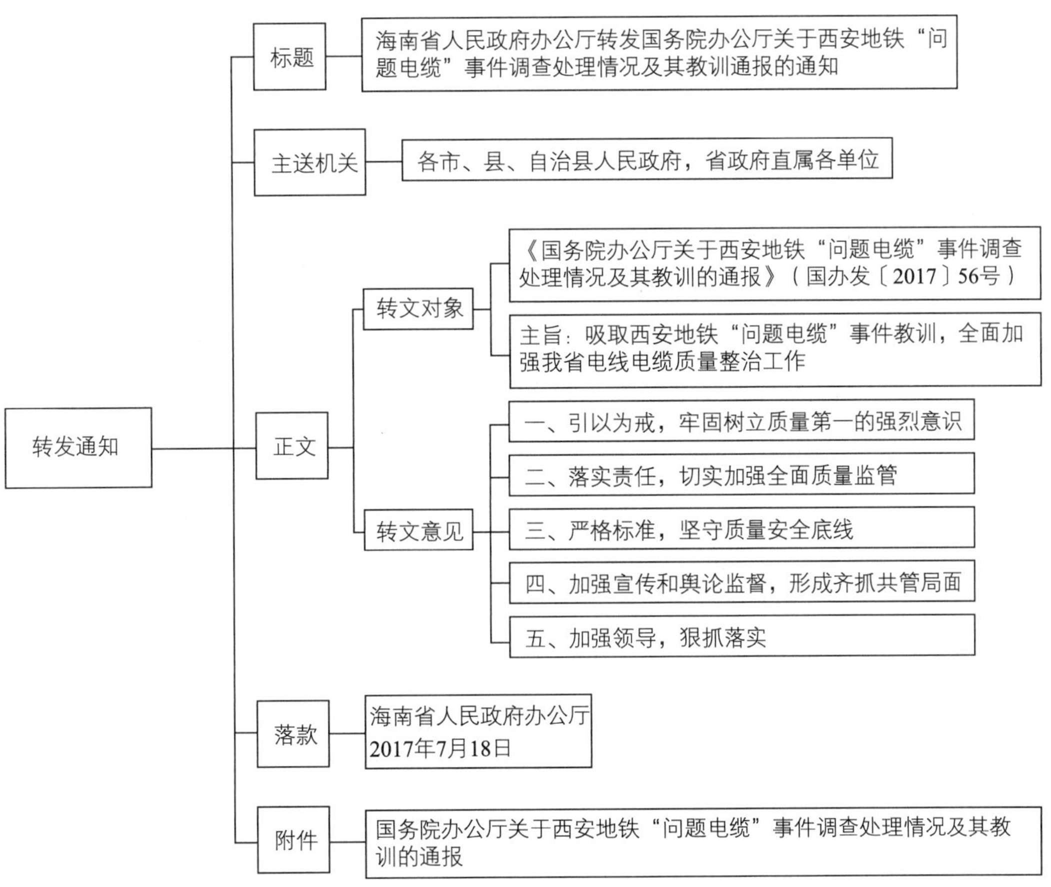

（2）批转通知范文。

永康市人民政府关于批转 2021 年义务教育阶段学校和幼儿园招生工作实施意见的通知

各镇人民政府、街道办事处，经济开发区、现代农业装备高新区（城西新区）、方岩风景名胜区、江南山水新城管委会，市政府各部门：

现将市招生委员会制订的《永康市 2021 年义务教育阶段学校和幼儿园招生工作实施

意见》批转给你们，请认真贯彻执行。

永康市人民政府

2021 年 5 月 27 日

附件：永康市 2021 年义务教育阶段学校和幼儿园招生工作实施意见（略）

范文解析

这篇批转通知是将下级的工作实施意见，批转给其他下级机关单位执行，用的是篇段合一的写作方式。因为是每年都要开展的常规性工作，所以并没有对这份文件做过多的解释和要求，只用了一句通用要求“请认真贯彻执行”。这是批转通知的常规写法。

思维导图

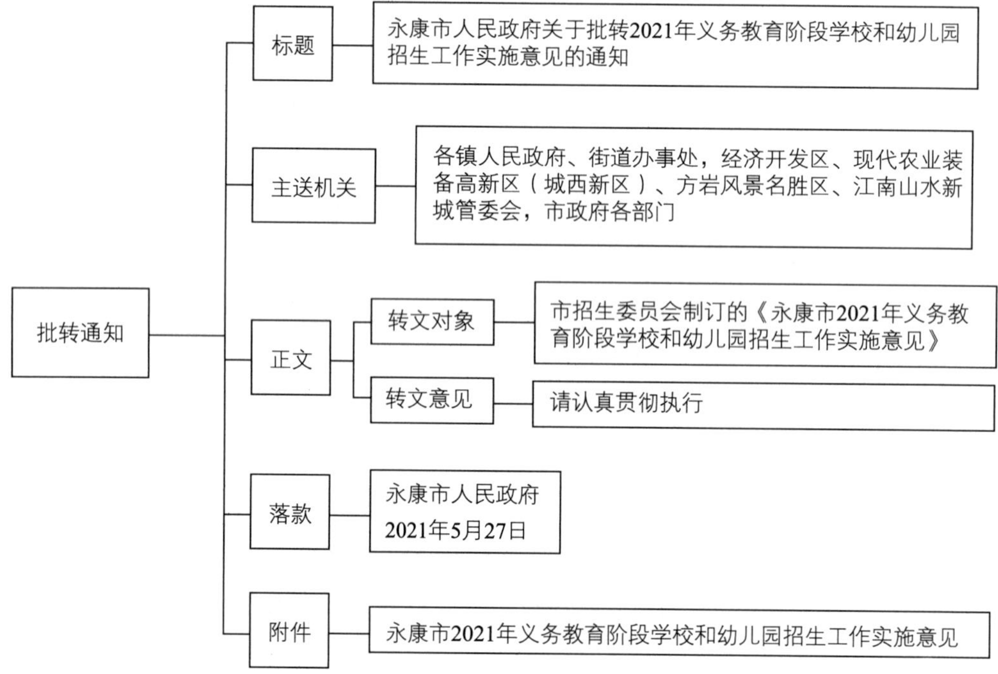

4. 事务性通知范文

（1）会议通知范文。

体育总局关于召开 2018 年全国体育宣传工作会议的通知

各省、自治区、直辖市、新疆生产建设兵团体育局，中央军委训练管理部军事体育训练中心，各司、局，驻体育总局纪检组，各直属单位，中国足球协会，中国篮球协会，各改革试点项目协会：

为深入学习贯彻党的十九大精神，做好体育宣传思想文化工作，定于 2018 年 4 月在北京召开全国体育宣传工作会议。现将有关事项通知如下：

一、会议时间

2018 年 4 月 24 日（星期二）至 4 月 25 日（星期三），会期 2 天。

4 月 23 日（星期一）报到，26 日（星期四）离会。

二、会议地点

体育总局机关办公楼 102 会议室

三、会议主题

高举习近平新时代中国特色社会主义思想伟大旗帜，深入学习宣传贯彻党的十九大精神，围绕体育事业改革发展大局，努力开拓体育宣传思想文化工作新局面。

四、会议主要议程

总局领导讲话；宣传司负责同志作工作报告；新体育网推介；专家授课；分组讨论；会议总结。

五、参会人员

（一）总局领导；

（二）各省、自治区、直辖市、新疆生产建设兵团体育局分管宣传工作的领导及处室负责人，每单位2人；

（三）中宣部新闻局、中央网信办应急局，各1人；

（四）中央军委训练管理部军事体育训练中心分管宣传工作的领导，1人；

（五）总局机关各厅、司、局，驻体育总局纪检组分管宣传工作的领导，各1人；

（六）各直属单位，中国足球协会，中国篮球协会，各改革试点项目协会分管宣传工作的领导，各1人；

（七）主要新闻单位体育部门，各1人。

六、食宿安排及费用

京外参会人员食宿安排在天坛饭店；京内参会人员在天坛饭店就餐，原则上不安排住宿。食宿费用由会议负担，交通费自理。

七、会议报名

请各单位填写“全国体育宣传工作会议报名表”，于4月13日前通过传真（加盖印章）及电子邮件报名。报名表可从总局政府网站—宣传司—文件公告栏目中下载。

八、会议报到

京外会议代表请于4月23日（星期一）到天坛饭店一层大厅报到。地址：北京市东城区体育馆路1号。

京内会议代表请于4月24日（星期二）8:30前到体育总局机关办公楼一层102会议室报到并参会。地址：北京市东城区体育馆路2号。

联系人：××× ×××

电　话：（略）

传　真：（略）

邮　箱：（略）

体育总局办公厅

2018 年 4 月 8 日

附件：全国体育宣传工作会议报名表

范文解析

这篇会议通知非常规范，要素齐全，文字简明。标题是完整要素的公文标题。引言简述了召开会议的目的，概要介绍了会议时间、地点和会议名称。这段引言非常精练，把关键信息浓缩在一句话中。然后用会议通知常用过渡语“现将有关事项通知如下”引出通知事项。

通知事项包括会议时间、会议地点、会议主题、会议主要议程、参会人员、食宿安排及费用、会议报名、会议报到等八个方面，分条列项详细说明了会议情况及要求。相关要求非常详细，指引性很强。比如，会议报到区分京外代表和京内代表，时间、地点均不相同，便于受文单位准确理解和执行。

思维导图

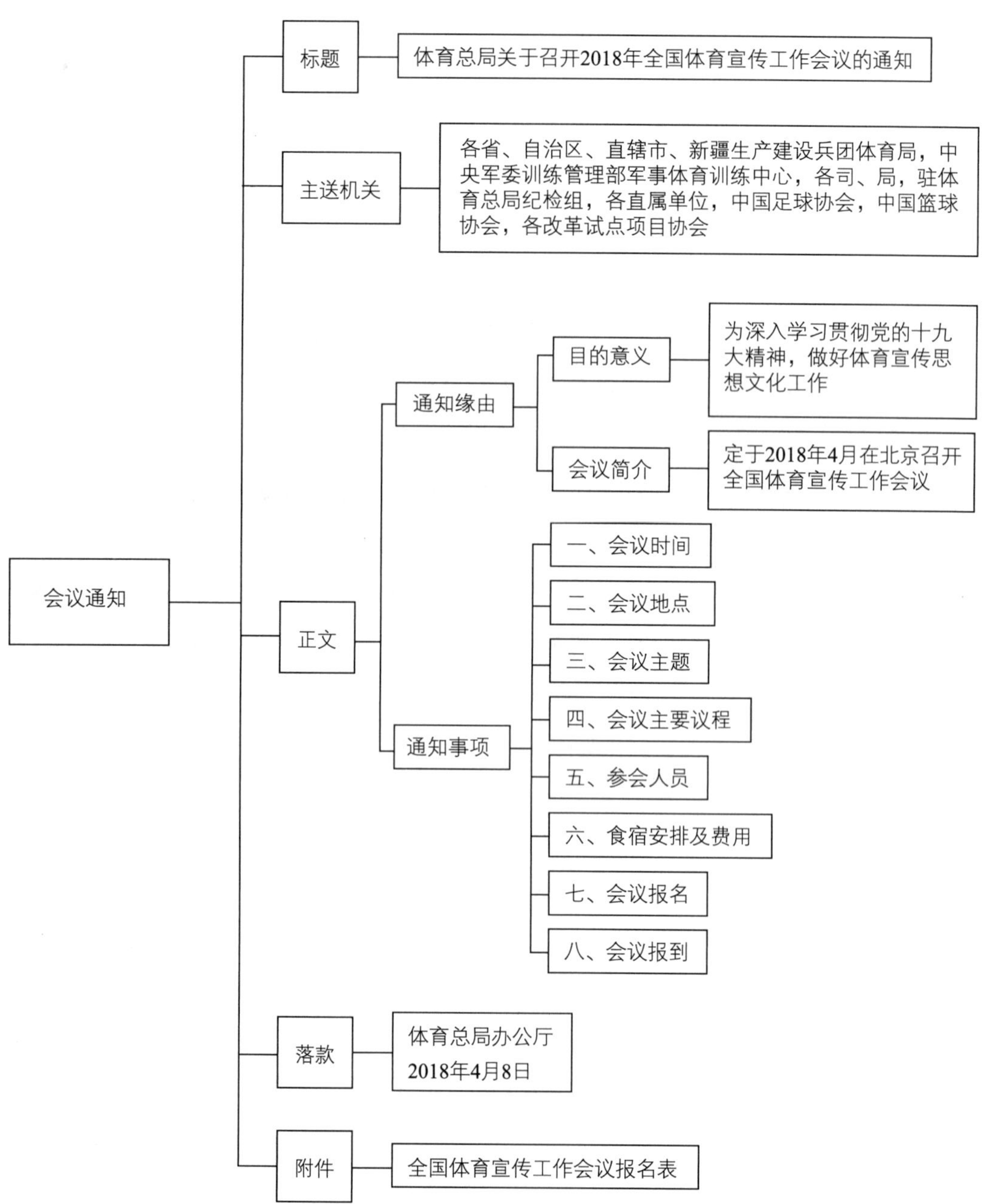
会议通知
标题
体育总局关于召开2018年全国体育宣传工作会议的通知
主送机关
各省、自治区、直辖市、新疆生产建设兵团体育局，中央军委训练管理部军事体育训练中心，各司、局，驻体育总局纪检组，各直属单位，中国足球协会，中国篮球协会，各改革试点项目协会
正文
通知缘由
目的意义
为深入学习贯彻党的十九大精神，做好体育宣传思想文化工作
会议简介
定于2018年4月在北京召开全国体育宣传工作会议
通知事项
一、会议时间
二、会议地点
三、会议主题
四、会议主要议程
五、参会人员
六、食宿安排及费用
七、会议报名
八、会议报到
落款
体育总局办公厅
2018年4月8日
附件
全国体育宣传工作会议报名表

（2）任免通知范文。

合肥市人民政府关于 ××× 等同志职务任免的通知

各县（市）、区人民政府，市政府各部门、各直属机构：

经研究决定：

聘任 ××× 同志为市住房公积金管理中心主任（试用期一年）；

解聘 ××× 同志的市住房公积金管理中心主任职务；

因改制转企，××× 同志的原任市测绘设计研究院院长职务自然免除。

特此通知。

合肥市人民政府

2022 年 3 月 18 日

范文解析

任免通知属于机关常见事务性通知类型，写法比较简单，内容主体就是职务任免情况。按照一项职务任免一行来排版，便于阅读。结尾常用“特此通知”表示强调。

思维导图

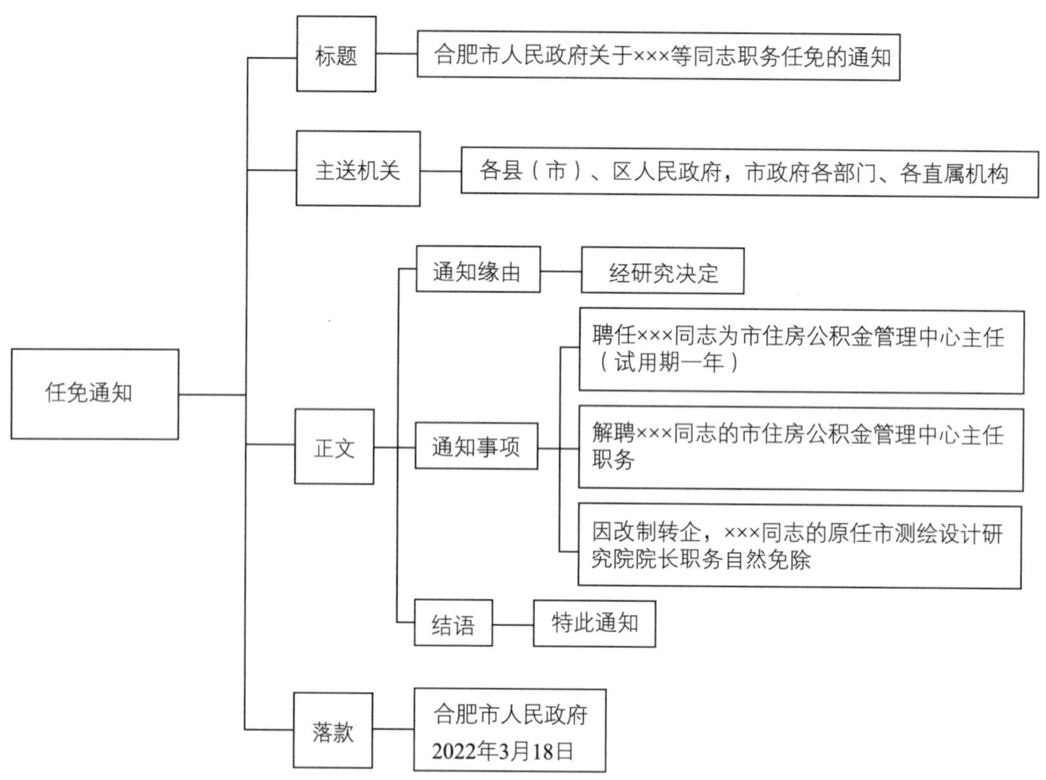

（3）放假通知范文。

关于 2022 年劳动节放假调休的通知

根据国务院办公厅通知精神，2022 年劳动节放假安排如下：2022 年 4 月 30 日（星期六）至 2022 年 5 月 4 日（星期三）放假，共 5 天；2022 年 4 月 24 日（星期日）和 5 月 7 日（星期六）正常上班，放假期间，部分事项可以在区行政服务中心西区 24 小时办事自助区办理。请各位群众合理安排个人时间办理窗口业务，造成不便敬请谅解。

特此通知。

茂名市电白区政务服务数据管理局

2022 年 4 月 22 日

范文解析

这篇放假通知属于周知性通知，是发布给群众看的，因此没有写主送机关。在正文中，除了安排放假事宜，还对假期有关工作进行了安排，清晰明确。同时对群众表达了歉意，语气比较委婉，值得学习借鉴。最后以“特此通知”作为结语。

思维导图

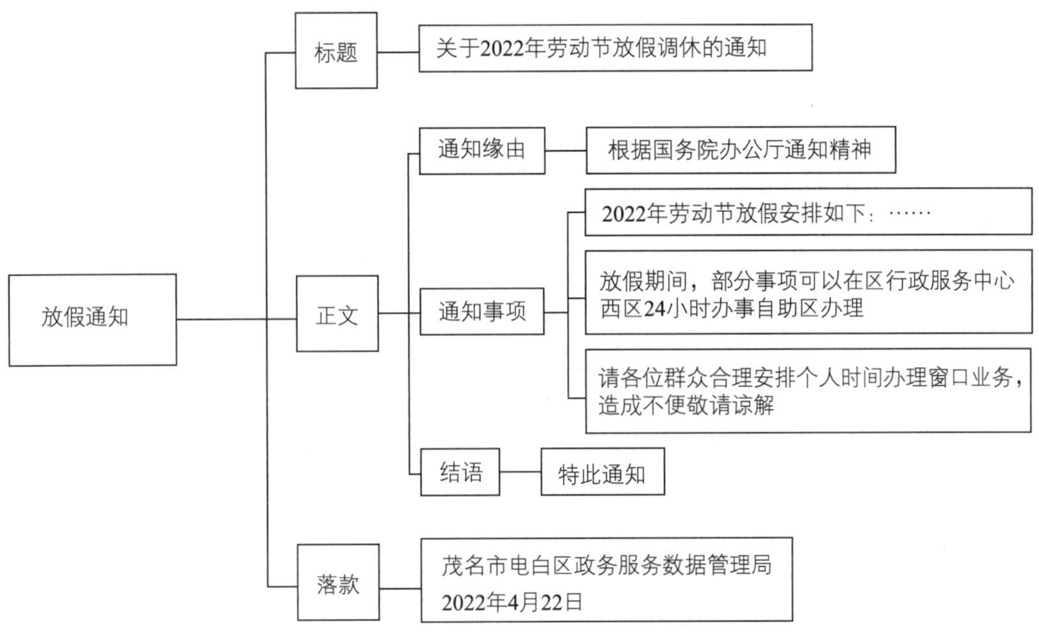

通报

通报的内涵特点

通报适用于表彰先进、批评错误、传达重要精神和告知重要情况。根据通报的功能特点，可以将其分为三类，即表彰性通报、批评性通报和告知性通报。

表彰性通报主要用于表彰先进、褒扬有关单位和个人的经验做法，供有关方面学习借鉴，推动工作向更好方向发展。

批评性通报主要用于批评处理错误、宣布处分决定，重在从中吸取教训，引起有关方面警觉，防止错误问题再次发生。

告知性通报，主要用于将相关重要精神或重要情况告知有关方面，针对具体工作的告知性通报也会进行肯定或批评，并提出改进工作的意见建议。

通报作为重在推动工作的一种下行文，在写作时需要注意以下特点。

（1）政策性要求高。无论是表彰还是批评，通报对于问题的处理方式，对有关方面都发挥着教育引导作用，具有很强的影响力。因此，在撰写通报的过程中，要有很强的政治敏锐性，能够准确把握政策，做到有理有据、有的放矢、令人信服。

（2）典型性要求高。通报要发挥鼓励先进、鞭策后进的作用，在事例的选择上必须具有很强的典型性，表扬的先进经验要具备引领示范意义，经得起检验；批评的错误典型，要有警示作用，能引起重视。总之，事例要有普遍性、代表性，起到以点带面的效果。

（3）时效性要求高。通报的行文要及时，对于新近出现的好现象、好典型，要及时通报；对于发现的问题更要及时制止并予以批评，这样才能起到对工作的有效指导作用。因此，通报都要详细调查、快写快发。

通报的写作流程

通报写作对象比较清楚，写作流程包括两步六个环节。

第一步：充分准备。

环节 1：定文种。在公文写作实践中，有人会混淆通报、通知和通告这三个看起来有些类似的文种。从使用时间上来看，通知和通告都属于事前行文，通报属于事后行文。当需要对某项工作或某人某事已经发生的情况进行发布的时候，选择使用通报。

环节 2：明主题。通报的主题选择一般是经过领导或集体研究决定的。由于通报的敏感性，无论是表彰还是批评，对于主题的定性都需要经过负责领导的认可，充分贯彻领导意图，这是撰写通报时要特别注意的。

环节 3：集资料。通报的资料搜集需要重点注意两个方面，一方面是要充分搜集政策依据类的资料，另一方面是要调查掌握翔实的涉及事实情况的相关材料。在搜集资料的过程中，进一步理清主题和问题的关键点。

第二步：精准写作。

环节 4：拟标题。表彰性和批评性通报主标题中的“事由”要表明对涉及事项的鲜明态度，告知性通报则不需要表明态度。内容篇幅较短的通报，正文中不需要列出标题。篇幅较长、涉及情况比较复杂的通报，正文标题也以精练具体的单句标题为主，表达要准确，不需要做过多文字修饰。

环节 5：填内容。通报的内容逻辑比较简单，在进行内容撰写的时候，按照“是什么、为什么、怎么办”的基本逻辑推进，分析问题要用事实说话，评价结论要客观公正，结构要清晰，便于受文单位接受相关信息。

环节 6：修语言。通报的语言具有很强的权威性，无论是表扬还是批评，表达要肯定、立场要鲜明，语言要注意分寸，表扬不讲空话套话，批评也不能言辞过激。不能出现模糊性语言，要以简洁庄重的语气行文。

通报的写作模板

表 2-9　表彰性通报写作模板

标题		发文机关名称 + 事由 + 通报
主送机关		受文单位名称（普发性通报也可不写）
正文	先进事迹及评价	对个人或集体先进事迹进行介绍，如果有附件介绍详细情况，可简述； 评价先进事迹的意义价值，提出评价性观点
	表彰决定	宣布给予表彰，表彰项目内容要具体明确
	结语	对被表彰者和有关方面提出希望与要求
落款		发文机关名称 + 成文日期

表 2-10　　批评性通报写作模板

标题		发文机关名称 + 事由 + 通报
主送机关		受文单位名称（普发性通报也可不写）
正文	错误事实及原因教训	对错误事实涉及的单位和人员、经过、后果和影响等基本情况进行介绍，分析问题产生的原因，实事求是对经验教训进行总结
	处理决定	宣布处理决定，简明扼要、引发重视
	结语	针对错误教训提出切实可行的改进措施、要求及希望
落款		发文机关名称 + 成文日期

表 2-11　　告知性通报写作模板

标题		发文机关名称 + 事由 + 通报
主送机关		受文单位名称（普发性通报也可不写）
正文	基本情况	通常一事一报，针对某项具体工作进行情况分析，注意用数据事实支撑内容，确保内容准确可信
	成效及问题分析	写明工作中好的方面及存在的问题
	结语	针对工作提出进一步改进的希望与要求
落款		发文机关名称 + 成文日期

通报的范文解析

1. 表彰性通报范文

国务院办公厅关于对国务院第八次大督查
发现的典型经验做法给予表扬的通报

国办发〔2021〕44 号

各省、自治区、直辖市人民政府，国务院各部委、各直属机构：

为进一步推动中央经济工作会议部署和《政府工作报告》提出的目标任务落到实处，国务院部署开展了第八次大督查。从督查情况看，各有关地区在以习近平同志为核心的党中央坚强领导下，以习近平新时代中国特色社会主义思想为指导，认真贯彻党中央、国务院重大决策部署，统筹推进新冠肺炎疫情防控和经济社会发展，扎实做好“六稳”工作、全面落实“六保”任务，各项工作取得积极成效。在对16个省（自治区、直辖市）开展实地督查时发现，有关地方围绕减税降费助企发展、扩内需保就业保民生、深化“放管服”改革优化营商环境、推进创新驱动发展等方面，结合本地实际，迎难而上，勇于创新，创造和形成了一批好的经验做法。

为表扬先进，宣传典型，进一步调动和激发各方面真抓实干、改革创新的积极性、主动性和创造性，推动形成干事创业、竞相发展的良好局面，经国务院同意，对北京市坚持“一抓三保五强化”推动实现更加充分更高质量就业等48项典型经验做法予以通报表扬。希望受到表扬的地方珍惜荣誉，再接再厉，充分发挥模范表率作用，不断取得新的更大成绩。

各地区各部门要全面贯彻党的十九大和十九届二中、三中、四中、五中、六中全会精神，统筹推进“五位一体”总体布局，协调推进“四个全面”战略布局，坚持稳中求进工作总基调，立足新发展阶段，完整、准确、全面贯彻新发展理念，构建新发展格局，推动高质量发展，积极应对各种风险挑战。要学习借鉴典型经验做法，加大宣传推广力度，结合实际创造性开展工作，为完成全年经济社会发展目标任务、实现“十四五”良好开局做出积极贡献。

附件：国务院第八次大督查发现的典型经验做法（共48项）

国务院办公厅

2021年11月8日

范文解析

这篇表彰性通报简短有力，篇幅虽然不长，但是层次非常清晰。

标题中的事由交代了通报的主题，即“对国务院第八次大督查发现的典型经验做法给予表扬”。第一段介绍了国务院第八次大督查的目的、基本情况，总体概括了发现的好的经验做法。第二段接续上一段宣布表彰决定，交代了通报表彰的目的、依据，以及通报表扬的单位和做法。因为典型经验做法情况在附件中列举，在正文中就只按照行政序列以北京的经验做法作为代表。最后，对受表扬的地方提出了希望。第三段作为结语，对其他有关地区和部门提出了要求和希望。

三段式写作，先叙述事实，然后写表彰决定，最后提出希望和要求，逻辑严密、环环相扣。

思维导图

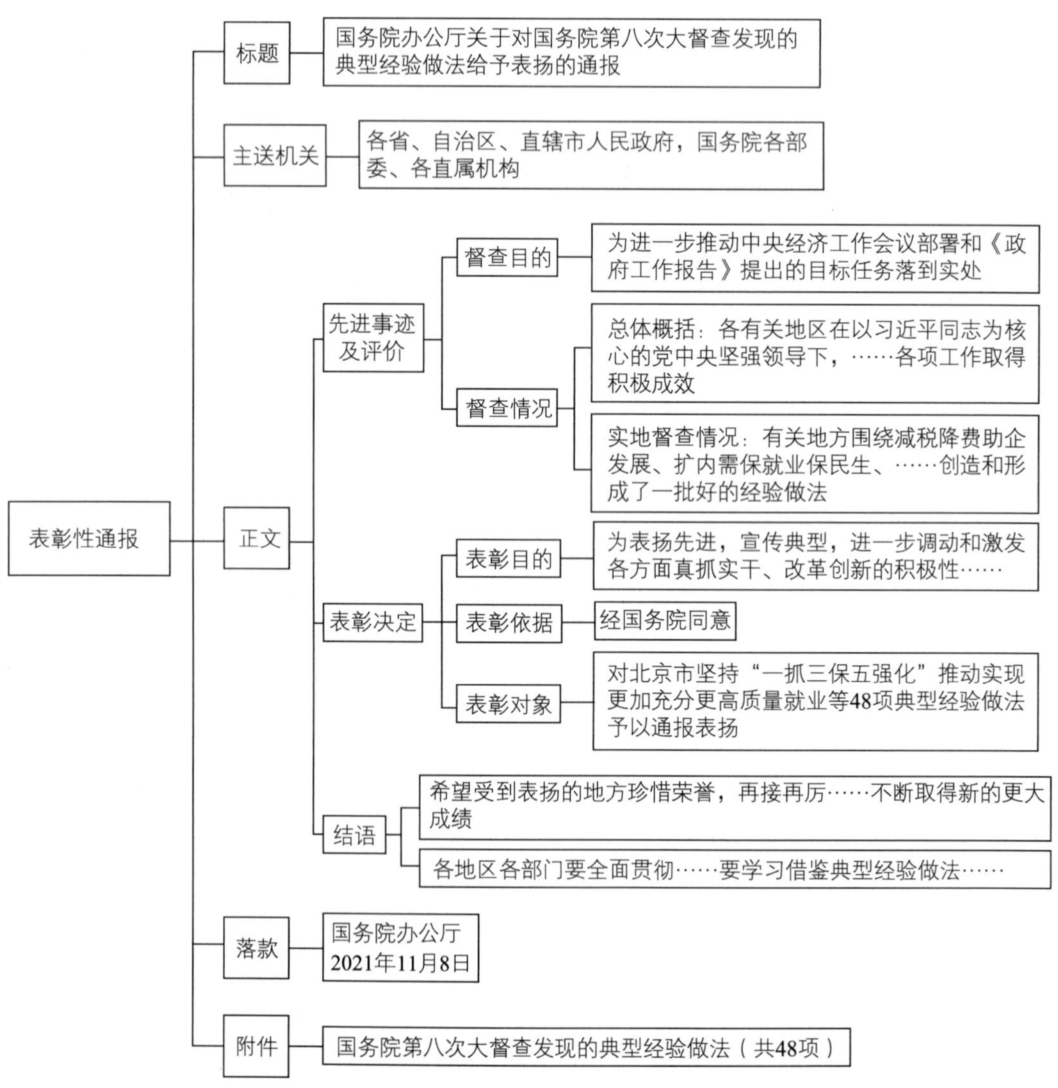

2. 批评性通报范文

民政部社会组织管理局关于对中国投资协会违规设立分支机构进行批评的通报

经查，中国投资协会于 2018 年 3 月 13 日做出《关于成立中国投资协会外资委国际区块链投资发展中心的批复》，在其外资投资专业委员会下筹备设立国际区块链发展中心。该行为违反了《社会团体登记管理条例》第十七条、《民政部关于贯彻落实国务院取消全国性社会团体分支机构、代表机构登记行政审批项目的决定有关问题的通知》（民发〔2014〕38 号）第四条关于“社会团体不得在分支机构、代表机构下再设分支机构、代表机构”的规定，是十分错误的。民政部社会组织管理局发现后，立即对中国投资协会进行行政约谈，要求进行整改。中国投资协会承认对专委会工作审查监管不严，对问题的出现负有重要的管理责任，承诺立即进行整改纠正，并于 2018 年 3 月 23 日在协会网站发布《关于撤销“关于成立中国投资协会外资委国际区块链投资发展中心的批复”的公告》，向民政部社会组织管理局提交了整改报告。

遵规守纪、严格自律是走中国特色社会组织发展之路的应有之义。一些社会组织之所以在分支机构、代表机构设立上屡屡犯规、屡教不改，根本原因就是法纪、规矩意识淡漠，以为想怎么办就怎么办、想怎么设就怎么设、想设多少就设多少、想用什么名称就用什么名称，这种状况必须改变。各社会组织应当引以为戒，切实增强法纪意识，严格按照法规政策的规定开展活动。要切实规范设立分支机构、代表机构行为，不得设立地域性分支机构，不得在分支机构、代表机构下再设分支机构、代表机构，分支机构、代表机构不得以各类法人组织的名称命名，不得在名称中使用“中国”“中华”“全国”“国家”等字样，开展活动应当使用冠有所属社会团体名称的规范全称。

下一步，民政部社会组织管理局将加大对社会团体违规设立分支机构、代表机构行为的查处力度和公开曝光力度，对那些目无法纪、有令不行、有禁不止的，对那些屡教不改的，除了给予必要的行政处罚外，还要向社会公开通报，进一步扩大社会监督，进一步加强对社会团体分支机构、代表机构的规范管理，促进社会组织健康有序发展。

民政部社会组织管理局
2018 年 4 月 18 日

范文解析

这篇批评性通报虽然篇幅不长，但充分体现了批评性通报的写作特点。标题中事由清晰，态度鲜明。因为是让各社会组织周知的普发性通报，所以没有写主送机关。

第一段首先说明了批评对象所犯错误的基本情况，详细列举了错误问题所触犯的法规条例，并对问题进行了定性——“是十分错误的”。对问题处理的决定及相关情况也进行了介绍。第二段对出现错误问题的原因进行了分析，列举了“一些社会组织”的普遍性错误表现，并对各社会组织提出了明确要求，引起各社会组织高度重视。第三段对下一步抓好社会组织管理准备开展的行动和有关要求进行了说明。

全篇通报语言有力，用了“不得”“必须”“切实”“严格”此类语气强硬的词汇，类似“目无法纪、有令不行、有禁不止”这样的评价语气也非常严厉，体现了批评性通报的严肃性、权威性、警示性。

思维导图

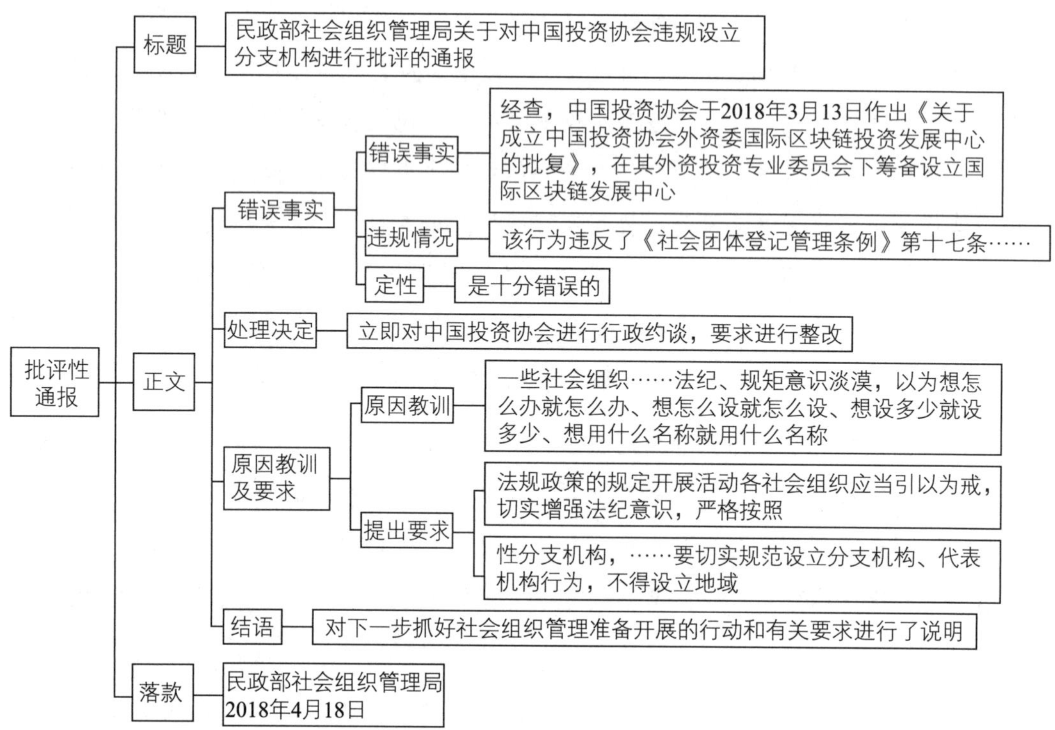

3. 告知性通报范文

关于 2022 年第二季度全省政府网站与政务新媒体检查及管理情况的通报

各省辖市人民政府办公室，济源示范区、航空港区管委会办公室，省人民政府各部门办公室：

按照《国务院办公厅关于印发政府网站发展指引的通知》《国务院办公厅关于推进政务新媒体健康有序发展的意见》《河南省人民政府办公厅关于推进政务新媒体健康有序发展的通知》等文件要求，省政府办公厅政务公开办公室对 2022 年第二季度全省政府网站与政务新媒体建设管理情况和省政府门户网站内容保障情况进行了检查，现将有关情况通报如下：

一、政府网站与政务新媒体检查情况

（一）总体情况。2022 年第二季度，全省正在运行的政府网站共 907 个，检查 907 个，检查率 100%，其中：合格 904 个，合格率为 99.7%；不合格 3 个。

省辖市政府和济源示范区管委会门户网站得分在 110 分以上的单位：郑州市（125 分）、济源示范区（113 分）、开封市（112 分）、安阳市（112 分）、洛阳市（111 分）；得分在 100 分以下的单位：鹤壁市（96.5 分）、南阳市（98 分）。

县级政府门户网站得分前 5 位的单位：郑州市中原区（120 分）、郑州市上街区（119 分）、郑州市金水区（117 分）、中牟县（115 分）、郑州市管城回族区（115 分）、新郑市（115 分）、郑州市惠济区（114 分）；得分后 5 位的单位：邓州市（74 分）、南阳市官庄工区（80 分）、南阳市高新技术开发区（86 分）、台前县（87 分）、南阳市鸭河工区（87 分）。

全省正在运行的政务新媒体共 3861 个，检查 3861 个，检查率 100%，其中：合格 3857 个，合格率为 99.9%；不合格 4 个。

（二）主要问题。

1. 内容发布方面。濮阳市“濮阳知识产权”微信订阅号、省行政审批和政务信息管理局“豫事办”微信服务号、周口市“项城市行政服务中心”新浪微博等 3 个政务新媒体长期不更新。

2. 办事服务和互动交流方面。“河南省永城市住房公积金管理中心网站”政府网站办事要素缺失。“商通办（原商丘便民网）”“濮阳公路信息网”未提供网上有效咨询建言渠道。

3. 政务新媒体管理方面。周口市“周口高速交警”变更账号名称未在全国政务新媒体信息报送系统及时更新，在新浪微博平台未检索到该账号。

二、省政府门户网站运行保障情况

（一）基本情况。2022 年第二季度，省政府门户网站运行安全、平稳、有序，共发布各类政务信息 17 258 条，其中：省政府及办公厅文件 87 份，政策解读 52 条，省政府公报 5 期，公告公示 4 条；制作各类政策图解 23 个、省政府常务会议长图解 6 个；组织领导访谈 3 期；直播省政府新闻发布会 21 场。信息报送方面，开封市、郑州市、商丘市、新乡市、安阳市、驻马店市报送采用信息超过 800 条；省体育局、文化和旅游厅、乡村振兴局、司法厅、发展改革委、教育厅、交通运输厅、民政厅报送采用信息超过 100 条。网民咨询办理方面，各部门共受理网民咨询 2847 个，已办结 2847 个，办结率 100%，其中省卫生健康委、人力资源社会保障厅、财政厅等单位办理网民咨询均超过 150 条且无逾期。

（二）存在问题。省医保局、教育厅等单位办理答复网民咨询不及时，逾期率超过 10%。

三、下一步工作要求

（一）夯实管理责任。各级政府网站和政务新媒体主管单位要加强对政府网站和政务新媒体的监管，层层落实管理责任，细化管理要求，建立政府网站与政务新媒体全流程管理机制，开展域名清理工作。政府网站与政务新媒体主办单位要严格履行主办责任，加强备案信息动态更新，及时调整网站内容和栏目，强化信息审核与发布，及时转载中国政府网权威信息，网站规范链接“我为政府网站找错”平台，落实落细各项管理工作。

（二）提升公开质效。要认真落实《2022 年河南省政务公开工作要点》，充分利用政府网站与政务新媒体，持续深化政务公开。加强涉及市场主体、减税降费、扩大有效投资等稳经济政策措施的信息公开，切实稳定市场预期，不断增强发展信心；持续做好疫情防控、稳就业保就业、公共企事业单位等与群众切身利益相关的信息公开，更好维护人民群众切身利益；深化规章集中公开，建立健全规章动态更新机制，开展行政规范性文件集中公开，加强政策集中公开成果运用。

（三）保障稳定运行。各地、各部门要把政府网站与政务新媒体安全稳定运行作为当前首要政治任务，严格落实网络安全法等要求，部署升级安全防护设备，提高政府网站及相关业务系统的防篡改、防病毒、防攻击、防瘫痪、防劫持、防泄密能力。加强政府网站信息数据安全保护，定期、全面备份网站数据，防止数据泄露、毁损、丢失，全面提升本地、本部门政府网站与政务新媒体的网络安全防护能力，确保政府网站与政务新媒体安全平稳运行，以实际行动迎接党的二十大胜利召开。

附件：1. 2022 年第二季度政府网站检查情况

2. 2022 年第二季度省辖市政府和济源示范区管委会门户网站得分情况

3. 2022 年第二季度县级政府门户网站得分分段情况

4. 2022 年第二季度政务新媒体检查情况

5. 2022 年第二季度省政府门户网站信息报送情况

6. 2022 年第二季度省政府门户网站网上咨询办理情况

省政府办公厅政务公开办公室

2022 年 7 月 15 日

范文解析

这篇告知性通报比较好地体现了此类通报据实反映情况、分析问题、提出对策的写作思路。

告知性通报标题在事由中只需要交代清楚通报的工作事项是什么，不需要表明任何态度。引言部分详细列举了通报的文件依据，表明对政策的把握非常准确，说明了开展的工作事项，以常用过渡语“现将有关情况通报如下”引出下文。

通报主要内容分为三个部分。前两部分针对“政府网站与政务新媒体”和“省政府门户网站”两类网站（新媒体）进行分析，在基本情况中给出了非常翔实的数据，问题点到具体网站（新媒体）或政府部门，一针见血、不留情面。第三部分从管理职责、信息发布质量效益和技术安全保障等三个方面提出了非常具体的工作指导和要求，明确了下一步的工作任务重点，体现了很强的专业性和指导性。

这篇通报专业性强、数据准确具体，语言干脆利落、毫不含糊，问题点评到位，措施指导翔实，值得学习借鉴。

思维导图

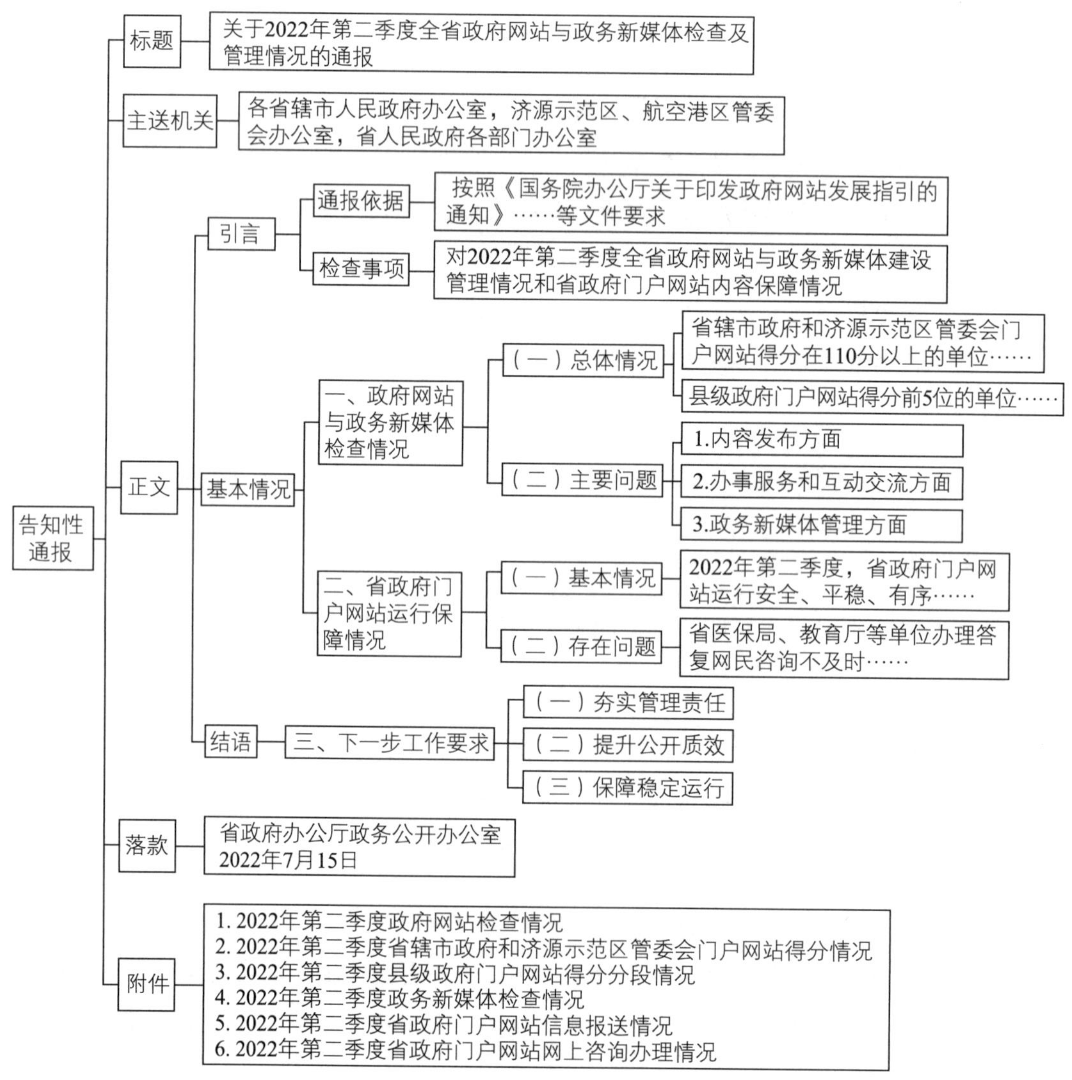

纪要

纪要的内涵特点

纪要适用于记载会议主要情况和议定事项。如果按照会议种类划分，纪要的类型有很多，包括工作会议纪要、代表会议纪要、座谈会议纪要、联席会议纪要、办公会议纪要、汇报会议纪要、技术鉴定会议纪要、科研学术会议纪要、现场会会议纪要、会谈会议纪要等。

为便于学习掌握，本书按照是否有执行约束力划分，将纪要分为办公类会议纪要和研讨协商类会议纪要。

办公类会议纪要主要用于传达办公类会议研究的工作、议定的相关事项及部署的任务，会议的结论要求需要参会者与工作有关方面的人员遵守执行。办公类会议纪要一般通过会议纪要的专用版头形式刊发，不加盖发文机关印章。

研讨协商类会议纪要主要用于座谈交流、学术研讨、专题讨论等相对理论化的务虚性会议。对于会议达成的共识、形成的结论以及存在的分歧，需要以纪要的形式告知有关方面。研讨协商类会议纪要一般通过通知的形式印发，有的也可通过媒体发布。

办公类会议纪要形成结论有行政约束力，需要下级贯彻执行；研讨协商类会议纪要往往只是具备指导意义，供有关方面参考。

特别要注意的是会议纪要与会议记录的区别。会议纪要记载要点核心；会议记录则是客观记录，事无巨细地将会议参与者的发言都记录下来，留作资料档案，以备查阅。

会议纪要作为一种下行文，要把会议精神如实传达给下级，便于下级贯彻执行，在写作中需要注意以下特点。

（1）内容的概括性。会议纪要一般是在会议记录和其他会议材料的基础上，对会议中产生的观点和结论进行分析鉴别，提炼归纳、择其要点形成的。要注意详略得当，舍弃细枝末节，保留有价值的重要内容。

（2）写作的纪实性。纪要的内容要真实、客观、准确、全面，既不能随意删减参会者的观点和意见，也不能刻意深化主题或拔高思想，不能为了达成目的把会议并未涉及的内容添加进去。

（3）结论的明确性。对于会议商讨得出的结论，或是没有达成一致意见的分歧观点，都需要以简明准确的语言进行记录，不能存在模糊性语言。会议纪要须经主持人审核签发，重要纪要还应取得参会人员的认可。

纪要的写作流程

纪要的写作流程类似于会议公报，可以分为四个环节。

环节 1：集资料。有条件的情况下，要尽早阅读完搜集汇总的会议材料，对会议内容的重点、要点有所预判。在会议召开过程中，及时记录会议中出现的观点与讨论情况，便于会后整理写作时使用。

环节 2：拟标题。纪要主标题比较简单，一般是“会议名称 + 纪要”。办公类会议纪要正文一般以实际讨论问题直接作为标题，研讨协商类会议纪要正文也可以观点作为标题。

环节 3：填内容。纪要内容逻辑顺序与会议议程基本一致，按照会议讨论事项排列纪要事项即可。

环节 4：修语言。纪要语言基本以客观描述为主，引用观点、叙议结合。以会议作为主语，行文中多使用“会议听取……”“会议研究……”“会议审议……”“会议通过……”等用语引出具体内容。

纪要的写作模板

表 2–12　　办公类会议纪要写作模板

标题		（1）会议名称 + 纪要 （2）事由 + 纪要
正文	会议概况	多采取逐条列项写法，简要写明会议时间、地点、出席人员、列席人员、缺席（请假）人员、主持人、会议议题等。出席、列席、缺席（请假）人员也可写在会议议定事项之后
	议定事项	说明议定的事项、研究的工作、做出的决定、部署的任务、拟定的措施等，内容较多的采用分条列项的写法

表 2–13　　研讨协商类会议纪要写作模板

标题		（1）会议名称 + 纪要 （2）事由 + 纪要
正文	会议概况	多采取概述式写法，简述会议时间、地点、出席人员、主要议题和议程等。具体参会人员也可写在主要精神之后
	主要精神	会议背景形势分析、会议指导思想和议题、会议报告及讲话发言的主要精神要点概括、会议议题讨论情况、会议形成的共识（学术研讨会应保留不同意见）及提出的意见建议

纪要的范文解析

1. 办公类会议纪要范文

市政府常务会议纪要

（第 9 次）

永州市人民政府办公室　　　　2022 年 6 月 11 日

2022 年 5 月 19 日上午，市委副书记、市长 ××× 在市政府二楼一会议室主持召开市政府第 9 次常务会议，学习习近平总书记关于国土空间规划和耕地保护的重要论述，传达省生态环境保护委员会暨省生态环境保护督察和整改工作领导小组 2022 年第一次全体会议和湖南省污染防治攻坚战“2022 年夏季攻势”动员部署电视电话会议精神并研究我市贯彻落实意见，听取国土空间规划编制、耕地保护、“三区三线”划定和田长制、落实全省优化营商环境推进会精神、市城发集团和市经发集团组织架构搭建方案、地方财经秩序专项整治行动、解决我市公共安全视频监控建设联网应用项目资金、承办首届中国油茶节活动方案、壬寅年湖南省公祭舜帝大典筹备工作的情况汇报，审议《永州市“十四五”风电、集中式光伏发电项目建设方案》《永州市人民政府与协合新能源集团有限公司投资合作协议》《永州市全民健身实施计划（2022—2025年）》。

一

市委副书记、市长 ××× 领学了习近平总书记关于国土空间规划和耕地保护的重要论述，听取了市自然资源和规划局局长 ××× 关于国土空间规划编制、耕地保护、“三区三线”划定和田长制有关工作的情况汇报，并进行了讨论研究，形成以下意见：

（一）关于国土空间规划编制和“三区三线”划定工作

会议要求，要以习近平总书记关于国土空间规划的系列重要论述为指引，站在对历史负责、对发展负责、对永州负责的高度，处理好保护现有耕地和城镇化、工业化的关系，高质量编制我市国土空间规划，促进生产空间集约高效、生活空间宜居适度、生态空间山清水秀，使规划更好地服务全市经济社会发展。

会议强调，市、县、乡三级国土空间规划要统筹协调、同步推进，做好上下对接、左右对接、总体与专项对接，增强规划的全面性、科学性和可操作性。市自然资源和规划局要把握重点工作任务，加强统筹协调，指导全市国土空间规划编制。各县市区政府和相关部门要加强组织领导，保障工作经费，精心组织实施，实行挂图作战，严格按照时间节点推进各项工作。严守生态保护红线、永久基本农田、城镇开发边界三条控制线，做好底线管控。各县市区要在今年5月30日前完成“三区三线”划定初步成果，经本级政府审定后，由市自然资源和规划局汇总及时上报省自然资源厅。

（二）关于耕地保护工作

1. 必须不折不扣落实耕地保护底线目标，各县市区要严格在规定期限内完成今年省下达我市耕地保护底线目标缺口，市自然资源和规划局要做好督促。

2. 由 ×× 同志牵头，坚持月清“三地”制度，每月对耕地保护有关工作进行调度。

3. 市自然资源和规划局要将耕地保护和占补平衡任务量化到县市区，并在近期组织召开会议，由市政府与各县市区签订耕地保护责任状。

（三）关于田长制工作

1. 原则同意《关于全面推行田长制严格耕地保护的实施意见》，由市自然资源和规划局根据会议讨论研究的意见，对实施意见进行修改完善后，尽快按程序行文。

2. 同意近期举行全市“田长制”工作启动仪式，由市自然资源和规划局牵头做好组织筹备工作。

二

会议听取了市生态环境局局长 ××× 传达省生态环境保护委员会暨省生态环境保护督察和整改工作领导小组 2022 年第一次全体会议和湖南省污染防治攻坚战“2022 年夏季攻势”动员部署电视电话会议精神，以及我市贯彻落实意见的情况汇报，并进行了讨论研究，形成以下意见：

（略）

三

会议听取了市发改委主任 ××× 关于《永州市“十四五”风电、集中式光伏发电项目建设方案》《永州市人民政府与协合新能源集团有限公司投资合作协议》的起草情况汇报，并进行了讨论研究，形成以下意见：

会议指出，今年以来，市发改委（市能源局）牵头做了大量工作，各相关部门积极支持，各县市区顾全大局，按照“公平、公正、公开”的原则推进新能源开发，工作成效明显，成绩值得肯定。下一步，要统筹、规范、有序、科学推进新能源资源开发，推动新能源项目落实落地。

（略）

四

会议听取了市行政审批服务局党组书记 ××× 关于落实全省优化营商环境推进会精

神的情况汇报，并进行了讨论研究，形成以下意见：

会议指出，优化营商环境只有进行时，没有完成时。要全面落实省委、省政府工作部署，落实“十个坚决”工作要求，切实抓好“优化营商环境永远在路上”专题片反映的突出问题整改，以坐不住的紧迫感、“不贰过”的责任感、争一流的使命感，持续优化营商环境，打响“身在永州、办事不愁”营商环境品牌。

（略）

五

会议听取了市国资委主任 ××× 关于市城发集团和市经发集团组织架构搭建方案的情况汇报，并进行了讨论研究，形成以下意见：

会议指出，平台公司转型要在建立科学的决策机制、激励性的薪酬制度、严格的用人进人制度上下功夫，推动党的领导与现代企业制度有机结合，促进国有资产的保值增值。

会议原则同意《市城发集团和市经发集团组织架构搭建方案》，由市国资委根据会议讨论研究的意见，对方案进行修改完善后，按程序行文实施。关于两家集团公司的领导层配备的问题，按程序提请市委常委会研究。

六

（略）

七

会议听取了市财政局局长 ××× 关于解决我市公共安全视频监控建设联网应用项目资金的情况汇报，并进行了讨论研究，形成以下意见：

为推动该项目顺利进行并通过国家验收，会议同意按照合同约定和项目建设进度，从市本级公共信息化运维专项经费中解决市本级项目进度款 730.25 万元。

八

会议听取了市文旅广体局局长 ××× 关于《永州市全民健身实施计划（2022—2025 年）》的起草情况汇报，并进行了讨论研究，形成以下意见：

会议指出，要突出全民健身在深化健康永州建设方面的积极作用，统筹整合使用资源，加大全民健身场地设施供给，广泛开展全民健身赛事活动，构建更高水平的全民健身公共服务体系。

会议原则同意《永州市全民健身实施计划（2022—2025 年）》，由市文旅广体局根据会议讨论研究的意见，对文件稿进行修改完善后，尽快按程序行文。

九

会议听取了市林业局总工程师 ××× 关于承办首届中国油茶节活动方案的情况汇报，并进行了讨论研究，形成以下意见：

会议指出，市林业局和祁阳市要积极筹办好首届中国油茶节活动，切实抓好活动策划和相关项目建设，争取办出品牌、办出影响。

会议原则同意成立市级筹备工作领导小组，统筹协调活动筹备有关工作，重要事项按程序报市委、市政府研究决策。建议由市委主要领导任总指挥，××× 同志任组长，×× 同志任常务副组长，××× 同志任副组长。领导小组下设工作组，由相关部门参与，分工负责活动有关筹备工作。

十

会议听取了宁远县政府县长 ×× 关于壬寅年湖南省公祭舜帝大典筹备工作的情况汇报，并进行了讨论研究，形成以下意见：

会议要求，成立工作专班，细化工作措施，强化协调配合，抓紧做好活动组织、祭祀礼仪、现场布置、景区建设、环境整治、宣传推广等各项工作，确保祭舜大典各项筹备工作有序推进。

（略）

出席：×××、×××、×××、……

固定列席人员：市政府副秘书长 ×××、×××、……市政府办 ××，市司法局 ×××，市审计局 ×××，市政府研究室 ×××，市政府督查室 ×××。

其他列席人员：

议题一：市自然资源和规划局 ×××、市发改委 ×××、市工信局 ××、市教育局 ×××、市财政局 ×××、市生态环境局 ×××、市住建局 ×××、市交通运输局 ××××、市水利局 ×××、市农业农村局 ×××、市卫健委 ×××、市文旅广体局 ×××、市应急管理局 ×××、市城管执法局 ×××、市林业局 ×××、市城发集团 ×××、市经投集团 ×××。

议题二：（略）

议题十：（略）

记录：×××

市政府常务会议议定事项落实责任分解表（略）

范文解析

这篇常务会议纪要属于典型的办公类会议纪要。在会议概况部分，简要交代了会议时间、地点、主持人和会议议题。由于出席、固定列席和其他列席人员较多，且不同议题列席人员不同，将这部分内容放在最后详细列出。这样便于后续工作对接联系时能够找到具体人员。

会议议定事项按照议题划分为十个部分，每个部分按照具体工作任务分条列项进行写作，列出会议形成的意见、提出工作要求、明确责任划分。其中，对于比较敏感、保密程度高、不宜对外公开的事项六（地方财经秩序专项整治行动），在发布时省略了具体内容。

在议定事项的具体叙述上，这篇纪要详略得当，既有体现工作思路水平的总体要求，又有责任到人、时间到点的具体安排，便于有关各方了解会议对各项工作的安排，高效推动后续工作落地执行。

作为需要下级贯彻落实、具体执行的办公类会议纪要，这篇纪要要求明确、权威性强，多用“会议要求”“会议强调”“必须”“要”等命令式词语进行表述；同时，语言简练严谨，例如对于需要修改的文件均用“原则同意”，体现了用语的严谨性。

思维导图

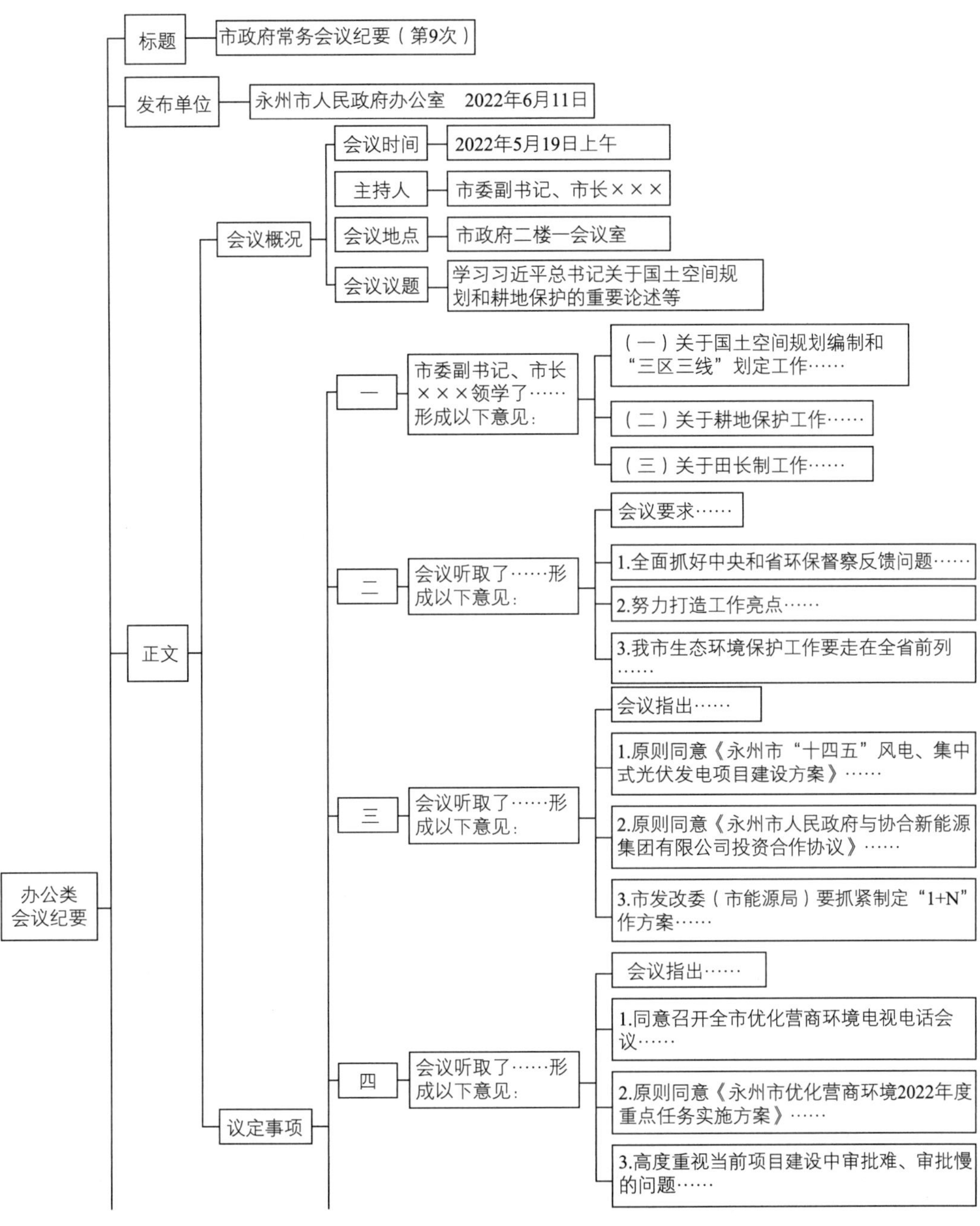
办公类
会议纪要
标题
市政府常务会议纪要（第9次）
发布单位
永州市人民政府办公室　2022年6月11日
正文
会议概况
会议时间
2022年5月19日上午
主持人
市委副书记、市长×××
会议地点
市政府二楼一会议室
会议议题
学习习近平总书记关于国土空间规划和耕地保护的重要论述等
议定事项
一
市委副书记、市长×××领学了……形成以下意见：
（一）关于国土空间规划编制和“三区三线”划定工作……
（二）关于耕地保护工作……
（三）关于田长制工作……
二
会议听取了……形成以下意见：
会议要求……
1.全面抓好中央和省环保督察反馈问题……
2.努力打造工作亮点……
3.我市生态环境保护工作要走在全省前列……
三
会议听取了……形成以下意见：
会议指出……
1.原则同意《永州市“十四五”风电、集中式光伏发电项目建设方案》……
2.原则同意《永州市人民政府与协合新能源集团有限公司投资合作协议》……
3.市发改委（市能源局）要抓紧制定“1+N”作方案……
四
会议听取了……形成以下意见：
会议指出……
1.同意召开全市优化营商环境电视电话会议……
2.原则同意《永州市优化营商环境2022年度重点任务实施方案》……
3.高度重视当前项目建设中审批难、审批慢的问题……

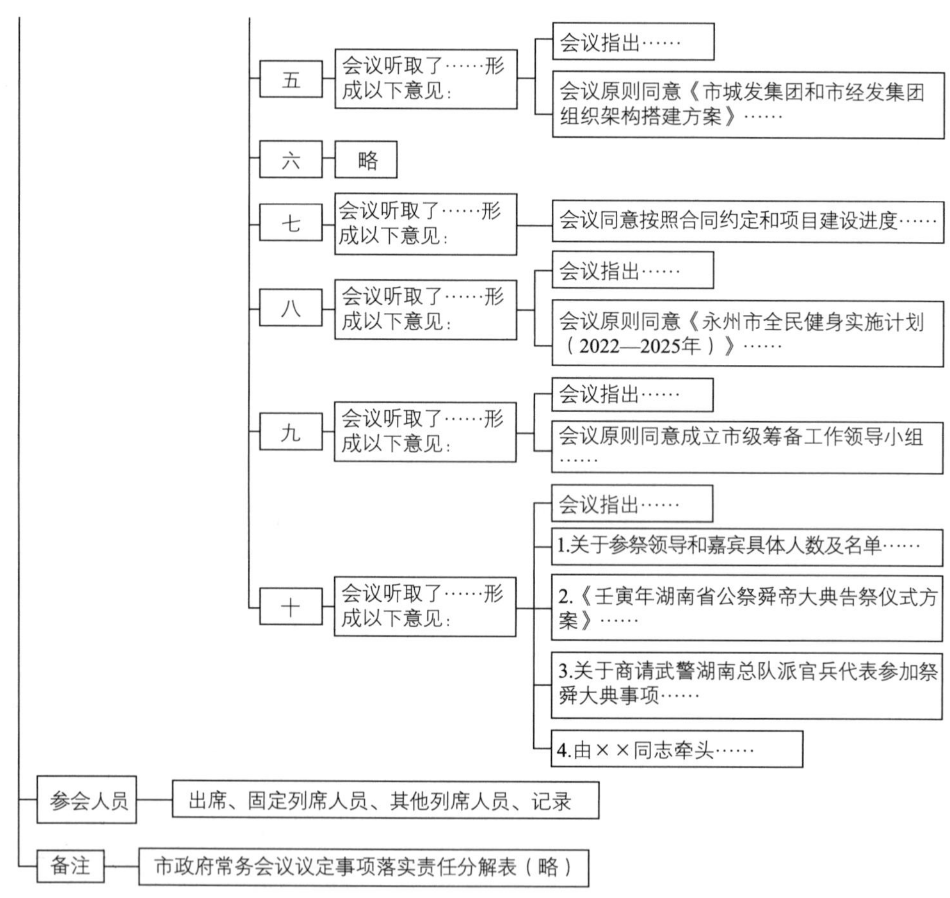

2. 研讨协商类会议纪要范文

最高人民检察院、司法部、中华全国律师协会座谈会纪要

2020年12月25日上午，最高人民检察院与司法部、中华全国律师协会（以下简称全国律协）围绕“深入学习贯彻习近平法治思想，加强检律协作；推动法律职业共同体建设，促进司法公正”召开座谈会。最高人民检察院检察长××，司法部部长×××出席座谈会并讲话。司法部副部长×××主持座谈会。最高人民检察院副检察长×××，最高人民检察院、司法部有关厅局单位负责同志参加座谈。全国律协会长×××和部分律师代表做了发言。

会议认为，律师是全面依法治国的重要力量，是社会主义法治工作队伍的重要组成部分。扎实持续做好检察环节服务保障律师执业权利工作，推动检律良性互动，构建中国特色社会主义法律职业共同体，是贯彻落实习近平法治思想的要求，是把以人民为中心落到实处的要求，是维护司法权威、建设高水平平安中国的要求。党的十九大以来，检察机关、司法行政机关和律师协会把加强检律协作作为全面深化政法领域改革的重要内容，通过积极推进律师参与协商见证认罪认罚案件、刑事案件律师辩护全覆盖和值班律师制度，加强人权司法保障、维护司法公正；强化律师庭审、会见、阅卷等权利保障，完善便利律师参与诉讼机制；在刑事、民事、行政、公益诉讼“四大检察”工作中充分听取律师履职意见，确保客观公正审查案件；建立联络员工作机制，实现律师维权控告申诉案件的线索移送和案件信息共享等举措，扎实推进法律职业共同体建设，取得了积极成效。同时，会议也指出，当前还存在法律职业共同体意识尚未完全形成、检察环节律师权利保障尚不够切实充分、检律合作的深度有待提升、在前沿领域热点问题的合作互动需要进一步加强等问题。

会议高度认同和充分肯定参会律师就推动形成检察机关与律师队伍新型良性互动关系，梳理保障律师执业权利典型案例，加大律师与检察官、法官同堂培训和交流挂职力度，进一步完善认罪认罚从宽和值班律师制度，邀请律师广泛参与民事、行政和公益诉讼检察工作，充分发挥律师职业监督优势等工作提出的意见建议。参会律师在发言中充分肯定近年来检察机关、司法行政机关和律师协会在推动检律协作互动、依法保障律师执业权利等方面所做的努力。

会议强调，加强检律协作，要在习近平新时代中国特色社会主义思想指导下，深入学习贯彻习近平法治思想，深刻领会其核心要义、精神实质和实践要求，特别要准确把握习近平法治思想蕴含的政治性、人民性、时代性，努力构建起良性互动的新时代检律协作关系。要着眼深化全面依法治国实践，找准加强检律协作的着力点，紧扣国家治理体系和治理能力现代化，紧贴人民群众法治获得感，紧盯公正高效权威司法，为全面建设社会主义现代化国家提供有力法治保障和优质法律服务。

会议决定，为进一步贯彻落实习近平法治思想、继续深化检律良性互动，下一步要做好以下工作：一是强化检察官、律师队伍思想政治引领，继续推动建立公检法律同堂培训长效机制，增强学习贯彻习近平法治思想的政治自觉、思想自觉和行动自觉；二是积极邀请律师广泛参与各项检察依法履职，充分发挥律师作用，不断提升“四大检察”工作质效；三是常态化开展保障律师执业权利监督工作，及时制发典型案例，切实依法保障律师执业权利；四是建立检律互督互评工作机制，规范律师与司法人员接触交往，营造风清气正的司法环境；五是探索检律深度交流合作模式，推动解决法律援助、值班律师资源短缺和经费保障不足等问题；六是加强组织领导和统筹协调，建立最高人民检察院与司法部、全国律协定期联系会商机制。最高检、司法部、全国律协每年至少召开一次联席会议，地方各级检察院、司法厅（局）、律师协会每半年至少召开一次联席会议，研究解决检律协作互动中的问题，不断提升协作互动的质效。如遇重要专门事项可随时会商研究解决。会议还确定由最高人民检察院第十检察厅、司法部律师工作局、全国律协秘书处为各家的牵头部门，负责日常沟通、联席会议组织等工作。

范文解析

这篇纪要是通过《检察日报》公开发布的座谈会纪要。这篇纪要采取的是概述式写法，用贯通式结构概括，没有区分条文，而是综合地反映会议主要精神和基本内容。

第一段采取概述的方式，对会议时间、参会人员、座谈会主要议题和议程进行了交代。接下来四段分别用“会议认为”“会议高度认同和充分肯定”“会议强调”“会议决定”引出正文。其中，“会议认为”段是对参会人员发言观点内容的综述；“会议高度认同和充分肯定”段是对达成共识和意见建议的综述；“会议强调”段则是对下一步工作思路的阐述；“会议决定”段是对下一阶段具体工作的安排。

全篇内容不长，高度概括了会议的主要精神，没有过多阐述性话语，用语简练明确，内容传达准确到位。

思维导图

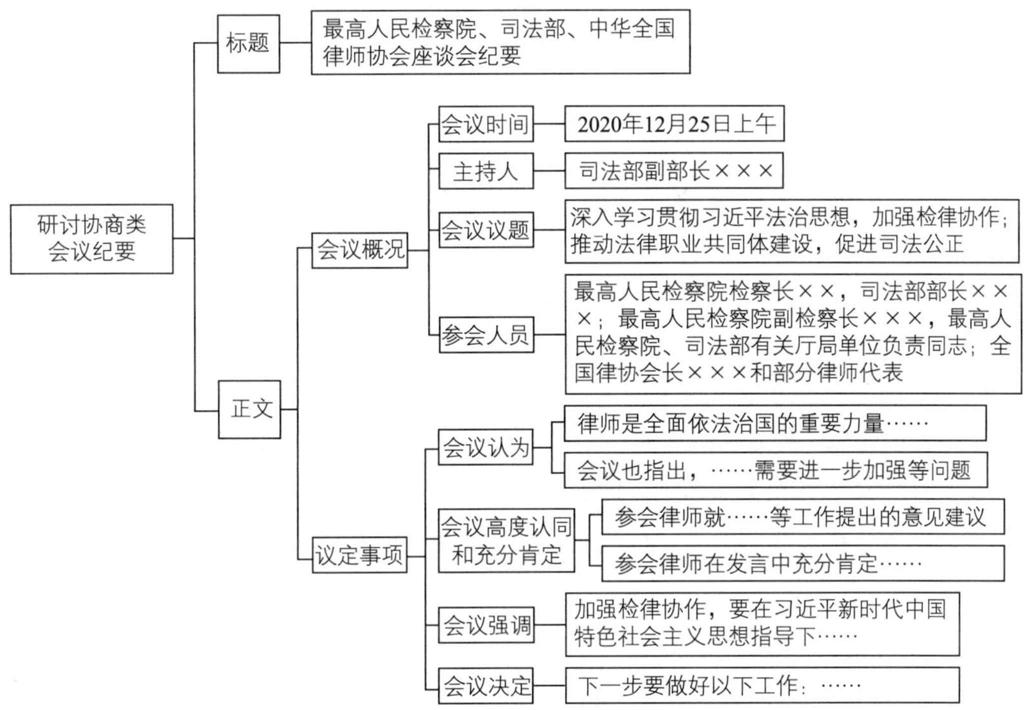
研讨协商类会议纪要
标题
最高人民检察院、司法部、中华全国律师协会座谈会纪要
正文
会议概况
会议时间
2020年12月25日上午
主持人
司法部副部长×××
会议议题
深入学习贯彻习近平法治思想，加强检律协作；推动法律职业共同体建设，促进司法公正
参会人员
最高人民检察院检察长××，司法部部长×××；最高人民检察院副检察长×××，最高人民检察院、司法部有关厅局单位负责同志；全国律协会长×××和部分律师代表
议定事项
会议认为
律师是全面依法治国的重要力量……
会议也指出，……需要进一步加强等问题
会议高度认同和充分肯定
参会律师就……等工作提出的意见建议
参会律师在发言中充分肯定……
会议强调
加强检律协作，要在习近平新时代中国特色社会主义思想指导下……
会议决定
下一步要做好以下工作：……

第 3 章

报请商洽类：如何顺畅沟通、协调有力

报请商洽类的 4 种公文，主要用于对上沟通、协调平级或有关单位，适用于请求上级提供支持帮助、答复上级问询、请求相关单位配合协作，以解决本单位遇到的困难、面临的问题等。在日常工作中，此类公文对于协调各方、推动工作开展具有很好的促进作用。

请示

请示的内涵特点

请示，适用于向上级机关请求指示、批准。当下级机关遇有无权解决、难以处理的问题，以及其他需要上级机关决断的事宜时，即可使用此文种向上级机关上文请示。

请示作为上行文，在写作时需要注意以下特点。

（1）内容的单一性。为便于上级处理，请示必须一文一事，不可在同一请示中同时写入几件事，否则会令上级机关难以批复行文，影响工作效率。

（2）发文的超前性。请示必须事前行文，所请示事项必须等待上级批复后才能实施，事中乃至事后请示是绝对不允许的。

（3）行文的时效性。请示行文的时效性体现在两个方面，一方面是遇到问题不能久拖不决，要及时请示上级，不能等待观望、错失工作时机；另一方面是上级收到请示后，也应尽快研究、及时回复，避免耽误工作。

请示的写作流程

请示作为简单文种，其写作流程有四个环节。

环节 1：定文种。根据面临的具体问题确定是否需使用请示。使用请示的情况主要包括以下五种：第一，对上级政策法规方针有不同的理解，需要上级机关明确解释或回复；第二，工作中出现无法可依的新情况、新问题，需要上级给出对策指示；第三，处理较为重大问题时，需要上级机关定夺；第四，涉及其他部门无法协调，需要上级协调帮助；第五，按规定必须上级机关批准才能办理的事项。

环节 2：拟标题。请示的主标题符合公文标题的一般结构，正文中一般不设标题。需要注意的是，不要把“请示”文种，误写为“请示报告”或“申请”。事由也不要写成“关于请求……”，因为“请求”与文种名称“请示”在语义重复。

环节 3：填内容。请示的正文一般按照“情况描述、原因分析、请示事项”，即“是什么—为什么—怎么做”的基本逻辑展开。

环节 4：修语言。请示的语言要客观中肯，不能为了引起上级重视，刻意夸大事实。特别是在分析原因的时候，需要列举事实、数据进行说明，增强说服力。在提出请示事项的建议时，用语要肯定，不能含糊其词，一般写“拟”怎么办，不能写“决定”怎么办。

请示的写作模板

表 3-1　　请示的写作模板

标题		（1）发文机关名称 + 事由 + 请示 （2）事由 + 请示
主送机关		受文单位名称（只有一个）
正文	请示原因	简要陈述请示的原因和依据。主要包括遇到的情况、困难或问题，可列举必要事实、数据进行说明。这部分内容必须简明扼要，重点是通过阐述理由，为请示事项作铺垫
	请示事项	写明要求上级机关予以指示、审核、批准的具体事项，内容要具体，提出切实可行的建议，便于上级机关决断批复
	结语	常用“妥否，请批复”“特此请示，请予审批”等
落款		发文机关名称 + 成文日期

请示的范文解析

吴忠市人民政府办公室关于设立政务公开科的请示

市机构编制管理委员会：

推行政务公开和政府信息公开，是落实依法治国基本方略，推进依法行政，建设法治政府的重要举措。自中共中央办公厅《政务公开条例》、国务院办公厅《政府信息公开条例》颁布实施以来，我市高度重视，积极行动，及时成立了吴忠市政务公开工作领导小组，办公室设在市监察局，专门负责协调落实政务公开、政府信息公开工作，取得了积极成效。但由于受机构改革和市、区合署办公、部门职能交叉等因素的影响，致使政务公开、政府信息公开工作运行不规范，公开不全面、不彻底，与打造法治型政府、服务型政府和廉洁型政府的要求还有很大差距。

为落实中纪委、自治区纪委“三转”会议精神，市纪委于5月上旬召开相关会议，将政务公开、政府信息公开工作职能职责移交我办管理。在本轮机构改革中，自治区编委批准成立了市政府直属正处级事业单位——市政务服务中心（公共资源交易中心），将原属我办管理的政务服务中心（正科级事业单位）人员及编制全部划归其管理。加之，政府门户网站、舆情信息发布、监管等职能又归市委宣传部（网信办）管理，造成政务公开、政府信息公开工作运行体系不完善、不顺畅，影响了工作的顺利开展、考核验收。

为进一步理顺工作，按照中央办公厅《政务公开条例》和国务院办公厅《政府信息公开条例》要求以及纪委“三转”会议精神，政务公开、政府信息公开由各级政府办公室负责，指定专人履行相关职责，确保政务公开、政府信息公开工作的连续性和有效性，请求市机构编制委员会在我办增设政务公开科（市政务公开领导小组办公室），增加行政编制 3 名（其中配置科长 1 名，副科长 1 名，工作人员 1 名）。

特此请示，请批示。

吴忠市人民政府办公室
2015 年 5 月 18 日

范文解析

这篇请示格式规范，要素齐全，逻辑严密。标题用的是完整要素的公文标题，上级机关可以一目了然地看清是什么单位、因为何事提交的请示。

正文分四段，其中第一、二段是请示原因。从政务公开的背景、政策依据出发，对于政务公开工作的现状、机构设置和职能存在的问题进行了充分说明，明确指出了现有问题所在。第三段针对前面指出的问题，同时按照相关政策及会议精神，提出请示事项——增设政务公开科。论证逻辑严谨，观点鲜明，先强调政务公开工作的重要性，再分析当前存在的问题，最后提出改进要求，切合实际、合情合理，具有很强的说服力。第四段是标准的请示结语。

全篇整体结构清晰，内容表达完整，理由充分恰当，便于上级做出判断、进行批复。

思维导图

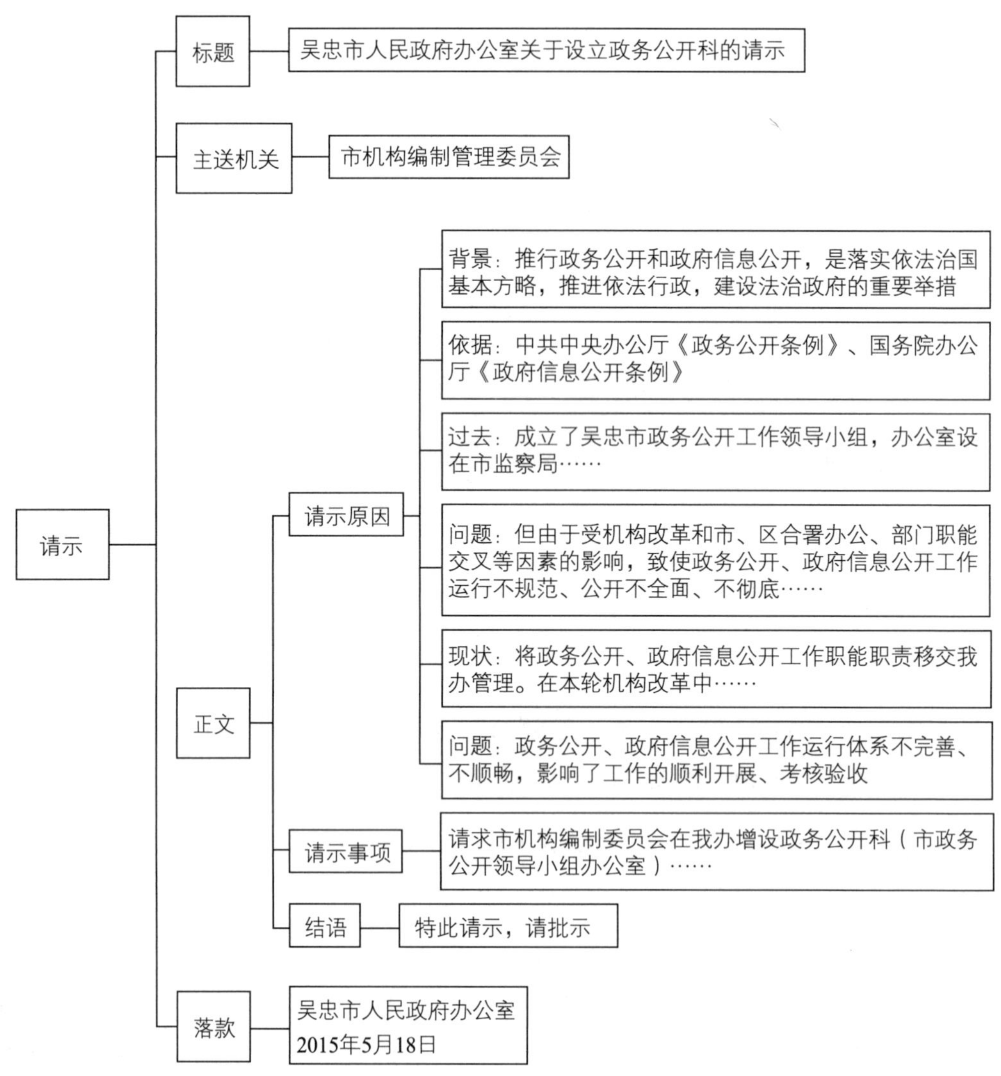
请示
标题
吴忠市人民政府办公室关于设立政务公开科的请示
主送机关
市机构编制管理委员会
正文
请示原因
背景：推行政务公开和政府信息公开，是落实依法治国基本方略，推进依法行政，建设法治政府的重要举措
依据：中共中央办公厅《政务公开条例》、国务院办公厅《政府信息公开条例》
过去：成立了吴忠市政务公开工作领导小组，办公室设在市监察局……
问题：但由于受机构改革和市、区合署办公、部门职能交叉等因素的影响，致使政务公开、政府信息公开工作运行不规范、公开不全面、不彻底……
现状：将政务公开、政府信息公开工作职能职责移交我办管理。在本轮机构改革中……
问题：政务公开、政府信息公开工作运行体系不完善、不顺畅，影响了工作的顺利开展、考核验收
请示事项
请求市机构编制委员会在我办增设政务公开科（市政务公开领导小组办公室）……
结语
特此请示，请批示
落款
吴忠市人民政府办公室
2015年5月18日

报告

报告的内涵特点

报告适用于向上级机关汇报工作、反映情况，回复上级机关的问询。根据报告的内容和功能、作用，可以将报告分为四种，即工作报告、情况报告、答复报告和报送报告。

工作报告适用于向上级机关汇报工作。这里的工作报告需要注意与年度工作报告如政府工作报告区分开。政府工作报告这类年度工作报告，是专门用于总结性会议的事务性公文。

情况报告适用于向上级机关反映常规工作情况之外的特殊情况，如重要社情民意、严重灾害事故情况、上级机关督办的重点工作情况等。

答复报告在上级机关提出问询、征求意见后进行答复时使用。注意需有问有答，切不可答非所问、旁逸斜出。

报送报告功能比较单一，就是用于向上级机关报送文件或其他上级需要的材料、物品等，用于告知上级报送何物。

报告是一种上行文，在写作中需要注意以下特点。

（1）表达方式的陈述性。报告主要采取叙述和说明的表达方式，以陈述本单位的工作情况和基本认识为主，但也要避免单纯地罗列情况。要能通过分析提炼，提出带有规律性的经验、具有普遍意义的看法和建议；对存在的问题进行分析，也要客观中肯；同时要注意避免空发议论、照抄上级文件、党报党刊，给人一种在教育上级的感觉。

（2）报告沟通的及时性。报告的提交要及时高效，因为报告是下级机关与上级机关沟通的重要方式，要让上级机关了解本级工作、获得上级机关的支持与指导，报告是基本的文件沟通方式。同时，上级机关通过下级机关的报告，也能及时准确地了解下级工作开展情况，为领导决策提供依据。

（3）报告内容的灵活性。工作如何总结、内容如何选材，取决于对工作的认识程度，可以由下级机关自行把握。因此，即使对同一项工作，不同单位总结提交的报告内容也可能有很大区别，这代表了各单位的做法特色。

报告的写作流程

在四类报告中，工作报告比较复杂，情况报告和答复报告比较简单，因此写作流程也有所不同。报送报告内容非常简单，直接套用固定写作格式即可，这里不作讨论。

1. 工作报告写作流程

工作报告的写作难点在于对工作经验和体会的总结，因此需要把重点放在深度思考上，其写作流程包括三步九个环节。

第一步：充分准备。

环节 1：定文种。当需要向上级机关汇报工作时，选用工作报告。工作报告的使用时机一般是在工作完成后，在工作进程中的重要节点或者遇到问题时也可使用。

环节 2：明主题。根据工作的重点内容确定报告方向，同时要及时请示领导，把握领导对工作的看法和意图，此外还要充分了解掌握上级机关对工作的看法和安排，结合这三个方面确定工作报告的写作主题。

环节 3：集资料。工作报告的资料搜集要突出对工作基本情况的充分掌握，对工作的过程、措施、结果等都需要有详尽的一手资料，要充分了解实际工作执行人的看法。工作报告出自实践探索和总结，而非办公室里的理论推演。

第二步：深度思考。

环节 4：找问题。工作报告要侧重于从工作经验与教训两个方面找问题。对于工作经验，要重点针对上级机关和领导关心的新情况、新问题进行挖掘；对教训要结合实际工作进行深究，掌握来自实际的教训，分析原因、深刻反思，切不可闭门造车。

环节 5：拓思路。要能以更宽阔的视野审视工作，广泛吸收、学习、借鉴各方经验做法，结合本单位工作进行梳理。不能局限在现象和细节层面，要从寻找规律的角度进行分析判断，理清写作的思路。

环节 6：理结构。工作报告的逻辑结构有两种类型，一种是按照工作发展变化的脉络，常按时间顺序的纵向结构安排材料；另一种是采取横向并列的方式，将工作总结成若干部分，每个部分按照情况、经验、问题等进行写作。在具体写作中，不同类型工作报告有所侧重，经验总结性工作报告，着重写情况、成绩和经验体会，略写问题和意见；汇报情况性工作报告，着重写情况、成绩和问题，略写或不写经验教训。

第三步：精准写作。

环节 7：拟标题。工作报告的主标题符合公文标题的常用模式。在正文中，一级标题和二级标题往往是对经验做法的系统总结，一般是一级标题采用复句结构，常用“做法 + 成效”的组合方式；二级标题采用单句结构，陈述采取的做法行动。

环节 8：填内容。要提高工作报告的总结质量，在段落内容中，要注意提升主旨句的理论性，让做法有理论依据。同时，需要在挖掘做法规律的基础上，用好总结类的排比句式，把工作间的内在联系提炼、展示出来。

环节 9：修语言。除了主旨句外，工作报告要注意减少说理性语言，多用明确肯定的陈述句，在支撑材料中要适当引用数据，增强说服力。提出的改进建议，也应是明确具体、有可操作性的措施。

2. 情况报告和答复报告写作流程

这两类报告的写作流程一般包括两步六个环节。

第一步：充分准备。

环节 1：定文种。情况报告往往具有一定的偶然性，非常规工作需要采用这种报告；而答复报告则是对上级问询的反馈，根据场景选择使用即可。

环节 2：明主题。情况报告的主题往往由所反映情况的客观属性决定；答复报告的主题则由上级机关的问询主题决定。

环节 3：集资料。情况报告重在把握症结、掌握实情，做好对相关问题的实际调查，从方方面面详细周全了解情况；答复报告要围绕上级希望了解的事项搜集资料、进行整理。

第二步：精准写作。

环节 4：拟标题。此类报告的主标题为标准公文标题模式。在正文中，可根据涉及事项的复杂程度，选择是否列出小标题。

环节 5：填内容。情况报告的内容一般按照“基本情况—原因分析—采取对策”的逻辑展开，内容集中、突出重点，要把事件的经过、原因、结构和性质分析写明白。答复报告一般按照上级问题询问的顺序逐项进行答复。

环节 6：修语言。与工作报告类似，情况报告和答复报告也是以陈述为主，多用数据、事例进行支持，提升报告的准确度与可信度。

报告的写作模板

表 3-2　　工作报告写作模板

项目		内容
标题		（1）发文机关名称 + 事由 + 报告 （2）事由 + 报告
主送机关		受文单位名称（一般只有一个）
正文	报告缘由	总述报告写作的背景、目的、依据，对工作的基本情况、取得的成绩进行概括。常用“现将工作情况报告如下”作为过渡句引起下文
	报告事项	一般包括基本情况、主要成绩、经验体会、存在问题和教训、下一步意见建议等内容
	结语	可用“特此报告”“专此报告”结尾，也可随正文结束而自然结束
落款		发文机关名称 + 成文日期

表 3-3　情况报告写作模板

标题		（1）发文机关名称 + 事由 + 报告 （2）事由 + 报告
主送机关		受文单位名称（一般只有一个）
正文	报告缘由	总述事件发生的基本情况和当前形势，引发上级机关的重视，常用“现将有关情况报告如下”作为过渡句引起下文
	报告事项	一般包括事件发生的基本情况、事件发生的原因、当前处理对策措施、今后对同类情况的意见建议等内容。此类情况报告，切忌夹带请示事项，如有需要上级机关解决的问题，要另文请示
	结语	可用“特此报告”“专此报告”结尾，也可随正文结束而完结
落款		发文机关名称 + 成文日期

表 3-4　答复报告写作模板

标题		（1）发文机关名称 + 事由 + 报告 （2）事由 + 报告
主送机关		受文单位名称（一般只有一个）
正文	报告缘由	说明收到上级机关文件名称（文号）、需要答复上级机关的什么问题等。常用“现将有关情况报告如下”作为过渡句引起下文
	报告事项	内容比较灵活，主要是根据上级机关问询问题逐项进行答复，一般包括基本情况、原因分析和处理对策等
	结语	可用“特此报告”“专此报告”结尾，也可随正文结束而自然结束
落款		发文机关名称 + 成文日期

表 3-5　报送报告写作模板

标题		（1）发文机关名称 + 事由 + 报告 （2）事由 + 报告
主送机关		受文单位名称（一般只有一个）
正文	报告缘由	说明报送依据
	报告事项	说明报送文件、物件等信息
	结语	常用“请审阅”“请查收”等结尾
附件		文件类有附件，物件类没有此项
落款		发文机关名称 + 成文日期

报告的范文解析

1. 工作报告范文

成都市简阳生态环境局关于2019年生态环境工作开展情况的报告

市人民政府：

2019年是新中国成立70周年，是决胜全面建成小康社会、打好污染防治攻坚战的关键之年。2019年，在市委、市政府的坚强领导下，简阳生态环境局牢固树立绿色发展理念，全面贯彻落实习近平生态文明思想，深入开展“不忘初心、牢记使命”主题教育活动，紧密结合生态环境部门职能职责，各项工作继续保持稳中有进、进中向好的发展势头。现将2019年生态环境保护工作开展情况报告如下：

一、工作开展情况

（一）党建引领，强化落实，扎实推进从严治党。深入推进“两学一做”学习教育常态化制度化，扎实开展“不忘初心、牢记使命”主题教育，党员领导干部带头讲党课10次、廉政专题党课1次，召开党员大会7次，组织党员干部参观学习建川博物馆红色教育基地、乐至陈毅故居、燎原乡川康地下党联络旧址、简阳市规划馆、文明家园人人共建义务劳动等“固定党日”活动7次。扎实开展2个贫困村和1个非贫困村的结对帮扶工作，协调解决贫困户各类困难诉求20余个。

（二）有效宣传，全民参与，构建全民环保格局。积极开展环保普法宣传活动。先后开展“3·22”世界水日，“中国水周”，水土保持、六五环境日等纪念日开展以“环保与生活相融、文明与健康同行”千人植树、“环保出行 骑乐无穷”为主题的户外宣传活动11次。开展环保法律法规“七进”活动。组织法律进机关3次，进企业10次，进社区5次，进学校3次，组织企业代表、市民代表开展系统培训6次。加强新闻宣传策划。通过“简阳环保”政务微博和“简阳生态环境”微信公众号，推广工作动态、发布信息120条。开展环保志愿服务月活动、环保征文、“小小环保志愿者之星”评选等宣传教育活动，市民环保意识显著提升。

（三）汇心筑势，实心干事，全面推进污染防治攻坚战。（略）

（四）统筹调度，履职尽责，扎实开展环保督察整改任务。（略）

（五）突出重点，消除隐患，认真履行环境监察职能。（略）

（六）履职尽责，科学分析，提升环境监管技术支撑。（略）

二、特色亮点工作

（一）环境质量逐渐改善。2019 年 1—10 月，我市空气优良天数 253 天，优良率 84.90%，同比增加 11 天，优良天数列成都 22 个区（市）县第 5 位。$PM_{2.5}$ 平均浓度 34.4 微克 / 立方米，PM_{10} 平均浓度 53.1 微克 / 立方米，综合指数在成都市 22 个区（市）县排名第 5，排名与去年同期持平，PM_{10}、二氧化硫、氮氧化物、一氧化碳等浓度指标与同期相比分别下降 22.0%、33.3%、16.9%、33.3%，空气质量较去年同期有明显改善；2019 年 1—9 月，我市城市集中式有饮用水源地张家岩水库水质达到Ⅱ类水质，沱江河临江寺断面、沱江河新市断面水质达Ⅲ类水质；绛溪河爱民桥断面、阳化河红日大桥断面为Ⅳ类，水质氨氮、总磷、化学需氧量平均浓度较去年同期均有不同程度下降，断面水质达标率 60%。

（二）管护并重，服务民营经济和重点项目建设。（略）

（三）司法联动，行政执法与刑事司法联动制度化。（略）

（四）稳步推进，污染源普查阶段性成果显著。（略）

（五）环保从小抓起，有声有色。（略）

三、2020 年工作打算

（一）坚决打好蓝天保卫战。加强“散乱污”企业清理，全面锁定污染源，实行动态更新。对“散乱污”企业集群要实施整体整治。推进重点领域 VOCs 综合治理。大力开展石油、化工、汽车、机械、家具、包装印刷等行业 VOCs 综合治理，推动实现达标排放。加强“车油路”综合整治，加快老旧车辆淘汰，开展柴油货车超标排放专项整治。

（二）持续改善水环境质量。（略）

（三）全面推动土壤污染防治。（略）

（四）强化饮用水水源地保护。（略）

（五）继续推进全国第二次污染源普查工作。（略）

（六）继续抓好新闻宣传和风险防控工作。（略）

成都市简阳生态环境局

2019 年 11 月 18 日

范文解析

这篇工作报告是一篇生态环境工作情况的综合性报告。这类工作情况报告一般在年底前由各部门报送上级机关，向上级机关汇报全年工作情况，也为上级机关进行全面的工作总结提供情况参考。

报告标题中，发文机关名称和事由清楚地交代了报告的主题。全文采取的是比较标准的工作报告写法。引入段开门见山地概述了生态环境工作的基本思路、发展态势。

接下来分三个部分详细介绍了工作情况和下一步工作打算。第一部分是工作开展情况，对党建、宣传、污染防治等六个方面的重点工作进行介绍。第二部分从成果层面总结了五个方面的特色亮点工作。这两个部分基本反映了全年开展的主要工作，具体务实、重点突出。第三部分对下一年的六项重点工作进行了介绍。

整篇报告层次清晰，段首二级标题概括准确、结论明确，段内充分运用案例、数据进行论证支撑，论证材料充分说明论点，内容非常充实，语言也很简练。

思维导图

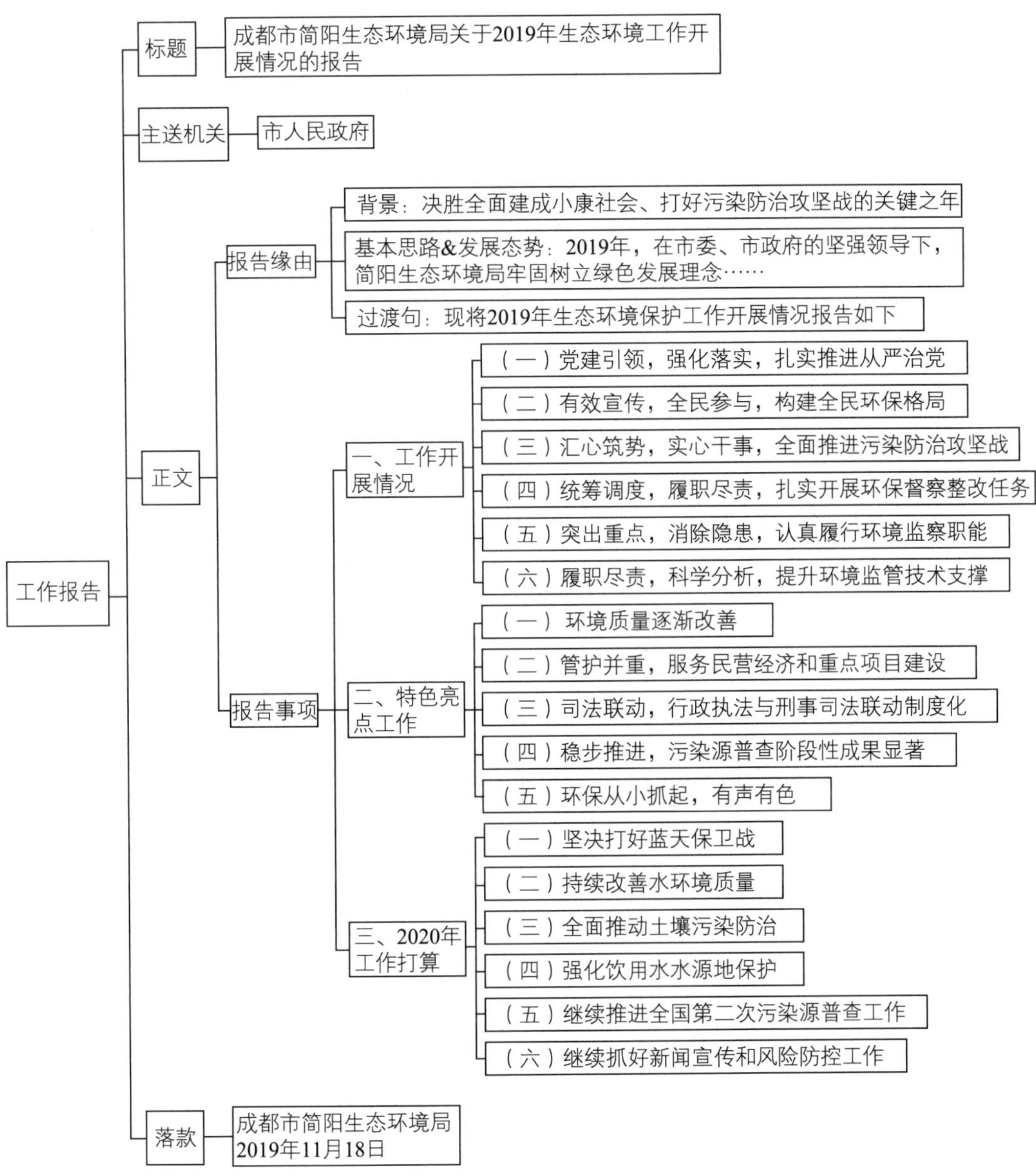
工作报告
标题
成都市简阳生态环境局关于2019年生态环境工作开展情况的报告
主送机关
市人民政府
正文
报告缘由
背景：决胜全面建成小康社会、打好污染防治攻坚战的关键之年
基本思路&发展态势：2019年，在市委、市政府的坚强领导下，简阳生态环境局牢固树立绿色发展理念……
过渡句：现将2019年生态环境保护工作开展情况报告如下
报告事项
一、工作开展情况
（一）党建引领，强化落实，扎实推进从严治党
（二）有效宣传，全民参与，构建全民环保格局
（三）汇心筑势，实心干事，全面推进污染防治攻坚战
（四）统筹调度，履职尽责，扎实开展环保督察整改任务
（五）突出重点，消除隐患，认真履行环境监察职能
（六）履职尽责，科学分析，提升环境监管技术支撑
二、特色亮点工作
（一）环境质量逐渐改善
（二）管护并重，服务民营经济和重点项目建设
（三）司法联动，行政执法与刑事司法联动制度化
（四）稳步推进，污染源普查阶段性成果显著
（五）环保从小抓起，有声有色
三、2020年工作打算
（一）坚决打好蓝天保卫战
（二）持续改善水环境质量
（三）全面推动土壤污染防治
（四）强化饮用水水源地保护
（五）继续推进全国第二次污染源普查工作
（六）继续抓好新闻宣传和风险防控工作
落款
成都市简阳生态环境局
2019年11月18日

2. 情况报告范文

盘锦市水利局关于当前旱情和应对措施的报告

市人民政府：

近期由于天气持续高温，全市境内降水量少，土壤墒情较差，农田干旱缺水情况较为严重。6月20日开始，出现了水田供水紧张的情况。经向省防指申请，6月28日葠窝水库开始放流，水库第一次抗旱应急补水过程中，全市引水总量约3000万立方米，缓解了境内部分水田的旱情，化解了部分农民信访问题。但由于抗旱补水不足，水层浅，加之近期天气高温炎热，蒸发量大，部分水田、蟹田干旱缺水情况持续加剧。

一、旱情

（一）干旱缺水面积

全市水田目前累计缺水面积近60万亩。其中盘山县缺水面积30万亩（稻田12万亩、蟹田18万亩）；大洼区缺水面积29.47万亩（稻田18.2万亩、蟹田11.27万亩）。

（二）气象情况

据市气象部门统计，自6月20日至7月10日，大洼站总降水量23.1毫米，较历年同期（88.8毫米）偏少65.7毫米；盘山站总降水量48.5毫米，较历年同期（84.2毫米）偏少35.7毫米。预计未来10天市内降水以零散性阵雨天气为主，降水强度偏弱，累计降雨量仅为5～10毫米，其他时段无明显降雨天气过程，气象干旱仍将持续且有进一步加剧的可能。

（三）河道水情

因河道天然径流不足，大洼区南河沿等沿河闸口河水含氯超标，其中西老湾站闸口河水检测氯离子含量超过1.0‰，已无法开车提水。

（四）水库蓄水情况

截止到7月10日，全市水库累计可利用库容1950万立方米（大洼灌区水库可利用库容总量为 1100 万立方米，盘山灌区可利用库容总水量 850 万立方米），具体情况如下：疙瘩楼水库蓄水量为 1350 万立方米，可利用库容为 0 万立方米；三角洲水库蓄水量为 3100 万立方米，可利用库容为 1100 万立方米；荣兴水库蓄水量为 400 万立方米，可利用库容为 0 万立方米。青年水库，蓄水量为 320 万立方米，可利用库容 150 万立方米；八一水库蓄水量为 400 万立方米，可利用库容 200 万立方米；红旗水库蓄水量为 700 万立方米，可利用库容 500 万立方米。全市目前水库累计可利用库容只能维持周边地区一次性补水自救。

二、旱情成因

（一）天气原因。近期天气持续高温，蒸发量大，无有效降水。

（二）河道流量原因。泡插期过后，上游水库停止供水后河道径流、流量较少。

（三）土壤墒情原因。由于近期无有效降水过程，导致土壤墒情较低，土壤含水率低。

三、应对措施和下步工作安排

针对当前供水紧张情况，市水利局高度重视，立即采取措施积极应对并做好下步工作安排。

（一）积极争取抗旱应急补水。针对面临的严重干旱形势，我局积极向省防指汇报旱情，争取上游水库补水以保证我市水田用水。目前，我局已再次向省防指提交了《关于盘锦市进行第二次水田抗旱应急补水的请示》，争取上游水库补水量 3500 万立方米。

（二）科学合理调度水量。（略）

（三）做好抗旱物资储备。（略）

（四）加强宣传，严肃纪律。（略）

特此报告。

盘锦市水利局

2019 年 7 月 12 日

范文解析

这篇关于旱情的报告，写作方式非常简练，全篇都是具体数据和措施，为上级机关进行抗旱决策提供了翔实的材料支撑。

全篇按照“是什么—为什么—怎么做”的基本逻辑进行写作。引入段对旱情的总体情况、已经采取的应对措施和目前的形势进行了概括。接下来分三个部分行文。第一部分从四个方面凸显了旱情的严峻性。第二部分从三个方面对旱情成因进行了简要分析。第三部分是本篇的写作重点，从四个方面对抗旱工作安排进行了介绍。

这篇情况报告的特点是不啰唆、无废话，工作举措非常具体，提供的数据翔实，文风简洁朴实，值得学习借鉴。

思维导图

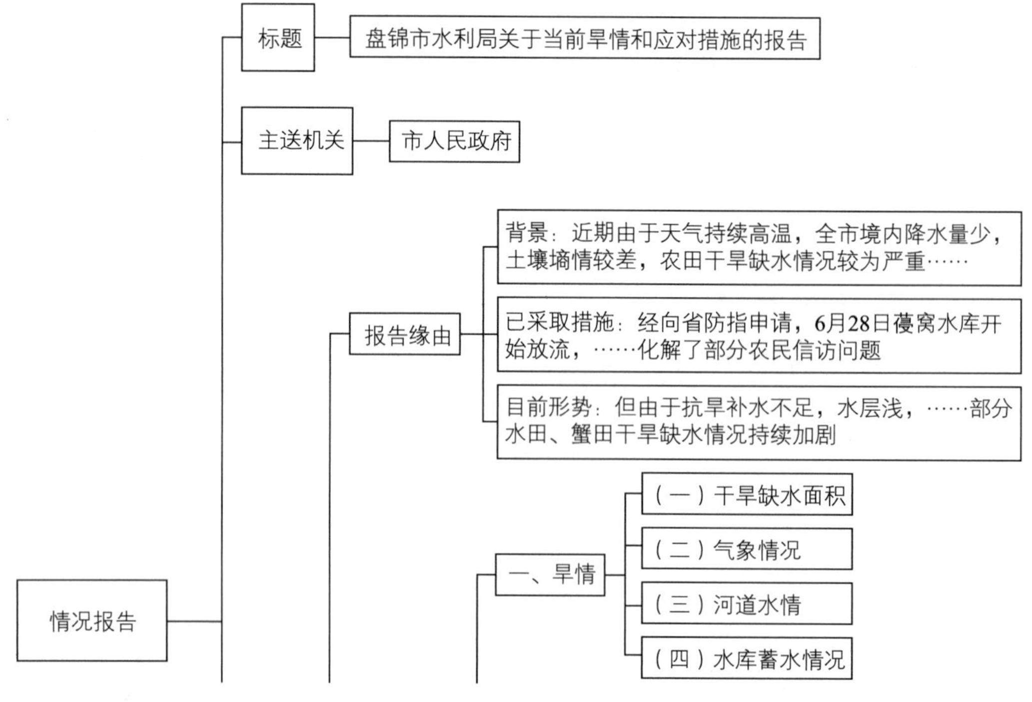

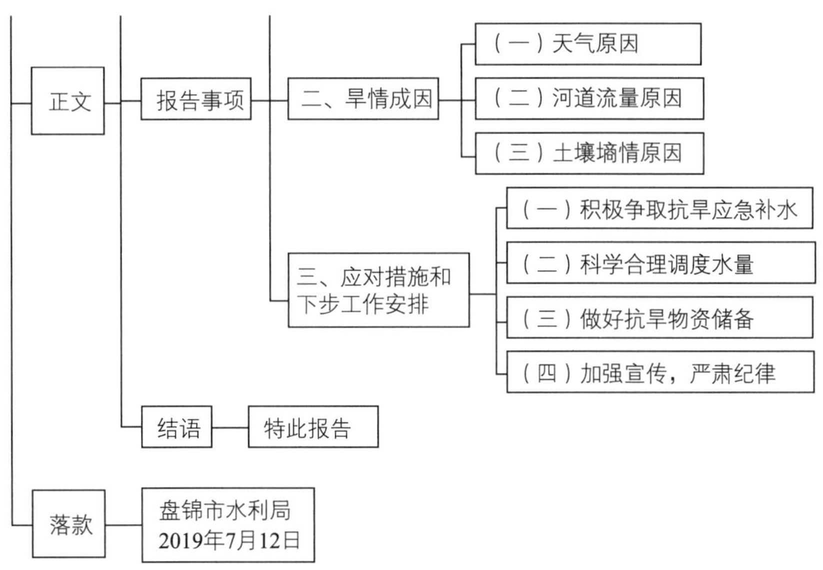

3. 答复报告范文

关于对二连浩特市监察委员会《监察建议书》有关问题整改落实情况的回复报告

二连浩特市监察委员会：

按照二连浩特市监察委员会监察建议书《关于加强制度建设和内部管理的建议》（〔2018〕二监建字第 2 号）要求，市司法局予以高度重视，并于 11 月 7 日召开全体干部职工大会，及时传达监察建议书相关内容，对整改落实事项进行专门研究部署。针对监察建议反馈的问题以及提出的指导意见要求，制定如下整改措施：

一、关于财务管理制度缺失，财务管理混乱问题。

整改措施：一是对司法局财务管理制度进行修改完善，坚持按照“三重一大”制度办事，严格规范经费使用和报销流程，及时发现苗头性、倾向性问题，确保财务管理规范有序不出现违规混乱现象。建立按制度办事，用制度管人、管事的长效机制。二是对财务人员进行专门培训，提高财务人员业务素质和能力。三是定期对财务进行检查，防止因财务人员业务不熟而造成不符合财务管理规定的事情发生。

责任领导：×××

责任科室：办公室

时限：立行立改

二、关于对二级单位监管不到位问题。

整改措施：一是加强对二级单位的监督管理，督促健全《公证处内部管理办法》《公证处值班制度》《内蒙古口岸线律师事务所管理制度》等规章制度，并要求做到制度上墙、落实到位；二是加强对二级单位法律援助中心、公证处、律师事务所的日常管理，定期向局领导汇报工作，半年进行小结，全年进行总结；三是加强对二级单位人员管理、档案管理和财务报销等管理，要求每月上报一次财务报表和工作情况。

责任领导：×××、×××

责任科室：各科所队

时限：立行立改、长期坚持

三、关于委派人员外出学习培训依据文件指导性不强问题。

整改措施：一是严格执行中共中央印发的《干部教育培训工作条例》，对于上级下达的委派人员外出学习正规合法文件，选派人员外出要经局班子会议研究决定，有业务需要进行外出学习的局里统一安排；二是对于法学会等各种协会及非政府机构下发的培训学习类文件，原则上一律不准参加，严禁公费委派干部参加社会化培训。

责任领导：×××、×××

责任科室：办公室

时限：立行立改

四、关于法治宣传品发放制度不全问题。

整改措施：一是建立法治宣传品发放管理制度，规范法治宣传品的采购、入库和发放等相关制度，相关物品采购列入“三重一大”事项研究决定；二是对现有的法治宣传品立即进行清点，登记造册，由办公室统一管理，专人负责，做到发放前有申请，发放中有记录，发放后上台账，做到账物和库存账物相符，去向明确。

责任领导：×××

责任科室：办公室、宣教科

时限：立行立改

对市监委监察建议提出的问题和整改意见建议，按照明确责任领导、明确整改措施、明确整改时限的要求，建立清单，集中整改。涉及相关科室严格对照整改任务和要求，一级抓一级，层层抓落实，解决一个、完善一个、巩固一个，确保件件有落实、事事有回音。

二连浩特市司法局

2018 年 11 月 20 日

范文解析

这篇答复报告采取的是逐一回复的模式。

报告的标题省略了发文机关名称，用的是“事由 + 报告”的结构。注意这里的事由是“对二连浩特市监察委员会《监察建议书》有关问题整改落实情况的回复”，文种是“报告”，而不是“回复报告”。

全篇结构非常清晰。引入段说明了报告的写作依据，以及已经采取的行动措施。在正文中每个问题对应的都是具体的整改措施和任务分工，责任到人、任务到位。这也是这篇答复报告的特点。至于没有过多解释问题产生的原因，是因为对于监察委员会明确的问题需要不打折扣地执行，直接提出解决对策即可。

报告最后一段，对做法进行了总述，表明了立说立行进行整改的态度。

思维导图

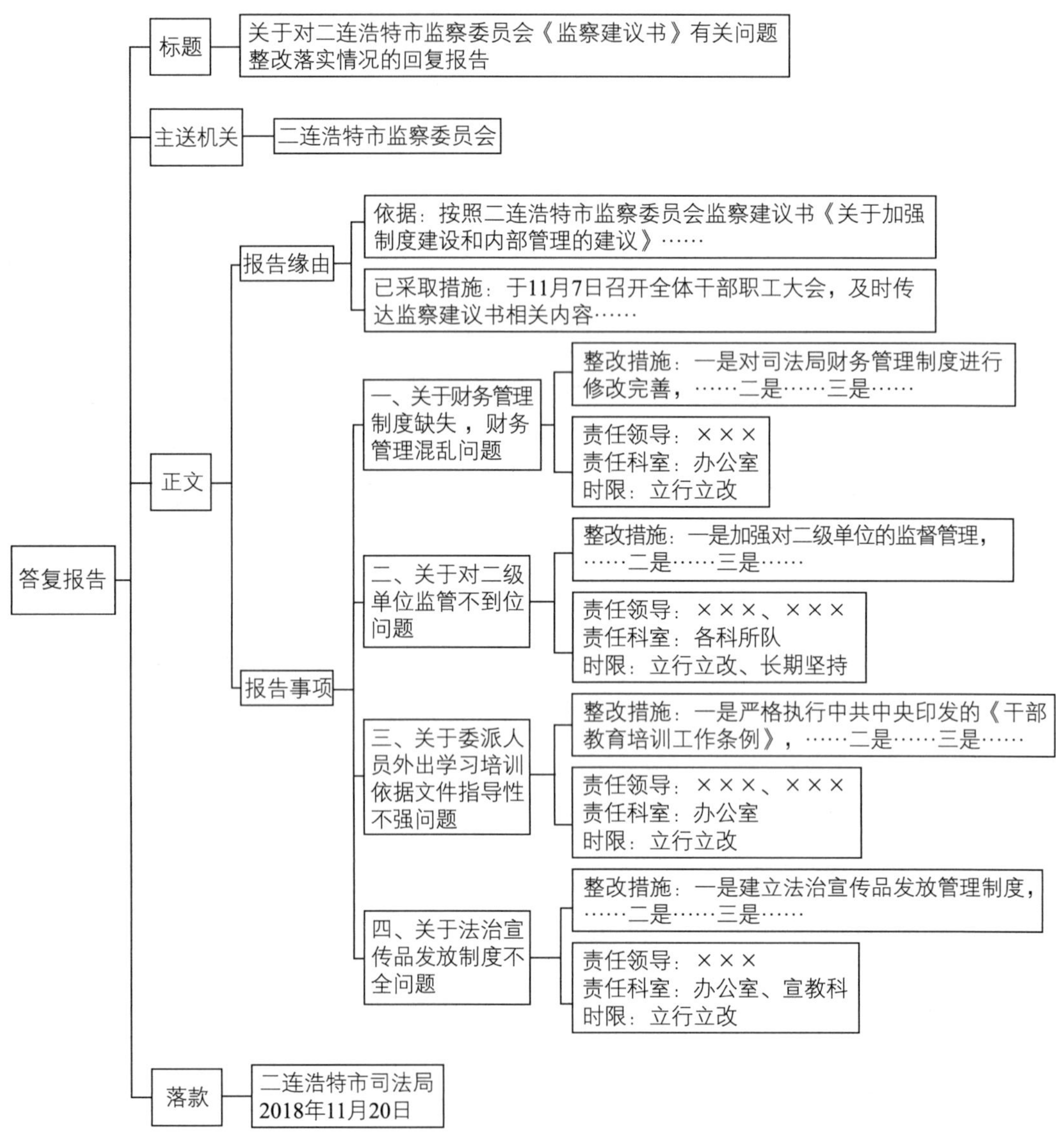

4. 报送报告范文

福州市长乐区人民政府关于规范性文件报送备案的报告

福州市人民政府：

《福州市长乐区人民政府关于印发进一步做好稳就业保就业工作若干措施的通知》（长政〔2020〕28 号）已于 2020 年 7 月 2 日发布实施，并于 2020 年 7 月 2 日通过长乐区政府门户网站对外公布。现根据《福州市行政机关规范性文件管理办法》的规定报送备案，相关材料电子文本已于 2020 年 7 月 31 日发送至指定电子邮箱，请查收。

附件：

1.《福州市长乐区人民政府关于印发进一步做好稳就业保就业工作若干措施的通知》（长政〔2020〕28 号）一式三份

2. 起草说明一式三份

3. 制定该规范性文件的主要依据条文及目录一份

福州市长乐区人民政府

2020 年 7 月 31 日

范文解析

这篇报送报告写得非常清晰，标题采取的是“发文机关名称 + 事由 + 报告”的结构，由于备案文件名称较长，在事由中用“规范性文件”代替，正文详细说明。正文采取篇段合一的形式，说明了需要报送备案的文件、报送依据，并对公文附件纸质版的内容数量进行了说明。此类报送报告，基本都是这样的写作模式，按标准写法完成即可。

思维导图

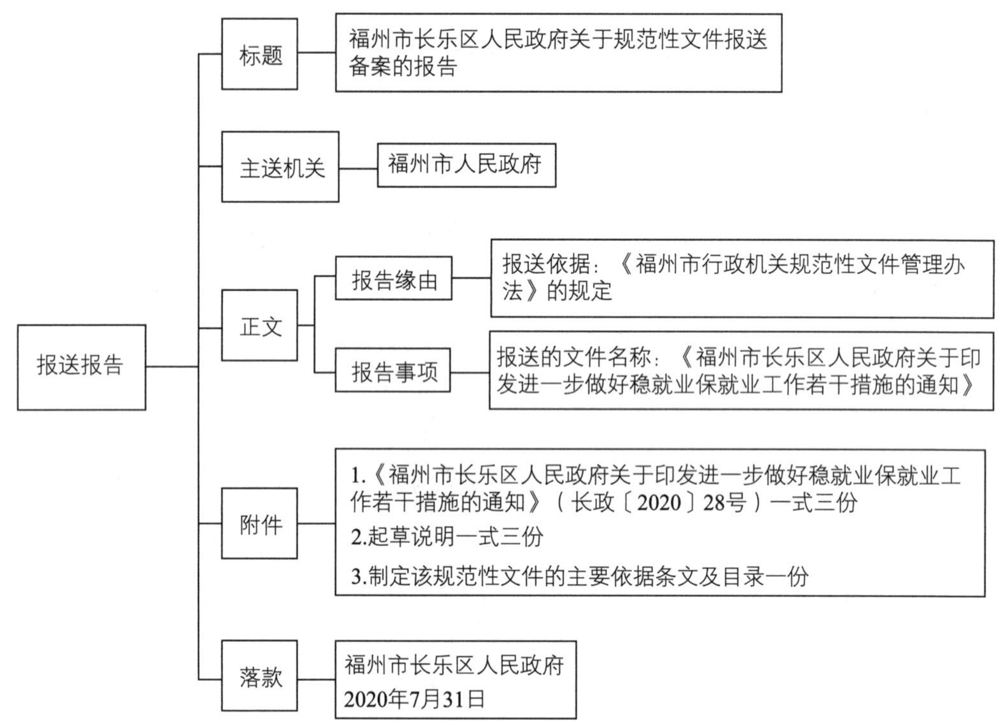

议案

议案的内涵特点

议案适用于各级人民政府按照法律程序向同级人民代表大会（下文简称同级人大）或者人民代表大会常务委员会（下文简称人大常委会）提请审议事项。

议案提请审议的事项主要有三类，包括法律法规、重大决策事项和任免政府主要领导。据此，可以将议案分为三类，即立法议案、决策议案和任免议案。

立法议案主要用于提请审议各类法律法规。

决策议案主要用于提请审议涉及国计民生的各种重大事项。

任免议案主要用于提请审议政府主要领导任免事项。

请注意这里讨论的议案是行政公文中的议案，不要和人大代表以个人名义提交的议案混淆，人大代表的议案不属于标准的行政公文。议案写作和使用时需要注意以下特点。

（1）行文的定向性。议案只能由各级人民政府向同级人大或人大常委会行文，其他政府工作部门不能使用或接收议案。

（2）内容的限定性。议案的内容必须是属于本级人大或人大常委会职权范围之内的事项，主要包括前面提到的三类事项。除此之外的其他事务，不应作为议案提出。同时，议案需要一事一案，便于审议处理。

（3）特定的时效性。议案要在同级人大或人大常委会举行会议的规定期限前由政府提出，并且提交会议审议的议案，人大或人大常委会必须限期审议、表决或提出处理意见。

议案的写作流程

作为公文的议案，属于需要提请审议的相关文件和事项的载体，其本身的写作并不复杂，有固定的格式和标准，其写作流程有四个环节。

环节 1：定文种。根据需要审议的事项，决定使用何种议案。

环节 2：拟标题。议案标题事由要写清楚需要提请审议的文件名称或事项内容要点。议案正文内无须使用标题。

环节 3：填内容。立法议案、决策议案采取篇段合一的形式，任免议案按任免职务逐条分项列出。除涉及重大决策、需要详细说明理由的决策议案需进行细致的说明论证之外，其他两类议案一般篇幅较短。

环节 4：修语言。议案的语言简练干脆，以陈述说明性语言为主，不需要过多说理性语言。

议案的写作模板

表 3-6 议案的写作模板

标题		发文机关名称 + 事由 + 报告
主送机关		同级人民代表大会或人民代表大会常务委员会
正文	议案缘由	提出议案的原因、目的和依据
	议案事项	提请审议的文件或其他事项
	结语	常用“请予审议”“现提请审议”作为结语
附件		提请审议的文件或其他事项具体内容
落款		发文机关名称或领导人职务、姓名 + 成文日期

议案的范文解析

1. 立法议案范文

省人民政府关于提请审议《贵州省信息基础设施条例（修订草案）》的议案

省人大常委会：

根据省人大常委会、省人民政府 2022 年立法工作计划，省大数据局、省司法厅会同省人大社会委、省人大常委会法工委等单位成立立法起草小组，严格按照立法程序开展调研论证、充分征求吸纳各方面意见建议，对 2014 年出台的《贵州省信息基础设施条例》作了全面修订，已经 2022 年 6 月 29 日省政府第 116 次常务会议通过，现提请审议。

贵州省人民政府

2022 年 6 月 29 日

《贵州省信息基础设施条例（修订草案）》的起草说明

（2022 年 7 月 × 日在省十三届人大常委会第 × 次会议上）

贵州省司法厅厅长 ××

省人大常委会：

我受省人民政府委托，现对《贵州省信息基础设施条例（修订草案）》(以下简称《条例（修订草案）》）作如下说明：

（略）

贵州省信息基础设施条例（修订草案）

第一章　总　　则

（略）

范文解析

这篇立法议案的标题采取的是全要素公文标题。正文比较简单，采取篇段合一的结构形式，简要说明了立法的依据、立法论证修订的基本过程，用“现提请审议”作为结语。需要注意的是，对于这类比较复杂的立法议案，一般需要有专人在会议上作起草说明，因此，议案后还附上了文字版的起草说明，以及《条例（修订草案）》的文本，便于人大代表进行审议。

思维导图

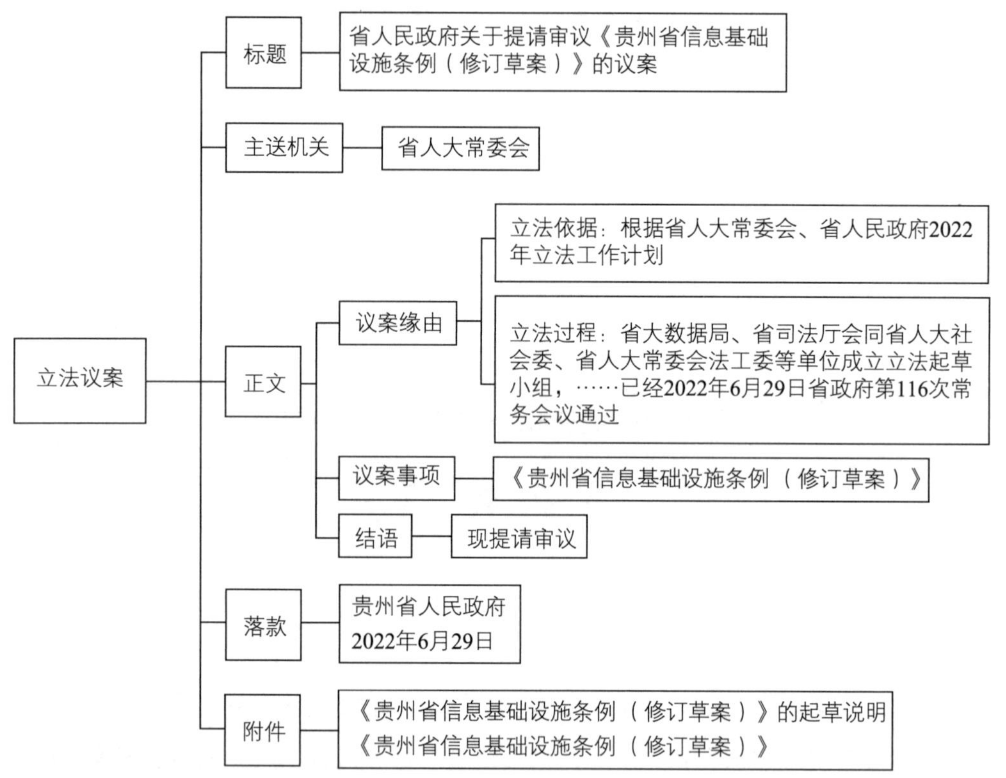

2. 决策议案范文

湘阴县人民政府关于提请审议 2018 年重点建设和民生实事项目计划的议案

县人大常委会：

为进一步增进民生福祉、夯实发展基础，助推县域经济持续、健康、内涵式、高质量发展，根据上级督查督办的环保民生等重点工程优先、中央和省市预算内投资建设项目优先、政府工作报告明确的民生实事工程优先、必须推进的续建工程优先的四个“优先”原则，按照省市“停、缓、调、撤”工作要求，合理压减政府性投资规模，经县人民政府研究，初步计划投资 58.69 亿元（本级配套资金 2.4234 亿元），建设政府性项目 34 个（PPP 项目 6 个、上级投资项目 19 个、本级投资项目 9 个）。请审议决定。

附件：湘阴县 2018 年重点建设和民生实事项目计划表

县长：×××

2018 年 5 月 14 日

范文解析

这篇决策议案是将涉及重点建设和民生实事的项目计划提交审议。标题中的事由对此进行了说明。正文采取篇段合一的结构形式，说明了制订计划的目的、依据原则、有关要求，对总体投资数据和项目种类数目进行了概述，有助于人大常委会把握总体情况。对于更细致的项目情况，则用附件的形式提交，便于人大代表逐项审议。

思维导图

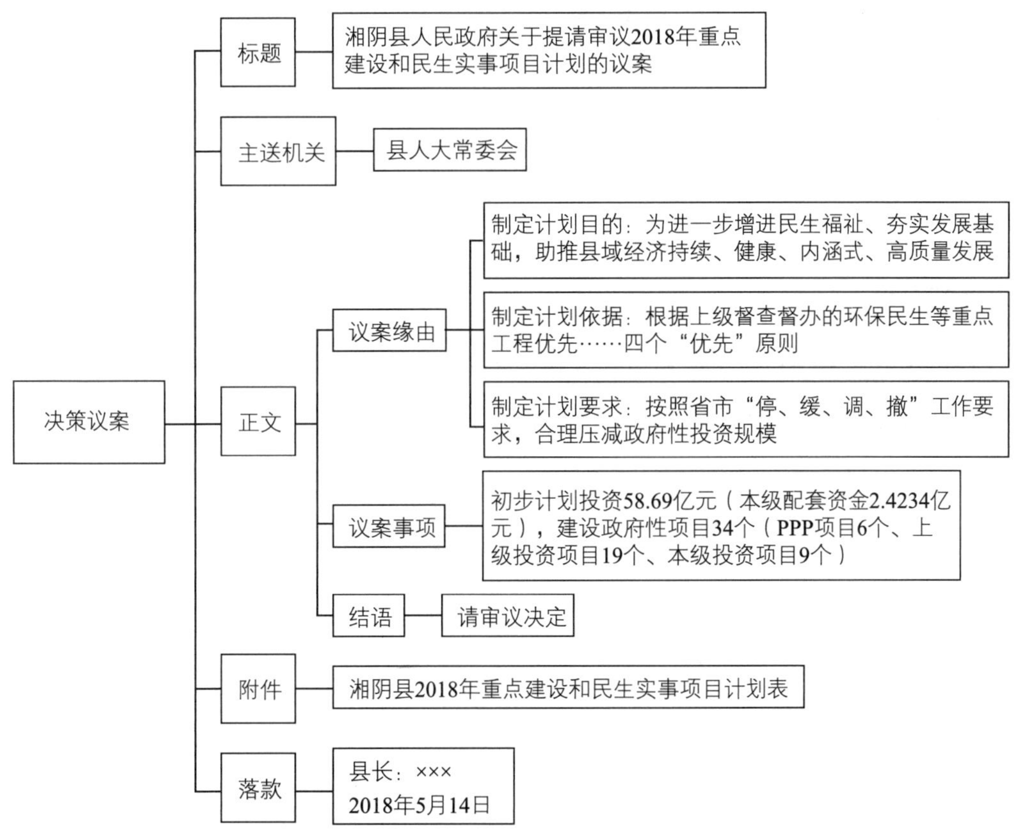

3. 任免议案范文

关于提请 ××× 等同志任职的议案

市人大常委会：

根据《中华人民共和国各级人民代表大会和地方各级人民政府组织法》第四十四条第十项规定，现提请审议：

××× 同志为市经济发展局局长；

××× 同志为市教育局局长；

××× 同志为市民政局局长；

××× 同志为市人力资源和社会保障局局长；

××× 同志为市住房和城乡建设局局长；

（略）

××× 同志为市地方金融监督管理局局长。

扬中市人民政府

2019 年 2 月 28 日

范文解析

任免议案比较简单，可以简要交代任免依据，也可以不写，直接列出需审议的任免职务。行文时每行一个职务，便于阅读及审议。

思维导图

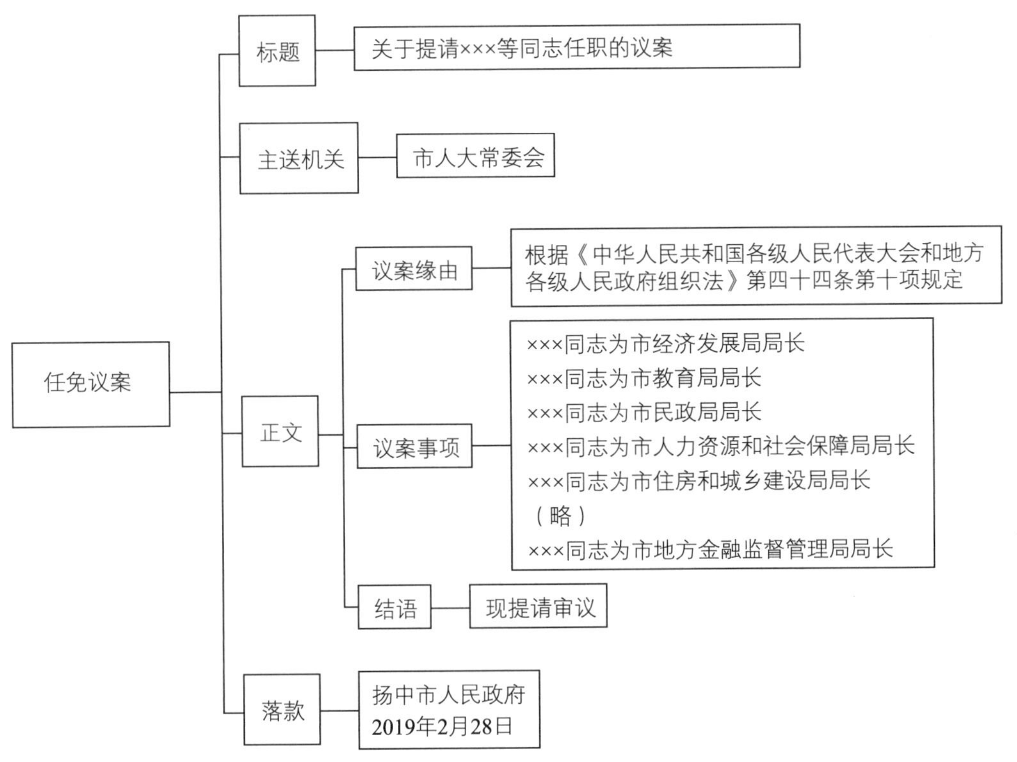

函

函的内涵特点

函适用于不相隶属机关之间商洽工作、询问和答复问题、请求批准和答复审批事项。根据函的定义和使用场景，可以将函分为三种，即商洽告知函、询问答复函和请批审批函。

商洽告知函包括商洽函和告知函，主要用于商洽工作、告知有关事宜，请求协助支持处理有关事宜。

询问答复函包括询问函和答复函，主要用于相互询问、答复处理有关问题。

请批审批函包括请批函和审批函，主要用于向平级或不相隶属的业务主管部门请求批准事项，以及业务主管部门审批回复事项。需要注意这类函实际工作中常常误用为请示、批复。

函作为唯一的平行文文种，应用范围广、功能多，在写作时需要注意以下特点。

（1）处理的及时性。无论是发函还是复函，尤其是复函时，一定要做到迅速及时，保证相关公务活动高效进行。

（2）内容的单一性。函的篇幅比较短小，内容要求是一事一函、直奔主题，这样便于接收单位进行呈批处理。

（3）用语的平等性。与其他公文不同，函在写作的时候，用语需要注意平等沟通，减少不必要的客套话。即便是请批审批函，其措辞语气与请示、批复也有很大不同。

函的写作流程

函作为简单文种，其写作流程有四个环节。

环节 1：定文种。需要向不相隶属机关发文，就需要使用函这个文种。收到来函，也需要使用函进行回复。

环节 2：拟标题。函的主标题要写清楚发文机关、事由，便于收文单位处理。正文标题根据函的实际内容确定，简单的函正文不写标题；内容较多的函，可以用标题区分内容层次。

环节 3：填内容。简单的函用篇段合一的形式，较为复杂的函可以按照工作逻辑分条列项进行内容写作。

环节 4：修语言。函的语言具有平等沟通的特点，因此切忌出现命令式语气，同时也不宜过于客套，不卑不亢的协商语气最为适宜。

函的写作模板

表 3-7　　商洽告知函写作模板

标题		（1）发文机关名称 + 事由 + 函（复函） （2）事由 + 函（复函）
主送机关		受文单位名称
正文	商洽告知缘由	发函：商洽告知相关工作的目的、依据 复函：写明“某月某日关于某个问题的来函收悉”，引据来文标题、文号
	商洽告知事项	发函：说明具体工作事项内容，内容涉及若干方面问题的采取分条列项方式，便于对方研究回复 复函：针对来函列出的相关问题给予明确答复
	结语	发函：特此函告；特此函商；请予支持，为盼（为感） 复函：特此函复
落款		发文机关名称 + 成文日期

表 3-8　　询问答复函写作模板

标题		（1）发文机关名称 + 事由 + 函（复函） （2）事由 + 函（复函）
主送机关		受文单位名称
正文	询问答复缘由	发函：询问的目的、依据 复函：写明收到来函或相关文件，常用“经……研究，现答复如下”
	询问答复事项	发函：询问的具体问题 复函：针对询问的问题进行答复
	结语	发函：请予支持，为盼（为感） 复函：特此函复
落款		发文机关名称 + 成文日期

表 3-9　　请批审批函写作模板

<table>
<tr><td colspan="2">标题</td><td>（1）发文机关名称 + 事由 + 函（复函）
（2）事由 + 函（复函）</td></tr>
<tr><td colspan="2">主送机关</td><td>受文单位名称</td></tr>
<tr><td rowspan="3">正文</td><td>请批审批缘由</td><td>发函：请批的目的、依据。
复函：写明收到来函或相关文件，说明审批的依据</td></tr>
<tr><td>请批审批事项</td><td>发函：请批的具体事项，内容较多分条列项说明
复函：针对请批事项给出具体审批意见</td></tr>
<tr><td>结语</td><td>发函：特此函商；请予支持，为盼（为感）
复函：特此函复</td></tr>
<tr><td colspan="2">落款</td><td>发文机关名称 + 成文日期</td></tr>
</table>

函的范文解析

1. 商洽函范文

关于商请对苏州对接上海市场环境建设工作提供支持的函

上海市市场监督管理局：

为贯彻落实长三角一体化国家发展战略，深层次融入长三角区域一体化发展，积极呼应上海卓越全球城市建设，近期苏州市委、市政府主要领导将带队赴上海市开展全面对接工作。为做好对接前的学习和准备工作，现商请贵局明确一名和苏州市市场监管局对接的工作人员，并请贵局提供在推进上海自由贸易试验区建设、产品质量安全信息一体化建设、检验检测认证服务平台建设、市场环境建设（全面推进“证照分离”改革，优化完善市场准入条件；加快推进网上服务升级，推进长三角“一网通办”事项更大程度全程网上办理；探索建立以红黑名单为重点的信用长三角联合奖惩机制）等方面的做法、经验和对接建议等材料。

联系人：×××

联系电话：（略）

邮箱：（略）

谢谢支持！

苏州市市场监督管理局
2019 年 11 月 19 日

范文解析

这篇商洽函篇幅不长，在标题的事由中说明了需要商洽的事项。正文采取的是篇段合一的写作方式。首先开门见山说明了商洽目的、依据，对发函的工作背景进行了说明。然后，提出了商洽的工作事项，需要对方提供对接人和相关材料，并留下具体联系人和联系方式，便于对方能够及时沟通。最后用“谢谢支持”作为结语。全篇内容简洁，不拖泥带水。

思维导图

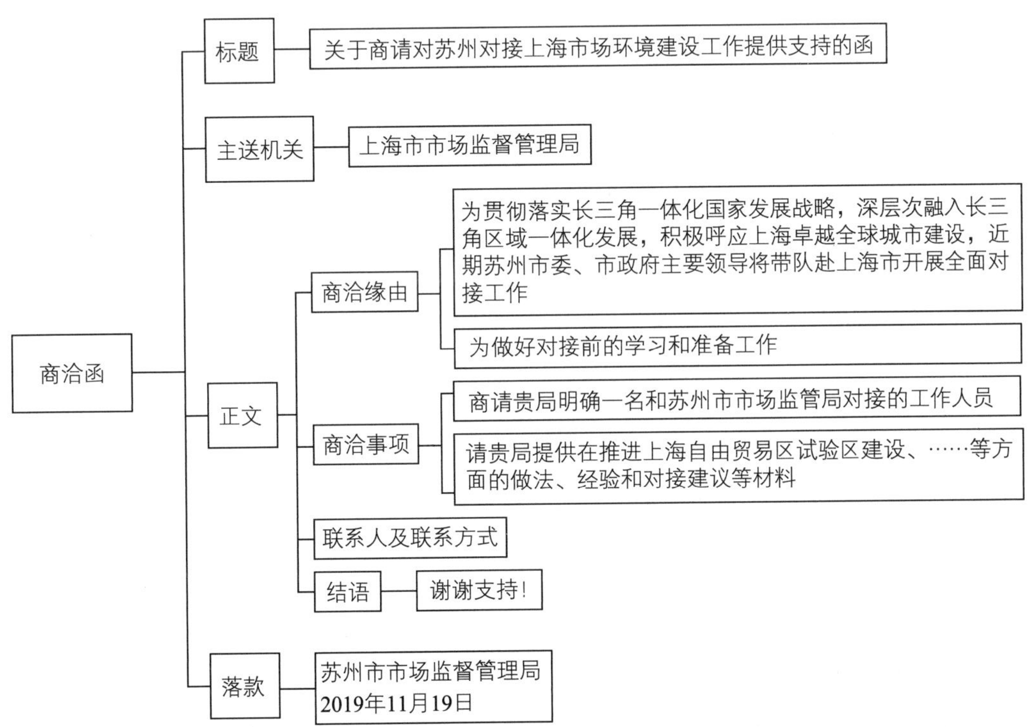

2. 告知函范文

关于开展第五届新疆维吾尔自治区专利奖评选工作的函

自治区各委、办、厅、局，自治区科研院所、大专院校、中央驻疆企业：

为深入贯彻新时代党的治疆方略，推动自治区知识产权战略和创新驱动发展战略，提升创新主体的发明创造积极性，增强知识产权的创造、运用、保护和管理能力，根据《新疆维吾尔自治区专利奖评奖办法（暂行）》（新政发〔2016〕41号）规定，结合工作实际，现就第五届自治区专利奖评选工作有关事宜告知如下：

一、申报条件

（一）符合《新疆维吾尔自治区专利奖评奖办法（暂行）》第九条、第十条和第十一条规定，在自治区行政区域内的单位或公民于2021年12月31日前被国家知识产权局授权的发明、实用新型有效专利（不含国防专利、保密专利）。

（二）申报单位无异常经营情况，具有良好的社会信用。

（三）申报项目未获得新疆维吾尔自治区科学技术进步奖或自治区专利奖。

二、申报方式

采取网上在线申报的方式，申报单位或申报人登录"自治区专利奖信息管理系统"在线注册，提交申报书及相关材料。登录网址：http://zl.xjkjcgw.com/。

三、评审程序

自治区各委、办、厅、局，自治区科研院所、大专院校、中央驻疆企业（以下简称"审核单位"）登录"自治区专利奖信息管理系统"（用户名及密码请与工作人员联系），对本区域（单位、系统）申报单位或申报人提交的申报材料的真实性、有效性进行审核，提出推荐意见，提交自治区市场监督管理局审查，审查通过的由自治区专利奖评审委员会按行业领域进行评审。

四、表彰奖励

自治区专利奖设特等奖和一、二、三等奖四个等次，由自治区人民政府表彰奖励，并优先推荐申报中国专利奖。

五、有关要求

（一）申报单位或申报人通过“自治区专利奖信息管理系统”下载打印审核通过的申报书，加盖申报单位、审核单位公章，与承诺书统一由推荐单位报送扫描件至自治区市场监督管理局邮箱。

（二）审核单位及时登录系统，对申报的材料进行审核，提出推荐意见及理由。

（三）国家法律法规规定需出具检测报告的专利技术、对建立国家或国际标准发挥作用的专利技术，需提供检测报告或管理部门证明材料。

（四）获中国专利奖金奖的发明专利，可推荐参加特等奖评选；获中国专利奖优秀奖的，可推荐参加一等奖评选。

（五）申报截止日期为 2022 年 4 月 29 日。

（六）请各单位认真做好组织申报工作，并于 2022 年 3 月 8 日前将联系人登记表发送至邮箱。

六、联系人及联系方式

自治区市场监督管理局知识产权促进处联系人：×××

联系电话：（略）

自治区专利奖信息管理系统技术服务人员：××

联系电话：（略）

联系地址：乌鲁木齐市天山区新华南路 ××× 号

邮编：830004

邮箱：（略）

附件 1：联系人登记表

附件 2：新疆维吾尔自治区专利奖申报书

自治区市场监督管理局

2022 年 3 月 4 日

范文解析

这篇告知函结构清晰，标题采用“事由 + 函”的结构，明确了发函的主题。引言说明了告知工作的目标和依据，用“现就……有关事宜告知如下”引出下文。正文按照评选工作需要明确的基本要素，从申报条件、申报方式、评审程序、表彰奖励、有关要求、联系人及联系方式等六个方面，对评审工作的基本流程、要求、方式方法等进行了详细介绍，便于收文单位参照执行。这类告知函的内容和通知很像，不过通知只能用于上下级之间，对于不相隶属的单位就不能用通知了。把告知函误用为通知，这也是在日常工作中容易出现的错误。

思维导图

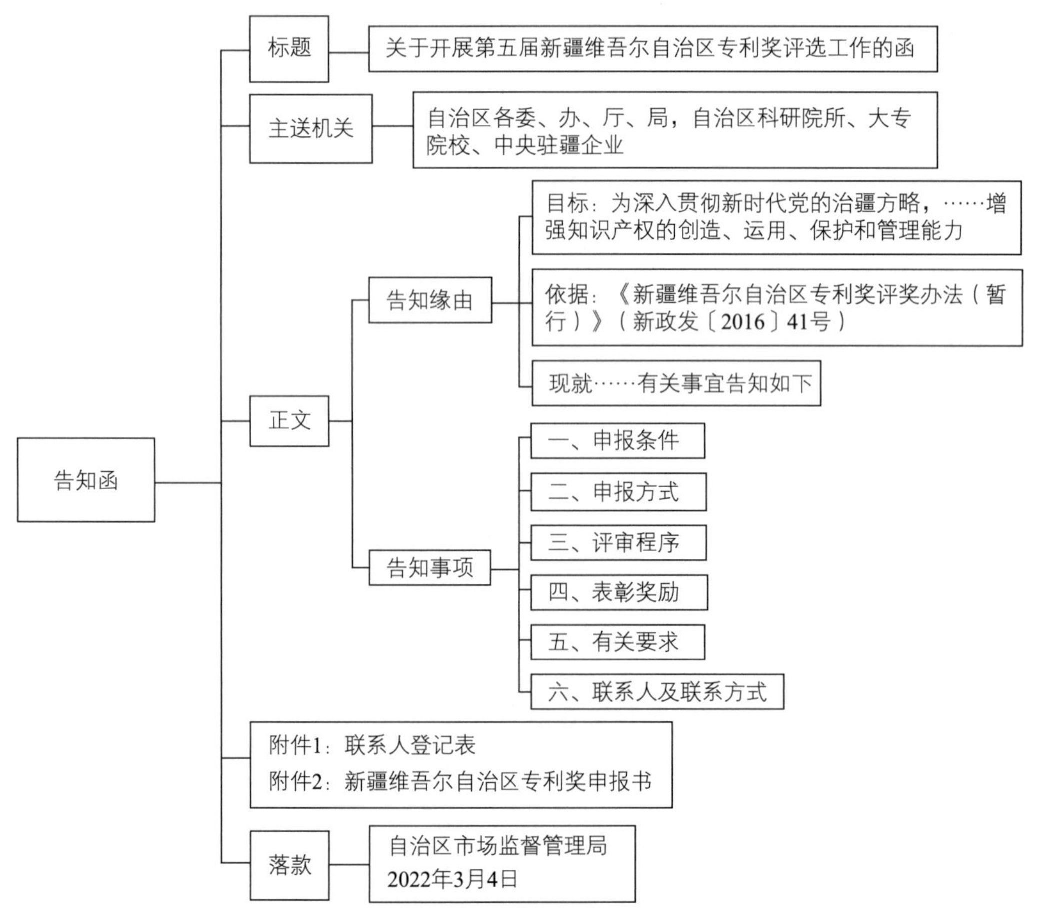

3. 询问函范文

眉山市彭山区审计局关于提供问题情况的函

区巡察办：

受区委组织部委托，我局 2019 年度将对区教体局局长 ××× 等 11 名同志进行经济责任审计。为做好此项审计工作，全面了解掌握被审计单位主要负责人履职情况，请贵单位将巡察工作中查出的问题函告我单位。

附件：眉彭委组函〔2019〕1 号

眉山市彭山区审计局

2019 年 1 月 16 日

范文解析

这篇询问函非常简短，篇段合一的正文只有两句话。第一句话说明了发函依据和目的，第二句话说明了询问事项。同时，附件还提供了组织部门的函件作为支撑材料，便于对方了解情况，给予更好的配合。

思维导图

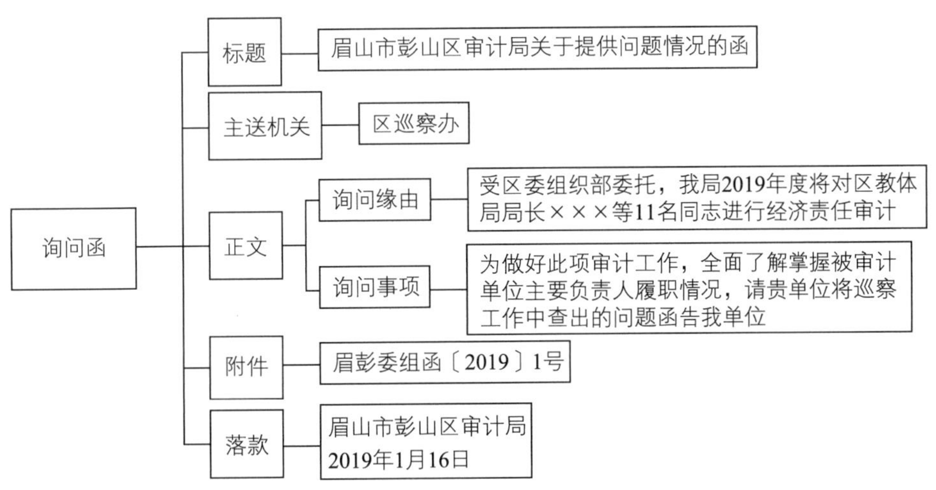

4. 答复函范文

关于市政协十二届一次会议 230 号提案的复函

××× 委员：

您在市政协十二届一次会议提出的《关于农业废弃物规范处置的建议》（230 号）收悉，经会市生态环境局，现复函如下：

农业废弃物是宝贵的生物质资源，对其进行资源化利用在节约能源、保护环境、推动生产等多个维度均具有重要意义。如果不能高效资源化利用，会造成严重的环境污染，甚至对人类健康造成很大危害。《“十四五”循环经济发展规划》明确指出，大力发展循环经济，实现资源高效利用和循环利用，对保障国家安全和推动实现碳达峰碳中和目标具有重大意义。同时提出，要加强农业废弃物资源化利用，推动农业废弃物高效利用。您的提案客观分析了农业废弃物规范处置中存在的问题，提出的分类处置、强制回收、健全回收制度等建议也十分中肯到位，对进一步规范农业废弃物处置，推进我市农业绿色高质量发展具有重要的现实指导意义。

一、我市所做的主要工作

近年来，我市紧紧围绕农业绿色高质量发展，积极推进农作物秸秆综合利用，全域推进农药包装废弃物和废旧农膜回收处置。2018—2021 年，全市农作物秸秆利用量分别为 72.54 万吨、61.56 万吨、61.18 万吨和 62.22 万吨，综合利用率分别达到 93.98%、94.84%、95.91%、96.01%，综合利用水平稳步提升。全市农药包装废弃物分别回收 566.79 吨、454.55 吨、478.70 吨、512.94 吨，回收率达 123.2%、104.85%、120.55%、105.62%；无害化处置分别为 450.26 吨、462.42 吨、518.81 吨、609.95 吨，处置率达 122.3%、133.34 %、145.16%、139.56%。2018 年，我市在临安区开始实施废旧农膜回收试点，2020 年在全市范围内开展废旧农膜回收。2020—2021 年，全市分别回收废旧农膜 1532.5 吨、2139.0 吨，回收率达到 91.7%、91.84%。

（一）加强政策引导。市县两级均出台秸秆综合利用、农药包装废弃物及废旧农膜回收处置等相关政策，积极推进秸秆肥料化、饲料化、能源化、基料化和原料化“五化”利用，不断提高我市秸秆综合利用水平。按照政府主导、财政支持、企业运营、农户参与的原则，我市各涉农区、县（市）均已建立了农药包装废弃物、废旧农膜有偿回收和集中处置管理工作体系，形成了以回收点为依托的“回收、分类、储存、转运、处置”的全过程闭环管理模式，全域推进农药包装废弃物和废旧农膜回收处置。

（二）加强财政支持。2017—2019 年，我市制定出台《杭州市美丽农业示范工程实施方案》，由市本级财政每年安排 300 万元，用于全市农药废弃物回收处置工作补助，为该项工作的顺利开展提供了资金保障。2020—2021 年，落实财政资金 453 万元在建德市大同镇开展秸秆综合利用示范项目建设，对农作物秸秆进行无害化、减量化、资源化处理。2018—2020 年，我市在临安区组织实施废旧农膜回收试点，市级财政落实资金合计 150 万元。2021 年，结合塑料污染治理工作，在临安区设立了 2 个农膜生产经营回收示范试点，落实资金 30 万元，进一步推动废旧农膜回收。

（三）加强考核评价。目前，农作物秸秆综合利用工作、农药包装废弃回收处置工作和废旧农膜回收处理工作均列入美丽浙江建设、乡村振兴战略实绩等 9 个专项考核。此外，我市对农废数据建立台账制度，并将各类数据纳入浙江乡村大脑“浙农优品”的农废模块，通过实时数据跟踪监测，及时掌握回收处置工作完成情况；同时，定期对回收点、归集点、处置点运营情况进行摸底排查，推动各网点对标找差，补短板、强弱项，推动各类工作任务高质量完成。

二、下一步工作措施

目前，我市正在深化全域“无废城市”建设，已作为第一批省级“无废城市”通过公示，并列入全国“十四五”无废城市的建设名单。下一步，我市将以此为契机，加快推进农业废弃物回收与规范处置，加大高效资源化利用力度。

（一）进一步强化技术支撑，提高农业废弃物利用水平。因地制宜深化已有农作物秸秆综合利用技术，示范推广先进适用的综合利用技术，推进农作物秸秆离田利用和收储运体系建设。与大专院校、科研院所合作开展新技术、新机具研发，提升我市秸秆综合利用产业化水平和高值利用空间。

（二）进一步强化部门协同，健全农业废弃物收储运体系。以“无废城市”为抓手，深化“肥药两制”改革，健全农业废弃物收储运体系，形成农业废弃物收储运“一张网”。各相关职能部门密切协作，按照职责分工，优化提升危险废物的处置能力，做好农业废弃物涉危险废物的处置工作，共同推进农业废弃物环境污染的治理工作。

（三）进一步强化宣传引导，加大先进技术推广应用。切实加强环保宣传教育，大力宣传农业废弃物污染的危害性和回收再利用的意义。总结农业废弃物综合利用的典型做法和成功经验，以不同形式展示农业废弃物利用技术成果和典型做法。积极引进试验、示范加厚地膜和全生物降解膜，通过改变种植方式、示范推广全生物降解膜等配套技术，推进农业废弃物源头减量。

杭州市农业农村局（杭州市乡村振兴局）

2022 年 6 月 28 日

范文解析

这篇答复函是对政协委员有关建议的答复。这是政府部门对人大、政协或人大代表、政协委员个人经常使用的一种回复形式。答复函的写作关键是针对询问或建议的重点进行分析，给出具体翔实的回复。

这类答复函在引言部分会引述人大代表或政协委员的建议名称，并过渡到答复内容。在范文中，引言还专门说明了答复是与“市生态环境局”共同研究做出的，表明了郑重的态度。

在正文中，首先对“农业废弃物处置”问题的背景意义进行了阐述，对委员提案的价值进行了充分肯定。然后，从所做的主要工作和下一步工作措施两个方面，进行了详细说明。在所做的主要工作方面，具体阐明了近年来的情况，数据翔实、措施具体。对下一步工作的介绍，思路明确、对策系统。这样的答复有理有据，有利于受文单位理解和接受。

思维导图

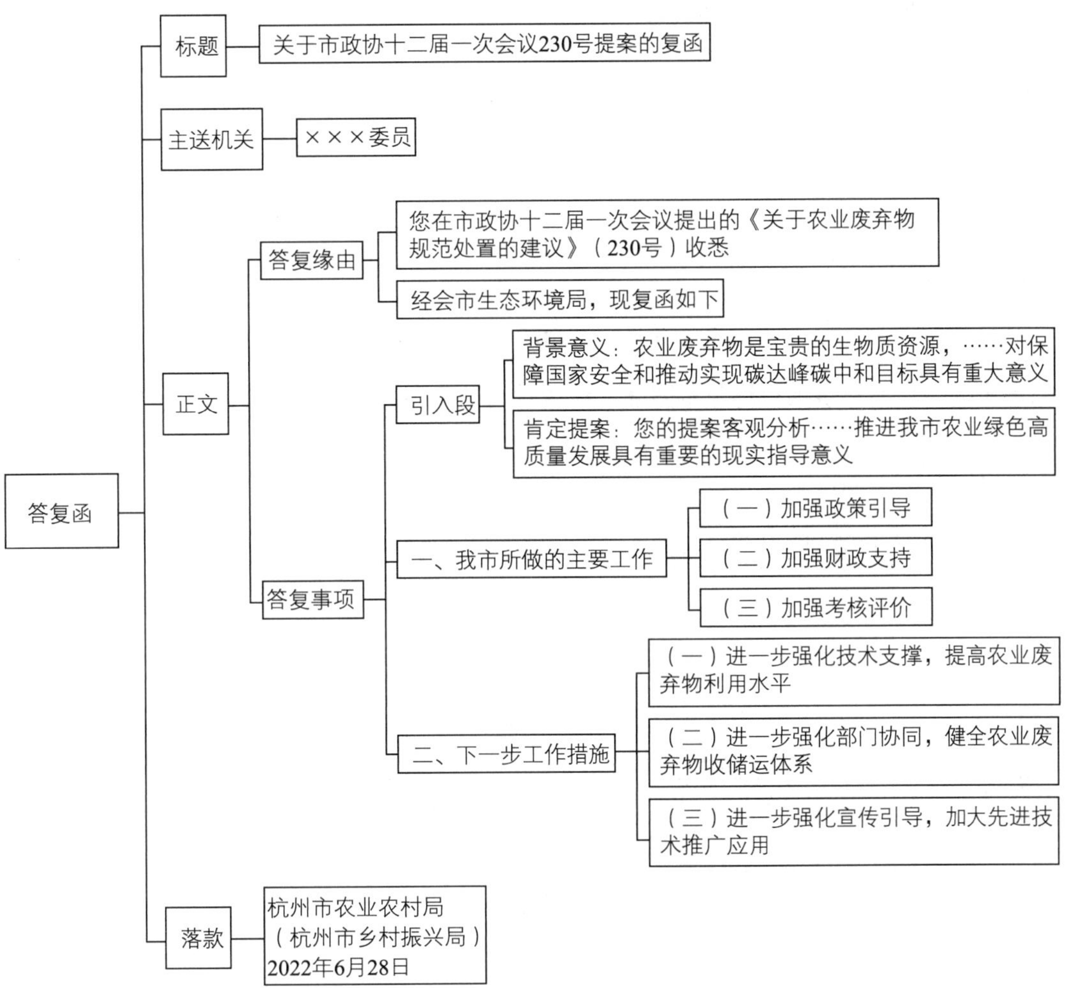

5. 请批函范文

泰宁旅游管委会关于请求抽调 ××× 同志到研学办工作的函

中共泰宁县委组织部：

为加强泰宁县中小学研学工作办公室（简称研学办，办公地点设在泰宁旅游管委会）

工作力量，推进研学旅行产业发展，拟抽调县机关事务保障中心 ××× 同志到研学办工作，抽调时间一年，从 2019 年 10 月 14 日到 2020 年 10 月 13 日。恳请批准为盼。

专此函请。

泰宁旅游管委会

2019 年 10 月 10 日

范文解析

请批函比较简单，说明请求理由、请求事项即可，一般采取篇段合一的形式。在这篇请批函中，请求事项写得非常明确，抽调时间精确到日，一目了然，值得学习借鉴。

思维导图

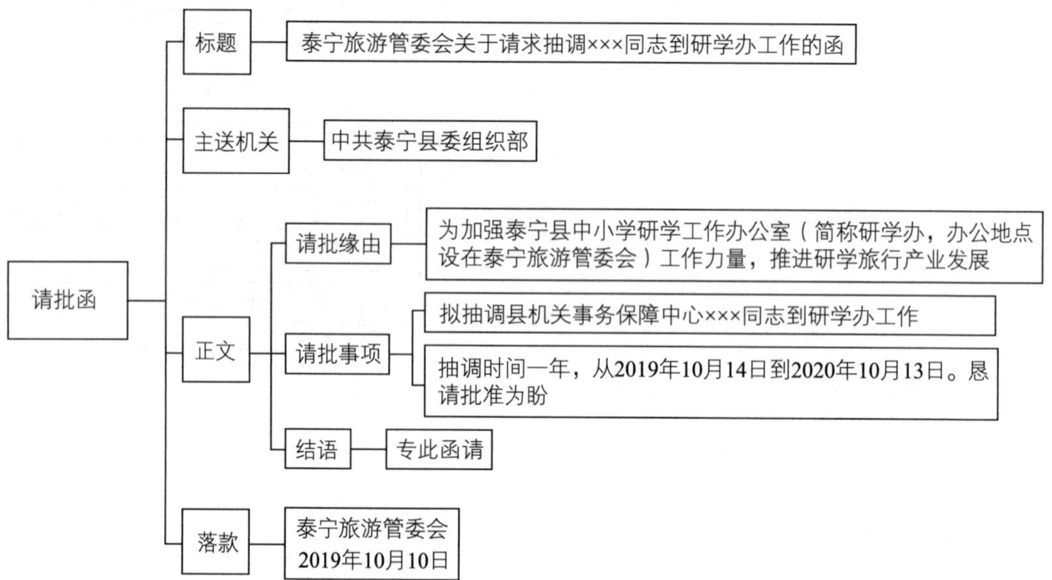

6. 审批函范文

国务院办公厅关于同意建立国务院参事建言献策成果外部评估机制的函

国务院参事室：

你室《关于建立国务院参事建言献策成果外部评估机制的请示》（国参字〔2021〕30号）收悉。经国务院同意，现函复如下：

国务院同意建立由国务院参事室牵头的国务院参事建言献策成果外部评估机制。评估机制不刻制印章，不正式行文。请按照党中央、国务院有关文件精神认真组织开展工作。

附件：国务院参事建言献策成果外部评估机制

国务院办公厅

2022 年 2 月 17 日

范文解析

这篇审批函是由国务院办公厅代为发布的，国务院办公厅与国务院参事室是平级单位，因此要用函行文。这篇审批函内容比较简单，首先是引用来文名称，说明审批依据，用“现函复如下”引出审批事项。审批事项用语明确、没有歧义，直接明确有关安排。因为是代国务院审批，所以最后对工作落实提出了相关要求。

思维导图

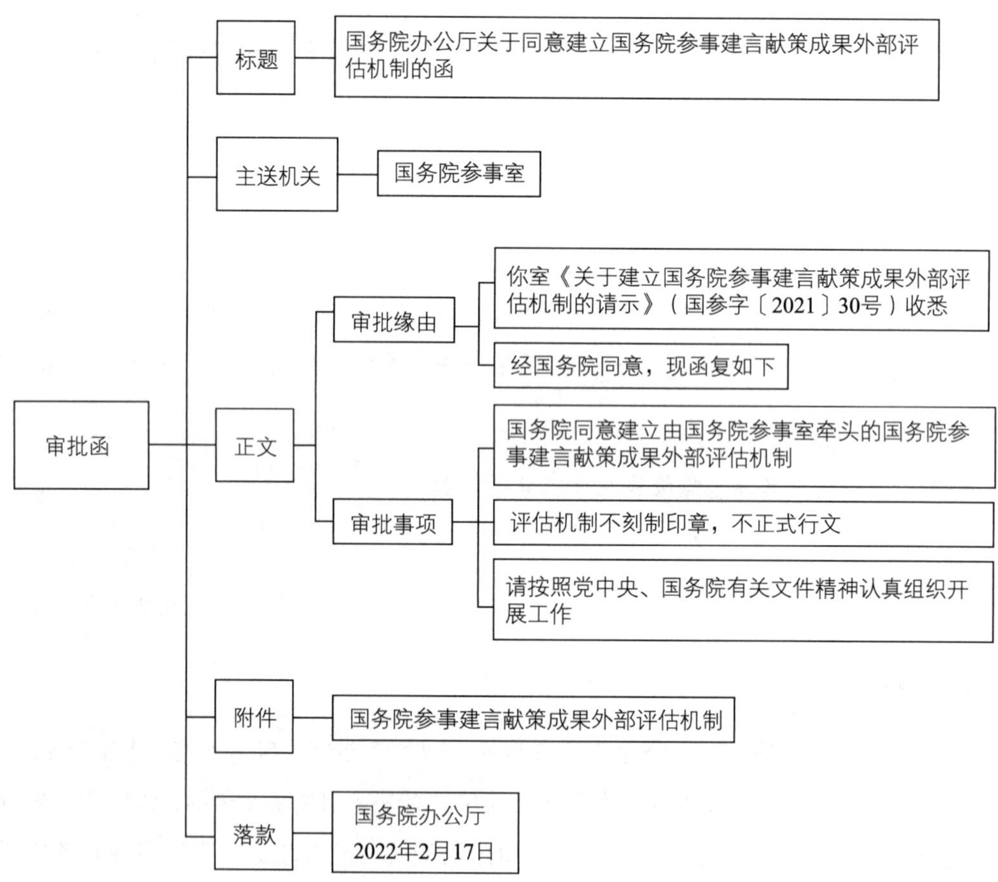
审批函
标题
国务院办公厅关于同意建立国务院参事建言献策成果外部评估机制的函
主送机关
国务院参事室
正文
审批缘由
你室《关于建立国务院参事建言献策成果外部评估机制的请示》（国参字〔2021〕30号）收悉
经国务院同意，现函复如下
审批事项
国务院同意建立由国务院参事室牵头的国务院参事建言献策成果外部评估机制
评估机制不刻制印章，不正式行文
请按照党中央、国务院有关文件精神认真组织开展工作
附件
国务院参事建言献策成果外部评估机制
落款
国务院办公厅
2022年2月17日

事务公文23种

第 4 章

计划谋划类：如何搞好谋划、推动工作

计划谋划类的 5 种公文是党政机关根据政策方针，对未来一定时期的工作进行部署安排的公文。按照时间跨度从长到短、内容从宏观到具体排序，依次为纲要、规划、要点、计划、方案。科学的谋划是开展好工作的前提条件，是下级机关和基层落实上级工作安排的依据。撰写好此类公文，需要善于把握时代发展要求，深入研究工作规律，提出具有前瞻性的指导思想、工作思路和对策措施。

纲要

纲要的内涵特点

纲要，是对一定区域或一定领域的工作，从宏观层面进行长期系统筹划的公文。

纲要与规划有相似之处，二者的区别在于：纲要相对而言更加宏观，偏重于远景目标和发展方向的描述，一般只提出纲领性要求和指导性措施；规划则更加具体地描述需要开展的行动及需要达成的明确目标。从时间概念做一个简单的划分，一般来说，规划是以 3 ～ 5 年为期，纲要是以 10 年及以上为期。

在公文实践中，也有把规划与纲要放到一起行文的，比如《中华人民共和国国民经济和社会发展第十四个五年规划和 2035 年远景目标纲要》，未来 5 年属于规划，未来 15 年属于纲要。

纲要作为指导下级工作的顶层设计性公文，在写作时需要注意以下特点。

（1）理论高屋建瓴。理论清则方向明，方向明则指导准。纲要的政策性、思想性、指导性非常强，涉及内容事项重大，首先要从理论上回答很多带有方向性的问题，提出具有创新性的设想，这就需要在编写纲要时加强理论研究，跳出当下工作就事论事的窠臼，找到更有超越性的思路。

（2）注重集体协作。与前面探讨研究的法定公文多由个人起草不同，纲要的写作靠个人是难以完成的，需要组织各个方面相关人员集中攻关，必要时还需要借助高校、科研院所的智库功能，共同研究、集体写作，最终完成整体内容。

（3）内容高度凝练。纲要一般写得比较全面，但是全面不代表不分主次、面面俱到。纲要须在一定的篇幅内容纳未来长达 10 年及以上的工作事项，必须能够区分工作主次、突出工作重点，以点带面、要言不烦、提纲挈领，通过高度概括性的文字擘画蓝图。

纲要的写作流程

纲要是最宏观、最具理论性和思想性要求的公文，其写作流程比较复杂，下面用三步九个环节简要分析。

第一步：充分准备。

环节 1：定文种。当遇到重大时间节点时，决策层会制定相应的纲要，例如以 2020 年全面建成小康社会作为起点，以 2021—2035 作为重要的历史阶段，制定全面的或相关工作领域的纲要；或者是中央重大决策部署需要进行谋划时，也会制定相应的纲要，例如下面的范文《知识产权强国建设纲要（2021—2035 年）》。制定纲要的主体层级较高，一般是省级以上人民政府根据中央政府制定的纲要制定相对应的纲要。

环节 2：明主题。根据需要解决的重大问题，确定纲要写作的主题。纲要的主题确定非常郑重，例如《中华人民共和国国民经济和社会发展第十四个五年规划和 2035 年远景目标纲要》这类由中央政府制定的纲要的主题，按照程序，一般是由党中央提出建议，从宏观层面、政治层面进行引导，再由国务院根据建议，从具体的技术层面编制纲要。其他方面的纲要，也是需要高层决策才能进行编制。

环节 3：集资料。纲要不是由某个个体编写的，需要围绕纲要涉及的领域主题，组建由相关部门人员参加的起草小组以及各方面课题研究组。涉及各方面的资料需要分门别类进行研究，研究的深度和广度远超一般公文。要广泛调用人力、物力开展各领域分课题研究，通过研究得出相关报告，这是纲要写作的基础资料。

第二步：深度思考。

环节 4：找问题。纲要涉及的问题一般比较复杂，除了起草小组自身开展研究之外，还需要吸收各领域的专家共同研究。通过结合理论前沿和紧贴实践的深入探讨，确定纲要涉及的重点问题。

环节 5：拓思路。纲要是写作班子集体行文，在写作思路上一般是由主责领导和关键主笔人共同确定思路，并且召开多轮思路交流会，对各类问题的发展方向、解决对策进行深入的分析研判，集思广益共同确定各方面问题的解决对策思路。

环节 6：理结构。纲要的写作框架结构相对比较固定，遵循从抽象到具体、从宏观到微观的写作逻辑。一般包括三大部分内容：第一部分内容是宏观指导，包括制定依据、形势背景、指导思想、工作原则、发展目标等；第二部分内容是主体工作，对各方面工作分条列项进行阐述；第三部分内容是保障措施。其中，第二部分内容是主体，一般占全文篇幅 3/4 以上。

第三步：精准写作。

环节 7：拟标题。纲要的主标题比较简单，就是“事由 + 纲要”。在正文中，一般列到二级标题，内容重大、篇幅较长的纲要也可列到三级标题。纲要正文标题一般比较简洁，采取动宾结构短语写出工作思路，例如“强化国家战略科技力量”“激发人才创新活力”，显得精干有力。

环节 8：填内容。在纲要的第一部分内容中要有理论高度，能够从宏观层面引领下文，因此这部分内容理论性强、分析比较抽象，具有很强的指导意义。第二部分和第三部分内容，需要落实到具体工作。在段落写作上，除了每段段首主旨句说明工作思路外，没有更多理论性语句，其后均为具体工作的阐述。

环节 9：修语言。作为计划谋划类公文中最顶层的一种，纲要的语言思想性强、高度概括凝练，语言肯定、态度坚定、指导性明确，不能出现模糊性表达。

纲要的写作模板

表 4-1　纲要的写作模板

标题			事由 + 纲要
正文	引言		说明纲要编写的目的依据，一般用“为……制定本纲要”引出下文
	主体	宏观指导	形势背景 + 指导思想 + 工作原则 + 发展目标等
		主要工作	分条列项写出相关工作，篇幅较长的可分篇章节
		保障措施	组织领导 + 管理机制 + 条件保障等

纲要的范文解析

知识产权强国建设纲要（2021—2035 年）

中共中央国务院

为统筹推进知识产权强国建设，全面提升知识产权创造、运用、保护、管理和服务水平，充分发挥知识产权制度在社会主义现代化建设中的重要作用，制定本纲要。

一、战略背景

党的十八大以来，在以习近平同志为核心的党中央坚强领导下，我国知识产权事业发展取得显著成效，知识产权法规制度体系逐步完善，核心专利、知名品牌、精品版权、优良植物新品种、优质地理标志、高水平集成电路布图设计等高价值知识产权拥有量大幅增加，商业秘密保护不断加强，遗传资源、传统知识和民间文艺的利用水平稳步提升，知识产权保护效果、运用效益和国际影响力显著提升，全社会知识产权意识大幅提高，涌现出一批知识产权竞争力较强的市场主体，走出了一条中国特色知识产权发展之路，有力保障创新型国家建设和全面建成小康社会目标的实现。

进入新发展阶段，推动高质量发展是保持经济持续健康发展的必然要求，创新是引领发展的第一动力，知识产权作为国家发展战略性资源和国际竞争力核心要素的作用更加凸显。实施知识产权强国战略，回应新技术、新经济、新形势对知识产权制度变革提出的挑战，加快推进知识产权改革发展，协调好政府与市场、国内与国际，以及知识产权数量与质量、需求与供给的联动关系，全面提升我国知识产权综合实力，大力激发全社会创新活力，建设中国特色、世界水平的知识产权强国，对于提升国家核心竞争力，扩大高水平对外开放，实现更高质量、更有效率、更加公平、更可持续、更为安全的发展，满足人民日益增长的美好生活需要，具有重要意义。

二、总体要求

（一）指导思想。坚持以习近平新时代中国特色社会主义思想为指导，全面贯彻党的十九大和十九届二中、三中、四中、五中全会精神，紧紧围绕统筹推进“五位一体”总体布局和协调推进“四个全面”战略布局，坚持稳中求进工作总基调，以推动高质量发展为主题，以深化供给侧结构性改革为主线，以改革创新为根本动力，以满足人民日益增长的美好生活需要为根本目的，立足新发展阶段，贯彻新发展理念，构建新发展格局，牢牢把握加强知识产权保护是完善产权保护制度最重要的内容和提高国家经济竞争力最大的激励，打通知识产权创造、运用、保护、管理和服务全链条，更大力度加强知识产权保护国际合作，建设制度完善、保护严格、运行高效、服务便捷、文化自觉、开放共赢的知识产权强国，为建设创新型国家和社会主义现代化强国提供坚实保障。

（二）工作原则

——法治保障，严格保护。落实全面依法治国基本方略，严格依法保护知识产权，切实维护社会公平正义和权利人合法权益。

——改革驱动，质量引领。深化知识产权领域改革，构建更加完善的要素市场化配置体制机制，更好发挥知识产权制度激励创新的基本保障作用，为高质量发展提供源源不断的动力。

——聚焦重点，统筹协调。坚持战略引领、统筹规划，突出重点领域和重大需求，推动知识产权与经济、科技、文化、社会等各方面深度融合发展。

——科学治理，合作共赢。坚持人类命运共同体理念，以国际视野谋划和推动知识产权改革发展，推动构建开放包容、平衡普惠的知识产权国际规则，让创新创造更多惠及各国人民。

（三）发展目标

到 2025 年，知识产权强国建设取得明显成效，知识产权保护更加严格，社会满意度达到并保持较高水平，知识产权市场价值进一步凸显，品牌竞争力大幅提升，专利密集型产业增加值占 GDP 比重达到 13%，版权产业增加值占 GDP 比重达到 7.5%，知识产权使用费年进出口总额达到 3500 亿元，每万人口高价值发明专利拥有量达到 12 件（上述指标均为预期性指标）。

到 2035 年，我国知识产权综合竞争力跻身世界前列，知识产权制度系统完备，知识产权促进创新创业蓬勃发展，全社会知识产权文化自觉基本形成，全方位、多层次参与知识产权全球治理的国际合作格局基本形成，中国特色、世界水平的知识产权强国基本建成。

三、建设面向社会主义现代化的知识产权制度

（四）构建门类齐全、结构严密、内外协调的法律体系。开展知识产权基础性法律研究，做好专门法律法规之间的衔接，增强法律法规的适用性和统一性。根据实际及时修改专利法、商标法、著作权法和植物新品种保护条例，探索制定地理标志、外观设计等专门法律法规，健全专门保护与商标保护相互协调的统一地理标志保护制度，完善集成电路布图设计法规。制定修改强化商业秘密保护方面的法律法规，完善规制知识产权滥用行为的法律制度以及与知识产权相关的反垄断、反不正当竞争等领域立法。修改科学技术进步法。结合有关诉讼法的修改及贯彻落实，研究建立健全符合知识产权审判规律的特别程序法律制度。加快大数据、人工智能、基因技术等新领域新业态知识产权立法。适应科技进步和经济社会发展形势需要，依法及时推动知识产权法律法规立改废释，适时扩大保护客体范围，提高保护标准，全面建立并实施侵权惩罚性赔偿制度，加大损害赔偿力度。

（五）构建职责统一、科学规范、服务优良的管理体制。（略）

（六）构建公正合理、评估科学的政策体系。（略）

（七）构建响应及时、保护合理的新兴领域和特定领域知识产权规则体系。（略）

四、建设支撑国际一流营商环境的知识产权保护体系

（八）健全公正高效、管辖科学、权界清晰、系统完备的司法保护体制。（略）

（九）健全便捷高效、严格公正、公开透明的行政保护体系。（略）

（十）健全统一领导、衔接顺畅、快速高效的协同保护格局。（略）

五、建设激励创新发展的知识产权市场运行机制

（十一）完善以企业为主体、市场为导向的高质量创造机制。（略）

（十二）健全运行高效顺畅、价值充分实现的运用机制。（略）

（十三）建立规范有序、充满活力的市场化运营机制（略）

六、建设便民利民的知识产权公共服务体系

（十四）加强覆盖全面、服务规范、智能高效的公共服务供给。（略）

（十五）加强公共服务标准化、规范化、网络化建设。（略）

（十六）建立数据标准、资源整合、利用高效的信息服务模式。（略）

七、建设促进知识产权高质量发展的人文社会环境

（十七）塑造尊重知识、崇尚创新、诚信守法、公平竞争的知识产权文化理念。（略）

（十八）构建内容新颖、形式多样、融合发展的知识产权文化传播矩阵。（略）

（十九）营造更加开放、更加积极、更有活力的知识产权人才发展环境。（略）

八、深度参与全球知识产权治理

（二十）积极参与知识产权全球治理体系改革和建设。（略）

（二十一）构建多边和双边协调联动的国际合作网络。（略）

九、组织保障

（二十二）加强组织领导。（略）

（二十三）加强条件保障。（略）

（二十四）加强考核评估。（略）

范文解析

这份纲要是一篇专项工作类纲要。标题中的事由是“知识产权强国建设”，时间跨度是 2021—2035 年，跨度较长，因此选用了纲要这个文种。专项工作类纲要的篇幅相比全面工作纲要要短很多，因此正文一般只分两个标题层次写作。

全文共有九部分内容。第一、二部分内容属于宏观指导，从战略背景和总体要求两个方面展开，战略背景包括已取得的成果和当前的形势和任务；总体要求包括指导思想、工作原则和发展目标，这些都是从宏观层面对后续工作进行指导的核心内容。

第三至八部分内容是主体工作，包括了关于知识产权强国建设的各方面具体工作，从制度、保护体系、市场运行机制、公共服务体系、人文社会环境、全球治理等六个领域进行了阐述，由内而外对工作进行安排部署。

第九部分内容是保障措施——组织保障，包括组织领导、条件保障和考核评估三项，

这是保障措施常见的写法套路。

整篇纲要发展目标明确、工作思路清晰、指导内容具体，行文内容紧凑、逻辑严密。主体工作的二级标题，用单句式标题提炼出非常系统的对策措施，例如“建设支撑国际一流营商环境的知识产权保护体系”部分，具体措施包括“健全公正高效、管辖科学、权界清晰、系统完备的司法保护体制”“健全便捷高效、严格公正、公开透明的行政保护体系”“健全统一领导、衔接顺畅、快速高效的协同保护格局”，体制、体系、格局这三个方面，逐级提升、层层递进，用语精准、体系完备。

思维导图

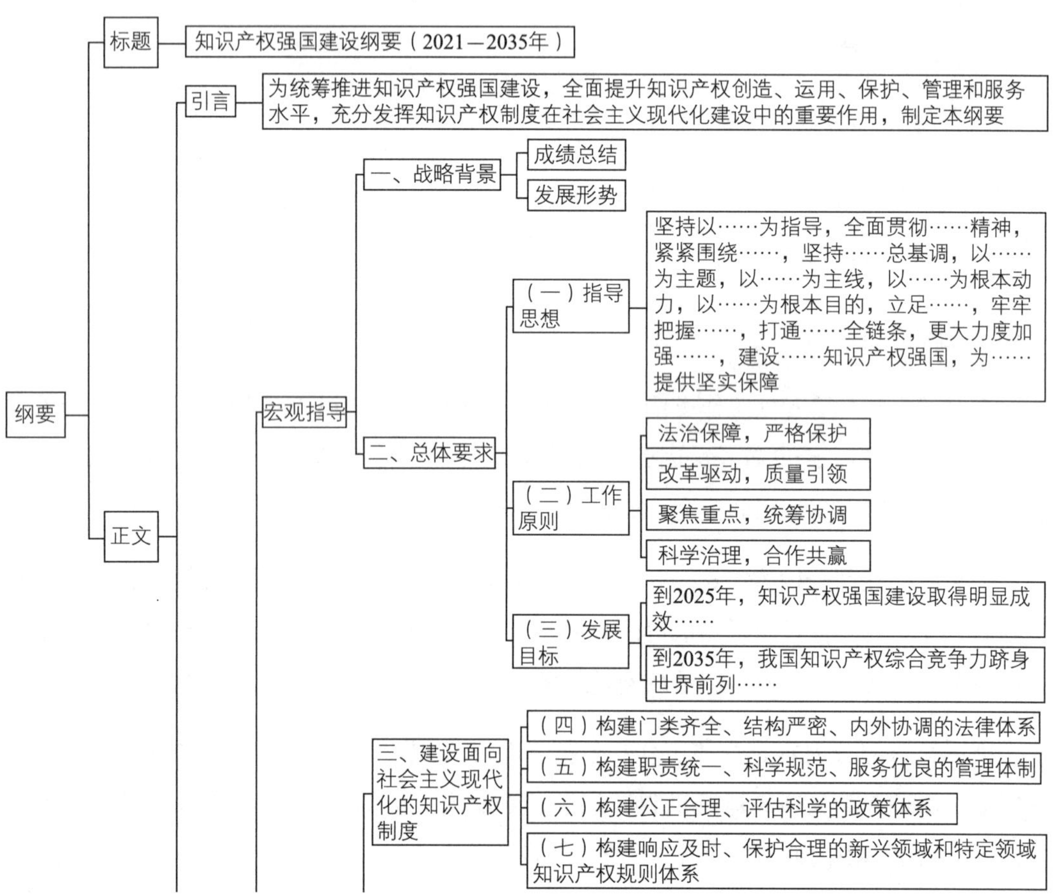

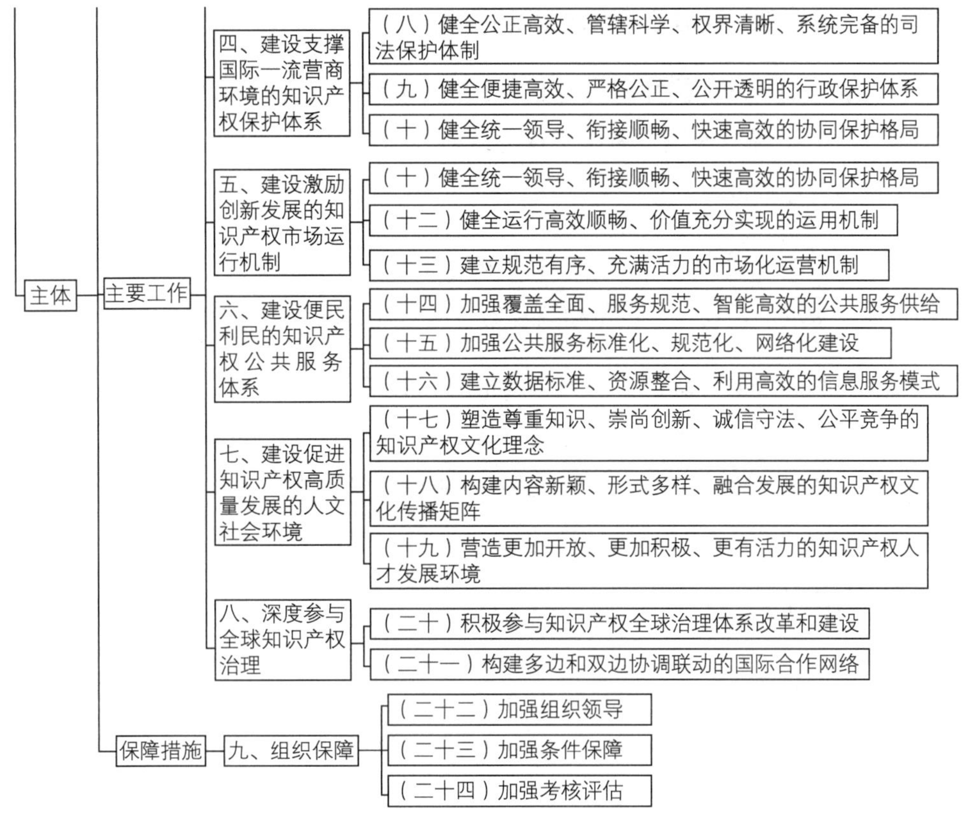

规划

规划的内涵特点

规划是着眼于全面长远工作、带有战略性和发展性的计划谋划类公文，有全面工作规划和专项工作规划等类型。

与纲要相比，规划更加具体，时间跨度通常在 3 ～ 5 年；规划的应用范围更加广泛，各级政府部门、企事业单位都会应用。规划作为筹划工作的重要计划谋划类公文，与纲要的写法非常类似，同时还需要注意以下特点。

（1）承上启下的衔接性。规划上承纲要，下启要点或计划，在写作时需要注意对上对标对表、对下统筹兼顾，考虑实现的可能性，形成相互配合、相互补充的计划体系，确保工作的有序推进。

（2）定性与定量相结合。相比于纲要，规划具体的定量的内容更多一些，有更多的具体指标，采取的是定性与定量相结合的写作方式。纲要则主要是定性的方向性描述。

（3）前瞻与务实相统一。规划具有很强的前瞻性，需要对若干年后的任务进行安排部署，必须有科学预见的能力，提高决策质量。同时，规划的内容也不能脱离实际，好高骛远，一味描绘难以实现的蓝图，最终只能沦为纸面规划。

规划的写作流程

规划较之纲要低一个层级，但也还是较为宏观的一类公文，其写作流程与纲要比较类似，同样比较复杂，下面用三步九环节来简要分析。

第一步：充分准备。

环节 1：定文种。涉及重大事项、较为长远的工作，需要用规划这个文种进行长期的计划。依照惯例，根据国家五年规划的时间节点，各级也会制定相应的综合规划；对重点工作，也会在制定综合规划的时间节点同步制定重点工作规划。当然，有的专项重点工作，也会根据工作任务实际情况制定规划，不一定完全按照国家五年规划的时间节点制定。

环节 2：明主题。规划主题的确定有两种方法：一种是根据职能确定主题。比如部门工作规划、企业发展规划，这类规划根据职能范围进行编制，内容比较综合、涉及范围比较广；另一种是根据工作事项确定主题。比如城市建设规划、法治宣传教育规划等。无论是哪一类规划，其主题都需要相对应层级的党政机关领导共同研究确定。

环节 3：集资料。制定规划也不是个人行为，涉及全面工作的规划一般由综合性部门牵头；涉及专项工作的规划一般由负责的业务部门牵头，相关各部门参与，组建起草小组。规划需要做好深入的调查研究和论证。这方面的工作可以参考纲要写作集资料环节，基本要求是一致的。科学预测与规划的基础就是充分掌握资料。

第二步：深度思考。

环节 4：找问题。规划的重点是研究现实问题、谋划发展方向，立足当下、着眼长远。规划要有创新性和前瞻性，不是对现有工作的简单延伸，而是在现有工作的基础上，超越当下并产生引领提升作用。起草小组要广泛吸收各方面意见，领导、基层、专家学者的看法都要兼听博采，这样才能真正把问题症结找出来，选好规划工作的突破口。

环节 5：拓思路。从问题出发规划发展，集思广益拓展思路。规划需要多轮碰撞才能确定写作思路。一般是根据分工，各部分内容由相关部门进行研究后拿出思路。各部分的思路组合在一起后，起草小组再进行讨论研究，共同确定总体思路。规划的初步思路确定后，还要向相关领导进行汇报确认。

环节 6：理结构。规划的框架结构也是相对比较固定的，与纲要大同小异，在结构上不需要过多的创新，一般有三大部分内容：第一部分内容是宏观指导，包括规划制定目的依据、形势背景、指导思想、工作原则、发展目标等；第二部分内容是主体工作，各方面工作分条列项进行阐述；第三部分内容是保障措施。

第三步：精准写作。

环节 7：拟标题。规划的主标题比较简单，就是“事由 + 规划”。在正文中，一般列到二级标题。规划正文标题多采用动宾结构短语，体现清晰的工作行动思路。

环节 8：填内容。规划内容在宏观指导上要体现理论性，指导思想要有站位和高度，发展目标要有创新点，不能是现有工作的简单罗列。规划的正文内容是对发展目标的分解阐述，主要阐明为实现目标将采取的工作方法、措施，讲清楚做什么和怎么做。对于一些具体工作，还常用表格专栏形式进行列举描述，加以补充。

环节 9：修语言。规划的语言特点也是思想性强、高度概括凝练。要有一定的鼓舞性，让人从规划中看到信心和希望。多用肯定性语言、约束性指标，同时，由于形势在不断变化，因此也应留有一定的弹性，对于难以量化明确的可以用预期性指标。

规划的写作模板

表 4-2　　规划的写作模板

标题			事由 + 规划
正文	引言		说明规划编写的目的依据，一般用“为……制定本规划”引出下文
	主体	宏观指导	形势背景 + 指导思想 + 工作原则 + 发展目标等
		主要工作	分条列项写出各项工作，具体工作可用表格专栏进行说明
		保障措施	组织领导 + 制度机制 + 责任区分 + 条件保障等

规划的范文解析

中央宣传部、司法部关于开展法治宣传教育的第八个五年规划（2021—2025 年）

全民普法是全面依法治国的长期基础性工作。在习近平新时代中国特色社会主义思想特别是习近平法治思想的科学指引下，在党中央、国务院正确领导下，全国第七个五年法治宣传教育规划（2016—2020 年）顺利实施完成，取得重要成果。以宪法为核心的中国特色社会主义法律体系学习宣传深入开展，“谁执法谁普法”等普法责任制广泛实行，法治文化蓬勃发展，全社会法治观念明显增强，社会治理法治化水平明显提高。

我国开启全面建设社会主义现代化国家新征程，进入新发展阶段，迫切要求进一步提升公民法治素养，推动全社会尊法学法守法用法。为深入学习宣传贯彻习近平法治思想，做好第八个五年法治宣传教育工作，进一步加大全民普法力度，制定本规划。

一、以习近平法治思想引领全民普法工作

习近平法治思想是顺应实现中华民族伟大复兴时代要求应运而生的重大理论创新成

果，是马克思主义法治理论中国化最新成果，是习近平新时代中国特色社会主义思想的重要组成部分，是全面依法治国的根本遵循和行动指南。必须用习近平法治思想武装头脑、指导实践，推动普法工作守正创新、提质增效、全面发展。

（一）指导思想

坚持以马克思列宁主义、毛泽东思想、邓小平理论、“三个代表”重要思想、科学发展观、习近平新时代中国特色社会主义思想为指导，全面贯彻党的十九大和十九届二中、三中、四中、五中全会精神，深入贯彻习近平法治思想，增强“四个意识”、坚定“四个自信”、做到“两个维护”，坚定不移走中国特色社会主义法治道路，紧紧围绕服务“十四五”时期经济社会发展，以使法治成为社会共识和基本准则为目标，以持续提升公民法治素养为重点，以提高普法针对性和实效性为工作着力点，完善和落实“谁执法谁普法”等普法责任制，促进提高社会文明程度，为全面建设社会主义现代化国家营造良好法治环境。

（二）主要目标

到 2025 年，公民法治素养和社会治理法治化水平显著提升，全民普法工作体系更加健全。公民对法律法规的知晓度、法治精神的认同度、法治实践的参与度显著提高，全社会尊法学法守法用法的自觉性和主动性显著增强。多层次多领域依法治理深入推进，全社会办事依法、遇事找法、解决问题用法、化解矛盾靠法的法治环境显著改善。全民普法制度完备、实施精准、评价科学、责任落实的工作体系基本形成。

（三）工作原则

——坚持党的全面领导。把党的领导贯彻到全民普法全过程各方面，始终坚持正确政治方向。

——坚持以人民为中心。树立以人民为中心的普法理念和工作导向，做到普法为了人民、依靠人民、服务人民，依法保障人民权益，促进人民高品质生活，夯实全面依法治国的社会基础。

——坚持服务大局。紧紧围绕党和国家中心工作，有针对性地组织开展普法，促进依法维护社会公平正义，促进在法治轨道上推进国家治理体系和治理能力现代化。

——坚持与法治实践深度融合。坚持全民普法与科学立法、严格执法、公正司法一体推进，坚持依法治国与以德治国相结合，弘扬社会主义核心价值观，把普法融入法治实践、融入基层治理、融入日常生活，融入全面依法治国全过程。

二、明确普法重点内容

（一）突出学习宣传习近平法治思想

（略）

（二）突出宣传宪法

（略）

（三）突出宣传民法典

（略）

专栏 1 “美好生活·民法典相伴”主题宣传
1. 组织编写民法典通俗读物，创作民法典公益广告、短视频等优质普法产品 2. 成立民法典宣讲团，面向基层开展宣讲 3. 充分利用全媒体、运用案例宣传民法典，开展民法典知识竞赛 4. 鼓励有条件的地方建设民法典公园

（四）深入宣传与推动高质量发展密切相关的法律法规

（略）

（五）深入宣传与社会治理现代化密切相关的法律法规

（略）

（六）深入宣传党内法规

（略）

三、持续提升公民法治素养

（一）加强教育引导

实行公民终身法治教育制度，把法治教育纳入干部教育体系、国民教育体系、社会教育体系。

加强国家工作人员法治教育。（略）

加强青少年法治教育。（略）

分层分类开展法治教育。（略）

（二）推动实践养成

（略）

（三）完善制度保障

（略）

四、加强社会主义法治文化建设

（一）推进法治文化阵地建设

（略）

（二）繁荣发展社会主义法治文艺

（略）

（三）推动中华优秀传统法律文化创造性转化、创新性发展

（略）

（四）加强红色法治文化保护、宣传、传承

（略）

（五）加强法治文化国际传播和国际交流

（略）

五、推进普法与依法治理有机融合

（一）加强基层依法治理

深化法治乡村（社区）建设。（略）

深化依法治校。（略）

深化依法治企。（略）

（二）深化行业依法治理

（略）

（三）开展专项依法治理

（略）

六、着力提高普法针对性实效性

（一）在立法、执法、司法过程中开展实时普法

把普法融入立法过程。（略）

把普法融入执法、司法过程。（略）

把普法融入法律服务过程。（略）

加大以案普法力度。（略）

（二）充分运用社会力量开展公益普法

壮大社会普法力量。（略）

健全社会普法教育机制。（略）

（三）充分运用新技术新媒体开展精准普法

创新普法内容。（略）

拓展普法网络平台。（略）

创新普法方法手段。（略）

七、加强组织实施

（一）加强组织领导

（略）

（二）加强制度建设

（略）

（三）全面落实普法责任制

强化“谁执法谁普法”普法责任制。（略）

落实媒体公益普法责任。（略）

（四）强化基层基础工作

推进重心下移。（略）

加强能力建设。（略）

加强理论研究。（略）

落实经费保障。（略）

（五）加强评估检查

健全普法工作评估指标体系。（略）

开展中期评估和总结验收。（略）

加强日常指导和监督。（略）

军队的第八个五年法治宣传教育工作，参照本规划进行安排部署。

范文解析

这份五年规划属于专项重点工作规划，同时也是延续性规划，是在第七个五年规划的基础上制定的。因此，这类规划要注意工作的延续性，相关问题、工作思路、有关措施都建立在前期工作的基础上，这是延续性规划的特点。

规划的标题是标准的公文标题，事由清晰，标明了规划时间段，一目了然。由于是延续性规划，可以看到在引言部分的第一段对第七个五年法治宣传教育规划的总体成绩进行了概括，然后引出当前的形势要求，带出规划的主体内容，自然流畅、逻辑清晰。

在第一板块宏观指导中，首先专门突出了“习近平法治思想”的核心地位，这是法治宣传教育工作总的理论指引。然后列出指导思想、主要目标和工作原则。其中，工作原则没有采取文字完全对仗的形式，可以看出规划起草者并没有为了凑齐字数而强行对仗，这是实事求是的好文风。

在第二板块主要工作中，按照从重点到一般的逻辑进行内容排布，首先列出了“普法重点内容”，然后从法治素养、法治文化、普法与依法治理有机融合、普法效益四个方面进行阐述，工作具体翔实，指导明确。同时，还用专栏表格的形式，对重点工作进行了具体化说明，让措施更加明确落地。

第三板块保障措施中，写得非常详细，从组织领导、制度建设、责任制、基层基础工作、评估检查等五个方面对普法工作的组织实施提出了详细要求。

整篇规划篇幅不长，没有过多说理，而是直奔主题、文风简洁清新，工作要求具体到位，便于受文单位参照制订具体工作计划，有效落实工作。

思维导图

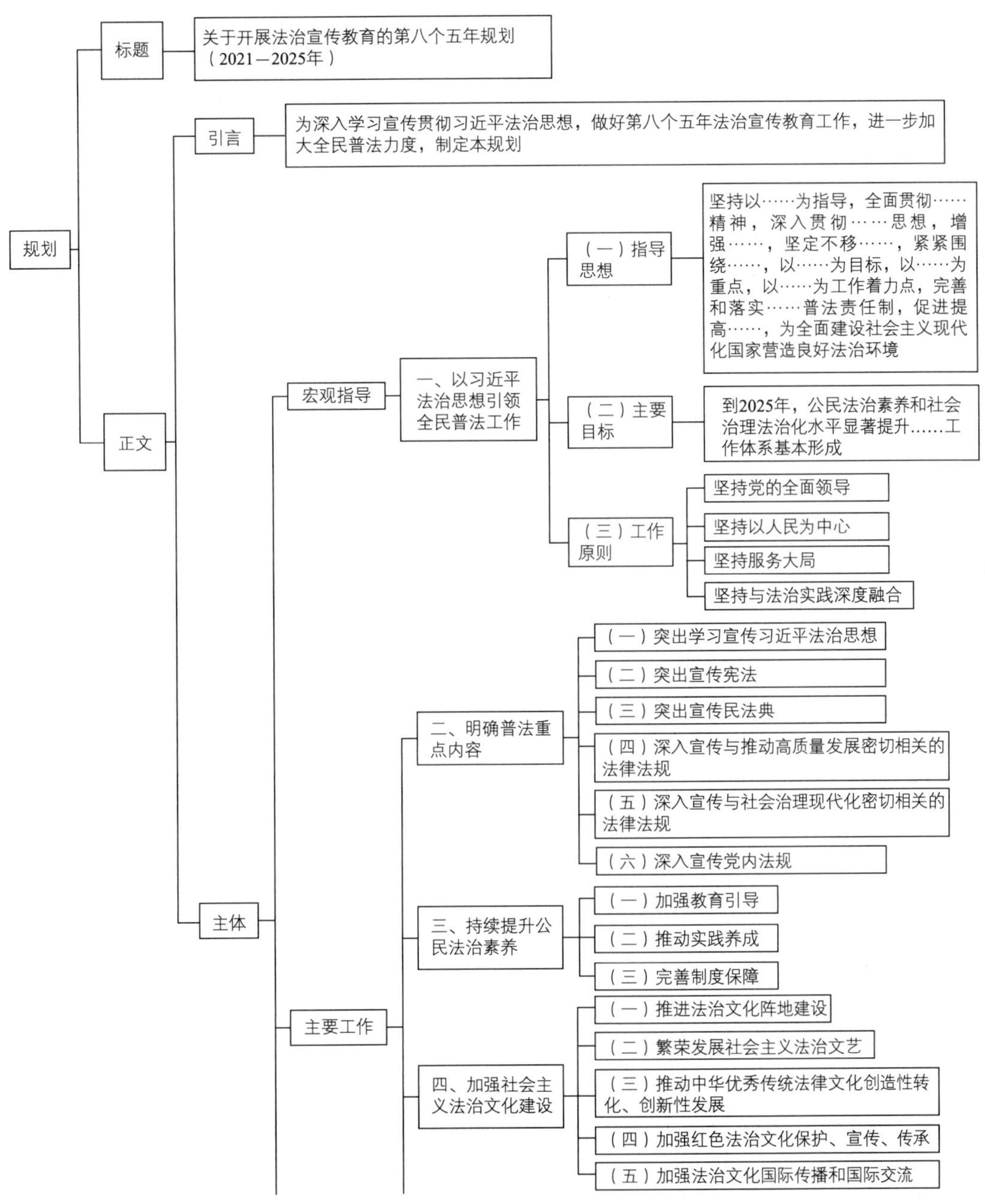

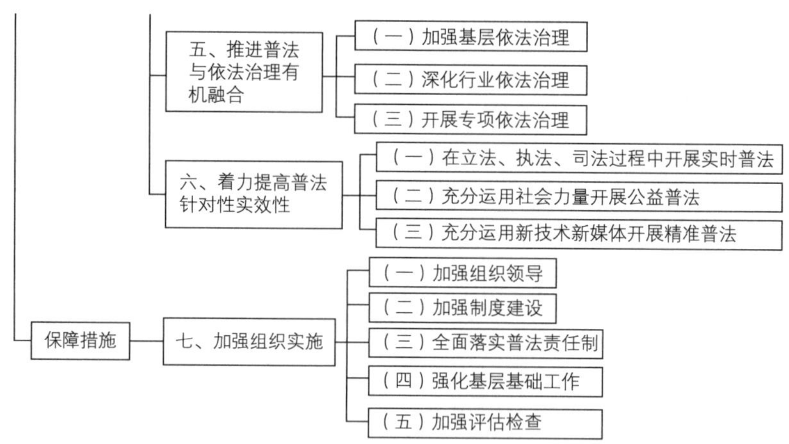

要点

要点的内涵特点

要点，顾名思义就是对内容的简单概括，是一种将重点工作简明扼要列举出来、较为粗线条的工作计划。

从纲要，到规划，再到要点，这三类公文相互衔接，从宏观到微观，内容逐步具体化、可操作化。一般来说，要点的时间跨度为一年。在年初确定各项工作的具体内容与步骤时，可能还面临一些不可控因素，同时为了给下级留有一定的自主创新空间，制订过于详细的计划不太合适。因此，要点多用于中高级机关指导下级，对年度重点工作进行概括提示，起补充说明规划的作用。在写作要点时需要注意以下特点。

（1）内容的概要性。要点就是针对一个时段内的工作，通过精练概括的文字，把工作的核心内容表达出来。在立足全盘工作的基础上，突出重点任务，不要把日常事务性工作列入其中，不详细陈述具体工作任务，只罗列重点工作内容。

（2）层次的条理性。要点写作一般较少用过渡性语言，主要依靠各部分内容内在的逻辑联系形成统一整体。要通过对工作的系统分析，纲举目张地提炼出工作之间的逻辑关系。写作时可以按照从理论到实践、从主要到次要、从宏观到微观等逻辑顺序进行罗列。

（3）语言的简洁性。要点写作要开门见山，绝不能写得洋洋洒洒；不需要谈理论认识、进行论证说理；也不需要鼓动性、号召性语言；要将可有可无的文字全部删掉，只需说清楚该做什么、怎么做、要达到什么效果。

要点的写作流程

要点的写作有纲要、规划作为基础参考，重点是结合形势任务进行具体提炼，相对来说比较简单，主要有三步七个环节。

第一步：充分准备。

环节 1：定文种。年度工作要点一般在年初下达，是对即将开始的年度工作重点的概括；也可以在某个重要时期、重要时间节点对专项工作进行部署。

环节 2：明主题。要点的主题根据要点类型有所不同。要点可以是一个单位全年全面工作的概括，其主题就是单位年度工作主题主线的提炼；要点也可以是党委、行政、经济、社会、文化等分门别类的工作的概括，此时需围绕专项工作的年度主题进行提炼。

环节 3：集资料。对于起草工作要点的资料，重在吃透上级精神，要充分搜集与要点主题相关的纲要、规划及领导讲话等材料。

第二步：深度思考。

环节 4：找问题。对于处于不同环境、不同地域、不同发展形势的单位来说，对上级的同一规划要具体情况具体分析，要点就是要结合相关规划与单位实际情况，提炼出具有本级特点的重点问题，围绕问题提出解决对策。要点的思路结构相对简单，可以直接进入写作步骤。

第三步：精准写作。

环节 5：拟标题。要点的主标题有三种类型，详见下文写作模板。正文中常以动宾结构短语作为标题，多为单句标题，较少使用复句标题。正文一级标题的核心点是工作的重点问题，二级标题是解决问题的措施。

环节 6：填内容。要点一般篇幅不长，采取简单的总分结构、纲目式行文比较多。引言部分简要写明行文主旨和工作思路，也可简要分析形势即转入主体内容。主体部分行文，直接说明要干什么工作、完成什么任务、开展什么活动、预期达到什么目标效果，不需要过多阐述，对具体工作点到为止即可。

环节 7：修语言。要点语言以“干货”为主，行文不体现任何感情色彩，直奔主题，语句也是以动宾结构句子居多。“建立”“实行”“健全”“推进”“落实”“开展”“完善”“抓好”“解决”“实施”“完成”等词语最常见，“把”字句、“以”字句也用得比较多。

要点的写作模板

表 4-3　　要点的写作模板

标题		（1）发文机关名称 + 年度 + 事由 + 要点 （2）年度 + 事由 + 要点 （3）事由 + 要点
正文	引言	简要说明要点行文主旨和基本思路
	主体	分条列项写出具体工作

要点的范文解析

2022 年政务公开工作要点

国务院办公厅

做好 2022 年政务公开工作，要坚持以习近平新时代中国特色社会主义思想为指导，全面贯彻党的十九大和十九届历次全会精神，坚持稳中求进工作总基调，加快转变政务公开职能，服务党和国家中心工作，重点围绕助力经济平稳健康发展和保持社会和谐稳定、提高政策公开质量、夯实公开工作基础等方面深化政务公开，更好发挥以公开促落实、强监管功能，以实际行动迎接党的二十大胜利召开。

一、以公开助力经济平稳健康发展

（一）加强涉及市场主体的信息公开。增强政策制定实施的透明度和可预期性，提振市场主体信心，持续打造市场化法治化国际化营商环境。加大受疫情影响重的餐饮、住宿、零售、文化、旅游、客运等行业帮扶政策的公开力度，促进稳就业和消费恢复。建立市场主体反映投资和工程建设项目审批问题的办理和反馈机制，及时回应和解决“堵点”问题，推动优化投资和建设环境。持续推进反垄断和反不正当竞争执法信息公开工作，为各类市场主体规范健康发展营造诚信守法、公平竞争的市场环境。

（二）加强涉及减税降费的信息公开。系统集成、智能推送已出台各项减税降费政策特别是大规模增值税留抵退税政策，帮助基层执行机关和纳税人缴费人第一时间全面准确了解政策，做到应知尽知、应享尽享。开展税收优惠政策咨询和政策辅导，优化 12366 纳税服务平台智能咨询功能。依托税务网站完善统一规范的税费政策库，动态更新并免费开放。加大对骗取税费优惠典型案例的曝光力度，形成有效震慑。

（三）加强涉及扩大有效投资的信息公开。认真贯彻落实中央经济工作会议精神和《政府工作报告》要求，依法依规做好扩大有效投资相关规划、政策文件及重大建设项目信息公开，积极引导市场预期。密切关注重大建设项目舆情并及时做出回应。聚焦基础设施补短板等重点领域，加大政策解读力度，加强政策咨询服务，推动扩大有效投资。

二、以公开助力保持社会和谐稳定

（四）持续做好疫情防控信息公开。（略）

（五）强化稳就业保就业信息公开。（略）

（六）推进公共企事业单位信息公开。（略）

三、提高政策公开质量

（七）深化行政法规和规章集中公开。（略）

（八）开展行政规范性文件集中公开。（略）

（九）加强政策集中公开成果运用。（略）

（十）优化政策咨询服务。（略）

四、夯实公开工作基础

（十一）规范执行政府信息公开制度。（略）

（十二）科学合理确定公开方式。（略）

（十三）加强公开平台建设。（略）

（十四）扎实推进基层政务公开。（略）

五、强化工作指导监督

（十五）严格落实主体责任。（略）

（十六）有效改进工作作风。（略）

（十七）认真抓好工作落实。（略）

范文解析

这篇要点是专项工作要点，主标题采用的是“年度 + 事由 + 要点”的形式。

引言部分用一段话简要说明了指导思想、工作思路、工作重点和工作目标，然后就转入主体内容。要点写作切忌在开头用较大篇幅详细阐述指导思想、工作思路等内容，开门见山、简要引入即可。

主体内容分五个部分阐述重点工作。第一、二部分从发挥好政务公开助力经济、助力社会作用的角度，列举了六项重点工作；第三、四、五部分则是从开展好政务公开工作本身的角度，围绕“提高政策公开质量、夯实公开工作基础、强化工作指导监督”列举了 11 项重点工作。主体内容结束即行文结束，不需要专门的结束语。

整篇要点行文干脆利落，一级标题与二级标题之间没有过渡性段落；每段一个要点，段首二级标题是重点工作概括，其后第一句话是主旨句，也就是本项工作的主要思路，随后都是具体工作和目标的阐述。

注意在要点中，各项具体工作一般不需要写明工作推进的时间、执行方法路径等，点到为止即可。

思维导图

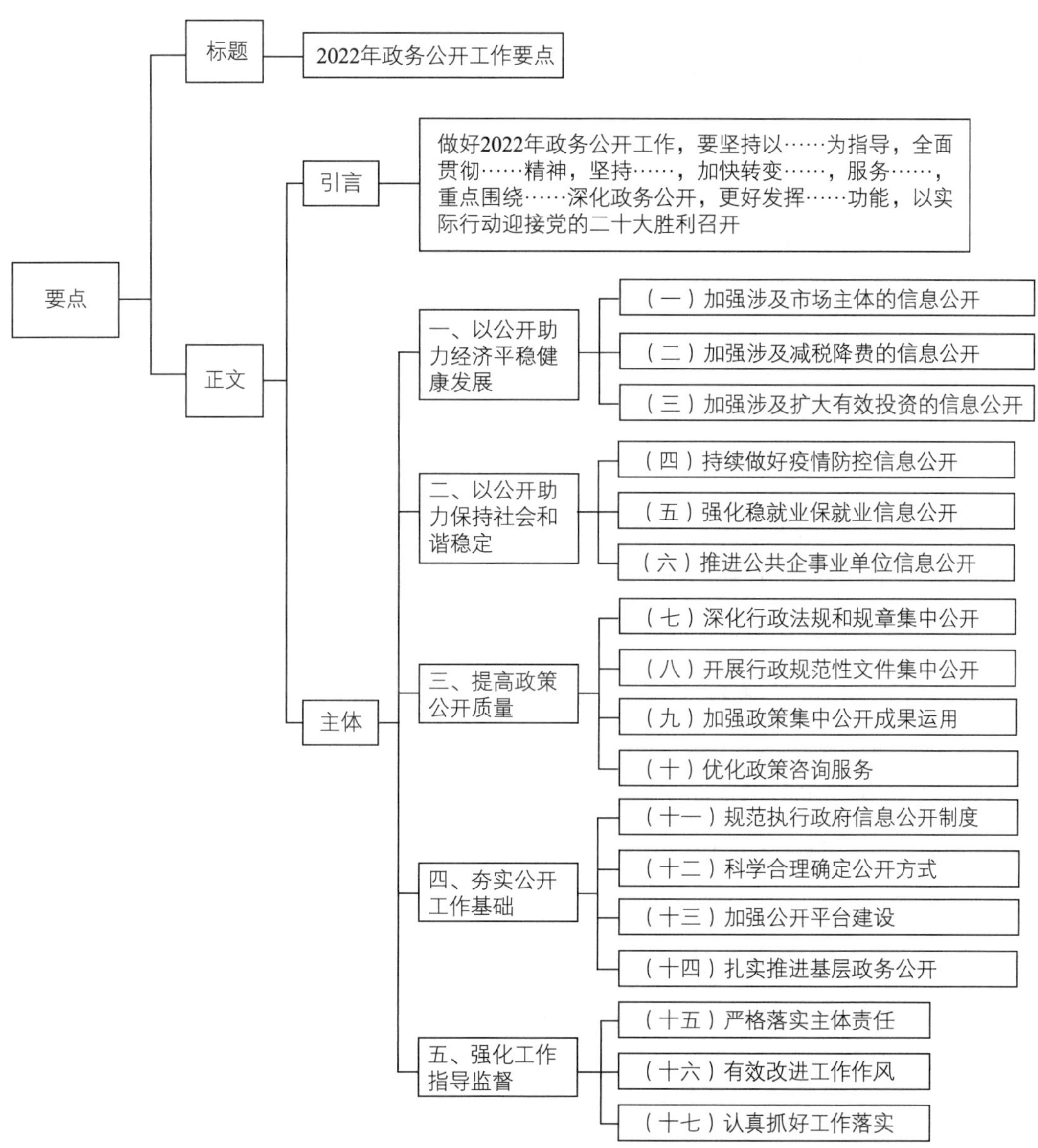

计划

计划的内涵特点

计划是为了完成全面工作或者某项具体工作而做出先导性安排的一种公文。计划的时间跨度一般在一年以内，也有少数以三年为时间跨度的。作为承接规划和要点、用于指导工作落实的文种，计划的内容比较深入、具体，对于工作目标、思路、步骤、方法、要求等做出详细的安排。

计划是实施管理的重要工具，在实际工作中应用非常广泛。根据内容、时间跨度、适用范围等的不同，计划可以分为很多种类。例如，根据内容范围的不同，可以分为综合计划和专项工作计划，也可以细分为生产计划、科研计划等具体工作计划；根据时间跨度的不同，可以分为月度计划、季度计划、半年计划、年度计划等。

不过各类计划万变不离其宗，写作基本方法比较相似。在计划的写作中，需要把握好以下特点。

（1）计划制定的下位性。计划属于纲要、规划和要点的下位文种，不能凭借本级的意愿随意制订。计划要严格按照上位公文的指导进行制订，在工作目标、思路上要准确贯彻落实上位公文的要求，在对策措施和实施方法上可以有一定的自主性和创新性。

（2）目标设定的合理性。制订计划的基点是目标，目标是开展一切工作的导向。工作计划目标应该是在一定时期内、在有限的资源条件下能够完成的。目标需要符合 SMART 原则，即具体的（specific，S）、可衡量的（measurable，M）、可实现的（attainable，A）、相关联的（relevant，R）和有期限的（time-bound，T）这五项原则。

（3）对策措施的可操作性。工作计划主要是就“做什么、做到什么程度”进行安排，需要落实到具体时间节点安排、工作任务的划分、工作的具体标准等方面，要让拿到计划的单位和人员，在没有更多解释的情况下，就能够真正付诸实施、执行见效。

计划的写作流程

计划有复杂的，也有比较简单的。这里以相对复杂的综合性计划作为分析对象，讲解计划的写作流程，简单计划可以对照参考。综合性计划的写作流程包括三步九个环节。

第一步：充分准备。

环节 1：定文种。综合性计划一般是在年初制订，对年度主要工作进行规划。综合性计划的写作任务是常规性的，它是根据各单位的时间节点需要按时完成的常规文种。

环节 2：明主题。综合性计划虽然针对的是单位的综合性工作，但是每年的工作形势不同，上级的指导精神不同，领导的工作思路也不同，这就要求每年的计划要在往年计划的基础上，有创新、有提升、有超越。因此，明主题重点是分析面临的新形势、新任务，深入把握上级和领导的工作思路，在对现实工作情况进行充分把握的基础上明确计划的主题。

环节 3：集资料。综合性工作计划需要以规划和年度工作要点为依据，这是最重要的两份文件依据。同时对于党和国家路线方针政策要掌握到位，最新的高层会议精神也是基本依据。计划要有一定的前瞻性，必须广泛收集上级文件的资料。此外，还可以积极借鉴其他单位的创新做法，也可以搜集下级的工作计划，对其进行综合分析。

第二步：深度思考。

环节 4：找问题。计划不是规划和要点的简单复制落实，要避免计划上下一般“粗”，找到计划的真问题。有的综合性计划，只是简单地在要点的工作框架下放入下级计划的汇总版。制定综合性计划，需要站在单位领导的高度，从单位全局思考问题，根据本单位的实际情况找准需要解决的问题。要根据不同单位的特点，确定计划的重点。

环节 5：拓思路。计划的思路就是解决工作重点问题的思路，要从创新角度出发，对重点问题、次要问题进行划分，理清工作任务之间的逻辑关联，形成工作层次衔接紧密、目标分解到位的计划思路。

环节 6：理结构。计划的内容多采取条文式结构，在引言、总体目标要求之后，把工作分为若干项目，分条列项写明具体任务要求、对策措施、完成时限、执行单位和人员等。计划也可采取分部式，按照计划四要素，即目标任务、措施办法、步骤时间、检查督促，分为四个部分进行写作。

第三步：精准写作。

环节 7：拟标题。计划的主标题有三种类型，详见下文写作模板。正文内标题常用单句，一般为动宾结构短句。

环节 8：填内容。计划的段落内容比较具体，讲清楚做什么、怎么做以及谁来做、什么时候完成。一般是按照工作的重要性进行排列，在段落最后提出目标和责任要求。

环节 9：修语言。制订综合性计划，虽然依据是规划、要点和上级文件，但是不能把规划和要点的语言直接抄过来，要避免喊口号。要把相关文件精神融入计划中，把理论性、抽象化、要求性的语言，结合本单位的特点变虚为实、具体化体现出来。

计划的写作模板

表 4-4 计划的写作模板

<table>
<tr><td colspan="3">标题</td><td>（1）发文机关名称 + 时限 + 事由 + 计划
（2）时限 + 事由 + 计划
（3）事由 + 计划</td></tr>
<tr><td rowspan="4">正文</td><td colspan="2">引言</td><td>说明制定计划的依据，或者目的要求、形势背景等，一般用“为……制定本计划”引出下文</td></tr>
<tr><td rowspan="3">主体</td><td>目标任务</td><td>指导思想 + 总体目标</td></tr>
<tr><td>主要工作</td><td>简单计划直接分条列项写出各项工作；
复杂计划则分部分写出工作目标任务、措施办法、步骤时间、检查督促等主体要素</td></tr>
<tr><td>保障措施</td><td>组织领导 + 制度机制 + 条件保障等</td></tr>
</table>

计划的范文解析

江苏省制造业智能化改造和数字化转型三年行动计划（2022—2024 年）

江苏省人民政府办公厅

为贯彻落实省第十四次党代会精神，坚持把数字经济作为江苏转型发展的关键增量，加快推进数字产业化、产业数字化，深化实施先进制造业集群培育和产业强链行动计划，全面推动全省制造业智能化改造和数字化转型（以下简称“智改数转”），促进制造业高质量发展，制定本行动计划。

一、总体要求和目标

以习近平新时代中国特色社会主义思想为指导，全面贯彻党的十九大和十九届历次全会精神，深入贯彻落实习近平总书记关于制造强国战略重要论述、网络强国重要思想和对江苏工作重要指示精神，完整、准确、全面贯彻新发展理念，以深化新一代信息技术与制造业融合发展为主线，以智能制造为主攻方向，以工业互联网创新应用为着力点，加快推动制造业质量变革、效率变革、动力变革，着力提升产业链供应链现代化水平，为加快建设制造强省和网络强省提供有力支撑。

通过三年的努力，全省制造业数字化、网络化、智能化水平显著提升，新业态、新模式、新动能显著壮大，制造业综合实力显著增强，率先建成全国制造业高质量发展示范区。到 2024 年底，全省规模以上工业企业全面实施智能化改造和数字化转型，劳动生产率年均增幅高于增加值增幅；重点企业关键工序数控化率达 65%，经营管理数字化普及率超过 80%，数字化研发设计工具普及率接近 90%。

二、重点任务

聚焦省重点先进制造业集群和重点产业链，大力实施“十大工程”，加快推动龙头骨干企业、中小企业、产业链“智改数转”，夯实工业互联网平台、工业软件、智能硬件和装备、网络设施及安全等基础支撑，加大优秀服务商培育和典型案例推广应用力度，推动“智改数转”各项任务加快落地落实。

（一）龙头骨干企业引领工程。对标世界智能制造领先水平，支持行业龙头骨干企业开展集成应用创新。分行业分领域制定智能制造示范标准，每年认定一批省级智能制造示范工厂、示范车间和工业互联网标杆工厂、5G全连接工厂，加快形成“一行业一标杆”。到2024年底，累计建成国家智能制造示范工厂项目30个、省级智能制造示范工厂项目300个、省级智能制造示范车间2500个、工业互联网标杆工厂200家、5G全连接工厂10家。〔责任单位：省工业和信息化厅、省通信管理局等，各市、县（市、区）人民政府。以下均需各市、县（市、区）人民政府落实，不再列出〕

（二）中小企业“智改数转”推进工程。（略）

（三）产业链“智改数转”升级工程。（略）

（四）工业互联网创新工程。（略）

（五）领军服务商培育工程。（略）

（六）自主可控工业软件应用工程。（略）

（七）智能硬件和装备攻坚工程。（略）

（八）工业互联网支撑工程。（略）

（九）工业信息安全保障工程。（略）

（十）优秀解决方案推广工程。（略）

三、保障措施

（一）加强工作统筹。（略）

（二）加大政策支持。（略）

（三）强化人才支撑。（略）

（四）创新金融服务。（略）

（五）实施跟踪监测。（略）

（六）营造良好环境。（略）

范文解析

这是一篇专项工作计划，由于工作任务比较重大，涉及三年的时间跨度，但在写作上和年度计划大同小异。

这篇计划的主标题采取的是“事由 + 计划”的形式。事由非常明确——“江苏省制造业智能化改造和数字化转型三年行动”，“制造业”“智能化改造”“数字化转型”是关键词。

计划的引言非常简短，用一段话说明了制订计划的依据、思路和目的，用的是“为……制订本行动计划”的基本句式。

在计划的主体中，分三个部分进行写作。第一部分是总体要求和目标，分为推进工作的基本要求和三年后要达成的目标两段。第二部分是重点任务，对重点任务采取了创新的归纳方式，列举了“十大工程”，每个段落写一个工程，非常清晰。这样的写法提供了重要的记忆“锚点”，也符合工程化推进工作的方向要求。第三部分是保障措施，从领导、政策、人才、服务、保障等方面，按照自上而下的逻辑进行写作。

整篇计划用语简明实在，多用肯定性语句，作为较高层级机关制订的计划，多用“推动”“支持”“鼓励”“引导”等动词，给下级执行计划留有一定的创新空间，表现出对下级工作自主性的尊重。

思维导图

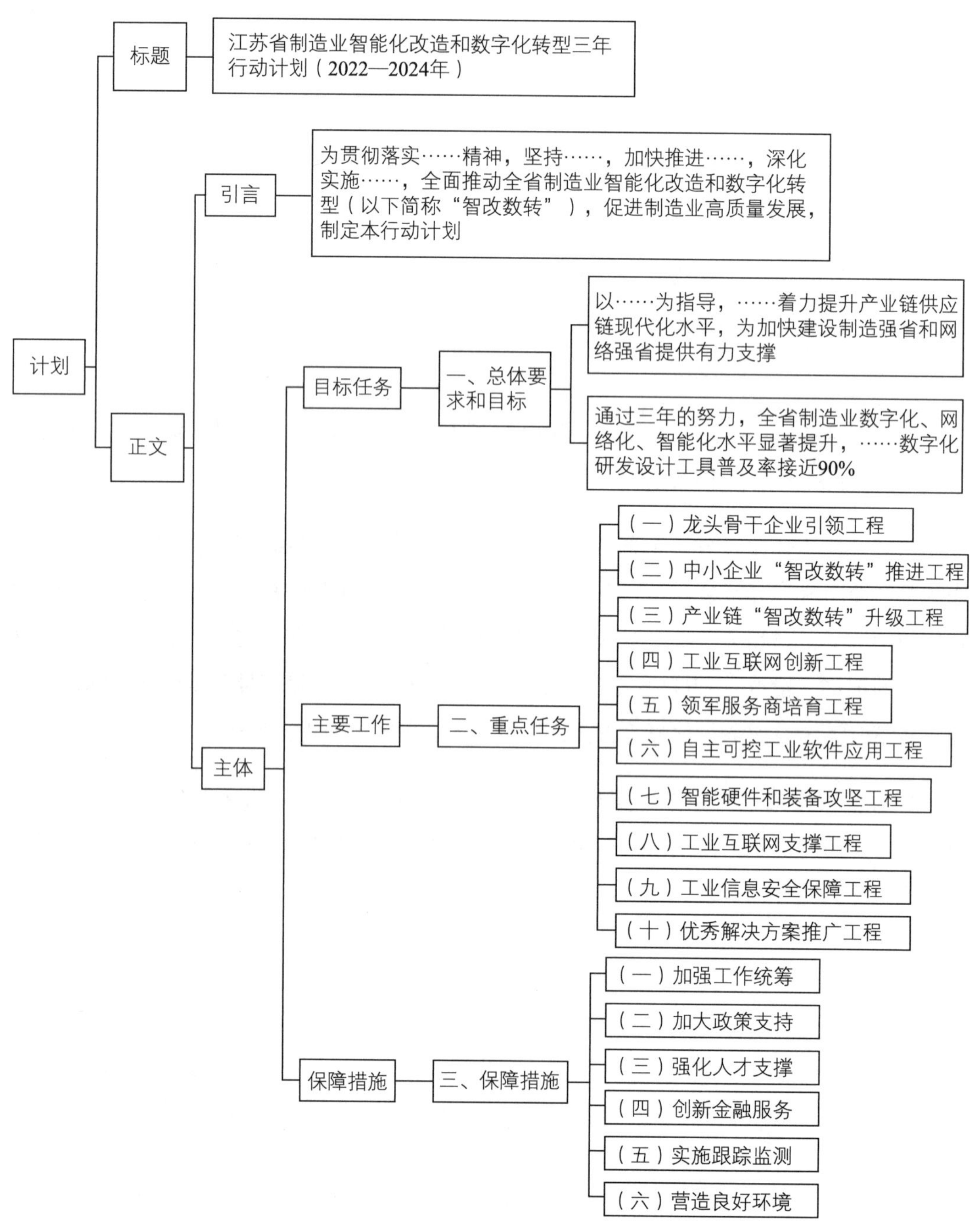
计划
标题
江苏省制造业智能化改造和数字化转型三年行动计划（2022—2024年）
正文
引言
为贯彻落实……精神，坚持……，加快推进……，深化实施……，全面推动全省制造业智能化改造和数字化转型（以下简称“智改数转”），促进制造业高质量发展，制定本行动计划
主体
目标任务
一、总体要求和目标
以……为指导，……着力提升产业链供应链现代化水平，为加快建设制造强省和网络强省提供有力支撑
通过三年的努力，全省制造业数字化、网络化、智能化水平显著提升，……数字化研发设计工具普及率接近90%
主要工作
二、重点任务
（一）龙头骨干企业引领工程
（二）中小企业“智改数转”推进工程
（三）产业链“智改数转”升级工程
（四）工业互联网创新工程
（五）领军服务商培育工程
（六）自主可控工业软件应用工程
（七）智能硬件和装备攻坚工程
（八）工业互联网支撑工程
（九）工业信息安全保障工程
（十）优秀解决方案推广工程
保障措施
三、保障措施
（一）加强工作统筹
（二）加大政策支持
（三）强化人才支撑
（四）创新金融服务
（五）实施跟踪监测
（六）营造良好环境

方案

方案的内涵特点

方案是内容具体周密、专业性很强的计划谋划类公文，适用于比较复杂的重要专项工作。常规事务性工作制定计划后即可展开执行，无须专门制定方案。

方案是计划谋划类公文中最具体的一种，内容非常详细，主要是对工作目标、方法路径、工作进度、有关要求进行明确，可操作性很强。方案的适用范围非常广泛，各级机关、基层单位都可以使用。根据工作内容的不同，可将方案分为多种类型，常用的有工作部署方案、活动方案等。

工作部署方案，主要用于对某项专项工作，特别是具有一定难度的工作进行安排部署。重点要写清楚制定工作方案的背景依据、指导思想和基本原则、目标任务、措施办法、步骤时间、检查督促等内容。

活动方案主要用于举办各类重要会议、会展以及联谊、文体、商务等各种类型的活动，通过周密策划制定相关方案，确保活动的顺利开展。

方案作为指导工作的具体公文，在写作时需要把握好以下特点。

（1）部署的周全性。方案要考虑周全，制定方案要心细如发，把关于工作的各方面内容细节考虑到位，尤其是涉及任务分工、合作协同、经费执行等方面的内容，必须以方案作为纸面依据，形成共识。

（2）指导的科学性。方案具有强制指挥性，其涉及的有关方面，都需要根据方案规定的内容推动工作。作为直接落地生效的公文，方案提出的目标任务要有实现的可能性，列举的措施方法要有执行的可行性，对意外状况要有预见性，所明确的有关要求要符合客观实际。

（3）路径的明确性。方案要对工作所涉及的人、财、物、时间、地点等要素进行调配，让拿到方案的人可以对照执行；需要设计明确的行动方向和执行路径，让所有人在方案的指挥下步调一致、统一行动，确保不出现任何纰漏。

方案的写作流程

方案作为一种比较复杂的计划谋划类公文，写作流程包括三步九个环节。

第一步：充分准备。

环节 1：定文种。一些比较复杂的工作在开展前都需要制定细致的方案。在实际工作中，有人将简单的工作安排也误写成方案，比如一般的事务性会议用“会议方案”，这种会议方案实则是会议安排。所以，确定使用方案的工作一定是比较复杂的工作，例如全国、全省性展会，需要通过方案统一行动步调。

环节 2：明主题。方案主题即工作主题，研究确定方案主题，其实就是确定工作主题。要根据工作的创新方向、突破重点，结合上级的规划精神，围绕领导的指示要求，综合确定方案主题。

环节 3：集资料。方案的资料搜集要聚焦工作的创新发展方向，寻找最新的理论提法和实践做法。理论提法为方案创新提供指导思想依据，实践做法为制定方案提供现实的依据考量，尤其是相关单位的类似工作方案，特别能够提供思路性启发。

第二步：深度思考。

环节 4：找问题。方案的问题即工作的突破口。对于方案执行中可能遇到的困难要进行预想和分析，挖掘问题的本质原因，为寻找对策奠定起点。

环节 5：拓思路。方案的思路拓展，需要上下结合，不能只是坐在办公室里对着电脑畅想。需要下级贯彻执行的工作任务，要提前与下级通气沟通、征询意见，不能直接写进方案。在拓思路阶段，要完成与方案涉及相关方的沟通协调工作，才能保证写出来的方案内容具有实践价值，并得到各方面支持。

环节 6：理结构。方案也常采用“为什么—做什么—怎么做”的基本逻辑结构。在引言部分写清楚“为什么”，即制定方案的形势背景。在主体部分，需要写清楚目标任务、措施办法、步骤时间、检查督促四个方面，具体的结构方式常用条文式或分部式。条文式结构可参见下面的工作部署方案范文，分部式结构可参见下面的活动方案范文。

第三步：精准写作。

环节 7：拟标题。方案的主标题符合公文标题的基本模式。正文内的标题也和其他计划谋划类公文非常相似，以动宾结构的简单短语或短句作为标题，或者直接以名词作为标题，非常简洁明了。正文一般列到二级标题。

环节 8：填内容。在段落内容行文中，方案的特点也比较明显。在工作部署类方案中，二级标题是某方面工作，后面紧跟主旨句，表明这项工作的思路，然后按照从重要到一般、从宏观到微观等顺序列举出一系列具体工作。活动方案的内容则更简单，分条列项写清楚具体工作即可，不需要写各层次的主旨句。

环节 9：修语言。工作方案以肯定性语言为主，罗列“干货”。除了引言和指导思想部分的内容，无须更多的说理性语言。在写具体工作时，多用“加快”“推动”“推进”“提升”“强化”“加强”等具有指挥意味的确定性词语。

方案的写作模板

表 4-5　　　　工作部署方案写作模板

<table>
<tr><td colspan="3">标题</td><td>（1）发文机关名称＋事由＋方案
（2）事由＋方案</td></tr>
<tr><td rowspan="4">正文</td><td colspan="2">引言</td><td>简要说明制定方案的依据、目的、意义等，一般用“为……制定本方案”引出下文。形势背景复杂的也可单列一部分</td></tr>
<tr><td rowspan="3">主体</td><td>目标任务</td><td>指导思想＋总体目标＋工作原则</td></tr>
<tr><td>主要工作</td><td>分条列项写出各项工作，或分部分写出工作措施办法、步骤时间等</td></tr>
<tr><td>保障措施</td><td>组织领导＋制度机制＋条件保障＋其他要求</td></tr>
</table>

表 4-6　　活动方案写作模板

<table>
<tr><td colspan="3">标题</td><td>（1）发文机关名称 + 事由 + 方案
（2）事由 + 方案</td></tr>
<tr><td rowspan="4">正文</td><td colspan="2">引言</td><td>简要说明制定方案的依据、目的、意义等，一般用“为……制定本方案”引出下文</td></tr>
<tr><td rowspan="3">主体</td><td>目标任务</td><td>指导思想 + 总体目标</td></tr>
<tr><td>主要工作</td><td>分部分写出工作组织机构、工作任务、活动安排、责任分工、经费保障等（不同的活动侧重点有所不同）</td></tr>
<tr><td>保障措施</td><td>组织领导 + 管理机制 + 其他要求</td></tr>
</table>

方案的范文解析

1. 工作部署方案范文

乡村建设行动实施方案

中共中央办公厅　国务院办公厅

乡村建设是实施乡村振兴战略的重要任务，也是国家现代化建设的重要内容。党的十八大以来，各地区各部门认真贯彻党中央、国务院决策部署，把公共基础设施建设重点放在农村，持续改善农村生产生活条件，乡村面貌发生巨大变化。同时，我国农村基础设施和公共服务体系还不健全，部分领域还存在一些突出短板和薄弱环节，与农民群众日益增长的美好生活需要还有差距。为扎实推进乡村建设行动，进一步提升乡村宜居宜业水平，制定本方案。

一、总体要求

（一）指导思想。以习近平新时代中国特色社会主义思想为指导，坚持农业农村优先发展，把乡村建设摆在社会主义现代化建设的重要位置，顺应农民群众对美好生活的向往，以普惠性、基础性、兜底性民生建设为重点，强化规划引领，统筹资源要素，动员各方力量，加强农村基础设施和公共服务体系建设，建立自下而上、村民自治、农民参与的实施机制，既尽力而为又量力而行，求好不求快，干一件成一件，努力让农村具备更好生活条件，建设宜居宜业美丽乡村。

（二）工作原则

——尊重规律、稳扎稳打。顺应乡村发展规律，合理安排村庄建设时序，保持足够的历史耐心，久久为功、从容建设。树立正确政绩观，把保障和改善民生建立在财力可持续和农民可承受的基础之上，防止刮风搞运动，防止超越发展阶段搞大融资、大拆建、大开发，牢牢守住防范化解债务风险底线。

——因地制宜、分类指导。（略）

——注重保护、体现特色。（略）

——政府引导、农民参与。（略）

——建管并重、长效运行。（略）

——节约资源、绿色建设。（略）

（三）行动目标。到 2025 年，乡村建设取得实质性进展，农村人居环境持续改善，农村公共基础设施往村覆盖、往户延伸取得积极进展，农村基本公共服务水平稳步提升，农村精神文明建设显著加强，农民获得感、幸福感、安全感进一步增强。

二、重点任务

（四）加强乡村规划建设管理。坚持县域规划建设一盘棋，明确村庄布局分类，细化分类标准。合理划定各类空间管控边界，优化布局乡村生活空间，因地制宜界定乡村建设规划范围，严格保护农业生产空间和乡村生态空间，牢牢守住 18 亿亩耕地红线。严禁随意撤并村庄搞大社区、违背农民意愿大拆大建。积极有序推进村庄规划编制。发挥村庄规划指导约束作用，确保各项建设依规有序开展。建立政府组织领导、村民发挥主体作用、专业人员开展技术指导的村庄规划编制机制，共建共治共享美好家园。

（五）实施农村道路畅通工程。（略）

（六）强化农村防汛抗旱和供水保障。（略）

（七）实施乡村清洁能源建设工程。（略）

（八）实施农产品仓储保鲜冷链物流设施建设工程。（略）

（九）实施数字乡村建设发展工程。（略）

（十）实施村级综合服务设施提升工程。（略）

（十一）实施农房质量安全提升工程。（略）

（十二）实施农村人居环境整治提升五年行动。（略）

（十三）实施农村基本公共服务提升行动。（略）

（十四）加强农村基层组织建设。（略）

（十五）深入推进农村精神文明建设。（略）

三、创新乡村建设推进机制

（十六）建立专项任务责任制。（略）

（十七）建立项目库管理制度。（略）

（十八）优化项目实施流程。（略）

（十九）完善农民参与乡村建设机制。（略）

（二十）健全乡村公共基础设施管护机制。（略）

四、强化政策支持和要素保障

（二十一）加强投入保障。（略）

（二十二）创新金融服务。（略）

（二十三）引导社会力量参与。（略）

（二十四）完善集约节约用地政策。（略）

（二十五）强化人才技术标准支撑。（略）

五、加强组织领导

（二十六）强化统筹协调。（略）

（二十七）实行清单管理。（略）

（二十八）加强评估考核。（略）

（二十九）强化宣传引导。（略）

范文解析

这篇实施方案属于工作部署方案中比较具体的一种，还有一种是总体部署方案。总体方案更加宏观，实施方案更为具体细化。

这篇方案的主标题简洁明确，事由是“乡村建设行动”，方案前加“实施”表明方案是对上级精神的具体落实。方案开头引言简要阐明了制定方案的目的意义，既有简要的形势分析，也有对问题的概括，寥寥数句、非常精练。用常用句式“为扎实推进……制定本方案”引出下文。

主体分三个板块五个部分进行写作。第一板块目标任务，即第一部分总体要求，包括指导思想、工作原则和行动目标。指导思想针对性强，指明了开展乡村建设行动的方向；工作原则明确了行动需要遵循的六条基本原则，具有很强的现实指导性，奠定了方案的基本调子；行动目标比较具体，同时因为时间跨度较长，用了“持续改善”“积极进展”“稳步提升”等词语，留有一定的弹性空间。

第二板块主要工作，即第二部分重点任务，突出 12 项重点任务，对乡村建设行动进行了详细部署。所写措施都是非常具体的部署安排，落实到具体的责任部门，明确了任务要求。

第三板块保障措施，即第三、四、五部分，从推进机制、政策支持和要素保障、组织领导等三个方面加以强调。这篇方案的特点是突出了保障措施，对于保障措施进行分解，分三个方面进行详细部署，抓住了推进这项工作的关键。

整篇实施方案语言简明、内容周到、目标任务清晰、工作部署具体、标准要求明确，体现了实施方案的写作要领。

思维导图

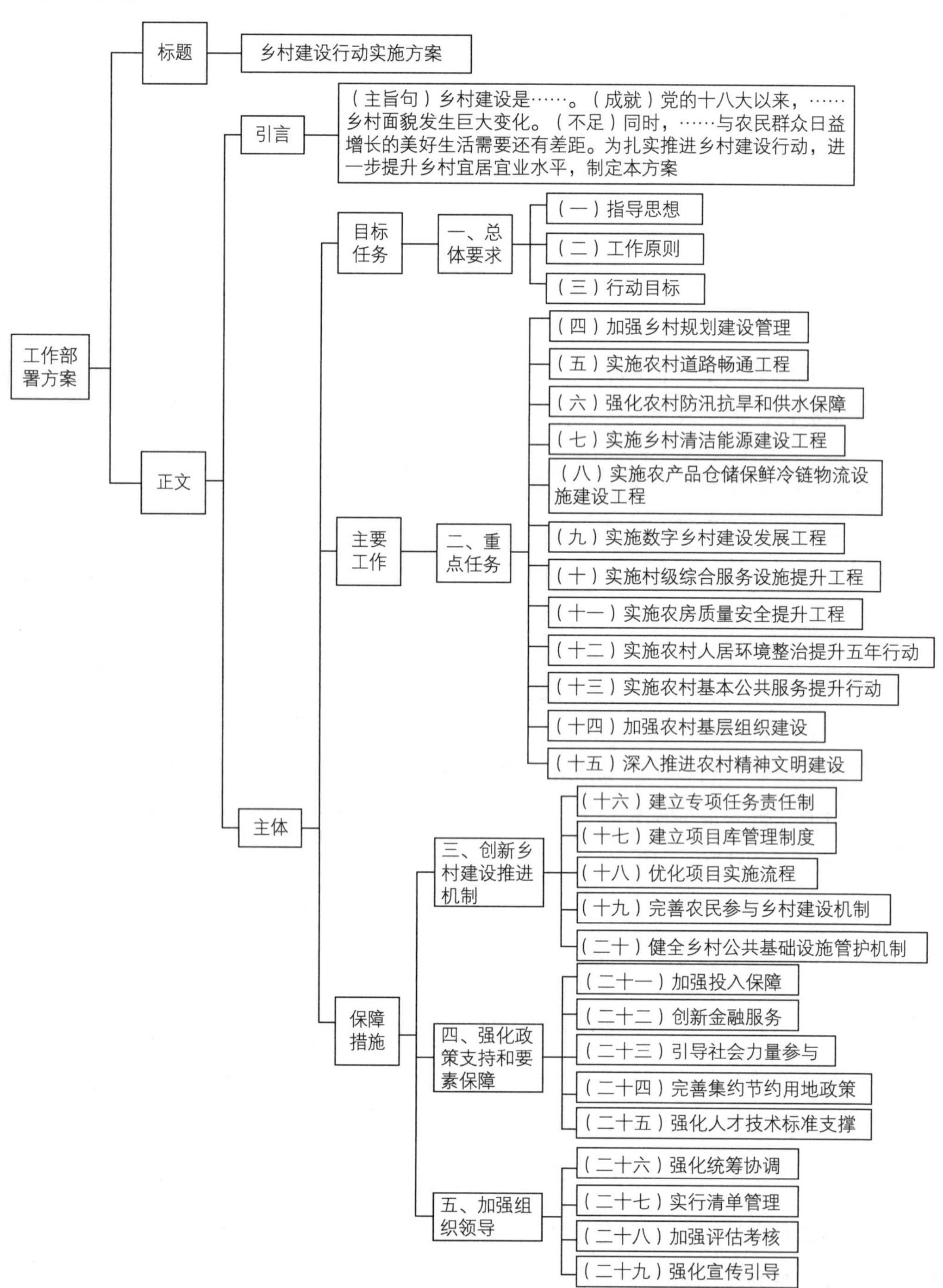
工作部署方案
标题
乡村建设行动实施方案
正文
引言
（主旨句）乡村建设是……。（成就）党的十八大以来，……乡村面貌发生巨大变化。（不足）同时，……与农民群众日益增长的美好生活需要还有差距。为扎实推进乡村建设行动，进一步提升乡村宜居宜业水平，制定本方案
主体
目标任务
一、总体要求
（一）指导思想
（二）工作原则
（三）行动目标
主要工作
二、重点任务
（四）加强乡村规划建设管理
（五）实施农村道路畅通工程
（六）强化农村防汛抗旱和供水保障
（七）实施乡村清洁能源建设工程
（八）实施农产品仓储保鲜冷链物流设施建设工程
（九）实施数字乡村建设发展工程
（十）实施村级综合服务设施提升工程
（十一）实施农房质量安全提升工程
（十二）实施农村人居环境整治提升五年行动
（十三）实施农村基本公共服务提升行动
（十四）加强农村基层组织建设
（十五）深入推进农村精神文明建设
保障措施
三、创新乡村建设推进机制
（十六）建立专项任务责任制
（十七）建立项目库管理制度
（十八）优化项目实施流程
（十九）完善农民参与乡村建设机制
（二十）健全乡村公共基础设施管护机制
四、强化政策支持和要素保障
（二十一）加强投入保障
（二十二）创新金融服务
（二十三）引导社会力量参与
（二十四）完善集约节约用地政策
（二十五）强化人才技术标准支撑
五、加强组织领导
（二十六）强化统筹协调
（二十七）实行清单管理
（二十八）加强评估考核
（二十九）强化宣传引导

2. 活动方案范文

第六届全球跨境电子商务大会工作方案

第六届全球跨境电子商务大会定于2022年8月8日—10日在郑州市举办。为做好各项筹备工作，制定本方案。

一、指导思想

以习近平新时代中国特色社会主义思想为指导，全面贯彻党的十九大和十九届历次全会及中央经济工作会议精神，深入贯彻落实习近平总书记视察河南重要讲话重要指示，贯彻新发展理念，实施制度型开放战略，打造高端化、国际化、专业化跨境电子商务交流合作平台，推动跨境电子商务高质量发展，为加快构建新发展格局，深度融入“一带一路”建设增添新动力，以优异成绩迎接党的二十大胜利召开。

二、总体设计

活动名称：第六届全球跨境电子商务大会。

活动主题：买全球，卖全球。

活动地点：郑州国际会展中心、郑州E贸易博览交易中心。

主办单位：河南省商务厅、郑州市人民政府、中国国际电子商务中心、商务部国际贸易经济合作研究院、中国服务贸易协会。

参会嘉宾：世界贸易组织、世界海关组织、联合国南南合作办公室、上海合作组织等国际组织负责人；重点国家和“一带一路”沿线国家政要及驻华使领馆官员；商务部、海关总署等国家相关部委负责同志；国内跨境电子商务综合试验区代表；国内外知名跨境电子商务专家学者、行业协会代表；国内外知名跨境电子商务平台、供应链、物流、金融、外贸综合服务等企业高管和代表。

三、活动安排

（一）开幕式暨跨境电子商务高峰会（省商务厅、郑州市政府负责）。

时间：8 月 9 日 9:00—11:30。

地点：郑州国际会展中心轩辕堂（A、B、C 厅）。

规模：1000 人左右。

1. 开幕式。

由省政府领导同志主持。

（1）省政府主要领导致辞；
（2）全球 CEO 发展大会联合主席、中国与全球化智库主席、全球跨境电子商务大会主席致辞；
（3）外国政要致辞；
（4）世界贸易组织负责人致辞；
（5）世界海关组织负责人致辞；
（6）上海合作组织负责人致辞；
（7）联合国南南合作办公室负责人致辞；
（8）中国国际经济交流中心副理事长致辞；
（9）国家部委领导致辞；
（10）领导同志宣布大会开幕。

2. 跨境电子商务高峰会。

（1）郑州市主要领导致辞；
（2）国内外知名跨境电商专家演讲；
（3）国内外知名跨境电商企业高管演讲。
注：考虑疫情影响，无法到现场的重要嘉宾视频致辞。

（二）平行论坛。

1.“丝路电商”国际合作（郑州）高峰论坛（中国国际电子商务中心、省商务厅、郑州市政府、省贸促会主办，航空港区承办）。

时间：8 月 9 日 14:30—18:00。

地点：郑州国际会展中心轩辕堂 B 厅。

规模：300 人左右。

主题：RCEP 下的跨境电商新机遇。

主要内容：RCEP 及“一带一路”沿线国家经贸合作交流与推介，探讨“丝路电商”在 RCEP 生效实施后合作发展的新机遇、新挑战和新市场。

（略）

（三）展览展示（省商务厅、郑州市政府主办，郑州经济技术开发区、省博览局、中大门国际物流服务有限公司承办）。

时间：8 月 8 日—10 日。

地点：郑州 E 贸易博览交易中心。

展示内容：国内外知名跨境电商企业展示、国内兄弟省市跨境电商展示、国外知名商品专场、河南省跨境电商成果展示。

四、组织机构

成立第六届全球跨境电子商务大会组委会，省政府分管副省长任主任；省政府相关副秘书长，省商务厅、郑州市政府、省政府外办、省卫生健康委等主要负责同志任副主任；省直相关部门、相关省辖市和航空港区负责同志任成员。组委会办公室设在省商务厅，由省商务厅、郑州市分管负责同志担任办公室主任，成员单位分管负责同志任办公室副主任，具体负责大会组织筹备工作。

成员单位：中国国际电子商务中心、商务部国际贸易经济合作研究院、中国服务贸易协会；省商务厅、郑州市政府、省委宣传部、省政府外办、省卫生健康委、省发展改革委、省教育厅、省公安厅、省财政厅、省市场监管局、省接待办、郑州海关、省邮政管理局、省贸促会，中国铁路郑州局集团有限公司、河南机场集团、中国邮政集团河南省分公司。

五、工作分工

（一）省商务厅。

1. 会同郑州市政府负责大会总体策划、统筹协调、筹备组织、预算编制及财务管理工作。

2. 会同郑州市政府制定大会邀商方案，邀请境内外知名跨境电子商务企业高管、代表和专家学者参会。

（略）

（二）郑州市政府。

1. 会同省商务厅负责大会总体策划、统筹协调、筹备组织、预算编制及财务管理工作。

2. 会同省商务厅制定大会邀商方案，负责邀请阿里巴巴、京东、抖音等知名电商平台企业高管，顺丰、圆通、中通、韵达、菜鸟等重点物流企业高管，连连支付、PingPong、易宝等知名支付企业高管，全球贸易通、一达通等外贸综合服务企业高管。邀请业内知名专家学者。邀请国内跨境电商综合试验区代表。

（略）

（三）中国国际电子商务中心。负责邀请境内外知名跨境电商企业高管、专家学者、国外政要及驻华使领馆官员。负责“丝路电商”国际合作（郑州）高峰论坛嘉宾邀请和活动的组织实施，做好国外演讲嘉宾视频录制工作。

（四）中国服务贸易协会。负责邀请境内外知名跨境电商企业高管、专家学者、国外政要及驻华使领馆代表。负责中国跨境电商50人论坛暨中欧跨境电商合作论坛嘉宾邀请和组织实施，做好国外演讲嘉宾视频录制工作。

（五）商务部国际贸易经济合作研究院。负责邀请境内外知名跨境电商企业高管、专家学者。

（六）省政府外办。

1. 负责参会驻华使领馆官员和国外副部级以上政要和嘉宾有关手续办理。

（略）

（略）

六、经费保障

牢固树立“过紧日子”的思想，节约、务实、高效筹备办好大会各项活动。大会所需经费由省、郑州市、航空港区、郑州经济技术开发区按任务分工分担。省领导会见重要嘉宾及餐叙会费用，开幕式暨跨境电子商务高峰会、平行论坛和展览展示的场地租赁费、会场布置费、视频制作费、会务保障费、标准展位搭建费等相关费用，以及部分重要嘉宾邀请及接待费用由省级财政承担，平行论坛、展览展示的其他费用由承办单位承担。全国重要国际邮件枢纽口岸合作论坛、全国跨境电子商务产教融合论坛相关费用由承办单位自行承担。

七、工作要求

（一）高度重视。（略）

（二）精心策划。（略）

（三）精准邀商。（略）

（四）落实责任。（略）

（五）严格疫情防控。（略）

范文解析

这篇会议方案属于活动方案中的一种。在工作实践中，只有类似范文中这样层次高、范围广、影响大的重要会议，才需要制定详细的会议方案。日常工作中的会议，用通知行文即可，不需要制定方案，这是需要注意的地方。

这篇方案的主标题采取的也是“事由 + 方案”的形式，虽然没有直接出现“会议方案”字眼，“大会工作方案”也是同样的意思。正文的标题是名词形式，内容全部采用分条列项的模式，简洁明了、干净利落。

方案的引言开门见山，首先说明会议名称、时间、地点，然后直接用“为做好各项筹备工作，制定本方案”引出下文。类似这样的会议方案，以这种直截了当的形式开头比较好。

方案主体内容采取的是分部式写作方式，共分为三大板块七个部分。

第一板块是目标任务，包括第一、二部分，分别是指导思想和总体设计。指导思想说明召开会议的主旨；总体设计说明了会议的基本情况，包括活动名称、活动主题、活动地点、主办单位、参会嘉宾。

第二板块是主要工作，包括第三、四、五部分，分别是活动安排、组织机构、工作分工，明确了大会具体内容、相关责任单位和所承担的任务。各项安排精准到位，比如在活动安排中，每项活动的时间都精确到具体日期、时段；开幕式和高峰会参加人员有哪些、分别做什么；平行论坛的地点、规模、主题和主要内容，以及展览展示的地点和展示内容都非常清楚。再比如在工作分工中，清楚地交代了谁主责、谁配合，负责什么工作、做到什么程度，具体明确，便于执行。

第三板块是保障措施，包括第六、七部分，分别是经费保障和工作要求。经费保障具体明确，安排到位；工作要求言简意赅，不拖泥带水。

整篇方案非常详尽、要素周全，交代任务非常清晰，任务要求明确可行，是会议方案中的精品。

思维导图

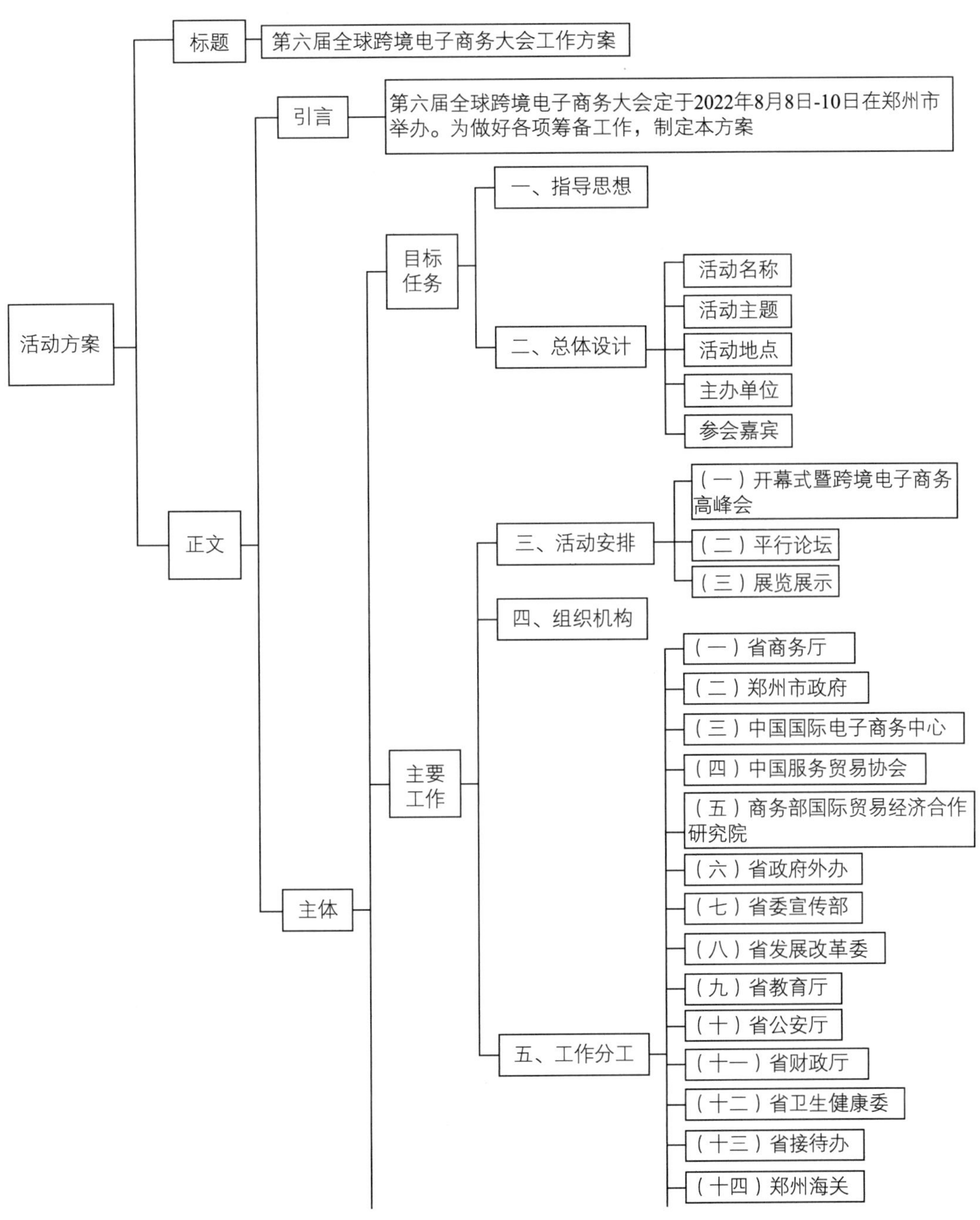

活动方案
标题
第六届全球跨境电子商务大会工作方案
正文
引言
第六届全球跨境电子商务大会定于2022年8月8日-10日在郑州市举办。为做好各项筹备工作，制定本方案
主体
目标任务
一、指导思想
二、总体设计
活动名称
活动主题
活动地点
主办单位
参会嘉宾
主要工作
三、活动安排
（一）开幕式暨跨境电子商务高峰会
（二）平行论坛
（三）展览展示
四、组织机构
五、工作分工
（一）省商务厅
（二）郑州市政府
（三）中国国际电子商务中心
（四）中国服务贸易协会
（五）商务部国际贸易经济合作研究院
（六）省政府外办
（七）省委宣传部
（八）省发展改革委
（九）省教育厅
（十）省公安厅
（十一）省财政厅
（十二）省卫生健康委
（十三）省接待办
（十四）郑州海关

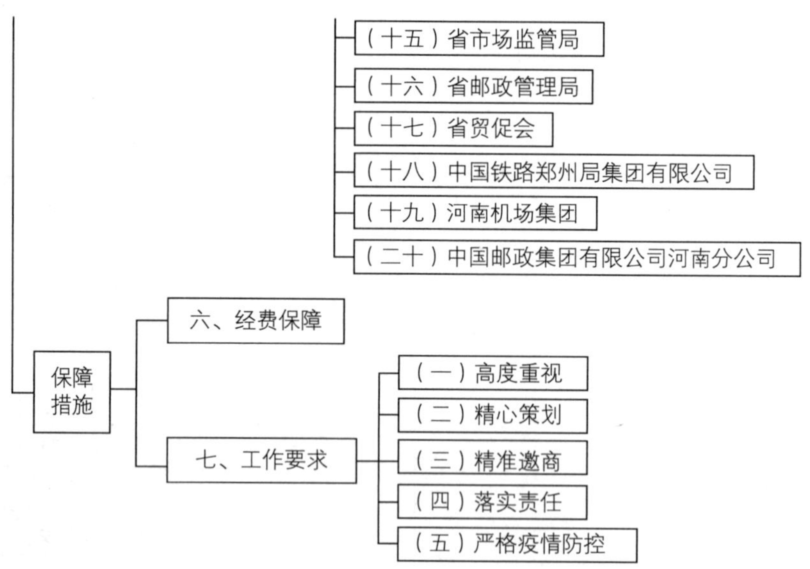
（十五）省市场监管局
（十六）省邮政管理局
（十七）省贸促会
（十八）中国铁路郑州局集团有限公司
（十九）河南机场集团
（二十）中国邮政集团有限公司河南分公司
保障措施
六、经费保障
七、工作要求
（一）高度重视
（二）精心策划
（三）精准邀商
（四）落实责任
（五）严格疫情防控

第 5 章

讲话发言类：如何让领导认可、听众爱听

讲话发言的类型很多，会议讲话、开（闭）幕词、座谈发言和演讲稿等是工作中常用的讲话发言类型。与其他公文通过纸面传递信息不同，讲话发言类公文写好后，需要通过讲话发言者的话语表达来直接传递信息、传达意图、表达感情。因此，相较于其他类型的公文，讲话发言类公文的个性化要求更强、语言艺术性更明显，对写作者的要求比较高。

会议讲话

会议讲话的内涵特点

会议讲话适用于参会人员在会议上讲话发言，一般来说主要是领导讲话，因此下面也主要是从领导讲话的角度介绍并分析会议讲话的写作特点。

从推进工作的角度，常见的会议可以分为工作任务部署会和总结会，相应的会议讲话也有两种常见类型，即部署性会议讲话和总结性会议讲话。

部署性会议讲话主要用于年度工作开始或者重要专项工作启动时，领导通过讲话达到明确意义、动员部署、提出要求、鼓舞士气等目的。

总结性会议讲话主要用于工作结束或告一段落时，领导通过讲话达到总结经验、表扬先进、批评问题、部署下一阶段工作等目的。

当然，根据会议类型的不同，领导讲话还可分为经验交流会讲话、欢迎会讲话、座谈会讲话、研讨会讲话、表彰会讲话、团拜会讲话，等等，其中涉及工作方面的讲话偏务实性，涉及礼仪场合、理论研究等方面的讲话则偏务虚性。因此，会议领导讲话可以说是难度最高、最考验写作者水平的公文类型了。

本部分重点只针对推进工作的会议类型，介绍各级最常用的部署性和总结性两类会议讲话的写作方法，供借鉴参考、举一反三。在这两类领导讲话的写作中，需要注意把握以下特点。

（1）代入领导角色。在推动工作的会议上，领导的角色是决策指挥者，作为领导讲话起草者需要把自己带入领导角色，从领导的角度思考工作推进面临的形势和基本情况，从全局高度思考讲话中需要提出的理念、强调的重点以及表扬或批评的人和事。

（2）内容紧贴实际。工作型会议的讲话，重点要放在推动工作发展上。在讲话内容中，要有理论支撑，体现领导的站位高度，但是理论要经过写作者转化，变成与工作实践相结合的现实道理，切忌直接大篇幅转述上级精神，或者讲一些放之四海而皆准的大道理。

（3）表达双向交流。讲话不同于理论文章，它需要有明确的对象感和沟通感。要能够让听众听得懂、听得进，就需要在语言使用上保持口语化风格，少讲专业理论词汇。要形成良好的会议互动氛围，就需要注意语言的交流性，把抽象的道理用形象的案例、比喻表达出来。

会议讲话的写作流程

会议讲话作为比较复杂的公文类型，其写作流程包括三步九个环节。

第一步：充分准备。

环节 1：定文种。根据会议的安排，确定起草什么类型的会议讲话，按照会议讲话的要求做好相关准备。

环节 2：明主题。确定会议讲话的主题，一方面要看会议的主要内容安排，这是基础，但这还远远不够。起草领导讲话一定要和讲话的领导见面，当面听取领导对会议的看法和意见，以及对讲话内容的初步思考与具体要求。这个沟通过程是明确讲话主题的关键。主题一定要经过领导确认才行，绝不能擅作主张。当然，有的领导意图不是很明确，就需要起草者从会议的角度，给领导提供一些参考建议，辅助领导确定好讲话主题。

环节 3：集资料。起草会议讲话前，要对会议所涉及工作的方方面面进行深入了解，从理论到实践，从现实情况到未来设想，起草者要充分掌握工作的详细情况。任务部署会，重点要充分掌握上级精神，搜集好兄弟单位同类工作的开展情况，为提出指导性意见打牢基础。总结性会议，则更需要掌握工作推进过程中的实际情况，特别是下级反映的成绩和问题，为讲话提供鲜活的事例依据。

第二步：深度思考。

环节 4：找问题。工作会议讲话最忌就事论事、从现象层面谈工作，作为领导，讲话要有站位与高度，能见人所未见、言人所未言，要能够在纷繁复杂的现象中，抽丝剥茧找出关键性问题。同时，起草者分析找出的相关问题，要和领导充分沟通，与领导共同研究确认。

环节 5：拓思路。领导讲话的思路要符合领导的思维特点，不能按照起草者自己的想法构思。要把握领导思路，需要平时多观察，熟悉领导思考问题的方式、角度，让自己的思考切入点尽量与领导契合。同时，也可以在此基础上，发挥好讲话起草者的智囊作用，以创新的思路给领导提供借鉴参考，最终与领导共同确定写作思路。

环节 6：理结构。会议讲话的两种类型都有相应的写作结构。部署性会议讲话，一般按照“讲清意义—明确重点—提出要求”的基本结构推进展开。总结性会议讲话，一般按照“梳理成绩—总结经验—展望未来”的基本结构推进展开。

第三步：精准写作。

环节 7：拟标题。会议讲话主标题一般是“×××（人名＋职务）在 ×××× 会议上的讲话”。讲话的正文标题最考验写作者的功底。标题需要体现领导的思路特点，一般采用复句标题，能呈现更多的信息。

环节 8：填内容。讲话的内容相对比较灵活，可以有多种组合方式。有的领导讲话“实”，事例、数据多；有的领导讲话“虚实结合”，引用上级政策、理论依据加上事例，讲道理、摆事实交替进行。最忌讲话太“虚”，内容空洞、大而无当。

环节 9：修语言。讲话的语言既要符合领导的语言表达特色，又要满足听众需要。根据领导平时的语言风格，适当加入领导平时常用的词语、句式。有人喜欢用排比展现气势，有人喜欢用俗语白话接地气，有人喜欢用形象比喻生动表达，投其所好才能令其满意。

会议讲话的写作模板

表 5–1　部署性讲话写作模板

<table>
<tr><td colspan="3">标题</td><td>×××（人名＋职务）在××××会议上的讲话</td></tr>
<tr><td rowspan="5">正文</td><td colspan="2">引言</td><td>会议背景＋总体要求</td></tr>
<tr><td rowspan="3">主体</td><td>讲清意义</td><td>结合本级工作特点，分析形势背景、诠释上级精神</td></tr>
<tr><td>工作重点</td><td>正说：提出工作发展的重点方向
反说：分析当前制约工作发展的问题</td></tr>
<tr><td>提出要求</td><td>对做好工作提出具体的部署要求</td></tr>
<tr><td colspan="2">结语</td><td>提出号召、表达希望</td></tr>
</table>

表 5–2　总结性讲话写作模板

<table>
<tr><td colspan="3">标题</td><td>×××（人名＋职务）在××××会议上的讲话</td></tr>
<tr><td rowspan="5">正文</td><td colspan="2">引言</td><td>会议背景＋总体要求</td></tr>
<tr><td rowspan="3">主体</td><td>梳理成绩（不足）</td><td>分条列举取得的成绩，指出存在的不足
（不足一般篇幅较短）</td></tr>
<tr><td>总结经验</td><td>对取得的经验进行系统总结提炼</td></tr>
<tr><td>展望未来</td><td>对工作提出展望性要求</td></tr>
<tr><td colspan="2">结语</td><td>提出号召、表达希望</td></tr>
</table>

会议讲话的范文解析

1. 部署性会议讲话范文

在“转理念、转作风、转方式”全局活动动员部署大会上的讲话

局长 ×××

同志们：

这次县委在全县开展“转理念、转作风、转方式”活动，是向不良作风开刀亮剑大扫除！首先要抓的就是干部的工作作风，这是事业成功的基础和关键。此次活动充分表明，县委要下大力解决好存在于部门和干部队伍中不能为、不想为、不敢为的突出问题。刚才，×× 同志解读了《县交通运输局党组关于开展“三转”活动的实施方案》。下面，我就贯彻落实好省委、市委会议和县委傅书记重要讲话精神，切实组织开展好我局“三转”活动，讲三点意见：

一、统一思想，提高觉悟，充分认识开展“三转”活动的重大意义

一个单位干部职工的思想观念、精神状态、工作作风，决定着这个单位的工作效率、工作水平和整体形象。全局每位同志都必须高度重视此次“三转”活动，把思想和行动统一到省、市、县委决策部署上来，充分认识和理解开展“三转”的重大意义。

第一，开展“三转”活动是落实省委、市委要求部署的重要举措。省委开展了解放思想大讨论，做到夙兴夜寐、激情工作，做到“五加二”“白加黑”。市委全力推进“三区建设”，并要求打造一支具有铁一般信仰、铁一般信念、铁一般纪律、铁一般担当的干部队伍。县委 12 月 3 日又召开了全县动员部署会。上级党委的这些决策和部署，都是剑指干部作风中存在的突出问题。可以说，省、市、县委对干部作风建设的力度、决心是多年来未有的。我们今天召开动员大会，安排部署“三转”工作，就是要与省委市委看齐，与上级党委保持高度一致，不折不扣落实好市委县委各项部署要求。对此，我们一定要保持清醒头脑，充分认识此次“三转”的极端重要性和紧迫性，把此项工作作为重

要的政治任务抓实抓好。

第二，开展“三转”活动是实现交通高质量发展的重要保障。（略）

第三，开展“三转”活动是打造良好发展环境的迫切需要。（略）

二、抓住重点，狠下决心，认真查改作风中存在的突出问题

市委王书记根据吉安机关作风实际，指出了“十型问题”和“五个中梗阻、股梗阻突出问题”。我认为这些问题看得清，找得准，挖得深，在我局的干部职工队伍中，均不同程度地存在。每位同志都要认真反思，对号入座，看一看领导指出的这些问题在自己单位、在自己身上是否存在，并要制定切实可行的措施，认真加以改正。

“四个不适应”：

一是思想观念上不适应。有的党员干部似乎还生活在过去时代，对新情况、新问题茫然不知所措。一些干部的思想，特别是思维还停留在过去时代。想问题、办事情，总是沿用传统思维，沿用老路子、老办法。创新意识、创新思维、创新办法都不多。

二是能力素质上不适应。（略）

三是精神状态上不适应。（略）

四是严规肃纪上不适应。（略）

“八个突出问题”：

一是不作为、不干事。对上级的重要安排部署不落实，自己单位的工作不研究，下面的情况不掌握，一些工作和事情总是拖着不办。有的单位股室，一年到头，也干不成几件上级和群众满意的事情；有的干部，一年到头，也拿不出几件能摆在桌面上的业绩。特别是在单位中，正气不足、邪气上升。有的干部在单位里晃来晃去，就是什么事都不干；或者来无影去无踪，一个星期、一个月也见不到人影。偶尔干点事，也干不好、干不成，甚至还帮倒忙、惹事端。有的干部好似看破了红尘，明哲保身，什么责任也不想承担。还有个别干部不但自己不干事，还专对干事的同志说三道四，背后搞小动作、打小报告，搅得单位鸡犬不宁。

二是纪律松弛、工作懈怠。（略）

三是官气十足、态度生硬。（略）

四是是非不分、管理不严。（略）

五是心浮气躁、敷衍塞责。（略）

六是思想狭隘、不讲大局。（略）

七是拈轻怕重、执行力差。（略）

八是吃拿卡要、不守法纪。（略）

对于上述种种的作风问题，全局上下必须认真梳理，逐条对号，严肃查找。由局领导班子带头，全局各级领导班子、各班子成员和每一名干部职工都要一条一条地对照检查，并分别列出班子和个人问题清单，针对问题，立行立改。班子成员和其他干部职工每月底要向本单位主要负责同志报告。局活动办公室要分别为各单位、各股室建立问题整改台账。

三、加强领导，扎实推进，确保“三转”活动取得显著成效

开展“三转”活动，是省委、市委、县委加强作风建设的重要举措，大家一定要把这次作风整顿作为一项重要政治任务来看待，真正做到认识到位、精力到位、措施到位，确保取得明显成效。

（一）明确基本要求，做到“四个必须”。

一是必须抓好学习任务落实，处理好工学矛盾。（略）

二是必须开门整顿，接受各方面监督。（略）

三是必须把查摆问题、深挖思想根源作为这次“三转”的重中之重。（略）

四是必须在作风整顿中将边整边改、推进工作贯彻始终。（略）

（二）统筹安排部署，落实领导责任。（略）

（三）讲究工作方法，掌握政策界限。（略）

（四）搞好统筹结合，真正做到“两不误”。（略）

同志们，良好的作风是推动各项工作有效落实的根本保证。我们一定要按照市委、县委的统一安排部署，认真做好“三转”活动各项工作，不图形式，不走过场，切实通过这次“三转”活动，使全局干部职工在精神面貌上有明显改善，工作作风上有明显改进，真正形成“风气正、讲团结、守纪律、求创新、比奉献、高效能”的新局面，以崭新的形象和饱满的精神状态，为加快“六县六区建设”贡献交通力量。

范文解析

这篇动员部署会讲话采取了基本的工作部署三段式模式，讲意义、谈工作、提要求，但是在具体内容上，用语灵活、个性鲜明，反映了领导的思想风格和语言特色。

讲话的引言部分，说明了组织“三转”活动的形势背景、目的意义，然后用常用句式“下面，我就……讲三点意见”引出下文。

主体分三个部分，是经典的“为什么—做什么—怎么做”逻辑结构。第一部分讲清楚“重大意义”，按照从大到小、从上到下的逻辑，从落实上级部署要求，到本级交通工作需要，再到打造良好环境，层层深入、逐步具体化。第二部分讲问题，这是本篇的特点，以问题为导向，列举了“四个不适应”和“八个突出问题”，具体而明确地罗列了工作中的常见问题。第三部分是提要求，明确了搞好“三转”活动的基本要求是“四个必须”，然后对领导组织、工作方法等进行了具体指导。结语对“三转”活动的预期效果提出了展望，对全局干部提出了号召。

这篇讲话奔着解决问题而来，在用词方面比较严厉，表明了领导对解决问题的鲜明态度；同时，讲话语言也非常生动，在列举问题现象时，没有一带而过，而是用大白话式的语言进行了鲜活的描述，好懂好记，令人印象深刻。

思维导图

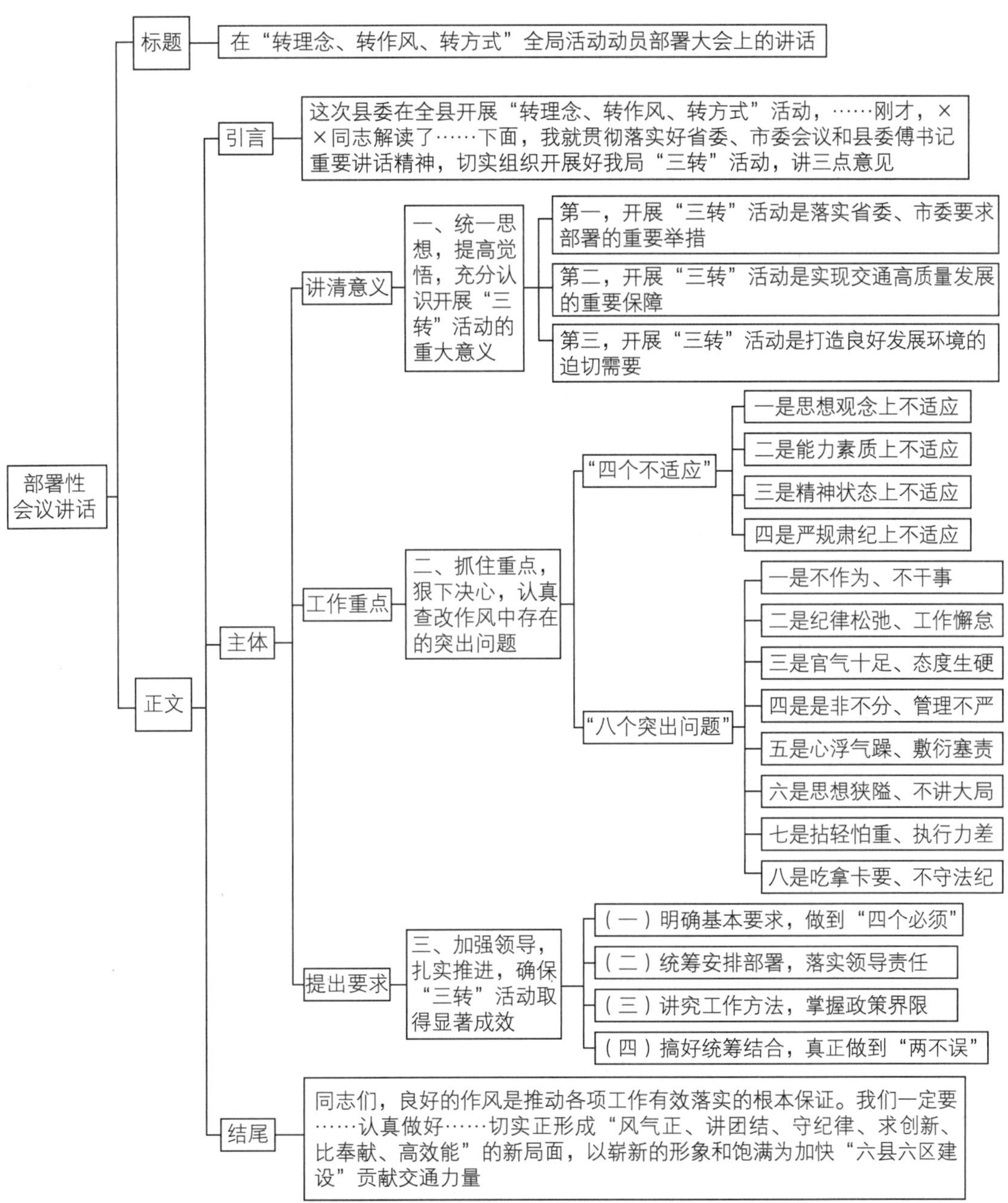
部署性会议讲话
标题
在“转理念、转作风、转方式”全局活动动员部署大会上的讲话
正文
引言
这次县委在全县开展“转理念、转作风、转方式”活动，……刚才，××同志解读了……下面，我就贯彻落实好省委、市委会议和县委傅书记重要讲话精神，切实组织开展好我局“三转”活动，讲三点意见
主体
讲清意义
一、统一思想，提高觉悟，充分认识开展“三转”活动的重大意义
第一，开展“三转”活动是落实省委、市委要求部署的重要举措
第二，开展“三转”活动是实现交通高质量发展的重要保障
第三，开展“三转”活动是打造良好发展环境的迫切需要
工作重点
二、抓住重点，狠下决心，认真查改作风中存在的突出问题
“四个不适应”
一是思想观念上不适应
二是能力素质上不适应
三是精神状态上不适应
四是严规肃纪上不适应
“八个突出问题”
一是不作为、不干事
二是纪律松弛、工作懈怠
三是官气十足、态度生硬
四是是非不分、管理不严
五是心浮气躁、敷衍塞责
六是思想狭隘、不讲大局
七是拈轻怕重、执行力差
八是吃拿卡要、不守法纪
提出要求
三、加强领导，扎实推进，确保“三转”活动取得显著成效
（一）明确基本要求，做到“四个必须”
（二）统筹安排部署，落实领导责任
（三）讲究工作方法，掌握政策界限
（四）搞好统筹结合，真正做到“两不误”
结尾
同志们，良好的作风是推动各项工作有效落实的根本保证。我们一定要……认真做好……切实正形成“风气正、讲团结、守纪律、求创新、比奉献、高效能”的新局面，以崭新的形象和饱满为加快“六县六区建设”贡献交通力量

2. 总结性会议讲话范文

市委书记 ××× 在焦作市创建全国文明城市总结大会上的讲话

2020 年 12 月 18 日

同志们、朋友们：

三年矢志奋斗，一朝梦圆怀川！11 月 20 日，中央文明委在北京隆重召开全国精神文明建设工作表彰大会，我市以全省第一、全国第十四的优异成绩被正式命名为第六届全国文明城市，这是习近平新时代中国特色社会主义思想在焦作的最新实践成果，是我市发展史上具有里程碑意义的一件大事。成功创建全国文明城市，得益于新发展理念的科学指引，得益于省委、省政府的坚强领导，得益于全市各级各部门和广大干部群众的共同努力。

今天，我们在这里隆重集会，回顾可歌可泣的奋斗历程，总结弥足珍贵的创建经验，庆祝来之不易的出彩成绩，动员全市上下进一步振奋精神、乘势而上，把文明城市创建持续引向深入，加快建设全面体现新发展理念的示范城市，致力于打造“精致城市、品质焦作”，努力在中原书写出更精彩的绚丽新篇章！

在此，我代表市委、市人大常委会、市政府、市政协，向在全国文明城市创建工作中付出艰辛努力、做出无私贡献的全市广大干部群众和社会各界人士，致以崇高的敬意！向所有受到表彰的先进集体和先进个人表示热烈的祝贺！

同志们、朋友们！

沧桑砥砺，春华秋实。最美丽的风景，总在逐梦的征途上；最甘甜的果实，永远属于执着的耕耘者。

当我们把岁月的时钟拨回到 2017 年年初，面对重塑政治生态的艰巨任务、转型升级的巨大压力和人民群众的热切期盼，市委、市政府响亮提出创建全国文明城市，以此作为凝聚全市合力破困局、开新局的有力抓手，作为统筹推进城市建设和转型发展的重要载体，誓举全市之力干成之。三年多来，我们攻坚克难、破冰搏浪，啃下了一个又一个“硬骨头”；我们对标先进、奋起直追，实现了一个又一个“不可能”。此时此刻，当我们回望来时路，往事历历在目，万般感触涌上心头。

三年多来，我们坚持党建引领、全民参与，走出了一条共建共享的创建之路。始终把习近平新时代中国特色社会主义思想作为创建工作的“指南针”和“定盘星”，牢固树立“一切为了群众、一切依靠群众、一切惠及群众”的创建理念，构建了党建引领、群众主体、党群联心、服务联动的创建格局，走出了一条以党建带群建促创建的新路子。5 万余名党员、近百万群众在党旗的指引下，投身波澜壮阔的创建一线，而创建成果也最大限度地惠及了全体市民。创建以来，我们共改造提升城中村、棚户区 54 个，农贸市场 18 个，背街小巷 161 条，老旧小区 859 个，受益群众超 90 万人。我们相继建成苏蔺、府城两座水厂，98 万群众喝上了甘甜的丹江水。我们让利于民，将近 90% 的南水北调绿化带征迁群众，就地安置在总干渠附近的城市黄金地段，让他们在改善居住环境的同时，又不远离故土。

三年多来，我们聚焦提升颜值、涵养气质，走出了一条精致品质的创建之路。（略）

三年多来，我们着眼以德育人、以文化人，走出了一条春风化雨的创建之路。（略）

三年多来，我们围绕转型升级、创新发展，走出了一条统筹协调的创建之路。（略）

三年多来，我们叫响一线锻炼、一线成长，走出了一条振奋人心的创建之路。（略）

星光不负赶路者，岁月不负追梦人！2018 年成功创建全国水生态文明城市，今年成功创建全国双拥模范城、全国文明城市，12 月 10 日国家卫生城市开始公示……这一连串耀眼成绩的背后，是全市干部群众精神面貌的重塑，是焦作这座城市翻天覆地的变化。三年多来云帆沧海，三年多来乘风破浪，一个头角峥嵘、风华正茂的焦作已在眼前！一个渐入佳境、引人入胜的焦作已在眼前！

同志们、朋友们！

星霜荏苒，往事如歌。那些看似平淡的日子，曾留下过最温暖的瞬间；那些看似平凡的人，总是带给我们最多感动。

从 2017 年 3 月 9 日创建全国文明城市拉开帷幕，到今年 11 月 20 日正式命名，我们携手走过了 1353 个日夜。1353 个日夜只是历史长河中的短暂一瞬，却因为我们身边那些普通人的拼搏奋斗，被赋予了更为辽阔而深远的意义。

1353个日夜会永远铭记那些不忘初心、忠诚履职的人。在三年多的创建历程中，最贴近群众、工作任务最吃劲的是一线基层干部。解放区城管局六中队中队长张少杰，把一岁三个月的儿子送回老家让父母照看，自己和队员们奋战在创建工作的最前线，每天一干就是十几个小时。再次见面时，幼子已经认不出这位年轻的父亲。山阳区丰收社区党群议事会主任张太明，是一位年逾七旬的老党员，他凭着一腔热情发动群众积极参与社区改造，仅用七个月的时间就把原来设施老旧、脏乱无序的落后社区，改造成了设施齐全、环境优美的明星社区，成为全市创建工作的一张名片。马村区委宣传部副部长丁全国，在母亲身患重病期间，仍然坚守在创建一线，未能到床前尽孝。中站区春晓社区党支部书记牛晓岚，拒绝腱鞘炎手术，忍着疼痛坚持把辖区内99处违建全部拆完。示范区城管局局长张亚楠，在沁泉湖施工现场右腿摔伤骨折，仅住了一天医院就坐着轮椅重返工地，和同事们共同努力，实现了如期开园目标。正是这样一群人，在平凡的岁月里，用行动践行初心，用坚守诠释忠诚，书写了无愧于人民、无愧于岗位的人生华章。

1353个日夜会永远铭记那些敢于担当、苦干实干的人。（略）

1353个日夜会永远铭记那些不畏艰险、迎难而上的人。（略）

1353个日夜会永远铭记那些默默无闻、无私奉献的人。（略）

1353个日夜会永远铭记那些牺牲小我、顾全大局的人。（略）

伟大出自平凡，英雄来自人民。成功创建全国文明城市的殊荣，属于那些顶着狂风骤雨执着前行的人，属于那些在万家灯火后默默坚守的人，属于那些在关键时刻敢于喊出“让我来”“我先上”的人，属于那些为了身边人和事贡献着自己微薄力量的人，也属于在座所有为了使这座城市变得更美好而奋斗过、付出过、坚持过的人！你们才是这座城市真正的英雄！

同志们、朋友们！

微光成炬，烛照未来。百万人携手并肩，就能汇聚不可战胜的磅礴力量，无数次浴火淬炼，才能重塑一座城市的精神风骨。

每座城市都有独特的精神气质，它能使饱受风雨磨砺的城市依旧焕发勃勃生机，也能从百万人中凝聚起不可抗拒的力量。全国文明城市年度测评连续三年全省第一、首次创建即告成功，改变的不仅仅是城市的面貌，更重塑了焦作担当实干、勇争一流的城市气质，为未来的发展留下了宝贵的经验和启示。

三年第一、首创首成再次证明，党的领导是最大的优势，前进路上要始终认准跟紧“主心骨”。有什么也比不上有“主心骨”重要，没什么也比不上没方向感可怕。以习近平同志为核心的党中央是我们全党全国人民的“主心骨”。坚持党的领导、加强党建引领是开展一切工作的前提，是战胜一切艰难险阻的制胜法宝。当我们把近年来建设全面体现新发展理念示范城市、打造“精致城市、品质焦作”的工作思路，与党中央以新发展理念引领高质量发展的要求全面对照起来时；当我们系统回顾三年多来以创建全国文明城市，引领城市转型蝶变的砥砺历程时；当我们把脱贫攻坚、北山生态治理、南水北调绿化带征迁、大气污染防治等一系列攻坚战串联起来思考时，就会愈加深刻地体会到，只有坚持党的全面领导，旗帜鲜明讲政治，才能保证我们的事业始终沿着正确方向前进，才能保证我们的政治生态始终风清气正、干部队伍永远朝气蓬勃，才能不惧任何风险挑战、战胜一切困难险阻。

三年第一、首创首成再次证明，人民群众是最硬的底气，无论多大风雨都要和百姓“一条心”。（略）

三年第一、首创首成再次证明，担当实干是最快的捷径，持续攻坚克难要练好这个“基本功”。（略）

三年第一、首创首成再次证明，改革创新是最强的动力，奋进新时代先要答好这道“必答题”。（略）

同志们、朋友们！

凡是过往，皆为序章。最值得期待的一站，永远是下一站；最精彩的一天，永远是明天。

成功创建全国文明城市，成绩属于大家，但也属于过去；我们可以自豪，但绝不能自满。时代大潮风云际会，站在新起点展望新征程，前行路上有机遇、有风险，也有挑战；焦作发展有底气、有潜力、更有前途！历史既然把我们推到了这个大有可为的时代，我们就要在这个舞台上干出一番轰轰烈烈的事业！让我们乘着创建成功之势，以习近平新时代中国特色社会主义思想为引领，重整行装再出发，努力把焦作建设成为全市人民心目中的理想之城、完美之城，续写新时代的城市新辉煌！

重整行装再出发，我们要努力把焦作建设成百业兴旺的繁荣之城。（略）

重整行装再出发，我们要努力把焦作建设成山清水秀的生态之城。（略）

重整行装再出发，我们要努力把焦作建设成创新创造的活力之城。（略）

重整行装再出发，我们要努力把焦作建设成和谐宜居的幸福之城。（略）

重整行装再出发，我们要努力把焦作建设成勇争一流的奋进之城。（略）

同志们、朋友们！

全国文明城市创建“夺牌”不易、“守牌”更难。我们要深入学习贯彻习近平总书记关于精神文明建设和文明城市创建的重要论述，以及全国精神文明建设表彰大会精神，坚决摒弃“牌子到手、创建到头”的错误思想，克服“刀枪入库、马放南山”的懈怠心理，继续保持创建热情、持续提升创建水平、不断巩固创建成果，最大限度发挥好全国文明城市的品牌效应，努力把我市的文明创建工作推向新的更高层次！

同志们、朋友们！

历史属于奋进者！未来属于奋进者！让我们紧密团结在以习近平同志为核心的党中央周围，不忘初心、牢记使命，只争朝夕、不负韶华，为加快建设全面体现新发展理念示范城市，致力打造“精致城市、品质焦作”，努力在中原更加出彩中出重彩、更精彩而努力奋斗！

范文解析

这篇讲话文气沛然、充满激情，是总结讲话中比较有代表性的一种写法。根据总结的工作与场景的不同，总结讲话可以大致分为两种，一种是偏理性的，一种是偏感性的。偏感性的讲话适合表彰成就的工作总结会议，充分表彰先进、鼓舞士气，其他常规工作则适合采用偏理性的讲话方式。

这篇讲话的总体目标是对“创建全国文明城市”这项工作进行系统总结，在正文的标题中，没有采取传统的一级、二级标题模式，而是用“同志们、朋友们”作为划分各部分的提示语，显得全篇讲话非常灵动。

引言中，对召开会议的背景情况和目的进行了说明，并表达了感谢。这是总体性的概括，奠定了讲话的基调。

主体总共分四个部分。其中，第一和第二部分属于同一个板块，总结成绩、表彰先进。第一部分把三年来取得的成绩概括为“共建共享、精致品质、春风化雨、统筹协调、振奋人心”的创建之路；第二部分将参与创建工作的先进人物概括为“不忘初心、忠诚履职的人”“敢于担当、苦干实干的人”“不畏艰险、迎难而上的人”“默默无闻、无私奉献的人”“牺牲小我、顾全大局的人”。在这两个部分中，数据翔实，事例具体，有理有据，有情有义。

第三部分是经验总结，用了四个“再次证明”，从“党的领导”“人民群众”“担当实干”“改革创新”四个方面总结了具体经验，篇幅不长，凝练到位。

第四部分是下一步工作要求，用“繁荣之城”“生态之城”“活力之城”“幸福之城”“奋进之城”描绘了城市发展的美好蓝图。

因为前面已经描绘了对未来的憧憬希望，所以结尾不长，以号召式升华结束。

全篇讲话没有标题，主体部分段首用同样的排比句式，发挥标题的作用，“三年多来，我们……的创建之路”“1353 个日夜会永远铭记那些……的人”“三年第一、首创首成再次证明……”“重整行装再出发，我们要努力把焦作建设成……之城”，给听众埋下了具体的“听觉锤”，让人印象深刻；同时，排比句贯穿全文，读之朗朗上口，听起来大气磅礴。

这篇讲话用语文采斐然，排比词句精雕细琢，过渡句、主旨句引经据典，正文中也用了很多对比、比喻、排比，让讲话语言显得极为灵动，富有语言魅力，也展现了领导的思想与个性，是讲话中的精品。

思维导图

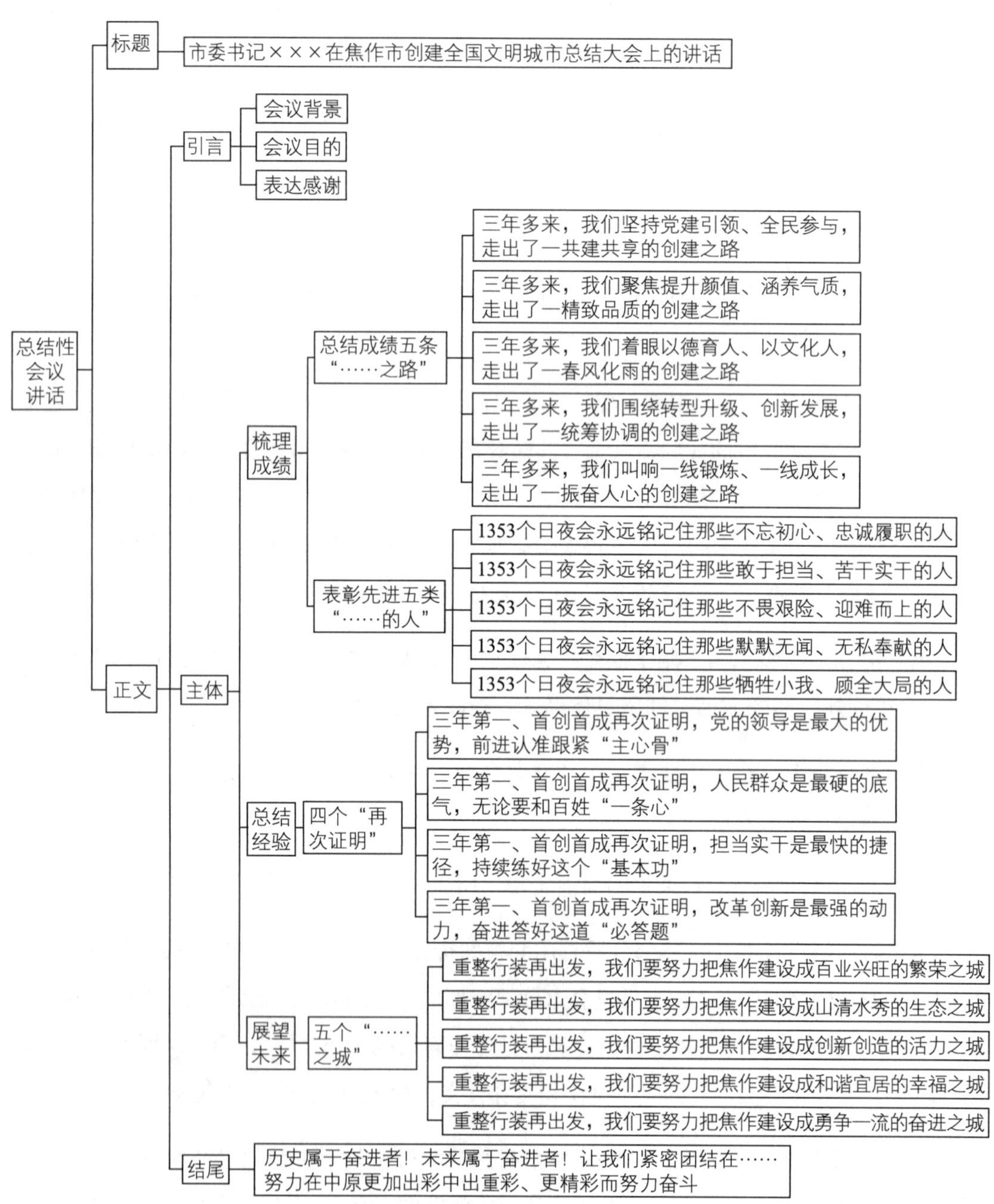
总结性会议讲话
标题
市委书记×××在焦作市创建全国文明城市总结大会上的讲话
正文
引言
会议背景
会议目的
表达感谢
主体
梳理成绩
总结成绩五条“……之路”
三年多来，我们坚持党建引领、全民参与，走出了一共建共享的创建之路
三年多来，我们聚焦提升颜值、涵养气质，走出了一精致品质的创建之路
三年多来，我们着眼以德育人、以文化人，走出了一春风化雨的创建之路
三年多来，我们围绕转型升级、创新发展，走出了一统筹协调的创建之路
三年多来，我们叫响一线锻炼、一线成长，走出了一振奋人心的创建之路
表彰先进五类“……的人”
1353个日夜会永远铭记住那些不忘初心、忠诚履职的人
1353个日夜会永远铭记住那些敢于担当、苦干实干的人
1353个日夜会永远铭记住那些不畏艰险、迎难而上的人
1353个日夜会永远铭记住那些默默无闻、无私奉献的人
1353个日夜会永远铭记住那些牺牲小我、顾全大局的人
总结经验
四个“再次证明”
三年第一、首创首成再次证明，党的领导是最大的优势，前进认准跟紧“主心骨”
三年第一、首创首成再次证明，人民群众是最硬的底气，无论要和百姓“一条心”
三年第一、首创首成再次证明，担当实干是最快的捷径，持续练好这个“基本功”
三年第一、首创首成再次证明，改革创新是最强的动力，奋进答好这道“必答题”
展望未来
五个“……之城”
重整行装再出发，我们要努力把焦作建设成百业兴旺的繁荣之城
重整行装再出发，我们要努力把焦作建设成山清水秀的生态之城
重整行装再出发，我们要努力把焦作建设成创新创造的活力之城
重整行装再出发，我们要努力把焦作建设成和谐宜居的幸福之城
重整行装再出发，我们要努力把焦作建设成勇争一流的奋进之城
结尾
历史属于奋进者！未来属于奋进者！让我们紧密团结在……努力在中原更加出彩中出重彩、更精彩而努力奋斗

开（闭）幕词

开（闭）幕词的内涵特点

开（闭）幕词是会议召开和结束两个环节中使用的礼仪性领导讲话，适用于中大型会议，或者非常重要的会议，一般来说篇幅比较短小精悍。

开幕词主要用于重大会议活动开始时，由参加会议的主要领导针对会议主题进行引导和介绍，表达对来宾的欢迎之意，阐明会议宗旨任务，让与会人员更加充分地了解会议活动的目的、意义，为随后的会议活动的开展定下基调，动员与会人员积极参与会议。

闭幕词主要用于对会议进行收尾，对会议的情况进行总体点评，概括会议基本精神和成果，对未来提出展望，激励与会者认真贯彻会议精神，为会议画上圆满的句号。

开幕词和闭幕词前后呼应，前者重在指导，后者重在收束，虎头与豹尾都不可少。在写作这两种公文时需注意以下共同特点。

（1）简明的内容。因为会议中有各种讨论发言，所以开（闭）幕词都不宜在具体工作内容上过多着墨，用最简明的内容把关键信息传递给受众即可。一般开幕词和闭幕词都会控制在 5 ~ 10 分钟之间。

（2）充沛的感情。开幕词要在会议开始时营造热烈的氛围，闭幕词要在结束时把气氛带上另一个高点，都需要体现出充沛的感情，通过领导的讲话，让与会人员感受到主办方的热情。多用祈使句，充分表达祝贺与希望。

（3）良好的文采。与一般公文不追求文采不同，致辞十分注重文采。无论是开场还是结束，致辞都会集中反映领导的水平。在短短几分钟致辞中，要体现水平、令人印象深刻，就必须在文采上下功夫。致辞的语言要有节律、读起来朗朗上口，要综合运用各种修辞手法，丰富讲话的表达层次，让人印象深刻、过耳不忘。

开（闭）幕词的写作流程

开（闭）幕词的篇幅不长，写作流程不是非常复杂，主要有两步六个环节。

第一步：充分准备。

环节 1：定文种。召开中大型会议，或比较重要的会议活动，需要邀请主要领导致辞。因此，要根据会议的规模和重要程度，确定是否需要使用开（闭）幕词。

环节 2：明主题。开（闭）幕词主题的大方向和会议主题保持一致，但是不同领导的个性风格不同，要找到符合领导特点的破题方向。这一点和会议讲话比较类似，也是需要与领导密切沟通，把握领导的关注点和希望表达的重点，结合会议主题找准致辞主题。

环节 3：集资料。会议致辞内容不拘一格，要有一定的发散性，因此在搜集资料的时候，要注意拓宽领域范围，通过文史哲的交叉借鉴寻找思路，有时看似和主题无关的内容，反而可能给致辞提供神来之笔。还要注意搜集领导之前的致辞类文稿，搞清楚领导的致辞文风、用语习惯，便于模仿学习。

第二步：精准写作。

环节 4：拟标题。开（闭）幕词的主标题有固定模式，正文一般不列明确的标题，但在主体部分，常用排比式的段首句发挥标题作用，而且需要严格对仗，以便讲话时能读出连贯的文气。

环节 5：填内容。致辞不宜有过多说理性内容，常用故事、事例等形象化、好记忆的内容。内容的逻辑结构一般是线性结构，并列展开，不用嵌套结构，便于听众接收信息。

环节 6：修语言。致辞类讲话的语言风格是简洁轻松、肯定有力、平易近人，不用命令式的语言，多用鼓舞、商洽式词语。排比、比喻、类比是常用修辞手法，也常常引用典故、诗句作为衔接上下文的金句。

开（闭）幕词的写作模板

表 5-3　　开幕词写作模板

项目		内容
标题		（1）会议名称 + 开幕词 （2）会议名称 + 开幕式致辞（讲话）
签注		致辞时间 + 致辞人职务、姓名
称谓		根据会议性质和与会人员确定，常用“各位领导、各位来宾”“女士们、先生们”“同志们”等
正文	引言	金句开场 + 引述主题 + 表达欢迎及感谢
	主体	背景简介 + 围绕主题谈工作
	结语	表达感谢和祝愿 + 宣布开幕

表 5-4　　闭幕词写作模板

项目		内容
标题		（1）会议名称 + 闭幕词 （2）会议名称 + 闭幕式致辞（讲话）
签注		致辞时间 + 致辞人职务、姓名
称谓		根据会议性质和与会人员确定，常用“各位领导、各位来宾”“女士们、先生们”“同志们”等
正文	引言	说明会议完成的任务 + 表达感谢
	主体	评价会议成果 + 明确会议共识 + 展望发展方向
	结语	发出号召 + 提出希望 + 表达祝愿 + 宣布闭幕

开（闭）幕词的范文解析

1. 开幕词范文

在第 13 届贵州茶产业博览会开幕式上的讲话

（2021 年 4 月 18 日）

贵州省委副书记 ×××

尊敬的各位来宾，女士们、先生们、朋友们：

贵山贵水迎贵客，贵茶贵酒敬贵人！今天，我们相聚多彩贵州、醉美遵义、茶海湄潭，共品茶香、共叙茶缘，共论茶道、共商茶业，让人格外高兴。这是茶品、茶事、茶艺争奇斗艳的茶会大典，也是茶农、茶商、茶人群贤毕至的茶界盛事。这里，受×××书记、×××省长委托，我谨代表贵州省委、省政府，对各位嘉宾的到来，表示热烈的欢迎！向大家长期以来对贵州发展的支持，表示衷心的感谢！

绿色是多彩贵州的底色，茶叶是绿色贵州的珍宝。这些年，贵州将茶产业作为绿色生态产业、特色优势产业、脱贫主导产业、乡村振兴产业，作为实践“两山论”的样板产业，推动茶叶种植步步提升，茶叶产业节节攀高，茶叶市场欣欣向荣，茶叶品牌蒸蒸日上，产业规模、质量和效益不断提升，朝着茶产业强省目标稳步迈进。2009年至今，贵州茶博会已经连续举办了13届，全面生动地记录了贵州茶产业的发展历程，成为我们展示茶产品、交流茶文化、推动茶产业的重要平台。

在座的各位都是研究茶、精通茶、热爱茶的高手、行家，有的还是贵州茶产业的老朋友、好向导。大家知道，我到贵州工作8个月，对贵茶了解得未必有大家深透，本来我是抱着学习的目的来参会的，没有准备讲话，既然安排要讲，就简单谈几点体会。刚才我讲到：贵山贵水迎贵客，贵茶贵酒敬贵人。贵州山好水好，全世界都知道。“走遍大地神州，醉美多彩贵州”这句广告语，朗朗上口、深入人心。贵州酒好，更是不用多说了。相比之下，贵茶的知名度、知晓率，差距就肉眼可见了。我感到，从认识贵茶，到了解贵茶，最后爱上贵茶，真的需要一个亲密接触的过程。只有知道贵茶的人，才能说出贵茶的无限好；只有喝过贵茶的人，才会对贵茶情有独钟、信心满满。包括我自己，此前长期在江苏工作，那时只听说过普洱、龙井、铁观音，只了解南京的“雨花茶”、苏州的“碧螺春”，对贵茶好像闻之不多，更谈不上喜欢喜爱了！直到来贵州工作后，我接待了很多前来考察的商界“大佬”，他们喝完贵州茶后都惊叹：“没想到贵州竟有这么好的茶！”特别有意思的是，一些亲戚朋友来探望我时，都还不时给我带点茶叶，生怕我在贵州没茶喝、喝不上好茶！这让我深深感受到：在贵州，酒香不怕巷子深，但茶好还是有点怕巷子深的！

2018年5月6日，××书记在第10届茶博会上对“贵茶”作了集中推介和生动阐释，指出“贵茶之贵在其形、在其色、在其香、在其味、在其名，品贵茶能品出健康来、品出机遇来、品出故事来、品出乡愁来、品出诗和远方来”。我曾经是贵茶的“路人”，到贵州工作后经过深入接触了解，被贵茶的历史底蕴深深吸引，被贵茶的醇厚茶香深深陶醉，被贵茶的源远流长深深折服。过去有人表达爱情时，认为最好的爱情是“遇一良人，终其一生”；今天我要说的是，最好的人生应该是“贵茶相伴，终生无憾”！

说“贵茶相伴，终生无憾”，是因为贵茶有历史、有底蕴。有人说，中国是茶的故乡，贵州是茶乡中的茶乡，这话不假。贵州产茶历史悠久，茶文化源远流长，是世界古茶树起源地之一，20 世纪 80 年代就在贵州晴隆发现了距今 164 万年的茶籽化石，这是目前世界上唯一的一颗。茶圣陆羽在《茶经》中写道：“黔中生思州、播州、费州、夷州……往往得之，其味极佳。”这里所写的几个州，就是今天贵州的铜仁思南、沿河、德江，遵义的播州、凤冈、绥阳等地。目前我省已收集茶叶种质资源 2826 份，全国第三。这些深厚的历史底蕴、丰厚的种质资源，让贵茶既是文化茶，也饱含茶文化，让人从鲜美茶汤中品味历史文化、尽享醉人口福！

说“贵茶相伴，终生无憾”，是因为贵茶有规模、有效益。从 2013 年开始，贵州茶叶种植面积连续 9 年位居全国第一，目前茶园总面积 700 万亩。以铜仁、遵义、黔南、黔东南等茶区为主的武陵山茶园面积达到 500 万亩以上，已经成为中国绿茶“新金三角”，一幅横成浪、纵成波、碧连天、漫山野的茶园画卷在贵州大地渐次铺展。去年全省茶叶总产量 43.6 万吨、总产值 503.8 亿元，同比分别增长 8.7%、11.7%，稳居我国茶行业第一方阵。今年一季度，贵州春茶产量 2.8 万吨，比去年同期增长 24%；产值 160 亿元，比去年同期增长 43%，实现“开门红”。此外，今天大家所在的湄潭县，就是中国茶业百强县的第一名，茶产业发展气象日新！

说“贵茶相伴，终生无憾”，是因为贵茶有特质、有品质。南方有嘉木，贵州出好茶。贵州山清水秀，种茶得天独厚，是全国唯一高海拔、低纬度、多云雾、寡日照、无污染兼具的茶区，造就了贵茶与众不同的优良特质。独有的地形条件，长年的冷凉气候，形成了茶区的天然屏障，茶园病虫害少。我到贵州工作后，每次下乡看茶，总要在山里兜兜转转好一会儿才能看见茶园，这让我切身体会到，贵茶生在深山、长在老林，根本吃不到白色垃圾、吸不到汽车尾气！贵州是全国第一个在茶园中禁止使用水溶性农药和草甘膦的省份，并将禁用农药在国家62种基础上增加到128种。在近10年检查抽查中，贵茶没有一个茶样存在重金属或者农残超标，是名副其实的干净茶、生态茶、健康茶、安全茶、放心茶！一杯贵茶入口，滋养的是五脏六腑，安顿的是疲惫身心，品味的是满口清福！

说“贵茶相伴，终生无憾”，是因为贵茶有品牌、有影响。这些年，我们聚焦“贵州绿茶”“三绿一红”等重点品牌，打造全省茶叶区域公用品牌近20个，“都匀毛尖”成为中国十大茶叶区域公用品牌，“贵州绿茶”“都匀毛尖”“凤冈锌硒茶”“朵贝茶”4个贵州茶叶地理标志保护产品，入选中欧地理标志协定保护名录。现在，“三绿一红”早已名扬天下，正安白茶、石阡苔茶、瀑布毛峰、雷山银球茶、水城春、普安红、开阳富硒茶等声名鹊起。去年11月，在北京茶博会组委会组织的亚太茗茶评选中，贵州获得特别金奖7个、金奖57个，分别占总数的20%和29.8%，均位列第一。正因贵州茶好，故贵茶成为贵州第一大出口农产品，受到广泛好评！

说“贵茶相伴，终生无憾”，是因为贵茶有渊源、有典故。贵茶是有故事的。解放后，我省都匀市的乡亲们采了3斤茶寄给毛主席，主席品尝后给乡亲们寄来16元钱，批示“此茶很好，今后可在山坡上多种些，此茶可命名为毛尖茶”，这也是“都匀毛尖”的来源。在我们国家，由领袖命名的茶叶，恐怕只有“都匀毛尖”！前几年，在习近平总书记的亲自关心下，浙江安吉县黄杜村捐赠一批茶苗，在我省普安、沿河一带，种植了3200亩“白叶一号”茶园，群众亲切地称之为“感恩茶园”。这些年，在贵州，茶叶是脱贫攻坚的“黄金叶”，真正做到了“种一片叶子、富一方百姓”。相信在乡村振兴新征程上，这一片片联农带农强农富农的“黄金叶”必将大放异彩、再立新功，让更多农民分享增收致富的幸福！

各位来宾、朋友们！本届茶博会以“干净黔茶·全球共享”为主题，这是茶界的盛典，也是茶人的雅集。我们希望借此机会，以茶结缘、以茶会友、以茶弘文、以茶兴业，借助大家的贵手，经由大家的贵口，推动贵茶风行天下！为此，我们将持续做优茶品质、做强茶品牌、拓展茶市场、分享茶红利，把面积做成产量，把产量做成产值，把产值做成效益，走出一条贵州茶产业高质量发展新路！我们将持续弘扬贵州深厚的茶文化，积极倡导“茶为国饮”“茶为民福”“天人合一”“茶人合一”理念，让做茶的人更富足，让喝茶的人更健康，让赏茶的人更快乐，让贵茶香满人间、香飘世界！我们将持续深化“贵人服务”品牌，打造国内一流营商环境，真正做到以企业为贵、以诚信为贵、以效率为贵、以法治为贵，让茶企茶商在贵州办事一路绿灯、事业一路红火！

最美人间四月天，眼下，嫩绿的新芽正迎春俏立，多彩的贵州正迎客天下。希望大家在贵州多走一走、多看一看，感受贵山贵水的迷人风景，品味贵茶贵酒的醉人芳香！祝大家在贵期间身心愉悦、一切顺利！

现在，我宣布：第 13 届贵州茶产业博览会开幕！

范文解析

这篇开幕词是在全国性博览会开幕式上的致辞，不同于内部会议的致辞，这样的大会致辞思路更加开阔、展现的格局境界更高。

这篇开幕词的基本结构包括三个板块。

第一板块是引言，即第一段，用一句对联式的句子引出，紧接着用排比式词句概括会议主题，令人耳目一新。然后表达了对嘉宾的欢迎与感谢。

第二板块是主体内容，包括第二段至第九段，其中第二段和第三段是背景介绍，简要说明了茶博会的历史渊源，然后带入自身经历和体验，说明对贵茶的认识，这样娓娓道来，能够很好地拉近与听众的距离。第四段至第九段是主体中的核心，围绕“贵茶相伴，终生无憾”这个主题，从历史底蕴、规模效益、特质品质、品牌影响、渊源典故等五个方面进行阐述，引用《茶经》经典，列举数据说明，讲述领袖命名故事，娓娓道来、引人入胜。

第三板块是结尾，包括第十段至第十二段。其中，第十段重申大会主题，用排比式词句呼应开篇段落，并升华到发展理念层面，提出对未来工作的展望；第十一段表达对来宾的邀请和祝福；第十二段宣布大会开幕。

这篇开幕词富有个人特色，反映了领导平易近人的风格。从语言特色来看，善用排比和对仗的句式，让文字读起来铿锵有力，全篇显得文采奕奕。

思维导图

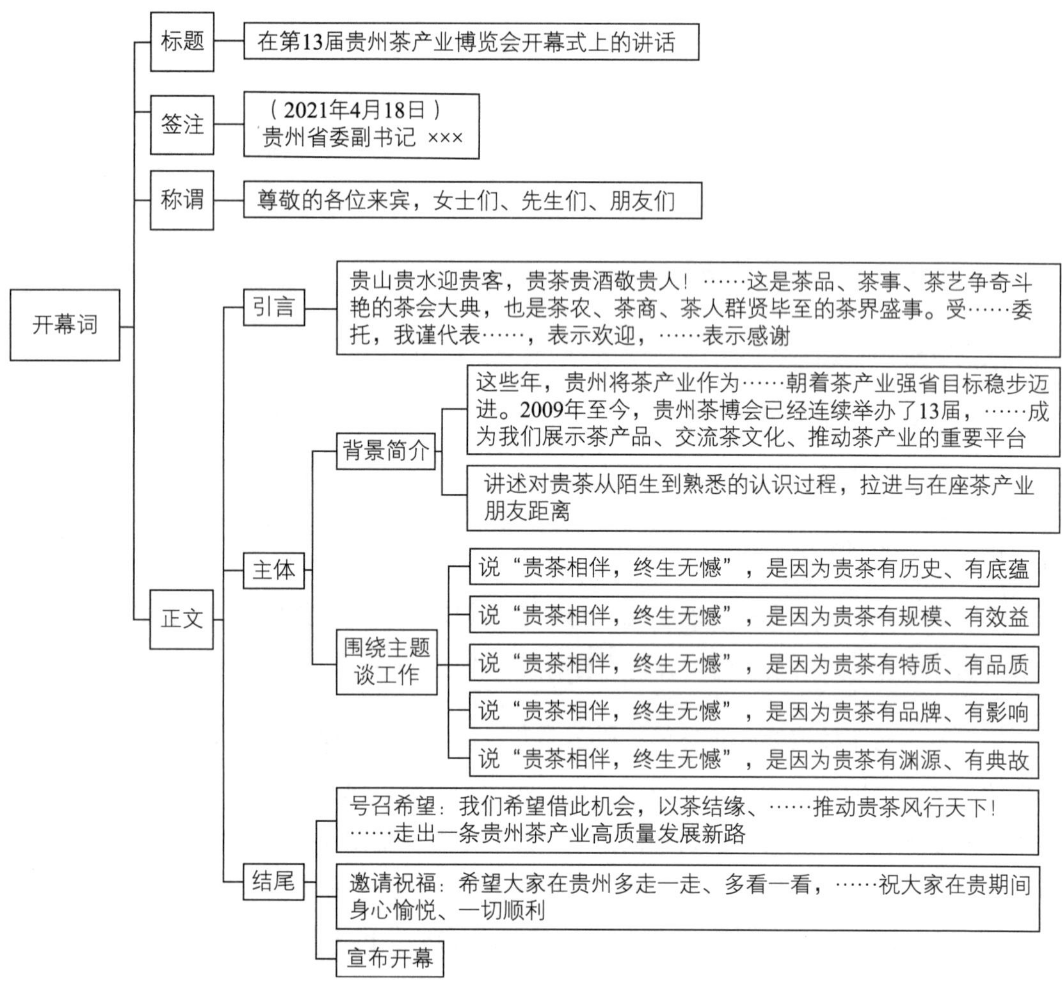

2. 闭幕词范文

拉高标杆　勇毅前行
——在市十七届人大一次会议闭幕会上的讲话

（2022 年 1 月 14 日）

市委书记　×××

各位代表、各位同志：

市十七届人大一次会议，在全体代表和与会同志的共同努力下，已经顺利完成各项议程，即将胜利闭幕。在此，我代表市委，向大会取得圆满成功，向新当选的市人大常委会组成人员、市政府领导班子、市监委主任、市中院院长、市检察院检察长，表示热烈祝贺！向由于年龄等原因不再连任的同志，致以崇高敬意！

刚刚过去的一年，是党和国家历史上具有里程碑意义、必将载入史册的一年，也是合肥接续奋斗、难中求成，交出了一份高质量发展优异答卷的一年。

这一年，我们见证百年大党风华正茂。隆重庆祝中国共产党成立 100 周年，扎实开展党史学习教育，持续掀起党的十九届六中全会精神学习贯彻热潮，从百年党史中汲取奋进伟力，增长智慧、增进团结、增加信心、增强斗志，赓续红色血脉，回望“延乔路短、集贤路长，皆是通往繁华大道”，更加坚定地感党恩、听党话、跟党走。

这一年，我们推动改革发展风生水起。完整、准确、全面贯彻新发展理念，“万亿台阶”再出发，经济运行稳中有进、质量效益稳中趋优、市场预期稳中向好，延续了“热血沸腾”的激情，保持了“热气腾腾”的景象，干出了“热火朝天”的场面，实现了经济发展质的稳步提升和量的合理增长。

这一年，我们感激“合肥战队”风雨兼程。从矢志创新的科学家，到义利兼顾的企业家；从夜以继日、向险而行的医务人员、社区工作者、志愿者，到寒来暑往、守护平安的公安干警、消防救援人员；从工厂车间、田间地头辛勤劳作的工人农民，到风里来、雨里去的快递小哥、环卫工人、出租车司机，一个个奔跑忙碌的瞬间、一个个自强不息的背影、一个个奋勇争先的故事，让我们感动不已，筑起了合肥最美的风景。

这一年，我们保持政治生态风清气正。坚持以正确用人导向引领干事创业导向，胜利召开市第十二次党代会，提出未来五年奋斗目标和具体措施，选举产生新一届市委领导班子。圆满完成市县乡村四级集中换届，全市各级干部服从大局、服从组织、服从安排，全市上下心齐、气顺、劲足。

各位代表、各位同志：合肥是我们共同的“家”，能有今天这样的平安喜乐局面，是大家一起干出来的、拼出来的、闯出来的。在此，我代表市委，向所有拼搏奉献的“家人”，向所有关心支持的朋友，致以崇高敬意和衷心感谢！

各位代表、各位同志：合肥正处于追逐梦想，也能够实现梦想的阶段；正处于呼唤英雄，也能够造就英雄的阶段。面对“动荡从来不打招呼的国际环境”，面对需求收缩、供给冲击、预期转弱的三重压力，面对新一轮科技革命和产业变革带来的机遇和挑战，我们要认识到，“狭路相逢勇者胜”，需要做到人人崇尚英雄，个个争做英雄，奋力为全省发展打头阵、挑重担、当主力、作贡献。

第一，要稳字当头，以稳中求进论英雄。习近平总书记强调，稳中求进是当前和今后一个时期党和国家工作总基调。这些年，合肥始终坚持蹄疾步稳、稳中求进，干成了很多想干的大事，办成了很多难办的急事，做成了很多该做的好事，也留下了很多让人津津乐道的故事。今年，面对宏观形势，最关键的是要持续激发市场主体活力，全力实施“保主体、增主体、强主体”集中行动，全面摸排、梳理，及时、精准施策，使得“保主体”，应保尽保，“留得更多青山在”；“增主体”，多增快增，以最快速度让最好项目获得最优资源；“强主体”，能强全强，形成更多枝繁叶茂根深的“参天大树”。实施重点企业“百亿产值、千亿市值”培育行动，县域经济“百亿企业、千亿工业产值、千亿GDP”行动，科技大市场“千场活动、千亿交易额”行动，加快实现质量变革、效率变革、动力变革。为此，政策发力要适当靠前，基建投资要适度超前，要素保障要始终在前。稳中求进，稳是前提、是方法，进是目的、是要求，稳中求进就要敬畏历史、敬畏文化、敬畏生态，慎重决策、慎重用权；就要层层负责，而不能层层加码；也要防止只稳不进，坚决克服遇到困难“往外推、往上推、往下推”等顽瘴痼疾，真正做到人人尽责，而不是处处推责。建功新征程，我们要坚持先立后破、稳扎稳打，推动合肥高质量发展行稳致远。

第二，要拉高标杆，以奋勇争先论英雄。习近平总书记强调，要有学习前人的礼敬之心，更要有超越前人的竞胜之心，增强自我突破的勇气。这些年，合肥从牵手京东方的胆识，到投资蔚来的果决，从培育长鑫的执着，到建设比亚迪的速度，每一个“无中生有”的传奇，每一次“新题大作”的精彩，都生动诠释了“闯”的精神、“创”的劲头和“干”的作风。今天的合肥，又闯入了与更强高手切磋的竞技场，不进则退，小进也是退，我们必须继续奋力扬长、补短、追赶，力争用 3 年到 5 年的时间再上一个大台阶。我们要敢于同先进比高下，“不是最好就学习最好”，每个单位、每个岗位都要自觉找准自己学习的标杆，并经过努力，也能成为别人学习的标杆。比如，全国营商环境 18 项评比指标，市直相关责任单位都要对标找差距，力争项项成标杆，这项工作对于责任单位来说，没有“如果”，结果不是“成果”就是“后果”。敢于同先进比高下，实质上就是要敢于同自己过不去，拉高标杆就是向高手学习，更是向自己挑战。我们相信，只要人人都能进一小步，合肥必将迈进一大步。我们还要防止和克服一种不良现象，总讲“拿得出手”的成绩，不说“说不出口”的问题。建功新征程，我们都要各尽所能、各展所长、各负其责，努力为合肥拼出一个更加锦绣的前程。

第三，要聚焦问题，以创新创造论英雄。习近平总书记强调，惟改革者进，惟创新者强，惟改革创新者胜。因为创新，合肥在科技强国中已经担纲承梁，塑造了“科里科气”的城市气质；因为创新，合肥在制造强国中奋勇争先，打造出“芯屏汽合”“急终生智”的产业地标。昨天的合肥靠创新起家，今天的合肥更要靠创新当家。我们既要在科技创新和产业创新上继续一路飞奔，也要在机制创新和方法创新上取得更大突破。要在全市形成人人讲创新、处处讲创新、事事讲创新的浓厚氛围。从今年起，全市每个地方实施改革的办法有多少、每个部门开展创新的举措有多少、每个岗位提出变革的招数有多少，都要作为关键指标纳入年度综合考核。每项工作，经验复制是本职，创制才是本事。众所周知，改革都是因问题倒逼而产生，创新都是因破解问题而选择。如果对问题视而不见、置之不理、消极回避，就不会有创新的自觉，也难以取得好的成绩。建功新征程，我们要全面塑造创新驱动发展新优势，努力让合肥成为一个人人欣赏、处处受益的创新天地。

第四，要坚守初心，以为民造福论英雄。习近平总书记强调，要把为民造福作为最重要的政绩。去年以来，我们持续破解群众急难愁盼问题，比如，破解安置难，8.8万户群众搬进新房，减少安置过渡费约15亿元；破解办证难，15.3万套房产容缺办理了房产证；破解赶考难，考生从“满城跑”变成“就近考”；破解就近读书难，改革一、六、八联合招生，83%学生能够按志愿就近入学；等等。我们虽然办了不少，但是还有不少要办。对民生实事，我们要抓紧办而不能等等再看、要认真办而不能敷衍了事、要持续办而不能抓抓停停、要统筹办而不能顾此失彼。我们今年将集中开展“三个听取”行动：进一步听取普通群众意见、听取市场主体意见、听取科技工作者意见。在此基础上，要全面解决拆迁10年以上未安置问题，3年内全面整改全市508个小区供电设施自建自管而经常停电问题，解决全市464个小区供水自建自管而经常停水问题，解决全市273个小区消防设施无水而带来的消防隐患问题，真正做到民之所忧必念之，民之所盼必行之。建功新征程，我们要坚持“群众觉得好才是真的好”，努力把群众的呼声变成群众的掌声。

第五，要从严从实，以勇于自我革命论英雄。习近平总书记强调，决不能滋生已经严到位的厌倦情绪。党的“十八大”以来，我们始终坚持严的主基调，仅去年，查处群众身边腐败和作风问题300多起，400多件长期未结案件和线索清仓清底，运用“四种形态”批评教育帮助和处理6000多人次，累计对59名党员干部失实检举控告问题予以澄清。特别是出台领导干部廉洁从政“八个不得”行为规范，制定力戒形式主义官僚主义三项机制，既为严管干部戴上“紧箍咒”，也为厚爱干部穿上“防护服”。实践证明，没有约束力就没有战斗力。合肥的发展还处于高歌猛进阶段，越是这个时候越要发扬自我革命精神，决不能在一片喝彩声中迷失自我。要深入开展破除“中梗阻”专项行动，集中整治“四小四大”问题，即“工程小但利益大、科室小但权力大、干部小但胆子大、年纪小但欲望大”这一阻碍全市经济发展和民生改善的突出问题，推动全面从严治党进一步向基层延伸、向群众身边延伸，实现干部清正、政府清廉、政治清明，在全市各地方全覆盖、各领域全覆盖、各层级全覆盖。建功新征程，我们要坚持刀刃向内、自我革命，让“合肥战队”的战斗力更加强大。

各位代表、各位同志：做好新时代人大工作，是党和人民交付的光荣重托，是历史和时代赋予的神圣使命。人大是政治机关、权力机关、工作机关、代表机关，必须旗帜鲜明讲政治，既要依法用权，也要慎重用权。希望每位代表经常问一问自己，是不是名副其实、当之无愧的代表？有没有真正履职尽职？会不会有代表“到手”、进取“到头”的可能？总之，我们希望各位代表永远做党和人民信得过、用得上、离不开、忘不了的代表。

各位代表、各位同志：习近平总书记指出，只有敢于走别人没有走过的路，才能收获别样的风景。我们要走稳赶考路，就要不怕崎岖路，勇闯领跑路，不仅要领略前路无限风光，也要让我们奋斗的风采成为令人欣赏的风景。让我们更加紧密团结在以习近平同志为核心的党中央周围，高举习近平新时代中国特色社会主义思想伟大旗帜，认真落实党中央及省委决策部署，忠诚尽职、奋勇争先，努力交出不负历史、不负时代、不负人民的精彩答卷，以更加优异成绩喜迎党的二十大胜利召开！

范文解析

这是一篇人大会议闭幕会致辞，作为对会议的总结，没有局限于对会议本身的评价，而是拓展到对全面工作的评价，并从更高层面进行展望、提出希望。

这篇闭幕词的标题采取了比较特殊的形式，即双标题形式，主标题是讲话主题，副标题才是常规标题，这种写法也是可以的，能够更加鲜明地突出主题。

致辞的基本结构分为三个板块。第一板块是引言，即第一段，对会议表示肯定，对相关人员表达祝贺与感谢。这一段是引入部分，非常简短。

第二板块是主体内容，包括第二段至第十三段，主要分两个层次。其中，第二段至第七段回顾总结，对过去一年工作成绩进行了总体回顾与充分肯定；第八段至第十三段展望未来、提出号召与希望，以“英雄”作为关键词，从五个方面谈过去、讲未来，对比分析，提出争做英雄的希望。

第三板块是结尾，包括第十四和第十五段。第十四段回到人大工作，提出期望要求。第十五段引用总书记的话，提出号召。

整篇闭幕词没有完全围绕对会议主题、会议成果的评价就事论事，写法极富领导个人的风格特色。这篇致辞的语言特点也比较鲜明，主体内容的段首都是呼应的排比句，正文中更是用层层嵌套的排比式表达体现认识的深度，文辞间充满气势。

思维导图

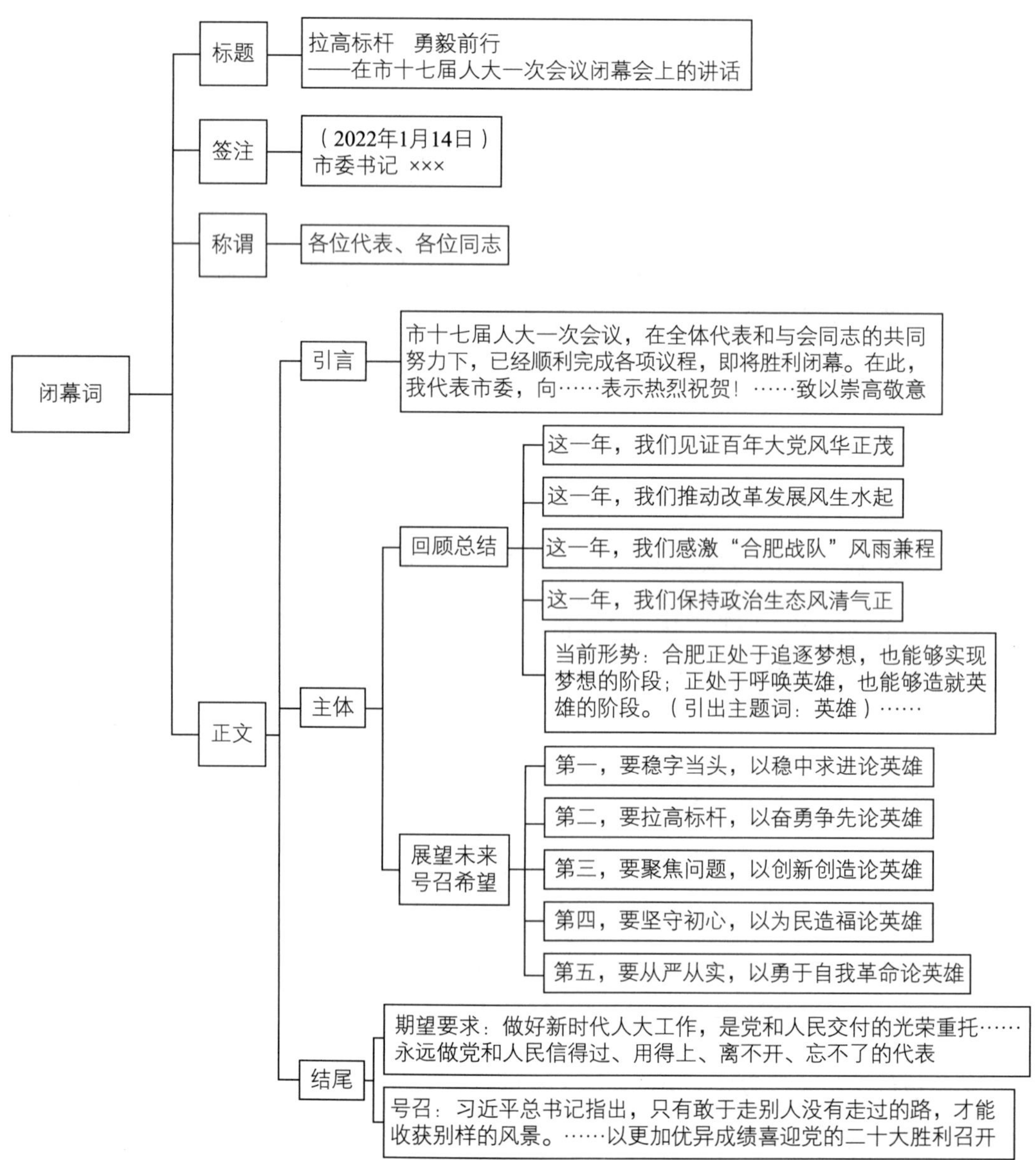

座谈发言

座谈发言的内涵特点

座谈发言指的是参与座谈会人员的发言，领导在座谈会上的发言属于会议讲话的范畴。座谈会是机关常见的会议，应邀参加座谈，是展示工作成绩、交流思想经验、展现个人能力水平的好机会。

座谈会一般由上级召集，在主持人的引导下，听取与会人员的发言，通常是为了达到征求意见、了解情况、交流经验等目的，氛围相对轻松，发言形式比较多样。座谈发言的写作需要把握以下特点。

（1）选题口径要小。座谈发言一般时间较短、节奏很快，切忌贪大求全、什么都想说但是什么都说不透。座谈发言必须开门见山、直奔主题。需要在座谈会的大主题下，找到小切口，以小见大，把深度思考的东西聚焦于一点表达出来。

（2）结构层次简单。座谈发言不能太复杂，需要在逻辑结构上保持单层结构，只能有一级标题。这是由口头表达的特点所决定的，千万不能层次嵌套，否则听起来令人云里雾里。

（3）表达求新求变。座谈发言最后给人留下印象的往往是鲜明的观点、新鲜的故事、鲜活的表达。在座谈发言中，要有新观点、新形式、新标题、新材料、新语言。切忌拾人牙慧，说一些众所周知的论点，举老掉牙的事例。

座谈发言的写作流程

座谈发言的篇幅不长，结构也比较简单，写作流程不是很复杂，主要有两步六个环节。

第一步：充分准备。

环节 1：定文种。受邀参加座谈会，就需要准备座谈发言。座谈任务往往是领导赋予的，发言不仅代表自己，也代表部门和单位形象，虽然短却需要认真准备。

环节 2：明主题。座谈发言的选题要符合会议主题，但是不能直接按照会议主题讲。要找准定位，搞清楚自己在参加座谈的人员中属于哪个类型、哪个层次的人员，这样就能明确发言的位置。要扬长避短，找到会议主题与自己熟悉、自己比较拿手的事务相关的一个点，从最擅长、最能体现水平的角度找到自己发言的选题切口。

环节 3：集资料。搜集关于座谈会主题及背景的资料，如过去是否开过、讨论了什么内容、分析了什么问题、这次座谈会有什么特点，把握座谈会总体背景，然后围绕自己寻找的选题切入点，重点从新理论观点、新提法要求、新事例做法三个方面搜集资料。

第二步：精准写作。

环节 4：拟标题。座谈发言的主标题有两种，一种是固定式标题，不含具体内容；另一种是自由式标题，用于概括正文主题，形式比较多样，有散文化的标题，也有说理性的标题。在正文中，通常不列正式的标题，而是以主体内容段首的第一句话作为标题。段首这句话要下大功夫，它是引领下文的观点句，也是最能给人留下印象的内容。在段首句的写作上，通常采取排比呼应的方式，让段与段之间形成相互衔接的感觉。

环节 5：填内容。在正文内容中，不需要过多的理论说教，罗列上级精神、决策部署，大而空的内容不受欢迎。要以切实的事例、精要的数据配合鲜明的观点，把自己的真实体验、深刻认识表达出来。

环节 6：修语言。座谈发言是面对面的交流，要遵循口语规律。用词方面，阐述观点时可适当押韵，讲起来朗朗上口，听起来也更加悦耳。列举数字、名词都要考虑听众能不能听懂，要尽量使用通俗易懂的常用词语。根据会议特点，适当引用经典诗词、民间俗语、网络流行语，增强语言的表现力。在句式方面，多用短句，便于口语表达。在需要加强语势、强调内容、突出情感的地方，可排列结构相同、意思相关、语气一致的句子，形成排比之势。需要注意的是，座谈发言要追求口语化表达，但口语化不等于“口水化”，不能把平常讲的车轱辘话、调侃贫嘴话都写进发言里。

座谈发言的写作模板

表 5-5　　座谈发言的写作模板

标题		（1）在 ××× 座谈会上的发言 （2）自由式标题
签注		发言人姓名＋职务
正文	引言	自我介绍＋破题引入
	主体	用平行结构排列分论点，三段至五段为宜
	结语	感想总结＋展望未来

座谈发言的范文解析

在跟班学习选调生交流座谈会上的发言

××　甘孜康定市委组织部部务委员

大家好，我叫 ××，2015 届选调生，来自康定市委组织部，现在省委编办跟班学习。今天，非常荣幸向大家汇报我的学习收获。不妥之处敬请批评指正。

我想用三个词形容跟班学习的感受——不平凡、不一般、不容易。

不平凡——省委组织部组织实施“双向互派”，给基层选调生提供平台开拓视野、增长才干、多岗历练。作为幸运儿之一，我有幸被选派到省委编办跟班学习锻炼。从最初严格的入选“筛查”到其间严格的管理考核，从报到初期的起居关照到时时刻刻的关心厚爱，从岗位需求的认真考量到日常工作的悉心指导……无不体现着组织的高度重视和深切关怀，这也促使我更加迅速地、主动地进入角色、转变身份。我知道，这次的跟班学习，注定是不平凡的，这也将是我毕生难忘的宝贵经历。

不一般——从 9 月下旬到现在，跟班已一个多月。虽然时间不长，但是却对省直机关有了不一样的认识——“高、快、准、慎”。相较民族地区而言，这里的工作标准更高、这里的工作节奏更快、这里的工作目标更准、这里的工作态度更慎，这些都是我要持续加强、认真学习的地方。我知道，这次的跟班学习，规格挺不一般，我也由衷地感谢组织为我们提供的成长成才的大好舞台。

不容易——从基层跨入省直机关门，面对新的工作，没有我想象中的得心应手，工作环境不够熟悉，机构编制业务能力欠乏，接到任务不知如何下手……这让我感受到了“知识恐慌”的危机感。我知道，这次的跟班学习，其实也不容易，而我也将加倍付出，用辛勤的努力换回丰硕的成果。

于我而言，这次跟班学习的机会弥足珍贵，我始终心怀感激、不敢懈怠。

我将以“零”为原点，画好跟班学习的“圆圈”。“凡是过往，皆为序章”，在新的环境下、新的工作中，唯有坚持勤学善思，方能游刃有余。我将珍惜这半年的时间，以此为新的起点，保持“归零”心态，放眼将来、空杯前进。在求取“真经”的路上，坚持先易后难、由浅入深，循序渐进、水滴石穿，在反复的积淀和不停的磨炼中提升自己的能力、锻炼过硬的素质。

我将以“学”为数轴，寻好跟班学习的“方向”。学习是消除“本领恐慌”的重要途径，实践是检验学习质量的唯一标准。机构编制和组织建设二者本也是“相通、相融”的，在跟班学习的这段时间，我将克服“镀金”思想，努力增强“七种能力”，实现思想的淬炼、政治的历练、实践的锻炼、专业的训练，真正把学到的知识用到践行新时代党的组织路线中。

我将以“律”为坐标，校好跟班学习的“标尺”。有人说，要求自己要像秋风一样严厉。在这丰收的季节，我们带着新鲜和欣喜来到这里，我们身上寄托着组织的期盼。而我也会像秋风一样，用力吹走心中的杂尘，做到心无旁骛，全力扛实组织的重托、遵守组织的纪律，始终坚持政治标准、坚持纯正作风，慎独、慎初、慎微，树立跟班学习选调生忠诚、干净、担当的好形象。

最后，请组织放心，在单位、同事的关心照顾下，我在这边一切都好，工作生活都很充实愉快。再次感谢组织对我们的重视和培养，感谢组织一直以来的关爱和牵挂。在未来的日子里，我定将组织的关怀化为工作的动力，继续用心学习、用心工作、用心干事，做一名真正合格的选调生，积极发挥我们应有的作用，积极贡献我们应有的力量。也祝在座的选调生情谊长存、工作顺利、扎西德勒！

秉清华之训，务为民之实

××　夹江县人民政府县长

大家好！我是 ××，2009 年公共管理专业硕士毕业，现任夹江县县长。离开母校刚好十年，四年读书生涯和两年在校工作经历，在我人生中留下了最深刻的“清华烙印”，这份情感和力量伴随我从清华到基层、从江苏到四川，这一路走过，难忘母校情，这一路经历七个岗位角色转换，更感恩组织的关心和培养。下面向大家汇报三点体会。

这十年来，我始终秉持“傻子”理念，不惧挑战、甘于奉献。2016 年，当我选择回家乡四川工作时，周围很多人不理解，他们说：“放弃了优厚的待遇，回到西部去，你傻不傻？”“抛弃了六年多的积累和近在眼前的成长机会，你傻不傻？”在十年的经历中，遇到过很多这样的选择，每一次选择，都是对我们人生观和价值观的考验。“到祖国最需要的地方去”一直是清华给予我们的教导，从放弃国外优厚条件回国报效的老一辈清华人、献身国防事业在基层连队锤炼的清华国防生，再到扎根农村基层的清华村官以及默默无闻奋战在科技攻关一线的清华学人，无数清华学子都在用行动践行着，这种精神也一直鼓舞着我。2009 年选择去江苏，是为了实践在学校的所学推动“优化开发区”转型升级；三年前回到四川，是为了投身家乡“脱贫攻坚”工作，扎根基层一线，为更广大的人民群众服务，敢于突破自己、迎接更大的挑战，是清华人的血脉担当，是人民公仆的生命力所在，即使这种选择冒着“傻气”，我也甘当“傻子”。

这十年来，我始终严把“三把尺子”标准，靶向问题、专心做事。十年来，我经历了七个工作岗位，其中两个是主要领导岗位，我深刻感受到，要以干为先、干在实处，始终保持专心做事的执着和定力。在工作中，我坚持用好“三把尺子”，抓好关键、抓出实效。第一把尺子，需要衡量理论学习的厚度。新时代对领导干部的能力建设提出了新的要求，要把握方向、把握大势、把握全局，就需要不断加强理论学习、指导实践创新。在清华的学习积累为我在工作中理性分析、准确判断打下了坚实的理论基础，到夹江后我对县情进行了认真的研判，夹江县属于成都平原经济区，自20世纪80年代以来一直是全省的工业重点县，但夹江地区的人均生产总值仅为全省平均水平的96.48%，城镇化率比全省平均水平低8.78个百分点，通过比较分析，我找准了夹江当前面临的主要矛盾，那就是工业化转型与城镇化发展所带来的双重压力，这是夹江县委县政府当前最需要解决的问题，也让我们下一步做好夹江的工作找准了突破口。第二把尺子，需要丈量实践的广度。县区的工作千头万绪、纷繁复杂，政府主要负责人需要当好“多面手”，协调解决各种各样的问题。感谢母校为我们提供的各种实践机会，让我能到福建、山西等地实地调研学习；感谢组织对我的培养和历练，让我拥有了从东部到西部、从党群到政府、从省直到市县的丰富工作经历，通过实践我能在工作中对比借鉴。现在回过头看，凡事没有捷径，多元化的经历也是一种财富和能力的积累。第三把尺子，需要平衡人心的度量。从清华刚出来到地方工作时，我时常会拿在清华时的标准来衡量同事、评价别人，总感觉无人可用，别人干的活儿、做的事总是比不上自己，后来慢慢发现，这样不仅拉开了自己与同事之间的距离，更常常吃力不讨好，让自己眼里的自己和别人嘴里的自己形成了巨大反差。我深刻认识到，一名领导干部，最重要的能力其实就是凝聚共识、团结干事，不但自己要会干，更要带着队伍干事，做到有格局、有肚量、多宽容、多理解，激发每名干部的干事热情，越是干大事，就越要凝聚各方面的力量和智慧。

这十年来，我始终坚持“钉钉子”精神，扎根基层、服务群众。对刚到一个陌生环境里工作的年轻干部来说，环境不熟悉、人事不熟，周围的眼光和态度各异，好一点的真话不全说，差一点的全都说假话。通过基层深度历练，我深刻认识到，没有群众基础寸步难行，每项工作必须要像钉子一样，一头扎进去，深入群众中、深入基层中，才能吃透实情、摸准民情，只有“接地气”地工作才能更有底气。到夹江工作后，遇到了一位“老上访户”，他的家庭因变故欠下了巨额债务，由于金融机构处置房产抵押物的轻率以及部门工作人员推诿，他走上了漫长的上访之路。了解情况后，我上门耐心地听他倾诉，想办法解决合理诉求并耐心疏导，最终顺利化解。通过这件事我认识到，群众工作有“法”也有“情”，处在基层最直接面对群众，检验着我们对群众的感情深不深、我们的方法对不对，直接或间接地关系到我们党委政府每一项工作的群众基础问题。时刻以人民为中心，时刻站稳群众立场，是每一名领导干部工作的核心理念。

各位领导，夹江县是“西部瓷都、千年纸乡”，建筑陶瓷产量占全国 7%、占西部 38%，书画纸产量占全国 60% 左右，拥有世界灌溉遗产东风堰，也是四川著名的美食之乡。真诚邀请 ×× 书记和清华大学的各位领导、各位校友到夹江指导工作！祝愿各位校友工作顺利！

范文解析

这两篇都是组织部门召开的选调生座谈会上的发言。第一篇是从基层选调上级参加工作学习后的座谈发言，第二篇是在基层工作的选调生长期工作体会的交流，两篇发言各有特色，可以对比学习。

第一篇的标题是固定式标题；第二篇采取的是自由式标题，用了对仗的形式，语言有韵律、有文采。座谈发言的标题要根据座谈会的要求统一选用。

两篇范文都采取了标准引言模式，简要的自我介绍后，概括了基本情况就转入主体内容。

这两篇范文在主体结构上有所区别。第一篇把感想体会和工作打算分成两个板块；第二篇则是常规的写法，三个自然段的主体内容，夹叙夹议、感想和工作一起写。

这两篇范文的正文标题综合运用了排比、押韵、提炼封装等形式，标题给人的印象比较深刻。第一篇用了三个“不……”谈感受，然后以数学上的“原点”“数轴”“坐标”为主体意象，串联起工作打算，非常之精巧。第二篇发言则在标题里用了“傻子”“尺子”“钉子”，属于隐藏的韵脚，让人记忆深刻。

从内容上来看，第二篇比第一篇更实，这是因为第二篇里浓缩了作者十年的工作经历，可写的内容更丰富；第一篇的作者跟班学习时间相对较短，所以表态性话语更多一些。

在结尾部分，第一篇属于到上级学习，采用了表态性结尾；第二篇则是作为领导，介绍工作地方特点，并发出邀请。这是由两篇座谈发言作者的身份地位及发言场合的不同所决定的。

从两篇范文的语言特色来看，都较好地把握了座谈会的特点，充分带入自身经历，没有过多的理论套话，总结的经验体会比较具体，值得学习借鉴。

思维导图

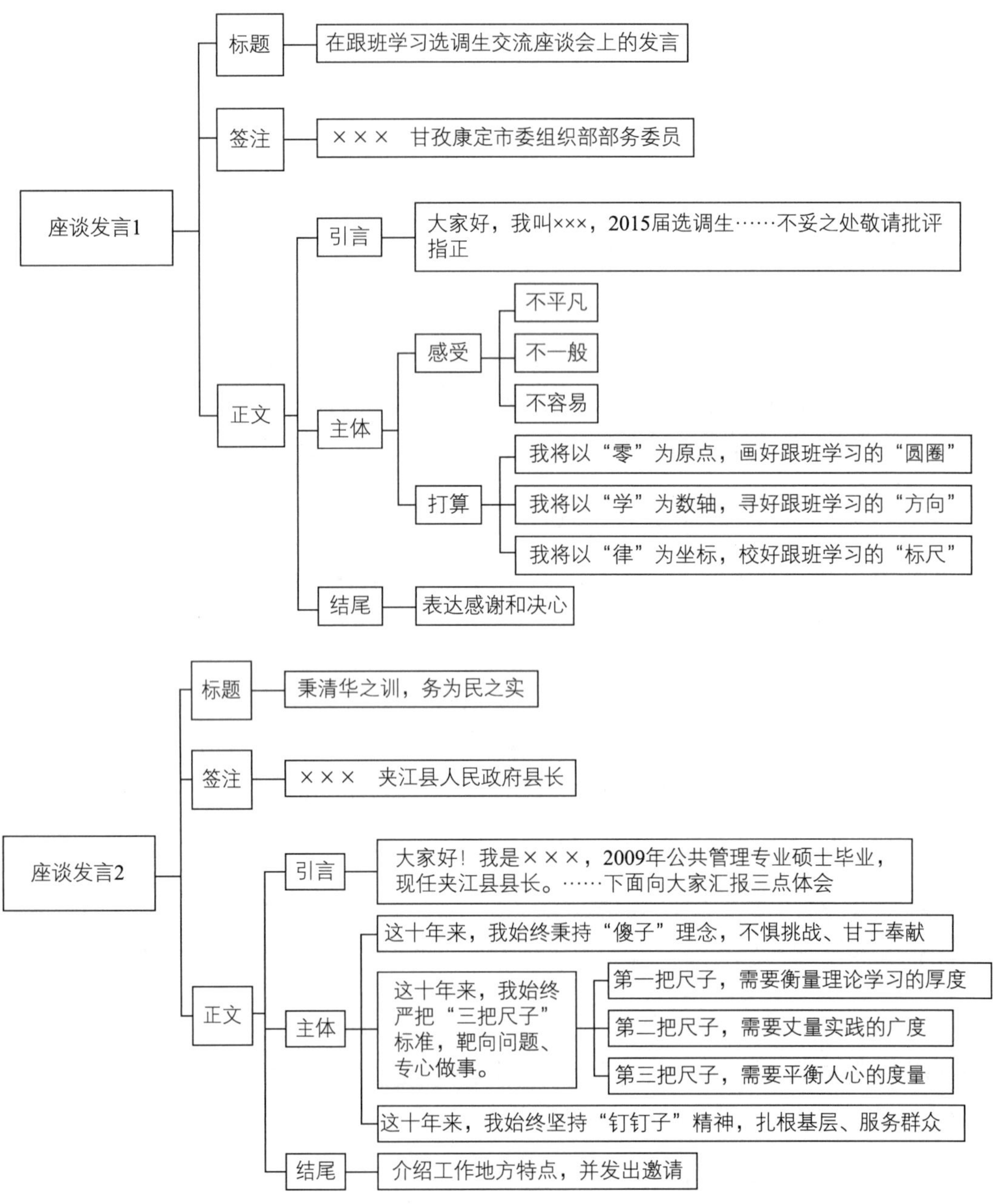

演讲稿

演讲稿的内涵特点

演讲稿是在比较隆重的会议、论坛、仪式等公众活动场合发表的讲话文稿。请注意，本书分析讨论的演讲稿是公文的一种，一般是领导的演讲，或相关人员在履行公务活动时的演讲，并非演讲比赛的演讲稿。个人参加演讲比赛的演讲稿，更多是个人故事和情感的表达，与公文演讲稿的写作目的和写法有较大区别。在很多公文书籍中，二者被混为一谈。根据使用场合、演讲者身份任务的不同，演讲稿大体可以分为礼仪性演讲和主旨演讲两类。

礼仪性演讲多用于受邀参加活动时，表达对活动的看法与祝愿。

主旨演讲一般是主办方领导或嘉宾就活动主题发表的演讲，为活动开展奠定基调。

这两类演讲虽然适用场合和功能价值不同，但是基本写法还是比较一致的，在写作时需要注意把握以下特点。

（1）针对性强。演讲需要考虑场合主题，有效管理听众期待，在表达时不能陷入自说自话的状态。要从当下的形势任务切入，以听众关心的话题事例作为论证依据，还要分析听众的类型、层次，确保演讲的观点内容能够被听众接受。

（2）观点鲜明。演讲稿不能靠听众去领悟观点，要让听众一听就能明白演讲者要表达的重点所在。因此，文稿中的观点必须非常明确，论断必须鲜明有力。作为听觉文稿，最好通过提炼封装在观点中埋下的“听觉锤”，让人一听就明白，便于理解记忆。

（3）语言有感染力。演讲除了要用有思想的观点打动人外，语言也非常重要。演讲的激情与鼓动性，其基础就在于文稿的表达形象生动、有感染力。演讲语言在表达上介于书面语和口语之间，既要把观点表达得通俗易懂，又要通过短句、排比句、比喻句、诗词等让语言充满艺术魅力。

演讲稿的写作流程

演讲稿的应用场合非常重要、层次较高，其写作流程包括三步八个环节。

第一步：充分准备。

环节 1：定文种。一般是领导受邀出席重要活动场合，要代表有关方面发表相关意见时，需要选用此文种。

环节 2：明主题。会议、论坛等活动都会有其主题。演讲稿的主题要从活动主题延伸而来，是命题作文，不能抛开活动主题另讲一套。具体的演讲稿主题，要结合活动主题、演讲者身份、听众的身份进行思考定位，在活动主题的范围内，从听众能听懂的角度，表达演讲者希望传递的信息。作为起草者，需要和领导充分沟通，了解领导的想法。

环节 3：集资料。首先要对活动的相关背景信息进行充分搜集，有演讲的会议论坛类活动一般层次都比较高，演讲要能表达出新颖的观点，体现出认识高度，这就需要对与活动主题相关的前沿理论进行充分搜集，奠定演讲的理论基础。

第二步：深度思考。

环节 4：找问题。演讲要想吸引人，也需要有问题意识。通过对活动主题的时代背景、当前形势进行分析，结合演讲者和听众共同面对的问题，找到大家共同感兴趣的切入点，激活听众的好奇心，才能达到吸引听众注意力的目的。

环节 5：拓思路。确定演讲思路的方法有很多，常用的有三种。第一种是从活动主题拓思路，根据活动主题本身，找到与问题切入点比较一致的方向进行匹配关联，能够起到贴近主题的效果。第二种是从理论创新拓思路，聚焦理论前沿、政策方向，用新理论、新观点解释问题、形成思路。第三种是从听众自身拓思路，对听众进行分析，可以从身份、经历、关注点等方面将听众与所探讨的问题关联起来，起到引发听众共鸣的效果。这三种方法可以综合运用，写出灵活多样的思路。

演讲的结构相对比较固定，因此不需要专门理清逻辑结构，直接进入拟标题阶段即可。

第三步：精准写作。

环节 6：拟标题。演讲采取的是单层线性结构，正文中一般不用复杂的复句标题，简洁的单句标题更能让人接收到关键信息。标题放置在整体内容的段首，用以引出下文。演讲时一般用称谓提示内容板块的切换。

环节 7：填内容。注意演讲不是讲课，演讲的内容要体现理论层次，但不是直接讲理论。要通过引用金句、罗列丰富的事例、摆出明确的数据来吸引听众。

环节 8：修语言。演讲稿的语言要有很强的交流感，须把过于书面化的词语改成口语表达，与座谈发言一样，需要多用短句、排比句。在词语上，注意用语的时代感和对象感。所谓时代感，就是用词上要与时俱进，要充分掌握最新的提法说法；所谓对象感，就是要能根据听众的身份特点选择合适的语言表达方式。

演讲稿的写作模板

表 5-6 演讲稿的写作模板

标题		（1）在 ××× 上的演讲 （2）演讲主题提炼的一句话（主标题）+ 在 ××× 上的演讲（副标题）
签注		演讲者姓名 + 职务
称谓		根据活动性质和参加人员确定，常用“各位来宾”“各位朋友”“同志们”等
正文	引言	表达祝贺 + 破题引入
	主体	结合主题表达观点 + 面向未来提出倡议
	结语	对会议活动的祝愿和希望

演讲稿的范文解析

在第25届哈佛中国论坛上的演讲

××驻纽约总领事

各位同学、各位来宾：

大家上午好！

很高兴应邀出席第25届哈佛中国论坛。过去25年里，一代代哈佛学子接力奋斗，推动哈佛中国论坛成为促进中美沟通对话的有益平台。值此论坛25周年之际，我谨向主办方表示诚挚感谢和衷心祝贺！

今年哈佛中国论坛的主题是“不凡岁月”，我觉得这个主题非常好。我们所在的时代，正是一个非凡的时代。当今世界正在经历百年未有之大变局，进入新的动荡变革期。在《上海公报》发表和尼克松总统访华50周年之际，中美关系正在经历新的调整磨合期。去年我们隆重庆祝中国共产党建党百年，正在开启建设社会主义现代化强国新征程。展望未来，世界将走向何方？中美关系将何去何从？中国将如何进一步发展？这是大家普遍关心的问题。

各位同学、各位来宾：

50年前，中美两国老一辈领导人做出了历史性、战略性选择，结束了两国长期隔绝的状态，开启了中美关系正常化进程，也推动国际关系发生了格局性变化。50年来，中美关系的发展不仅给两国人民带来了实实在在的利益，也为世界的和平、稳定与繁荣做出了重要贡献。新冠疫情发生之前，每周有300多个航班往来于中美之间，每年有500多万人次跨越大洋两岸，有40万中国留学生来美学习。去年双边贸易额超过7500亿美元，双向投资存量达到2400亿美元。从打击恐怖主义、应对金融危机、阻击埃博拉病毒，到推动签署伊朗核问题全面协议、引领达成气候变化《巴黎协定》，中美合作办成了一件又一件有利于世界的大事。

50 年后，中美关系再次来到十字路口，中美两国又到了需要做出抉择的关键时刻。中美是世界上最大的发展中国家和发达国家，其双边关系走向将对世界未来产生举足轻重的影响。正如习近平主席与拜登总统视频会晤时所说，过去 50 年，国际关系中一个最重要的事件就是中美关系恢复和发展，造福了两国和世界。未来 50 年，国际关系中最重要的事情是中美必须找到正确的相处之道。对此，中方的看法是明确而坚定的，我们认为这条相处之道就是相互尊重、和平共处、合作共赢。我想借用论坛主题中的“TIME”这个词谈谈我对中美关系的期待。

一是携手（Together）。中国有句古话，“同心合意，庶几有成”。当今世界正在发生飞速变化，各种全球性挑战和地区热点问题层出不穷，无论承认与否，中美及世界各国的命运都是紧密相连的，必须要携手合作、同舟共济。中美虽存在竞争，但合作面远大于竞争面，而且很多方面都是在合作中实现了各自国际竞争力的飞跃。我们应该“不学蜘蛛各结网，要学蜜蜂共酿蜜”。中国的发展将为包括美国在内的世界各国提供广泛合作机遇。预计未来 15 年，中国每年将进口商品和服务约 2.5 万亿美元。到 2035 年，中国将有 8 亿人迈进中等收入群体，到 2040 年中国航空业将需要 8700 架飞机。双方应继续秉持互利共赢理念，深化在贸易投资、医疗卫生、清洁能源等广泛领域合作。双方还应展现大国责任担当，加强在抗击疫情、复苏经济、应对气候变化及地区热点问题上的沟通协调，为世界和平与发展多作贡献。即使是竞争，双方也应该进行你追我赶、共同提高的田径比赛，而不要玩尔虞我诈、你死我活的“鱿鱼游戏”。

二是包容（Inclusiveness）。“形器不存，方寸海纳”，美国社会一直提倡多元和包容的精神，但也有一些思想狭隘的人很难接受与自身历史、文化和制度不同的国家，总是对别人指指点点，想要“改造”其他国家。“一枝独秀不是春，百花齐放春满园。”人类文明因为多样而精彩，不同文明相互借鉴、和谐共生，才能使人类社会保持进步。美国建国不到两百年就迅速发展成为超级大国，美国人民值得为此骄傲，中方祝愿美国继续保持繁荣。中国特色社会主义道路根植于传承五千年的中华文明，是 14 亿中国人民的选择，过去几十年中国取得的发展进步充分证明这是一条符合中国国情的正确道路，我们将沿着这条道路坚定走下去。哈佛大学肯尼迪学院连续10年在中国开展的民调结果显示，中国民众对政府满意度连年都保持在90%以上。我们希望美方尊重中国自主选择的道路，容纳一个和平繁荣的中国。

三是管控（Management）。中美作为两个大国，存在矛盾分歧在所难免，但我们要妥善管控，不能让分歧主导两国关系，正如毛泽东主席诗中所写，“风物长宜放眼量”。不久前拜登总统在与习近平主席视频通话时表示，美国不寻求同中国打“新冷战”，不寻求改变中国体制，不寻求通过强化同盟关系反对中国，不支持“台独”，无意同中国发生冲突，愿同中方坦诚对话，坚持一个中国政策，有效管控好竞争和分歧。中方高度重视这一表态，希望美方能切实落到实处。台湾问题事关中国主权和领土完整，涉及中方核心利益，如果处理不好，可能对两国关系带来颠覆性影响。希望美方务必谨慎妥善处理相关问题。

四是奋斗（Endeavor）。“孤举者难起，众行者易趋”，中美关系发展归根结底要靠两国人民和各界人士的共同努力。只要人心齐，再大的困难、再多的挑战都不能阻挡我们共同筑建中美关系的宏伟大厦。中国人民对美国人民素怀友好。从好莱坞、百老汇到麦当劳、星巴克，从迪士尼、环球影城到黄石公园、时报广场，美国文化在中国广受欢迎。同样，在美国工作多年，我也切身感受到美国人民对中国人民充满善意。这几天，纪念飞虎队80周年及第二次世界大战时期美国援华空军历史图片展先后在华盛顿和纽约举行。我们为人类共同福祉并肩奋战的时光值得永远珍视和铭记。无论是在历史长河中还是在充满挑战的当下，中美两国人民一直在续写传承友谊和共同奋斗的美好故事。我们要顺应民意，多为两国人民交流合作架桥铺路，特别要为肩负未来使命的两国青年提供更多彼此了解、相互沟通的平台。

各位同学、各位来宾：

去年是中国共产党成立100周年。100年来，中国共产党团结带领中国人民在国家建设发展和人民生活改善上取得举世瞩目的成就。去年我们如期实现全面建成小康社会目标，历史性地解决了绝对贫困问题，现在正踏上全面建设社会主义现代化国家的新征程。中国坚定不移地做世界和平的建设者、全球发展的贡献者、国际秩序的维护者，将为人类发展进步继续做出不懈努力。

当前，世界正在经历前所未有的深刻变革。一方面伴随全球化和科技发展，各国人民命运正前所未有地紧密联系在一起。另一方面国际秩序正面临前所未有的冲击，全球治理危机日益凸显。习近平主席在出席世界经济论坛时指出："天下之势不盛则衰，天下之治不进则退。"面临时代剧变，各国只有携手并进，才能带领全人类共度时艰，开创美好未来。中国以深厚的天下情怀倡导推动构建人类命运共同体，为世界和平与发展贡献了中国智慧和中国方案。中国愿与各国一道共同推进人类命运共同体建设，并将为此躬先表率，做到三个坚持：

一是坚持和平发展。中华民族历来是爱好和平的民族，自古倡导"强不执弱、富不侮贫"。中国受益于世界的和平发展，同时也始终在为维护世界的和平发展做出不懈努力。坚持和平发展道路已载入中国共产党章程、写入中国宪法，体现了中国致力于以和平方式实现国家发展和民族复兴的坚定决心。

二是坚持改革开放。改革开放是过去四十多年中国发展取得的最重要经验。中国的改革开放永远在路上，开放的大门只会越开越大。我们提出构建以国内大循环为主体、国内国际双循环相互促进的新发展格局，绝不是封闭的国内循环，而是开放的国内国际双循环。日前我们提出要加快建设统一大市场，这将对新形势下进一步深化改革产生重要影响。中国还将继续改善营商环境，进一步缩减外资准入负面清单，加强自贸区建设和知识产权保护。

三是坚持互利共赢。中国将继续将自身发展寓于世界发展潮流之中，不断扩大共同利益，同世界共享机遇。我们将积极推进全球发展倡议，协同各国加快落实 2030 年可持续发展议程，实现更加强劲、绿色、健康的全球发展。我们将坚持共商共建共享原则，推动"一带一路"高质量发展，进一步促进各国互联互通。我们将与各国加强宏观政策协调，推动贸易和投资自由化便利化，维护全球产业链供应链安全稳定。

各位同学、各位来宾：

此刻站在这里，让我想起已离我们远去的傅高义教授，他一生都在致力增进中美两国人民之间的相互了解，直到生命的最后时刻仍呼吁要采取理性对华政策，参与起草《中国不是敌人》公开信，得到众多有识之士联署支持。在座大多是年轻一代，世界的未来终将掌握在你们手中，中美关系发展也离不开你们的努力。我衷心希望大家通过此次论坛坦诚交流、凝聚共识，为中美关系及世界的未来建言献策、贡献智慧。

今天在场有很多中国留学生，你们在疫情延宕的艰难时刻，仍远赴重洋到美求学，估计很多人也跟我一样，有两三年没回过国，其中的辛酸我最能理解。过去两年多，中国人民众志成城、齐心抗疫，付出的努力和取得的成绩举世瞩目。我相信最艰难的时刻已经过去，但现在仍然不能麻痹大意，更不能"躺平、摆烂"，我相信再坚持一下就能迎来最后的胜利。这两年大家在外，为祖国抗疫做出了牺牲、贡献了力量，我为你们打call、点赞。希望疫情早日结束，大家的生活回归常态。总领馆将与你们共同坚守，继续为大家解忧纾困。

各位同学、各位来宾：

50年前尼克松总统访华时，曾引用毛泽东主席的诗词——"一万年太久，只争朝夕"。面对日新月异的当今世界，我相信两国年轻人一定能胸怀天下、只争朝夕，在"不凡岁月"中勇担重任、砥砺前行，为中美关系和人类发展绽放青春、开创新局！

谢谢大家！

范文解析

这篇演讲稿是一篇出席学术论坛的受邀演讲。作为演讲者的外交官，并不需要发表学术观点，而是要根据自己外交官的身份，进行外交礼仪性演讲。演讲面向的主体是哈佛大学的同学。

这篇演讲稿采用的是标准的三板块模式。第一板块是引言，即第一段和第二段，先是感谢论坛邀请，并对论坛做了高度评价，然后围绕论坛主题进行破题引入，选了一个非常好的切入点，即“《上海公报》发表和尼克松总统访华 50 周年”和“中国共产党建党百年”这个时间交汇点，引出中美关系的走向问题，具有很强的历史纵深感。

第二板块是主体内容，包括第三段至第十三段，其中又分为两个层次。第一个层次是第三段至第八段，延续“50 周年”这个切入点，回顾过去，回到当下，展望未来；值得一提的是，演讲者将论坛主题中的一个英文单词“TIME”展开成四个单词，非常巧妙，且紧贴论坛主题。第二个层次是第九段至第十三段，以中国共产党成立 100 周年引出，介绍中国共产党取得的历史成就，分析当前形势下应该确立的发展理念，并提出中国将继续做到的“三个坚持”。无论是“TIME”还是“三个坚持”，观点都非常鲜明，令人印象深刻。

第三板块是结语，包括第十四段至第十六段。结语也非常巧妙，用了对中国友好的哈佛著名中国学研究者傅高义教授的观点和文章，引出对哈佛同学们的期望。同时，对中国留学生也提出了特别的鼓励。全篇最后，回扣开头的切入点，提出号召与希望。

这篇演讲稿引用了很多中外谚语、警句，体现了深厚的文化底蕴和卓越的文采。面对学生群体，还用了诸如“鱿鱼游戏”“躺平、摆烂”等热门词汇，非常符合青年群体的特点，便于听众接受。

这篇演讲稿既有理论高度，又有思想深度，历史感和时代感都很强，是非常值得学习的佳作。

思维导图

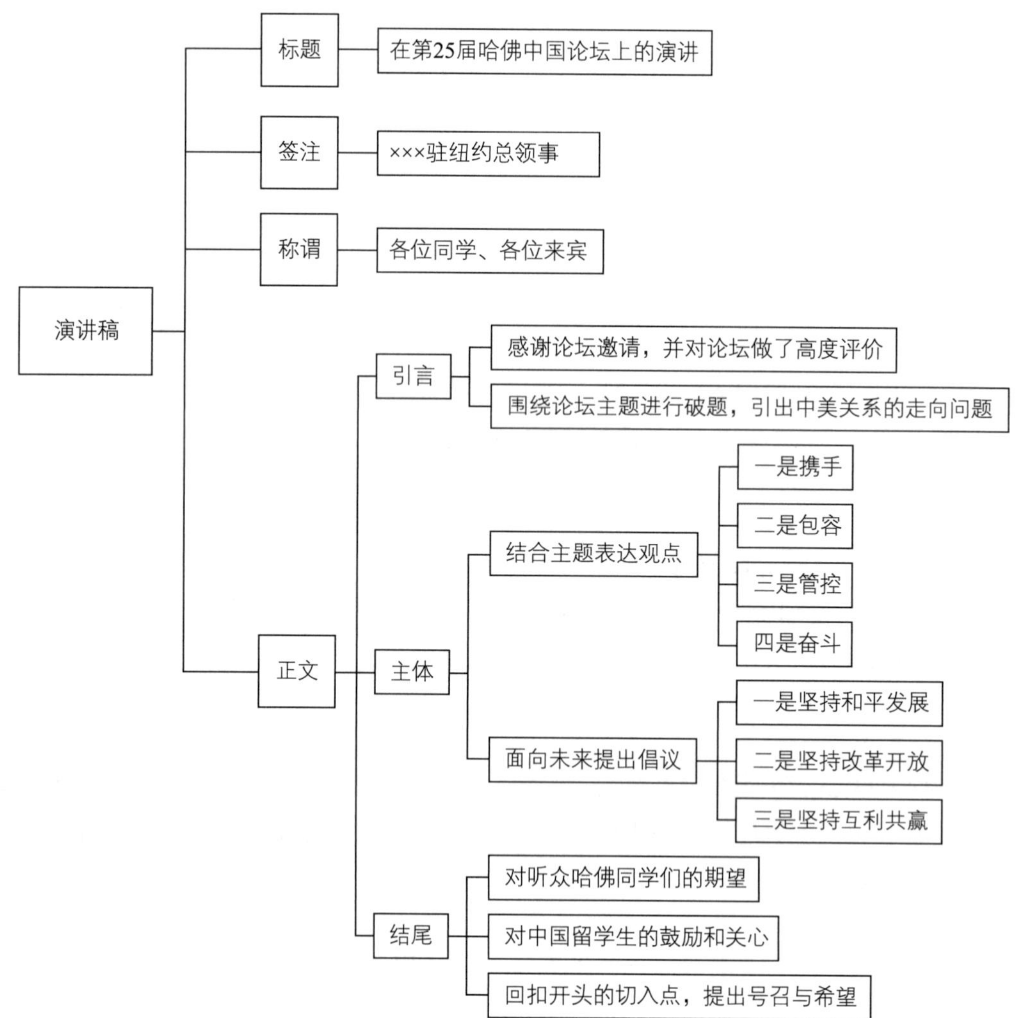
演讲稿
标题
在第25届哈佛中国论坛上的演讲
签注
×××驻纽约总领事
称谓
各位同学、各位来宾
正文
引言
感谢论坛邀请，并对论坛做了高度评价
围绕论坛主题进行破题，引出中美关系的走向问题
主体
结合主题表达观点
一是携手
二是包容
三是管控
四是奋斗
面向未来提出倡议
一是坚持和平发展
二是坚持改革开放
三是坚持互利共赢
结尾
对听众哈佛同学们的期望
对中国留学生的鼓励和关心
回扣开头的切入点，提出号召与希望

第6章

总结报告类：如何萃取成果、凸显业绩

总结报告类的五种公文，是日常工作中经常使用的重要文种，用于对工作进行总结回顾，对现状问题进行分析研究，目的是提炼经验成果、查找问题不足，对上一阶段工作成果进行梳理，从而为后续工作提供参考借鉴。工作干得好，还要总结好，这样才能把好的做法变成系统的经验，推而广之，推动社会主义建设事业更好地发展。

工作总结

工作总结的内涵特点

工作总结主要用于对一定阶段的工作进行梳理回顾，总结成绩、发现问题、提出改进对策，为下一步工作提供参考借鉴。

工作总结使用频率非常高，凡工作必有计划和总结，这是工作闭环的基本要求。正因为写的比较多，所以很多人对于总结不够重视，把简单堆砌工作情况当成工作总结。

从“总结”的字面含义来看，所谓总结就是先总后结。总是总括、汇集，其要求是全面不遗漏，系统有条理。结，需要从现象到本质，抽丝剥茧提取出真正有价值的东西，并用恰当的方式呈现出来。好的工作总结需要做到有条理的“总”，有道理的“结”。

工作总结的类型很多，按时间划分，有年度工作总结，还有周报、月报、季报这些日常性工作总结。按内容划分，有综合型工作总结和项目型工作总结，综合型涉及全面工作；项目型则是在项目进展过程中，遇到里程碑节点时及时进行总结，项目结束后也要写出整体工作总结。按主体划分，有个人工作总结和单位工作总结。

无论哪种类型的工作总结，其基本的写作逻辑都是一样的，掌握一种即可举一反三、触类旁通。工作总结的逻辑链是“行动→结果→价值”。在工作总结写作中需要着重把握以下特点。

（1）过程记录要详尽。要对工作行为进行详细记录分析。行动就是开展的工作、做的事。总结写不好，往往是因为工作干完就算了，没有及时反思复盘记录，时间一长，就只记得干了某件事，具体的情况已经印象模糊了。没有对实践行动的反思记录，就没有总结的基础。这提醒我们在工作过程中，要做好记录与分析，以免总结时无话可说，分析无的放矢。

（2）结果分析要具体。要对行为产生的结果有充分的认识。领导要的是结果，是成效，是能看得到的改变。结果是从行为中总结出来的，每一项工作的行为，必然导致相应的结果。这个结果可能是好的，也可能是不好的。好的结果，可以用作经验、亮点的支撑案例、数据，坏的结果，则是未来需要改进的方向。

（3）价值提炼要升华。最后，也是最重要的，就是从行为与结果中升华提炼出价值，通俗地说就是工作中的闪光点。价值需要挖掘，可以问自己几个问题：你怎么做到的？你用了哪些方法手段，是通过什么形式开展工作的？这些方法比以前好在哪里？别人能够复制吗？这些问题如果能够回答出来，就找到了这项工作真正的价值。

工作总结的写作流程

工作总结要总结得比较系统规范，需要下一定功夫，其写作流程大致包括三步八个环节。

第一步：充分准备。

环节 1：定文种。工作总结作为一种常规公文，在工作计划确定的时候，就要开始考虑其写作问题了，边工作边总结，才能保证最后的总结有“干货”、有价值。

环节 2：明主题。如果工作计划制订得科学合理，其本身应该就有主题主线，工作总结的主题应该与工作计划主题保持一致，并进行一定的升华。根据实际工作情况、最终效果，总结应该有超越计划的内容。总结主题特别需要征询负责领导的意见，领导的思考与观点是确定主题的主要依据。

环节 3：集资料。总结的内容来自实践，除了上级机关的政策方针、文件精神外，总结最重要的资料是工作实践过程中产生的一系列文件，包括工作计划、工作汇报、会议纪要、信息简报、工作报表等。除此之外，还要跳出纸面倾听一线真实的声音，通过各种方式了解领导、同事、群众对于工作的看法和意见。

第二步：深度思考。

环节 4：找问题。工作总结的问题有两个方面，一方面是最有现实启示的经验做法，另一方面是对工作中问题的正确认识。前者是实践出真知的客观要求，计划涉及的问题在实践过程中出现了怎样的变化、是如何处理的、得出了什么经验，这些需要重点总结。后者很可能是制约工作提升的关键，在下一步工作中需要加以改正提升。只有聚焦问题，才能得到有价值的东西。

环节 5：理结构。总结的思路相对比较固定，可以直接进入理结构环节。总结的写作结构一般有两种形式，一种是横式结构，另一种是纵式结构。横式结构就是把主要工作平行排列、依次展开，每项工作阐述做法成绩和经验体会，各层次呈现为并列逻辑。纵式结构就是根据工作的时间顺序和发展阶段划分写作内容，每个阶段再具体阐述做法成绩和经验体会。

第三步：精准写作。

环节 6：拟标题。总结的主标题有公文式和主副式两种，参见下文写作模板。正文中的标题从工作的主要方面和具体开展的工作中提炼而来。一般以动宾结构的单句标题为主，体现总结求真务实的文风。

环节 7：填内容。总结的内容主要是开展的各项工作，采取的是“行动 + 成效（价值）”的写作方式，不仅仅是罗列工作，还需要写清楚带来了什么成效、有何价值。内容按照要事优先、重点做法在前，重要性逐级递减的方式排布。内容注意要有数据、事例支撑，避免泛泛而谈的理念观点堆砌。

环节 8：修语言。工作总结的语言不需要更多修饰性、文学性的表达和词句，着重体现高度理性化的概括，除了引言和结尾体现出一定的情感态度外，正文主体部分都要采用比较客观的叙述语言。语言要保持高度简洁性，能用一句话概括的工作，就不要写两句话。

工作总结的写作模板

表 6-1　　工作总结的写作模板

标题		(1) 公文式：单位名称 + 时间 + 总结（按时段划分的总结） 单位名称 + 内容 + 总结（专项工作总结） (2) 主副式：主标题（提炼工作亮点）+ 副标题（公文式）
正文	引言	工作基本情况，包括形势背景 + 指导思想 + 工作依据 + 工作重点
	主体	基本做法 + 经验体会 + 存在问题
	结语	表达决心 + 改进方向 + 展望未来

工作总结的范文解析

省人大常委会办公厅 2021 年度工作总结

2021 年，在省人大常委会党组的领导下，省人大办公厅坚持以习近平新时代中国特色社会主义思想为指导，全面贯彻党的十九大和十九届历次全会精神，认真落实省第十四次党代会和省委部署要求，围绕省人大及其常委会中心工作和重点任务，认真履职尽责，积极担当作为，努力发挥服务保障作用，各项工作取得了新进展新成效，为实现人大工作高质量发展、开启“强富美高”新江苏现代化建设新征程做出了应有贡献。

一、切实加强理论武装和政治能力建设

一是加强政治理论学习。深入学习习近平新时代中国特色社会主义思想，学习习近平法治思想、习近平总书记关于坚持和完善人民代表大会制度的重要思想，学习习近平总书记对江苏工作重要指示精神，努力在学懂、弄通、做实上下功夫，不断提高政治理论素养。认真学习党的十九届六中全会精神，深刻领会“两个确立”的决定性意义，切实增强“四个意识”、坚定“四个自信”，坚决做到“两个维护”，在思想上、政治上、行动上同以习近平同志为核心的党中央保持高度一致。认真学习中央人大工作会议精神和中央有关文件，深刻领会全过程人民民主重大理念，深刻把握人大“四个机关”建设的目标定位，切实增强做好新时代地方人大工作的光荣感使命感。认真学习省第十四次党代会精神，全面把握省委对今后五年工作的战略部署，强化扛起新使命、谱写新篇章的责任担当。

二是扎实开展党史学习教育。（略）

二、周密做好全国人代会江苏团、省人代会和省人大常委会会务服务保障工作

一是做好全国人代会江苏团会务服务保障工作。起草全国人代会江苏团会务工作总体方案，报省委审定。对接大会秘书组，编排江苏团工作日程，安排会议席次，提出主持人和代表发言方案，做好江苏团会议活动会场布置、会议通知和各项安排工作。

（略）

三、全力保障机关高效有序运转

一是统筹服务保障机关日常运行。加强与省委、省政府两办的工作对接，根据省委工作安排和省人大常委会工作计划，每月汇总机关上个月度工作完成情况，提出下个月度重点工作安排建议，增强机关工作的计划性和协调性，抓好常委会党组、主任会议部署要求的跟进落实。协助安排常委会领导参加省委统一组织的各类活动，开展部门和基层调研活动。学习全国人大和兄弟省市人大的经验，进一步规范和优化办公厅工作流程，在抓谋划、抓协调、抓落实上下功夫。注重听取各专工委的意见建议，寓协调于服务之中，支持保障各部门开展工作、履行职责。深入研判疫情形势，系统制定机关疫情防控措施，强化各部门防控责任，扎实做好进入大院体温测量、机关公共场所消杀、干部职工疫苗接种和重大活动前核酸集中检测工作，确保机关不发生疫情。及时做好上级各类文件的阅办工作，全年共收文 14 087 件，其中提出拟办意见 504 件，根据领导批示加强跟踪督办。细致做好机关制发文件的送审、核校、印制工作，全年办理 840 件。结合档案室搬迁，做好文书档案清理工作，提升档案管理水平。严格值班制度，认真做好机关值班值守工作。

（略）

四、不断改进人大新闻宣传工作

一是加强对人大工作宣传的组织策划。围绕省人大及其常委会依法履职及机关重要活动，加强重大议题宣传策划，组织新闻发布会 11 场，建立法工委新闻发言人制度，及时发布人大工作新闻信息，组织大型媒体集体采访活动 3 场，开展年度“江苏人大十大新闻”和“市县人大十大新闻”评选，不断扩大人大制度和人大工作社会影响力，营造有利于人大工作的良好社会氛围。围绕省人大重要会议活动，全年撰写新闻稿件 121 篇，保障影像服务超 300 场，发表新闻照片超过 1000 幅。

（略）

五、精心做好干部人事工作和老干部服务工作

一是协助党组加强对机关干部队伍建设的谋划。开展机关干部队伍建设专项调研，深入摸排机关干部队伍状况，广泛听取各部门对干部人事工作意见，收集意见 100 多条，梳理成四个方面 28 条改进建议，形成专题调研报告，为进一步做好机关干部人事工作提供依据。适应新形势新要求，研究提出“十四五”时期人大机关干部队伍建设目标任务纳入省人大“十四五”工作规划。

（略）

六、尽心做好人大信访和扶贫工作

一是认真受理人民来信来访。结合基建工程，改善信访大厅条件，方便群众反映问题。全年共受理信访 4537 件次，及时向有关机关和部门交办和转交，并加强跟踪协调，推动解决信访难题 186 件，维护群众合法权益。通过编发《信访简报》《人大信访》，梳理呈报群众信访中有价值的意见 28 条。完善涉法涉诉信访事项办理反馈和协调机制，每季度向法检两院集中反馈涉法涉诉信访件，得到积极回应。

（略）

七、着力提升机关后勤保障水平

一是做好全国人代会江苏团、省人代会和省人大常委会会议后勤保障工作。加强与驻地宾馆的对接，合理安排食宿交通，协助卫生防疫部门和公安消防部门落实常态化疫情防控形势下封闭管理要求，落实会议安全防范措施。认真听取人大代表和常委会委员的意见，不断改进服务工作、提高服务质量。

（略）

八、加强对市县人大相关工作的联系与指导

一是密切与市县人大办公室工作协同。及时向各市人大办公室通报省人大常委会重要工作安排，及时研究答复市县人大提出的有关问题。协助常委会领导做好基层人大联系点相关工作。就各地人大机关党建工作和干部队伍建设开展调研，推动各地完善社会委机构设置和干部配备。通过多种形式，指导市县人大规范做好人代会和常委会会议会务工作，推进人大系统信息化建设，上下协同做好人大新闻宣传工作。加强处理信访件的上下配合，协调市县人大推动解决信访事项。

（略）

九、认真落实全面从严治党责任

一是严守政治纪律和政治规矩。旗帜鲜明讲政治，努力做到胸怀“两个大局”、牢记“国之大者”，着力提升政治判断力、政治领悟力、政治执行力，重大事项及时向党组报

告，坚决贯彻党组部署要求。厅相关领导干部认真参加机关党组专题民主生活会，参加所在支部专题组织生活会，严格党内政治生活，严肃开展批评和自我批评，查找自身问题，明确整改措施，抓好整改落实。结合工作职能，认真落实意识形态责任制，毫不动摇坚持马克思主义指导地位，弘扬社会主义核心价值观，自觉抵制错误思想侵蚀。

（略）

回顾过去一年，在各方面的支持下，办公厅工作取得了一定的成绩，但还存在一些不足之处：理论学习还不够系统深入，对习近平新时代中国特色社会主义思想学得还不深不透，自觉运用科学理论解决实际问题还存在差距；工作前瞻性、预见性、创造性还不强，参谋助手作用发挥尚不够到位；加强与相关专工委联系沟通不够，服务质量有待进一步提升；干部队伍能力建设还存在短板，内部管理科学化精细化程度还不高，鼓励激励担当作为的机制有待进一步强化。

2022 年是党的二十大召开之年，是全面落实省第十四次党代会部署的开局之年，是实施“十四五”规划的重要一年，做好今年工作意义特殊而重大。我们将在省人大常委会党组的领导下，坚持以习近平新时代中国特色社会主义思想为指导，全面贯彻党的十九届六中全会、中央人大工作会议精神，认真落实省第十四次党代会的部署要求，以更宽的思路、更高的标准、更实的举措积极主动服务省人大及其常委会中心工作，服务常委会领导和机关各部门依法履职，强化“争当表率、争做示范、走在前列”的使命担当，为谱写“强富美高”新江苏现代化建设新篇章做出新的更大贡献，以实际行动迎接党的二十大胜利召开。

范文解析

这篇工作总结属于年度全面工作总结，符合工作总结的基本写作模式，条理清晰，系统全面。

这篇总结的主标题采取的是常规总结标题的写法，正文用的都是单句标题。内容采用的是标准的总结三板块。

第一板块是引言（即第一段），概述基本情况，对 2021 年的总体工作思路、工作重点、取得成效等进行了概括。第二板块是主体内容，包括除第一段和最后一段的所有内容，梳理了相关工作，简要总结了重点问题。梳理工作部分采取的是横式结构，将九个主要方面的工作并列进行写作，每个方面罗列主要工作，工作逐项排列，有翔实的数据和事例。重点问题只写了一段内容，这也是常规性工作总结的通行做法，对问题采取概述方式，不做展开。需要注意，虽然问题段不长，但要写出真问题、有具体指向性。

第三板块是结尾，即最后一段内容，结合当前形势任务，说明下一步工作思路，表达了干好工作的决心态度。

整篇工作总结没有特别华丽的辞藻，全都是对具体工作的陈述，客观真实地反映了一年来的工作，给上级提供了清晰准确的工作信息参考。

思维导图

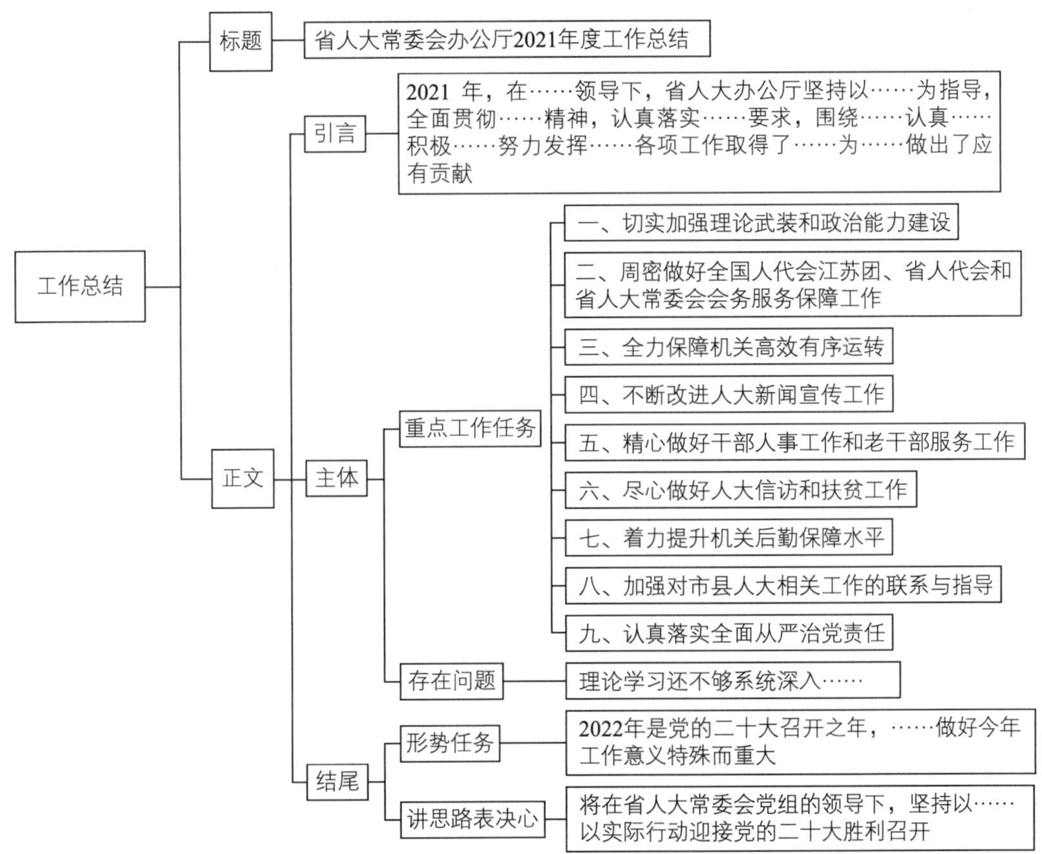

经验材料

经验材料的内涵特点

经验材料是用于宣传先进单位或人物事迹经验的文稿材料。

这类材料使用频率较高，多用在各类座谈会、经验交流会、工作推进会上进行交流宣读，或用于向上级反馈情况、参加表彰评比等。经验材料与工作总结有点相似，但工作总结多数用于单位内部，经验材料则常常用于对外推广交流；同时，工作总结更加讲究全面性，经验材料则重在梳理特色亮点。

经验材料重在“经验”二字，经验是在实践活动的基础上，通过对成功因素的分析研究，上升为理性认识后归纳出来的体会做法。经验材料是对工作实践规律的揭示，这要求写作者具备很强的理论素养、思辨能力以及对实践活动的深刻把握。

经验材料在写作中，需要注意把握以下特点。

（1）提炼经验不要人为拔高。经验材料的写作目标是宣传典型，但要注意的是，在写作经验材料时要注重客观真实，依靠深入调查研究，从一手材料中分析提炼出好经验好做法，对于数据、事例等相关材料要反复核实，不能为了体现亮点而人为拔高、伪造注水。

（2）突出要点不要面面俱到。经验材料又称典型经验材料，经验要典型就切忌陷入总结的框架，什么都想写、什么都写不透。要学会从纷繁复杂的材料中，找到最有特色、最具代表性的切入点。提出的经验做法应该是新形势下的新举措，舍弃那些普遍性的通用做法。写出来的单位和人物，要让人一看就知道是谁，有代表性、有鲜明个性。

（3）经验效果要经得起检验。经验不能只凭借“文笔”总结，要有数据、事例以及实践效果支撑。只有思路方法，无法提供效果验证的，最多只能算是有待观察的“未来时”经验。经验材料一定要有实绩，只有这样才能站得住脚，值得推广学习。因此，在推广经验前，还要过一过群众的口碑关，看看是不是真正被群众认可，以免推广的经验

“翻车”。

经验材料的写作流程

经验材料篇幅不一定很长，但是写作流程并不简单，包括三步八个环节。

第一步：充分准备。

环节 1：定文种。完成一项重要工作，取得了一定的经验，需要总结推广时，就可以起草一份经验材料报上级知晓。经验越总结越成熟，要不断挖掘并传承经验，形成具有本单位特点的好传统。此外，上级召开各类工作交流会议时，都会要求下级以书面或口头方式进行经验交流，这时也需要使用经验材料这个文种。

环节 2：明主题。经验材料的主题不能局限在就事论事的层面，不能停留在本单位工作成果层面，而要上升到具有普遍指导意义的层面上去思考。要考虑总结提炼的经验在同类单位面对同样问题时，是否具有参考借鉴意义。

环节 3：集资料。要写好经验材料就需要广泛占有工作资料，对于这项工作涉及的各类文件，包括计划、总结、会议纪要、新闻报道、报告、讲话等都要全面搜集。要对这项工作的来龙去脉有充分把握，不仅掌握当下的情况，更要对过去有系统了解。另外，对于同类单位在同类工作中采取的做法也要积极广采博收，这对思考本单位的经验也能起到借鉴作用。

第二步：深度思考。

环节 4：找问题。经验是对困难、问题的解法，经验材料写作要有强烈的问题意识。只有针对现实问题提出的经验才是有价值的。因此，写作经验材料最核心的就是找到一个难题，并提供一套有价值的解决方法。并且，这个问题应该是具有一定普遍性的问题。要深入分析问题的主要矛盾，从主要矛盾的主要方面寻找经验的切入点。

环节 5：拓思路。经验材料的写作思路要顺着工作中实际的问题解决路径思考，不能从理论向现实推导，而要从现实向理论升华。因此，经验材料的思路是从实践调研中慢慢浮现的，可对问题解决方法进行归类，提炼出主要做法三条至五条，经验启示三条至五条，作为经验材料的主要思路。提炼的重点方向主要有三个，即提炼做法、提炼规律、提炼精神，逐级递进、不断上升。

经验材料的结构相对比较固定，直接在拟标题阶段建立写作结构即可。

第三步：精准写作。

环节 6：拟标题。经验材料的主标题写法比较多，参见下文写作模板。正文中的标题或起标题作用的段首句就是具体的经验做法和启示。这是需要深入提炼的内容，一般以复句式标题为主，能够充分表达观点。经验材料一般设两级标题，篇幅较短的只设一级标题。

环节 7：填内容。经验材料的内容主要包括思想认识、做法、成效三个要素。常见的内容表述方式有三种。一是以思想认识为主的经验表述模式。这种模式主要是写思想认识，把做法和成效置于思想认识之中。二是以做法为主的经验表述模式。这种模式以写做法和成效为主，把思想认识置于做法和成效之中。三是把做法和成效与思想认识彻底分开，变成两部分内容。

环节 8：修语言。经验材料需要理性剖析和客观陈述相结合。思想认识层面的语言需要有一定哲理性，让人读后有所反思、有所启迪。做法和成效则需要充分的事实支撑，数据要翔实客观，成果要明确可感知。

经验材料的写作模板

表 6-2　　经验材料的写作模板

标题		（1）公文式：单位名称 + 事由 + 经验介绍 （2）观点式：概括经验做法核心的一句话 （3）主副式：主标题（观点式）+ 副标题（公文式）
正文	开头	基本情况：总述工作 + 基本评价
	主体	类型一：做法成效之一、之二……+ 体会启示之一、之二…… 类型二：认识、做法、成效之一，认识、做法、成效之二……

经验材料的范文解析

深化细化全面从严治党“四责协同”机制

全面从严治党是新时代党治国理政的一个鲜明特征。习近平总书记2018年11月在上海考察时强调：“要坚持严字当头、全面从严、一严到底，严格落实管党治党责任。”全面从严治党向纵深推进，落实管党治党政治责任是关键。近年来，上海市对标对表以习近平同志为核心的党中央全面从严治党重大决策部署，探索建立全面从严治党“四责协同”机制，即党委主体责任、纪委监督责任、党委书记第一责任人责任和班子成员“一岗双责”统一联动、合力运行的责任落实机制，取得积极成效。面向未来，我们将持续深化细化全面从严治党“四责协同”机制，在思想认识、政策导向、责任目标、方法举措上突出协同，着力构建主体明晰、有机协同、层层传导、问责有力的责任落实机制，形成同心划船、同向发力的工作局面。

在思想认识上突出协同，准确把握、持续深化全面从严治党。深化细化全面从严治党“四责协同”机制，首先要在思想认识上同频共振。习近平总书记高度重视管党治党责任落实，强调“坚持行使权力和担当责任相统一”“层层传导压力，级级落实责任”“健全责任分解、检查监督、倒查追究的完整链条”等。这为我们落实管党治党责任指明了前进方向、提供了根本遵循。上海市深入贯彻落实习近平总书记重要讲话、重要指示精神和党中央决策部署，坚持把该履行的责任没有履行是失责、责任落实各自为政也是失责的理念和要求贯穿责任履行全过程，对管党治党的责任主体、内容方式、环节过程等进行系统梳理与科学安排，明确党委主体责任是根本、纪委监督责任是保障、党委书记第一责任人责任是关键、班子成员“一岗双责”是支撑，推动四个责任主体齐心协力，共同干好分内事，推动管党治党同向发力、形成合力。

在政策导向上突出协同，以管党治党责任撬动各项责任落实。深化细化全面从严治党“四责协同”机制的政策导向是鼓励奋发有为、支持担当作为、问责失职无为、惩治腐败行为，不断放大抓责任、重协同的综合效应，更好推动全局工作。上海市坚持正向激励和负面约束相统一、行使权力和担当责任相统一、划清底线和设好路标相统一，推进政治监督具体化常态化，在监督保障自贸区临港新片区、科创板、长三角一体化和浦东高水平改革开放上构建起有效的制度机制，对顶风违纪行为露头就打，探索运用一网通办、一网统管这“两张网”，破解形式主义和官僚主义发现难、定性难、根治难问题，释放乱作为不行、不作为也不行的强烈信号。同时落实“三个区分开来”要求，制定出台《上海市纪委监委关于落实“三个区分开来”重要要求营造风清气正政治生态和干事创业良好环境的若干意见》等文件，明晰担当作为与乱作为的界限，既划清底线红线，坚决查处违纪违法行为，又设好路标和指示牌，督促相关地区、部门和单位及时补齐制度短板，消除制度空白，缩小模糊地带，防止制度之间冲突，为干部干事创业提供有力制度支撑。

在责任目标上突出协同，推动管党治党从一家做到大家做、从要我做到我要做。深化细化全面从严治党“四责协同”机制的目标是构建知责明责、履责尽责、考责问责的工作闭环。在知责明责上，重点是把管党治党责任具体化、项目化，确保目标明确、主体明晰。上海市开出“问题、责任、项目”三张清单，实现管党治党“问题共同找、责任共同定、项目共同推”。在履责尽责上，重点是构建横向联动、纵向一体的责任链，确保有机协同、层层传导。上海市坚持党委统揽全局，党委书记靠前指挥，纪委在“监督”和“协助”上做好文章，为党委履行主体责任提供有效载体、当好参谋助手，推动主体责任、监督责任贯通协调、形成合力。在考责问责上，重点是形成有效的倒逼机制，确保问责有力、正向激励。上海市纪委突出发挥考核指挥棒作用，推动将“四责协同”机制推进情况纳入地区、部门和领导干部考核评价体系，作为干部选拔任用、评先评优的重要标准，同时用好问责利器，完善“一案双查”制度，把板子打到该打的人身上，以严肃问责推动真正负责。

在方法举措上突出协同，形成齐抓共管的工作格局。深化细化全面从严治党“四责协同”机制的方法举措是党委牵头抓总、当好主推手，纪委跨前一步、当好参谋助手，党委书记带头履责、当好“施工队长”，班子成员主动担责、种好责任田。上海市纪委认真贯彻《中共中央关于加强对“一把手”和领导班子监督的意见》，研究制订实施方案，明确20项具体任务举措，推动权力在正确的轨道上运行。协助党委探索建立“画像”更加精准的政治生态分析量化指标体系，对年度绩效考核、选人用人、意识形态、违纪违法案件、巡视巡察、审计等跟政治生态密切相关的数据指标进行系统整合，对地区和市级机关政治生态进行“全景式”扫描、全方位体检，既把握整片“森林”的状况，又精准找出个别“树木”存在的问题，督促地区、部门党委拿出净化政治生态的举措，共同当好政治生态“护林员”。始终保持惩治腐败的高压态势，2021 年查处市管干部严重违纪违法案件数量为近年来同期最多。同时，做好办案“后半篇文章”，用好纪检监察建议书，一个领域一个领域以案促改、以案促治，不断压缩滋生腐败的空间，努力推动“三不”一体推进取得更多制度性成果和更大治理成效，更好发挥监督保障执行和促进完善发展作用。

范文解析

这篇经验材料选取的切口很小，聚焦于“协同”上，集中写全面从严治党中“四责协同”机制的工作经验，不仅写得充实生动，还起到了“小中见大”的作用。

经验材料的主标题采取的是“观点式”标题，直接点出了“四责协同”机制，让人一看就能清楚这篇经验材料的核心。在正文中没有明确写出标题，每段的第一句话就起到标题的作用，是对深化“四责协同”机制的具体阐述。

这篇经验材料框架非常简洁。在开头之后，采取的是平行结构的写作方式，即写作模板中主体写法的“类型二”，这样写的好处是夹叙夹议，非常清晰。开头引入段直截了当地由上级精神“四责协同”落脚到自身的总体做法上，交代了文章的四大部分。紧接着，顺理成章进入经验做法段。

从思想认识，到政策导向，再到责任目标，落地到方法举措，从上至下、从理念到具体，逻辑清晰、层次明确。在每个经验做法段中，内部结构也很规整，标题句之后是“思想认识 + 做法成效”。

经验材料要坚持真实性原则，不要人为拔高，通过适当运用数据和典型例子，可以增强说服力。这篇经验材料中引用了很多具体措施，非常真实可信，比如出台《上海市纪委监委关于落实“三个区分开来”重要要求营造风清气正政治生态和干事创业良好环境的若干意见》，“2021 年查处市管干部严重违纪违法案件数量为近年来同期最多”等。

从语言表达来看，经验材料的限制相对较少，可以灵活一些，增强感染力。在这篇范文的段落中，可以看到许多提炼精到的语言表达，例如“……政策导向是鼓励奋发有为、支持担当作为、问责失职无为、惩治腐败行为”“问题共同找、责任共同定、项目共同推”，这些排比式总结，读来非常精练有力。还有比喻修辞的使用，例如“既把握整片‘森林’的状况，又精准找出个别‘树木’存在的问题，督促地区、部门党委拿出净化政治生态的举措，共同当好政治生态‘护林员’”，将地区机关比作“森林”，将每一位公务人员比作个别“树木”，将纪委监委比作“护林员”，表意生动，简单易懂。

思维导图

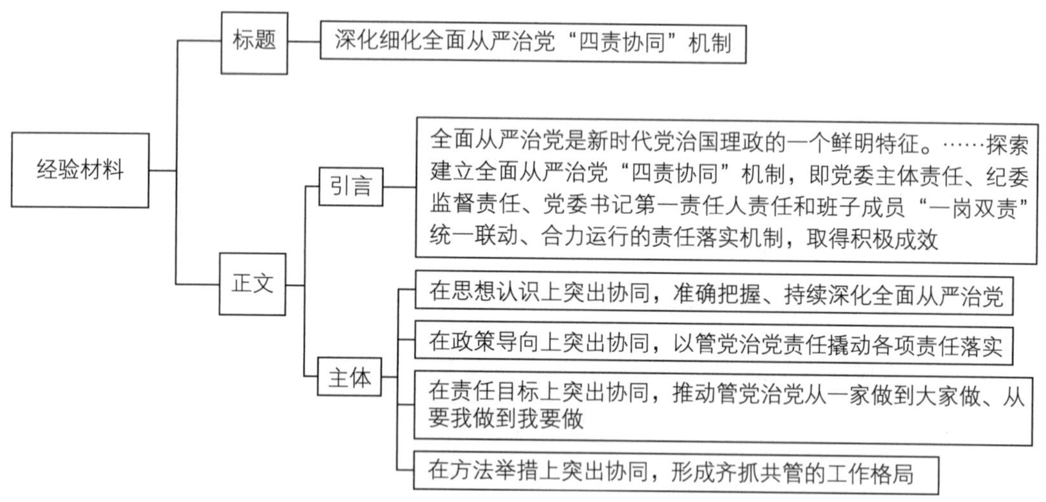

述职报告

述职报告的内涵特点

述职报告主要用于下级向上级领导、主管部门或者上级领导向下属陈述一定任职期限内履职尽责情况，是对完成工作的成绩、存在的问题缺点、主要的工作设想等进行回顾评价，做出自我鉴定的书面材料。

述职是目前政府部门、企事业单位进行干部考核的一项重要制度，述职报告也成为每年工作考核、干部职务调整、班子换届考察时的必备材料。有时也加上“述廉”二字，称为述职述廉报告，基本内涵是一样的。

需要注意的是，虽然述职报告有很多地方与工作总结中的工作是相同的，但在写作的侧重点上是不一样的。工作总结是客观全面地总结工作，述职报告则重在从自己的角度出发，陈述个人在工作中发挥的作用，表明履职尽责的能力，与本职本人无关的工作不能写进述职报告。

根据述职内容的不同，可以将述职报告分为综合述职报告和专项述职报告两类。例如，年度述职报告属于综合述职报告，抓党建工作述职报告则属于专项述职报告。从写作的基本思路方法上来看，这两类报告没有本质区别。

述职报告在写作时，需要注意把握好以下特点。

（1）准确定位，理清脉络。述职述的是个人岗位职责履行情况，而工作一般都不是靠个人单打独斗的，要紧紧围绕工作职责范围陈述业绩，自己的成绩要讲够，别人的成绩不掠美。尤其不能把集体的成绩功劳归于个人，而是要从自己在工作中发挥的作用出发，例如是决策者还是执行者，是主导还是辅助，是创新还是继承等，分清主次、把握分寸、理清脉络，确保写出来的是自己的履职情况。

（2）突出重点，写出特色。在一定时期内，开展的工作可能非常多，而述职报告的篇幅一般都有限制，要面面俱到全部写进去，必然只能点到为止，难以给人留下深刻的印象。因此，要把握工作重点，对于一般性工作一笔带过，浓墨重彩突出工作中最亮的闪光点。要注意写出自己在工作中的具体不同，描述独特优势，写出创新做法，这样才有可能在格式套路固定、千人一面的述职报告中脱颖而出。

（3）实事求是，准确评价。述职主要是对工作进行自我评价，这也是上级评定干部工作成绩和下级民主测评的重要依据。如果过度渲染工作成绩，难免给人骄傲自大的感觉，而过度谦虚又让人无法了解实情，因此，在写作时需要注意既不拔高也不贬低，表述上多用白描手法，坚持用数据、事例说话。如果工作没有数据性指标，或者难以用数据来衡量，则可用定性描述，如写工作过程的困难、采用了多少种方法、总结了什么经验等。

述职报告的写作流程

述职报告是干部在上级和群众面前亮相的重要文稿，需要下大力气好好思考写作。其写作流程包括三步七个环节。

第一步：充分准备。

环节 1：定文种。要搞清楚述职的场合、面向的对象，确定是综合述职还是专项述职，据此选用合适类型的述职报告。

环节 2：明主题。述职报告看起来主题很明确，就是汇报履职尽责情况，但那只是大方向，要确定好主题，一方面要分析上级下达文件对本次述职的有关要求，突出重点；另一方面要根据岗位职责的特点要求，确定紧扣当下时代命题、热点问题的具体主题，不能越位、更不能错位。例如主要领导要多写统筹协调、领导决策、检查督导等方面工作，副职领导则要围绕如何配合、抓细落实等方面来写。

环节 3：集资料。要做好述职，就要对上级精神和工作情况两个方面的资料做好重点搜集。如写年度述职报告，要对上级年度内下发的文件进行梳理，充分掌握上级的提法要求，为把准述职方向提供依据，绝不能在述职报告中出现沿用旧提法的低级错误。对于工作情况，要从千头万绪的工作中，围绕工作主题主线梳理出重要工作的相关材料，包括工作计划、情况报告、会议记录、通知通报等，对工作进行系统回顾。对照这些材料，才能找到述职人在这些工作中的履职情况，比如召开了什么会、主持制订了什么文件、提出了什么要求，等等。

第二步：深度思考。

环节 4：找问题。述职报告要做到以点带面、展现亮点，就要充分把握工作中的重点问题，仔细分析研究工作过程，可以从制约工作的重难点、取得突破的增长点、人无我有的创新点等方面切入。

述职报告的写作思路和结构相对比较固定，一般述职通知中都会有具体要求，找问题之后，可以直接进入拟标题阶段。

第三步：精准写作。

环节 5：拟标题。述职报告的主标题比较简单，参见下文写作模板。在正文中，一级标题是述职的主要板块划分，一般是根据上级文件要求来写，主要是从“德、能、勤、绩、廉”等方面展开，不能自行创新板块划分方式。一级和二级标题多采取复句标题形式，能够更加充分地表达思路观点。

环节 6：填内容。述职报告的内容相对比较固定，引言简要讲清楚基本的工作情况，概述总体成绩，对工作做出定性评价。主体部分，工作业绩段一般采取“思路 + 行动 + 成绩”的内容叙述方式，要写清楚如何贯彻落实上级指示精神、主持了哪些工作、创造性解决了什么情况问题、协办了哪些工作。存在问题一般列一段内容，如实反映、诚恳做出自我批评，并提出改进方向。结尾要简洁有力。

环节 7：修语言。述职报告是常规文稿，而且往往是多人一起汇报，要体现特色，除了在找问题上下功夫外，在语言上求新求变也是能够大幅提分的选择。尤其是在标题上，尽可能采取对仗、比喻、引用等方式，在正文中别出心裁地引用诗词金句，也能很好地扮靓文字。

述职报告的写作模板

表 6-3　述职报告的写作模板

标题		（1）职务 + 时限 + 述职报告 （2）时限 + 述职报告（职务、姓名写在标题下方） （3）时限 + 事由 + 述职报告 （4）述职报告（职务、姓名写在标题下方）
正文	引言	工作基本情况 + 主要成绩 + 简要评价
	主体	工作业绩 + 主要做法 + 经验体会 + 问题教训 + 努力方向
	结语	简要收尾，表达出“请领导、同志们批评指正”之意即可

述职报告的范文解析

述职报告

商务局党组书记、局长　×××

根据区委组织部《关于开展区管科级领导班子、科级领导干部2020年度考核、政治素质考察和谈心调研工作的通知》要求，现就2020年度商务局的工作情况向各位领导和同志们作如下述职，请予评议：

在区委、区政府的正确领导下，在区委组织部的关心、支持和监督下，我坚持立足商务职能，团结干群一心，瞄准工作重点，突出自身特点，深入贯彻法律法规，高效廉洁推动工作，促使全区商务工作取得了良好发展。2020年先后获得“全省利用外资先进单位”“全市开放型经济综合先进单位第一名”“全市外资招商优秀单位”“全市扩大开放工作先进单位”“全市外贸工作先进单位”“全区高质量发展考评综合先进单位”“全区招商引资特别贡献奖”“全区安全生产先进单位”等奖项，个人被评为“2019年度全市目标管理考评先进个人”。

一、积极努力学习，不断推动意识形态工作落实

（一）加强组织领导，压实政治责任。本人坚决执行党的政治纪律和政治规矩，思想上、政治上、行动上坚决同以习近平同志为核心的党中央保持高度一致，高度重视意识形态工作，把意识形态工作纳入党组工作重要议事日程。成立由我任组长的意识形态工作领导小组，实行“一把手”负总责，其他班子成员各负其责，切实担负起抓意识形态工作的政治责任和领导责任。同时将意识形态工作与业务工作同部署、同落实，切实把党务工作属性的意识形态工作与日常业务工作融通起来，做到“两不误”。

（二）深化学习教育，推进理论武装。（略）

（三）把握正确导向，积极舆论引导。（略）

二、依法履行职务，推进全区商务工作全面发展

（一）精心规划产业布局，明确招商引资新方向。我局严格贯彻落实《九江市“5＋1”千亿产业集群实施方案》，并结合我区实际，围绕新材料首位产业和电子电器、绿色食品主攻产业开展调研，研究产业分类、产业现状、产业分布及发展前景，突出首位产业首位发展，主攻产业重点发展，加快产业集聚，促使开放型经济高质量跨越式发展，促进新材料产业和电子电器产业集聚。

（二）优化招商引资方法，展现招商引资新作为。（略）

（三）健全项目推进机制，确保项目建设新成效。（略）

（四）坚持产业转型升级，确保招商引资新质量。（略）

（五）持续突出绿色环保，打造招商最美新岸线。（略）

（六）着力盘活闲置资源，提升工业园区承载力。（略）

（七）积极参与中心任务，推动各项工作再上新台阶。（略）

（八）增强依法行政意识，坚决维护法律尊严。（略）

（九）强化安全防范意识，树立安全底线思维。（略）

三、抓好班子，带好队伍，树立商务良好形象

为了打造一支“忠诚、担责、拼搏、创新”的商务队伍，一年来，通过建立健全各项管理制度，对局班子成员的思想、作风、纪律进行了全方位约束。同时改进领导方法，引导大家不断加强学习，努力提高领导艺术和领导水平，进一步增强班子的凝聚力和战斗力。在中层干部建设上，通过调整班子成员分工，使其知识结构、专业结构得到最大的优化，现人力资源的优化配置大大激发了干部的积极性。在一般干部调整上，我尽力做到促进人员合理流动，通过一年坚持不懈地加强班子和队伍建设，为全区商务事业的发展提供了强有力的组织保障，树立了较好的商务形象。

四、廉洁自律守纪，互融共进勤政廉政

我在整体工作部署上，按照“一岗双责”的要求，明确“两个责任”清单，加强开展党风廉政教育，始终把党风廉政建设当作商务局工作的重中之重，在具体操作上，我力求做到带头守纪，以身作则，以“三律”约束自己：一是按守则自律，上级规定不准做的我绝对不做，上级要求达到的我尽力达到，不违章、不违纪，更不违法，力争做一个称职的带头人。二是用制度自律，我严格按区委、区政府及本局制定的廉政措施办事，在各种重大问题上都经局党组或局长办公会研究决定，不搞“一言堂”，力求秉公办事。特别是在财经管理上自觉接受群众监督，不直接管理财务支出，分管财务领导每月将重大财务支出向局长办公会汇报，对于重大财务支出，都是经局长办公会决定后实施。三是以“局长”自律，一局之长应该是本局干部职工的表率，因此我在考虑问题和处理事情时，凡要求群众做到的，自己先做到，不以“局长”自居，但以“局长”自律，讲奉献，珍惜党和人民给予的荣誉和权力，较好地发挥了示范作用，促进了全局党风廉政建设工作的不断加强。

五、正视问题，克服不足，全力抓好商务工作

今年的工作，有所得也有所失，不足之处主要表现在四个方面，也是本人今后努力的方向。一是认识水平有待提高，特别是对工作中可能出现的新问题和新困难，从整体上把握不够，工作的预见性不强，同时，处理事情有简单化的情况。二是充分发挥全体干部的积极性不够，未全部发挥班子及全体干部的主动性、积极性和创造性。三是落实制度力度不够，有流于形式的地方。四是自身综合素质和领导艺术与水平还有待于增强和提高。

针对以上不足，在今后的工作中我将从以下方面努力：

（一）进一步增强学习的自觉性和主动性，通过政治理论和业务学习不断提高自身的理论素质和业务素质。

（二）进一步增强发展意识，改进工作方法，提高认识水平，从整体上把握，增强工作的预见性。

（三）进一步加强班子建设，统一思想，改进作风，创新举措，充分调动班子成员的积极性、创造性和工作的主动性，增强班子的凝聚力和战斗力。

（四）强化管理，进一步完善机关管理制度，特别是在执行落实各项制度上加大力度。

（五）进一步深入实际，多做调查研究工作，上为区委、区政府决策当好参谋，下为企业和职工排忧解难，为助推项目大会战、促进全区开放型经济高质量跨越式发展贡献全部力量。

以上报告，敬请领导和同志们评议，欢迎对我的工作提出宝贵意见，并借此机会向一直关心、支持和帮助我的各位领导、同志们表示诚挚的谢意。

2021 年 3 月 5 日

范文解析

这篇述职报告是按照标准的述职报告模式进行写作的。作为内部使用材料，主标题直接用最简单的“述职报告”四个字，职务和姓名在标题下方注明即可。

整篇述职报告包括三大板块。第一板块是引言，包括第一段和第二段，说明了述职依据、工作思路与成效，写明了单位与个人所获得的相关奖励名称。第二板块是主体内容，分为五个部分，分别是学习情况、履职情况、队伍建设、廉洁自律、存在问题及改进方向。其中，履职情况是重点，用了九个段落进行阐述。第三板块是结尾，表达感谢、言简意赅收尾，没有多余的废话。

正文中一级和二级标题采取的是复句标题形式，用“行动 + 结果”的句式，能够清晰地说明工作思路。段落内容陈述中，以思路认识开场，以具体工作事例和数据作为支撑，内容具体翔实。对于部分实在没有明确指标结果的工作，如“产业转型升级”工作，以工作举措陈述为主。

整篇述职报告结构清晰，逻辑性强，语言准确简明、务实得体，值得学习。

思维导图

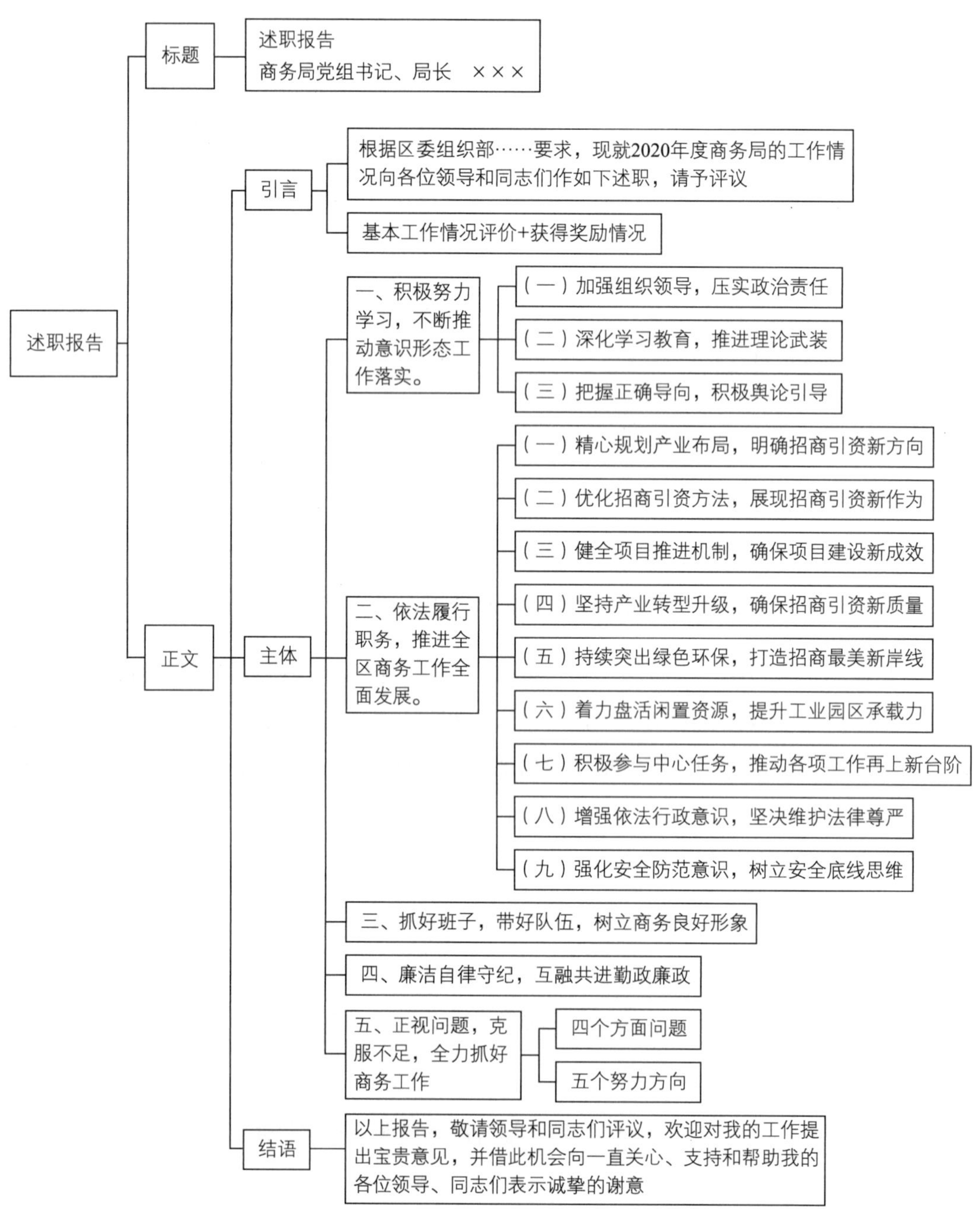
述职报告
标题
述职报告
商务局党组书记、局长 ×××
正文
引言
根据区委组织部……要求，现就2020年度商务局的工作情况向各位领导和同志们作如下述职，请予评议
基本工作情况评价+获得奖励情况
主体
一、积极努力学习，不断推动意识形态工作落实。
（一）加强组织领导，压实政治责任
（二）深化学习教育，推进理论武装
（三）把握正确导向，积极舆论引导
二、依法履行职务，推进全区商务工作全面发展。
（一）精心规划产业布局，明确招商引资新方向
（二）优化招商引资方法，展现招商引资新作为
（三）健全项目推进机制，确保项目建设新成效
（四）坚持产业转型升级，确保招商引资新质量
（五）持续突出绿色环保，打造招商最美新岸线
（六）着力盘活闲置资源，提升工业园区承载力
（七）积极参与中心任务，推动各项工作再上新台阶
（八）增强依法行政意识，坚决维护法律尊严
（九）强化安全防范意识，树立安全底线思维
三、抓好班子，带好队伍，树立商务良好形象
四、廉洁自律守纪，互融共进勤政廉政
五、正视问题，克服不足，全力抓好商务工作
四个方面问题
五个努力方向
结语
以上报告，敬请领导和同志们评议，欢迎对我的工作提出宝贵意见，并借此机会向一直关心、支持和帮助我的各位领导、同志们表示诚挚的谢意

调查报告

调查报告的内涵特点

调查报告是对事物客观情况进行深入调查，对调查情况进行系统分析研究后，探索规律、揭示本质或总结经验的公文。调查报告在实际工作中也常被称为调研报告。

没有调查就没有发言权。通过调查掌握真实情况，用科学严谨的调查报告为决策判断提供依据，这是各级党政机关开展工作的优良传统和基本方法。

根据调查内容的不同，调查报告大致可以分为两类，分别是总结经验的调查报告和分析问题的调查报告。说明一下，常见的事故调查报告也属于分析问题的调查报告，国务院发布的《生产安全事故报告和调查处理条例》中有规定，必须按照特定的内容模块撰写，与此处分析的常用调查报告有一定区别，在此不作重点讨论。

要写出高质量的调查报告，需要注意把握以下特点。

（1）没有调查就没有报告。没有深入的调查研究，就不可能写出真正有价值的调查报告。“巧妇难为无米之炊”，凭借所谓的“笔杆子”闭门造车是写不出好报告的。对于调查报告的写作过程来说，“功夫在诗外”，要把重点放在调查阶段，在充分掌握各种材料的基础上，经过系统科学的研究分析，才能找准核心问题，提炼关键做法或提出好的意见建议。

（2）调查目标的指向明确。调查不能走马观花，要下马看花。要切实明确调查不是可有可无的锦上添花，而是科学决策的必要前提。每次调查都应奔着现实问题去，调查报告的撰写要奔着解决问题去。不能是调查做了很多，而工作没有丝毫提升，那样调查就变成了劳民伤财、形式主义的走过场。

（3）调查研究要实事求是。去粗取精、去伪存真、由此及彼、由表及里，这是调查研究的十六字箴言。调查研究要有实事求是、科学严谨的态度，面对问题不能文过饰非，挖掘经验不能随意拔高。只有一切从实际出发，写出的调查报告才对工作有帮助、对事业发展有促进作用。

调查报告的写作流程

调查报告的写作不是单纯的写作过程，而是调查活动与写作活动交织进行。其写作流程包括三步八个环节。

第一步：充分准备。

环节1：定文种。根据现实工作情况，需要总结经验、查找分析现实问题，或情况不明时，可以选派精干人员开展调查研究，撰写调查报告，主要目的是为领导决策提供扎实可靠的信息依据。

环节2：明主题。调查报告的主题需要在开始调查前确定好。一般来说调查的主题有三个选题方向：一是从上级精神中获取选题，每当上级出台新政策、做出新决策时，可结合本地、本单位实际找选题，通过调查报告反映情况，助力政策决策落地；二是从矛盾热点中获取选题，工作中的敏感问题、突出矛盾都是选题的好方向，可通过分析研究问题为领导提供决策参考；三是从先进经验做法中获取选题，可通过调查研究提炼经验做法、获得经验启示。与其他公文材料写作不同，在确定主题之后，调查人员还要根据主题撰写调查提纲，主要是围绕调查主题细化调查问题，这是开展调查的基本依据。

环节3：集资料。调查报告的资料，包括调查前的资料准备、调查中的资料搜集和调查后的资料再搜集。调查前的资料准备，主要包括对调查主题理论上的准备，通过理论文献和工作材料的梳理，初步定位调查对象的发展状态，为开展调查打下基础。调查中要注意对各种现实素材资料的搜集，常采用座谈、搜集相关文件、实地考察等方法。调查后要根据调查获得的新情况、发现的新问题，再进行一轮理论和实践资料补充，为深入思考提供更翔实的资料基础。

第二步：深度思考。

环节4：找问题。调查报告写作的找问题分两个阶段。第一阶段是调查过程中通过实地调查、召开座谈讨论会、蹲点常驻调查等方法，在实际接触过程中，与调查对象碰撞讨论分析，找到真实的问题。第二阶段是调查过程结束后，在对调查资料和相关材料的整理过程中，认真研究、探索分析，从更高维度审视，发掘深层问题和本质规律。

环节 5：拓思路。调查报告基于现实问题进行分析研究，同时又应超越现实问题，得出新的观点和思路。经验调查要能提炼出更加具有普遍性意义、便于推广的经验做法；问题和情况调查则需要跳出现象层面，把思路链接到更优化的解决方案上。这就需要在理论与实践之间搭建桥梁，提出更好的解决方案。

调查报告的结构相对比较固定，直接在拟标题阶段建立写作结构即可。

第三步：精准写作。

环节 6：拟标题。调查报告的标题要体现调查得出的观点与结论，因此主标题一般会用观点或方法作为标题。也可采用公文式主标题，在“事由”中说明调查的核心主题。调查报告的正文，一般设两级标题。标题形式根据调查报告的不同类型有所区别，总结经验的调查报告一般分基本情况、典型做法、取得成效、经验启示四大板块，多用复句标题，呈现更多的做法与成效；分析问题或反映情况的调查报告一般分基本情况、问题分析、对策建议三大板块，多用单句标题，更加简洁明了，说明情况不拖泥带水。

环节 7：填内容。调查报告的段落逻辑是“观点 + 事例”。内容以事实材料为主，事实材料中的数据、案例等是主要内容。要精心选材，用真实且具有典型性的材料支撑调查研究得出的观点。在行文过程中，常采用对比分析的方式，通过正反举例、历史现实对比、点面结合对比等方式，增强内容的可信度。

环节 8：修语言。调查报告的表达多采取夹叙夹议的方式，语言充满逻辑性。同时，也要注意不能用太过生涩的理论术语，要写得通俗易懂。为了展现调查报告接地气、真正来自一线的特点，还应在调查报告中多运用群众语言、俚语俗语等，增强报告的鲜活性。引用诗句、经典词句也是提升调查报告语言艺术性的重要方法。

调查报告的写作模板

表 6-4 调查报告的写作模板

<table>
<tr><td colspan="2">标题</td><td>（1）观点式：一句话概括调查报告核心主旨
（2）公文式：单位名称 + 事由 + 调查报告
（3）主副式：（主）观点式标题 +（副）公文式标题</td></tr>
<tr><td rowspan="3">正文</td><td>引言</td><td>（1）调查基本情况（起因目的、时间地点、对象范围、方法步骤）+ 调查对象情况 + 调查基本结论
（2）简要概述情况，直接引入主体内容</td></tr>
<tr><td>主体</td><td>（1）调查得出的基本事实或主要情况
（2）归纳提炼经验做法
（3）总结问题教训
（4）抽象出来的规律启示
总结经验的调查报告：（1）+（2）+（4）
分析问题的调查报告：（1）+（3）+（4）</td></tr>
<tr><td>结语</td><td>总结全文、深化主旨、展望前景
（主体讲清楚了，也可不写）</td></tr>
</table>

调查报告的范文解析

扛起主体责任 汇聚各方力量 推动税务系统党建工作创新发展
——税务总局“纵合横通强党建”工作机制的调研报告

中央组织部组织二局

税务系统有总局和省、市、县局以及分局（所）五级机构，全国共有 4 万多个基层党组织、50 多万名党员、70 多万在职干部职工，队伍大、层级多、战线长，抓好党建、带好队伍、干好税务的任务繁重。税务总局党委认真贯彻习近平总书记关于“要在带好队伍上下功夫”的重要指示精神，以构建“纵合横通强党建”工作机制为抓手，全面提升税务系统党的建设质量，推动税务队伍建设和税收事业发展取得积极成效。

一、主要做法

为了加强税务系统党建工作，税务总局从 2016 年开始探索实行“纵合横通强党建”工作机制。2018 年国税地税征管体制改革后，税务系统党的建设面临新的形势任务和挑战。省级以下国税地税机构合并，队伍规模扩大、构成更加复杂，大幅精简编制、消化超配领导干部涉及人员多，税收职能扩充、服务管理对象激增，执法和廉政风险加大，大规模减税降费、个人所得税制改革、深化税收征管改革等多项重大改革任务叠加，工作要求高、推进难度大，税务系统“事合、人合、力合、心合”的任务十分紧迫。面对这些复杂状况，税务总局党委认识到，打造过硬税务铁军离不开强有力的党建工作，推动税收改革发展必须依靠更加有力的党建工作保驾护航，只有把党建工作抓实抓好，才能把队伍带好、把工作干好。同时，税务总局党委也看到，党建工作中还存在不少短板和薄弱环节，各级税务局党组改设党委后承担党建主体责任，党组织关系实行属地管理，上级税务局与地方“两边管、两难管”问题进一步凸显；系统管理链条长，责任压力传导容易层层递减，内部相关部门抓党建职责分散，党建与业务融合不够，引领保障中心工作的成效需进一步提升。

针对这些情况和问题，税务总局党委对照新时代党的建设总要求和新时代党的组织路线，在总结以往经验的基础上，按照“条主责、块双重，纵合力、横联通，齐心抓、党建兴”的思路，调整完善“纵合横通强党建”工作机制，纵向上推动形成系统上下级、系统与地方抓党建的“两个合力”，横向上推动党建与党风廉政建设、机关党建与系统党建、党建与干部人事、党建与执法监督及内控、党建与干部教育培训、党建与绩效管理、党建与税收业务等实现“七个打通”，为顺利完成各项任务提供坚强组织保证。

（一）健全抓税务系统党建的责任体系，强化“纵合”的效果。针对税务系统党建“条”上责任落实不到位、与“块”上结合难的问题，税务总局党委坚决扛起主体责任，以落实党建责任为着力点，健全工作链条、逐级压实管党治党政治责任，加强条块协同、推动建立齐抓共管工作格局。

一方面，坚持上下联动，增强“条主责”的政治担当。一是清单式明责。税务总局党委制定《税务系统落实全面从严治党主体责任和监督责任实施办法（试行）》，逐一明确各级税务局党委、党委书记、党委委员、党建工作职能部门等8类责任主体抓党建的110条261项责任事项，做到主体、方式、对象、措施“四明确”。省级以下各级税务局结合实际细化制定责任清单、任务清单，确保党建工作各项任务到岗到人。二是精细化履责。（略）三是全方位督责。（略）

另一方面，以主动促协同，发挥“块双重”优势共抓党建。一是主动接受地方党委领导。（略）二是主动对接党建工作任务。（略）三是主动服务地方经济社会发展大局。（略）

（二）推动税务系统党建工作机制集成创新，实现“横通”的目标。着眼于解决系统相关部门抓党建配合不够、党建与业务工作融合不紧的问题，税务总局党委坚持系统观念和整体思维，健全统筹党建任务、工作力量的制度机制，紧紧围绕税收改革发展同步谋划推进党建工作，增强党建整体功能、形成集成效应，推动税收事业始终沿着正确方向稳步迈进。

一方面，健全工作体系，实现同向同步发力。（略）

另一方面，突出党建与业务融合，在同频共振中提质增效。（略）

（三）在税务系统党建基础建设上持续用劲，夯实“强党建”的工作支撑。（略）

二、主要成效

“纵合横通强党建”工作机制已经成为推动税务系统党建工作高质量发展的有力抓手，为高质量推进新时代税收现代化提供坚强保障、注入强劲动力。各级税务部门普遍感到，抓党建尝到了甜头，干得越来越有劲头。

（一）有力促进了税务系统党的建设全面加强。（略）

（二）有力保障了税收改革发展任务的圆满完成。（略）

（三）有力锻造了忠诚干净担当的税务干部队伍。（略）

三、经验启示

税务总局党委通过构建“纵合横通强党建”工作机制，探索出一条契合实际、务实管用的管党带队治税新路径，为各级机关在新时代坚持党的领导、加强机关党的建设提供了有益启示。

（一）必须着眼于坚持和加强党的全面领导、促进机关治理和事业发展，高位推进机关党建工作。习近平总书记指出，“机关党的建设是机关建设的根本保证”“中央和国家机关党的建设必须走在前、作表率”，这都要求我们把机关党建始终摆在重要位置。税务总局党委深入学习贯彻习近平总书记重要指示批示精神，深刻把握新形势下机关党建的使命任务，把机关党建作为建设政治机关、完善机关治理、凝聚职工群众、推动改革发展的坚强保障，统筹推进税务系统党的建设和其他各项工作，取得了实实在在的成效。实践证明，只有站在政治和全局的高度认识和把握机关党建各项工作，把政治标准和政治要求贯穿始终，把服务中心工作和促进事业发展贯彻全程，才能实现从“被动抓”向“主动抓”、从“应付抓”向“深入抓”转变，推动机关党建高起点谋划、高标准推进、高质量落实，有为有位、彰显价值。

（二）必须树立系统观念、加强整体建设，推动形成各负其责、各方协同、统筹推进的机关党建工作格局。（略）

（三）必须坚持常抓不懈、常态长效，不断健全持续推进机关党建工作的制度机制。（略）

（四）必须聚焦突出问题、精准发力，推动机关党建工作创新发展。（略）

范文解析

该篇调研报告属于总结经验类，即对税务总局在党建工作上的突出成绩做出经验总结，以此推动相关工作。

调研报告篇幅较长，内容非常丰富。引言较短，简要介绍了形势背景和工作成效后就进入主体内容。

主体内容包括三个部分，即主要做法、主要成效和经验启示。结合调查得到的实际情况，对税务总局调整完善“纵合横通强党建”工作机制的经验做法展开分析。

第一部分是主要做法，提炼自调研的事实，是可供其他单位重点参考的内容。这一部分包括三项措施，每段按照“主旨句（标题）+ 具体思路 + 具体做法”的模式进行论述呈现，清晰明了，内容写得很翔实。

第二部分是主要成效，从“税务系统党的建设”“税收改革发展任务”“税务干部队伍建设”三个方面展开。三个“有力……”的句子简明扼要地说明了税务系统各项工作的成效，段内的结构是“主旨句（标题）+ 具体做法 + 取得成效（量化 / 典型案例）”。

第三部分是经验启示，分为四个段落，每个段落都是按照“主旨句（标题）+ 引用权威 + 工作成果 + 启示”的方式进行写作。对实践得来的做法经验又进行了理性升华，便于其他单位参考学习。

这篇调研报告没有专门的结尾，正文写完即结束。这篇调研报告站位高、落点实，是值得学习借鉴的典范。首先，选题精准切口小，只从“工作机制”这一个点切入，具有非常明确的调研目标，因此，成文之后的指导性也非常强。其次，做法提炼聚焦准，针对性地提出“事合、人合、力合、心合”的任务，从而引出后续的主要成效和经验启示，经验启示是直接围绕解决前述问题总结出来的，非常有针对性。再次，上级精神和本组织的成效、启示紧密契合，理论阐述和具体论述没有出现两张皮的情况。最后，在语言表达上，全篇没有一句废话、车轱辘话，简洁明快，标题既总结准确又非常平实，没有硬凑对仗。

思维导图

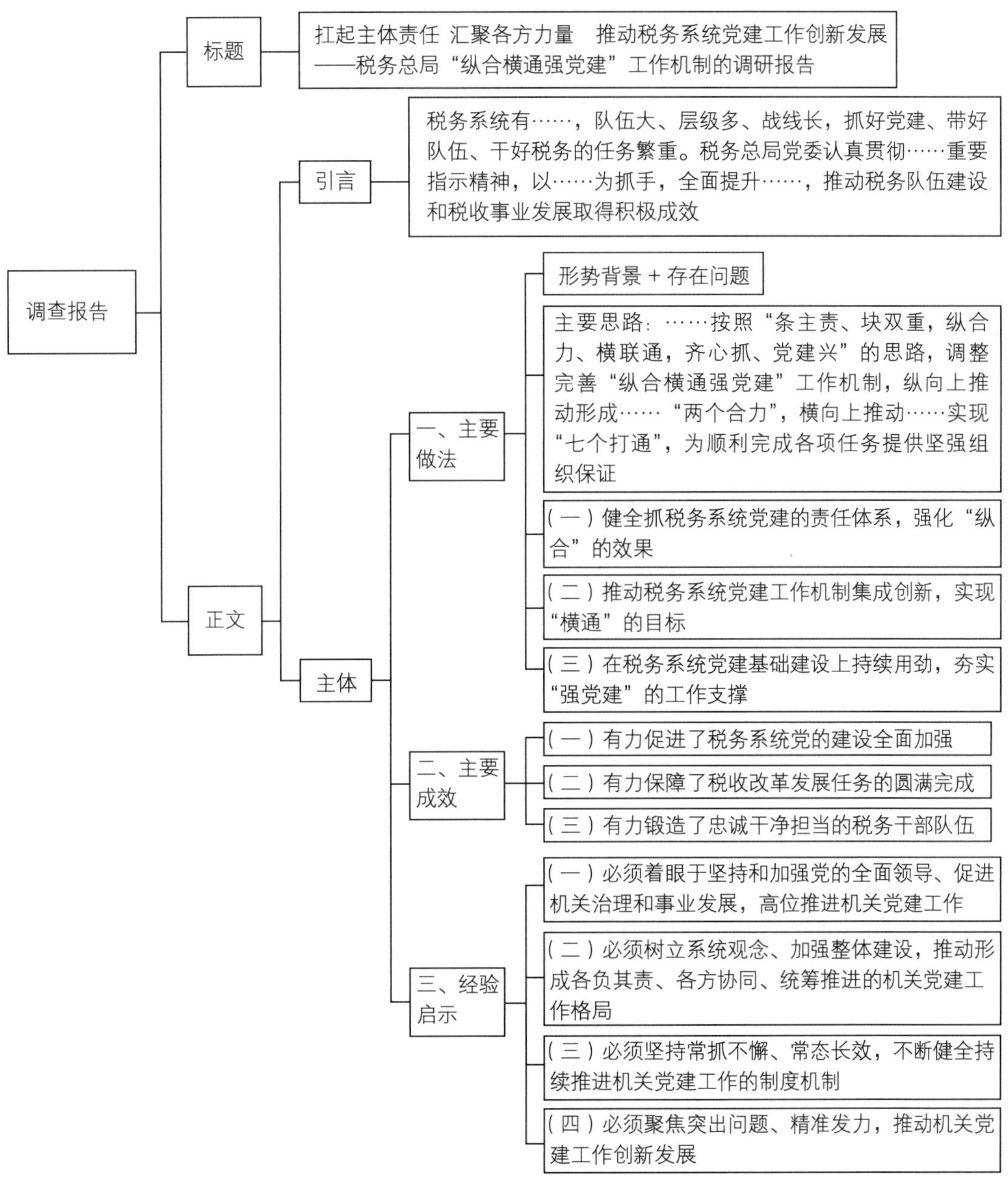
调查报告
标题
打起主体责任 汇聚各方力量　推动税务系统党建工作创新发展
——税务总局“纵合横通强党建”工作机制的调研报告
正文
引言
税务系统有……，队伍大、层级多、战线长，抓好党建、带好队伍、干好税务的任务繁重。税务总局党委认真贯彻……重要指示精神，以……为抓手，全面提升……，推动税务队伍建设和税收事业发展取得积极成效
主体
一、主要做法
形势背景 + 存在问题
主要思路：……按照“条主责、块双重，纵合力、横联通，齐心抓、党建兴”的思路，调整完善“纵合横通强党建”工作机制，纵向上推动形成……“两个合力”，横向上推动……实现“七个打通”，为顺利完成各项任务提供坚强组织保证
（一）健全抓税务系统党建的责任体系，强化“纵合”的效果
（二）推动税务系统党建工作机制集成创新，实现“横通”的目标
（三）在税务系统党建基础建设上持续用劲，夯实“强党建”的工作支撑
二、主要成效
（一）有力促进了税务系统党的建设全面加强
（二）有力保障了税收改革发展任务的圆满完成
（三）有力锻造了忠诚干净担当的税务干部队伍
三、经验启示
（一）必须着眼于坚持和加强党的全面领导、促进机关治理和事业发展，高位推进机关党建工作
（二）必须树立系统观念、加强整体建设，推动形成各负其责、各方协同、统筹推进的机关党建工作格局
（三）必须坚持常抓不懈、常态长效，不断健全持续推进机关党建工作的制度机制
（四）必须聚焦突出问题、精准发力，推动机关党建工作创新发展

工作报告

工作报告的内涵特点

工作报告主要用于机关、企事业单位、人民团体等的阶段性（一年、一届任期等）大会，一般是由主要领导进行口头报告的综合性总结公文材料，例如党代会、人代会、职代会等重要会议都需要有工作报告。

工作报告的内容包括对前一阶段工作情况的系统总结，对下一阶段工作任务的部署，涵盖了总结报告和计划谋划两大类公文内容。从作用来看，工作报告属于承上启下的重要文稿，层次较高、涵盖面广、内容丰富、指导性强。

工作报告作为涵盖全面工作的公文材料，在写作过程中需要把握以下特点。

（1）深入研究、推陈出新。工作报告作为阶段性大会的公文材料，很容易出现的问题就是“年年岁岁花相似”。例如年度工作报告，一个单位每年的工作总体上来看都比较类似，要想写出新意、写出彩，就要求工作报告的起草者不能坐在办公室里写稿子，而要进行深入的调查研究。只有对本单位工作面临的新形势、遇到的新情况、拿出的新做法，做到心中有数，这样才能探索出符合本单位的规律特点，提出新的思路做法。

（2）全面真实、突出重点。工作报告作为每个单位分量最重的一份公文材料，涉及面非常广，切忌写成流水账、大杂烩。要在有限的篇幅内把各方面的工作都容纳进来、不能遗漏，既要分析当下，又要谋划未来，需要详略得当、重点突出。讲成绩不能夸大其词，布置工作不能好大喜功。客观全面地认识现状，才能突出重点、搞好谋划。

（3）吃透两头、胸有全局。吃透两头是要对上情和下情都有充分把握，起草工作报告需要跳出本单位视角局限，从全局的视角来审视，才能真正找准方向。把上级机关的精神与下级机关的需求结合好，把当前与长远结合好，从单位实际和群众的需要出发，谋划发展、规划工作。

工作报告的写作流程

工作报告作为日常工作中分量极重的文稿材料，内容非常丰富，写作流程也比较复杂，包括三步九个环节。

第一步：充分准备。

环节 1：定文种。工作报告一般在会议召开前就会启动起草工作，成立写作小组，根据会议的要求，开展工作报告的准备工作。

环节 2：明主题。主题作为工作报告的内核，来自对上级精神和领导要求的深刻把握，对当前工作重点的深入分析，以及对工作发展趋势的准确研判。工作报告主题一般会在起草小组会议上通过共同研究分析提出，报领导认可后确定。

环节 3：集资料。起草工作报告需要做充足的调查研究工作，一方面是充分了解已经完成和当前正在开展的工作，除了充分搜集整理工作相关资料数据，有条件的还要深入一线，与工作推动者进行交流探讨；另一方面要对下一步工作的研究资料进行细致搜集，充分掌握上级政策精神和理论前沿，有条件的可以征求各部门领导和各领域专家的意见，确保提出的发展方向、对策措施建立在可靠基础之上。

第二步：深度思考。

环节 4：找问题。工作报告要从两个方面找问题。对于上一阶段工作，要从亮点经验上挖掘，从重点工作、出彩的工作中深度挖掘经验做法，这是总结部分的重点。对于下一阶段工作，则要从上级指示精神、时代背景、发展趋势等方面综合考虑，找到工作的新抓手，发现新的增长点、突破口。

环节 5：拓思路。对于已完成现有工作的总结，要根据实际工作情况归类整理，客观真实地提炼出现有工作思路。拓思路的难点在于下一阶段工作计划部分。要在对形势准确分析的基础上，对未来的工作重点、要点、难点进行预判分析，得出工作的轻重缓急、先后次序，进而理清下一步工作的计划思路。

环节 6：理结构。工作报告的整体板块，一般分为两部分，即总结板块和计划板块。

这两个板块一般总体结构采取的都是并联金字塔结构，把工作主要成绩、主要做法、未来规划的工作重点，按照重要程度依次展开。

第三步：精准写作。

环节 7：拟标题。同样的工作报告，大框架结构、工作内容基本是一致的，比如政府工作报告。体现工作思路、展现创新思想的关键在于标题。好的工作报告标题能够提炼出非常好记忆的词语，比如下面范文中合肥市政府工作报告，工作成绩是“七个新”，经验是“六个聚力”，主要任务是“七个城”。这些从标题中提炼出来的词，体现了清晰的思路。对于二级标题，工作总结部分多采用“做法 + 成效”或“成效”的写法，工作规划计划部分多采用“做法 + 目标”或“目标”的写法。正文内一般不用序号标识三级标题。

环节 8：填内容。在工作报告具体段落内容的写作上，不同的板块有各自特定的内容写法，有一些还有固定句式。比如政府工作报告中，就包括导语句、工作总结定性句、工作总结部署句、命令要求希望句、强调句、礼仪句、引出工作不足句、总分句、表态句、倡导号召句等。这些固定句式是内容的具体约束条件。在段内具体内容写作时，一般按照清单体写作，需要对工作按照重要性程度进行排序。

环节 9：修语言。工作报告是一种陈述性公文，这就决定了总结性工作报告的语言表达方式应该以叙述为主，其中的部分内容也可用说明、议论或抒情。工作报告虽然是领导在大会上念出来的，但作为非常严肃的会议公文，须以书面语为主，切忌语言表述口语化、随意化。

工作报告的写作模板

表 6-5　　工作报告的写作模板

<table>
<tr><td colspan="3">标题</td><td>（1）主副式：（主）概括工作报告核心主旨
——（副）时间 + 在 ×× 会议上 +×× 报告
（2）简洁式：时间 + 工作报告</td></tr>
<tr><td rowspan="4">正文</td><td colspan="2">引言</td><td>按照以往此类会议工作报告通用开场白撰写即可</td></tr>
<tr><td rowspan="2">主体</td><td>上一阶段工作情况</td><td>工作整体完成情况 + 工作主要成绩 + 主要做法（措施 + 成效）+ 表达感谢 + 存在问题概述</td></tr>
<tr><td>下一阶段工作计划</td><td>形势背景分析 + 工作目标 + 工作思路 + 主要工作安排</td></tr>
<tr><td colspan="2">结语</td><td>号召与希望</td></tr>
</table>

工作报告的范文解析

政府工作报告

——2022 年 1 月 10 日在合肥市第十七届人民代表大会第一次会议上

市长　×××

各位代表：

现在，我代表市人民政府向大会报告工作，请予审议，并请政协委员和其他列席人员提出意见。

一、2021 年和本届政府工作回顾

2021 年是党和国家历史上具有里程碑意义、可以载入史册的一年，也是合肥发展史上不平凡的一年。全市上下坚持以习近平新时代中国特色社会主义思想为指导，深入贯彻党的十九大和十九届历次全会精神，深入贯彻习近平总书记考察安徽重要讲话指示精神，在省委省政府和市委的坚强领导下，坚持稳中求进工作总基调，统筹疫情防控和经济社会发展，扎实做好“六稳”“六保”工作，苦干实干、难中求成，较好完成市十六届人大四次会议确定的目标任务，实现“十四五”良好开局。预计，地区生产总值突破1.1万亿元、增长9%左右，一般公共预算收入增长10.7%，规上工业增加值增长19%左右，固定资产投资增长3.5%左右，社消零总额增长13%左右，进出口总额增长30%以上，城镇登记失业率下降2.81%，城乡居民人均可支配收入增长10%以上。

（一）科技创新取得新成果。全力服务保障“国之重器”，量子创新院1号科研楼、聚变堆园区全面建成，大健康研究院、先进计算中心正式运行，先进光源、量子精密测量实验设施纳入国家规划。中科大高新园区投入使用，“科大硅谷”有序推进。出台科技创新条例，设立合肥科技创新日，组建科创集团，举办首届中国（安徽）科交会，合芜蚌国家科技成果转移转化示范区获批建设，超导、加速器、大功率微波等技术加速产业化。国家高新技术企业净增1200户以上，技术合同交易额突破700亿元，全社会研发投入强度达3.5%。量子信息技术保持国际领先，“人造太阳”刷新世界纪录，年度国家十大科技重大突破合肥独占四席，拉曼光谱等11项成果荣获国家科学技术奖。

（二）产业升级实现新突破。（略）

（三）改革开放增添新活力。（略）

（四）城市建设展现新形象。（略）

（五）乡村振兴迈出新步伐。（略）

（六）生态环境得到新改善。（略）

（七）民生福祉获得新提升。（略）

过去的一年，我们大力弘扬伟大建党精神，扎实开展党史学习教育。强化依法行政，办理行政复议案件507件，行政机关负责人出庭应诉率达100%，全面完成交通运输等五大领域综合行政执法体制改革，法治政府建设连续12年全省第一。自觉接受市人大和市政协监督，办理人大代表议案和建议313件、政协委员提案485件，提请市人大审议地方性法规草案5件、制定修改废止政府规章6件。坚持全面从严治党，加强党风廉政建设，整治形式主义官僚主义，巩固精文减会成果，压缩一般性预算支出，严格审计监督，政治清明、政府清廉、干部清正的良好生态不断优化。

本届政府以来的四年，我们面对复杂多变的宏观环境和艰巨繁重的改革发展任务，真抓实干、争先创优，经济社会发展取得显著成绩。

——我们聚力提高发展质量，综合实力持续壮大。地区生产总值突破万亿，高新区、经开区综合实力位居全国前列，新站高新区成为世界级新型显示产业基地，安巢经开区加速建设，蜀山经开区晋升国家级。肥西、肥东、长丰全国百强县位次不断前移，巢湖、庐江全省十强位次巩固提升。包河、庐阳、蜀山成为“千亿区”，瑶海发展跑出“加速度”。系统推进综合性国家科学中心建设等 8 项工作 13 次获国务院通报激励。四年来，我们坚定践行新发展理念，经济总量连续跨越，质量效益稳步提高，青春合肥恰是风华正茂！

——我们聚力塑造创新优势，产业能级持续跃升。（略）

——我们聚力推进改革开放，发展活力持续释放。（略）

——我们聚力推动融合发展，城乡面貌持续改善。（略）

——我们聚力生态文明建设，环境质量持续向好。（略）

——我们聚力发展社会事业，民生福祉持续增强。（略）

四年来的变革是深层次的，四年来的成就是全方位的。这是习近平新时代中国特色社会主义思想科学指引的结果，是省委省政府和市委坚强领导的结果，是市人大依法监督、市政协民主监督、社会各界大力支持的结果，是全市人民团结奋斗、顽强拼搏的结果。在此，我代表市人民政府，向辛勤奋战在各个领域、各个岗位的全市人民，向驻肥人民解放军、武警官兵、公安干警、消防救援队伍指战员和中央驻肥单位，向各民主党派、工商联、无党派人士、各人民团体和社会各界人士，向所有关心支持合肥改革开放与现代化建设的海内外朋友，表示衷心的感谢和崇高的敬意！

我们也清醒地认识到，发展中还面临不少困难和挑战。城市能级不够高，辐射带动力和承载力还不强。战新产业不够大，现代服务业发展不充分，科技成果“三就地”水平亟须提升。农村集体经济仍较薄弱，农业质量效益还不高。巢湖综合治理仍需持续攻坚，农业面源污染治理不快。大城市精细化管理水平亟待提升。教育、医疗、养老、托育等优质公共服务供给不足。干部综合能力和专业水平仍需补课充电，整治形式主义官僚主义、政府廉政建设仍需久久为功。对此，我们一定要敢于直面问题，切实解决问题，绝不辜负党和人民的期待！

二、今后五年的奋斗目标和主要任务

今后五年是合肥高质量发展再上大台阶的关键时期，市第十二次党代会描绘了未来发展宏伟蓝图，我们必须以更加饱满的激情和更加昂扬的斗志，走好赶考路、奋进新征程、交出好答卷。我们要胸怀大局、把握大势，在应对变局中创造更多“合肥奇迹”。我们要勇担使命、奋勇争先，在砥砺前行中再现更多“合肥震撼”。我们要远谋近施、善作善成，在开拓创新中提供更多“合肥方案”。我们要真心为民、倾心惠民，在忠诚履职中推出更多“合肥惊喜”。

今后五年，政府工作的总体要求是：高举习近平新时代中国特色社会主义思想伟大旗帜，深入贯彻党的十九大和十九届历次全会精神，认真贯彻习近平总书记“七一”重要讲话和考察安徽重要讲话指示精神，全面落实省第十一次党代会和市第十二次党代会精神，统筹推进“五位一体”总体布局，协调推进“四个全面”战略布局，准确把握新发展阶段，深入贯彻新发展理念，服务构建新发展格局，坚持稳中求进工作总基调，以解放思想为先导，以推动高质量发展为主题，以深化供给侧结构性改革为主线，以改革创新为根本动力，以满足人民日益增长的美好生活需要为根本目的，弘扬伟大建党精神，走好新的赶考之路，在高质量发展中促进共同富裕，续写“大湖名城、创新高地”新篇章，为“五个安徽”建设打头阵、挑重担、当主力、作贡献，全面开启合肥现代化建设新征程。

今后五年的主要奋斗目标是：勇当科技创新、产业创新的开路先锋，加快实现高质量发展、高品质生活、高颜值生态、高效能治理、高水平党建，争当享誉全球的科创名城、特色鲜明的制造强市、城湖共生的养人福地、区域经济的质量高地、共同富裕的先行示范、从严治党的样板标杆，努力实现经济社会全面绿色高质量发展。

到 2026 年，全市生产总值 1.8 万亿元左右，稳居全国二十强并力争位次前移，人均生产总值跻身于长三角前列。全社会研发投入强度 4%，主要创新指标稳居全国前列。工业总产值突破 2 万亿元、服务业增加值突破 1 万亿元，制造业增加值占 GDP 比重提升到 25% 以上。单位 GDP 能耗效益稳居长三角前列，亩均税收、全员劳动生产率等核心指标达到长三角平均水平。居民收入增长与经济增长同步，城乡收入差距持续缩小，共同富裕的基础进一步夯实。

今后五年的主要任务是：

（一）打造科创名城，在国家科技自立自强中担纲承梁。强化综合性国家科学中心建设，全力发挥科技创新关键变量作用。服务保障好国家实验室建设。高水平建设“量子中心”，创建国家基础学科研究中心，谋划创建新的国家实验室。加快建设国内领先的大科学装置集群。全面推进大科学装置集中区建设，持续攻坚可控核聚变、量子信息、空天科技等领域，力争产出更多世界级原创成果。建设世界一流滨湖科学城。“一心一谷一镇三区”功能彰显，“科大硅谷”汇聚万家创新企业、十万创新人才，滨湖金融小镇汇集千亿科创基金。打造高能级研发矩阵。布局建设 10 个重大综合研究平台，共建新建 50 个新型研发机构，实施 100 项关键核心技术攻关。提升企业创新主体地位。深入实施科技型中小企业培育行动和国家高新技术企业倍增行动，国家高新技术企业突破 1.2 万户，企业研发投入、发明专利占比 80% 以上，争创更多国家级企业创新机构。强化科技成果转化应用。打造千亿级科技大市场，技术合同交易总额突破 2000 亿元，年转化科技成果 5000 项以上，国家科技成果转移转化示范区成为全国样板。加快知识产权强市建设，提升中国（合肥）知识产权保护中心服务运营水平，有效发明专利突破 6.5 万件，万人高价值发明专利达 18 件以上。优化人才创新创业环境。全面推行定向委托、“揭榜挂帅”“竞争赛马”，集聚 500 个高层次人才团队，新增 100 万以上在肥创新创业大学生。经过五年努力，加快成为全球科技创新的“开拓者”。

（二）打造产业名城，在国家现代产业体系建设中奋勇争先。（略）

（三）打造生态名城，在践行“两山”理念中绘就“最好名片”。（略）

（四）打造活力之城，加快构建国内国际双循环的战略链接。（略）

（五）打造示范之城，加快展现繁华城市和繁荣农村交相辉映的新面貌。（略）

（六）打造文化之城，加快开创文化事业和产业繁荣兴盛的新局面。（略）

（七）打造幸福之城，加快构建共建共治共享共同富裕的新格局。（略）

三、2022 年重点工作任务

今年是党的二十大召开之年，是全面贯彻落实省、市党代会精神的第一年。全市上下要坚持稳字当头、稳中求进，努力实现经济高质量发展和社会大局和谐稳定。今年经济社会发展的预期目标是：地区生产总值增长 8% 左右；一般公共预算收入增长 8%；规上工业增加值增长 9% 以上；固定资产投资增长 9% 以上；社消零总额增长 9% 左右；居民人均可支配收入增速快于经济增速；居民消费价格涨幅 3% 左右；城镇新增就业 13 万人；节能减排完成省控目标。

重点做好八个方面工作：

（一）千方百计推动经济高质量发展。

多措并举保主体增主体强主体。完善高质量发展政策，严格落实新的减税降费政策，助力中小微企业、个体工商户减负纾困、稳定发展，新增市场主体 30 万户。加大实体经济融资支持力度，扩大首贷户规模和无还本续贷覆盖面。优化民营经济发展环境，常态化推进“四送一服”双千工程，加大煤电油气运供应保障，着力解决“缺芯、缺工、缺柜、缺电”问题，让市场主体活力竞相迸发。

着力扩大有效投资。（略）

努力促进消费升级。（略）

强化金融资本支持。（略）

（二）坚定不移提升创新发展动能。

（略）

（三）提质扩量增效加快产业发展。

（略）

（四）全力以赴改善生态环境。

（略）

（五）攻坚克难推进改革开放。

（略）

（六）提速提品推进城市大建设。

（略）

（七）倾心聚力推进乡村全面振兴。

（略）

（八）用心用情改善民生福祉。

（略）

四、加强政府自身建设

走好赶考路，奋进新征程，必须牢记政府前面“人民”二字，不断提高政府治理体系和治理能力现代化水平，全力打造人民满意政府。

对标对表强化政治建设。深学细悟笃行习近平新时代中国特色社会主义思想，衷心拥护“两个确立”、忠诚践行“两个维护”，始终同党中央保持高度一致，不断提高政治判断力、政治领悟力、政治执行力。时刻牢记“国之大者”，自觉在全局中谋划工作，在大局下推动工作，真正做到总书记有号召、党中央有部署，安徽见行动，合肥见成效。

依法依规深入厉行法治。（略）

全心全意践行为民宗旨。（略）

知重负重勇于担当作为。（略）

从严从实建设廉洁政府。（略）

各位代表！

百舸争流，奋楫者先；跨越赶超，创新者胜。让我们更加紧密地团结在以习近平同志为核心的党中央周围，在省委省政府和市委的坚强领导下，踔厉奋发、笃行不怠，埋头苦干、勇毅前行，确保完成全年经济社会发展各项任务，全面开启合肥现代化建设新征程，为建设现代化美好安徽做出更大贡献，以优异成绩迎接党的二十大胜利召开！

范文解析

这篇工作报告是政府工作报告，这类工作报告层次比较高，内容广、格局大、站位高。作为换届的政府工作报告，该文站在“两个一百年”的历史交汇点，向党和人民汇报过去的工作，并对未来发表指导性意见，它涵盖了过去一年的工作进展，下个阶段的奋斗目标和主要任务，下一年的重点工作和政府自身建设的意见。

全篇对两个主要板块进行了细化，分为了四个部分，其中第一部分是总结回顾板块，是对 2021 年和本届政府工作的回顾；第二、第三和第四部分是下一步工作展望板块，包括对未来五年的展望和对 2022 年的工作安排，并把政府下一步的自身建设单列出来进行强调。

这篇工作报告从写作方法上来看，有很多可圈可点之处。

一，正文标题句式工整对仗，用词准确考究，比如，工作成绩“七个新”，经验“六个聚力”，主要任务“七个城”，这些标题环环相扣、一气呵成，有逻辑、有内涵、有气势。

二，正文中也不仅仅是简单罗列工作，精彩的总结与排比也比比皆是，比如讲述奋斗目标时——“高质量发展、高品质生活、高颜值生态、高效能治理、高水平党建”“争当享誉全球的科创名城、特色鲜明的制造强市、城湖共生的养人福地、区域经济的质量高地、共同富裕的先行示范、从严治党的样板标杆”。

三，内容言之有物，数据非常丰富翔实，给总结的成绩提供了有力支撑，给未来的发展树立了清晰的目标。

这篇政府工作报告还有很多非常形象生动的语言，表述方式灵活，让人过目难忘。例如，“我们全力下好创新先手棋，创新高地星光灿烂，战新产业风生水起，科创合肥更显‘科里科气’！”“我们秉持环境就是民生，一穹蓝天一方净土，一湖碧水一城绿荫，生态合肥成就养人福地！”新词新句、诗意语言，让本来非常严肃的工作报告变得非常生动，用语言给报告增添了几抹亮色。

思维导图

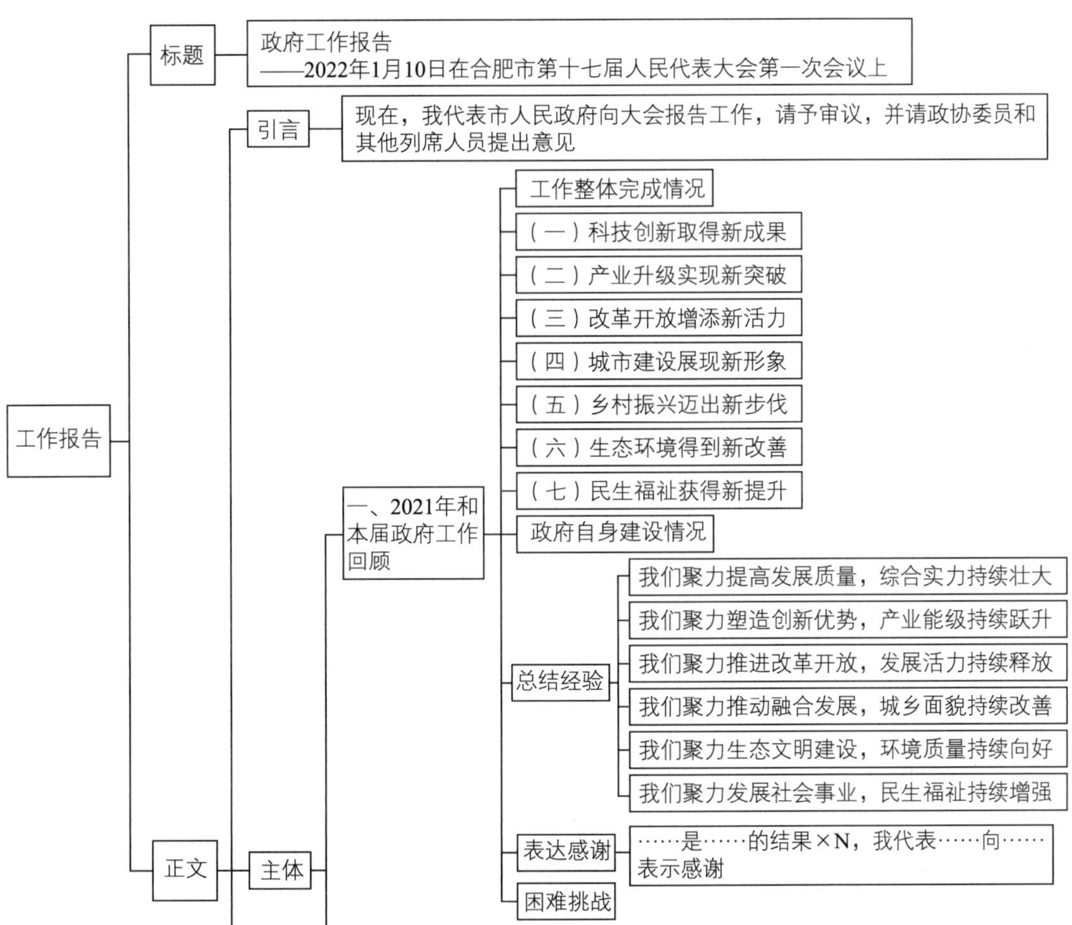

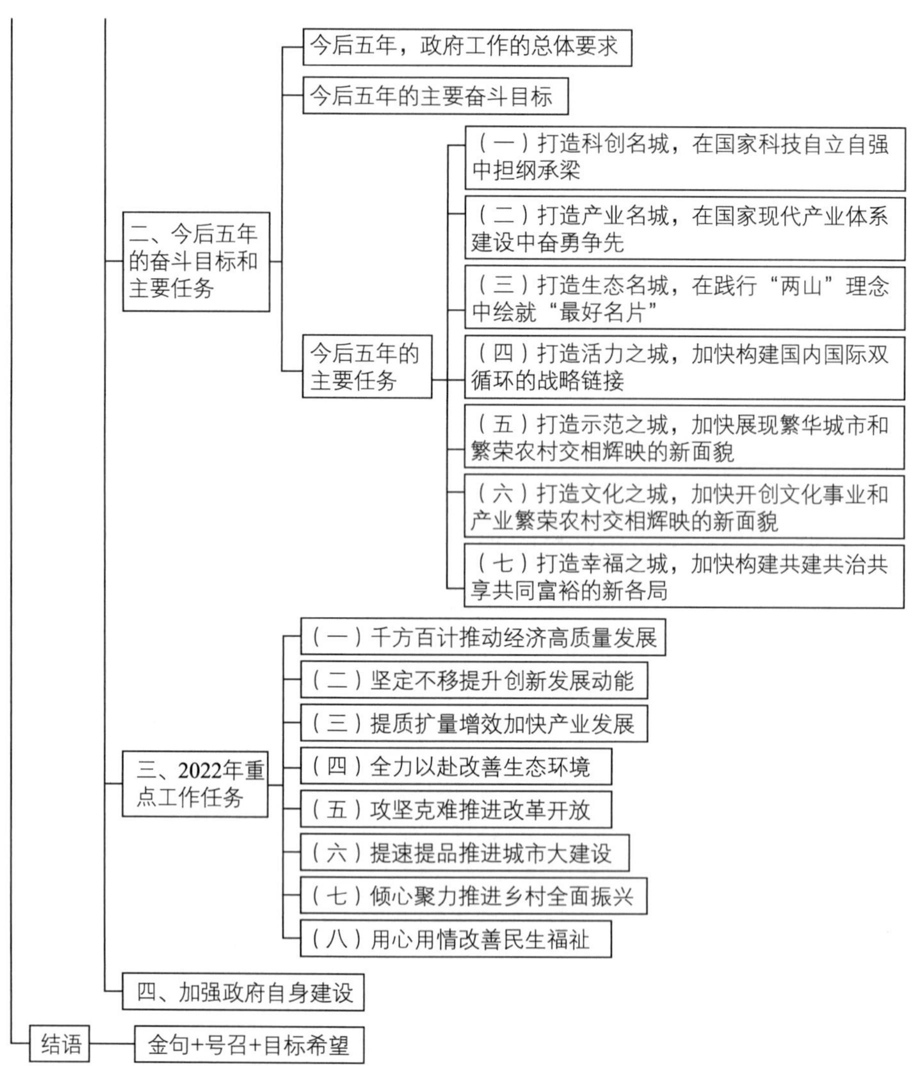
今后五年，政府工作的总体要求
今后五年的主要奋斗目标
（一）打造科创名城，在国家科技自立自强中担纲承梁
（二）打造产业名城，在国家现代产业体系建设中奋勇争先
二、今后五年的奋斗目标和主要任务
（三）打造生态名城，在践行“两山”理念中绘就“最好名片”
今后五年的主要任务
（四）打造活力之城，加快构建国内国际双循环的战略链接
（五）打造示范之城，加快展现繁华城市和繁荣农村交相辉映的新面貌
（六）打造文化之城，加快开创文化事业和产业繁荣农村交相辉映的新面貌
（七）打造幸福之城，加快构建共建共治共享共同富裕的新各局
（一）千方百计推动经济高质量发展
（二）坚定不移提升创新发展动能
（三）提质扩量增效加快产业发展
三、2022年重点工作任务
（四）全力以赴改善生态环境
（五）攻坚克难推进改革开放
（六）提速提品推进城市大建设
（七）倾心聚力推进乡村全面振兴
（八）用心用情改善民生福祉
四、加强政府自身建设
结语
金句+号召+目标希望

第7章

制度规范类：如何严谨细致、不出纰漏

制度规范类的五种公文属于党政机关、企事业单位等为了实现管理法治化、科学化和正规化，依照国家法律法规，在职权范围内制定发布的法规制度。这类公文对组织内外的特定范围人群有约束力，具有行为准则的效力，能发挥较为长远持久的影响。因此它的写作要求非常周密严谨，必须按照规范要求系统研究、深入推敲，结构逻辑与文字内容不能出现遗漏疏忽，表达要清晰准确无歧义。

条例

条例的内涵特点

条例主要用于对机关、团体的组织、职权、工作、活动及成员的行为，或对某一重大事项的办理做出全面、系统、原则性的规定。

作为法规性文件，条例只能由党的最高领导机关、国家最高行政机关、国家和地方立法机关制定，其他任何组织均无权制定条例。

条例作为权威性极强的法规性公文，在写作时要注意以下特点。

（1）内容的系统性。无论是针对组织或个人，还是针对某一重大事项，条例在内容上要做到非常全面系统，对于规范事项所涉及的方方面面都要考虑周全，没有法条漏洞。有的条例为确保严密性，在颁发前还会设定试行阶段，待运行无误后再行颁发。同时，对于已经颁发的条例，也会根据时代发展和现实要求，及时进行修订、查缺补漏。

（2）作者的法定性。前面已经说明了制定条例权力的专属性。国务院各部门、地方各级人民政府是无权制定条例的，其制定的规章可以称规定、办法等。这是由法规性文件的严肃性所决定的。

（3）极强的稳定性。条例在所有规范性文件中层次最高，法律约束力最强，很多条例是在法律尚未出台前制发的，具有较强的法律效力，一经颁布生效后，适用范围广、使用时限较长。在实际工作中，可以看到不少条例几经修订，持续使用了数十年。

条例的写作流程

条例的起草写作属于立法，是一个系统工程，过程比较复杂，从公文角度来分析需要完成三步九个环节。

第一步：充分准备。

环节 1：定文种。条例的起草非常郑重，需要经过立项动议过程，根据工作实践中法规的缺位、存在的问题不足，确定是否要立项制定条例。一旦确定后，要成立配置合理的起草班子，根据条例涉及的领域确定参与的部门人员，确保能够汇聚各方智慧。

环节 2：明主题。条例的主题针对需要关注的某一工作领域或某一方面重大问题而提出，要经过会议研究和领导确认。

环节 3：集资料。条例层次高，要时刻对表看齐中央精神。在起草前，要系统搜集掌握领导指示精神，对相关政策方针、法律法规进行深入研究。同时，由于条例涉及的领域一般没有成熟的解决方案，因此需要对相关理论进行深入系统的研究，从中找到创新的思路方法和解决对策。要充分了解与条例涉及工作相关的基层实践经验。搞好深入工作一线的调查研究，可以采取书面和实地调研两种方式搜集资料。可以组织召开相关部门同志和专家座谈会，进行个人访谈，通过各种渠道全面搜集资料信息。

第二步：深度思考。

环节 4：找问题。条例涉及的都是比较重大的问题，查找问题、分析问题、解决问题是条例起草的关键环节。条例的稳定性特点要求对问题的研究必须立足当前、着眼长远，以改革的精神适当超前进行研究。查找分析的重点是政策界限问题，为涉及的问题定好规矩和边界。特别是工作运行中存在的突出矛盾，以及实践中地方和部门比较关注和感到困惑的问题，都是条例研究问题的突破口。

环节 5：拓思路。针对发现的问题，争取从根本上破解矛盾，重点从制度机制层面进行思考。可以从立法目的出发，考虑应用怎样的立法原则，分析相关责任主体及其权利义务，提出制度性解决方案，思考最终通过建立哪些方面的制度机制从根本上解决问题。

环节 6：理结构。条例一般按照并列式结构展开各部分内容。具体结构有两种形式，一种是章条式，分总则、分则、附则三大部分进行写作，适用于内容比较复杂、篇幅较长的条例；另一种是条款式，直接采取条款并列结构，逐条进行写作，适用于内容较少的条例。

第三步：精准写作。

环节 7：拟标题。条例的主标题采取的是公文式标题，正文标题一般为清晰明了的词组形式，不用单句或复句式标题。

环节 8：填内容。在条例的内容写作中，要注意抓大放小，对关键环节、重要事项进行规定，对于相关具体内容，可以由各地、各部门结合自身实际制定配套法规制度。同时也不能过于宏观，要保证条例有具体针对性、可操作性。

环节 9：修语言。条例多用肯定性、约束性语言进行写作，说明什么事能做、什么事不能做，以及如何处理各类工作事项等问题。要明确规定到相关单位和人员，涉及时间、地点、数字、具体方法措施等，要用词准确，不能出现模糊性语言。

条例的写作模板

表 7-1　　条例的写作模板

<table>
<tr><td colspan="2">标题</td><td>（1）适用范围（适用对象）+ 规范事项 + 条例
（2）规范事项 + 条例</td></tr>
<tr><td colspan="2">签注</td><td>说明通过时间、通过会议名称、发布时间、发布文件名称、施行时间、修正（订）依据和时间等</td></tr>
<tr><td rowspan="3">正文</td><td>总则</td><td>说明制定目的、依据、原因、指导思想、原则主管机关及其主要职责、规范事项的解释与界定及其他需要说明的总述性条款</td></tr>
<tr><td>分则</td><td>对条例适用范围或对象做出细化规定、提出明确要求、进行具体规范、给出奖惩办法、明确主体责任等
注意“分则”是对主体各章的总称，实际上并无“分则”二字</td></tr>
<tr><td>附则</td><td>说明适用范围、实施要求、生效日期、与其他规章制度的关系、未尽事宜的处置办法等</td></tr>
</table>

注：上为章条式条例写作模板，条款式条例写作模板可参照写作。

条例的范文解析

中华人民共和国政府信息公开条例

（2007 年 4 月 5 日中华人民共和国国务院令第 492 号公布
2019 年 4 月 3 日中华人民共和国国务院令第 711 号修订）

第一章　总　　则

第一条　为了保障公民、法人和其他组织依法获取政府信息，提高政府工作的透明度，建设法治政府，充分发挥政府信息对人民群众生产、生活和经济社会活动的服务作用，制定本条例。

第二条　本条例所称政府信息，是指行政机关在履行行政管理职能过程中制作或者获取的，以一定形式记录、保存的信息。

第三条　各级人民政府应当加强对政府信息公开工作的组织领导。

国务院办公厅是全国政府信息公开工作的主管部门，负责推进、指导、协调、监督全国的政府信息公开工作。

县级以上地方人民政府办公厅（室）是本行政区域的政府信息公开工作主管部门，负责推进、指导、协调、监督本行政区域的政府信息公开工作。

实行垂直领导的部门的办公厅（室）主管本系统的政府信息公开工作。

第四条　各级人民政府及县级以上人民政府部门应当建立健全本行政机关的政府信息公开工作制度，并指定机构（以下统称政府信息公开工作机构）负责本行政机关政府信息公开的日常工作。

政府信息公开工作机构的具体职能是：

（一）办理本行政机关的政府信息公开事宜；

（二）维护和更新本行政机关公开的政府信息；

（三）组织编制本行政机关的政府信息公开指南、政府信息公开目录和政府信息公开工作年度报告；

（四）组织开展对拟公开政府信息的审查；

（五）本行政机关规定的与政府信息公开有关的其他职能。

第五条　行政机关公开政府信息，应当坚持以公开为常态、不公开为例外，遵循公正、公平、合法、便民的原则。

第六条　行政机关应当及时、准确地公开政府信息。

行政机关发现影响或者可能影响社会稳定、扰乱社会和经济管理秩序的虚假或者不完整信息的，应当发布准确的政府信息予以澄清。

第七条 各级人民政府应当积极推进政府信息公开工作，逐步增加政府信息公开的内容。

第八条 各级人民政府应当加强政府信息资源的规范化、标准化、信息化管理，加强互联网政府信息公开平台建设，推进政府信息公开平台与政务服务平台融合，提高政府信息公开在线办理水平。

第九条 公民、法人和其他组织有权对行政机关的政府信息公开工作进行监督，并提出批评和建议。

第二章 公开的主体和范围

第十条 行政机关制作的政府信息，由制作该政府信息的行政机关负责公开。行政机关从公民、法人和其他组织获取的政府信息，由保存该政府信息的行政机关负责公开；行政机关获取的其他行政机关的政府信息，由制作或者最初获取该政府信息的行政机关负责公开。法律、法规对政府信息公开的权限另有规定的，从其规定。

行政机关设立的派出机构、内设机构依照法律、法规对外以自己名义履行行政管理职能的，可以由该派出机构、内设机构负责与所履行行政管理职能有关的政府信息公开工作。

两个以上行政机关共同制作的政府信息，由牵头制作的行政机关负责公开。

（略）

第三章 主动公开

第十九条 对涉及公众利益调整、需要公众广泛知晓或者需要公众参与决策的政府信息，行政机关应当主动公开。

（略）

第四章 依申请公开

第二十七条 除行政机关主动公开的政府信息外，公民、法人或者其他组织可以向地方各级人民政府、对外以自己名义履行行政管理职能的县级以上人民政府部门（含本条例第十条第二款规定的派出机构、内设机构）申请获取相关政府信息。

（略）

第五章　监督和保障

第四十六条　各级人民政府应当建立健全政府信息公开工作考核制度、社会评议制度和责任追究制度，定期对政府信息公开工作进行考核、评议。

（略）

第六章　附　　则

第五十四条　法律、法规授权的具有管理公共事务职能的组织公开政府信息的活动，适用本条例。

第五十五条　教育、卫生健康、供水、供电、供气、供热、环境保护、公共交通等与人民群众利益密切相关的公共企事业单位，公开在提供社会公共服务过程中制作、获取的信息，依照相关法律、法规和国务院有关主管部门或者机构的规定执行。全国政府信息公开工作主管部门根据实际需要可以制定专门的规定。

前款规定的公共企事业单位未依照相关法律、法规和国务院有关主管部门或者机构的规定公开在提供社会公共服务过程中制作、获取的信息，公民、法人或者其他组织可以向有关主管部门或者机构申诉，接受申诉的部门或者机构应当及时调查处理并将处理结果告知申诉人。

第五十六条　本条例自 2019 年 5 月 15 日起施行。

范文解析

这篇条例采取的是标准的法规性文件写法。主标题采用了“适用范围（适用对象）+ 规范事项 + 条例”的形式，适用范围是“中华人民共和国”，规范事项是“政府信息公开”。

在整体结构上，采取了总则、分则、附则三大板块的写作方式。

第一板块即第一章总则，写得非常详细，阐述了政府信息公开的目的，对什么是政府信息进行了概念界定，明确了政府信息公开的组织领导权限，界定了各级人民政府的职能，并提出了推动政府信息公开的总体要求。

第二板块是分则部分，包括第二章至第五章，从公开的主体和范围、公开方式（主动公开和依申请公开）、监督和保障等三个主要方面进行了详细阐述，非常规范具体，具有很强的指导性和可操作性，同时也给各级政府、各部门留下了继续解释的空间。例如，教育部就根据自身特点，制发了《教育部机关政府信息公开实施办法》和《教育部政府信息公开指南（试行）》等两份规范性文件，对相关工作进行了细化，如公布了网站、联系方式，提供了申请表的具体格式等。

第三板块是附则，即第六章，对条例的适用范围、公共企事业单位信息公开要求进行了补充说明，明确了具体的施行时间。条例作为法规，施行日期要明确到“年、月、日”，以体现法规的严谨性，不能简单写成“自公布之日起施行”。

思维导图

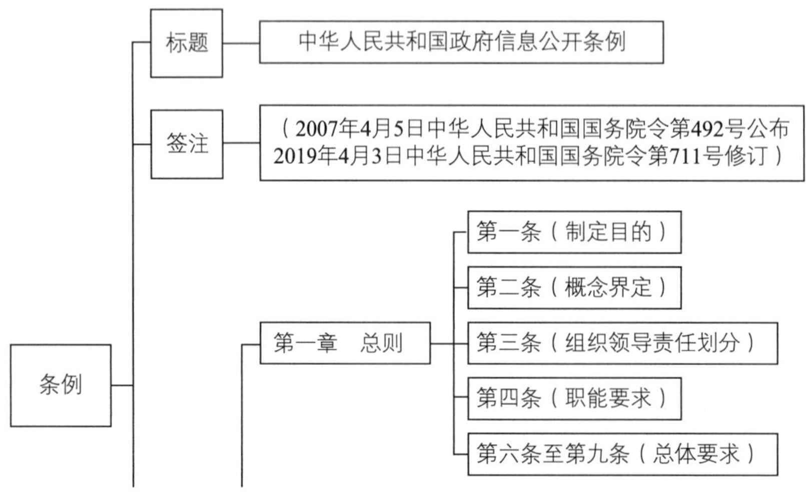

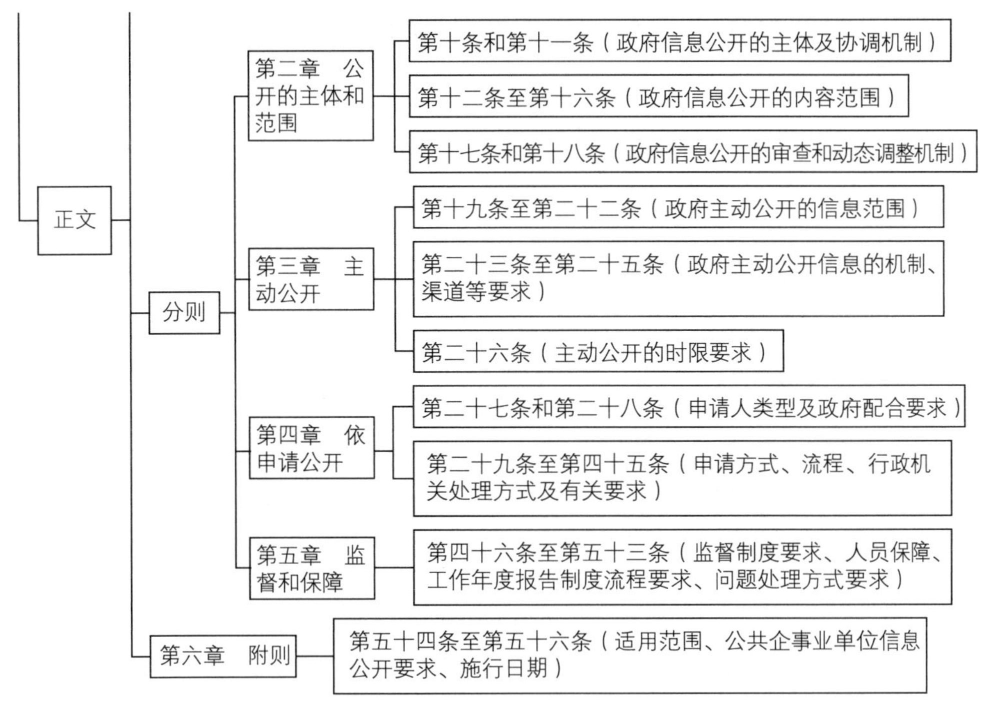

规定

规定的内涵特点

规定一般作为贯彻落实法律、法规的补充性法规文件，用于对重大事项、重要工作做出进一步细化规范，对特定范围内的工作和事务提出具有约束力的规范性要求。通常由法律、法规的颁布机关制定或授权制定。需要注意的是，规定也可用于对某些日常性重要工作做出明确规范，提出相关要求。此类规定属于管理规章，不是法规文件。

涉及重大事项、重要工作且具有立法性质的行政规章类的规定多用“令”行文，部分没有立法性质、仅涉及具体工作的规定用“通知”行文；党内法规类的规定一般用“通知”行文。

与条例相比，规定的使用比较灵活，既有具有立法性质的规定，也有针对具体工作制定的规定，使用频率和范围较广，在写作时要把握以下特点。

（1）涉及范围的局部性。不同于条例涉及范围较广，规定通常是对重大事项、重要工作的局部范围进行调整规范，主要是为了实施法律、法规或者加强某项行政管理工作而制定，内容侧重于具体政策和管理方面。

（2）规范内容的具体性。规定对某方面工作、某项工作或具体事项做出规范要求时，执行标准、具体措施比较具体，可行性较强。有时根据工作需要，还要基于规定制定落实的实施性办法或细则。无论是执行者还是监督者，都能根据规定准确无误地推进工作。

（3）强制的约束性。无论是法规性的规定还是没有立法性质的规定，同样都具有强制的约束性。规定需要着重写明应该做、可以做的事项，明确禁止做的事项，以及对违规行为的处理办法。多用态度鲜明、用语准确、语气肯定的祈使句。

规定的写作流程

规定的起草写作过程比较复杂，包括三步九个环节。

第一步：充分准备。

环节 1：定文种。根据贯彻落实法律、法规或做好某些重要工作的现实需要，着眼解决法规文件中不够明确、需要细化的问题，或重要工作中需要重点关注且具有普遍规律性的问题时，可以选用规定这个文种对相关问题进行补充明确，给出规范性措施。

环节 2：明主题。规定的主题是需要补充说明的法规文件的相关内容，或需要进行规范的具体事项的具体方面。主题要集中，分析的事项要有针对性，突出重点，不可在一项规定里涉及多类事项，避免模糊主题。

环节 3：集资料。从法理与事理方面重点进行资料搜集。要确保制定规定有法可依，首先要对规定的上位法律、法规和上级的指示要求进行全面搜集；其次还要广泛搜集需要规范事项所涉及的相关经验性成果，主要包括国内外同类事项的解决对策、本级和下级实践中掌握的经验性资料，便于从中提取总结规范性要求。前沿创新理论也是需要重点搜集和掌握的，要为规定提供理论性支撑。

第二步：深度思考。

环节 4：找问题。要找准规定写作的问题，首先要框定规定约束的内容与范围，精准定位规定的对象，包括哪些事项和事务，以确保把无关对象排除在外，确保找的问题不偏离主题；其次，在具体问题的挖掘上，要从现实执行的角度出发，结合实践经验，针对工作中普遍存在的矛盾，分析规定需要解决的关键问题，以实际管用作为找问题的标准。

环节 5：拓思路。思路的拓展可以从三个方面进行。第一，要研究上位法律法规，或上级的政策与决策，思考规定涉及的范围有多大的延展空间，哪些是需要规定进行明确的。第二，结合上级对相关事项做出的具体部署要求，例如提出的倡导号召或禁止要求，进行如何落地执行的可行性思考。第三，研究工作本身的发展形势要求，着眼推动工作向更加科学、规范、高效的方向发展，贴近现实要求，进行延伸思考。

环节 6：理结构。规定的结构一般分章条式和条款式两种。其中，章条式分总则、分则、附则三大板块，总则说明规定制定的目的依据、指导原则、适用范围、主管机关及职责、总体要求等内容；分则是规定的主体内容，说明对具体问题的要求和规范，一般由数章组成；附则说明相关未尽事项处置办法、解释权、修改权、施行日期等内容。根据板块内容，将相应条款纳入其中。这种类型适合内容比较复杂的规定。条款式结构比较简单，一般前三条至前五条，类似于章条式中的总则内容；在主体部分按照从上到下、从宏观到具体、从理念到落实的顺序排列规范性条款，文末三条至文末五条，类似于章条式的附则内容。

第三步：精准写作。

环节 7：拟标题。规定的标题与条例标题类似，主标题是公文式标题，正文标题也是词组，不需要拟制特殊的单句或复句式标题。

环节 8：填内容。规定的内容写作特别要注意依据和出处，所有条款内容都应有法理依据，提出的要求要有权威提法或实践中约定俗成的惯例作为支撑。规定的内容不能搞特立独行的创新，避免提出脱离实际的规范要求。在写作过程中，要结合工作实践，从便于人们理解的角度提出规范性要求。

环节 9：修语言。规定的语言要做到确凿、具体、规范、通俗易懂、简洁简约，尽量不用过于理论化的语言，不用排比、比喻、类比等修辞手法，少用虚词、副词、形容词等修饰语，便于规定执行者理解。

规定的写作模板

表 7-2 规定的写作模板

标题		（1）适用范围（适用对象）+ 规范事项 + 规定 （2）规范事项 + 规定
签注		说明发文机关、日期等
正文	总则	说明规定制定的目的依据、指导原则、适用范围、主管机关及职责、总体要求等
	分则	说明对具体问题的要求和规范，给出奖惩办法、明确责任等。 注意“分则”是对主体各章的总称，实际上并无“分则”二字
	附则	说明相关未尽事项处置办法、解释权、修改权、施行日期等

注：上为章条式规定写作模板，条款式规定可参照写作。

规定的范文解析

事业单位领导人员管理规定

（2015 年 5 月 28 日中共中央批准　2015 年 5 月 28 日中共中央办公厅发布
2022 年 1 月 14 日中共中央修订　2022 年 1 月 14 日中共中央办公厅发布）

第一章　总　　则

第一条　为了加强和改进事业单位领导人员管理，健全选拔任用机制和管理监督机制，建设一支德才兼备、忠诚干净担当的高素质专业化事业单位领导人员队伍，根据有关党内法规和法律，制定本规定。

第二条　本规定适用于省级以上党委和政府直属以及部门所属事业单位领导班子成员，省级以上人大常委会、政协、纪委监委、人民法院、人民检察院、群众团体机关所属事业单位领导班子成员。

有关党内法规和法律对事业单位领导人员管理另有规定的，从其规定。

事业单位内设机构负责人选拔任用工作按照本规定第二章、第三章有关条款执行。

第三条　事业单位领导人员的管理，应当适应事业单位公益性、服务性、专业性、技术性等特点，遵循领导人员成长规律，激发事业单位活力，推动公益事业高质量发展。工作中，坚持下列原则：

（一）党管干部、党管人才；
（二）德才兼备、以德为先，五湖四海、任人唯贤；
（三）事业为上、人岗相适、人事相宜；
（四）注重实干担当和工作实绩、群众公认；
（五）分级分类管理；
（六）民主集中制；
（七）依规依法办事。

第四条 党委（党组）及其组织（人事）部门按照干部管理权限履行事业单位领导人员管理职责，负责本规定的组织实施。

第二章 任职条件和资格

第五条 事业单位领导人员应当具备下列基本条件：

（一）思想政治素质好，理想信念坚定，自觉坚持以马克思列宁主义、毛泽东思想、邓小平理论、“三个代表”重要思想、科学发展观、习近平新时代中国特色社会主义思想为指导，坚决贯彻执行党的理论和路线方针政策，增强“四个意识”、坚定“四个自信”、做到“两个维护”，自觉在思想上政治上行动上同党中央保持高度一致。

（略）

第三章 选拔任用

第十条 党委（党组）及其组织（人事）部门按照干部管理权限，根据事业单位不同领导体制和领导班子建设实际，提出启动领导人员选拔任用工作意见。

事业单位领导班子配备和领导人员选拔任用，应当立足事业发展需要，加强通盘考虑、科学谋划，及时选优配强，优化年龄、专业、经历等结构，增强领导班子整体功能。

（略）

第四章 任期和任期目标责任

第二十二条 事业单位领导班子和领导人员一般应当实行任期制。

每个任期一般为 3 至 5 年。领导人员在同一岗位连续任职一般不超过 10 年，工作特殊需要的，按照干部管理权限经批准后可以适当延长任职年限。

（略）

第五章 考核评价

第二十五条 事业单位领导班子和领导人员的考核，主要是年度考核和任期考核，根据工作实际开展平时考核、专项考核。考核评价以岗位职责、任期目标为依据，以日常管理为基础，注重政治素质、业绩导向和社会效益，突出党建工作实效。

积极推进分类考核，结合行业特点和事业单位实际，合理确定考核内容和指标，注意改进考核方法，提高质量和效率。

（略）

第六章　交流、回避

第二十八条　完善事业单位领导人员交流制度。交流的重点对象一般是正职领导人员，专职从事党务工作、分管人财物的副职领导人员以及其他因工作需要交流的人员。

（略）

第七章　职业发展和激励保障

第三十二条　完善事业单位领导人员培养教育制度，加强思想政治建设和能力培养，强化分行业培训，注重实践锻炼，提高思想政治素质、专业水平和管理工作能力。

（略）

第八章　监督约束

第三十八条　党委（党组）及纪检监察机关、组织（人事）部门、行业主管部门按照管理权限和职责分工，履行对事业单位领导班子和领导人员的监督责任。

（略）

第九章　退　　出

第四十二条　完善事业单位领导人员退出机制，促进领导人员能上能下、能进能出，增强队伍生机活力。

（略）

第十章 附 则

第四十八条 中央组织部可以会同有关行业主管部门根据本规定，制定完善有关行业事业单位领导人员管理具体办法。

第四十九条 市（地、州、盟）级以下党委和政府直属以及部门所属事业单位和人大常委会、政协、纪委监委、人民法院、人民检察院、群众团体机关所属事业单位领导人员的管理，由各省、自治区、直辖市党委参照本规定制定或者完善具体办法。

第五十条 本规定由中央组织部负责解释。

第五十一条 本规定自发布之日起施行。

范文解析

这篇规定采取的是标准的法规性文件写法。主标题采用的是“规范事项 + 规定”方式，其规范事项是“事业单位领导人员管理”。

规定采用章条式结构进行写作，分为总则、分则、附则三大板块。

第一板块总则，即第一章，阐明了制定规定的目的，框定了规定的适用范围，明确了事业单位领导人员管理的原则，落实了责任归属。

第二板块分则，包括第二章至第九章，按照事业单位领导人员管理的流程，从任用、考核、交流、保障、监督、退出等方面，逐项进行明确规范，提出要求标准、对策措施，条理分明、逻辑严谨，便于参照执行。

第三板块附则，即第十章，对相关行业、政府部门如何落实规定、制定具体办法进行了补充说明，明确了规定的解释权和施行时间。

这篇规定整体行文非常严谨，对能够量化的指标进行了明确，如任职资格中的学历、任职经历。对有关规范性要求既写得很具体，同时又留有一定弹性，便于相关单位结合实际参照执行。

思维导图

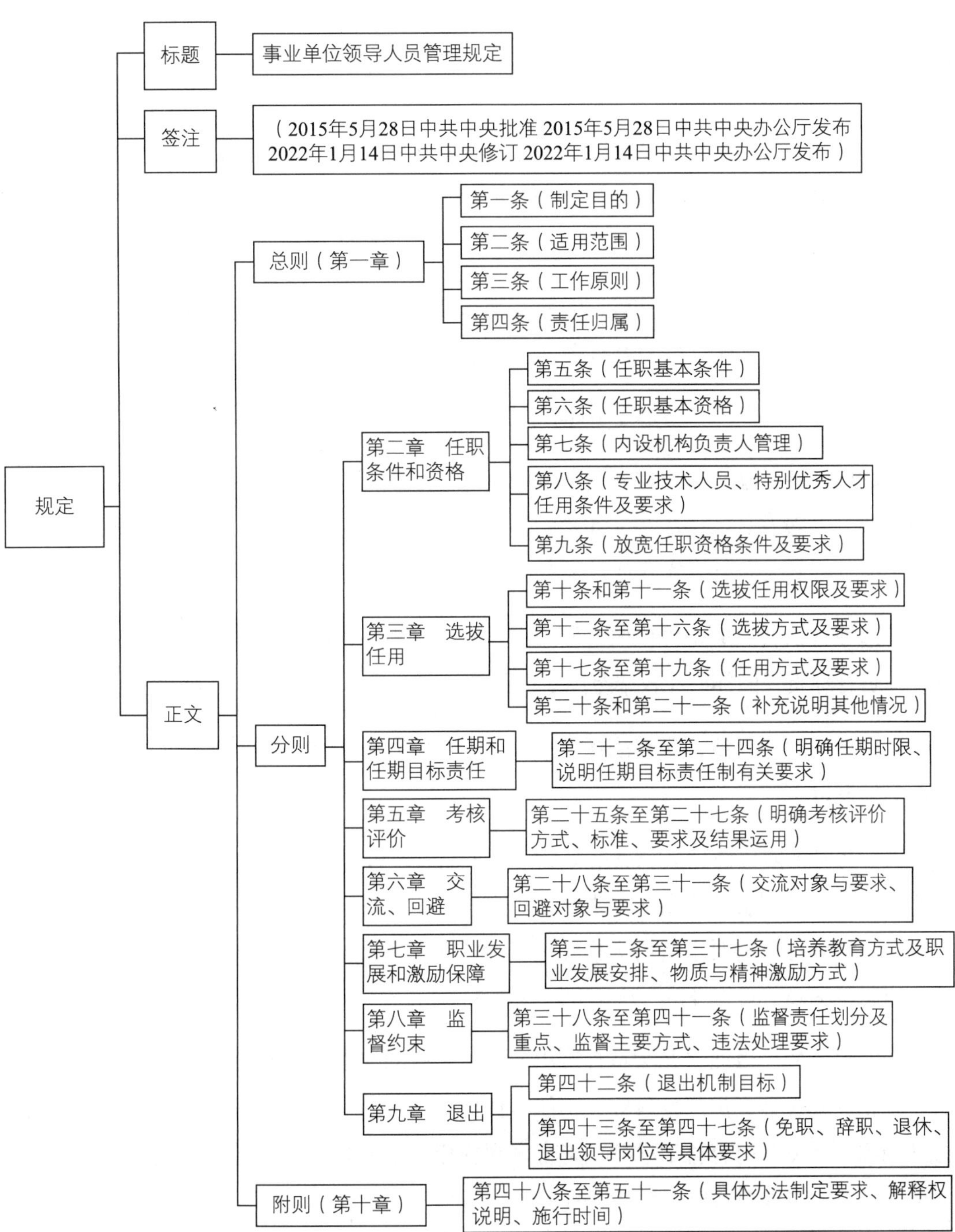
规定
标题
事业单位领导人员管理规定
签注
（2015年5月28日中共中央批准 2015年5月28日中共中央办公厅发布
2022年1月14日中共中央修订 2022年1月14日中共中央办公厅发布）
正文
总则（第一章）
第一条（制定目的）
第二条（适用范围）
第三条（工作原则）
第四条（责任归属）
分则
第二章　任职条件和资格
第五条（任职基本条件）
第六条（任职基本资格）
第七条（内设机构负责人管理）
第八条（专业技术人员、特别优秀人才任用条件及要求）
第九条（放宽任职资格条件及要求）
第三章　选拔任用
第十条和第十一条（选拔任用权限及要求）
第十二条至第十六条（选拔方式及要求）
第十七条至第十九条（任用方式及要求）
第二十条和第二十一条（补充说明其他情况）
第四章　任期和任期目标责任
第二十二条至第二十四条（明确任期时限、说明任期目标责任制有关要求）
第五章　考核评价
第二十五条至第二十七条（明确考核评价方式、标准、要求及结果运用）
第六章　交流、回避
第二十八条至第三十一条（交流对象与要求、回避对象与要求）
第七章　职业发展和激励保障
第三十二条至第三十七条（培养教育方式及职业发展安排、物质与精神激励方式）
第八章　监督约束
第三十八条至第四十一条（监督责任划分及重点、监督主要方式、违法处理要求）
第九章　退出
第四十二条（退出机制目标）
第四十三条至第四十七条（免职、辞职、退休、退出领导岗位等具体要求）
附则（第十章）
第四十八条至第五十一条（具体办法制定要求、解释权说明、施行时间）

办法

办法的内涵特点

办法，是对有关法律、法规、规定等提出具体可行的实施措施，或是侧重于对具体工作明确其处理原则和详细的解决措施、办理方式方法等，为有关单位处理相关工作提供基本遵循的文件。

办法具有比较强的可操作性，着重写明应该怎么做，条文内容的程序性、操作性较强，按照先原则后具体、先主要后次要的顺序进行陈述。

办法主要有两类，一类是实施性办法，另一类是管理性办法。

实施性办法，是为了更好地贯彻实施法律、法规而制定的配套文件，其制定依据是上位法规，一般有具体的法律、法规与其对应，制定的目的是更好地落实法律、法规的有关要求，在其所约束的领域具有法规效力。

管理性办法，一般是单位内部使用的、对于某项工作的具体执行做出明确规定的文件，由负管理责任的部门在权限范围之内制定，仅在本单位内部具有制度约束力。

办法使用较为灵活，既有法规性办法，也有针对一般性具体工作的办法，在写作时要注意把握以下特点。

（1）政策的附属性。这一点主要是针对实施性办法而言的，这类办法是对上级法律、法规的延伸，其制定的依据完全来自上级文件，不允许有任何抵触违背。重点是对上级文件中需要具体化的要求举措进行细化。因此要严格根据上级文件的指导精神和具体措施研究制定本级的实施办法，决不允许挂羊头卖狗肉、另搞一套。

（2）内容的严谨性。办法是直接用于落地执行的文件，权威性、稳定性较强，公布后要求相关单位和人员严格遵守，不能有任何变通或违反行为。因此，办法的条文表述必须周到、严密，内容科学准确、符合客观规律，条款齐全无遗漏，对涉及工作的各个方面、各类人员等都做出全面具体的规定。

（3）语言的明确性。从办法的功能来看，其对语言的具体性、明确性要求很高。在办法中出现的概念、数字要具体、有出处，方法措施要表达准确，不能出现“基本”“大概”“约”“左右”等字词，以及类似内涵的语句。

办法的写作流程

办法的起草写作过程比较复杂，包括三步九个环节。

第一步：充分准备。

环节 1：定文种。根据办法的定义可知，为了做好对某项法律、法规的贯彻落实工作，或者需要对某项工作进行规范化管理，并且要求相对比较细致时，可以选择办法这个文种。

环节 2：明主题。实施性办法的主题比较清晰，上级法律、法规的主题，加上本地、本单位的限定，即为办法的主题。管理性办法的主题一般来自工作实际需求，结合领导的指示精神加以确定。

环节 3：集资料。办法侧重于给出详细的操作性方法，要求在资料的搜集过程中，在把握上级法律、法规等文件的基础上，做好调查研究，注重搜集实践中得来的经验方法，不仅包括本单位的，还要注意广泛搜集同类单位、同工作领域的经验做法。

第二步：深度思考。

环节 4：找问题。要从本区域、本部门、本单位等的具体情况出发，对照上级法律、法规文件的条款要求，找到具有本地特点的问题加以分析，切忌上下一般“粗”。同时，办法是与人民群众切实利益关系密切的文件，在制定的过程中，不能仅凭自己的研究判断问题，还要走好群众路线，注意倾听群众声音，从群众中汲取解决问题的智慧。

环节 5：拓思路。办法的特点是目标明确，内容具体。实施性办法的写作思路是基于上级法律、法规中的某方面内容展开的，思路不可延伸过度。当然，这并不意味着否定创新，要注意在解决方法上谋求创新，创造性地落实上级提出的要求。管理性办法更多地要从实际工作问题出发，以问题为中心，在寻找解决对策的过程中明确思路。

环节 6：理结构。办法的写作结构与条例、规定比较相似，也是以章条式和条款式两种结构为主，可以参考前述内容。

第三步：精准写作。

环节 7：拟标题。办法的主标题采取公文式标题，正文标题为词组形式，不用单句或复句式标题。

环节 8：填内容。办法的内容以清晰的条目展开，除了开篇写明依据的法律法规外，每条表达一项具体内容，不需要过渡句、主旨句，直接写具体方法即可。所列方法应该是明确具体、有可操作性的。

环节 9：修语言。办法的语言与条例、规定相似，简洁凝练、平实质朴、准确精当，相对而言更加具体化，肯定性、指导性更强。

办法的写作模板

表 7-3　办法的写作模板

标题		（1）适用范围（适用对象）+ 规范事项 + 办法 （2）规范事项 + 办法
签注		说明发文机关、日期等
正文	总则	说明办法制定的目的依据、指导原则、适用范围、主管机关及职责、总体要求等
	分则	针对具体问题提出解决对策、明确责任、奖惩办法等。 注意“分则”是对主体各章的总称，实际上并无“分则”二字
	附则	说明未尽事宜、施行日期等

注：上为章条式办法写作模板，条款式办法写作模板可参照写作。

办法的范文解析

河南省气象灾害防御重点单位气象安全管理办法

（2022 年 7 月 18 日河南省人民政府令第 211 号公布　自 2022 年 10 月 1 日起施行）

第一章　总　　则

第一条　为了加强对气象灾害防御重点单位（以下简称重点单位）的管理，避免、减轻气象灾害造成的损失，保障人民生命财产安全，根据《中华人民共和国气象法》《气象灾害防御条例》等法律、法规，结合本省实际，制定本办法。

第二条　对本省行政区域内重点单位的监督管理适用本办法。

本办法所称重点单位，是指在发生暴雨（雪）、干旱、雷电、冰雹、大雾、大风、低温、高温、冰冻、寒潮等灾害性天气时，容易造成较大人员伤亡、财产损失或者发生较严重安全事故的单位。

第三条　县级以上人民政府应当加强对重点单位气象灾害防御管理工作的组织领导和经费保障。

县级以上气象主管机构应当加强对重点单位气象灾害防御工作的指导、监督和管理，建立健全重点单位气象灾害防御制度和规则。县级以上人民政府其他有关部门按照职责分工，共同做好重点单位气象灾害防御工作。

第四条　重点单位应当做好本单位的气象灾害防御工作，落实本单位气象灾害防御主体责任，接受气象主管机构的指导、监督和管理。

第二章　重点单位的确定

第五条　确定重点单位应当综合考虑以下因素：

（一）单位所处区域的气象灾害风险等级；

（二）单位的位置及其所处区域的地形、地质、地貌、气象、环境等条件；

（三）单位的重要性、工作特性；

（四）发生灾害性天气时可能造成的损失程度。

（略）

第三章　重点单位气象灾害防御

第十一条　重点单位应当将气象灾害防御工作纳入本单位安全生产责任制内容，按照规定明确气象灾害防御责任人、气象灾害防御管理机构或者管理员，建立健全气象灾害防御工作制度。

（略）

第四章　服务与监督

第二十条　县级以上气象主管机构及其所属的气象台站应当提高气象预报预警的准确性、及时性和服务水平。

县级以上气象主管机构应当根据重点单位易受影响的气象灾害种类，向重点单位宣传普及气象灾害防御知识，及时发送气象预报和气象灾害预警信号。

（略）

第五章　法律责任

第二十六条　重点单位违反本办法规定，未履行气象灾害防御职责的，按照相关法律、法规进行处理；法律、法规没有规定的，由有关气象主管机构责令改正，拒不改正的，依法给予警告或者通报批评；违反治安管理行为的，依法给予治安管理处罚；构成犯罪的，依法追究刑事责任。

第二十七条　县级以上人民政府、气象主管机构和其他有关主管部门及其工作人员违反本办法规定，未依法履行职责，在重点单位气象灾害防御工作中滥用职权、玩忽职守、徇私舞弊的，对直接负责的主管人员和其他直接责任人员依法给予处分；构成犯罪的，依法追究刑事责任。

第六章　附　　则

第二十八条　本办法自 2022 年 10 月 1 日起施行。

范文解析

需要注意的是，这篇办法虽然标题中有“管理”二字，但其实作为贯彻落实《气象灾害防御条例》中重点事项“气象灾害防御重点单位气象安全管理”的办法，这仍是一篇典型的法规性办法，以“令”的形式公布。

办法的主标题是标准的三要素标题，即“适用范围（适用对象）+规范事项+办法”，适用范围在河南省，规范事项是“气象灾害防御重点单位气象安全管理”。

办法采取的是章条式写法，分总则、分则、附则三个板块。

第一板块总则是第一章，陈述了办法制定的目的、依据，明确了适用范围，界定了“重点单位”的概念，明确了责任单位和有关要求。

第二板块分则包括第二章至第五章，按照工作基本流程展开。其中第二章明确了确定重点单位的考虑因素、确定范围、重点关注对象，规范了确定重点单位的方式方法、信息管理办法；第三章对重点单位气象灾害防御的责任区分、职责要求、工作重点等做出了具体规定；第四章明确了服务保障和监督管理的具体措施；第五章界定了相关单位和个人的法律责任。

第三板块附则是第六章，因为该办法的内容比较单一，没有更多需要补充的未尽事宜，所以这一部分比较简单，只有一条内容，即公布施行日期。

这篇办法整体篇幅不长，对一项具体工作给出了详细的对策措施，具有很强的指导性。条款清晰、全面周密，语言精炼、用词精准，指示明确、标准清晰。

思维导图

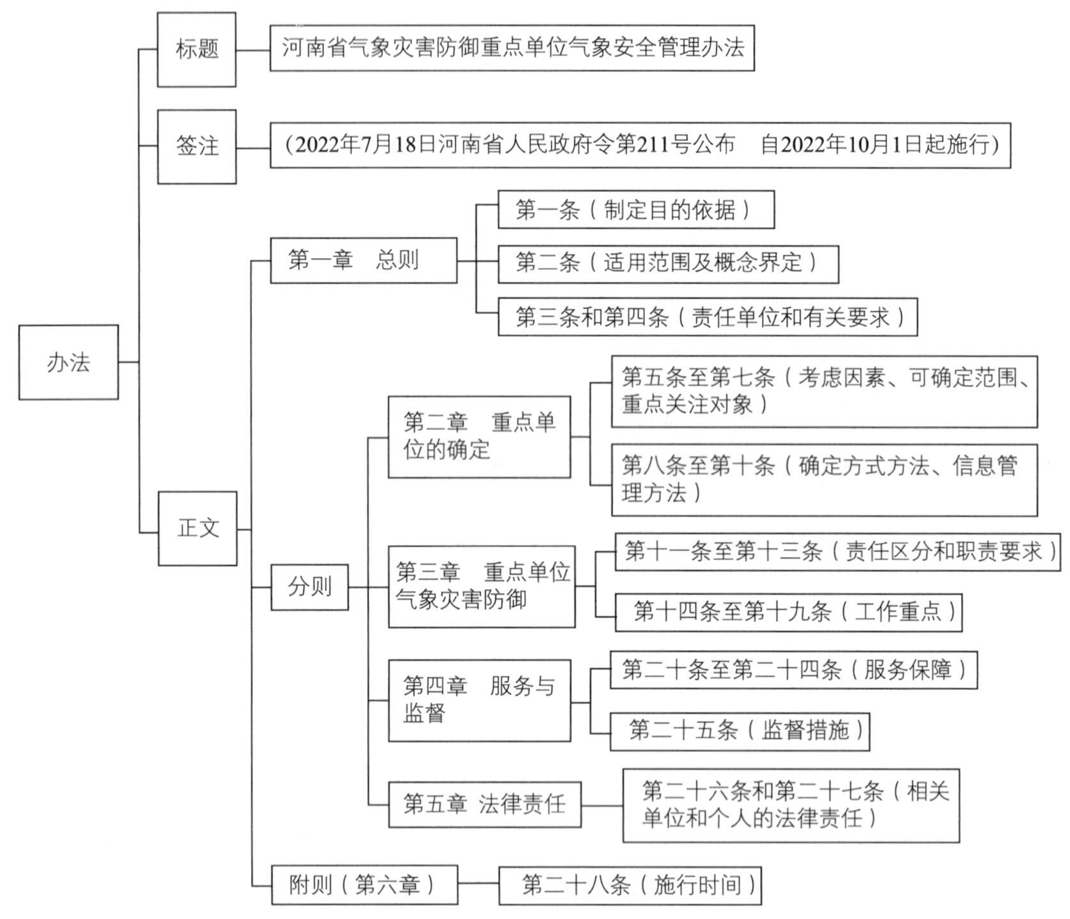

细则

细则的内涵特点

细则主要用于对条例、规定等做出更具体详细的补充及解释，便于下级机关和人员遵照执行。细则可由有关单位和部门根据实际情况进行制定，通常与原条例、法规配套使用。

细则在写作时需要把握好文种的功能定位，注意以下写作特点。

（1）功能的辅助性。细则写作必有依据，其功能就是对相关法律、法规，尤其是条例、规定进行补充说明。对于条例、规定中比较复杂的某个事项或需要重点说明的某些问题，不适宜在条例、规定中进行详细陈述的，可制定辅助性的细则。需要注意的是，细则功能上的辅助性并不意味着其不重要：恰恰相反，细则作为一种具有法规属性的文件具有较强的权威性和稳定性。

（2）条文的精细性。顾名思义，细则的条文在制度规范性公文中是最细致的，其中的条款要对事项、问题进行全面周密的解释，并提出具体可行、操作性强的实施意见和措施办法，不能留有模糊的空间。

（3）内容的针对性。具有法规属性的细则，要针对其贯彻落实的法律、法规、行政规章进行具体解释和详细说明，不能跳出上级法规性文件另说一套。有的细则甚至逐条援引上级法规性文件条文，提出解释与具体执行意见。具有管理属性的细则则需要针对现实工作问题进行规范，提出对应的解决方案。

细则的写作流程

细则的起草写作过程比较复杂，包括三步八个环节。

第一步：充分准备。

环节 1：定文种。对于上级出台的法规性文件，可以根据贯彻落实的需要，结合本级工作实际，使用细则作为推进法规性文件在本级落地的抓手。需要注意的是，细则只能用于诠释补充法规性公文，不能用作一般事务性公文的补充，例如不能用细则补充意见、方案。细则的主题确定相对比较简单，其主题即上位法规性文件的主题。确定文种后，可以直接进入集资料环节。

环节 2：集资料。细则对理论性资料的要求较低，但是对工作实践性资料要求很高。

在资料搜集的过程，要注重贴近实际工作，对现实工作的基本情况、实践获得的经验做法以及存在的短板不足等进行全面梳理，切实掌握与主题工作相关的情况。

第二步：深度思考。

环节 3：找问题。细则的问题来自工作实践。要重点分析哪些问题和工作事项在法规性文件中只提出了原则性的规定要求，需要进一步明确标准规范才能执行，这些是查找问题的关键点，也是后续写作的基点。

环节 4：拓思路。细则的写作需要沿着上级法规性文件的规范方向，在需要解释的细节问题上进行深入阐发。因此，细则的写作思路不能过于发散，而是要在特定的方向上进行思考。

环节 5：理结构。细则的写作结构也是以章条式和条款式两种结构为主，请参考前述相关文种内容。

第三步：精准写作。

环节 6：拟标题。细则的主标题采取公文式标题，参见下面的写作模板。正文中各章的标题是概括工作内容的名词或动词词组，简单明了。

环节 7：填内容。细则是对上级法规性文件的补充细化，在内容陈述上不能上下一般“粗”，更不能直接套用或重复上级的说法。细则的内容在保证与上级规范性文件标准一致的基础上，要在细节上结合实际工作进行补充完善，细则条款不能与上位法规性文件相左。

环节 8：修语言。细则的语言讲究规范肯定、具体细致，没有模棱两可的语句，要让执行单位看到细则就能对照执行，不需要再做更多解释性工作。例如提出要求时，多用“应当”“不得”表达指令性态度。

细则的写作模板

详见表 7-4。

表 7-4　细则的写作模板

标题		法规性文件名称 + 实施细则
签注		说明发文机关、日期等
正文	总则	说明细则制定的目的依据、指导原则、适用范围、主管机关及职责、总体要求等
	分则	针对具体问题提出解决对策、明确责任、奖惩办法等。 注意“分则”是对主体各章的总称，实际上并无“分则”二字
	附则	说明未尽事宜、施行日期等

注：上为章条式细则写作模板，条款式细则可参照写作。

细则的范文解析

公共场所卫生管理条例实施细则

（2011 年 3 月 10 日卫生部令第 80 号发布　根据 2016 年 1 月 19 日国家卫生和计划生育委员会令第 8 号《国家卫生计生委关于修改〈外国医师来华短期行医暂行管理办法〉等 8 件部门规章的决定》第一次修正　根据 2017 年 12 月 26 日国家卫生和计划生育委员会令第 18 号《国家卫生计生委关于修改〈新食品原料安全性审查管理办法〉等 7 件部门规章的决定》第二次修正）

第一章　总　　则

第一条　根据《公共场所卫生管理条例》的规定，制定本细则。

第二条　公共场所经营者在经营活动中，应当遵守有关卫生法律、行政法规和部门规章以及相关的卫生标准、规范，开展公共场所卫生知识宣传，预防传染病和保障公众健康，为顾客提供良好的卫生环境。

第三条 国家卫生计生委主管全国公共场所卫生监督管理工作。

县级以上地方各级人民政府卫生计生行政部门负责本行政区域的公共场所卫生监督管理工作。

国境口岸及出入境交通工具的卫生监督管理工作由出入境检验检疫机构按照有关法律法规的规定执行。

铁路部门所属的卫生主管部门负责对管辖范围内的车站、等候室、铁路客车以及主要为本系统职工服务的公共场所的卫生监督管理工作。

第四条 县级以上地方各级人民政府卫生计生行政部门应当根据公共场所卫生监督管理需要，建立健全公共场所卫生监督队伍和公共场所卫生监测体系，制定公共场所卫生监督计划并组织实施。

第五条 鼓励和支持公共场所行业组织开展行业自律教育，引导公共场所经营者依法经营，推动行业诚信建设，宣传、普及公共场所卫生知识。

第六条 任何单位或者个人对违反本细则的行为，有权举报。接到举报的卫生计生行政部门应当及时调查处理，并按照规定予以答复。

第二章 卫生管理

第七条 公共场所的法定代表人或者负责人是其经营场所卫生安全的第一责任人。

公共场所经营者应当设立卫生管理部门或者配备专（兼）职卫生管理人员，具体负责本公共场所的卫生工作，建立健全卫生管理制度和卫生管理档案。

第八条 公共场所卫生管理档案应当主要包括下列内容：

（一）卫生管理部门、人员设置情况及卫生管理制度；

（二）空气、微小气候（湿度、温度、风速）、水质、采光、照明、噪声的检测情况；

（三）顾客用品用具的清洗、消毒、更换及检测情况；

（四）卫生设施的使用、维护、检查情况；

（五）集中空调通风系统的清洗、消毒情况；

（六）安排从业人员健康检查情况和培训考核情况；

（七）公共卫生用品进货索证管理情况；

（八）公共场所危害健康事故应急预案或者方案；

（九）省、自治区、直辖市卫生计生行政部门要求记录的其他情况。

公共场所卫生管理档案应当有专人管理，分类记录，至少保存两年。

第九条　公共场所经营者应当建立卫生培训制度，组织从业人员学习相关卫生法律知识和公共场所卫生知识，并进行考核。对考核不合格的，不得安排上岗。

第十条　公共场所经营者应当组织从业人员每年进行健康检查，从业人员在取得有效健康合格证明后方可上岗。

患有痢疾、伤寒、甲型病毒性肝炎、戊型病毒性肝炎等消化道传染病的人员，以及患有活动性肺结核、化脓性或者渗出性皮肤病等疾病的人员，治愈前不得从事直接为顾客服务的工作。

（略）

第三章　卫生监督

第二十二条　国家对除公园、体育场馆、公共交通工具外的公共场所实行卫生许可证管理。

公共场所经营者取得工商行政管理部门颁发的营业执照后，还应当按照规定向县级以上地方人民政府卫生计生行政部门申请卫生许可证，方可营业。

公共场所卫生监督的具体范围由省、自治区、直辖市人民政府卫生计生行政部门公布。

（略）

第四章　法律责任

第三十五条　对未依法取得公共场所卫生许可证擅自营业的，由县级以上地方人民政府卫生计生行政部门责令限期改正，给予警告，并处以五百元以上五千元以下罚款；有下列情形之一的，处以五千元以上三万元以下罚款：

（一）擅自营业曾受过卫生计生行政部门处罚的；

（二）擅自营业时间在三个月以上的；

（三）以涂改、转让、倒卖、伪造的卫生许可证擅自营业的。

对涂改、转让、倒卖有效卫生许可证的，由原发证的卫生计生行政部门予以注销。

（略）

第五章　附　　则

第四十二条　本细则下列用语的含义：

集中空调通风系统，指为使房间或者封闭空间空气温度、湿度、洁净度和气流速度等参数达到设定的要求，而对空气进行集中处理、输送、分配的所有设备、管道及附件、仪器仪表的总和。

公共场所危害健康事故，指公共场所内发生的传染病疫情或者因空气质量、水质不符合卫生标准、用品用具或者设施受到污染导致的危害公众健康事故。

第四十三条　本细则自2011年5月1日起实施。卫生部1991年3月11日发布的《公共场所卫生管理条例实施细则》同时废止。

范文解析

这篇细则采取的是标准的规范性公文写法。国务院发布的《公共场所卫生管理条例》全文仅1600余字，只是提出了基本的规范性要求，很多细节性、执行性要求是在细则中进行补充的。

这篇细则是由卫生部根据自身业务工作发布的，主标题是“条例名称 + 实施细则”的写法，正文各章的标题与条例基本一致，只有第四章“法律责任”与条例的“罚则”在用词上有所区别。

这篇细则的典型性在于，其完全是对原条例的对应解释。原条例采取总则、分则、附则三板块五章的写法，细则的板块和章与条例划分完全一致。这体现了细则作为条例延伸文件的特点。

细则的写作特点主要体现在具体内容上。这篇细则对原条例进行了一一对应的补充。例如，原条例第六条“经营单位应当负责所经营的公共场所的卫生管理，建立卫生责任制度，对本单位的从业人员进行卫生知识的培训和考核工作”，并没有明确谁来负责，细则在第七条第一款中明确了“公共场所的法定代表人或者负责人是其经营场所卫生安全的第一责任人”，明确落实了责任主体。

再如，原条例提到病毒性肝炎患者不得从事直接为顾客服务的工作，在细则中将“病毒性肝炎”细化为“甲型病毒性肝炎、戊型病毒性肝炎”，相当于间接明确了“乙型病毒性肝炎”不在禁止之列，修改之后更加明确具体，也符合国家卫生防疫政策。

细则写作重在对具体问题进行深入阐发，对表述分寸的拿捏精准到位，对上位法规性文件进行查缺补漏，给有关方面的工作执行提供准确可靠的依据。因此，学习细则写作，最好的方式是对照细则所解释的法规性文件进行学习，便于掌握细则写作的思考方式和表达艺术。

思维导图

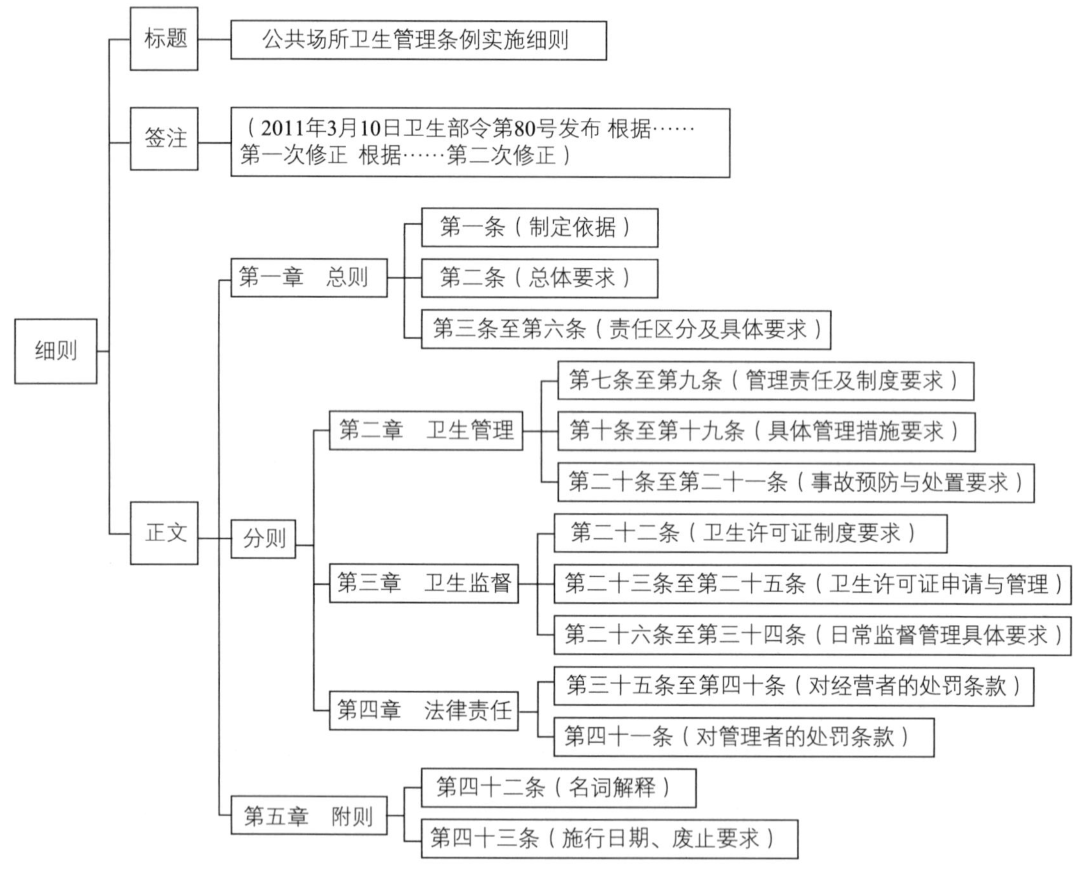

章程

章程的内涵特点

章程是政党组织、社会团体、公司企业等为保障组织活动正常运行所制定的要求全体成员共同遵守的法规性文件。其内容主要包括各类组织对自身性质、宗旨、任务、组织机构、组织成员、权利义务、活动规则、职责范围等的阐述。章程须由相关组织的成员大会或代表大会通过方能生效发布。国家行政机关一般不使用章程。

根据不同组织类型，章程大致可分为政党组织章程、社会团体章程和公司企业章程三类。这三类章程中，政党组织章程制定的程序为严格、权威性最高，如《中国共产党章程》是由中国共产党中央委员会制的、中国共产党全国代表大会通过的党的根本法规。

作为相关组织建设管理的依据性文件，章程的写作需要注意以下特点。

（1）明确的约束性。章程是对特定范围内的特定成员进行约束的文件。加入相关组织，即视为认可章程的约束性要求，需要自觉遵守相关纪律并让渡部分权利。章程是全体成员必须遵守的行为准则，对组织内部成员具有强制约束力。如成员有违背行为，相关组织会依据章程进行处理。

（2）较强的稳定性。章程一经制定就需要保持相对稳定，无论是组织的领导还是普通成员，都无权随意改动。章程的修订及其他变更，需要经过严格的程序，履行相关手续，并经过全员或代表大会研究通过。

（3）内容的代表性。章程规范的内容应该是组织内部共识的体现，代表组织发展要求，反映成员共同理想、体现共同利益，得到组织成员的一致认可，这样才能确保全体成员自觉遵守与执行。相关内容须经组织成员充分讨论协商、达成共识后，才能写入章程。

章程的写作流程

章程的起草写作过程比较复杂，包括三步八个环节。

第一步：充分准备。

环节 1：定文种。成立相关组织时，章程是必要的基本文件。在成立组织的筹备阶段，就应结合组织实际运行需要起草章程。章程写作的主题就是相应组织运行的基本规则，这一点比较明确，定好要起草章程的任务后，就可以围绕该组织的运行开展资料搜集了。

环节 2：集资料。章程的写作具有很强的创新性和科学性，要求对组织运行的特点和规律有深刻的研究把握。因此，要突出对相关组织建设理论资料的搜集。同时，对于国内外同类组织的相关章程材料及运行情况资料也要做好搜集整理。

第二步：深度思考。

环节 3：找问题。制定章程的目标是通过规则要求来构建一个运行顺畅的组织，核心问题是组织运行机制，围绕这个问题可延伸出具体的组织结构、成员要求、纪律约束等方面问题。

环节 4：拓思路。章程是组织共同意志的反映，因此在分析研究相关问题的过程中，需要充分吸收组织内部成员的意见建议。特别是在权利、义务、奖惩等方面，需要成员协商确定、共同认可，才能确保未来得到成员的认同和遵守。

环节 5：理结构。在我国的政治体制下，各类组织都在中国共产党的领导下，为规范各类组织建设，党和政府相关部门对于各类组织的建设有相应的规范要求，并给出了相应的写作结构框架，这是写作章程的基本依据。

第三步：精准写作。

环节 6：拟标题。章程的主标题参见下面的写作模板。正文中各章的标题是概括所规范内容的的名词或名词词组。

环节 7：填内容。作为法规性文件，章程内容写作要突出严密性，内容条款要逻辑周延，不能前后矛盾。除了总则内容中的宗旨、指导思想外，其他具体条款不需要过渡句、主旨句，直接写具体的规范要求即可。

环节 8：修语言。章程在语言表述上要明确严谨，采用法规性文件的表述方式，一般只使用陈述句与祈使句，注意词语的准确性与特指性，减少使用诸如“进一步完善”“一定比例”等词语。

章程的写作模板

表 7-5　　章程的写作模板

<table>
<tr><td colspan="2">标题</td><td>组织（团体）名称 + 章程</td></tr>
<tr><td colspan="2">签注</td><td>通过章程的会议 + 通过日期</td></tr>
<tr><td rowspan="3">正文</td><td>总则</td><td>组织的名称、性质、宗旨、指导思想、组织架构、坐落地址等内容</td></tr>
<tr><td>分则</td><td>主要任务（组织的业务范围、主要工作）
+
组织成员（条件要求、进出程序、权利义务、纪律要求等）
+
组织机构（各级机构产生、履行职责、权限等）
+
资产经费（来源、管理使用）
+
其他有关事项</td></tr>
<tr><td>附则</td><td>如没有签注，则在附则中写通过会议、通过日期
+
解释权、生效时间等</td></tr>
</table>

注：上为章条式章程写作模板，条款式章程可参照写作。

章程的范文解析

中国科学技术协会章程

（中国科学技术协会第十次全国代表大会部分修改，2021 年 5 月 30 日通过）

第一章　总　　则

第一条　中国科学技术协会是中国科学技术工作者的群众组织，是中国共产党领导下的人民团体，是党和政府联系科学技术工作者的桥梁和纽带，是国家推动科学技术事业发展、建设世界科技强国的重要力量。

第二条　中国科学技术协会坚持以下宗旨：

高举中国特色社会主义伟大旗帜，坚持以马克思列宁主义、毛泽东思想、邓小平理论、“三个代表”重要思想、科学发展观、习近平新时代中国特色社会主义思想为指导，增强“四个意识”、坚定“四个自信”、做到“两个维护”，按照“五位一体”总体布局和“四个全面”战略布局，坚持科学技术是第一生产力，坚持把创新作为引领发展的第一动力，把人才作为支撑发展的第一资源，坚持面向世界科技前沿、面向经济主战场、面向国家重大需求、面向人民生命健康，充分发挥作为国家创新体系重要组成部分的作用。

牢牢把握增强政治性、先进性、群众性要求，建设开放型、枢纽型、平台型科协组织，坚持为科技工作者服务、为创新驱动发展服务、为提高全民科学素质服务、为党和政府科学决策服务，促进科学技术的繁荣和发展，促进科学技术的普及和推广，促进科技人才的成长和提高，促进科技智库作用的发挥和彰显。坚持面向世界、面向未来，增进对国际科技界的开放、信任、合作，为推动构建人类命运共同体做出更大贡献。

坚定不移走中国特色社会主义群团发展道路，最广泛地把广大科技工作者团结凝聚在党的周围，自觉履行高水平科技自立自强的使命担当，为全面建设社会主义现代化国家、实现中华民族伟大复兴的中国梦而努力奋斗。

第三条　中国科学技术协会由全国学会、协会、研究会（以下学会、协会、研究会简称“学会”），地方科学技术协会及基层组织组成。

地方科学技术协会由同级学会和下一级科学技术协会及基层组织组成。

第四条　中国科学技术协会党组发挥领导作用，把方向、管大局、保落实，加强对业务工作和党的建设的领导，确保党的理论和路线方针政策的贯彻落实。

第五条　中国科学技术协会倡导尊重劳动、尊重知识、尊重人才、尊重创造的风尚，弘扬科学家精神，坚持独立自主、民主办会的原则和“百花齐放、百家争鸣”的方针，依法依章程开展工作。

第六条　中国科学技术协会高举爱国主义旗帜，加强与香港特别行政区、澳门特别行政区和台湾地区的科学技术交流，维护民族团结，促进祖国统一。

第七条　每年 5 月 30 日为“全国科技工作者日”。

第二章　任　　务

第八条　引导科技工作者学习贯彻习近平新时代中国特色社会主义思想，宣传党的路线方针政策，密切联系科技工作者，反映科技工作者的建议、意见和诉求，维护科技工作者的合法权益，建设有温度、可信赖的科技工作者之家。

第九条　开展学术交流，活跃学术思想，倡导学术民主，优化学术环境，促进学科发展，协同组织推进世界一流科技期刊培育建设，推进国家创新体系建设。

（略）

第三章　会　　员

第十八条　中国科学技术协会实行团体会员制。

学会和基层组织，符合条件的，经批准可成为同级科学技术协会的团体会员。

学会和基层组织发展个人会员。支持学会发展港澳台和外籍会员，吸纳港澳台和外籍科学家在学会任职。

第十九条　会员的权利和义务：

团体会员可推选代表参加科学技术协会代表大会，享有选举权、被选举权和监督权；参加科学技术协会的活动，对科学技术协会的工作提出建议和批评并进行监督。

团体会员须遵守本章程，接受科学技术协会的领导，执行科学技术协会的决议和决定，开展符合本章程规定的各项活动，承担科学技术协会委托的工作任务。

个人会员的权利和义务由学会和基层组织章程规定。

第四章　全国领导机构

第二十条　全国代表大会和它选举产生的全国委员会是中国科学技术协会全国领导机构。

全国代表大会常务委员会是全国代表大会的常设机构。

第二十一条 全国代表大会每五年举行一次，由全国委员会召集。特殊情况下，可以提前或延期举行。

（略）

第五章 全国学会

第三十一条 本章程所称全国学会是按自然科学、技术科学、工程技术及相关科学的学科领域组建或以促进科学技术发展和普及为宗旨的社会团体。

第三十二条 加入中国科学技术协会的全国学会须满足以下基本条件：

一、承认并遵守中国科学技术协会章程；

二、按照社会团体登记管理规定依法登记；

三、学会负责人应在相关领域有重要影响，个人会员达到1000名以上；

四、有健全的党组织，能正常开展党的工作；

五、经常开展国内外学术交流活动，具有较强的服务科技创新、决策咨询和科学技术普及能力，编辑出版科学技术或科学普及刊物，原则上应设有科学技术奖项；

六、有实体办事机构、固定办公场所和专职工作人员。

（略）

第六章 地方科学技术协会

第三十八条 本章程所称地方科学技术协会指省（自治区、直辖市）科学技术协会，市（地、州、盟）科学技术协会和县（市、区、旗）科学技术协会。地方科学技术协会是中国科学技术协会的地方组织，是地方同级党委领导下的人民团体。

第三十九条 地方科学技术协会一般应设立党组。地方科学技术协会应在同级党委领导和上级科学技术协会指导下，结合本地实际履行职责，定期向同级党委和上一级科

续前表

学技术协会报告工作。

省级以下（含省级）学会接受同级科学技术协会领导，业务上受相应的上级学会指导。

（略）

第七章　基层组织

第四十二条　中国科学技术协会的基层组织，在本单位同级党组织的领导和地方科学技术协会的指导下，依照本章程开展活动。

科技工作者集中的高等学校、科研院所、医院、企业、园区等单位，经党组织隶属关系所在地的科学技术协会审批，可以建立科学技术协会（科学技术普及协会）等基层组织。

乡镇（街道）、村（社区）可以建立科学技术协会（科学技术普及协会、农村专业技术协会）等基层组织。

（略）

第八章　工作人员

第四十六条　各级科学技术协会按照信念坚定、为民服务、勤政务实、敢于担当、清正廉洁的标准，加强对工作人员的管理，建设一支忠诚干净担当的高素质、专业化干部队伍。

（略）

第九章　经费及资产管理

第五十条　经费来源：

一、财政拨款；

二、资助；

三、捐赠；

四、会费；

五、企事业收入；

六、其他收入。

第五十一条 建立学术交流、科学技术普及、人才举荐和奖励等专项基金。

第五十二条 建立常务委员会领导下的民主理财管理体制。

第五十三条 各级科学技术协会的经费、资产及国家和地方拨给科学技术协会的不动产受法律保护，任何单位和个人不得侵占、挪用和任意调拨；各级科学技术协会所属企业、事业单位的资产隶属关系不得随意改变。

第十章 会 徽

第五十四条 中国科学技术协会会徽由古天象仪、航天器、齿轮、麦穗、蛇杖以及中文和英文标出的中国科学技术协会名称组成。

第五十五条 中国科学技术协会会徽可在办公地点、活动场所、会议会场悬挂，在出版物上印制，也可制作成徽章佩戴。

第十一章 附 则

第五十六条

中国科学技术协会简称中国科协。

中国科学技术协会会址设在北京。

中国科学技术协会的英文全称是CHINA ASSOCIATION FOR SCIENCE AND TECHNOLOGY，缩写为CAST。

科学技术工作者简称科技工作者。

第五十七条　全国委员会依照本章程制定《全国学会组织通则》。

第五十八条　全国学会依据有关社会团体登记管理规定、本章程制定学会章程。

地方科学技术协会可根据本章程制定实施细则。

第五十九条　本章程解释权属中国科学技术协会。

第六十条　本章程经中国科学技术协会全国代表大会通过实施。

范文解析

这篇范文是社会团体章程，采用的是标准的章条式写作框架。其标题采取的是“协会名称 + 章程”的写法，正文各章标题采用了名词或词组。

正文部分包括总则、分则、附则三个板块。

总则是第一章，对中国科学技术协会的性质、宗旨、组成结构、领导管理模式、指导原则、方针等进行了明确。

分则是主体内容，包括第二章至第十章。其中，第二章和第三章明确了团体的任务、会员发展机制和权利义务。第四章至第七章按从顶层到基层的顺序明确了协会的组织结构，包括全国领导机关、全国学会、地方科学技术协会和基层组织，并针对不同层级的组织机构进一步明确了组织领导体制、管理方式及有关要求。第八章明确了工作人员能力标准和管理要求。第九章对于经费来源、使用和资产管理进行了说明。第十章介绍了会徽及使用要求。

附则是第十一章，对协会名称进行了规范，说明了会址，明确了内部学会、协会制定规范性文件的依据，说明了解释权和通过会议。

因为中国科学技术协会是全国性协会，所以这份章程的内容相对比较宏观，对于有的问题只是作了原则性规范和要求。在实际工作中，这类层次比较高的组织的章程，还需要配套制定类似于规定、细则类文件，以便进一步细化落实有关工作。

思维导图

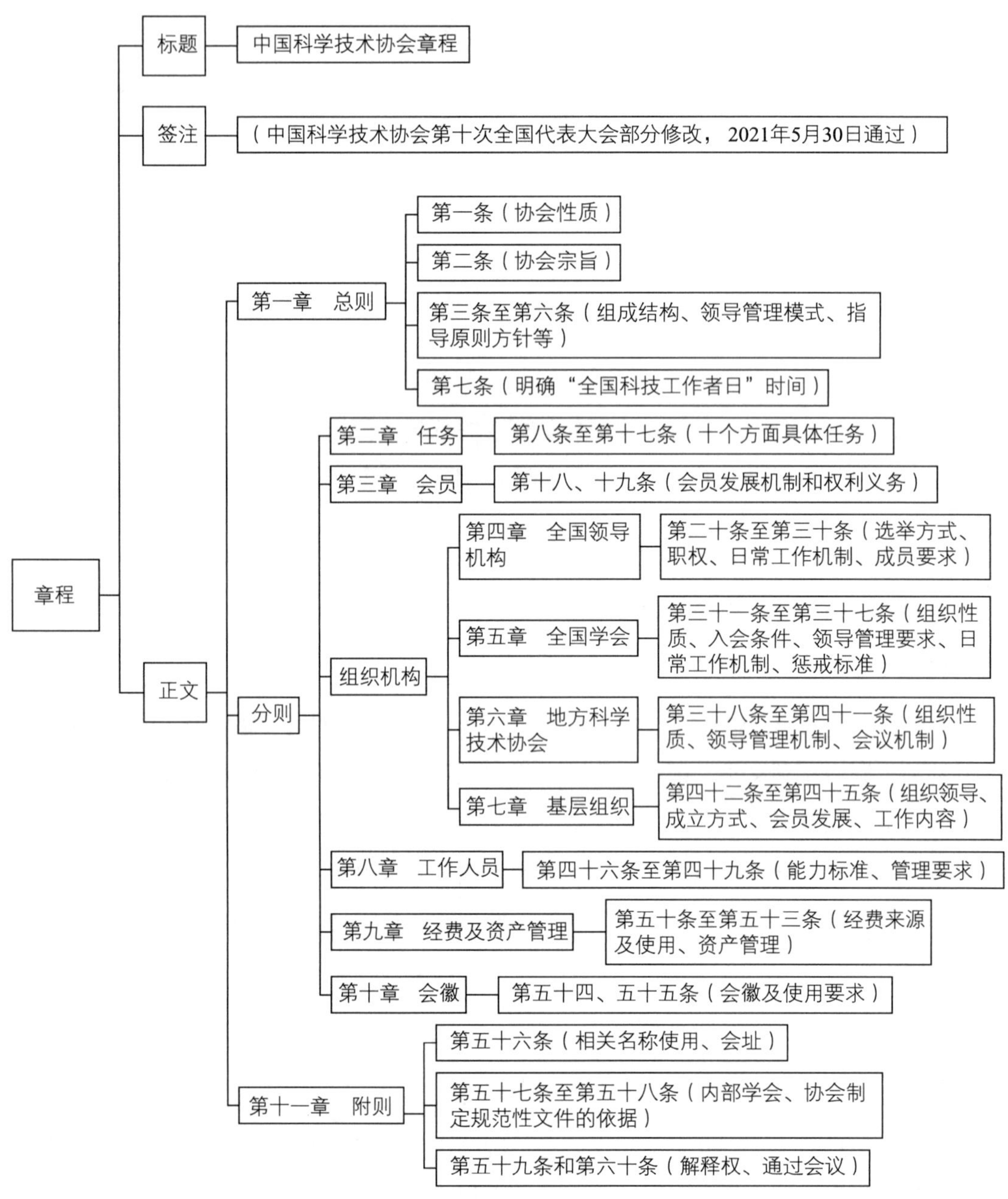
章程
标题
中国科学技术协会章程
签注
（中国科学技术协会第十次全国代表大会部分修改，2021年5月30日通过）
正文
第一章　总则
第一条（协会性质）
第二条（协会宗旨）
第三条至第六条（组成结构、领导管理模式、指导原则方针等）
第七条（明确“全国科技工作者日”时间）
分则
第二章　任务
第八条至第十七条（十个方面具体任务）
第三章　会员
第十八、十九条（会员发展机制和权利义务）
组织机构
第四章　全国领导机构
第二十条至第三十条（选举方式、职权、日常工作机制、成员要求）
第五章　全国学会
第三十一条至第三十七条（组织性质、入会条件、领导管理要求、日常工作机制、惩戒标准）
第六章　地方科学技术协会
第三十八条至第四十一条（组织性质、领导管理机制、会议机制）
第七章　基层组织
第四十二条至第四十五条（组织领导、成立方式、会员发展、工作内容）
第八章　工作人员
第四十六条至第四十九条（能力标准、管理要求）
第九章　经费及资产管理
第五十条至第五十三条（经费来源及使用、资产管理）
第十章　会徽
第五十四、五十五条（会徽及使用要求）
第十一章　附则
第五十六条（相关名称使用、会址）
第五十七条至第五十八条（内部学会、协会制定规范性文件的依据）
第五十九条和第六十条（解释权、通过会议）

第8章

沟通信息类：如何传情达意、又快又好

沟通信息类的四类常用文种，主要用于对内和对外的信息沟通，在日常工作中使用比较频繁。这些文种一般比较短小精悍，在传递新情况新信息、沟通上下意见、展示工作成果方面，非常高效便捷。撰写此类文稿材料，需要对工作有深入的分析研究，并具备较强的信息综合分析和提炼能力。

信息

信息的内涵特点

信息是一种向上级提报的文稿，主要用于反馈工作情况、反映新鲜经验，目的是为领导决策提供丰富的信息参考依据。

信息根据使用部门的不同可分为党委机关使用的党委信息、组工信息，政府部门使用的政务信息；根据内容则可分为动态性信息、经验性信息等，其中经验性信息类似于动态性信息的升级版。

信息文稿虽然不长，但是写作难度并不低，需要注意把握以下特点。

（1）着眼全局，政策性强。优质的信息不是对事件的简单反映，而是要从全局的高度思考问题，找到对工作有指导意义的典型事件进行信息写作。这要求信息既能真实反映本级工作，更要跳出本级、站在上级领导的角度去思考，找出工作背后的深层次、政策性问题，从指导全局工作的角度切入进行写作。

（2）一事一报，针对性强。信息的写作目的是在尽可能短的篇幅内为领导提供高价值的信息参考，因此必须严格遵循一事一报的原则，不能在一篇信息稿中包含多个事项。信息的篇幅也多控制在千字以内，内容精干、篇幅短悍。信息如果篇幅过长、内容过多，就丧失了信息量高度浓缩这一最有价值的特点。

（3）快速成文，时效性强。信息作为领导案头的重要参考，要注重时效性。信息必须能够快速跟进工作中出现的新情况、新问题，对其进行梳理提炼，快速搜集信息、快速加工成文、快速向上提报。这一点与后面要讲的消息比较类似。

信息的写作流程

信息作为相对简单的文稿，写作过程包括三步七个环节。

第一步：充分准备。

环节 1：定文种。信息作为各单位需要定期上报的材料，是工作中常用的文种。我们不仅要干好工作，更要观察工作中的新情况、新问题，发掘新经验、新做法。对于尚未形成系统经验的做法，不便以经验材料上报的，可以信息的形式上报，便于上级及时了解。

环节 2：明主题。信息的主题即所反映的工作的经验做法、亮点特色。在拟写信息的时候，要对工作有充分了解，这是写好信息的关键。

环节 3：集资料。要想写好信息，首先要充分掌握上级对此项工作的要求，把握上级和领导的具体指示精神；其次要搜集来自实践一线的情况资料，全面掌握来自基层的鲜活经验；再次要用好它山之石，对其他单位同类工作的情况也要充分掌握，通过横向比较判断工作所处的方位。

第二步：深度思考。

环节 4：找问题。对于经验做法，不要进行流于表面的做法罗列，要多问几个为什么，找到本质性规律特点；对于发现的新问题，多用逆向思维，对热点问题进行冷思考，增强反思精神，发现不一样的原因，找到创新的解决对策。由于信息一般采用的是篇段合一的形式，思路和结构相对比较清晰，因此可以直接进入写作阶段。

第三步：精准写作。

环节 5：拟标题。信息的标题是文眼，上报的信息能否被上级采用，标题的水平很关键。在标题的写作上可用封装式提炼法，把找到的经验做法或问题情况以高度概括的语言浓缩成令人眼前一亮的一句话标题。信息篇幅不长，单一层次的信息不需要文内标题；多层次信息一般用并列的三层或四层结构，每层用“一是……”“二是……”“三是……”作为标题区分。正文标题对主标题进行诠释，最好也采用封装式提炼法进行写作。

环节 6：填内容。动态性信息的篇幅很短，内容写法为“做法 + 成果”，其经验体现在标题中。经验性信息的篇幅稍长，内容写法为“经验 + 做法 + 成果”。问题性信息内容写法为“问题情况 + 原因分析 + 对策建议”。

环节 7：修语言。信息内容表述以陈述性语言为主，虽然篇幅不长，但非常考验语言文字的提炼能力。语言不能啰唆，多用短句，少用长句。经验和做法需要提炼出明确的概括词语，对于成果的陈述要用数据说话，达到一目了然、清晰明确的效果。

信息的写作模板

表 8-1 信息的写作模板

标题	单位名称 + 工作事项概要
正文	动态性信息： （单一层次） 做法 + 成果 经验性信息： （分层写作） （1）经验性标题 + 做法 + 成果 （2）经验性标题 + 做法 + 成果 （3）经验性标题 + 做法 + 成果

信息的范文解析

山东政务信息

（2022 年第 955 期）

临沂市“重扶持添动力强招引”推动下半年经济高质量发展

一是助商贸物流“做大做强”。出台临沂商城转型升级扶持政策，下半年统筹资金约 8 亿元支持商贸主体发展壮大，惠及企业 430 余家；加大对物流营运车辆金融支持力度，灵活采取展期、无还本续贷等方式，推动商车贷期限“应延尽延”，利率“应降尽降”。截至 7 月末，商车贷期限“尽延”4842 笔，利率“尽降”5043 笔，让利 812.2 万元，预计下半年让利 5000 万元。二是添科技创新“源头之水”。打造科技企业培育梯队，引导人才、项目等要素向企业汇集。上半年，新培育科技型中小企业 912 家、国家级平台载体 2 个，高新技术产业产值占比达 44.1%，力争全年培育科技型中小企业超 1200 家、新增高新技术企业 200 家以上。三是引重点项目“落地生根”。加密长三角、京津冀等地区招商频次，与国字号、央字头、500 强企业强化对接。下半年计划引建央企、500 强和头部企业投资项目 32 个，过 10 亿元有固定资产投资的项目 34 个，招引链长企业项目占比超 80%。

枣庄市“增量提质”助力民营经济加速恢复

打造龙头企业储备库，引导企业加快转型升级、膨胀扩规，力争年内营收过亿元民营企业达 220 家；每年按不低于目标数量的 1.2 倍比例补充“小升规”工业企业培育库，对当年新增小升规工业企业，财政一次性奖励资金 5 万元。上半年，全市新增规上民营工业企业 53 家，总数达 761 家，实现营收 464.4 亿元，同比增长 12.3%。

德州市强化金融支持推动企业上市步入“快车道”

组织 30 余家银行、基金、投资公司等成立服务联盟，打造“项目 + 基金 + 银行 + 证券”一体化模式，搭建起成长板—精选板—上市培育板的纵向梯度培育体系。截至目前，为 53 家企业制定一体化金融方案；全市上市后备企业 142 家，新增挂牌企业 228 家，4 家企业转板至“新三板”，帮助企业引进直接融资 18.16 亿元。

平阴县打造产业“生态链”赋能高质量发展

以炭素电极、节能环保等 5 大产业为重点，推进 10 个实体项目，落地建设注册类项目 61 个；投入 8 亿元科研资金，促进传统制造业向数字化转型，推动 23 家企业的 67 项科技成果转化，高新技术产业产值占比达 71%；在餐饮、超市等 20 余个行业推行“一证许可、一链通办”，今年以来，颁发行业综合许可证 5435 张。

寿光市搭建跨境电商综合服务体系打通进出口便捷通道

升级跨境电商综合服务平台，建设大型物流仓储中心 4 处，聘用货代、包装等专业人员 135 人，在美、英、德、澳、日等 5 个国家建有海外仓 11 处，为入驻平台的 24 家企业提供关、税、汇和信息流、物流、资金流等一体化服务。1—6 月，入驻企业销售额月均增长幅度超 20%，跨境电商进出口额达 15.63 亿元。

聊城经济技术开发区推出“4012”企业开办品牌激发市场活力

“40”即企业开办“零材料提交、零成本开办、零距离服务、零见面审批”，“12”即

1个环节、2小时办结；推进“四级通办”“证照三联办”改革，实现准入即准营；打造“聊开智慧”24小时政务大厅，行政审批和便民事项下沉园区，实现全天候就近办。上半年，新增市场主体4771家，同比增长43.79%。

范文解析

这期政务信息共有六条信息，其中第一条是经验性信息，其余五条均为动态性信息。

在第一条信息的主标题中，提炼出“重扶持添动力强招引”这样一条经验做法，目的是“推动下半年经济高质量发展”，亮点明确、抓人眼球。在正文中，总结了三条经验性做法标题，采用的也是提炼法，对仗整齐，用“助”“添”“引”引出经验，随后跟进具体做法和取得的成果。在表述具体内容时运用了详尽具体的数据，体现了经验做法的真实可靠。

其余五条的写法大同小异，有的在主标题中提炼出相应的经验做法关键词，如“增量提质”“生态链”“4012”，一个词体现出明确的经验，非常醒目。没有提炼关键词的，也在主标题中清晰地描述了经验做法，如“搭建跨境电商综合服务体系打通进出口便捷通道”。总之，让人能够通过标题就对经验做法一目了然。在正文中，按照动态性信息的写法，采取先做法后成果的方式，重点突出、简洁清晰。

思维导图

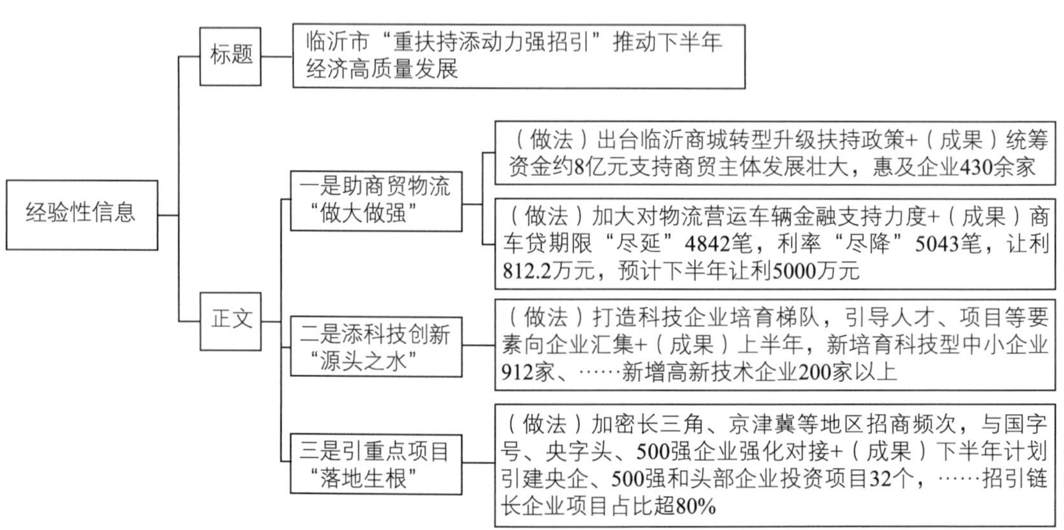

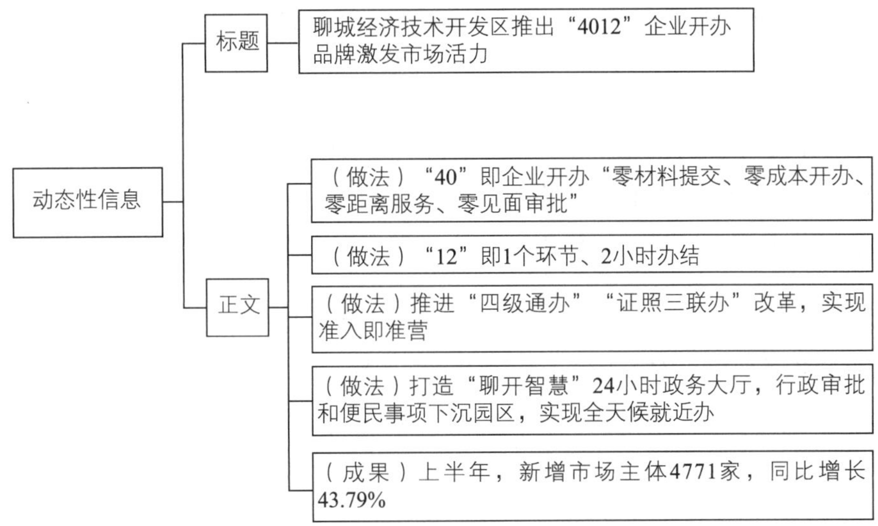

简报

简报的内涵特点

简报，主要用于在单位内部汇报交流相关工作经验、及时传递反映最新情况信息，使用范围很广，党政机关、企事业单位内部都可以使用。根据内容的不同，简报主要可以分为工作简报和会议简报两类。需要注意的是，简报既是文种名，代表简报文稿，也是载体名，比如可以说编印了一期简报、其中有几篇简报。

工作简报，主要用于反映工作进展情况，交流工作经验做法，涉及面比较广。在某些专项活动中，也会连续编印专题工作简报，如《乡村振兴简报》。专项工作简报在工作结束后随即停发。

会议简报，主要用于对规模较大的会议作连续报道，对与会人员发言进行记录并汇总，便于相关领导、与会人员和有关方面了解掌握会议进展情况，也可为新闻媒体提供新闻素材。

简报中比较难写的是工作简报，与经验材料比较类似，写作时需要注意把握以下特点。

（1）内容的新闻性。简报不仅要选择新鲜内容写作，还要及时编发，这一点类似于定期出版的报纸。每一期简报对于主题、内容的选择，都要突出一个新字。要注重贴近当下工作的重点、热点，针对工作中出现的新情况新问题，找到有价值、创新性强的经验做法，推而广之、以资借鉴。

（2）选材的聚焦性。简报是对工作经验做法的凝练总结，要想从复杂的工作现象中，提炼出具有普遍指导意义的做法，就需要精心选材。由于简报一般篇幅不长，因此其写作角度一般要选择小切口，从平常中见奇崛，从一般中找规律。

（3）表达的创新性。简报写作要有一点“语不惊人死不休”的劲头。当然，这种创新是建立在实际工作基础之上的，不能脱离实际瞎编乱造。要通过对标题和内容的精心提炼，概括出简洁明了、便于传播交流的工作经验方法。

简报的写作流程

简报是文稿起草者和编辑共同创作的成果。简报编辑需要对来自各单位的简报文稿进行筛选，找到与简报专题相关度高、经验做法总结精炼的稿件编辑刊发。

下面主要针对简报文稿起草者来分析工作简报的写作流程。工作简报文稿的写作流程，与经验材料类似，包括三步七个环节。

第一步：充分准备。

环节 1：定文种。工作取得了新成果、总结了新经验，需要向上级反映汇报，让上级及时掌握情况时，即可选用简报的形式写作并向上级简报刊物投稿。

环节 2：明主题。对于综合性工作简报，可以根据最近上级关注的重点工作、领导指示的重点方向确定简报的主题。对于专项工作简报，则要根据该工作简报刊物的主题方向，选择本单位与之相关的最为突出的工作亮点作为简报写作主题。

环节 3：集资料。简报是上级编发的文件，首先要把握上级对所涉及工作的指导精神，尤其是对于专项工作简报，特别要搞清楚上级领导对此项工作的最新指示、下发的最新文件精神等，这是起草简报的依据。其次要充分搜集了解本单位相关工作的实践材料，特别是对事例、数据等要掌握准确。

第二步：深度思考。

环节 4：找问题。结合上级关注的重点，从工作实践中深挖具有代表性的特色做法，分析与过去有什么不同，与同级单位、同类工作有什么区别，做出了什么不一样的成绩。通过纵向挖掘找做法、横向对比找特点，纵横结合提炼简报的核心特色。

第三步：精准写作。

环节 5：拟标题。简报内容要简短，篇幅不能太长，但“短”不是简单地压缩内容，而是要以简短的内容展现丰富的内涵。标题在其中发挥着重要作用。在找问题环节中纵横结合得出的核心特色，要在简报的标题中充分体现出来。要用好提炼的方法，最常用的就是“串珠法”，可以用一个或若干个有关联的字、一组词、一组数字等进行主线的提炼，进而串起整篇文稿。

环节 6：填内容。简报内容段最常用的就是“经验做法 + 成果”的组合模式，采取并列结构共同说明简报主题。

环节 7：修语言。简报语言与信息比较相似，需要简洁明了，多采用陈述句说明做法，用概括性事例和数据支撑做法。删掉一切不必要的论述性语句，抒情性语句更是不能出现。

简报的写作模板

表 8-2　　简报的写作模板

标题		单位名称 + 经验做法概括
正文	开头	基本情况：总述工作 + 基本评价
	主体	（1）经验做法之一 + 成果之一 （2）经验做法之二 + 成果之二 （3）经验做法之三 + 成果之三

注：此为工作简报文稿写作模板，并非简报刊物模板（一般为红头形式）。

简报的范文解析

政务管理服务工作第 36 期丨工程建设项目审批制度改革经验做法

编者按：近年来，我省认真贯彻落实党中央、国务院部署要求，扎实推进工程建设项目审批制度全流程、全覆盖改革，对转变政府职能、优化营商环境有明显效果，进一步激发了市场活力，显著增强了企业和群众的获得感。现刊发工程建设项目审批制度改革的经验做法，供各地、各部门学习借鉴。

我省推进工程建设项目审批“一网通办”整体改革成效走在全国前列

工程建设项目审批制度改革是党中央、国务院在新形势下做出的重大决策，是推进政府职能转变和深化“放管服”改革、优化营商环境的重要内容。近年来，我省聚焦工程建设项目审批流程不畅的“堵点”，部分审批程序繁、时间长的“痛点”，部门信息壁垒的“难点”，突出全省统筹，以实现工程建设项目审批“全覆盖改革、全流程优化、全要素管控”为目标，持续推进并全面深化工程建设项目审批制度改革，于 2021 年 2 月发布“工程建设项目审批制度改革 1.0 版”，实现全省同类项目和同一事项在纵向不同层级、横向不同区域间无差别受理，同标准办理。2022 年 3 月发布“工程建设项目审批制度改革 2.0 版”，深化用地清单制、规划审批改革等，推进流程定制化、监管联动化、要素标准化、响应全天化、办事移动化。

目前，全省已有 6 万余个项目实现“一网通办”，实现“线下无审批、线上全监管”，并凸显“五减”效果。减事项：全省审批事项由 71 项压减至 45 项，与兄弟省市相比审批事项较少；减时限：项目审批时限由 236 个工作日压减至 19 至 100 个工作日，远低于国家规定的 120 个工作日；减环节：将 71 项事项串联审批优化为立项用地规划许可、工程建设许可、施工许可、竣工验收四个审批阶段并联审批；减材料：全流程提交的申报材料压减约 45%；减次数：“一网通办”实现行政相对人整体跑动次数最简。在审批制度和系统运行成效、项目精准策划生成、“多图联审 +BIM 审图”、规范市政公用服务、“交房即交证”、窗口全科帮代办、区域评估全覆盖、全流程多测合一等方面形成湖南特色，走在全国前列。我省工改有关做法及系统建设运行成效连续三年获国家工改办重点推介，是全国唯一获此殊荣的省份。“多图联审”“零跑腿、零接触、零付费”改革经验被列为国务院第七次大督查典型案例，全国通报表扬。受国家工改办专门委托，我省具体承办全国通用的工程审批工作指南等多项全国层面的改革政策文件和制度标准，全面推广湖南经验。经第三方评估的抽样调研，全省建设单位满意度达到 99.12%。

一、省级层面统筹统建，推进全覆盖改革

先后出台《关于推动工程建设项目审批制度改革的指导意见》和《工程建设项目审批制度深化改革实施方案》，系统制定 78 项改革任务，搭建了工程建设项目审批改革的“四梁八柱”。

一是审批制度全省统筹。全省配套出台 80 余份全省统一的制度文件，实现全省“一张蓝图”“多规协同”“区域评估”“告知承诺”“一窗受理”“多图联审”“多测合一”“联合验收”“交房即交证”“信用监管”“市政公用服务优化”“中介服务优化”等改革步调一致，推动政府职能和管理方式转变。

二是审批系统全省统建。坚持“将审批制度集成在平台上，将审批管理协同在平台上，将改革举措落地在平台上”的理念，打造覆盖省市县三级的工程审批系统，实现审

批服务全集成、相关系统“全联通”，做到“线下无审批，线上全监管”。目前，“工程审批系统”的办件量和功能性在全国均处于领先水平。

三是项目类型全省统一。在抓好国家规定的房屋建筑和城市基础设施项目改革的基础上，主动将交通、水利、能源工程建设等项目全面纳入改革范围，相应行业领域审批系统已全面上线，并实现同工程审批系统的对接融合。

四是“一网通办”全省统联。推动与“互联网＋政务服务”一体化平台融合共享。通过细化关联“一体化平台”与工程审批系统审批事项的映射关系，开放登录界面，统一用户体系，统一审批系统，明确数据共享路径，打造了两个平台融合共享的“湖南模式”。与省投资项目在线审批监管平台赋码端、申报端、审批端、监管端统一，与“多规合一”协同审批平台、建设用地审批系统、施工图审查系统、消防验收备案等系统业务融合，与项目动态监管平台、建筑市场监管公共服务平台、信用湖南等数据共享，实现“审批库”“企业库”“项目库”“人员库”“诚信库”数据同源，形成全方位监管。

二、立足审批前后延伸，推进全流程优化

我省在抓好国家规定的立项用地规划许可、工程建设许可、施工许可、竣工验收四个审批阶段改革的基础上，主动向前延伸至项目策划生成阶段，向后延伸至不动产登记阶段，实现项目从前期策划到交房交证全流程、全链条优化，打通改革“中梗阻”，强化全周期管理。

一是项目策划生成阶段，实现项目供地精细化。统筹融合形成了涵盖 6 大类 21 中类 500 多个图层的国土空间规划“一张蓝图”数据库，建立了全省统一的“多规合一”协同工作机制，依托带矢量坐标的“一张蓝图”实行项目用地合规性检测，提前化解规划矛盾，解决项目生成难题。

二是项目审批四个阶段，实现全程审批标准化。通过全省整体“减、放、并、转、调、优”，2019 年 2 月在全国率先发布了全省统一执行的《湖南省工程建设项目审批工作指南》，现已迭代升级四版，先后统一了房屋建筑、市政基础设施工程、交通、水利、能源 5 大类 30 小类项目的办事指南、申请表单、申报材料清单，明确了审批事项、审批流程、审批时限、计时规则等。

三是不动产登记阶段，实现交房交证便利化。推行“交房即交证”，实行“前置一批”“并联一批”“剥离一批”“简化一批”，最大化地压缩房地产开发项目从竣工验收到办理不动产首次登记的过程时限。目前，全省累计有 16 万余户实现了“交房即交证”，让老百姓同享工改的政策红利。

三、面向审批服务要素，推进全要素管控

一是推动行政审批要素监管受控。建立“工程审批系统”电子监察功能，实时在线监督审批进程，实现“全程留痕、自动预警、责任到人、通报问责”，按月印发审批服务质量通报，直送各市州人民政府和省直厅局主要负责人，按年对各市州开展调研评价，对各省直厅局进行绩效考核，督促全流程在线合规审批。

二是推动政务服务要素帮办代办。整合各审批部门分散设立的实体服务窗口，在全省各级政务服务大厅统一设置工程建设项目审批综合服务窗口，实现业务咨询、报建辅导、出件送达、帮办代办等服务功能全集成。出台《工程建设项目审批“一窗受理、集成服务”工作导则》《工程建设项目审批综合服务窗口全科帮办代办服务工作要求》等，建立各审批阶段“一次征询”“一单告知”机制，一键解决“办什么”“找谁办”“怎么办”问题，打造线上“并联审”与线下“帮代办”有机融合的工作机制。

三是推动市政服务要素规范统一。在全国率先出台《湖南省工程建设领域市政公用服务报装接入办事指南》，已持续更新两版，统一简化优化全省供水、排水、燃气、供电、通信、广播电视等市政公用服务办理规则，针对简易低风险工业厂房项目，推动水电气网报装接入“零跑腿、零接触、零付费”。依托“工程审批系统”建立全省市政公用服务平台，实施统一规范管理，全省 600 余家市政公用服务单位全面入驻，为建设单位提供“一站式”服务。

四是推动中介服务要素规范统一。出台《湖南省工程建设项目行政审批中介服务事项指导目录》，在全省层面规范统一了工程建设项目行政审批中介服务事项名称、设置依据、服务实施机构、实施要求、服务时限、收费标准、对应审批事项名称、审批实施机关等 8 项配套要求，同时依托全省中介服务超市，统一规范管理，进一步压减中介服务时限，减少服务费用，提升服务效率。

范文解析

这份工作简报是通过网站发布的，因此没有采用传统的简报红头模式，同时也略去了“简报”二字。在政务公开信息化以及中央精简文稿的要求下，越来越多的简报不再采用传统的红头纸质印发形式，而是采用电子化发布形式。

开头部分的“编者按”是简报编辑起草的。选用或汇编下级经验性材料的简报开头都有这样一段文字，目的是帮助读者更好地理解简报选编材料的背景信息、经验性材料的意义价值，代表了上级对这项工作的看法导向。

这篇简报文稿是经验做法性工作简报，内容鲜活新颖、富有时效性。简报的主标题概括了简报的核心内容，明确了主题是“工程建设项目审批‘一网通办’整体改革”。

在正文开头，用了两段较长的篇幅，对基本做法和总体成效进行介绍。然后分三个部分，进行详细的经验介绍。三个部分的标题用了三个“全”字进行串联，关键词是“全覆盖改革”“全流程优化”“全要素管控”，构成了经验做法的核心。

在每个部分，同样采用的是用词语串联形成系统经验的方式。第一部分用了四个“统”，即“统筹”“统建”“统一”“统联”；第二部分用的是复句标题，三个“阶段”实现了三个“化”，即“精细化”“标准化”“便利化”；第三部分用了四个“要素”，即“行政审批要素”“政务服务要素”“市政服务要素”“中介服务要素”。

通过串珠式标题写作方式，整篇简报形成了清晰的主线脉络，展现出了系统的经验做法。在具体内容写作中，标题之后紧接着就是做法的陈述句，以及带来的成果，没有过渡性词句，行文干净利落。

思维导图

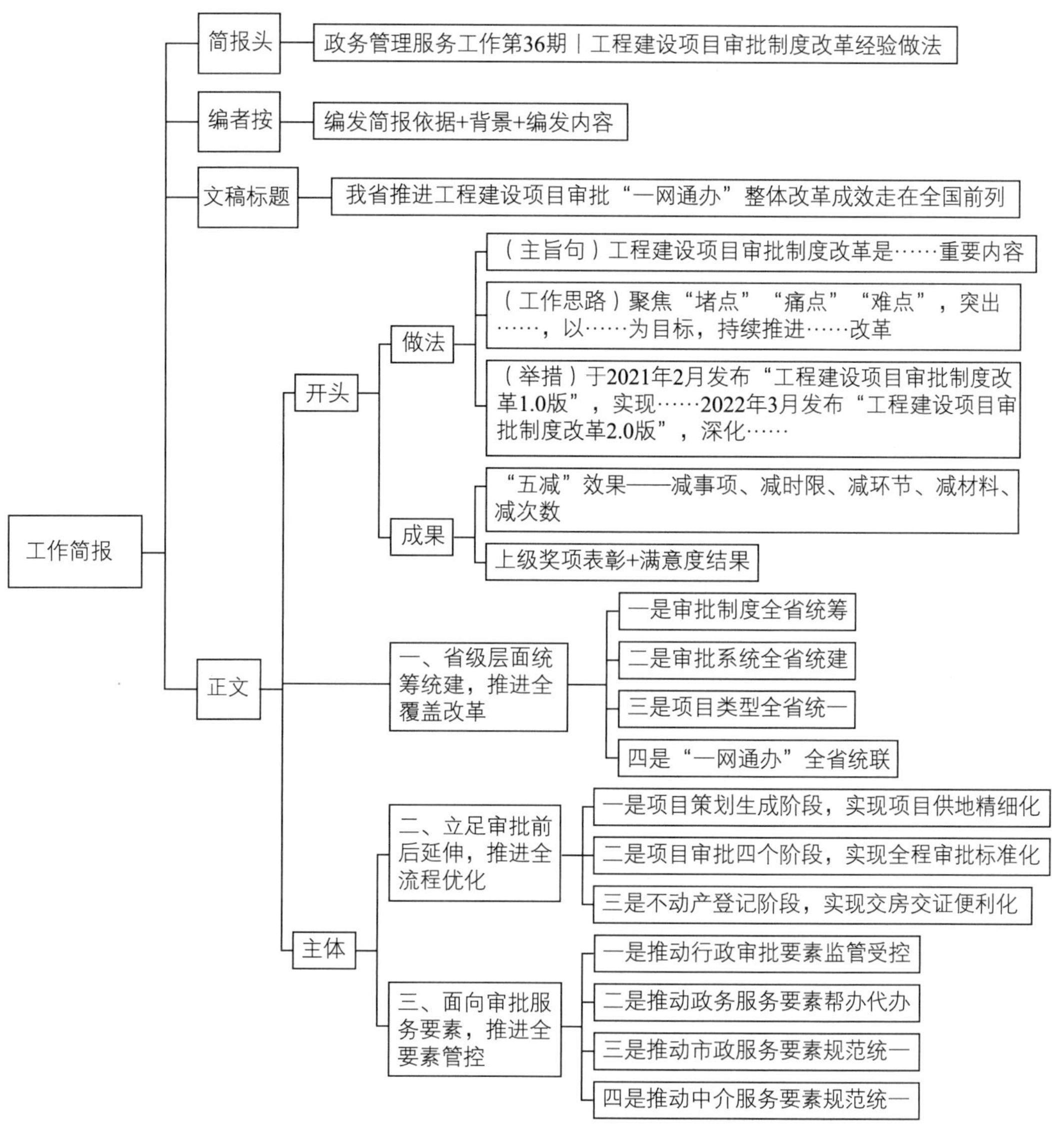
工作简报
简报头
政务管理服务工作第36期丨工程建设项目审批制度改革经验做法
编者按
编发简报依据+背景+编发内容
文稿标题
我省推进工程建设项目审批“一网通办”整体改革成效走在全国前列
正文
开头
做法
（主旨句）工程建设项目审批制度改革是……重要内容
（工作思路）聚焦“堵点”“痛点”“难点”，突出……，以……为目标，持续推进……改革
（举措）于2021年2月发布“工程建设项目审批制度改革1.0版”，实现……2022年3月发布“工程建设项目审批制度改革2.0版”，深化……
成果
“五减”效果——减事项、减时限、减环节、减材料、减次数
上级奖项表彰+满意度结果
主体
一、省级层面统筹统建，推进全覆盖改革
一是审批制度全省统筹
二是审批系统全省统建
三是项目类型全省统一
四是“一网通办”全省统联
二、立足审批前后延伸，推进全流程优化
一是项目策划生成阶段，实现项目供地精细化
二是项目审批四个阶段，实现全程审批标准化
三是不动产登记阶段，实现交房交证便利化
三、面向审批服务要素，推进全要素管控
一是推动行政审批要素监管受控
二是推动政务服务要素帮办代办
三是推动市政服务要素规范统一
四是推动中介服务要素规范统一

消息

消息的内涵特点

消息是用最简要和迅速的手段报道最近发生事件的一种新闻文体。从严格意义上来说，消息并不属于公文，但它在实际工作中使用频率高、范围广，且与信息有相似性，容易被混淆，因此也纳入沟通信息类公文进行讲解。

工作中常用的消息主要有动态消息、典型消息和综合消息三类。

动态消息用于迅速、及时地报道单位建设中的好人好事、新气象、新成就、新经验。动态消息中有不少是简讯（短讯、简明新闻），内容更加单一，文字更加精简，一事一讯，几行文字即成一篇。

典型消息是对某一部门或某一单位的典型经验、成功做法的报道，用以宣传工作成效。

综合消息指的是综合反映带有全局性的情况、动向、成就和问题的消息报道。

上述三类消息中，在各单位宣传报道工作中常用的是动态消息和典型消息，综合消息一般由专业记者采写。

消息要与前面讲解过的信息区分开。信息是一种公文，主要用于组织内部的情况信息上传下达，因此在写作方式、语言表达上都具有体制内的特点。而消息作为一种面向大众传播的新闻文体，无论是写作体例还是语言表达，都具有典型的大众传播属性，在写作时需要注意以下特点。

（1）采写的即时性。动态消息一般要做到新闻当天发生、当天采写、当日出稿、次日见报（网）。这是由媒体的时效性所决定的。要求采写发稿迅速、及时，叙事直截了当，语言简洁明快，篇幅短小，无须长篇大论，大多数消息只有几百字，就是常说的“豆腐块”。综合消息和典型消息虽没有次日见报的要求，但也非常注重时效性。

（2）内容的专一性。消息写作要对准核心新闻事实，一事一报，避免面面俱到。要对所采访的素材进行筛选，找到最突出、最有价值的信息作为报道重点。

（3）描述的客观性。消息写作者要站在客观的立场上对新闻事实进行陈述。消息主要是报道新闻事件本身，不会加入观点或特意提炼经验做法。不要在消息的开头加上理论论述，更不要在结尾加上号召性语句。

消息的写作流程

参照公文写作流程，作为新闻文稿的消息写作流程可分为三步八个环节。

第一步：充分准备。

环节 1：定文种。对于新近发生的事件，需要通过对外宣传报道扩大影响力时，可以用消息作为报道文种。

环节 2：明主题。消息的主题要从上级精神与本级工作相结合中发掘，找到宣传报道亮点。要充分利用各种信息渠道捕捉新闻线索。可以从上级文件的新精神、新提法中找到与本单位相联系的内容，也可以从最新召开的会议中发现新要求，看看本单位有没有落实的新举措。

环节 3：集资料。对于消息写作而言，最重要的资料就是采访得到的一手素材，要通过采访事件相关人员，掌握一线的鲜活信息，从中找到新闻的活鱼。切忌仅仅从书面材料中找素材、编新闻。

第二步：深度思考。

环节 4：找问题。新闻之新，重在角度新。找问题就是找到切入报道的角度。对于一项工作，不能仅从工作事实本身出发，而是要站在受众和编辑的角度来看，哪些信息点能够引起关注。例如，对于会议新闻，一般人只会按流程对会议进行常规性报道，而有经验的报道员则会从会议涉及的工作亮点延伸报道触角，把会议与工作生活、与受众可能的关注点联系起来进行报道。

环节 5：理结构。消息的经典结构被称为“倒金字塔”结构，即最重要的材料放在开头，次要材料放在后面。第一部分是导语，也是需要交代的最新、最重要的信息；第二部分是主体，详细阐述事实，补充背景信息。

第三步：精准写作。

环节 6：拟标题。标题是消息的眼睛，是吸引读者的关键。有好标题才能吸引人继续往下阅读。消息标题要准确简明地概括消息内容，把消息最突出的亮点放到标题中，帮助读者理解报道的事实。这和新媒体时代的标题党有很大区别。新媒体时代很多标题只是为了吸引读者，用省略信息、故弄玄虚的方法来引发读者点击。消息标题写作要注意避免这种问题。消息标题有四种，详见下文写作模板。

环节 7：填内容。消息的内容要素包括 5W1H，即何时、何地、何人、何事、何故和如何。正文分导语和主体两个部分。导语写作要开门见山，直接表述新闻事实。要将最具新闻价值、最有吸引力的事实写进导语，注意导语不可太长，一般一两段即可。主体部分位于导语之后，主要作用是展开导语，使其具体化，补足导语中尚未出现的新闻要素，介绍来龙去脉，满足受众的阅读心理。消息的写作技法是要素逐渐亮相，导语可先提示何人、何事，然后在主体中交代清楚其他要素。

环节 8：修语言。消息用的是新闻语言，和之前公文写作的材料语言有很大区别。材料语言重归纳，新闻语言多白描，用简练直接的语言描述事物的特征，用准确、简洁、鲜明、生动的语言和受众交流。多用动词，少用形容词；多用具体词语，少用抽象概念；多用老百姓能听懂的大白话，少用官方语言打官腔。很多时候，写作者绞尽脑汁想出的一句话，比不上被采访者随意讲出的一句话来得生动准确。注意在消息写作中，要多用简短句子，保持行文节奏的明快简洁。

消息的写作模板

表 8-3　　消息的写作模板

标题	（1）单标题式（一句话概括报告事实） （2）引题（上）+ 主题（下） （3）主题（上）+ 副题（下） （4）引题（上）+ 主题（中）+ 副题（下）（较少使用）
导语	叙述事实概要，对标题进行补充，要将最具新闻价值、最有吸引力的事实写进导语，注意导语不可太长，一两段即可
主体	展开导语，使导语内容具体化；补充新的内容，扩充新闻信息量，使新闻报道更加丰满；更加详细地讲述新闻事实的来龙去脉，提供更为丰富的细节、情节、引语等材料，使新闻报道更有可读性
背景	交代事件的历史背景、周围环境及与其他方面的联系等
结尾	结尾有小结式、启发式、号召式、分析式、展望式，等等

消息的范文解析

1. 动态消息范文

（1）会议消息范文。

“奥林匹克文化与全球文明传播”专题研讨会在京举行

《人民日报》（2022 年 07 月 14 日　第 16 版）

新华社北京 7 月 13 日电　13 日，“奥林匹克文化与全球文明传播”专题研讨会在中国传媒大学举行，十余位专家学者围绕人类命运共同体理念与奥林匹克精神的国际传播展开交流。

《文明》杂志社社长兼总编辑娄晓琪围绕“奥林匹克文化的中国方案”发言。他宣读了国际奥委会主席巴赫写给《文明》杂志社的感谢信，并介绍了该杂志为致敬奥林匹克精神、传播奥林匹克文化所开展的系列活动。

北京第二外国语学院首都对外文化传播研究院院长曲茹教授以具体案例阐释了以城为媒的内涵与实践，认为2022北京新闻中心为冬奥会中的国际传播提供了很好的平台。

中国传媒大学人类命运共同体研究院副院长姬德强教授以个人的奥运数字记忆为出发点，提出数字时代的奥运会是一个非常重要的媒介事件。

本次研讨会由首都文明工程基金会、中国传媒大学、《文明》杂志社联合主办，中国传媒大学人类命运共同体研究院承办。各专家学者来自中国传媒大学、首都文明工程基金会、《文明》杂志社、中国人民大学、中国外文局、中国社会科学院、中央广播电视总台、北京第二外国语学院。

范文解析

这篇会议消息采用的是单标题式标题。这类标题用一句话概括消息最重要的新闻点。导语中，交代了会议时间、地点、参会人员以及主要议程。主体部分，选用了三位专家的发言，最后一段交代了会议的背景和参会专家的单位。如果是其他类型的会议，同样可以用这个模式，中间段可以用“会议指出”“会议强调”“会议要求”等引出相关会议精神。

思维导图

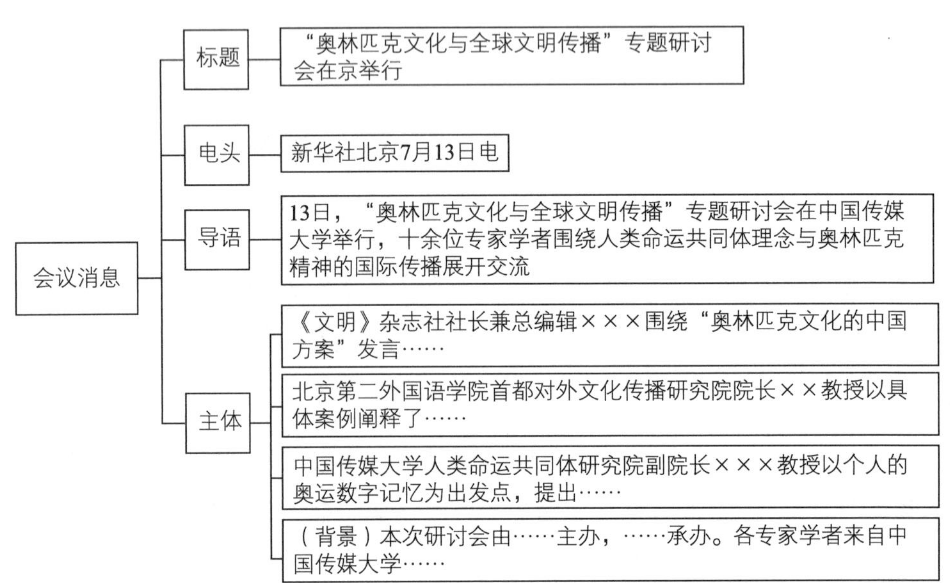

（2）活动消息范文。

全国关工委“青少年党史学习月”暨“青少年游基地、学党史”活动启动

《人民日报》（2022 年 07 月 02 日　第 06 版）

本报北京 7 月 1 日电 （记者姜洁）全国关工委“青少年党史学习月”暨“青少年游基地、学党史”活动启动仪式于 1 日在浙江省嘉兴市南湖革命纪念馆举行，北京、河北、山西等 20 个省（区、市）设分会场同步启动该项活动。

启动仪式上，嘉兴市“五老”（老干部、老战士、老专家、老教师、老模范）代表和青少年同台表演诗朗诵等红色文化主题节目。“红船小讲解”带领现场人员游览基地，精彩的讲解展现了新时代青少年学习党史的风采。为了使学习党史的过程更加生动、有趣，现场还发布了全国关心下一代党史国史教育基地网络地图，组织广大青少年在线上游览基地、打卡基地。在地方分会场，诵经典、学党史、游基地等活动同样精彩纷呈。

活动中，青少年代表纷纷表示，要继承和发扬党史中蕴藏的宝贵精神财富，用党的实践创造和历史经验启迪智慧、砥砺品格，洗礼精神、找准方向，扣好人生第一粒扣子，自觉走上爱党爱国、追求奉献的人生道路，努力成为合格的社会主义建设者和接班人。

十届全国人大常委会副委员长、中国关工委主任 ××× 表示，党史学习教育是青少年感悟党的初心使命、传承党的红色基因的有效方式。各地关工委要积极组织引导青少年参观游览全国关心下一代党史国史教育基地网络地图，通过云游打卡、留影纪念、推送转发等方式，沉浸式学习党史，使青少年有故事可听，有场馆可看，增强体验感和吸引力，线上线下持续掀起党史学习的热潮。

据悉，从今年起，全国各级关工委将每年的 7 月作为“党史学习月”，集中开展青少年党史教育活动。活动期间，各级关工委将充分发挥地方红色资源厚重优势，依托 268 个全国关心下一代党史国史教育基地和各类传承红色基因教育基地，通过线上线下联动、关工委和教育基地联动、“五老”与青少年联动等方式，广泛开展主题参观、文艺展演、读书演讲等活动。

范文解析

这篇活动消息采用的也是单标题式标题。在导语中，交代了活动主办方、主题、时间、地点。在主体部分，首先对活动现场的参加人员、活动内容进行了具体介绍；然后，用青少年的表态点明活动的意义价值；紧接着，引用领导讲话提出指示要求、期望目标。最后一段是背景信息补充，对这项活动开展的来龙去脉进行了交代。

思维导图

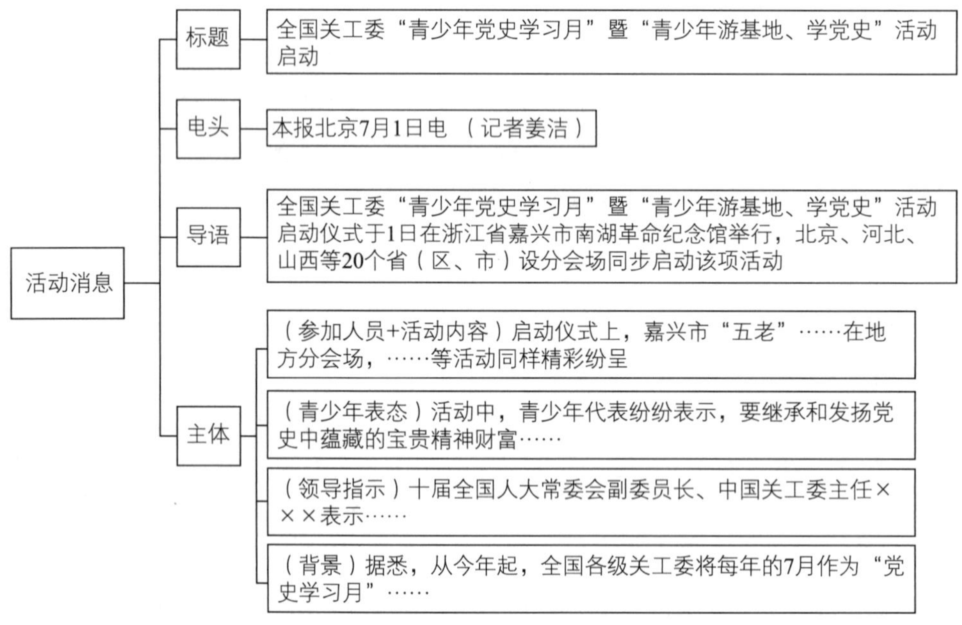

（3）成果消息范文。

我国建成5G基站占全球六成以上

农村地区互联网普及率提升到57.6%

《人民日报》（2022年08月03日　第07版）

本报北京8月2日电　（记者张璁）记者获悉：国家互联网信息办公室会同有关方面跟踪监测各地区、各部门数字化发展情况，开展数字中国发展水平评估工作，编制完成

《数字中国发展报告（2021 年）》（以下简称《报告》）。《报告》总结了党的十九大以来数字中国建设取得的显著成就和 2021 年的重要进展成效，评估了 2021 年各地区数字化发展水平，并对 2022 年数字中国建设进行了展望。

《报告》显示，2017 年到 2021 年，我国网民规模从 7.72 亿增长到 10.32 亿，互联网普及率从 55.8% 提升至 73%，特别是农村地区互联网普及率提升到 57.6%，城乡地区互联网普及率差异缩小 11.9 个百分点。截至 2021 年年底，我国已建成 142.5 万个 5G 基站，总量占全球 60% 以上，5G 用户数达到 3.55 亿户。全国超 300 个城市启动千兆光纤宽带网络建设，千兆用户规模达 3456 万户。农村和城市实现"同网同速"，行政村、脱贫村通宽带率达 100%，行政村通光纤、通 4G 比例均超过 99%。

《报告》指出，我国数字技术创新能力快速提升。人工智能、云计算、大数据、区块链、量子信息等新兴技术跻身全球第一梯队。2021 年，我国信息领域 PCT 国际专利申请数量超过 3 万件，比 2017 年提升 60%，全球占比超过 1/3。我国互联网企业更加注重创新，2017 年到 2021 年，上市互联网企业研发投入增长 227%。

范文解析

这是一篇成果消息，报道了《数字中国发展报告（2021 年）》编制完成的新闻。很多人在写这类成果消息时，往往会从《报告》编制出版本身就事论事进行写作。但是这位记者从报告中选取了两个非常亮眼且容易引发读者兴趣的数据作为标题的主题和副题，一下子就能抓住读者的眼球。导语中对《报告》的基本情况进行了介绍。正文中则用了两段篇幅，通过大量的引用数据对比分析，给读者带来非常明确的信息增量，让读者了解到数字中国建设两个非常重要的方面。当然，在报告中肯定不止这两个方面，但不必面面俱到，记者的选择反映了其新闻眼光的独到之处。

思维导图

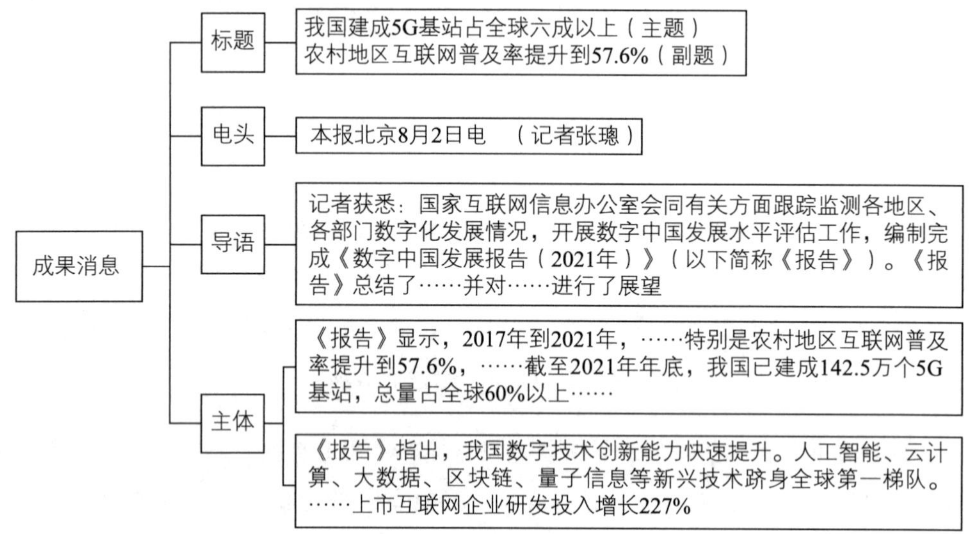

2. 典型消息范文

海南屯昌县突出特色强经济

产业兴，日子有奔头

本报记者赵鹏

《人民日报》（2022 年 09 月 09 日　第 11 版）

“现在生活怎么样？”“好咧！”田间地头，王发忠的回答干脆、实在。王发忠所在的枫木镇以种植苦瓜闻名。在海南省屯昌县，政府扶持，合作社和村民抱团发展，全县种植苦瓜近万亩，年产值超亿元。种苦瓜尝到甜头，日子越过越有滋味，王发忠的感受也是屯昌许多老百姓的感受。

在全面推进乡村振兴中，屯昌县紧扣产业、紧抓特色，让农业增产、农民增收的路子越走越宽。

屯昌境内以低山丘陵台地为主，适合发展多种农业生产经营，特色种植养殖业具有悠久的历史。地头上有产品，市场也认可，但产业却排不上名、叫不上号，农业产出和农民收入都十分有限。如何才能实现农业由弱变强？扶强助优，着力培育壮大优势特色产业，促进更加注重经济和环境效益的集约发展，让特色真正“靓”起来。

椰子是海南农民增收的重要来源之一。屯昌整合土地，引进企业发展“金椰子项目”，辐射带动全县 6 个镇，3000 多亩山丘地上，近 5 万株抗性强、产量高的水果型椰子树已经开花挂果。目前，全县椰子树种植面积已达 1.3 万亩。

“优粮优加工，深挖每一粒米的潜力和附加值。”新兴镇土壤中硒元素等矿物质含量高，水稻生产有天然优势，常年种植水稻 1.2 万亩。当地支持专业合作社种好优质香米、走好精深加工之路，打造出新兴“香香大米”当家品牌。

县域经济本质是特色经济。发展特色产业，实现更好发展，屯昌县立足资源禀赋、产业基础，打造更具竞争力、带动力的农业产业链。

屯昌素有“沉香之乡”之称，目前种植面积约 1.28 万亩，具有一定的产业基础。今年以来，屯昌县锚定产业“风口”，强化科技支撑，加强产学研用结合，以沉香产业为主导，“链”上大健康产业，全链推动沉香产业多元化、高质量发展。

“让老百姓过上好日子，是我们一切工作的出发点和落脚点。农业产业一头连着市场，一头连着群众的口袋，群众荷包鼓了，日子才会越过越好。”屯昌县委书记 ×× 表示。

实施“全领域强农”工程，在“万企兴万村”活动中，屯昌捆紧绑牢村企利益联结机制，确保群众在产业发展中有更多的获得感。

合作社与普通农户、种粮大户以“订单农业”的方式绑定。新兴镇粮农杨儒孝除了种稻谷外，还在合作社加工厂里上班，每月 5000 块钱工资，加班费还要另外计算，杨儒孝说：“这日子过得不比城里差。”另一名粮农文世取种了 10 亩稻谷，稻谷熟了他心里一点也不慌，“合作社有收割机收、有车运，还有销路，我只管种好稻谷就行。”

资金投给企业，企业“联农带农”。在南坤镇的蛋鸡养殖场，松坡村脱贫户李小燕和其他 30 个脱贫户实现灵活就业。“每月 3700 多元工资，如果有投入，年底还会分红”，李小燕感觉生活上有了保障。

“企业提供技术和种苗，我承包了2500棵金椰子进行种植管理，每月每棵2元管理费，一月下来5000元的收入，比外出打工收入更高更稳定。”正在金椰种植基地除草、施肥的广青居十一队居民王丕岁说。

在屯昌嘉乐潭金椰子种植基地，每月5000元工资，已经连续工作5年，“每月15日工资准时到手”，稳定的收入让海雄居居民赵大平心里很知足。

“政府+企业+农户+银行+保险”，这是屯昌县探索建立的沉香产业发展新模式。今年3月，第一份保额1000多万元的保单已经送到相关企业负责人手中。有了保单，企业和农户心里更加踏实。

范文解析

这是一篇典型消息，篇幅要比动态消息长，但也只有1200余字。这类典型消息的写法比动态消息更灵活，多用直接引语来表达观点、抒发感情。请注意，典型消息与典型经验材料不同，不需要总结出若干条经验启示，而是要把经验用故事化的方式讲出来。

这篇消息在标题上用了双标题形式，引题为实题，点明了消息的主题，即报道屯昌县的特色经济；主题为虚题，以群众的感受表明典型的价值。

导语是第一段和第二段采用了比较生动的写法，用记者与农民的对话开场，紧接着交代了屯昌县的农业生产模式和实际效果，然后用一句话对该县的建设思路和成效进行了评价。

典型消息要讲清楚典型的故事，因此主体篇幅较长。第三段是交代背景并提出问题、给出答案。第四段至第七段介绍了该县的“金椰子”“优质水稻”“沉香”等特色产品。第八段用县委书记的话承上启下，引出第九段至第十四段该县经济发展的特色模式，包括合作社“订单农业”、企业“联农带农”、沉香产业“政府+企业+农户+银行+保险”。

整篇消息以白描式语言为主，通过记者的观察，引用农户和领导的话，呈现真实的数据，反映出该县特色经济的实际成效。全篇行文节奏明快、语言通俗易懂，用了很多群众语言，洋溢着喜悦的情绪，充分体现了“日子有奔头”的主题。故事讲完，即行结束，不需要专门写结尾。

思维导图

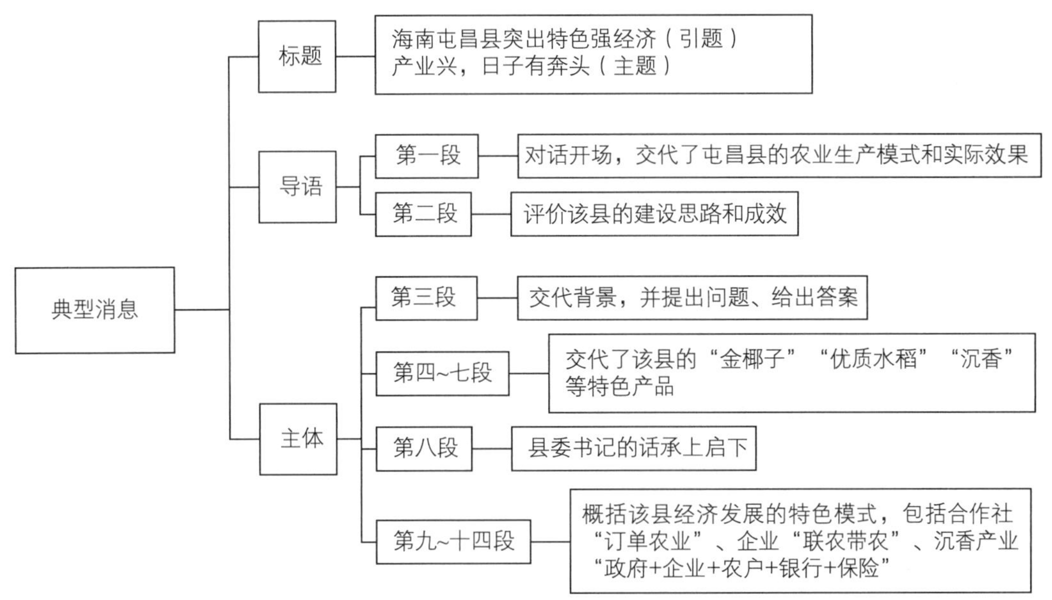

书信

书信的内涵特点

书信是行政机关或企事业单位为了某种特定需要而起草的公务文书的统称。其中包括两类文体，一类是书，包括倡议书、决心书等；一类是信，包括介绍信、慰问信、感谢信、表扬信、贺信、邀请函等。

倡议书是用于组织发起某项活动，或对社会成员发出提倡共同完成某事的文书。倡议书可以由组织或个人发出，主要是为了推动工作顺利进行，具有公开性、号召性、建议性的特点。

决心书是用于表达响应号召、接受重大任务的决心和信心的文书。组织或个人都可以用决心书发出响应。决心书适用的场合一定是急难险重任务，或者是需要落实上级重要号召之时，一般工作中不宜使用。

介绍信是用于证明本单位工作人员身份、介绍工作任务，作为与其他单位接洽的凭据性信件的文书。介绍信一般有两种形式，一种是单位印制的固定格式，使用时在空白处填写，有存根、编号，便于查询，多用于常规性工作；另一种是临时书写的介绍信，用于不特定事项。

慰问信是用于向有关方面和人员表示关怀、问候的专用信件，一般在重要节庆时由相关部门发出。慰问信一般篇幅不长，结合形势任务特点，简洁大方地表达出慰问之意。其对行文文采要求较高，文字要有真情实感，具备较强的感染力。

感谢信是用于向有关方面和人员致以谢意的专用信件。感谢信可由组织或个人发出，写作时要情真意切，从实际出发，把感谢的依据讲清楚，表达出崇敬感激之意。注意不要使用过多溢美之词。

表扬信是用于对有关方面和人员的先进事迹进行褒扬的专用信件。其作用类似于表彰通报，但不是正式公文，使用更加灵活，可以直接送达被表扬者，还可以张贴、刊发。表扬信要突出写明被表扬者的事迹，达到教育相关人员的目的。评价要实事求是，不能任意拔高。

贺信是用于向取得突出成绩、举办重大活动、遇到重要喜事等的有关方面和人员表示庆贺的专用信件。贺信一般由领导发出，主要是由于不能到场，便通过这种形式送上祝贺。其语言要充满热情，给人以鼓舞的力量。贺信篇幅比较短小，常用篇段合一的形式。

邀请函是用于郑重邀请有关方面和人员参加某项活动、某项工作时使用的专用信件。邀请函的功能类似于通知，要让受邀者充分了解相关活动、工作的详情，能够按照邀请函的指引参与活动或工作。

以上这些书信各有各的写作要求，但从总体上来看，还是有一些共性特点的，主要体现在以下几个方面。

（1）感情色彩强烈。除了介绍信和邀请函两种外，其他的书信都要充分表达相应的情感。这和其他公文讲究客观理性有很大不同。传递情绪情感是这几类书信的重要功能。

（2）篇幅短小精干。书信的篇幅都不长，不需要长篇大论。写作时需要开门见山，直奔主题，让人一目了然。不需要过多理论性、务虚性的词句，语言要实在、富有感染力。

（3）写作格式固定。不同于其他事务性公文有思路和框架创新的空间，书信一般按照固定格式来写，不能随意突破格式要求搞创新。这是为了便于书信沟通双方更便捷高效地沟通、理解彼此。

书信的写作流程

书信的写作流程比较简单，大致可以分为四个环节。

环节 1：定文种。根据实际需求和应用场景，选择合适的书信文种来传达信息。

环节 2：集资料。要搞清楚事件的背景信息，搜集相关资料。例如感谢信要写到对方的心坎上，就需要了解清楚感谢事件的来龙去脉。不明所以写出来的内容肯定难以获得对方认可，显得虚假客套。

环节 3：填内容。书信类文种主标题比较简单，有的直书书信名，有的采取公文式标题。正文一般不列标题。这类文种结构相对比较固定，按照下面给出的写作模板填写内容即可。内容一般不长，条理层次要清晰。

环节 4：修语言。书信类语言各有特点。倡议书、决心书要多用肯定性语句，要清晰地表明态度，语气要坚决，在简洁明快的行文中凸显决心意志。慰问信、感谢信、表扬信、贺信都要表达出充沛的感情，多用排比、对仗句式，可引用名言警句，读起来要朗朗上口。

书信的写作模板

表 8-4　倡议书写作模板

标题		（1）单位（群体）名称 + 事由 + 倡议书 （2）事由 + 倡议书
主送对象		主送对象名称
正文	引言	说明发出倡议的原因、目的、形势、背景，常用“为此特提出以下倡议”引出下文
	主体	倡议的主体内容，建议做什么、怎么做，一般分条列出
	结语	提出号召、表达祝福
落款		发出倡议的单位（群体）名称 + 成文日期

表 8-5　决心书写作模板

标题		（1）单位（群体）名称 + 事由 + 决心书 （2）事由 + 决心书 （3）决心书
主送对象		主送对象名称
正文	引言	说明表决心的工作背景、目的、依据，常用“我们表示如下决心”引出下文
	主体	按照从务虚到务实、从重点到一般的方式，分条列出决心做到的事项
	结语	表明坚决做到的决心
落款		表决心的单位（群体）名称 + 成文日期

表 8-6　介绍信写作模板

标题	（1）介绍信 （2）× × 单位介绍信
主送对象	受文单位名称
正文	被介绍者姓名、身份、随行人数等，根据实际情况还可以介绍政治面貌、职务、级别等
	需接洽事项和要求，简明扼要地用一两句话写明
	结尾的谦敬用语
落款	出具单位名称 + 成文日期

表 8-7　　　　慰问信写作模板

项目		内容
标题		（1）发文机关名称 + 主送对象 + 慰问信 （2）慰问信
主送对象		收信的单位或人员
正文	引言	说明形势背景、慰问的原因，充分表达慰问之意
	主体	高度肯定被慰问者的工作成绩和辛勤努力；或对遭遇的不幸表示充分理解和关心，肯定其克服困难的勇气
	结语	提出希望和鼓励
落款		发信单位名称 + 成文日期

表 8-8　　　　感谢信写作模板

项目		内容
标题		（1）发文机关名称 + 主送对象 + 感谢信 （2）感谢信
主送对象		收信的单位或人员
正文	引言	说明感谢的原因，简要陈述对方给予的关心帮助、带来的良好效果
	主体	表达感谢之情、崇敬之意，高度评价对方的思想作风
	结语	表明面向未来的态度与决心
落款		发信单位名称 + 成文日期

表 8-9　　　　表扬信写作模板

项目		内容
标题		（1）发文机关名称 + 主送对象 + 表扬信 （2）表扬信
主送对象		收信的单位或人员
正文	引言	说明表扬原因，简要陈述主送对象的先进事迹
	主体	对先进事迹做出评价、给予高度赞扬和肯定
	结语	号召其他单位、人员向被表扬者学习，再次表达表扬之意
落款		发信单位名称 + 成文日期

表 8-10　贺信写作模板

标题		（1）发信单位 + 事由 + 贺信 （2）贺信
主送对象		收信的单位或人员
正文	引言	高度凝练地说明背景及祝贺原因，表达热烈祝贺之情
	主体	肯定对方的成绩、赞扬对方的努力，评价祝贺事项的重要意义，表明祝贺与愿望
	结语	再次表达祝贺（简短贺信也可不写）
落款		发信单位名称 + 成文日期

表 8-11　邀请函写作模板

标题		（1）事由 + 邀请函 （2）邀请函
主送对象		邀请对象单位或人员
正文	引言	说明邀请事由
	主体	写明活动安排，包括时间、地点、食宿、交通等方面安排 注明联系方式
	结语	再次表明邀请的诚意（简短邀请函也可不写）
落款		邀请单位名称 + 成文日期

书信的范文解析

1. 倡议书范文

“携手共筑强军梦　喜迎党的二十大”网络倡议书

奋进新征程、建功新时代。站在“两个一百年”奋斗目标的历史交汇期，在喜迎党的二十大胜利召开、中国人民解放军建军 95 周年来临之际，军地网络媒体在国防大学共商网媒发展，共绘强军兴军愿景。回顾过往，军地网络媒体用理想和信念、拼搏和奉献书写了不凡篇章；展望未来，今天的军地网络媒体一定能够踔厉奋发、笃行不怠，努力做到政治上更强、传播上更强、影响力上更强，为实现中国梦强军梦提供有力思想舆论支持！在此，我们郑重提出倡议：

履行使命，忠诚传播党的主张。新时代，军地网络媒体要坚定不移跟党走，不断提高政治判断力、政治领悟力、政治执行力，深刻领悟“两个确立”的决定性意义，增强“四个意识”、坚定“四个自信”、做到“两个维护”，贯彻军委主席负责制，在宣传贯彻落实习近平新时代中国特色社会主义思想特别是习近平强军思想上走在时代前列，在广泛传播党的理论和路线方针政策上奏响时代强音，更好履行党的新闻舆论工作职责使命。

凝聚共识，坚定献身强军实践。巩固国防和强大人民军队是实现中华民族伟大复兴的战略支撑。在波澜壮阔的强军实践中，军地网络媒体要切实把新闻理想融入备战打仗实践，讲好强军故事，传播好强军声音，当好为强军兴军鼓与呼的“宣传队”，激发官兵练兵备战热情，谱写强军事业新篇章。

协同发力，积极抢占舆论高地。面对舆论生态、受众对象、传播技术发生深刻变化的新格局，军地网络媒体必须紧盯传播前沿态势，建设军地联动的全媒体传播矩阵，优化战略传播渠道平台，加强战略传播能力建设，向世界展示真实、立体、全面的中国军队形象，在塑造中国心、民族魂、强军志上有更大作为。

敢于斗争，营造清朗网络环境。面对错综复杂的网上斗争形势，军地网络媒体必须始终把国家安全扛在肩上，坚持守土有责、守土负责、守土尽责，既要严格涉军信息审核发布，严守安全保密要求，更要旗帜鲜明批驳错误政治观点，坚决抵制和清理涉军有害信息，以实际行动维护政治安全和军事信息安全。

广大军地网络媒体要不忘初心、牢记使命，守正创新、奋楫争先，全力守护网上精神家园，携手并肩在新时代新征程上留下无悔的奋斗足迹，为实现中国梦强军梦做出更大贡献！

特此倡议。

倡议发起网站平台和新媒体账号：

人民网、新华网、央视网……中国军网……

（共 82 家军地媒体，略）

2022 年 7 月 29 日

范文解析

这篇倡议书的标题用的是“事由＋倡议书”的形式，因为是向全网发出的倡议，所以没有特定的主送对象。倡议书的引言介绍了发起倡议的会议背景，提出了发起倡议的目标，用“在此，我们郑重提出倡议”引出下文。倡议书主体部分包括四条倡议，按照从理念到实践、从宏观到具体的逻辑，分别从使命、共识、协同、斗争四个方面发出倡议，内容具体，提出了有关目标要求。在结语部分，向广大军地网络媒体发出号召，提出倡议。整篇倡议书既有理论高度，又有清晰目标，突出要点、明确重点，内容条理清晰、语言简洁有力。

思维导图

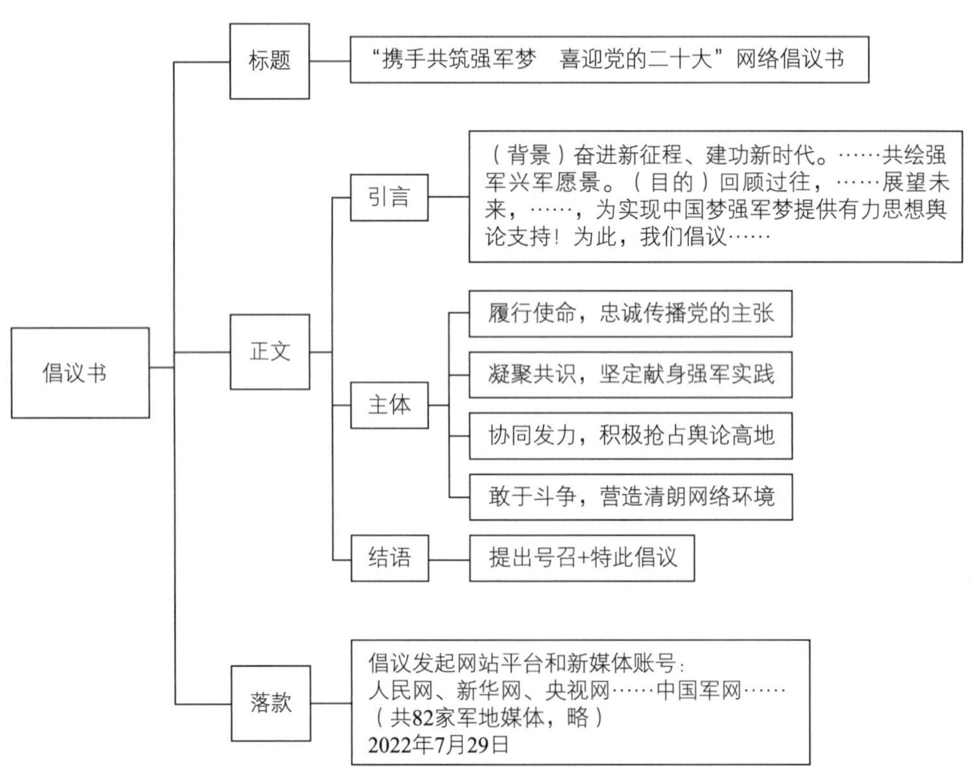

2. 决心书范文

决心书

太原市民政局党组：

疫情就是命令，防控就是责任。面对严峻复杂的防控形势，康宁医院党总支认真贯彻落实中央、省、市、局关于新型冠状病毒肺炎疫情防控工作的决策部署，把做好疫情防控工作作为增强“四个意识”、坚定“四个自信”、实现“两个维护”的政治考验。

决心做到：

1. 班子成员提高政治站位，强化政治担当，把疫情防控工作作为重要的政治使命，充分发挥党总支的战斗堡垒作用；

2. 广大党员勇当先锋，敢打头阵，主动担当、积极作为，以点带面，充分发挥党员的先锋模范作用；

3. 全体职工听从组织安排，坚定必胜信念，毫不放松抓紧抓实抓细各项防控工作，确保患者、职工“零感染”；

4. 党政工团万众一心，在打赢疫情防控歼灭战的同时，积极推进迁建工程早日复工，创建工作持续进行，努力实现疫情防控和医院发展“两手抓、两不误、两手硬”，确保各项任务有条不紊、有序推进、有效落实，请局党组放心！

康宁医院党总支

2020 年 2 月 27 日

范文解析

这篇决心书是基层党组织写给上级党组织的，表达面对重大任务坚决完成使命的坚定决心。引言部分交代了形势背景和政治要求，说明本单位党总支的思想认识水平较高，具有高度的政治觉悟。决心书主体列出四条坚决做到的工作事项，按照班子成员、党员、职工、党政工团四个层次，先分后总提出对各类人员的要求，以“请局党组放心”作为结语。整篇决心书简洁明了，表态坚定，语言铿锵有力。

思维导图

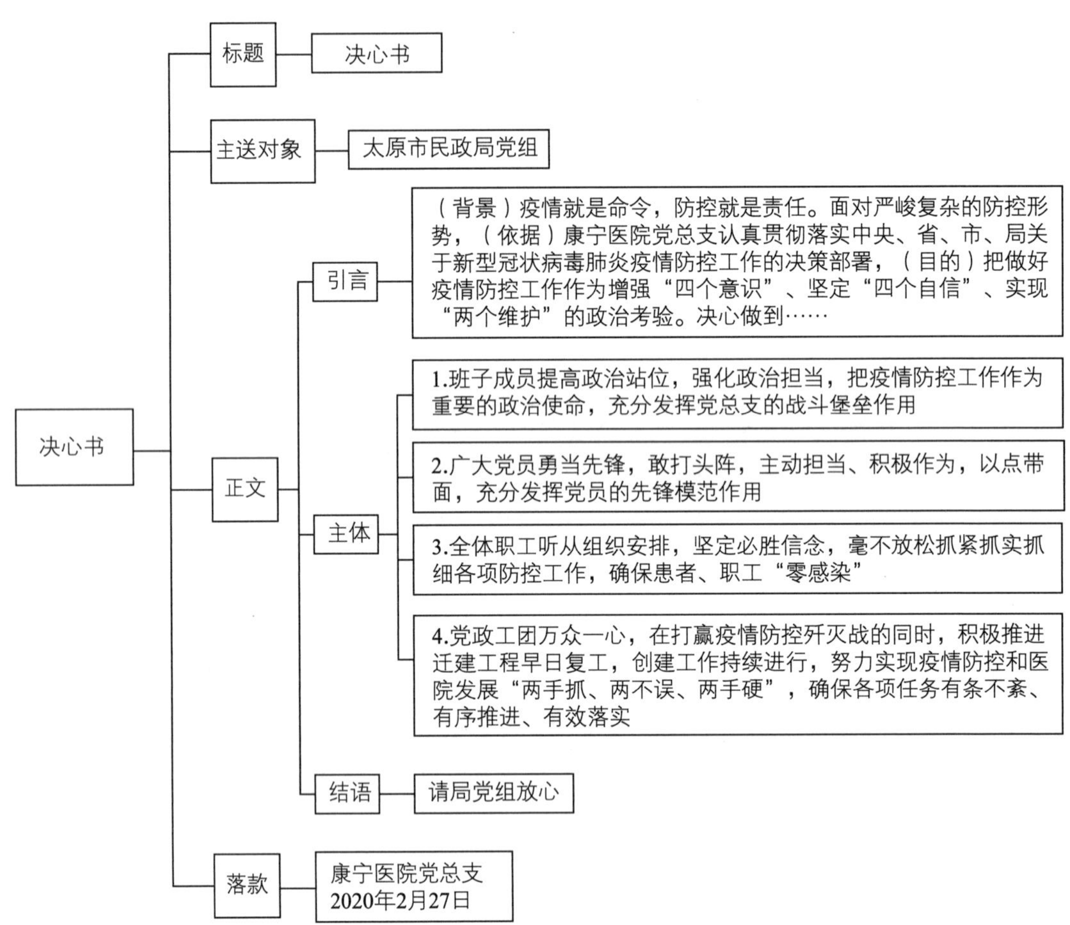

3. 介绍信范文

介绍信

__________：

兹介绍我单位人事专员________（身份证号：________________）提取并接收单位员工________（身份证号：________________）档案。

请协助办理为盼！

单位名称（加盖公章）

年　　月　　日

范文解析

这是一份特定用途介绍信的模板。各单位会根据不同用途需求对介绍信的内容进行调整，但是总体框架万变不离其宗。介绍信不需要论述性语言，简要陈述需接洽事项和要求即可。结尾要有祈请性话语。有的介绍信还会写明使用时限。

思维导图

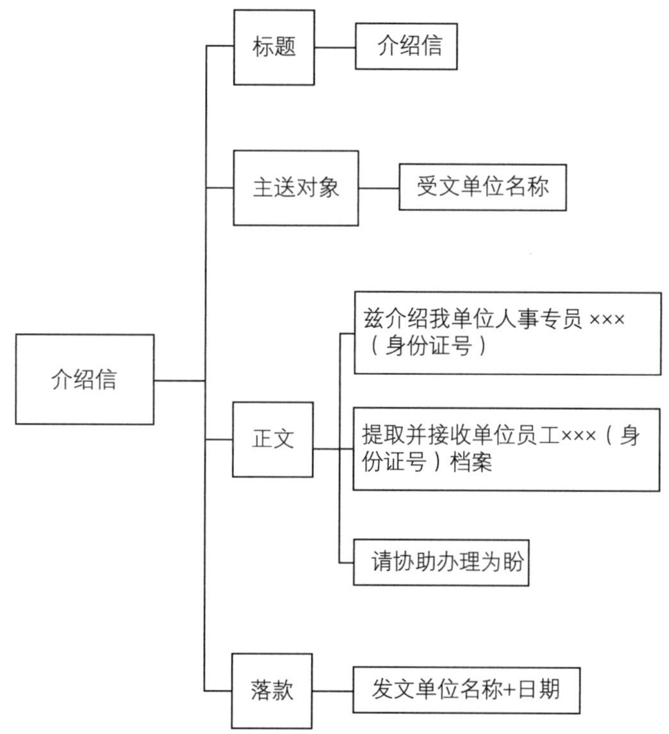

4. 慰问信范文

慰问信

驻赣人民解放军和武警部队全体官兵，民兵预备役人员，红军老战士、烈军属、军队离退休干部、残疾军人、转业复员退伍军人：

日月春晖渐，光华万物新。值此辞旧迎新之际，中共江西省委、江西省人民政府谨代表全省4500多万人民，向你们致以诚挚的节日问候和美好的新春祝福！

刚刚过去的2021年，是中国共产党成立100周年，也是实施“十四五”规划、开启全面建设社会主义现代化国家新征程的奋进之年。在以习近平同志为核心的党中央坚强领导下，全省上下坚持以习近平新时代中国特色社会主义思想为指导，深入贯彻党的十九大和十九届历次全会精神，深化落实习近平总书记视察江西重要讲话精神，统筹推进常态化疫情防控和经济社会发展，扎实做好“六稳”工作、全面落实“六保”任务，发展态势更加稳固，创新发展步伐加快，改革开放扎实推进，生态建设成效明显，民生福祉持续改善，高质量跨越式发展取得新成效，顺利实现“十四五”良好开局。

汗水浇灌希望，奉献铸就梦想。过去一年，驻赣人民解放军和武警部队全体官兵深入贯彻习近平强军思想，扎实推进政治建军、改革强军、科技强军、人才强军、依法治军，在高质量完成军事演习、练兵备战、国防动员等任务的同时，大力支持全省经济社会发展，在疫情防控、应急抢险、防汛救灾、乡村振兴等工作中发挥了重要作用、做出了突出贡献。广大红军老战士、烈军属、军队离退休干部、残疾军人、转业复员退伍军人，始终保持本色、自强不息、甘于奉献，在不同的征途中建功立业、续写辉煌，在不同的岗位上拼搏进取、奋勇争先，为描绘好新时代江西改革发展新画卷做出了重要贡献。在此，谨向你们表示衷心感谢并致以崇高的敬意！

2022年是党的二十大召开之年，也是落实省第十五次党代会部署要求、全面建设“六个江西”的开局之年。我们将坚定不移支持国防和军队现代化建设，积极推动军民融合深度发展，认真做好拥军优属各项工作，切实维护军人军属合法权益，健全完善退役军人服务体系，着力解决部队官兵实际困难。让我们更加紧密地团结在以习近平同志为核心的党中央周围，大力弘扬伟大建党精神和井冈山精神、苏区精神、长征精神，以“作示范、勇争先”的昂扬姿态，携手书写全面建设社会主义现代化江西的精彩华章，为推进强国强军伟大事业、全面建设社会主义现代化国家做出新的更大贡献，以优异成绩迎接党的二十大胜利召开！

祝大家新春愉快、身体健康、阖家幸福！

中共江西省委

江西省人民政府

2022 年 1 月 20 日

范文解析

这封慰问信是新春慰问信。每年地方党委政府在春节、八一建军节等节日，都会向现役和退役军人发出慰问信，表达拥军之情。

慰问信的主送对象要全，可以看到这篇慰问信把现役和退役各类人员都罗列了出来，非常全面。慰问信的引言以金句开场，然后是慰问单位送上节日问候和祝福。在主体部分，首先向慰问对象介绍了驻地江西的发展成就，然后高度肯定了慰问对象做出的成绩，并表达敬意；然后进行表态，并号召慰问对象为社会主义事业做出更大贡献。最后，以祝福语作为结语。

慰问信年年都要写，要想写出新意特点，可以借鉴本篇的方法，就是结合当前的形势任务，找关键时间点、关键事件，如建党百年、二十大召开等，以此为切入点，写出新内容。整篇慰问信的内容逻辑清晰，关键段落用金句引出，多用排比式的词句，读起来朗朗上口。

思维导图

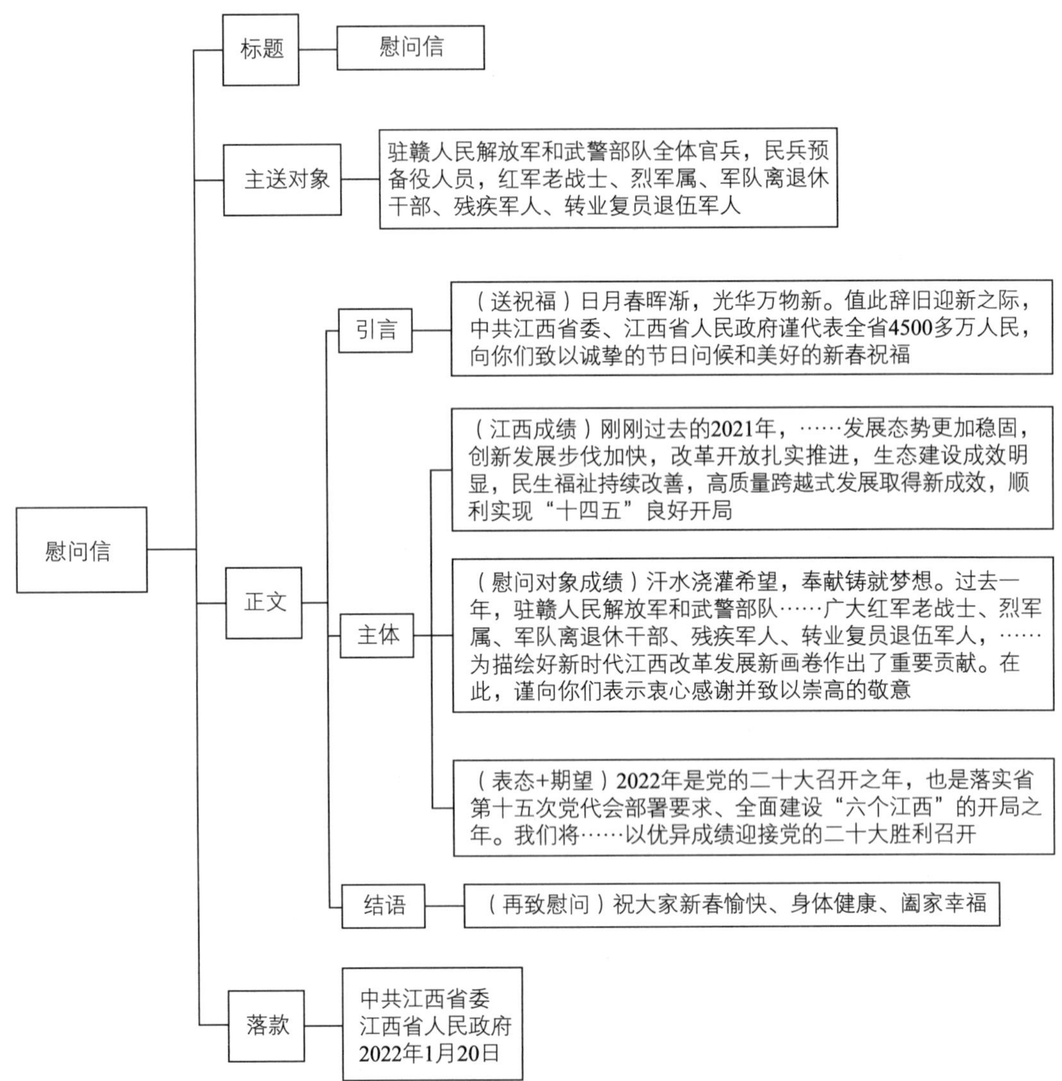
慰问信
标题
慰问信
主送对象
驻赣人民解放军和武警部队全体官兵，民兵预备役人员，红军老战士、烈军属、军队离退休干部、残疾军人、转业复员退伍军人
正文
引言
（送祝福）日月春晖渐，光华万物新。值此辞旧迎新之际，中共江西省委、江西省人民政府谨代表全省4500多万人民，向你们致以诚挚的节日问候和美好的新春祝福
主体
（江西成绩）刚刚过去的2021年，……发展态势更加稳固，创新发展步伐加快，改革开放扎实推进，生态建设成效明显，民生福祉持续改善，高质量跨越式发展取得新成效，顺利实现“十四五”良好开局
（慰问对象成绩）汗水浇灌希望，奉献铸就梦想。过去一年，驻赣人民解放军和武警部队……广大红军老战士、烈军属、军队离退休干部、残疾军人、转业复员退伍军人，……为描绘好新时代江西改革发展新画卷作出了重要贡献。在此，谨向你们表示衷心感谢并致以崇高的敬意
（表态+期望）2022年是党的二十大召开之年，也是落实省第十五次党代会部署要求、全面建设“六个江西”的开局之年。我们将……以优异成绩迎接党的二十大胜利召开
结语
（再致慰问）祝大家新春愉快、身体健康、阖家幸福
落款
中共江西省委
江西省人民政府
2022年1月20日

5. 感谢信范文

感谢信

梅州市委、市政府，全市广大人民：

在中华民族传统节日春节即将来临之际，梅州市委、市政府向驻梅官兵送来了节日慰问，深切表达了对驻军部队的关心和厚爱。在此，我们全体驻梅官兵向你们表示最衷心的感谢和诚挚的敬意！

2020 年，梅州市委、市政府带领全市人民打赢了疫情防控阻击战、脱贫攻坚战，经济由负转正，重点民生有效改善，文明创建稳步提升，“十三五”圆满收官，连续三届获评“全国双拥模范城”。长期以来，市委、市政府坚决贯彻习近平主席“富国与强军相统一”的重大战略思想，高度重视和关心国防和军队建设，在推进国防动员、民兵预备役、拥军优属、优抚安置等工作中做了大量卓有成效的工作，全市上下关心国防、支持国防的氛围更加浓厚，军政军民团结更加巩固，实现了经济社会建设和国防军队建设协调发展、相互促进。

新的一年，我们将牢记习近平主席嘱托，维护核心举旗铸魂，坚持任务牵引、军民融合、平战结合，着眼把军分区建设成为打赢战争的有效支援力量、应对急难险重任务的先锋骨干力量、实现国防动员潜力转化和军民融合发展的重要中坚力量、维护国家政权稳定大局的可靠支撑力量。发扬人民军队优良传统，持续在维护社会稳定、保障安全发展中发挥好卫士作用，在抢险救灾、急难险重任务中发挥好突击队作用，在文明城市创建、振兴经济发展中发挥好生力军作用，在密切党群关系、增进军政军民团结中发挥好桥梁纽带作用，为梅州市大发展、大跨越做出新的更大贡献！

最后，我们全体驻梅官兵向全市人民拜年，祝福祖国繁荣昌盛、蒸蒸日上，祝福大家新年快乐，身体健康，事业进步，万事如意。

驻梅部队全体官兵

2021 年 2 月 10 日

范文解析

这封感谢信是驻地部队对慰问的回应感谢，恰好可以和上面的慰问信对应起来学习。在引言部分，表达了对驻地党和政府慰问的感谢。在主体部分，分两个层次进行写作。第一个层次，对驻地党和政府的工作成就及对国防事业的支持表达了充分肯定。第二个层次，部队结合做好新一年工作的表态，表达了搞好自身建设、支持地方建设的决心。结语再次表达祝福。这封感谢信内容实在，干脆利落，没有过多客套话，符合部队公文的行文特点。

思维导图

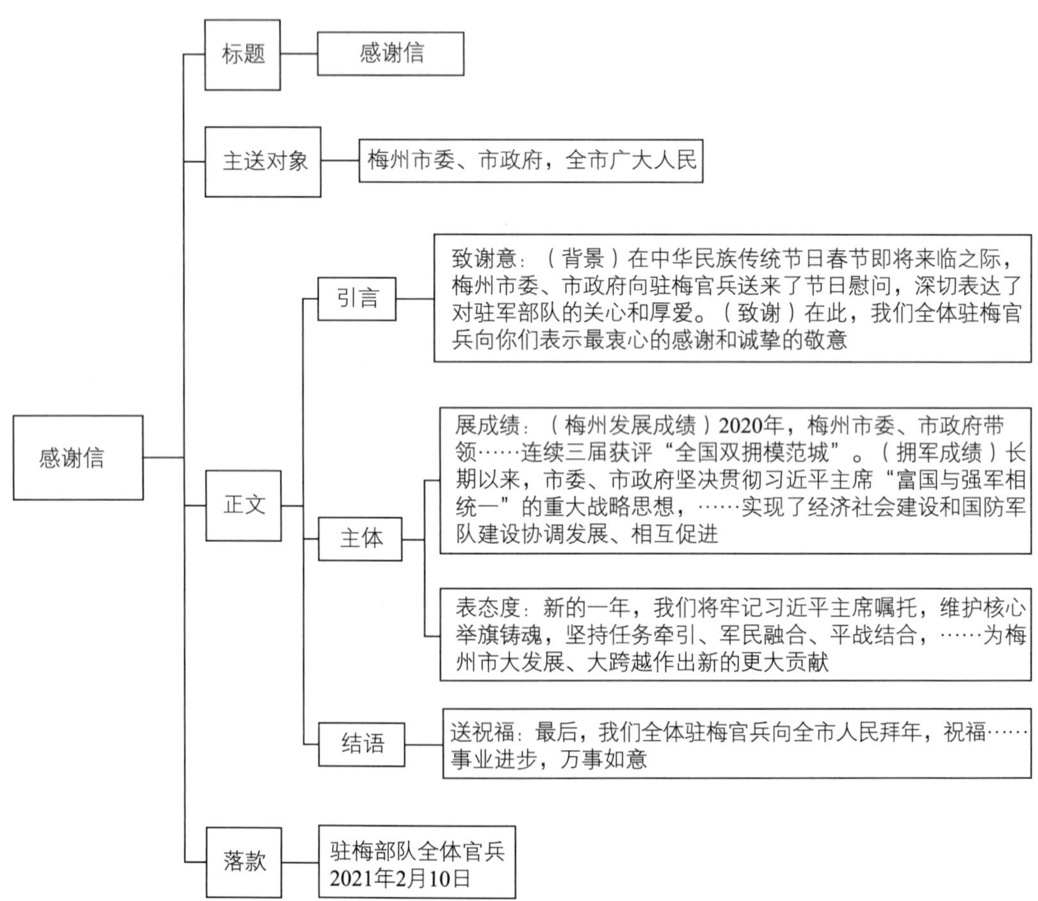

6. 表扬信范文

表扬信

桐城市人民政府：

2020 年 12 月 22 日，合肥至安庆高铁正式开通运营。合安高铁作为我省首条控股建设的高速铁路项目，2015 年底在桐城市率先动工，2016 年底全面开工建设。

五年多来，桐城市在省委省政府统一部署下，按照安庆市委市政府“四个确保”要求，建立健全严格的工作机制，倒排工期、挂图作战。桐城市坚持透明征收，制作《合安高铁桐城段土地和征收政策明白卡》，保障政策公平、公正、公开，保持言路畅通。坚持务实工作作风，深入群众、化解矛盾，比学赶超、创新思路，发扬“5+2”“白 + 黑”的工作精神，特别是桐城市铁路办的工作人员，靠前指挥，深入一线。沿线群众深明大义，弘扬六尺巷礼让精神，全力配合。2015 年，先行段开工，仅用半个月时间完成了先行段 6.5 千米的征迁任务；2017 年，合安全线开工，桐城市一个月就完成了沿线 1955 亩的土地征收，12 万平方米的房屋拆迁任务，创造了征地拆迁“合安速度”。2020 年，面对史无前例的新冠疫情、百年一遇的洪水灾害，桐城市解决了合安高铁全线口罩等防疫用品、冲锋舟等抗洪用品，特别是在高铁外部环境整治方面率先启动，树立了标杆，为其他县区做出了表率，为合安高铁的按期开通做出了巨大贡献。在合安高铁征迁工作上形成了桐城模式。

在此，予以表扬！

安徽省铁路建设征地拆迁
现场协调工作组
2021 年 1 月 14 日

范文解析

这封表扬信开门见山，引言首先说明了表扬的背景和原因，即在合安高铁建设上，桐城市积极主动、率先开工。随后在主体段，对桐城市在高铁建设上的做法进行了总结概括与充分肯定，有时间、有数据、有明确的事例，不是简单说几句套话。这样精准具体的表扬，会让被表扬者真正感受到所做工作是被看到、被记住的。最后，还以“桐城模式”进行定性，将表扬信的肯定性带到了新的高度。从这封表扬信可以看出，表扬不是简单地说“好”，而是要有针对性，能够总结出被表扬单位或个人的特点特质，才是真正到位的表扬。

思维导图

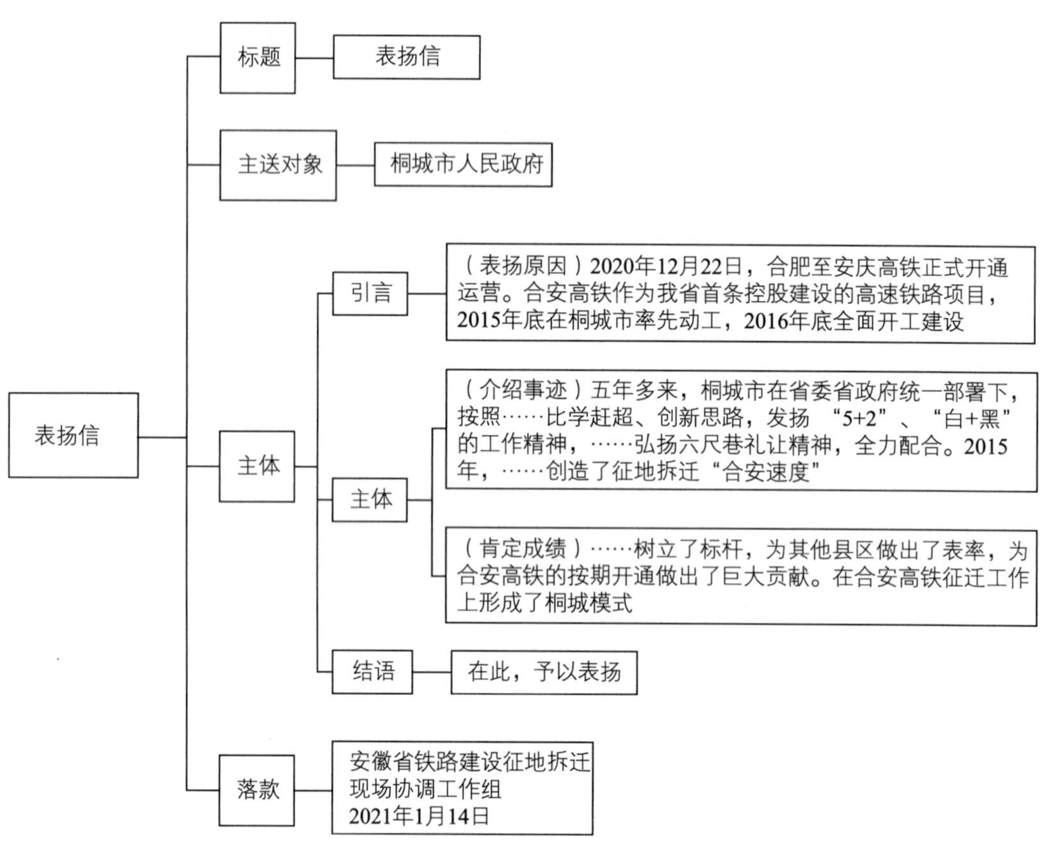

7. 贺信范文

贺　信

值此宁波市关工委成立 30 周年之际，中国关工委向大会表示热烈的祝贺！向长期以来重视、关心和支持关工委工作的宁波市委市政府，向全市各级党委、政府和社会各界表示衷心的感谢！向受到表彰的“最美五老”以及所有从事关心下一代工作的同志们，表示诚挚的问候！

30 年来，特别是党的十八大以来，宁波市各级关工委强化党建引领，锐意改革创新，全面实施“组合联谊化、管理社团化、运行项目化、服务专业化”的“四化型”工作模式，走出了一条具有新时代特征的关心下一代事业发展之路，为全国各级关工委的创新发展，提供了很多好经验好做法，树立了学习榜样。

希望宁波市各级关工委坚持以习近平新时代中国特色社会主义思想为指导，深入贯彻落实习近平总书记对关心下一代工作的重要指示精神，坚持以党建带关建为统领，着力构建“大关工”格局；坚持服务青少年的正确方向，以“立德树人”为根本任务，充分发挥“五老”的优势和作用，大力弘扬“五老”精神，团结教育广大青少年听党话、跟党走，为促进青少年成长成才成功，为推动宁波经济社会发展做出新贡献！

中国关心下一代工作委员会

2019 年 11 月 1 日

范文解析

贺信一般篇幅不长。这篇贺信采用三段式的写法，引言表祝贺、主体讲成绩、结语提希望。在引言部分，对于需要祝贺、感谢和问候的相关人员都要点出来，不能顾此失彼。在主体部分讲成绩，肯定了“四化型”工作模式，高度评价了宁波市的做法。最后的结语在此基础上，提出了新的更高要求。三段内容环环相扣、逐层递进，语言简洁而富有感情，具有很强的情绪感染力。

思维导图

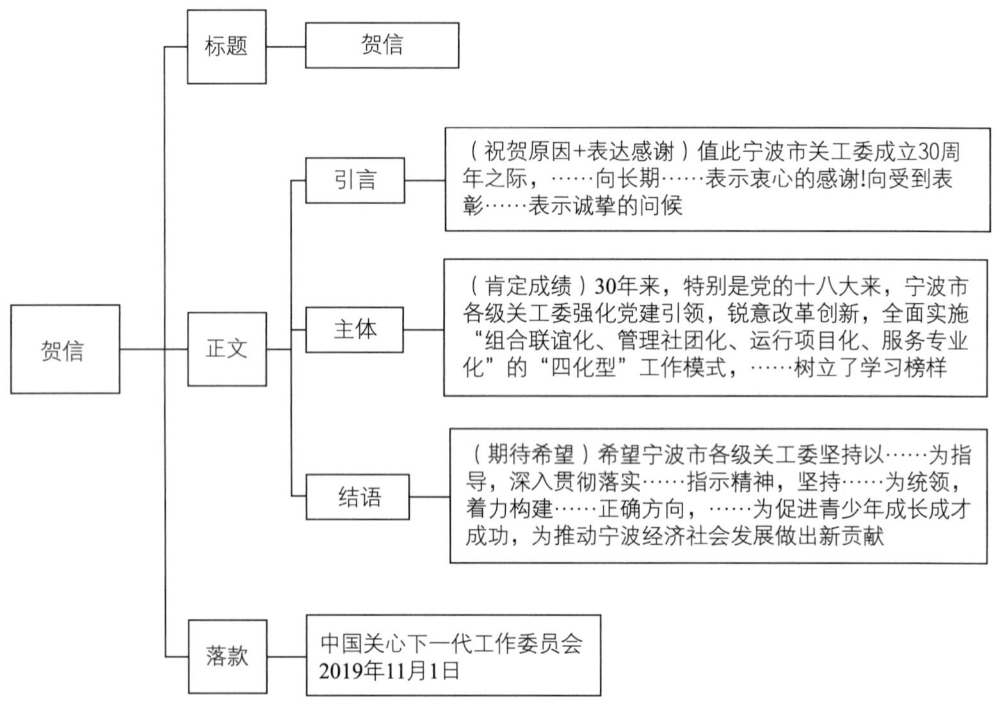

8. 邀请函范文

“实习山西”邀请函

亲爱的同学们：

为深入贯彻习近平总书记考察调研山西重要指示精神，按照省委、省政府关于全方位推进高质量发展的决策部署，围绕实施创新驱动、科教兴省、人才强省战略，推动山西与全国高校全方位合作，山西省出台了《关于深化省校合作的实施方案》，与高校共建大学生实习实训基地是其中一项重要内容。去年共有近万名大学生报名来晋实习实训，通过参观学习、调研实践、实岗锻炼、座谈讨论，一大批全国各地的大学生在山西结交了朋友、提升了技能、增强了本领、丰富了阅历。

2022 年，我们将统筹全省各级党政机关、国有企事业单位、开发区提供岗位，按照

“精准设岗、双向选择、贴心服务、就近就便”的原则，接收高校大学生在我省开展实习实训。今年首批为大家量身定制、精挑细选了近 5000 个实习岗位，后期还将有更多实习岗位陆续上线。

我省各地和有关单位将依托人才公寓、省（干）校或改造闲置学校、厂房、园区等，建立生活保障设施，为来晋实习实训大学生提供生活补贴、意外伤害保险、食宿保障等条件。

我们诚挚邀请各位山西籍的优秀学子助力家乡、共建家乡！我们热切期盼省外优秀学子学在山西、成在山西！

有意向的大学生可微信扫描下方二维码，填写个人信息，依据系统发送短信中的账号和密码登录报名来晋实习实训。

我们坚信，山西总有一方天地让你激扬青春，总有一片湖海让你扬帆远航！

山西省大学生实习实训工作专班
（山西省教育厅）
2022 年 7 月 27 日

范文解析

这封邀请函的标题中指明了事由——实习山西，明确了邀请的目的。邀请对象是大学生。在引言部分，介绍了这项工作的时代背景，对去年工作方式、成效进行了介绍和肯定，亮出成果吸引人才。在主体部分，对实习的岗位安排、优越的保障条件进行了介绍，并发出诚挚的邀请，还给出了非常便捷的二维码联系方式。结语用富有激情的对仗句，激发大学生来山西实习的热情。邀请函采用第一人称对话式陈述方式，行文语气诚恳，展现了东道主的诚意，说明了实习的意义和价值。

思维导图

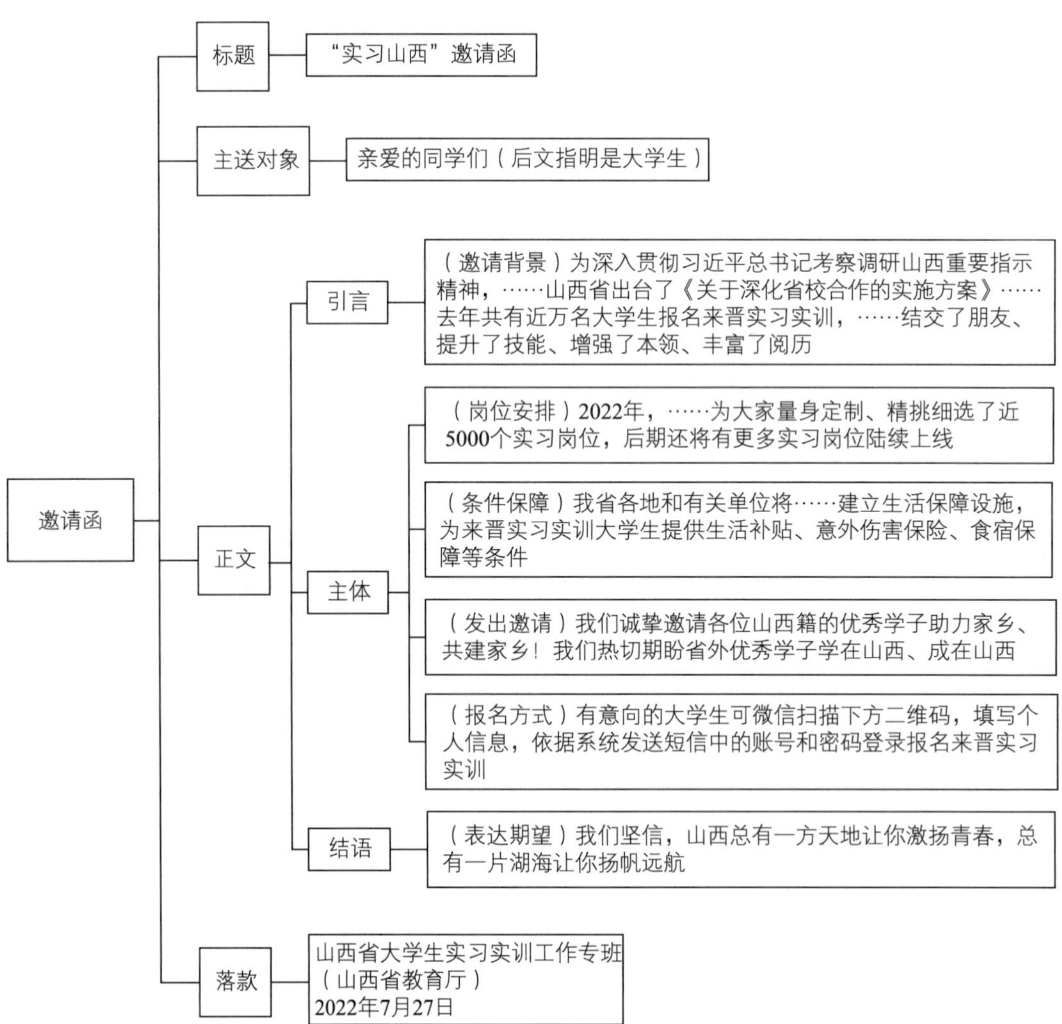
邀请函
标题
“实习山西”邀请函
主送对象
亲爱的同学们（后文指明是大学生）
正文
引言
（邀请背景）为深入贯彻习近平总书记考察调研山西重要指示精神，……山西省出台了《关于深化省校合作的实施方案》……去年共有近万名大学生报名来晋实习实训，……结交了朋友、提升了技能、增强了本领、丰富了阅历
主体
（岗位安排）2022年，……为大家量身定制、精挑细选了近5000个实习岗位，后期还将有更多实习岗位陆续上线
（条件保障）我省各地和有关单位将……建立生活保障设施，为来晋实习实训大学生提供生活补贴、意外伤害保险、食宿保障等条件
（发出邀请）我们诚挚邀请各位山西籍的优秀学子助力家乡、共建家乡！我们热切期盼省外优秀学子学在山西、成在山西
（报名方式）有意向的大学生可微信扫描下方二维码，填写个人信息，依据系统发送短信中的账号和密码登录报名来晋实习实训
结语
（表达期望）我们坚信，山西总有一方天地让你激扬青春，总有一片湖海让你扬帆远航
落款
山西省大学生实习实训工作专班
（山西省教育厅）
2022年7月27日

后 记

写这本书动心起念已经有四年多时间，2019 年就曾经想总结一下公文写作实践经验，但直到去年我才真正觉得时机成熟，可以动笔了。

记得四年前从体制内出来，第一次把自己多年打磨的公文写作心法与技法转化成培训课程，并得到了上海临空培训中心周琨校长的高度认可，评价为她“听过最好的公文写作培训课”，这给了我很大的信心。

之后，在近百场公文教学培训实践，以及在行一对一写作教练咨询过程中，我也持续回顾反思、不断积累打磨，逐渐提炼出一套流程化公文写作法，受到学员们的充分肯定。这些来自教学培训实践的反馈，为我精进公文写作教学技能提供了源源不断的动力。

2021 年，我受得到 App 职场写作训练营主理人罗砚老师的邀请，在该训练营开设了公文模块的直播课，在国内领先的知识服务平台上进一步检验了我的公文教学内容和方法。更令我感到荣幸的是，得到 App 创始人罗振宇老师对我的公文写作教学水平给予了高度评价，并倾力推荐本书。作为从一开始就跟随罗老师学习的用户，到成为得到 App 的一名特邀讲师，让我有一种梦想照进现实的感觉。

于是去年 7 月，我下定决心，集中精力，排除万难，闭关写作。在秋叶大叔团队的指导帮助下，我用了六个多月的时间把初稿写了出来，经过中国人民大学出版社编辑白桂珍老师的精心指导，反复推敲修改，本书终于得以顺利面世。

这里特别要感谢我的父母和爱人，是你们分担了家庭琐事，让我能够集中精力开展公文写作研究与教学，心无旁骛地写书。我还要感谢我可爱的儿子，自觉担负起考查我写书“KPI”的任务，每日到书房一问：“爸爸，书写完了吗？”感谢你们！没有你们，可能也没有这本书的诞生。

人到中年，转换赛道。从军校到地方，努力跳出舒适区，在探索人生可能性的过程中，我真切感受到书写的价值。当我对某个领域进行探索时，书写便成为最好的磨刀石。那些原本粗粝的思考原石，在书写过程中被打磨成晶莹剔透的宝石。

这是我的第二本书，但应该不是最后一本。在未来持续学习、探索、成长的道路上，我肯定还会继续书写。书写本无止境。这本书也是这样，虽然定稿出版，但依然有很多不尽如人意之处。我脑海中不断有新想法、新认识出现，还来不及写进书中，只能待再版或在下一本书中再与各位交流了。

文章千古事，得失寸心知。公文写作不是一件容易的事，写好公文需要一个漫长的过程。每一个熬夜通宵的日子，每一次披星戴月地赶稿，每一篇凝聚心血的材料，以及付出的时间，都构成了你人生宝贵的一部分。

写好公文，需要做时间的朋友。写公文没有速成捷径，很多时候要靠熬，熬过黎明前最黑暗的时刻，终将迎来曙光。那曙光是你看到公文付诸实践、指导工作后的欢欣，是你实现以文辅政、文达政通目标后的自豪。

亲爱的读者诸君，我希望这本书能摆在你的案头，成为陪伴你度过公文写作起步阶段艰难时光的朋友，成为你跳出公文写作荆棘丛的垫脚石，助你在公文写作道路上淡定从容、行稳致远。

梅俊

北京阅想时代文化发展有限责任公司为中国人民大学出版社有限公司下属的商业新知事业部，致力于经管类优秀出版物（外版书为主）的策划及出版，主要涉及经济管理、金融、投资理财、心理学、成功励志、生活等出版领域，下设“阅想·商业”“阅想·财富”“阅想·新知”“阅想·心理”“阅想·生活”以及“阅想·人文”等多条产品线，致力于为国内商业人士提供涵盖先进、前沿的管理理念和思想的专业类图书和趋势类图书，同时也为满足商业人士的内心诉求，打造一系列提倡心理和生活健康的心理学图书和生活管理类图书。

《写作即疗愈：用文字改写人生》

- 通过日常生活中的一种简单的自我关爱练习，来发现（最终）摆脱困境，清晰表达，获得理想生活的力量
- 本书将指导你如何使用这个能够给人生带来转变的工具。

《写作即思考：在写作中训练你的思维能力》

- 写作能力的提升要求有意识地训练思维，而思维的训练可以通过写作来达到。
- 本书中通俗易懂的写作风格和书中的实际案例，不仅能够让你领略不同的思维技巧和思维运用，还能对日常生活中常用的思维模式有更深刻的理解。

《优雅的辩论：关于 15 个社会热点问题的激辩》

- 阐述了关于十几个主要的社会热点问题的激辩，所有这些社会问题都存在着巨大的分歧和争议。
- 辩论中陷阱重重，稻草人谬误、美德伦理学、偷换概念、妖魔化对手只能加剧对立双方的矛盾与冲突，而不是找到解决方案。

《底气：可持续的内在成长》

- 这本获奖图书揭示了驱动人们获得成功的关键动力和精神过程。
- 本书提供了你设定目标所需的所有工具，帮助加强你的专注力，成为最好的自己。

《好奇心：保持对未知世界永不停息的热情》

- 《纽约时报》《华尔街日报》《华盛顿邮报》《图书馆期刊》《科学美国人》等众多媒体联合推荐。
- 一部关于成就人类强大适应力的好奇心简史，理清人类第四驱动力——好奇心的发展脉络，激发人类不断探索未知世界的热情。